The KàSO English to Italian DICTIONARY

with a proposed
one-to-one relationship
of Italian graphemes (letters)
and phonemes (sounds)

by
ADOLPH CASO
BRANDEN BOOKS
Boston

© Copyright 2003
by Adolph Caso

Library of Congress Cataloging-in-Publication Data

Caso, Adolph.
    The Kàso English to Italian dictionary : with a proposed one-to-one relationship of Italian graphemes (letters) and phonemes (sounds) / by Adolph Caso.
      p. cm.
ISBN 0-8283-2082-9
    1. English language—Dictionaries—Italian.
    2. Italian language—Phonetic transcriptions.
    I. Title.
PC1640.C325 2003
423'.51—dc21
                        2002155251

Branden Books
Division of Branden Publishing Company
PO Box 812094
Wellesley MA 02482

Dedicated to:

Professors
Dwight D. Bolinger
and
Nicolae Iliescu

*Grateful acknowledgment
for bringing this project
to a fruitful completion*:

Robert DeSimone
Margherita S. Caso
Christopher Bailey
Eunice Mosher
Vito DeSimone
Michael Pascarella
Andrew Lawrence
Sarah Phares
Franco Castellano
David Cohen
Jerome Frank

Cover design by:
www.lawrencedesign.com

ci ce ca co cu   ki ke ka ko ku   ji je ja jo ju   gi ge ga go gu
sci sce sca sco scu=shi she sha sho shu   gn=q   gl=y

INTRODUCTION

On pronouncing Italian:
Unlike English, Italian is easy to read and to write because it has a virtual one-to-one relationship between the letters of the alphabet and their representative sounds. Once you know that /a/ is pronounced /a/ as in *father*, then, whenever you see it, you always pronounce it in the same way. The same rule applies to the other vowels. As for consonants, pronounce them as you would in English.

The Header above appears on every other page of the *Dictionary*. It contains a guide on how to pronounce the exceptions. A guide on how to pronounce vowels and consonants is on pages 8-9.

Soft /c/ is pronounced as the /ch/ in **Ch**icago; thus, ci ce ca co cu (Cikago)
Hard /c/ is pronounced as the /k/ in Chi**c**ago; thus, ki ke ka ko ku (Cikago)
Soft /g/ is prounced as the /j/ in **j**asmine; thus, ji je ja jo ju (jasmine)
Hard /g/ is prounced as the /g/ in **g**et; thus, gi ge ga go gu (get)

/sc/ is pronounced as the /sh/ in **sh**e; thus, shi she sha sho shu (shi)
/q/ takes the place of /gn/ as the /gn/ in **gn**occhi, or qocchi (qokki)
/y/ takes the place of /gl/ as the /gl/ in gi**gl**io (lily), or giyio (jiyo)
       Note: /gn/ and /gl/ do not really have English equivalents.

For easy comparison, each line of the *Dictionary* contains four words: standard English, standard Italian, slightly modified English, and completely modified Italian. Each modified word contains one or more accents to help identify the stress. Try pronouncing a few words. You'll master the whole Italian pronunciation in no time, and it will help with the English pronounciation.

*****

Goal:
The immediate goal of this *Dictionary* is twofold: 1) Implement the **last** phase in establishing a one-to-one relationship between Italian phonemes (sounds) and graphemes (letters of the alphabet). 2) Implement the **first** phase in establishing a one-to-one relation-

ship between English phonemes and graphemes, and make English easier to read, to spell and to pronounce (the word *to spell* does not really exist in Italian).

Usage:
This *Dictionary* can be used by any individual wishing to acquire or improve English and Italian language skills. It serves as a quick reference for standard spelling of English and Italian words, and offers suggestions on how to better grasp the pronunciation of the two languages. Because of the proposed changes, the *Dictionary* would also serve as a tool in developing better reading and writing skills, and would afford the reader to simultaneously look at lines of four words in their standard, translated and transcribed forms.

Observation:
To enable the English or non English-speaking readers to pronounce words, English dictionaries and vocabularies present first the accepted standard spelling of each word followed by a phonologically transcribed spelling. The purpose of the latter is to give the readers a better chance on guessing the right pronunciation of a given word. The problem is that neither the standard spelling nor its transcription helps the reader in properly pronouncing the words. In fact, the transcriptions may hamper rather than guide one toward a proper pronunciation. The reason is two-fold: a) English phonology is chaotic; b) the standard words do not have accent marks. To make matters worse, the phonological transcriptions of the words are written with characters that only people with linguistic backgrounds can recognize or understand. Unfortunately, the best they can do is to guess on how to pronounce the very words they have transcribed.

Consider the nine phonological transcriptions of *to ascertain* as they appear in nine leading dictionaries of the English language, and, note that no two are rendered in the exact same manner.

/ăs'ər tān/ /ā-sĕr-tén/ /asər'tān/ /assertéin/ /æsə' tein/

/as.sėr.tān'/ /ăs'ər tān/ /ˌas-ər-'tān/ /as-er-**tayn**/

As you can see, there is no consensus regarding the transcriptions, and their convoluted phonological renditions really become superfluous and useless. If experts cannot agree on the transcriptions, how can children, young persons, and adults—including individuals from other countries—how can they learn from transcriptions whose words are misrepresented? If, on the other hand, experts were to agree on the vowel(s) to receive the accent, this alone would make words easier to read and to pronounce. Because *The Kàso Dictionary* establishes consistency between phonemes and graphemes, and due to accents placed on each word, it could be used as a tool to help readers with their reading, spelling, and pronunciation.

ci ce ca co cu   ki ke ka ko ku   ji je ja jo ju   gi ge ga go gu
sci sce sca sco scu=shi she sha sho shu   gn=q   gl=y

In Italy, first grade students learn how to read, write and pronounce Italian in approximately two months into the year. In the English-speaking world, after two years of intensive instruction and exhaustive drills which begin in pre-school, students may not be able to pronounce let alone spell many words of the English language. We know their plight. Imagine what non English-speaking students in America and abroad have to go through trying to learn English.

When students fail to achieve artificially established proficiency levels, politicians and pundits easily place the blame on the teachers and on the schools. Consider, in addition, the plight of those having learning disabilities such as dyslexia—their task remains practically insurmountable. Placing blame on teachers neither reduces the plight of the children nor lessens the anxiety of their teachers. No matter how much scattered or concentrated teaching takes place, children will break the phonological codes only when their brain reaches the proper level of maturity. The reason is simple: because English is complex, it takes more time to master it. But, time may be lost unnecessarily simply because we may not be using better tools.

In *The KàSO Dictionary*, words are presented without transcriptions, and in two columns of two words each. This allows comparisons that help in the spelling and in the pronunciation of each word. In the first column, English words appear in their standard form; in the second column, the words are modified to include the accented vowel receiving the stress, which helps with pronunciation. The only other change is that the letter /c/ (hard sound) is rendered into /k/, while the other /c/ (soft-silent) remains as it appears in words like *such, Chicago, recipient, cycle*, etc.

In the *Dictionary*, the infinitive *to ascertain* appears in two parts with its Italian counterpart, which makes for easy comparison for spelling, pronunciation and quick translation. The English is in bold; the Italian is in italics followed by specific codes whose explanations are found on page 11. The first column lists the words in their standard spelling, and the second column lists them in their modified spelling:

        to ascertain *accertare*   **to ascertàin** *accertàre*

How to use the *Dictionary* is explained further on. However, each odd numbered page in the *Dictionary* has a header containing the proposed changes, and can be used as a quick reference guide at a glance.

Long Range Goal:
The goal of this dictionary is to establish a one-to-one relationship between human-produced sounds (phonemes) and their representative letters (graphemes). By achieving this goal, we will facilitate a practical and consistent use of languages in this multi-faceted digital age. Imagine a single phonological system that can be incorporated in lan-

guages based on the Latin alphabet system and allowing those languages to retain their national characteristics. With a handful of changes, Italian will come close to being a perfect prototype and its system could be implemented to achieve the same results for the cousin-languages of Spanish and Portuguese, and for others with similar systems. Eventually, the system could be used with English and with other languages whose phonological systems vary greatly from the Latin system.

Phonological Considerations:
English phonology is erratic and has more exceptions than steadfast rules. In encountering the letter *a*, in English, we can pronounce it in about fifteen different ways; many times, it is not pronounced at all. In Italian, it is always pronounced and in only one way wherever it appears in words. English, therefore, remains inconsistent due to all the exceptions while Italian offers consistency with few exceptions. By proposing eight changes to the Italian system, we would achieve a virtual consistent relationship between sounds and symbols rendering the language digitally friendly with its graphemes and phonemes transferable to other languages. Instead of entering data with a keyboard, or by trained voice or other device, as a natural progression, individuals would be able to enter data by voice in the language of their choice.

Phonemic Dictionary:
Remember that graphemes (letters) become morphemes when intelligence is attached to one of them or to any number of them when used in groups to create different semantic meanings. This means that the letter /a/ is only a grapheme and carries no intelligence—no meaning. But the /a/ when it is used as the indefinite article *a*—when it appears in front of another word, it becomes a morpheme because it carries intelligence and has a specific meaning.

The *Dictionary*, therefore, becomes phonemic in that it deals mainly with establishing an exact relationship between phonemes and graphemes thereby creating a new phonology which could be applied to most other languages. The *Dictionary* does not necessarily deal with morphology and syntax, and neither offers definitions nor complete translations of specific words.

Vowels:
The vowels *i e a o u* exist in English as in Italian. Whereas in English they practically have no specific recurrent pronunciation patterns when appearing in words, in Italian each vowel maintains the same prominent sound regardless of where it appears in words. In Italian, the *a* is central, in that it is pronounced at the center of the mouth. The *e* and

ci ce ca co cu   ki ke ka ko ku   ji je ja jo ju   gi ge ga go gu
sci sce sca sco scu=shi she sha sho shu   gn=q   gl=y

---

the *i* are to the back, and *o* and *u* are to the front; thus, *i e a o u*. This can best be seen in English words that could also be Italian, except that Italians would pronounce them slightly different but with typical consistency:

- In the word *Camaro (Kamàro,* not *cąmaro)*, Italians would pronounce the first and second /a/ in exactly the same way, and would continue to do so in exactly the same way regardless of where it would appear in other words. By pronouncing the /a/ in the same way wherever it appears in other words, you would also pronounce it correctly.
- In the word *Malibu (not Mąleebiu*, as Americans would pronounce it*)*, the *a i* and *u* are also clear, and the same rule as above applies.
- In the word *to escort*, the *e* and the *o* are also clear. By pronouncing them in the same way, wherever they appear in other words, you will have pronounced them correctly.

Practice pronouncing the vowels several times, and remember the position of where they are formed in your mouth. The *u* is to the extreme front with lips extended and semi-open; the *i* to the extreme back, almost close to the throat.

Note also the stress (accent)—that is, the vowel that receives the emphasis. In English, each word has at least one to two stresses; in Italian, each word has one stress, and it is always the vowel that receives it (in English, the *y* can also receive the accent). Thus, in *Camàro*, the second *a* receives the accent; in *Malibù*, the *u* receives it; and in *to escòrt*, the *o* receives it. By placing these accents on specific vowels in words, one is almost assured correct pronunciation.

As an aside, except for Swahili, Hawaiian and arguably Japanese, Italian uses more vowels in forming words than any other language. Vowels are voiced, meaning they are the product of measurable vibrations; consonants (while some are voiced) are for the most part voiceless, meaning they are the product of noises produced by strictures, which are not easily measurable.

Languages having these attributes, therefore, have certain advantages especially in computer\digital applications, and in lyrics set to music. *Bèl kànto* (beautiful singing) is used throughout the world, and its basic language is almost always Italian.

Consonants:

Italian and English consonants are the same. The following are voiced: *b d g j l m n v*; the following are voiceless: *c f h k p q s t y w x z*.

In English they are pronounced differently according to their positions in words, whether they begin or end words, or come before or after vowels, or after or before other consonants.

In Italian, consonants hardly ever come at the end of words. And, whether before or after vowels, they are almost always pronounced in the same way. Because of minor execptions, Italian falls short on general consistency.

The consonant *c*, for instance has three different pronunciations: as a *c* in *ciao* (soft), as a *k* in *crescendo* (hard), and as an *h* in *crescendo* (aspirated). The same can be said for *g*. Before *i* and *e*, it is pronounced soft; before *a*, *o*, and *u*, it is pronounced hard. In relation with other consonants in words, the *c* and *g* are pronounced hard. As for *q*, this consonant is used with few words and before the *u*. *Acqua*, therefore, could easily be written as *akua (àkua)* and is clearer and unmistakable. The *c* is silent in the standard spelling.

Two other consonants need revisions; they are the clusters *gn* as in *gnocchi* (dumplings) and *gl* as in *figlio* (son). The simpler solution is to use the grapheme *q* to replace the phoneme *gn*, and the grapheme *y* to replace the phoneme *gl*.

The total changes are eight:
1) *c* is always pronounced soft: ci ce ca co cu
2) *c* is always pronounced hard: ki ke ka ko ku
3) *j* is always pronounced soft: ji je ja jo ju
4) *g* is always pronounced hard: gi ge ga go gu
5) the *c* in *sci* and *sce* is replaced by the *h:* shi she sha sho shu
6) *gn* is replaced by *q*
7) *gl* is replaced by *y*
8) the accent marks on vowels are optional.

With the above changes, Italian would achieve the one-to-one relationship between the sounds and their corresponding letters, and could serve as a prototype to effect similar changes to Spanish, Portuguese, Rumanian, French, English, and others.

As for English, by implementing the changes related to just *c* and *g* could be the beginning of a needed major change to its orthography. In the *Dictionary*, we have already changed the hard *c* into *k*, leaving the *c* to be pronounced soft.

Conclusion:

In this era of digital communications, an alignment between graphemes and phonemes would present enormous advantages in that it would simplify applications and bring disparate language situations into more homogenous clusters. As a minimum, people of diverse languages would be better able to communicate on-line and throughout the world via the Internet and other networks.

ci ce ca co cu   ki ke ka ko ku   ji je ja jo ju   gi ge ga go gu
sci sce sca sco scu=shi she sha sho shu   gn=q   gl=y

Explanations on how to use the *Dictionary*:

In the Italian section, infinitives end only in *are, ere, ire;* no reflexive infinitive endings are included. Musical terms have no qualifications because they are spelled the same in English and in Italian. The Italian words translated from the English may have more than one form, but only one form has been arbitrarily chosen. For other forms and definitions, one would have to consult standard vocabularies or dictionaries.

The Italian words do not necessarily correspond to the English equivalent; in many instances, the translations are arbitrary, and the word is chosen from several possibilities. The *Dictionary*, though it has an extensive number of words, it does not contain all of the words of English or of Italian. However, new words will be added as needed, and suggestions from readers will be welcomed.

Accents on the transcribed English words may vary according to region and may not be homogenous; accents on transcribed Italian words hardly vary. The accent on a vowel indicates that that vowel receives the stress. Look for it, and let it guide you to pronounce the word of your choice. Remember, words beginning with vowels which are capitalized, the capital letter contains the accent and the stress is received by that vowel, unless another vowel contains the accent and would therefore receive the stress.

In Italian, words have either masculine or feminine, singular or plural endings. In the *Dictionary*, the endings appear in Italics at the end of each word:

- *o masculine singular*
- *i masculine/feminine plural*
- *a feminine singular*
- *e feminine singular or plural*
- *à feminine singular/plural*
- *few other words have irregular endings, especially foreign words*

Abbreviations:

a	*adjective*
ad	*adverb*
art	*article*
con	*conjunction*
inter	*interjection*
nf	*noun feminine*
nm	*noun masculine*
nmf	*noun masculine feminine*
prep	*preposition*
pron	*pronoun*
super	*superlative*

ably

A
to abandon *abbandonare*
abatable *riducibile-i, a*
to abate *diminuire*
abatement *riduzione-i, nf*
abbattoir *macello-i, nm*
abbess *badessa-e, nf*
abbot *abate-i, nm*
abbreviation *abbreviazione-i, nf*
to abbreviate *abbreviare*
to abdicate *abdicare*
abdomen *addome-i, nm*
abdominal *addominale-i, a*
to abduct *rubare*
abduction *ratto-i, nm*
abductor *rapitore-i, nm*
aberrance *aberrazione-i, nf*
aberrant *anormale-i, a*
aberration *aberrazione-i, nf*
to abet *incitare*
abetment *incitamento-i, nm*
abeyance *sospensione-i, nf*
to abhor *aborrire*
abhorrence *aborrimento-i, nm*
abhorrent *disgustoso-i a e, a*
to abide *sopportare*
abiding *persistente-i, a*
abidingly *costantemente, ad*
ability *abilità, nf*
abject *abbietto-i a e, a*
abjection *abiezione-i, nf*
abjectly *abbiettamente, ad*
abjuration *abiura-e, nf*
to abjure *abiuare*
ablative *ablativo-i, nm*
ablaze *risplendente-i, a*
able *abile-i, a*
abloom *fiorito-i, a*
ablush *soffuso-i a e, a*
ablution *abluzione-i, nf*
ably *abilmente, ad*

A
to abàndon *abbandonàre*
abàtable *riducìbile-i, a*
to abàte *diminuìre*
abàtement *riduziòne-i, nf*
abbattòir *macèllo-i, nm*
àbbess *badessa-e, nf*
àbbot *abàte-i, nm*
abbrèviation *abbreviaziòne-i, nf*
to abbrèviate *abbreviàre*
to abdikàte *abdikàre*
abdòmen *àddome-i, nm*
abdòminal *addominàle-i, a*
to abdùkt *rubàre*
abdùktion *ràtto-i, nm*
abdùktor *rapitòre-i, nm*
abèrrance *aberraziòne-i, nf*
abèrrant *anormàle-i, a*
aberràtion *aberraziòne-i, nf*
to abèt *incitàre*
abètment *incitamènto-i, nm*
abèyance *sospensiòne-i, nf*
to abhòr *aborrìre*
abhòrrence *aborrimènto-i, nm*
abhòrrent *disgustòso-i a e, a*
to abìde *sopportàre*
abìding *persistènte-i, a*
abìdingly *kostantemènte, ad*
abìlity *abilità, nf*
àbjekt *abbiètto-i a e, a*
abjèktion *abieziòne-i, nf*
àbjektly *abbiettamènte, ad*
abjuràtion *abiùra-e, nf*
to abjùre *abiuàre*
àblative *ablatìvo-i, nm*
ablàze *risplendènte-i, a*
àble *àbile-i, a*
ablòom *fiorìto-i, a*
ablùsh *soffùso-i a e, a*
ablùtion *abluziòne-i, nf*
àbly *abilmènte, ad*

ci ce ca co cu   ki ke ka ko ku   ji je ja jo ju   gi ge ga go gu
sci sce sca sco scu=shi she sha sho shu   gn=q   gl=y

absent-minded

to abnegate *negare*	**to àbnegate** *negàre*
abnegation *rinunzia-e, nf*	**abnegàtion** *rinùnzia-e, nf*
abnormal *anormale-i, a*	**abnòrmal** *anormàle-i, a*
abnormality *anormalità, nf*	**abnormàlity** *anormalità, nf*
abnormity *enormità, nf*	**abnòrmity** *enormità, nf*
aboard *a bordo, ad*	**abòard** *a bòrdo, ad*
abode *dimora-e, nf*	**abòde** *dimòra-e, nf*
abolish *abolire*	**abòlish** *abolìre*
abolition *abolizione-i, nf*	**abolìtion** *aboliziòne-i, nf*
abominable *abominevole-i, a*	**abòminable** *abominèvole-i, a*
abominantly *abominevolmente, ad*	**abòminantly** *abominevolmènte, ad*
to abominate *abominare*	**to abòminate** *abominàre*
abomination *abominazione-i, nf*	**abominàtion** *abominaziòne-i, nf*
aboriginal *aborigeno-i a e, nmf*	**aborìginal** *aborìjeno-i a e, nmf*
to abort *abortire*	**to abòrt** *abortire*
aborted *abortito-i a e, a*	**abòrted** *abortìto-i a e, a*
abortion *aborto-i, nm*	**abòrtion** *abòrto-i, nm*
abortive *abortivo i a e, a*	**abòrtive** *abortìvo-i a e, a*
to abound *abbondare*	**to abòund** *abbondàre*
about *circa, ad*	**abòut** *cìrka, ad*
above *sopra, adv*	**abòve** *sòpra, ad*
above-board *onorevole-i, a*	**abòve-bòard** *onorèvole-i, a*
to abrade *abradare*	**to abràde** *abradàre*
abrasion *abrasione-i, nf*	**abràsion** *abrasiòne-i, nf*
abreast *di fronte, ad*	**abrèast** *di frònte, ad*
to abridge *abbreviare*	**to abrìdge** *abbreviàre*
abridgement *abbreviazione-i, nf*	**abrìdgement** *abbreviazòne-i, nf*
abroad *fuori, ad*	**abròad** *fuòri, ad*
to abrogate *abrogare*	**to àbrogate** *abrogàre*
abrogation *abrogazione-i, nf*	**abrogàtion** *abrogaziòne-i, nf*
abrupt *improvviso-i a e, a*	**abrùpt** *improvvìso-i a e, a*
abruption *improvvisa-e, nf*	**abrùption** *improvvìsa-e, nf*
abruptly *improvvisamente, ad*	**abrùptly** *improvvisamènte, ad*
abscess *ascesso-i, nm*	**àbscess** *ashèsso-i, nm*
to abscind *recidere*	**to abscìnd** *recìdere*
abscondence *latitante-i, nm*	**abskòndence** *latitànte-i, nm*
absence *assenza-e, nf*	**àbsence** *assènza-e, nf*
absent *assente-i, a*	**àbsent** *assènte-i, a*
absently *distrattamente, ad*	**àbsently** *distrattamènte, ad*
absent-minded *distratto-i a e, a*	**àbsent-mìnded** *distràtto-i a e, a*

accellerator

absinth *assenzio-i, nm*	**àbsinth** *assènzio-i, nm*
absolute *assoluto-i a e, a*	**àbsolute** *assolùto-i a e, a*
absolutely *assolutamente, ad*	**àbsolutely** *assolutamènte, ad*
absolution *assoluzione-i, nf*	**absolùtion** *assoluziòne-i, nf*
absolutism *assolutismo-i, nm*	**àbsolutism** *assolutìsmo-i, nm*
to absolve *assolvere*	**to absòlve** *assòlvere*
to absorb *assorbire*	**to absòrb** *assorbìre*
absorbent *assorbente-i, nm*	**absòrbent** *assorbènte-i, nm*
absorption *assorbimento-i, nm*	**absòrption** *assorbimènto-i, nm*
absorptive *assorbente-i, a*	**absòrptive** *assorbènte-i, a*
to abstain *astenere*	**to abstàin** *astenère*
abstainer *astemio-i a e, nmf*	**abstàiner** *astèmio-i a e, nmf*
abstemious *astemio-i a e, a*	**abstèmious** *astèmio-i a e, a*
abstemiously *temperatamente, ad*	**abstèmiously** *temperatamènte, ad*
abstention *astensione-i, nf*	**abstèntion** *astensiòne-i, nf*
abstergent *astergente-i, a*	**abstèrgent** *asterjènte-i, a*
abstersive *purgativo-i a e, a*	**abstèrsive** *purgatìvo-i a e, a*
abstinence *astinenza-e, nf*	**àbstinence** *astinènza-e, nf*
abstinent *astinente-i, a*	**àbstinent** *astinènte-i, a*
abstract *astratto-i,a*	**àbstrakt** *astràtto-i,a*
to abstract *astrarre*	**to abstràkt** *astràrre*
abstraction *astrazione-i, nf*	**abstràktion** *astraziòne-i, nf*
abstractness *astrattezza-e, nf*	**àbstraktness** *astrattèzza-e, nf*
abstruse *astruso-i a e, a*	**abstrùse** *astrùso-i a e, a*
abstrusity *astrusità, nf*	**abstrùsity** *astrusità, nf*
absurd *assurdo-i a e, a*	**absùrd** *assùrdo-i a e, a*
absurdity *assurdità, nf*	**absùrdity** *assurdità, nf*
absurdly *assurdamente, ad*	**absùrdly** *assurdamènte, ad*
abundance *abbondanza-e, nf*	**abùndance** *abbondànza-e, nf*
abundant *abbondante-i, a*	**abùndant** *abbondànte-i, a*
abundantly *abbondantemente, ad*	**abùndantly** *abbondantemènte, ad*
abuse *abuso-i, nm*	**abùse** *abùso-i, nm*
to abuse *abusare*	**to abùse** *abusàre*
abusive *abusivo-i a e, a*	**abùsive** *abusìvo-i a e, a*
a cappella *a cappella*	**a kappèlla** *a kappèlla*
accelerando *accelerando*	**acceleràndo** *acceleràndo*
to accelerate *accellerare*	**to accèlerate** *accelleràre*
acceleration *accelerazione-i, nf*	**acceleràtion** *acceleraziòne-i, nf*
accellerative *accellerativo-i a e, a*	**accèllerative** *accellerativo-i a e, a*
accellerator *accelleratore-i, nm*	**accèllerator** *accelleratòre-i, nm*

ci ce ca co cu   ki ke ka ko ku   ji je ja jo ju   gi ge ga go gu
sci sce sca sco scu=shi she sha sho shu   gn=q   gl=y

accendibility *infiammabilità, nf*	**accendibìlity** *infiammabilità, nf*
accension *accensione-i, nf*	**accènsion** *accensiòne-i, nf*
accent *accento-i, nm*	**àccent** *accènto-i, nm*
to accent *accentare*	**to accènt** *accentàre*
to accentuate *accentuare*	**to accèntuate** *accentuàre*
acceptability *accettabilità, nf*	**acceptabìlity** *accettabilità, nf*
acceptable *accettabile-i, a*	**accèptable** *accettàbile-i, a*
acceptance *accettazione-i, nf*	**accèptance** *accettaziòne-i, nf*
to accept *accettare*	**to accèpt** *accettàre*
acceptation *accessione, nf*	**acceptàtion** *accessiòne, nf*
access *accesso-i, nm*	**àccess** *accèsso-i, nm*
accessary *complice-i, nm*	**àccessary** *kòmplice-i, nm*
accessible *accessibilità, nf*	**accèssible** *accessibilità, nf*
accessory *accessorio-i a e, nmf*	**accèssory** *accessòrio-i a e, nmf*
accident *incidente-i, nm*	**àccident** *incidènte-i, nm*
accidental *accidentale-i, a*	**accidèntal** *accidentàle-i, a*
accidentally *accidentalmente, ad*	**accidèntally** *accidentalmènte, ad*
acclaim *applauso-i, nm*	**akklàim** *applàuso-i, nm*
to acclaim *acclamare*	**to akklàim** *akklamàre*
acclamation *acclamazione-i, nf*	**akklamàtion** *akklamaziòne-i, nf*
acclimation *acclimazione-i, nf*	**akklimàtion** *akklimaziòne-i, nf*
to acclimatize *acclimare*	**to akklìmatize** *akklimàre*
to accommodate *accomodare*	**to akkòmmodàte** *akkomodàre*
accommodating *accomodante-i, a*	**akkòmmodàting** *akkomodànte-i, a*
accommodation *accomodamento-i, nm*	**akkommodàtion** *akkomodamènto-i, nm*
accompaniment *accompagnamento-i, nm*	**akkòmpaniment** *akkompaqamènto-i, nm*
to accompany *accompagnare*	**to akkòmpany** *akkompaqàre*
accomplice *complice-i, nm*	**akkòmplice** *kòmplice-i, nm*
to accomplish *completare*	**to akkòmplish** *kompletàre*
accomplishment *compimento-i, nm*	**akkòmplìshment** *kompimènto-i, nm*
accord *accordo-i, nm*	**akkòrd** *akkòrdo-i, nm*
to accord *accordare*	**to akkòrd** *akkordàre*
accordance *accordo-i, nm*	**akkòrdance** *akkòrdo-i, nm*
accordingly *conseguentemente, ad*	**akkòrdingly** *konseguentemènte, ad*
accordion *fisarmonica-he, nf*	**akkòrdion** *fisarmònika-e, nf*
accost *saluto-i, nm*	**akkòst** *salùto-i, nm*
to accost *avvicinare*	**to akkòst** *avvicinàre*
account *conto-i, nm*	**akkòunt** *kònto-i, nm*
to account *contare*	**to akkòunt** *kontàre*
accountable *responsabile-i, a*	**akkòuntable** *responsàbile-i, a*

accountant *contabile-i, nm*
accoutrement *abbigliamento-i, nm*
to accredit *accreditare*
accretion *accrescimento-i, nm*
to accrue *accrescere*
to accumulate *accumulare*
accumulative *accumulativo-i a e, a*
accumulatively *accumulativamente, ad*
accuracy *accuratezza-e, nf*
accurate *accurato-i a e, a*
accurately *accuratamente, ad*
accusation *accusa-e, nf*
to accuse *accusare*
accuser *accusatore-i, nm*
to accustom *abituare*
accustomed to *avvezzo-i a e, a*
ace *asso-i, nm*
acephalous *acefalo-i, nm*
acerbity *acerbità, nf*
acetate *acetato-i, nm*
acetic *acetico-i a e, a*
acetone *acetone-i, nm*
acetylene *acetilene-i, nm*
ache *dolore-i, nm*
to ache *soffrire*
achievable *ottenibile-i, a*
to achieve *compiere*
achievement *compimento-i, nm*
aching *sofferenza-e, nf*
achromatic *acromatico-i a he, a*
achromatically *acromaticamente, ad*
acid *acido-i, nm*
acidification *acidificazione-i, nm*
to acidify *acidificare*
acidity *acidità, nf*
acidulous *acidulo-i, a*
to acknowledge *riconoscere*
acknowledgment *riconoscimento-i, nm*
acne *acne-i, nf*
acock *rialzato, ad*

akkòuntant *kontàbile-i, nm*
akkòutrement *abbiyamènto-i, nm*
to akkrèdit *akkreditàre*
akkrètion *akkreshimènto-i, nm*
to akkrùe *akkrèshere*
to akkùmulàte *akkumulàre*
akkùmulative *akkumulatìvo-i a e, a*
akkùmulatively *akkumulativamènte, ad*
àkkuracy *akkuratèzza-e, nf*
àkkurate *akkuràto-i a e, a*
àkkurately *akkuratamènte, ad*
akkusàtion *akkùsa-e, nf*
to akkùse *akkusàre*
akkùser *akkusatòre-i, nm*
to akkùstom *abituàre*
akkùstomed to *avvèzzo-i a e, a*
àce *àsso-i, nm*
acèphalous *acèfalo-i, nm*
acèrbity *acerbità, nf*
àcetate *acètato-i, nm*
acètik *acètiko-i a e, a*
àcetone *acètone-i, nm*
acètỳlene *acetilène-i, nm*
àke *dolòre-i, nm*
to àke *soffrìre*
achìevable *ottenìbile-i, a*
to achìeve *kòmpiere*
achìevement *kompimènto-i, nm*
àking *sofferènza-e, nf*
akromàtik *akromàtiko-i a e, a*
akromàtikally *akromatikamènte, ad*
àcid *àcido-i, nm*
acidifikàtion *acidifikaziòne-i, nm*
to acìdify *acidificàre*
acìdity *acidità, nf*
acìdulous *acìdulo-i, a*
to aknòwledge *rikonòshere*
aknòwledgment *rikonoshimènto-i, nm*
àkne *àkne-i, nf*
akòk *rialzàto, ad*

ci ce ca co cu ki ke ka ko ku ji je ja jo ju gi ge ga go gu
sci sce sca sco scu=shi she sha sho shu gn=q gl=y

to acuminate

acorn *ghianda-e, nf*
acoustics *acustica, nf*
to acquaint *informare*
acquaintance *conoscenza-e, nf*
acquiesce *acquiescenza-e, nf*
to acquiesce *acquiescere*
to acquìre *acquisire*
acquirement *acquisto-i, nm*
acquisition *acquisto-i, nm*
to acquit *assolvere*
acquittal *assoluzione-i, nf*
acre *acro-i, nm*
acrid *aspro-i a e, a*
acridity *asprezza-e, nf*
acrimonious *acrimonioso-i a e, a*
acrimoniously *con acrimonia, ad*
acrimony *acrimonia-e, nf*
acrobacy *acrobazia-e, nf*
acrobatic *acrobatico-i a e, a*
acropolis *acropoli, nf*
across *attraverso, prep*
acrostic *acrostico-i a he, a*
act *atto-i, nm*
to act *agire*
acting *rappresentazione-i, nf*
action *azione-i, nf*
active *attivo-i a e, a*
actively *attivamente, ad*
activity *attività, nf*
actor *attore-i, nm*
actress *attrice-i, nf*
actual *attuale-i, a*
actuality *realtà, nf*
actualization *realizzazione-i, nf*
actually *attualmente, ad*
to actuate *muovere*
actuation *attuazione-i, nf*
acuity *acutezza-e, nf*
acumen *acume-i, nm*
to acuminate *acuminare*

àkorn *giànda-e, nf*
akòustics *akùstika, nf*
to akuàint *informàre*
akuàintance *konoshènza-e, nf*
akuièsce *akuieshènza-e, nf*
to akuièsce *akuièshere*
to akuìre *akuisìre*
akuìrement *akuìsto-i, nm*
akuisìtion *akuìsto-i, nm*
to akuìt *assòlvere*
akuìtal *assoluziòne-i, nf*
àkre *àkro-i, nm*
àkrid *àspro-i a e, a*
akrìdity *asprèzza-e, nf*
akrimònious *akrimonìòso-i a e, a*
akrimòniously *kòn akrimònia, ad*
àkrimòny *akrimònia-e, nf*
àkrobacy *akrobazìa-e, nf*
akrobàtik *akrobàtiko-i a e, a*
akròpolis *akròpoli, nf*
akròss *attravèrso, prep*
akròstik *akròstiko-i a e, a*
àkt *àtto-i, nm*
to àkt *agìre*
àkting *rappresentaziòne-i, nf*
àktion *aziòne-i, nf*
àktive *attìvo-i a e, a*
àktìvely *attivamènte, ad*
aktìvity *attività, nf*
àktor *attòre-i, nm*
àktress *attrìce-i, nf*
àktual *attuàle-i, a*
aktuàlity *realtà, nf*
aktualizàtion *realizzaziòne-i, nf*
àktually *attualmènte, ad*
to àktuate *muòvere*
aktuàtion *attuaziòne-i, nf*
akùity *akutèzza-e, nf*
akùmen *akùme-i, nm*
to akùminate *akuminàre*

adipose

acute *acuto-i a e, a*
acutely *acutamente, ad*
acuteness *acutezza-e, nf*
adage *adagio-i, nm*
adagio *adagio*
Adam *Adamo, nm*
adamant *duro-i a e, a*
to adapt *adattare*
adaptability *adattabilità, nf*
adaptable *adattabile-i, a*
adaptation *adattamento-i, nm*
adaptively *adattevolmente, ad*
to add *aggiungere*
addendum *addendo-i, nm*
adder *serpente-i, nm*
addict *drogato-i a e, nmf*
addiction *dedizione-i, nf*
addition *addizione-i, nf*
additional *aggiunto-i a e, a*
addle *guasto-i, nm*
to addle *confondere*
address *indirizzo-i, nm*
to address *indirizzare*
addressee *destinatario-i, nm*
to adduce *addurre*
adduction *adduzzione-i, nf*
adenoids *adenoidi, nf*
adept *abile-i, a*
adequacy *adeguazione-i, nf*
adequate *adeguato-i a e, a*
adequately *adeguatamente, ad*
to adhere *aderire*
adherence *aderenza-e, nf*
adherent *aderente-i, a*
adhesion *adesione-i, nf*
adhesive *adesivo-i, nm*
to adhibit *adibire*
adhibition *applicazione-i, nf*
adieu *addio, ad*
adipose *adiposo-i, a*

akùte *akùto-i a e, a*
akùtely *akutamènte, ad*
akùteness *akutèzza-e, nf*
àdage *adàjo-i, nm*
adàgio *adàjo*
Adam *Adàmo, nm*
àdamant *dùro-i a e, a*
to adàpt *adattàre*
adaptabìlity *adattabilità, nf*
adàptable *adattàbile-i, a*
adaptàtion *adattamènto-i, nm*
adàptively *adattevolmènte, ad*
to àdd *ajjùnjere*
addèndum *addèndo-i, nm*
àdder *serpènte-i, nm*
àddikt *drogàto-i a e, nmf*
addìktion *dedizìòne-i, nf*
addìtion *addiziòne-i, nf*
addìtional *ajjùnto-i a e, a*
àddle *guàsto-i, nm*
to àddle *konfòndere*
addrèss *indirìzzo-i, nm*
to addrèss *indirizzàre*
addressèe *destinatàrio-i, nm*
to addùce *addùrre*
addùktion *adduzziòne-i, nf*
àdenoids *adenòidi, nf*
adèpt *àbile-i, a*
àdequacy *adeguaziòne-i, nf*
àdequate *adeguàto-i a e, a*
àdequately *adeguatamènte, ad*
to adhère *aderìre*
adhèrence *aderènza-e, nf*
adhèrent *aderènte-i, a*
adhèsion *adesiòne-i, nf*
adhèsive *adesìvo-i, nm*
to adhìbit *adibìre*
adhibìtion *applikaziòne-i, nf*
adieù *addìo, ad*
adipòse *adipòso-i, a*

ci ce ca co cu ki ke ka ko ku ji je ja jo ju gi ge ga go gu
sci sce sca sco scu=shi she sha sho shu gn=q gl=y

admonishment

adit *adito-i, nm*
adjacency *adiacenza-e, ng*
adjacent *adiacente-i, a*
adjectival *aggettivale-i, a*
adjective *aggettivo-i, nm*
to adjoin *aggiungere*
to adjourn *terminare*
adjournment *rinvio-i, nm*
to adjudge *aggiudicare*
adjudgement *giudizio-i, nm*
to adjudicate *giudicare*
adjudication *aggiudicazione-i, nf*
adjunct *aggiunta-e, nf*
adjuration *scongiuro-i, nm*
to abjure *scongiurare*
to adjust *aggiustare*
adjustment *accomodamento-i, nm*
adjutancy *assistenza-e, nf*
adjutant *assistente-i, nm*
adjuvant *coadiutore-i, nm*
to administer *amministrare*
administration *amministrazione-i, nf*
administrative *amministrativo-i a e, a*
administrator *amministratore-i, nm*
admirable *ammirevole-i a e, a*
admirably *ammirevolmente, ad*
admiral *ammiraglio-i, nm*
admiralship *ammiragliato-i, nm*
admiration *ammirazione-i, nf*
to admire *ammirare*
admissibility *ammissibilità, nf*
admissible *ammissibile-i, a*
admission *ammissione-i, nf*
to admit *ammettere*
admittable *introducibile-i, a*
admittance *ammissione-i, nf*
to admix *mescolare*
admixture *miscela-e, nf*
to admonish *ammonire*
admonishment *ammonimento-i, nm*

àdit *àdito-i, nm*
adjàcency *adiacènza-e, nf*
adjàcent *adiacènte-i, a*
adjektìval *ajjettivàle-i, a*
àdjektive *ajjettìvo-i, nm*
to adjòin *ajjùnjere*
to adjòurn *terminàre*
adjòurnment *rinvìo-i, nm*
to adjùdge *ajjudikàre*
adjùdgement *judìzio-i, nm*
to adjùdikate *judikàre*
adjudikàtion *ajjudikaziòne-i, nf*
adjùnkt *ajjùnta-e, nf*
adjuràtion *skonjùro-i, nm*
to abjùre *skonjuràre*
to adjùst *ajjustàre*
adjùstment *akkomodamènto-i, nm*
àdjutancy *assistènza-e, nf*
àdjutant *assistènte-i, nm*
àdjuvant *koadiutòre-i, nm*
to admìnister *amministràre*
administràtion *amministraziòne-i, nf*
admìnistrative *amministratìvo-i a e, a*
admìnistràtor *amministratòre-i, nm*
àdmirable *ammirèvole-i a e, a*
àdmirably *ammìrevolmènte, ad*
àdmiral *ammiràyo-i, nm*
àdmiralshìp *ammirayàto-i, nm*
admiràtion *ammiraziòne-i, nf*
to admìre *ammiràre*
admissibìlity *ammissibilità, nf*
admìssible *ammissìbile-i, a*
admìssion *ammissiòne-i, nf*
to admìt *ammèttere*
admìttable *introducìbile-i, a*
admìttance *ammissiòne-i, nf*
to admìx *meskolàre*
admìxture *mishèla-e, nf*
to admònish *ammonìre*
admònishment *ammonimènto-i, nm*

admonition *rimprovero-i, nm*
adobe *mattone-i, nm*
adolescence *adolescenza-e, nf*
adolescent *adolescente-i, nm*
to adonize *adornare*
to adopt *adattare*
adoptable *adottabile-i, a*
adoption *adozione-i, nf*
adoptive *adottivo-i a e, a*
adorable *adorabile-i, a*
adorably *adorabilmente, ad*
adoration *adorazione-i, nf*
to adore *adorare*
to adorn *adornare*
adornment *ornamento-i, nm*
adrenalin *adrenalina-e, nf*
adrift *alla deriva, ad*
adroit *destro-i a e, a*
adroitly *abilmente, ad*
adroitness *abilità, nf*
to adulate *adulare*
adulation *adulazione-i, nf*
adulator *adulatore-i, nm*
adulatory *adulatorio-i a e, a*
adult *adulto-i a e, nmf*
adulterant *adulterante-i, a*
to adulterate *adulterare*
adulteration *adulterazione-i, nf*
adulterer *adultero-i a e, nm*
adulteress *adultera-e, nf*
adultery *adulterio-i, nm*
adulterous *adultero-i a e, a*
to adumbrate *adombrare*
advance *anticipo-i, nm*
to advance *promuovere*
advancement *avanzamento-i, nm*
advantage *vantaggio-i, nm*
to advantage *avvantaggiare*
advantageous *vantaggioso-i a e, a*
advantageously *vantaggiosamente, ad*

admonìtion *rimpròvero-i, nm*
adòbe *mattòne-i, nm*
adolèscence *adoleshènza-e, nf*
adolèscent *adoleshènte-i, nm*
to àdonize *adornàre*
to adòpt *adattàre*
adòptable *adottàbile-i, a*
adòption *adoziòne-i, nf*
adòptive *adottìvo-i a e, a*
adòrable *adoràbile-i, a*
adòrably *adorabilmènte, ad*
adoràtion *adoraziòne-i, nf*
to adòre *adoràre*
to adòrn *adornàre*
adòrnment *ornamènto-i, nm*
adrènalin *adrenalìna-e, nf*
adrìft *àlla derìva, ad*
adròit *dèstro-i a e, a*
adròitly *abilmènte, ad*
adròitness *abilità, nf*
to àdulàte *adulàre*
adulàtion *adulaziòne-i, nf*
adulàtor *adulatòre-i, nm*
àdùlàtory *adulatòrio-i a e, a*
adùlt *adùlto-i a e, nmf*
adùlterant *adulterànte-i, a*
to adùlteràte *adulteràre*
adulteràtion *adulteraziòne-i, nf*
adùlterer *adùltero-i a e, nmf*
adùlteress *adùltera-e, nf*
adùltery *adultèrio-i, nm*
adùlterous *adùltero-i a e, a*
to àdùmbrate *adombràre*
advànce *antìcipo-i, nm*
to advànce *promuòvere*
advàncement *avanzamènto-i, nm*
advàntage *vantàjjo-i, nm*
to advàntage *avvantajjàre*
advantàgeous *vantajjòso-i a e, a*
advantàgeously *vantajjòsamènte, ad*

ci ce ca co cu   ki ke ka ko ku   ji je ja jo ju   gi ge ga go gu
sci sce sca sco scu=shi she sha sho shu   gn=q   gl=y

aestetically

advent *avvento-i, nm*	**àdvent** *avvènto-i, nm*
adventure *avventura-e, nf*	**advènture** *avventùra-e, nf*
to adventure *avventurare*	**to advènture** *avventuràre*
adeventurer *avventuriero-i a e, nmf*	**advènturer** *avventurièro-i a e, nmf*
adveturous *avventuroso-i a e, a*	**advènturous** *avventuròso-i a e, a*
adverb *avverbio-i, nm*	**àdverb** *avvèrbio-i, nm*
adverbial *avverbiale-i, a*	**advèrbial** *avverbiàle-i, a*
adverbially *avverbialmente, ad*	**advèrbially** *avverbialmènte, ad*
adversary *avversario-i, a e, nmf*	**àdversary** *avversàrio-i, a e, nmf*
adversative *avversativo-i, a e, a*	**advèrsative** *avversativo-i, a e, a*
adverse *avverso-i, a e, a*	**àdvèrse** *avvèrso-i, a e, a*
adversily *avversamente, ad*	**àdvèrsily** *avversamènte, ad*
adversity *avversità, nf*	**advèrsity** *avversità, nf*
to advert *riferire*	**to advèrt** *riferìre*
to advertise *annunciare*	**to àdvèrtise** *annuncàre*
advertisement *annuncio-i, nm*	**advèrtìsement** *annùnco-i, nm*
advertiser *inserzionista-i, nm*	**àdvertìser** *inserzionìsta-i, nm*
advertising *publicità, nf*	**àdvertìsing** *publicità, nf*
advice *consiglio-i, nm*	**advìce** *konsìyo-i, nm*
advisability *raccomandabilità, nf*	**advìsabìlity** *rakkomandabilità, nf*
advisable *raccomandabile-i, a*	**advìsable** *rakkomandàbile-i, a*
to advise *consigliare*	**to advìse** *konsiyàre*
adviser *consigliere-i, nm*	**advìser** *konsiyère-i, nm*
advisory *consulente-i, nm*	**advìsory** *konsulènte-i, nm*
advocacy *appoggio-i, nm*	**advokàcy** *appòjjo-i, nm*
advocate *avvocato-i, nm*	**àdvokàte** *avvokàto-i, nm*
to advocate *difendere*	**to àdvokàte** *difèndere*
aeon *epoca-he, nf*	**aeòn** *èpoka-e, nf*
to aerate *aerare*	**to aeràte** *aeràre*
aeration *aerazione-i, nf*	**aeràtion** *aerazìòne-i, nf*
aerial *aereo-i, a*	**àerial** *aèreo-i, a*
aerodrome *aerodromo-i, nm*	**aerodròme** *aeròdromo-i, nm*
aerodynamics *aerodinamica-he, nf*	**aerodynàmiks** *aerodinàmika-e, nf*
aerogam *marconigramma-i, nm*	**àerogràm** *markonigràmma-i, nm*
aeronaut *aeronauta-i, nm*	**aeronàut** *aeronàuta-i, nm*
aeronautical *aeronatico-i a he, a*	**aeronàutikal** *aeronàtiko-i a e, a*
aereoplane *aereo-i, nm*	**àereoplàne** *aèreo-i, nm*
aerostat *aerostato-i, nm*	**àerostàt** *aerostàto-i, nm*
aesthete *esteta, nm*	**àesthète** *estèta, nm*
aestetically *esteticamente, ad*	**aestètikally** *estetikamènte, ad*

21

aesteticism *estetismo-i, nm*
aestetics *estetica-he, nf*
aetiological *etiologico-i a e, a*
aetiology *etiologia-e, nf*
afar *lontano, ad*
affable *affabile-i, a*
affability *affabilità, nf*
affably *affabilmente, ad*
affair *comportamento-i, nm*
to affect *influire*
affection *affetto-i, nm*
affectedly *affettatamente, ad*
affectionate *affettuoso-i a e, a*
affectionately *affettuosamente, ad*
affective *affettivo-i a e, a*
affiliate *socio-i a e, nmf*
to affiliate *affiliare*
affiliation *affiliazione-i, nf*
affinity *affinità, nf*
to affirm *affermare*
affirmable *affermabile-i, a*
affirmation *affermazione-i, nf*
affirmative *affermativo-i a e, a*
affirmatively *affermativamente, ad*
affix *affisso-i, nm*
to affix *fissare*
afflatus *afflato-i, nm*
to afflict *affliggere*
affliction *afflizione-i, nf*
affluence *affluenza-e, nf*
affluent *ricco-hi a he, a*
afflux *afflusso-i, nm*
to afford *sopportare*
to affranchise *affrancare*
affray *rissa-e, nf*
affront *affronto-i, nm*
to affront *affrontare*
afire *in fiamme, ad*
aflame *in fiamme, ad*
afloat *a galla, ad*

aestèticism *estetìsmo-i, nm*
aestètiks *estètika-e, nf*
aetiològìkal *etiolòjiko-i a e, a*
aetiòlogy *etiolojìa-e, nf*
afàr *lontàno, ad*
àffable *affàbile-i, a*
affabìlity *affabilità, nf*
àffably *affabilmènte, ad*
affàir *komportamènto-i, nm*
to affèkt *influìre*
affèktion *affètto-i, nm*
affèktedly *affettatamènte, ad*
affèktionate *affettuòso-i a e, a*
affèktionately *affettuosamènte, ad*
affèktive *affettìvo-i a e, a*
affìliate *sòco-i a e, nmf*
to affìliate *affiliàre*
affiliàtion *affiliaziòne-i, nf*
affinity *affinità, nf*
to affìrm *affermàre*
affirmable *affermàbile-i, a*
affirmàtion *affermaziòne-i, nf*
affìrmative *affermatìvo-i a e, a*
affìrmatively *affermativamènte, ad*
àffix *affìsso-i, nm*
to affix *fissàre*
afflàtus *afflàto-i, nm*
to afflìkt *afflìjjere*
afflìktion *afflizòne-i, nf*
àffluence *affluènza-e, nf*
àffluent *rìkko-i a e, a*
àfflux *afflùsso-i, nm*
to affòrd *sopportàre*
to affrànchìse *affrankàre*
affrày *rìssa-e, nf*
affrònt *affrònto-i, nm*
to affrònt *affrontàre*
afire *in fiàmme, ad*
aflàme *in fiàmme, ad*
aflòat *a gàlla, ad*

ci ce ca co cu   ki ke ka ko ku   ji je ja jo ju   gi ge ga go gu
sci sce sca sco scu=shi she sha sho shu   gn=q   gl=y

aggression

afoot *a piedi, ad*
afore *prima, prep*
aforecited *precitato-i a e, a*
aforenamed *prenominato-i a e, a*
aforesaid *predetto-i a e, a*
aforetime *precedentemente, ad*
afraid *impaurito-i a e, a*
to (be) afraid *aver paura*
afresh *di nuovo, ad*
aft *a poppa, ad*
after *dopo, ad*
afterbirth *placenta-e, nf*
afternoon *pomeriggio-i, nm*
afterthought *riflessione-i, nf*
afterwards *dopo, ad*
again *di nuovo, ad*
against *contro, prep*
agape *a bocca aperta, ad*
agaze *con lo sguardo fisso, ad*
age *età, nf*
age *epopea, nf*
to age *invecchiare*
ageless *chi-che non invecchia, a*
agency *agenzia-e, nf*
agenda *argomento-i, nm*
agent *agente-i, nm*
agglomerate *agglomerato-i, nm*
to agglomerate *agglomerare*
agglutinant *agglutinante-i, a*
agglutinate *agglutinato-i, nm*
to agglutinate *agglutinare*
to aggrandize *ingrandire*
aggrandizement *ingrandimento-i, nm*
to aggravate *aggravare*
aggravation *aggravamento-i, nm*
aggregate *aggregato-i, nm*
to aggregate *aggregare*
aggregate *aggregato-i, a*
aggregation *aggregazione-i, nf*
aggression *aggressione-i, nf*

afòot *a pièdi, ad*
afòre *prìma, prep*
afòrecìted *precitàto-i a e, a*
afòrenàmed *prenominàto-i a e, a*
afòresàid *predètto-i a e, a*
afòretìme *precedentemènte, ad*
afràid *impaurìto-i a e, a*
to (be) afràid *avèr paùra*
afrèsh *di nuòvo, ad*
àft *a pòppa, ad*
àfter *dòpo, ad*
àfterbìrth *placènta-e, nf*
àfternòon *pomerìjjo-i, nm*
àfterthòught *riflessiòne-i, nf*
àfterwàrds *dòpo, ad*
agàin *di nuòvo, ad*
agàinst *kòntro, prep*
agàpe *a bòkka apèrta, ad*
agàze *kòn lò sguàrdo fisso, ad*
àge *età, nf*
àge *epopèa, nf*
to àge *invekkiàre*
àgeless *kì-ke nòn invèkkia, a*
àgency *ajenzìa-e, nf*
agènda *argomènto-i, nm*
àgent *àjente-i, nm*
agglòmerate *agglomeràto-i, nm*
to agglòmeràte *agglomeràre*
agglùtinànt *agglutinànte-i, a*
agglùtinàte *agglutinàto-i, nm*
to agglùtinate *agglutinàre*
to àggrandìze *ingrandìre*
aggràndìzement *ingrandimènto-i, nm*
to àggravàte *aggravàre*
aggràvàtion *aggravamènto-i, nm*
àggregate *aggregàto-i, nm*
to aggrègàte *aggregàre*
aggrègàte *aggregàto-i, a*
aggregàtion *aggregaziòne-i, nf*
aggrèssion *aggressiòne-i, nf*

aggressive *aggressivo-i a e, a*
aggressively *aggressivamente, ad*
aggressiveness *aggressività, nf*
aggressor *aggressore-i, nm*
aghast *stupefatto-i a e, a*
agile *agile-i, a*
agilely *agilmente, ad*
agility *agilità, nf*
to agitate *agitare*
agitation *agitazione-i, nf*
aglet *aghetto-i, nm*
aglow *ardentemente, ad*
agnostic *agnotico-i a he, a*
agnosticism *agnosticismo-i, nm*
ago *fa, ad*
agog *ansioso-i a e, a*
to agonize *agonizzare*
agony *agonia-e, nf*
agorophobia *agorofobia-e, nf*
agrarian *agrario-i a e, a*
to agree *acconsentire*
agreeable *piacevole-i, a*
agreeably *piacevolmente, ad*
agreement *accordo-i, nm*
agrestic *agreste-i, a*
agriculture *agricoltura-e, nf*
agricultural *agricolo-i a e, a*
agronomist *agronomo-i, nm*
agronomy *agronomia-e, nf*
aground *in secco, ad*
ah *ah, inter*
ahead *avanti, ad*
aid *aiuto-i, nm*
to aid *aiutare*
to ail *soffrire*
aileron *alerone-i, nm*
ailment *sofferenza-e, nf*
aim *mira-e, nf*
aimless *senza scopo, ad*
air *aria-e, nf*

aggrèssive *aggressìvo-i a e, a*
aggrèssively *aggressivamènte, ad*
aggrèssiveness *aggressività, nf*
aggrèssor *aggressòre-i, nm*
aghàst *stupefàtto-i a e, a*
àgìle *àjile-i, a*
àgìlely *ajìlmènte, ad*
agìlity *ajilità, nf*
to àgitàte *ajitàre*
agitàtion *ajitazìòne-i, nf*
àglet *agètto-i, nm*
aglòw *ardentemènte, ad*
agnòstik *aqòstiko-i a e, a*
agnòsticism *aqosticìsmo-i, nm*
agò *fà, ad*
agòg *ansiòso-i a e, a*
to àgonize *agonizzàre*
àgony *agonìa-e, nf*
agòrophòbia *agorofòbia-e, nf*
agràrian *agràrio-i a e, a*
to agrèe *akkonsentìre*
agrèeable *piacèvole-i, a*
agrèeably *piacevolmènte, ad*
agrèement *akkòrdo-i, nm*
agrèstik *agrèste-i, a*
àgrikùlture *agrikoltùra-e, nf*
agrikùltùral *agrìkolo-i a e, a*
agrònomist *agrònomo-i, nm*
agrònomy *agronomìa-e, nf*
agròund *in sèkko, ad*
àh *àh, inter*
ahèad *avànti, ad*
àid *aiùto-i, nm*
to àid *aiutàre*
to àil *soffrìre*
àileron *aleròne-i, nm*
àilment *sofferènza-e, nf*
àim *mìra-e, nf*
àimless *sènza skòpo, ad*
àir *ària-e, nf*

ci ce ca co cu   ki ke ka ko ku   ji je ja jo ju   gi ge ga go gu
sci sce sca sco scu=shi she sha sho shu   gn=q   gl=y

to air *arieggiare*
air-chamber *camera d'aria, nf*
aircraft *aereo-i, nm*
air-cushion *cuscino pneumatico, nm*
air-field *campo d'aviazione, nm*
air force *aviazione-i, nf*
airless *privo d'aria, a*
air mail *posta aerea, nf*
airman *aviatore-i, nm*
airplane *aeroplano-i, nm*
airport *aereoporto-i, nm*
air-pump *pompa pneumatica, nf*
air-raid *incursione aerea, nf*
air-shed *aviorimessa-e, nf*
airship *dirigibile-i, nm*
aisle *passaggio-i, nm*
ajar *socchiuso, ad*
alabaster *alabastro-i, nm*
alacrity *alacrità, nf*
Aladdin *Aladino, nm*
alarm *allarme-i, nm*
to alarm *allarmare*
alarmism *allarmismo-i, nm*
alated *alato-i a e, a*
albatross *albatro-i, nm*
albeit *sebbene, conj*
Albert *Alberto, nm*
albinism *albinismo-i, a*
albino *albino-i a e, nmf*
album *album, nm*
albumen *albume-i, nf*
albumin *albumina-e, nf*
alburnum *alburno-i, nm*
alchemist *alchemista-i, nm*
alchemy *alchimia-e, nf*
alcohol *alcool, nm*
alcoholic *alcoolico-i a he, a*
alcoholism *alcoolismo-i, nm*
to alcoholize *alcoolizzare*
alcove *alcova-e, nf*

alcove

to àir *ariejjàre*
àir-chàmber *kàmera d'ària, nf*
àirkràft *aèreo-i, nm*
àir-kùshion *kushìno pneumàtiko, nm*
àir-field *kàmpo d'aviaziòne, nm*
àir fòrce *aviaziòne-i, nf*
àirless *prìvo d'ària, a*
àir màil *pòsta aèrea, nf*
àirmàn *aviatòre-i, nm*
àirplàne *aeroplàno-i, nm*
àirpòrt *aereopòrto-i, nm*
àir-pùmp *pòmpa pneumàtika, nf*
àir-ràid *inkursiòne aèrea, nf*
àir-shèd *aviorimèssa-e, nf*
àirshìp *dirijìbile-i, nm*
àisle *passàjjo-i, nm*
ajàr *sokkiùso, ad*
àlabàster *alabàstro-i, nm*
alàkrity *alakrità, nf*
Alàddin *Aladìno, nm*
alàrm *allàrme-i, nm*
to alàrm *allarmàre*
alàrmism *allarmìsmo-i, nm*
alàted *alàto-i a e, a*
àlbatròss *àlbatro-i, nm*
albèit *sebbène, konj*
Albèrt *Albèrto, nm*
àlbinism *albinìsmo-i, a*
albìno *albìno-i a e, nmf*
àlbum *àlbum, nm*
albùmen *albùme-i, nf*
albùmin *albumìna-e, nf*
albùrnùm *albùrno-i, nm*
àlkemist *alkemìsta-i, nm*
àlkemy *alkìmia-e, nf*
alkòhòl *alkoòl, nm*
alkohòlik *alkoòliko-i a e, a*
alkohòlism *alkoolìsmo-i, nm*
to alkohòlize *alkoolizzàre*
àlkove *alkòva-e, nf*

allegory

alderman *assessore-i, nm*	**àlderman** *assessòre-i, nm*
aldermanic *pomposo-i a e, a*	**aldermànik** *pompòso-i a e, a*
ale *birra-e, nf*	**àle** *bìrra-e, nf*
aleatory *aleatorio-i a e, a*	**alèatory** *aleatòrio-i a e, a*
alembic *alambicco-hi a he, nmf*	**alèmbik** *alambìkko-i a e, nmf*
alert *allarme-i, nm*	**alèrt** *allàrme-i, nm*
to alert *agitare*	**to alèrt** *ajitàre*
alertness *vigilanza-e, nf*	**alèrtness** *vijilànza-e, nf*
Alexander *Alessandro, nm*	**Alexànder** *Alessàndro, nm*
alexandrine *alessandrino-i, nm*	**alexàndrine** *Alessandrìno-i, nm*
alga *alga-he, nf*	**àlga** *àlga-e, nf*
algebra *algebra, nf*	**àlgebra** *àljebra, nf*
algebraic *algebraico-i a he, a*	**algebràik** *aljebràiko-i a e, a*
algid *algico-i a e, a*	**àlgìd** *àljiko-i a e, a*
Algiers *Algeri, nf*	**Algiers** *Aljèri, nf*
alien *straniero-i a e, nmf*	**àlien** *stranièro-i a e, nmf*
to alienate *alienare*	**to àlienate** *alienàre*
alienation *alienazione-i, nf*	**alienàtion** *alienaziòne-i, nf*
alight *acceso-i a e, a*	**alìght** *accèso-i a e, a*
to alight *smontare*	**to alìght** *smontàre*
alignment *allineamento-i, nm*	**alìgnment** *allineamènto-i, nm*
alike *similmente, ad*	**alìke** *similmènte, ad*
aliment *alimento-i, nm*	**àliment** *alimènto-i, nm*
to aliment *alimentare*	**to àliment** *alimentàre*
alimental *nutritivo-i a e, a*	**alimèntal** *nutritìvo-i a e, a*
alimentary *alimentare-i, a*	**alimèntary** *alimentàre-i, a*
alimentation *alimentazione-i, nf*	**alimentàtion** *alimentaziòne-i, nf*
alimony *alimento-i, nm*	**àlimòny** *alimènto-i, nm*
aliquot *aliquota-e, nf*	**àliquòt** *alikuòta-e, nf*
alive *vivente-i, a*	**alìve** *vivènte-i, a*
alkalescence *alcalescenza-e, nf*	**alkalèscence** *alkaleshènza-e, nf*
alkali *alcali, nm*	**àlkalì** *àlkali, nm*
alkaloid *alcaloide-i, nm*	**àlkalòid** *alkalòide-i, nm*
all *tutto-i a e, a*	**àll** *tùtto-i a e, a*
allegation *allegazione-i, nf*	**allegàtion** *allegaziòne-i, nf*
to allege *asserire*	**to allège** *asserìre*
allegiance *obbedienza-e, nf*	**allègiance** *obbediènza-e, nf*
allegoric *allegorico-i a he, a*	**allegòrik** *allegòriko-i a e, a*
allegorically *allegoricamente, ad*	**allegòrikally** *allegorikamènte, ad*
allegory *allegoria-e, nf*	**àllegòry** *allegorìa-e, nf*

ci ce ca co cu   ki ke ka ko ku   ji je ja jo ju   gi ge ga go gu
sci sce sca sco scu=shi she sha sho shu   gn=q   gl=y

aloof

allegretto *allegretto*	**allegrètto** *allegrètto*
allegro *allègro*	**allègro** *allègro*
allergic *allèrgico-i a he, a*	**allèrgìk** *allèrjiko-i a e, a*
alleviate *alleviare*	**allèviate** *allevìàre*
alleviation *allevazione-i, nf*	**alleviàtion** *alleviaziòne-i, nf*
alleviative *alleviante-i, a*	**allèviative** *alleviànte-i, a*
alley *viale-i, nm*	**àlley** *viàle-i, nm*
alliance *alleanza-e, nf*	**allìance** *alleànza-e, nf*
alligator *alligatore-i, nm*	**alligàtor** *alligatòre-i, nm*
alliteration *allitterazione-i, nf*	**allitèràtion** *allitteraziòne-i, nf*
alliterative *allitterativo-i a e, a*	**allìterative** *allitteratìvo-i a e, a*
to allocate *assegnare*	**to àllokàte** *asseqàre*
allocation *assegnazione-i, nf*	**allokàtion** *asseqaziòne-i, nf*
allodial *allodiale-i, a*	**allòdial** *allodiàle-i, a*
allodium *allodio-i, nm*	**allòdium** *allòdio-i, nm*
to allot *assegnare*	**to allòt** *asseqàre*
allotment *assegnazione-i, nf*	**allòtment** *asseqaziòne-i, nf*
to allow *ammettere*	**to allòw** *ammèttere*
allowable *lecito-i a e, a*	**allòwable** *lècito-i a e, a*
allowance *ammonto-i, nm*	**allòwance** *ammònto-i, nm*
to alloy *mescolare*	**to allòy** *meskolàre*
All Saints' Day *Ognisanto-i, nm*	**All Sàints' Dày** *Oqisànto-i, nm*
allude *alludere*	**allùde** *allùdere*
to allure *lusingare*	**to allùre** *lusingàre*
allure *fascino-i, nm*	**allùre** *fàshino-i, nm*
allusion *allusione-i, nf*	**allùsion** *allusiòne-i, nf*
allusive *allusivo-i a e, a*	**allùsive** *allusìvo-i a e, a*
allusively *allusivamente, ad*	**allùsively** *allusivamènte, ad*
alluvion *alluvione-i, nf*	**allùvion** *alluviòne-i, nf*
ally *alleato-i a e, nmf*	**allỳ** *alleàto-i a e, nmf*
to ally *alleare*	**to allỳ** *alleàre*
almanac *almanacco-hi, nm*	**àlmanàk** *almanàkko-i, nm*
almighty *onnipotente-i, a*	**almìghty** *onnipotènte-i, a*
almond *mandorla-e, nf*	**almònd** *màndorla-e, nf*
almost *quasi, ad*	**almòst** *kuàsi, ad*
alms *elemosina-e, nf*	**àlms** *elemòsina-e, nf*
aloft *in alto, ad*	**alòft** *in àlto, ad*
alone *solo-i a e, a*	**alòne** *sòlo-i a e, a*
along *lungo, ad*	**alòng** *lùngo, ad*
aloof *in disparte, ad*	**alòof** *in dispàrte, ad*

aloofness *isolamento-i, nm*
aloud *a voce alta, ad*
alp *vetta-e, nf*
alpaca *alpaca-he, nf*
alphabet *alfabeto-i, nm*
alphabetically *alfabeticamente, ad*
alpine *alpino-i a e, a*
already *pronto, ad*
also *anche, ad*
altar *altare-i, nf*
to alter *alterare*
alterability *alterabilità, nf*
alterable *mutabile-i, a*
alteration *mutamento-i, nm*
to altercate *altercare*
altercation *alterco-hi, nm*
to alternate *alternare*
alternately *alternamente, ad*
alternation *alternazione-i, nf*
alternative *alternativa-e, nf*
alternatively *alternativamente, ad*
although *sebbene, conj*
altimeter *altimetro-i, nm*
altitude *altitudine-i, nf*
alto *alto*
altogether *completamente, ad*
altruism *altruismo-i, nm*
altruistic *altruistico-i a he, a*
altruistically *altruisticamente, ad*
aluminium *alluminio-i, nm*
alumnus *alunno-i a e, nmf*
alveolar *alveolare-i, nm*
always *sempre, ad*
to amaze *stupire*
amazed *stupito-i a e, a*
amazement *stupore-i, nm*
amazingly *meravigliosamente, ad*
Amazon *Amazzone, nf*
ambassador *ambasciatore-i, nm*
amber *ambra-e, nf*
ambidexter *ambidestro-i a e, a*

alòofness *isolamènto-i, nm*
alòud *a vòce àlta, ad*
àlp *vètta-e, nf*
alpàka *alpàka-e, nf*
àlphabet *alfabèto-i, nm*
alphabètikally *alfabetikamènte, ad*
àlpìne *alpìno-i a e, a*
alrèady *prònto, ad*
àlso *ànke, ad*
àltar *altàre-i, nf*
to àlter *alteràre*
alterabìlity *alterabilità, nf*
àlterable *mutàbile-i, a*
alteràtion *mutamènto-i, nm*
to àlterkate *alterkàre*
alterkàtion *altèrko-i, nm*
to àlternàte *alternàre*
altèrnately *alternamènte, ad*
alternàtion *alternaziòne-i, nf*
altèrnative *alternatìva-e, nf*
altèrnatively *alternativamènte, ad*
althòugh *sebbène, conj*
altìmeter *altìmetro-i, nm*
àltitùde *altitùdine-i, nf*
àlto *àlto*
altogèther *kompletamènte, ad*
àltruism *altruìsmo-i, nm*
altruìstik *altruìstiko-i a e, a*
altruìstikally *altruistikamènte, ad*
alumìnium *allumìnio-i, nm*
alùmnus *alùnno-i a e, nmf*
alvèolar *alveolàre-i, nm*
àlways *sèmpre, ad*
to amàze *stupìre*
amàzed *stupìto-i a e, a*
amàzement *stupòre-i, nm*
amàzingly *meraviyosamènte, ad*
Amazòn *Amazzòne, nf*
ambàssador *ambashatòre-i, nm*
àmber *àmbra-e, nf*
ambidèxter *ambidèstro-i a e, a*

ci ce ca co cu   ki ke ka ko ku   ji je ja jo ju   gi ge ga go gu
sci sce sca sco scu=shi she sha sho shu   gn=q   gl=y

amiss

ambidexterity *adattabilità, nf*	**ambidextèrity** *adattabilità, nf*
ambient *ambiente-i, nm*	**àmbient** *ambiènte-i, nm*
ambiguity *ambiguità, nf*	**ambigùity** *ambiguità, nf*
ambiguous *ambiguo-i a e, a*	**ambìguous** *ambìguo-i a e, a*
ambiguously *ambiguamente, ad*	**ambìguously** *ambiguamènte, ad*
ambition *ambizione-i, nf*	**ambìtion** *ambiziòne-i, nf*
ambitious *ambizioso-i a e, a*	**ambìtious** *ambiziòso-i a e, a*
ambitiously *ambiziosamente, ad*	**ambìtiously** *ambiziosamènte, ad*
amble *passo-i, nm*	**àmble** *pàsso-i, nm*
to amble *ambiare*	**to àmble** *ambiàre*
Ambrose *Ambrogio, nm*	**Ambrose** *Ambròjo, nm*
ambrosia *ambrosia, e, nf*	**ambròsia** *ambròsia, e, nf*
ambrosial *ambrosio-i a e, a*	**ambròsial** *ambròsio-i a e, a*
ambulance *ambulanza-e, nf*	**ambùlance** *ambulànza-e, nf*
ambulatory *ambulatorio-i a e, a*	**àmbulatory** *ambulatòrio-i a e, a*
ambuscade *imboscata-e, nf*	**àmbuskàde** *imboskàta-e, nf*
to ambuscade *imboscare*	**to àmbuskàde** *imboskàre*
ambush *imboscata-e, nf*	**àmbush** *imboskàta-e, nf*
to ambush *imboscare*	**to àmbush** *imboskàre*
to ameliorate *migliorare*	**to amèliorate** *miyoràre*
amelioration *miglioramento-i, nm*	**amelioràtion** *miyoramènto-i, nm*
ameliorative *migliorativo-i a e, a*	**amèliorative** *miyoratìvo-i a e, a*
amen *così sia, inter*	**àmèn** *kosì sìa, inter*
amenable *trattabile-i, a*	**amènable** *trattàbile-i, a*
amenably *responsabilmente, ad*	**amènably** *responsabilmènte, ad*
to amend *emendare*	**to amènd** *emendàre*
amendable *emendabile-i, a*	**amèndable** *emendàbile-i, a*
amendment *emendamento-i, nm*	**amèndment** *emendamènto-i, nm*
amends *riparazione-i, nf*	**amènds** *riparaziòni, nf*
amenity *amenità, nf*	**amènity** *amenità, nf*
to amerce *multare*	**to amèrce** *multàre*
America *America-he, nf*	**Amèrika** *Amèrika-e, nf*
Americanism *americanismo-i, nm*	**Amèrikanism** *amerikanìsmo-i, nm*
amethyst *ametista-e, nf*	**àmethỳst** *ametìsta-e, nf*
amiability *amiabilità, nf*	**amiabìlity** *amiabilità, nf*
amiable *amabile-i, a*	**àmiable** *amàbile-i, a*
amiably *amabilmente, ad*	**àmiably** *amabilmènte, ad*
amiantus *amiante-i, nf*	**amiàntus** *amiànte-i, nf*
amicability *amicizia-e, nf*	**amikabìlity** *amicìzia-e, nf*
amicable *amichevole-i, a*	**àmikable** *amikèvole-i, a*
amidst *in mezzo, prep*	**amìdst** *in mèzzo, prep*
amiss *sbagliato-i a e, a*	**amìss** *sbayàto-i a e, a*

amity *amicizia-e, nf*
ammeter *amperometro-i, nm*
ammonia *ammonia-e, nf*
ammunition *munizione-i, nf*
amnesia *amnesia-e, nf*
amnesty *amnistia-e, nf*
amoeba *ameba-e, nf*
among *fra, prep*
amoral *amorale-i, a*
amorous *amoroso-i a e, a*
amorously *amorosamente, ad*
amorphism *amorfismo-i a e, a*
amorphous *amorfo-i a e, a*
to amortize *ammortizzare*
amount *somma-e, nf*
to amount *ammontare*
ampere *ampere, nm*
amphibian *anfibio-i, a*
amphitheater *anfiteatro-i, nm*
amphora *anfora-e, nf*
ample *ampio-i a e, a*
ampleness *ampiezza-e, nf*
amplification *amplificazione-i, nf*
amplifier *amplificatore-i, nm*
to amplify *amplificare*
amplitude *ampiezza-e, nf*
amply *ampiamente, ad*
ampulla *ampolla-e, nf*
to amputate *amputare*
amuck (to run) *aggirare*
to amuse *divertire*
amusement *divertimento-i, nm*
amusing *divertente-i, a*
amusingly *divertentemente, ad*
amylic *amilico-i a he, a*
an *un una, art*
anachronism *anacronismo-i, nm*
anachronistic *anacronistico-i a e, a*
anacolution *anacoluto-i, nm*
Anacreon *Anacreonte, nm*
anaemia *anemia-e, nf*
anaemic *anemico-i a he, a*

àmity *amicìzia-e, nf*
ammèter *amperòmetro-i, nm*
ammònia *ammonìaka-e, nf*
ammunìtion *munizìone-i, nf*
amnèsia *amnesìa-e, nf*
àmnesty *amnistìa-e, nf*
amòeba *amèba-e, nf*
amòng *frà, prep*
àmoral *amoràle-i, a*
àmorous *amoròso-i a e, a*
àmorously *amorosamènte, ad*
amòrphìsm *amorfismo-i a e, a*
amòrphòus *amòrfo-i a e, a*
to amòrtize *ammortizzàre*
amòunt *sòmma-e, nf*
to amòunt *ammontàre*
ampère *ampère, nm*
amphìbian *anfìbio-i, a*
amphìthèater *anfiteàtro-i, nm*
àmphòra *ànfora-e, nf*
àmple *àmpio-i a e, a*
àmpleness *ampièzza-e, nf*
amplìfikàtion *amplifikazìone-i, nf*
àmplifier *amplifikatòre-i, nm*
to àmplify *amplifikàre*
àmplitùde *ampièzza-e, nf*
àmply *ampiamènte, ad*
ampùlla *ampòlla-e, nf*
to àmputàte *amputàre*
amùk (to run) *ajjiràre*
to amùse *divertìre*
amùsement *divertimènto-i, nm*
amùsing *divertènte-i, a*
amùsingly *divertentemènte, ad*
amỳlik *amìliko-i a e, a*
an *un una, art*
anàkronism *anakronìsmo-i, nm*
anakronìstik *anakronìstiko-i a e, a*
anakolùtion *anakolùto-i, nm*
Anàkreon *Anakreònte, nm*
anàemia *anemìa-e, nf*
anàemik *anèmiko-i a e, a*

anaesthesia *anestesia-e, nf*
anaesthetic *anestetico-i a e, a*
anaesthetization *anestizzazione-i, nf*
to anaesthetize *anestetizzare*
anagoge *anagogia-e, nf*
anagogic *anagogico-i, a*
anagram *anagramma-i, nm*
anagrammatic *anagrammatico-i a e, a*
anal *anale-i, a*
analgesia *analgesia-e, nf*
analgetic *analgesico-i a e, a*
analogic *analogico-i a e, a*
analogous *analogo-i a e, a*
analogously *analogamente, ad*
analogy *analogia-e, nf*
analyzable *analizzabile-i, a*
to analyze *analizzare*
analysis *analisi, nf*
analyst *analista-i, nm*
analytically *analiticamente, ad*
ananas *ananas, nf*
anarchic *anarchico-i a he, a*
anarchically *anarchicamente, ad*
anarchy *anarchia-e, nf*
anastigmatic *anastigmatico-i a he, a*
anathema *anatema, nf*
anatomic *anatomico-i a e, a*
anatomist *anatomista-i, nm*
to anatomize *anatomizzare*
anatomy *anatomia-e, nf*
ancestor *antenato-i a e, nmf*
ancestral *ancestrale-i, a*
ancestry *lignaggio-i, nm*
anchor *àncora-e, nf*
to anchor *ancorare*
anchorage *ancoraggio-i, nm*
anchovy *acciuga-he, nf*
anchylosis *anchilosi, nf*
ancient *antico-hi a he, a*
anciently *anticamente, ad*
ancientness *antichità, nf*
ancillary *subordinato-i a e, a*

anàesthèsia *anestesìa-e, nf*
anaesthètik *anestètiko-i a e, a*
anaesthètizàtion *anestizzaziòne-i, nf*
to anàesthètize *anestetizzàre*
anagòge *anagojìa-e, nf*
anagògik *anagòjiko-i, a*
ànagram *anagràmma-i, nm*
anagrammàtik *anagrammàtiko-i a e, a*
ànal *anàle-i, a*
analgèsia *analjesìa-e, nf*
analgètik *analjèsiko-i a e, a*
anàlogik *analòjiko-i a e, a*
anàlogous *anàlogo-i a e, a*
anàlogously *analogamènte, ad*
anàlogy *analojìa-e, nf*
ànalyzable *analizzàbile-i, a*
to ànalyze *analizzàre*
anàlysis *anàlisi, nf*
ànalyst *analìsta-i, nm*
analỳtikally *analitikàmènte, ad*
ànanas *ànanas, nf*
anàrkìk *anàrkiko-a e, a*
anàrkìkally *anarkikamènte, ad*
ànarkỳ *anarkìa-e, nf*
anastigmàtik *anastigmàtiko-i a e, a*
anàthema *anàtema, nf*
anatòmik *anatòmiko-i a e, a*
anàtomist *anatomìsta-i, nm*
to anàtomize *anatomizzàre*
anàtomy *anatomìa-e, nf*
ancèstor *antenàto-i a e, nmf*
ancèstral *ancestràle-i, a*
àncestry *liqàjjo-i, nm*
ànkòr *ànkora-e, nf*
to ànkor *ankoràre*
ànkorage *ankoràjjo-i, nm*
ànchòvy *acciùga-e, nf*
ankylòsis *ankìlosi, nf*
àncient *antìko-i a e, a*
ànciently *antikamènte, ad*
àncientness *antikità, nf*
ancillàry *subordinàto-i a e, a*

and *e, con*
andante *andante*
Andrew *Andrea, nm*
anecdote *anettodo-i, nm*
anecdotal *aneddotico-i a he, a*
anecdotist *narratore-i, nm*
anemone *anemone-i, nf*
anurysm *aneurisma-i, nm*
anew *di nuovo, ad*
angary *angieria-e, nf*
angel *angelo-i, nm*
angelic *angelico-i a he, a*
angelically *angelicamente, ad*
anger *rabbia-e, nf*
to anger *adirare*
angina *angina-e, nf*
angle *angolo-i, nm*
to angle *pescare*
angler *pescatore-i, nm*
Anglican *anglicano-i a e, nmf*
to anglicize *anglicizzare*
Anglomania *anglomania-e, nf*
anglophile *anglofilo-i a e, a*
anglophobe *anglofobo-i a e, nmf*
angrily *rabbiosamente, ad*
angry *arrabbiato-i a e, a*
anguine *anguineo-i, a*
anguish *angoscia-e, nf*
angular *angolare-i, a*
angularity *angolarità, nf*
anhydrite *anidrite-i, nf*
aniline *anilina-e, nf*
animadversion *rimprovero-i, nm*
animal *animale-i, nm*
animalism *sensualità, nf*
animalization *abbruttimento-i, nm*
to animalize *abbruttire*
animate *animato-i a e, a*
to animate *animare*
animation *animazione-i, nf*
animator *animatore-i, nm*
animism *animismo-i, nm*

ànd *e, con*
andànte *andànte*
Andrèw *Andrèa, nm*
ànekdòte *anèttodo-i, nm*
ànekdòtal *aneddòtiko-i a e, a*
ànekdotist *narratòre-i, nm*
anèmone *anèmone-i, nf*
ànurysm *aneurìsma-i, nm*
anèw *di nuòvo, ad*
àngary *anjerìa-e, nf*
àngel *ànjelo-i, nm*
angèlik *anjèliko-i a e, a*
angèlikally *anjelikamènte, ad*
ànger *ràbbia-e, nf*
to ànger *adiràre*
angìna *anjìna-e, nf*
àngle *àngolo-i, nm*
to àngle *peskàre*
àngler *peskatòre-i, nm*
Anglikan *anglikàno-i a e, nmf*
to ànglycìze *anglicizzàre*
Anglomània *anglomània-e, nf*
anglophìle *anglòfilo-i a e, a*
anglophòbe *anglòfobo-i a e, nmf*
àngrily *rabbiosamènte, ad*
àngry *arrabbiàto-i a e, a*
àanguìne *anguìneo-i, a*
ànguìsh *angòsha-e, nf*
àngular *angolàre-i, a*
angulàrity *angolarità, nf*
anhỳdrìte *anìdrite-i, nf*
anìlìne *anilìna-e, nf*
animadvèrsion *rimpròvero-i, nm*
ànimal *animàle-i, nm*
ànimalìsm *sensualità, nf*
ànimalizàtion *abbruttimènto-i, nm*
to ànimalìze *abbruttìre*
ànimàte *animàto-i a e, a*
to ànimàte *animàre*
ànimàtion *animaziòne-i, nf*
ànimàtor *animatòre-i, nm*
ànimism *animìsmo-i, nm*

animosity *animosità, nf*	**animòsity** *animosità, nf*
anise *anice-i, nm*	**ànìse** *ànice-i, nm*
anisette *anisetta-e, nf*	**anisètte** *anisètta-e, nf*
ankle *caviglia-e, nf*	**ànkle** *kaviya-e, nf*
Ann *Anna, nf*	**Ann** *Anna, nf*
annalist *annalista-i e a, nmf*	**ànnalìst** *annalìsta-i e a, nmf*
annals *annali, nm*	**ànnals** *annàli, nm*
to annex *annettere*	**to annèx** *annèttere*
annexation *annessione-i, nf*	**annexàtion** *annessiòne-i, nf*
to annihilate *annichilare*	**to annihìlàte** *annikilàre*
annihilation *annichilamento-i, nm*	**annihìlàtion** *annikilamènto-i, nm*
anniversary *anniversario-i, nm*	**annivèrsary** *anniversàrio-i, nm*
to annotate *annotare*	**to ànnotàte** *annotàre*
annotation *annotazione-i, nf*	**annotàtion** *annotaziòne-i, nf*
to announce *annunciare*	**to annòunce** *annuncàre*
announcement *annuncio-i, nm*	**annòuncement** *annùnco-i, nm*
to annoy *annoiare*	**to annòy** *annoiàre*
annoyance *noia-e, nf*	**annòyance** *nòia-e, nf*
annoyingly *noiosamente, ad*	**annòyingly** *noiosamènte, ad*
annual *annuale-i, a*	**ànnuàl** *annuàle-i, a*
annually *annualmente, ad*	**ànnuàlly** *annualmènte, ad*
annuity *annualità, nf*	**annùity** *annualità, nf*
to annul *annullare*	**to annùl** *annullàre*
annulment *annullamento-i, nm*	**annùlment** *annullamènto-i, nm*
to annunciate *annunciare*	**to annùnciate** *annuncàre*
annunciator *annunciatore-i, nm*	**annùnciàtor** *annuncatòre-i, nm*
anode *anodo-i, nm*	**ànode** *ànodo-i, nm*
anodyne *anodino-i, nm*	**ànodyne** *anòdino-i, nm*
to anoint *ungere*	**to anòint** *ùnjere*
anomalous *anomalo-i a e, a*	**anòmalous** *anòmalo-i a e, a*
anomaly *anomalia-e, nf*	**anòmaly** *anomalìa-e, nf*
anon *subito, ad*	**anòn** *sùbito, ad*
anonymous *anonimo-i, a*	**anònymous** *anònimo-i, a*
anonimously *anonimamente, ad*	**anònimously** *anonimamènte, ad*
another *altro, pron*	**anòther** *àltro, pron*
answer *risposta-e, nf*	**ànswer** *rispòsta-e, nf*
to answer *rispondere*	**to ànswer** *rispòndere*
answerable *responsabile-i, a*	**ànswerable** *responsàbile-i, a*
ant *formica-he, nf*	**ànt** *formìka-e, nf*
antagonism *antagonismo-i, nm*	**antàgonism** *antagonìsmo-i, nm*
antarctic *antartico-i, a*	**antàrktik** *antàrtiko-i, a*
antecedence *antecedenza-e, nf*	**antecèdence** *antecedènza-e, nf*

antecedent *antecedente-i, a*
antechamber *anticamera-e, nf*
antedate *antidata-e, nf*
to antedate *antidatare*
antediluvian *antidiluviano-i, a*
antelope *antilope-i, nf*
antelucan *antelucano-i, a*
antemeridian *antimeridiano-i, nm*
antenna *antenna-e, nf*
antenuptial *antenuziale-i, a*
antepenult *antipenultimo-i a e, a*
anterior *anteriore-i, a*
anteriority *antiriorità, nf*
anteriorly *anteriormente, ad*
anteroom *anticamera-e, nf*
to ante *sborsare*
anthem *inno-i, nm*
anthological *antologica-he, a*
anthology *antologia-e, nf*
Anthony *Antonio, nm*
anthracite *antracite-i, nf*
anthrax *antrace-i, nf*
anthropoid *antropoide-i, a*
anthropologist *antropologo-i a he, nmf*
anthropology *antropologia-e, nf*
anthropomorphist *antromorfita-i, nm*
anthropophagous *antropofago-i a he, a*
anti-aircraft *antiaereo-i, a*
antibilious *antibilioso-i, a*
antichrist *anticristo-i, nm*
antichristian *anticristiano-i a e, a*
to anticipate *anticipare*
anticipation *anticipazione-i, nf*
anticipatory *anticipatorio-i a e, a*
anticyclone *anticiclone-i, nm*
antidote *antidoto-i, nm*
antifebrile *antifebbrile-i, a*
antimony *antimonio-i, nm*
antinational *antinazionale-i, nm*
antipathetic *antipatico-i a he, a*
antipathy *antipatia-e, nf*
antiphon *antifona-i, nm*

antecèdent *antecedènte-i, a*
àntechàmber *antikàmera-e, nf*
àntedàte *antidàta-e, nf*
to antedàte *antidatàre*
antedilùvian *antidiluviàno-i, a*
àntelòpe *antìlope-i, nf*
antelùkan *antelukàno-i, a*
antemerìdian *antimeridiàno-i, nm*
antènna *antènna-e, nf*
antenùptial *antenuziàle-i, a*
antepenùlt *antipenùltimo-i a e, a*
antèrior *anteriòre-i, a*
anteriòrity *antiriorità, nf*
anteriòrly *anteriormènte, ad*
ànteròom *antikàmera-e, nf*
to àntè *sborsàre*
ànthem *ìnno-i, nm*
anthològìkal *antolòjika-e, a*
anthòlogy *antolojìa-e, nf*
Anthony *Antònio, nm*
ànthracìte *antracìte-i, nf*
ànthràx *antràce-i, nf*
ànthropòid *antropòide-i, a*
anthropòlogist *antropòlogo-i a e, nmf*
anthropòlogy *antropolojìa-e, nf*
anthropomòrphist *antromorfìta-i, nm*
anthropòphagous *antropòfago-i a e, a*
anti-àirkraft *antiaèreo-i, a*
antibìlious *antibilìoso-i, a*
àntikrìst *antikrìsto-i, nm*
àntikrìstian *antikristiàno-i a e, a*
to antìcipate *anticipàre*
anticipàtion *anticipaziòne-i, nf*
antìcipatory *anticipatòrio-i a e, a*
anticỳklòne *anticiklòne-i, nm*
àntidòte *antìdoto-i, nm*
antifèbrile *antifebbrìle-i, a*
àntimòny *antimònio-i, nm*
antinàtional *antinazionàle-i, nm*
antipathètik *antipàtiko-i a e, a*
antìpathy *antipatìa-e, nf*
àntiphòn *antìfona-i, nm*

ci ce ca co cu　　ki ke ka ko ku　　ji je ja jo ju　　gi ge ga go gu
sci sce sca sco scu=shi she sha sho shu　　gn=q　　gl=y

aphrodisiac

antipodes *antipodi, nm*　　　　　　　antìpòdes *antìpodi, nm*
antipope *antipapa-i, nm*　　　　　　 àntipòpe *antipàpa-i, nm*
antiquarium *antiquario-i, nm*　　　　antiquàrium *antikuàrio-i, nm*
antiquary *antiquario-i, nm*　　　　　àntiquàry *antikuàrio-i, nm*
antiquated *antiquato-i a e, a*　　　　àntiquàted *antikuàto-i a e, a*
antique *antico-i a he, a*　　　　　　 antìque *antìko-i a e, a*
antiquity *antichità, nf*　　　　　　　 antìquity *antikità, nf*
anti-Semite *antisemita-i, nm*　　　　anti-Sèmite *antisemìta-i, nm*
antiseptic *antisettico-i a he, a*　　　antisèptik *antisèttiko-i a e, a*
anti-tank *anticarro-i, nm*　　　　　　ànti-tànk *antikàrro-i, nm*
antithesis *antitesi, nm*　　　　　　　 antìthesis *antìtesi, nm*
antithetic *antitetico-i a he, a*　　　　antithètik *antitètiko-i a e, a*
antler *corno-i, nm*　　　　　　　　　 àntler *kòrno-i, nm*
antonomasia *antonomasia-e, nf*　　antonomàsia *antonomàsia-e, nf*
Antwerp *Anversa, nf*　　　　　　　 Antwerp *Anvèrsa, nf*
anvil *incudine-i, nf*　　　　　　　　　ànvil *inkùdine-i, nf*
anxiety *ansietà, nf*　　　　　　　　　 anxiètỳ *ansietà, nf*
anxiously *ansiosamente, ad*　　　　ànxiously *ansiosamènte, ad*
any *alcuno-i a e, a*　　　　　　　　　àny *alkùno-i a e, a*
anybody *chiunque, pron*　　　　　　ànybòdy *kiùnkue, pron*
anyhow *tuttavia, ad*　　　　　　　　 ànyhòw *tuttavìa, ad*
anyone *qualcuno, pron*　　　　　　　ànyòne *kualkùno, pron*
anything *qualche cosa, pron*　　　　ànythìng *kuàlke kòsa, pron*
anywhere *in alcun luogo*　　　　　　ànywhère *in alkùn luògo*
anyway *tuttavia, ad*　　　　　　　　 ànywày *tuttavìa, ad*
anywhere *in alcun luogo, ad*　　　　ànywhère *in alkùn luògo, ad*
aorta *aorta-e, nf*　　　　　　　　　　 aòrta *aòrta-e, nf*
apace *rapidamente, ad*　　　　　　　apàce *rapidamènte, ad*
apart *separatamente, ad*　　　　　　apàrt *separatamènte, ad*
apartment *alloggio-i, nm*　　　　　　apàrtment *allòjjo-i, nm*
apathetic *apatico-i a he, a*　　　　　apathètik *apàtiko-i a e, a*
apathy *apatia-e, nf*　　　　　　　　　àpathy *apatìa-e, nf*
ape *scimmia-e, nf*　　　　　　　　　 àpe *shìmmia-e, nf*
to ape *scimmiottare*　　　　　　　　to àpe *shimmiottàre*
apeak *a picco, ad*　　　　　　　　　apèak *a pìkko, ad*
aperient *lassativo-i, nm*　　　　　　 apèrient *lassatìvo-i, nm*
aparitif *aperitivo-i, nm,*　　　　　　　apèritìf *aperitìvo-i, nm,*
aperture *apertura-e, nf*　　　　　　　àperture *apertùra-e, nf*
apex *apice-i, nm*　　　　　　　　　　 àpex *àpice-i, nm*
aphony *afonia-e, nf*　　　　　　　　 àphony *afonìa-e, nf*
aphorisim *aforismo-i, nm*　　　　　　àphorisim *aforìsmo-i, nm*
aphrodisiac *afrodisiaco-i a he, a*　　aphrodìsiak *afrodisìako-i a e, a*

Aphrodite *Afrodite, nf*	**Aphrodìte** *Afrodìte, nf*
apiarist *apicultore-i, nm*	**àpiarist** *apikultòre-i, nm*
apical *apicale-i, a*	**àpikal** *apikàle-i, a*
apiece *per ognuno, ad*	**apìece** *pèr oqùno, ad*
apish *sciocco-hi a he, a*	**àpish** *shokko-i a e, a*
aplomb *appiombo-i, nm*	**àplomb** *appiòmbo-i, nm*
apocalypse *apocalisse-i, nm*	**apòkalypse** *apokalìsse-i, nm*
apocalyptic *apocalittico-i a he, a*	**apokalỳptik** *apokalìttiko-i a e, a*
apocryphal *apocrifo-i a e, a*	**apòkryphàl** *apòkrifo-i a e, a*
apodosis *apodosi, nm*	**apòdosis** *apòdosi, nm*
apogee *apogeo-i, nm*	**àpogee** *apojèo-i, nm*
Apollo *Apollo, nm*	**Apòllo** *Apòllo, nm*
apologetic *apologetico-i a he, a*	**apologètik** *apolojètiko-i a e, a*
to apologize *scusare*	**to apòlogize** *skusàre*
apologist *apologista-i, nm*	**apòlogìst** *apolojìsta-i, nm*
apologue *apologo-i, nm*	**àpològue** *apòlogo-i, nm*
apology *apologia-e, nf*	**apòlogy** *apolojìa-e, nf*
apoplectic *apoplettico-i a he, a*	**apoplèktik** *apoplèttiko-i a e, a*
apoplexy *apoplessia-e, nf*	**àpoplexy** *apoplessìa-e, nf*
apostasy *apostasia-e, nf*	**apòstasy** *apostasìa-e, nf*
apostate *apostata-i, nm*	**apòstate** *apòstata-i, nm*
apostil *postilla-e, nf*	**apòstil** *postìlla-e, nf*
apostle *apostolo-i, nm*	**apòstle** *apòstolo-i, nm*
apostleship *apostolato-i, nm*	**apòstleshìp** *apostolàto-i, nm*
apostolic *apostolico-i a he, a*	**apostòlik** *apostòliko-i a e, a*
apostolically *apostolicamente, ad*	**apostòlikally** *apostolikamènte, ad*
apostrophe *apostrofe-i, nm*	**apòstrophè** *apòstrofe-i, nm*
apotheosis *apoteosi, nm*	**apothèòsis** *apoteòsi, nm*
to appal *spaventare*	**to appàl** *spaventàre*
appalingly *terrificantemente, ad*	**appàlingly** *terrifikantemènte, ad*
appanage *appannaggio-i, nm*	**àppanàge** *appannàjjo-i, nm*
apparatus *apparato-i, nm*	**apparàtus** *apparàto-i, nm*
apparel *abbigliamento-i, nm*	**appàrel** *abbiyamènto-i, nm*
apparent *apparente-i, a*	**appàrent** *apparènte-i, a*
apparently *apparentemente, ad*	**appàrently** *apparentemènte, ad*
apparition *apparizione-i, nf*	**apparìtion** *apparizióne-i, nf*
appeal *appello-i, nm*	**appèal** *appèllo-i, nm*
to appeal *appellare*	**to appèal** *appellàre*
appealable *appellabile-i, a*	**appèalable** *appellàbile-i, a*
to appear *apparire*	**to appèar** *apparìre*
appearance *apparenza-e, nf*	**appèarance** *apparènza-e, nf*
appeasable *placabile-i, a*	**appèasable** *plakàbile-i, a*

ci ce ca co cu   ki ke ka ko ku   ji je ja jo ju   gi ge ga go gu   37
sci sce sca sco scu=shi she sha sho shu   gn=q   gl=y

apprehensive

to appease *calmare*
appeasement *pacificazione-i, nf*
appellant *appellante-i, nm*
appellative *appellativo-i, a*
to append *appendere*
appendage *appendice-i, nm*
appendicitis *appendicite-i, nf*
to appertain *appartenere*
appetence *desiderio-i, nm*
appetite *appetito-i, nm*
appetitive *appetitivo-i a e, a*
appetizer *aperitivo-i, nm*
appetizing *appetitoso-i a e, a*
applaud *applauso-i, nm*
to applaud *applaudire*
applause *applauso-i, nm*
apple *mela-e, nf*
appliance *apparecchio-i, nm*
applicability *applicabilità, nf*
applicable *applicabile-i, a*
applicant *richiedente-i, nm*
application *applicazione-i, nf*
to apply *applicare*
to appoint *nominare*
appointee *funzionario-i, nm*
appointment *appuntamento-i, nm*
to apportion *distribuire*
apportionment *partizione-i, nf*
apposite *appropriato-i a e, a*
apposition *apposizione-i, nf*
appraisable *valutabile-i, a*
appraisal *stima-e, nf*
to appraise *valutare*
appreciable *apprezzabile-i, a*
to appreciate *apprezzare*
appreciation *apprezzamento-i, nm*
appreciative *apprezzativo-i a e, a*
appreciatively *apprezzativamente, ad*
to apprehend *arrestare*
apprehensibility *apprensibilità, nf*
apprehension *apprensione-i, nf*
apprehensive *apprensivo-i a e, a*

to appèase *kalmàre*
appèasement *pacifikazióne-i, nf*
appèllant *appellànte-i, nm*
appèllative *appellatìvo-i, a*
to appènd *appèndere*
appèndage *appèndice-i, nm*
appendicìtis *appendicìte-i, nf*
to appertàin *appartenère*
àppetence *desidèrio-i, nm*
àppetite *appetìto-i, nm*
appètitìve *appetitìvo-i a e, a*
àppetizer *aperitìvo-i, nm*
àppetizing *appetitòso-i a e, a*
applàud *applàuso-i, nm*
to applàud *applaudìre*
applàuse *applàuso-i, nm*
àpple *mèla-e, nf*
applìance *apparèkkio-i, nm*
applikabìlity *applikabilità, nf*
àpplikable *applikàbile-i, a*
àpplikant *rikiedènte-i, nm*
applikàtion *applikazióne-i, nf*
to applỳ *applikàre*
to appòint *nominàre*
appòintee *funzionàrio-i, nm*
appòintment *appuntamènto-i, nm*
to appòrtion *distribuìre*
appòrtionment *partizióne-i, nf*
àpposite *appropriàto-i a e, a*
apposìtion *apposizióne-i, nf*
appràisable *valutàbile-i, a*
appràisal *stìma-e, nf*
to appràise *valutàre*
apprèciable *apprezzàbile-i, a*
to apprèciate *apprezzàre*
appreciàtion *apprèzzamènto-i, nm*
apprèciative *apprèzzatìvo-i a e, a*
apprèciatively *apprèzzativamènte, ad*
to apprehènd *arrestàre*
apprehènsibìlity *apprensibilità, nf*
apprehènsion *apprensióne-i, nf*
apprehènsive *apprensìvo-i a e, a*

apprehensiveness *timore*
apprentice *apprendista-i, nm*
apprenticeship *tirocinio-i, nm*
to apprise *informare*
to apprise *valutare*
approach *approccio-i, nm*
to approach *avvicinare*
approchability *accessibilità, nf*
approachable *avvicinabile-i, a*
to approbate *approvare*
approbation *approvazione-i, nf*
appropriate *appropriato-i a e, a*
to appropriate *appropriare*
appropriately *appropriatamente, ad*
appropriation *appropriazione-i, nf*
appropriator *appropriatore-i, nm*
approval *approvazione-i, nf*
to approve *approvare*
approved *accettato-i a e, a*
approximate *approssimato-i a e, a*
to approximate *approssimare*
approximately *approssimativamente, ad*
approximation *approssimazione-i, nf*
appurtenance *appartenenza-e, nf*
apricot *albicocca-he, nf*
April *aprile, nm*
apron *grembiule-i, nm*
apse *abside-i, nm*
apt *adatto-i a e, a*
aptitude *attitudine-i, nf*
aptly *adattivamente, ad*
aptness *capacità, nf*
aquafortist *acquafortista-i, nm*
aquamarine *acquamarina-e, nf*
aquerelle *acquarello-i, nm*
aquarellist *acquarellista-i, nm*
aquarium *acquario-i, nm*
aquatic *acquatico-i a he, a*
aqueduct *aquedotto-i, nm*
aqueous *acqueo-i, a*
aquiline *aquilino-i a e, a*
Arab *arabo-i a e, nmf*

apprehènsiveness *timòre*
apprèntice *apprendìsta-i, nm*
apprènticeshìp *tirocìnio-i, nm*
to apprìse *informàre*
to apprìse *valutàre*
appròach *appròcco-i, nm*
to appròach *avvicinàre*
approchabìlity *accessibilità, nf*
appròachàble *avvicinàbile-i, a*
to àpprobate *approvàre*
approbàtion *approvaziòne-i, nf*
appròpriate *appropriàto-i a e, a*
to appròpriate *appropriàre*
appròpriately *appropriatamènte, ad*
appropriàtion *appropriaziòne-i, nf*
appròpriator *appropriatòre-i, nm*
appròval *approvaziòne-i, nf*
to appròve *approvàre*
appròved *accettàto-i a e, a*
appròximàte *approssimàto-i a e, a*
to appròximate *approssimàre*
appròximately *approssimativamènte, ad*
appròximàtion *approssimaziòne-i, nf*
appùrtenance *appartenènza-e, nf*
àprikot *albikòkka-e, nf*
April *aprìle, nm*
àpron *grembiùle-i, nm*
àpse *àbside-i, nm*
àpt *adàtto-i a e, a*
àptitùde *attitùdine-i, nf*
àptly *adattivamènte, ad*
àptness *kapacità, nf*
aquafòrtist *akuafortìsta-i, nm*
aquamarìne *akuamarìna-e, nf*
aquerèlle *akuarèllo-i, nm*
aquarèllist *akuarellìsta-i, nm*
aquàrium *akuàrio-i, nm*
aquàtik *akuàtiko-i a e, a*
àquedukt *akuedòtto-i, nm*
àqueous *àkueo-i, a*
àquìline *akuilìno-i a e, a*
Arab *àrabo-i a e, nmf*

ci ce ca co cu   ki ke ka ko ku   ji je ja jo ju   gi ge ga go gu
sci sce sca sco scu=shi she sha sho shu   gn=q   gl=y

---

arabesque *arabesco-hi, a he, a*	**arabèsque** *arabèsko-i, a e, a*
arable *arabile-i, a*	**àrable** *aràbile-i, a*
arbiter *arbitro-i, nm*	**àrbiter** *àrbitro-i, nm*
arbitrage *arbitraggio-i, nm*	**àrbitràge** *arbitràjjo-i, nm*
arbitrary *abitrario-i a e, a*	**àrbitràry** *abitràrio-i a e, a*
arbitrarily *arbitrariamente, ad*	**àrbitràrily** *arbitrariamènte, ad*
to arbitrate *arbitrare*	**to àrbitrate** *arbitràre*
arbor *asse-i, nm*	**àrbor** *àsse-i, nm*
arboreal *arboreo-i, a*	**arbòreal** *arbòreo-i, a*
arboresecent *arborescente-i, nf*	**arbòrescent** *arbòreshènte-i, nf*
arboretum *giardino botanico, nm*	**arborètum** *jardìno botàniko, nm*
arboriculture *arboricoltura-e, nf*	**àrborikùlture** *arborikòltura-e, nf*
arbour *pergolato-i, nm*	**àrbour** *pergolàto-i, nm*
arc *arco-hi, nm*	**àrk** *àrko-i, nm*
arcade *galleria-e, nf*	**arkàde** *gallerìa-e, nf*
arch *arco-hi, nm*	**àrch** *àrko-i, nm*
archaelogist *archeologo-hi a he, nmf*	**arkaeòlogìst** *arkeòlogo-i a e, nmf*
archaelogy *archeologia-e, nf*	**arkaeòlogy** *arkeolojìa-e, nf*
archaic *arcaico-i a he, a*	**arkàik** *arkàiko-i a e, a*
archangel *arcangelo-i, nm*	**arkàngel** *arkànjelo-i, nm*
archbishop *arcivescovo-i, nm*	**archbìshop** *arcivèskovo-i, nm*
archdeacon *arcidiaconato-i, nm*	**archdèakon** *arcidiakonàto-i, nm*
archdiocese *arcidiocesi, nf*	**archdìocèse** *arcidiòcesi, nf*
archduchy *arciducato-i, nm*	**archdùchỳ** *arcidukàto-i, nm*
archer *arciere-i, nm*	**àrcher** *arcère-i, nm*
archtypal *prototipo-i, nm*	**àrchtỳpal** *protòtipo-i, nm*
archetype *archetipo-i, nm*	**àrketỳpe** *arkètipo-i, nm*
archipelago *arcipelago-hi, nm*	**archìpèlago** *arcipèlago-i, nm*
architect *architetto-i, nm*	**àrkitèkt** *arkitètto-i, nm*
architectonic *architettonico-i, a*	**arkìtektònik** *arkitettòniko-i, a*
architecture *architettura-e, nf*	**arkitèkture** *arkitettùra-e, nf*
architrave *architrave-i, nm*	**àrkitràve** *arkitràve-i, nm*
archives *archivio-i, nm*	**àrkìves** *arkìvio-i, nm*
archivist *archivista-i, nm*	**àrkìvist** *arkivìsta-i, nm*
arctic *artico-i a he, a*	**àrktik** *àrtiko-i a e, a*
ardency *ardore-i, nm*	**àrdency** *ardòre-i, nm*
ardent *ardente-i, a*	**àrdent** *ardènte-i, a*
ardently *ardentemente, ad*	**àrdently** *ardentemènte, ad*
ardor *ardore-i, nm*	**àrdor** *ardòre-i, nm*
arduous *arduo-i a e, a*	**àrduous** *àrduo-i a e, a*
area *area-e, nf*	**àrea** *àrea-e, nf*
arena *arena-e, nf*	**arèna** *arèna-e, nf*

aromatic

argentine *argentino-i a e, a*
argil *argilla-e, nf*
argillaceous *argillaceo-i a e, a*
Argonaut *argonauta-i, nm*
Arguable *discutibile-i, a*
to argue *discutere*
argument *argomento-i, nm*
argumentation *argomentazione-i, nf*
aria *aria*
Arian *ariano-i a e, a*
Arianism *Arianesimo-i, nm*
arid *arido-i a e, a*
aridity *aridità, nf*
arietta *arietta*
aright *giustamente, ad*
to arise *sorgere*
aristocracy *aristocrazia-e, nf*
aristocrat *aristocratico-i a he, nmf*
Aristotle *Aristotile, nm*
arithmetic *aritmetica-he, nf*
arithmetician *matematico-i a he, nmf*
ark *arca-he, nf*
arm *braccio-a, nmf*
arms *armi, nf*
to arm *armare*
armament *armamento-i, nm*
armature *armatura-e, nf*
armchair *poltrona-e, nf*
Armenian *Armeno-i a e, nmf*
armful *bracciata-e, nf*
armiger *scudiero-i, nm*
armistice *armistizio-i, nm*
armlet *braccialetto-i, nm*
armless *inerme-i, a*
armor *armatura-e, nf*
to armor *corazzare*
armorial *araldico-i a he, a*
armory *armeria-e, nf*
armpit *ascella-e, nf*
army *esercito-i, nm*
aroma *aroma-i, nm*
aromatic *aromatico-i a he, a*

àrgentine *arjentìno-i a e, a*
àrgil *arjìlla-e, nf*
argillàceous *arjillàceo-i a e, a*
Argonàut *argonàuta-i, nm*
àrguable *diskutìbile-i, a*
to àrgue *diskùtere*
àrgumènt *argomènto-i, nm*
argumentàtion *argomentazìòne-i, nf*
àrìa *àrìa*
Arian *arìàno-i a e, a*
Arianìsm *Arianèsimo-i, nm*
àrid *àrido-i a e, a*
arìdity *aridità, nf*
arìètta *arìètta*
arìght *justamènte, ad*
to arìse *sòrjere*
aristòkracy *aristokrazìa-e, nf*
arìstokrat *aristokràtiko-i a e, nmf*
Aristòtle *Aristòtile, nm*
arìthmetik *aritmètika-e, nf*
arithmetìcian *matemàtiko-i a e, nmf*
àrk *àrka-e, nf*
àrm *bràcco-a, nmf*
àrms *àrmi, nf*
to àrm *armàre*
àrmament *armamènto-i, nm*
àrmatùre *armatùra-e, nf*
àrmchàir *poltròna-e, nf*
Armènian *Armèno-i a e, nmf*
àrmful *braccàta-e, nf*
àrmiger *skudièro-i, nm*
àrmistice *armistìzio-i, nm*
àrmlet *braccalètto-i, nm*
àrmless *inèrme-i, a*
àrmor *armatùra-e, nf*
to àrmor *korazzàre*
armòrial *aràldiko-i a e, a*
àrmory *armerìa-e, nf*
àrmpìt *ashèlla-e, nf*
àrmy *esèrcito-i, nm*
aròma *aròma-i, nm*
aromàtik *aromàtiko-i a e, a*

around *intorno, prep*	aròund *intòrno, prep*
to arouse *svegliare*	to aròuse *sveyàre*
arpeggio *arpeggio*	arpèggio *arpèjjo*
to arraign *accusare*	to arràign *akkusàre*
arraignment *accusa-e, nf*	arràignment *akkùsa-e, nf*
to arrange *ordinare*	to arrànge *ordinàre*
arrangement *accordo-i, nm*	arràngement *akkòrdo-i, nm*
arrant *famigerato-i a e, a*	àrrant *famijeràto-i a e, a*
array *ordine-i, nf*	arràY *òrdine-i, nf*
to array *ordinare*	to arràY *ordinàre*
arrears *arretrati, nm*	arrèars *arretràti, nm*
arrest *arresto-i, nm*	arrèst *arrèto-i, nm*
to arrest *arrestare*	to arrèst *arrestàre*
arrhythmy *aritmia-e, nf*	àrrhỳthmy *aritmìa-e, nf*
arrival *arrivo-i, nm*	arrìval *arrìvo-i, nm*
to arrive *arrivare*	to arrìve *arrivàre*
arrogance *arroganza-e, nf*	àrrogance *arrogànza-e, nf*
arrogant *arrogante-i, a*	àrrogant *arrogànte-i, a*
arrogantly *arrogantemente, ad*	àrrogantly *arrogantemènte, ad*
to arrogate *arrogare*	to àrrogate *arrogàre*
arrogation *pretesa-e, nf*	arrogàtion *pretèsa-e, nf*
arrow *freccia-e, nf*	àrrow *frècca-e, nf*
arsenal *arsenale-i, nf*	àrsenal *arsenàle-i, nf*
arsenic *arsenico-i, nm*	àrsenik *arsèniko-i, nm*
arsenious *arsenioso-i a e, a*	arsènious *arseniòso-i a e, a*
arson *incendio-i, nm*	àrson *incèndio-i, nm*
art *arte-i, nf*	àrt *àrte-i, nf*
arterial *arteriale-i, a*	artèrial *arteriàle-i, a*
arteriosclerosis *arteriosclerosi, nf*	artèrioskleròsis *arterioskleròsi, nf*
artery *arteria-e, nf*	àrtery *àrteria-e, nf*
artesian *artesiano-i, a*	artèsian *artesiàno-i, a*
artful *astuto-i a e, a*	àrtful *astùto-i a e, a*
artfully *abilmente, ad*	àrtfully *abilmènte, ad*
arthritic *artritico-i a he, a*	arthrìtik *artrìtiko-i a e, a*
arthritis *artrite-i, nf*	arthrìtis *artrìte-i, nf*
Arthur *Arturo, nm*	Arthùr *Artùro, nm*
artichoke *carciofo-i, nm*	artichòke *karcòfo-i, nm*
article *articolo-i, nm*	àrtikle *artìkolo-i, nm*
to articulate *articolare*	to artìkulàte *artikolàre*
articulation *articolazione-i, nf*	artikulàtion *artikolaziòne-i, nf*
artifice *artificio-i, nf*	àrtifice *artifico-i, nf*
artificial *artificiale-i, a*	artificial *artificàle-i, a*

artificiality *artificiosità*
artificially *artificiosamente, ad*
artillery *artiglieria-e, nf*
artisan *artigiano-i, nm*
artist *artista-i, nm*
artiste *cantante-i, nm*
artistically *artisticamente, ad*
artless *ingenuo-i a e, a*
artlessly *ingenuamnete, ad*
Aryan *ariano-i, nm*
as *come, ad*
to ascend *risalire*
ascendable *accessibile-i, a*
ascendancy *ascendente-i, nm*
ascension *ascensione-i, nm*
ascent *ascesa-e, nf*
to ascertain *accertare*
ascertainable *accertabile-i, a*
ascetic *ascetico-i a he, a*
ascetically *asceticamente, ad*
asceticism *ascetismo-i, nm*
ascribable *attribuibile-i, a*
to ascribe *ascrivere*
ascription *ascrizione-i, nf*
aseptic *asettico-i a he, a*
asexual *asessuale-i, a*
asexuality *asessualità, nf*
ash *frassino-i, nm*
ash *cenere-i, nf*
ashamed *vergognoso-i a e, a*
ashore *a riva, ad*
ashy *cenerino-i a e, a*
Asia *Asia, nf*
Asiatic *asiatico-i a he, a*
aside *a parte, ad*
asinine *asinino-i a e, a*
asininity *asinità, nf*
to ask *chiedere*
ascance *obliquamente, ad*
askew *di traverso, ad*
asleep *addormentato-i a e, a*
aslope *in pendio, ad*

artificiàlity *artificosità, nf*
artificially *artificosamènte, ad*
artìllery *artiyerìa-e, nf*
àrtisan *artijàno-i, nm*
àrtist *artìsta-i, nm*
artìste *kantànte-i, nm*
artìstikally *artistikamènte, ad*
àrtless *injènuo-i a e, a*
àrtlessly *injenuamènte, ad*
Aryàn *ariàno-i, nm*
as *kòme, ad*
to ascènd *risalìre*
ascèndable *accessìbile-i, a*
ascèndancy *ashendènte-i, nm*
ascènsion *ashensiòne-i, nm*
ascènt *ashèsa, nf*
to ascertàin *accertàre*
ascertàinable *accertàbile-i, a*
ascètik *ashètiko-i a e, a*
ascètikally *ashetikamènte, ad*
ascèticism *ashetìsmo-i, nm*
askrìbable *attribuìbile-i, a*
to askrìbe *askrìvere*
askrìption *askriziòne-i, nf*
asèptik *asèttiko-i a e, a*
asèxual *asessuàle-i, a*
asexuàlity *asessualità, nf*
àsh *fràssino-i, nm*
àsh *cènere-i, nf*
ashàmed *vergoqòso-i a e, a*
ashòre *a rìva, ad*
àshỳ *cenerìno-i a e, a*
Asia *Asia, nf*
Asiàtik *asiàtiko-i a e, a*
asìde *a pàrte, ad*
asinìne *asinìno-i a e, a*
asinìnity *asinità, nf*
to àsk *kièdere*
askànce *oblikuamènte, ad*
askèw *di travèrso, ad*
aslèep *addormentàto-i a e, a*
aslòpe *in pendìo, ad*

ci ce ca co cu   ki ke ka ko ku   ji je ja jo ju   gi ge ga go gu
sci sce sca sco scu=shi she sha sho shu   gn=q   gl=y

assertive

asp *tremolo-i, nm*
asp *aspide-i, nm*
asparagus *asparago-i, nm*
aspect *aspetto-i, nm*
aspen *pioppo-i, nm*
aspergilium *aspersorio-i, nm*
asperity *asperità, nf*
to asperse *callunniare*
aspersion *calunnia-e, nf*
asphalt *asfalto-i, nm*
to asphalt *asfaltare*
asphyxia *asfissia-e, nf*
asphyxiant *asfissiante-i, nf*
to asphyxiate *asfissiare*
aspic *aspide-i, nm*
aspirant *aspirante-i, nm*
aspirate *aspirato-i a e, a*
to aspirate *aspirare*
aspiration *aspirazione-i, nf*
aspirator *aspiratore-i, nm*
to aspire *aspirare*
aspirin *aspirina-e, nf*
asquint *obliquamente, ad*
ass *asino-i, nm*
to assail *assalire*
assailant *assalitore-i, nm*
assassin *assassino-i, nm*
to assassinate *assassinare*
assassination *assassinio-i, nm*
assault *assalto-i, nm*
to assault *assalire*
assay *saggio-i a e, nmf*
to assay *saggiare*
assemblage *raccolta-e, nf*
to assemble *riunire*
assembly *assemblea-e, nf*
assent *assenso-i, nf*
to assent *assentire*
assentation *approvazione-i, nf*
to assert *asserire*
assertion *asserzione-i, nf*
assertive *assertivo-i a e, a*

àsp *trèmolo-i, nm*
àsp *àspide-i, nm*
aspàragus *aspàrago-ji, nm*
àspekt *aspètto-i, nm*
àspen *piòppo-i, nm*
aspergìlium *aspersòrio-i, nm*
aspèrity *asperità, nf*
to aspèrse *kalunniàre*
aspèrsion *kalùnnia-e, nf*
àsphàlt *asfàlto-i, nm*
to àsphàlt *asfaltàre*
asphỳxia *asfìssia-e, nf*
asphỳxiant *asfissiànte-i, nf*
to asphỳxiate *asfissiàre*
àspik *àspide-i, nm*
àspirant *aspirànte-i, nm*
àspiràte *aspiràto-i a e, a*
to àspiràte *aspiràre*
aspiràtion *aspiraziòne-i, nf*
aspiràtor *aspiratòre-i, nm*
to aspìre *aspiràre*
àspirin *aspirìna-e, nf*
asquìnt *oblikuamènte, ad*
àss *àsino-i, nm*
to assàil *assalìre*
assàilant *assalitòre-i, nm*
assàssin *assassìno-i, nm*
to assàssinàte *assassinàre*
assassinàtion *assassìnio-i, nm*
assàult *assàlto-i, nm*
to assàult *assalìre*
àssay *sàjjo-i a e, nmf*
to assày *sajjàre*
assèmblàge *rakkòlta-e, nf*
to assèmble *riunìre*
assèmbly *assemblèa-e, nf*
assènt *assènso-i, nf*
to assènt *assentìre*
assentàtion *approvaziòne-i, nf*
to assèrt *asserìre*
assèrtion *asserziòne-i, nf*
assèrtive *assertìvo-i a e, a*

to assess *tassare*
assessable *imponibile-i, a*
assessment *tassa-e, nf*
assessor *agente-i, nm*
assets *beni, nm*
to asseverate *asseverare*
assiduity *assiduità, nf*
assiduous *assiduo-i a e, a*
assiduously *assiduamente, ad*
assign *cessionario-i a e, nmf*
to assign *assegnare*
assignable *assegnabile-i, a*
assignation *assegnazione-i, nf*
assignee *mandatario-i, nm*
assignment *assegnazione-i nf*
assignor *assegnatore-i, nm*
assimilability *assimilabilità, nf*
to assimilate *assimilare*
assimilation *assimilazione-i, nf*
assimilative *assimlativo-i a e, a*
to assist *assistere*
assistance *assistenza-e, nf*
assistant *assistente-i, nm*
associate *associato-i a e, a*
to associate *associare*
association *associazione-i, nf*
assonance *assonanza-e, nf*
to assort *assortire*
assortment *assortimento-i, nm*
to assuage *calmare*
assumable *presumibile-i, a*
to assume *assumere*
assumption *assunzione-i, nf*
assumptive *assuntivo-i a e, a*
assurance *assicurazione-i, nf*
assure *assicurare*
assuredly *sicuramente, ad*
assuredness *sicurezza-e, nf*
Assyrian *assiro-i, a*
asterisc *asterisco-hi, nm*
astern *a poppa, ad*
asteroid *asteroide-i, nm*

to assèss *tassàre*
assèssable *imponìbile-i, a*
assèsment *tàssa-e, nf*
assèssor *ajente-i, nm*
àssets *bèni, nm*
to assèveràte *asseveràre*
assidùity *assiduità, nf*
assìduous *assìduo-i a e, a*
assìdùously *assiduamènte, ad*
assìgn *cessionàrio-i a e, nmf*
to assìgn *asseqàre*
assìgnable *asseqàbile-i, a*
assignàtion *asseqaziòne-i, nf*
assìgnèe *mandatàrio-i, nm*
assìgnment *asseqaziòne-i nf*
assìgnor *asseqatòre-i, nm*
assimilabìlity *assimilabilità, nf*
to assìmilàte *assimilàre*
assimilàtion *assimilaziòne-i, nf*
assìmilàtive *assimlativo-i a e, a*
to assìst *assìstere*
assìstance *assistènza-e, nf*
assìstant *assistènte-i, nm*
assòciate *associàto-i a e, a*
to assòciate *associàre*
associàtion *associaziòne-i, nf*
àssonance *assonànza-e, nf*
to assòrt *assortìre*
assòrtment *assortimènto-i, nm*
to assuàge *kalmàre*
assùmable *presumìbile-i, a*
to assùme *assùmere*
assùmption *assunziòne-i, nf*
assùmptive *assuntìvo-i a e, a*
assùrance *assikuraziòne-i, nf*
assùre *assikuràre*
assùredly *sikuramènte, ad*
assùredness *sikurèzza-e, nf*
Assỳrian *assiro-i, a*
àsterisk *asterìsko-i, nm*
astèrn *a pòppa, ad*
àsteroid *asteròide-i, nm*

asthma *asma-e, nf*
asthmatic *asmatico-i a he, a*
asthmatically *asmaticamente, ad*
astigmatic *astigmatico-i a he, a*
astigmatism *astigmatismo-i, nm*
astir *in moto, ad*
to astonish *sorprendere*
astonishment *sorpresa-e, nf*
to astound *stupire*
astounding *meravigioso-i a e, a*
astraddle *a cavalcioni, ad*
astrakhan *astracan, nm*
astral *astrale-i, a*
astray *sviato-i a e, a*
astride *a cavalcioni, ad*
to astringe *astringere*
astringent *astringente-i, a*
astrologer *astrologo-i a he, nmf*
astrologic *astrologico-i a he, a*
astrologically *astrologicamente, ad*
astrology *astrologia-e, nf*
astronomer *astronomo-i a e, nmf*
astute *astuto-i a e, a*
astutely *astutamente, ad*
asunder *da parte, ad*
asylum *asilo-i, nm*
asymmetric *asimmetrico-i a he, a*
asymmetry *asimmetria-e, nf*
at *a, prep*
atavism *atavismo-i,, nm*
atavistic *atavistico-i a he, a*
ataxy *atassia-e, nf*
atheism *ateismo-i, nm*
atheist *ateo-i a e, a*
athenaeum *ateneo-i, nm*
Athens *Atene, nf*
Athirst *assetato-i a e, a*
athlete *atleta-i, nm*
athletic *atletico-i a he, a*
athwart *attraverso, ad*
Atlantic *Atlantico, nm*
atlas *atlante-i, nm*

àsthma *àsma-e, nf*
asthmàtik *asmàtiko-i a e, a*
asthmàtikally *asmatikamènte, ad*
astigmàtik *astigmàtiko-i a e, a*
astìgmatism *astigmatìsmo-i, nm*
astìr *in mòto, ad*
to astònish *sorprèndere*
astònishment *sorprèsa-e, nf*
to astòund *stupìre*
astòunding *meraviyòso-i a e, a*
astràddle *a kavalcòni, ad*
astrakàn *astrakàn, nm*
àstral *astràle-i, a*
astràty *sviàto-i a e, a*
astrìde *a kavalcòni, ad*
to astrìnge *astrìnjere*
astrìngent *astrinjènte-i, a*
astròloger *astròlogo-i a e, nmf*
astrològik *astrolòjiko-i a e, a*
astrològikally *astrolojikamènte, ad*
astròlogy *astrolojìa-e, nf*
astrònomer *astrònomo-i a e, nmf*
astùte *astùto-i a e, a*
astùtely *astutamènte, ad*
asùnder *da pàrte, ad*
asỳlum *àsilo-i, nm*
asymmètrik *asimmètriko-i a e, a*
asỳmmetry *asimmetrìa-e, nf*
àt *a, prep*
àtavism *atavìsmo-i, nm*
atavìstik *atavìstiko-i a e, a*
atàxy *atassìa-e, nf*
àthèism *ateìsmo-i, nm*
àthèist *àteo-i a e, a*
athenàeùm *atenèo-i, nm*
Athens *Atène, nf*
athìrst *assetàto-i a e, a*
àthlète *atlèta-i, nm*
athlètik *atlètiko-i a e, a*
àthwàrt *attravèrso, ad*
Atlàntik *Atlàntiko, nm*
àtlàs *atlànte-i, nm*

to attract

atmosphere *atmosfera, nm*	**àtmosphère** *atmosfèra, nm*
atoll *atollo-i, nm*	**atòll** *atòllo-i, nm*
atomic *atomico-i a he, a*	**atòmik** *atòmiko-i a e, a*
atonment *espiazione-i, nf*	**atònment** *espiaziòne-i, nf*
atonic *atono-i a e, a*	**atònik** *àtono-i a e, a*
atop *sulla cima, ad*	**atòp** *sùlla cìma, ad*
atrium *atrio-i, nm*	**àtriùm** *àtrio-i, nm*
atrocious *atroce-i, a*	**atròcious** *atròce-i, a*
atrociously *atrocemente, ad*	**atròciously** *atrocemènte, ad*
atrocity *atrocità, nf*	**atròcity** *atrocità, nf*
atrophy *atrofia-e,nf*	**àtrophy** *atrofìa-e,nf*
atropin *atropina-e, nf*	**àtròpìn** *atropìna-e, nf*
to attach *annettere*	**to attàch** *annèttere*
attached *affezionato-i a e, a*	**attàched** *affezionàto-i a e, a*
attachment *attaccamento-i, nm*	**attàchment** *attakkamènto-i, nm*
to attack *attaccare*	**to attàk** *attakkàre*
to attain *ottenere*	**to attàin** *ottenère*
attainability *raggiungibilità, nf*	**attainabìlity** *rajjunjibìlità, nf*
attainable *conseguibile-i, a*	**attàinable** *konseguìbile-i, a*
to attaint *condannare*	**to attàint** *kondannàre*
attar *olio-i, nm*	**àttar** *òlio-i, nm*
to attemper *temperare*	**to attèmper** *temperàre*
attempt *tentativo-i, nm*	**attèmpt** *tentatìvo-i, nm*
to attempt *attentare*	**to attèmpt** *attentàre*
to attend *attendere*	**to attènd** *attèndere*
attendance *presenza-e, nf*	**attèndance** *presènza-e, nf*
attendant *assistente-i, nm*	**attèndant** *assistènte-i, nm*
attention *attenzione-i, nf*	**attèntion** *attenziòne-i, nf*
attentive *attento-i a e, a*	**attèntive** *attènto-i a e, a*
attentively *attentamente, ad*	**attèntively** *attentamènte, ad*
attenuate *attenuato-i a e, a*	**attènuàte** *attenuàto-i a e, a*
to attenuate *attenuare*	**to attènuàte** *attenuàre*
attenuation *attenuazione-i, nf*	**attenuàtion** *attenuaziòne-i, nf*
to attest *attestare*	**to attèst** *attestàre*
attestable *attestabile-i, a*	**attèstable** *attestàbile-i, a*
attestation *prova-e, nf*	**attestàtion** *pròva-e, nf*
attic *attico-i, nm*	**àttik** *àttiko-i, nm*
attire *abbigliamento-i, nm*	**attìre** *abbiyamènto-i, nm*
to attire *abbigliare*	**to attìre** *abbiyàre*
attitude *attitudine-i, nf*	**àttitude** *attitùdine-i, nf*
attorney *avvocato-i, nm*	**attòrney** *avvokàto-i, nm*
to attract *attirare*	**to attràkt** *attiràre*

ci ce ca co cu   ki ke ka ko ku   ji je ja jo ju   gi ge ga go gu
sci sce sca sco scu=shi she sha sho shu   gn=q   gl=y

auspice

attraction *attrazione-i, nf* | attràktion *attrazióne-i, nf*
attractive *attraente-i, a* | attràktive *attraènte-i, a*
attributable *attribuibile-i, a* | attrìbutable *attribuìbile-i, a*
attribute *attributo-i, nm* | àttribute *attribùto-i, nm*
to attribute *attribuire* | to àttribute *attribuìre*
attribution *attribuzione-i, nf* | attribùtion *attribuzióne-i, nf*
attrited *logoro-i a e, a* | attrìted *lògoro-i a e, a*
attrition *attrito-i, nm* | attrìtion *attrìto-i, nm*
to attune *armonizzare* | to attùne *armonizzàre*
aubergine *melanzana-e, nf* | àubergìne *melanzàna-e, nf*
auburn *rossiccio-i a e, a* | àuburn *rossìcco-i a e, a*
auction *asta-e, nf* | àuktion *àsta-e, nf*
auctioneer *banditore-i, nm* | auktionèer *banditòre-i, nm*
audacious *impudente-i, a* | audàcious *impudènte-i, a*
audaciously *impudentemente, ad* | audàciously *impudentemènte, ad*
audacity *audacia-e, nf* | audàcity *audàcia-e, nf*
audible *udibile-i, a* | àudible *udìbile-i, a*
audibility *udibilità, nf* | audibìlity *udibilità, nf*
audibly *udibilmente, ad* | àudibly *udibilmènte, ad*
audience *udienza-e, nf* | àudience *udiènza-e, nf*
audit *controllo-i, nm* | àudit *kontròllo-i, nm*
to audit *controllare* | to àudit *kontrollàre*
auditive *uditivo-i a e, a* | àuditive *uditìvo-i a e, a*
auditor *uditore-i, nm* | àuditor *uditòre-i, nm*
auditorium *auditorio-i, nm* | auditòrium *auditòrio-i, nm*
auger *trivella-e, nf* | àuger *trivèlla-e, nf*
to augment *aumentare* | to augmènt *aumentàre*
augmentation *aumento-i, nm* | augmentàtion *aumènto-i, nm*
augmentative *accrescitivo-i a e, a* | augmèntative *akkreshitìvo-i a e, a*
to augur *predire* | to àugur *predìre*
augural *augurale-i, a* | àugural *auguràle-i, a*
augury *presagio-i, nm* | àugury *presàjo-i, nm*
august *augusto-i a e, a* | àugust *augùsto-i a e, a*
August *agosto, nm* | August *agòsto, nm*
Augustine *Agostino, nm* | Augustine *Agostìno, nm*
Augustus *Augusto, nm* | Augùstus *Augùsto, nm*
Aulic *aulico-i, a he, a* | àulik *àuliko-i, a e, a*
aunt *zia-e, nf* | àunt *zìa-e, nf*
aureola *aureola-e, nf* | aurèola *aureòla-e, nf*
auricular *auricolare-i, nm* | aurìkular *aurikolàre-i, nm*
auscultation *ascoltazione-i, nf* | auskultàtion *askoltazióne-i, nf*
auspice *auspice-i, nf* | àuspìce *àuspice-i, nf*

auspicious *auspicale-i, a*
Aussie *australiano-i a e, nmf*
austere *austero-i a e, a*
austerely *austeramente, ad*
austerity *austerità, nf*
austral *australe-i, a*
Australia *Australia, nf*
Australian *australiano-i a e, nmf*
Austria *Austria, nf*
Austrian *austriaco-i a he, nmf*
autarchy *autarchia-e, nf*
autarchic *autarchico-i a he, a*
authentic *autentico-i a e. a*
to authenticate *autenticare*
authenticity *autenticità, nf*
author *autore-i, nm*
authoritarian *autoritario-i a e, a*
authority *autorità, nf*
authorization *autorizzazione-i, nf*
to authorize *autorizzare*
authorship *paternità, nf*
autobiography *autobiografia-e, nf*
autobus *autobus, nm*
autochthon *autoctono-i a e, a*
autocracy *autocrazia-e, nf*
autocrat *autocrate-i, nm*
autocratically *autocraticamente, ad*
authograph *autografo-i, nm*
to authograph *firmare*
autogyro *autogiro-i, nm*
automatic *automatico-i a he, a*
automatically *automaticamente, ad*
automation *automazione-i, nf*
automatism *automatismo-i, nm*
automobile *automobile-i, nf*
autonomous *autonomo-i a e, a*
autonomy *autonomia-e, nf*
autopsy *autopsia-e, nf*
Autumn *autunno-i, nm*
autumnal *autunnale-i, a*
auxiliary *ausiliario-i, a*
avail *utilità, nf*

auspìcious *auspikàle-i, a*
Aussie *australiàno-i a e, nmf*
austère *austèro-i a e, a*
austèrely *austeramènte, ad*
austèrity *austerità, nf*
àustral *australe-i, a*
Austràlia *Austràlia, nf*
Austràlian *australiàno-i a e, nmf*
Austria *Austria, nf*
Austrian *austrìako-i a e, nmf*
autàrkỳ *autarkìa-e, nf*
autàrkìk *autàrkiko-i a e, a*
authèntik *autèntiko-i a e. a*
to authèntikàte *autentikàre*
authentìcity *autenticità, nf*
àuthor *autòre-i, nm*
authoritàrian *autoritàrio-i a e, a*
authòrity *autorità, nf*
authorizàtion *autorizzaziòne-i, nf*
to authorìze *autorizzàre*
àuthorshìp *paternità, nf*
autobiògraphỳ *autobiografia-e, nf*
àutobùs *àutobus, nm*
autòkthòn *autòktono-i a e, a*
autòkracy *autokrazìa-e, nf*
àutokràt *autòkrate-i, nm*
autokràtikally *autokratikamènte, ad*
àuthogràph *autògrafo-i, nm*
to àuthogràph *firmàre*
autogỳro *autogìro-i, nm*
automàtik *automàtiko-i a e, a*
automàtikally *automatikamènte, ad*
automàtion *automaziòne-i, nf*
autòmatism *automatìsmo-i, nm*
àutomobile *automòbile-i, nf*
autònomous *autònomo i a e, a*
autònomy *autonomìa-e, nf*
autòpsy *autopsìa-e, nf*
Autumn *autùnno-i, nm*
autùmnal *autunnàle-i, a*
auxìliary *ausiliàrio-i, a*
avàil *utilità, nf*

ci ce ca co cu   ki ke ka ko ku   ji je ja jo ju   gi ge ga go gu   49
sci sce sca sco scu=shi she sha sho shu   gn=q   gl=y

awash

to avail *valere*
availability *utilità, nf*
available *valevole-i, a*
avalanche *valanga-he, nf*
avarice *avarizia-e, nf*
avaricioous *avaro-i a e, a*
avariciously *avaramente, ad*
to avenge *vendicare*
avenue *viale-i, nm*
to aver *asserire*
average *medio-i a e, a*
averagely *in media, ad*
averse *avverso-i a e, a*
aversely *avversamente, ad*
aversion *avversione-i, nf*
to avert *distogliere*
avian *di uccelli, a*
aviary *aviario-i, nm*
aviation *aviazione-i, nf*
aviator *aviatore-i, nm*
aviatress *aviatrice-i, nf*
aviculture *avicultura-e, nf*
avid *avido-i a e, a*
avidity *avidità, nf*
avocation *vocazione-i, nf*
to avoid *evitare*
avoidance *invalidamento-i, nm*
avoirdupois *peso-i, nm*
to avouch *affermare*
avouchment *affermazione-i, nf*
to avow *confessare*
avowable *confessabile-i, a*
avowal *confessione-i, nf*
avuncular *dello zio, a*
to await *aspettare*
to awake *svegliare*
to awaken *risvegliare*
awakening *risveglio-i, nm*
award *giudizio-i, nm*
to award *aggiudicare*
aware *conscio-i a e, a*
awash *a galla, ad*

to avàil *valère*
availabìlity *utilità, nf*
avàilable *valèvole-i, a*
àvalanche *valànga-e, nf*
àvarice *avarìzia-e, nf*
avarìcious *avàro-i a e, a*
avarìciously *avaramènte, ad*
to avènge *vendikàre*
àvenue *viàle-i, nm*
to avèr *asserìre*
àverage *mèdio-i a e, a*
àveragely *in mèdia, ad*
avèrse *avvèrso-i a e, a*
avèrsely *avversamènte, ad*
avèrsion *avversiòne-i, nf*
to avèrt *distòyere*
àvian *di uccèlli, a*
àviary *aviàrio-i, nm*
aviàtion *aviaziòne-i, nf*
aviàtor *aviatòre-i, nm*
àviatress *aviatrìce-i, nf*
avikùlture *avikultùra-e, nf*
àvid *àvido-i a e, a*
avìdity *avidità, nf*
avokàtion *vokaziòne-i, nf*
to avoid *evitàre*
avòidance *invalidamènto-i, nm*
àvoirdupòis *pèso-i, nm*
to avòuch *affermàre*
avòuchment *affermaziòne-i, nf*
to avòw *konfessàre*
avòwable *konfessàbile-i, a*
avòwal *konfessiòne-i, nf*
avùnkular *dèllo zìo, a*
to awàit *aspettàre*
to awàke *sveyàre*
to awàken *risveyàre*
àwàkening *risvèyo-i, nm*
awàrd *judìzio-i, nm*
to awàrd *ajjudikàre*
àwàre *kònsho-i a e, a*
àwàsh *a gàlla, ad*

away *lontano, ad*
awe *meraviglia-e, nf*
to awe *ispirare*
awesome *tremendo-i a e, a*
awfully *terribilmente, ad*
awfulness *terribilità, nf*
awhile *per un momento, ad*
awkward *goffo-i a e, a*
awkwardly *goffamente, ad*
awkwardness *goffagine-i, nf*
awl *lesina-e, nf*
awning *tenda-e, nf*
awry *di traverso, ad*
ax *ascia-e, nf*
to ax *tagliare*
axiom *assioma-i, nm*
axiomatic *assiomatico-i a he, a*
axiomatically *assiomaticamente, ad*
axis *asse-i, nm*
axle *asse-i, nm*
azalea *azalea-e, nf*

B
babble *balbettio-i, nm*
to babble *balbettare*
babbler *chiaccherone-i, nm*
babe *bimbo-i a a, nmf*
babel *babele-i, nf*
baboon *babbuino-i, nm*
baby *bambino-i a e, nmf*
babyhood *infanzia-e, nf*
babyish *bambinesco-hi a he, a*
baccalaureate *titolo-i, nm*
bacchanal *baccanale-i, nm*
bacchanalia *baccanali, nf*
Bacchus *Bacco, nm*
bachelor *celibe-i, nm*
bachelorhood *celibato-i, nm*
bacillus *bacillo-i, nm*
back *schiena-e, nf*
to back *sostenere*
to backbite *maldire*

to backbite

àway *lontàno, ad*
àwe *meravìya-e, nf*
to àwe *ispiràre*
àwesòme *tremèndo-i a e, a*
àwfully *terribilmènte, ad*
àwfulness *terribilità, nf*
àwhìle *pèr ùn momènto, ad*
àwkwàrd *gòffo-i a e, a*
àwkwardly *goffamènte, ad*
àwkwardness *goffàjine-i, nf*
àwl *lèsina-e, nf*
àwning *tènda-e, nf*
àwry *di travèrso, ad*
àx *àsha-e, nf*
to àx *tayàre*
àxiom *assiòma-i, nm*
axiomàtik *assiomàtiko-i a e, a*
axiomàtikally *assiomatikamènte, ad*
àxis *àsse-i, nm*
àxle *àsse-i, nm*
azàlea *azalèa-e, nf*

B
bàbble *balbettìo-i, nm*
to bàbble *balbettàre*
bàbbler *kiakkeròne-i, nm*
bàbe *bìmbo-i a e, nmf*
bàbel *babèle-i, nf*
babòon *babbuìno-i, nm*
bàby *bambìno-i a e, nmf*
babyhòod *infànzia-e, nf*
bàbyish *bambinèsko-i a e, a*
bakkalàureate *titolo-i, nm*
bakkànàl *bakkanàle-i, nm*
bakkànàlia *bakkanàli, nf*
Bàkkus *Bàkko, nm*
bàchelor *cèlibe-i, nm*
bàchelorhòod *celibàto-i, nm*
bacìllus *bacìllo-i, nm*
bàk *skièna-e, nf*
to bàk *sostenère*
to bàkbìte *maldìre*

ci ce ca co cu　ki ke ka ko ku　ji je ja jo ju　gi ge ga go gu
sci sce sca sco scu=shi she sha sho shu　gn=q　gl=y

balefire

backbiter *maldicente-i, nm*
backbone *spina dorsale, nf*
background *sfondo-i, nm*
backing *sostegno-i, nm*
backward *tardivo-i a e, a*
backwards *a rovescio, ad*
backwater *ristagno-i, nm*
bacon *pancetta-e, nf*
bacterial *di batterio-i, a*
bacteriologist *batteriologo-i a e, nmf*
bacteriology *batteriologia-e, nf*
bad *cattivo-i a e, a*
badge *emblema-i, nm*
badger *tasso-i, nm*
to badger *tormentare*
badly *malamente, ad*
badness *cattiveria-e, nf*
to baffle *ostacolare*
bag *borsa-e, nf*
to bag *insaccare*
bagful *pieno-i a e, a*
baggage *bagaglio-i, nm*
baggy *gonfio-i a e, a*
bagpipe *cornamusa-e, nf*
bail *cauzione-i, nf*
bail *secchio-i, nm*
to bail *aggottare*
bailer *aggottatore-i, nm*
bailiff *rappresentante-i, nm*
bait *esca-he, nf*
to bait *tormentare*
to bake *cuocere*
baker *fornaio-i, nm*
balance *bilancio-i, nm*
to balance *equilibrare*
balcony *balcone-i, nm*
bald *calvo-i a e, a*
badachin *baldacchino-i, nm*
baldness *calvizia-e, nf*
bale *balla-e, nf*
to bale *imballare*
balefire *falò, nm*

bàkbìter *maldicènte-i, nm*
bàkbone *spìna dorsàle, nf*
bàkgròund *sfòndo-i, nm*
bàking *sostèqo-i, nm*
bàkwàrd *tardìvo-i a e, a*
bàkwàrds *a rovèsho, ad*
bàkwàter *ristàqo-i, nm*
bàkon *pancètta-e, nf*
baktèrial *di battèrio-i, a*
bakteriòlogìst *batteriòlogo-i a e, nmf*
bakteriòlogy *batteriolojìa-e, nf*
bàd *kattìvo-i a e, a*
bàdge *emblèma-i, nm*
bàdger *tàsso-i, nm*
to bàdger *tormentàre*
bàdly *malamènte, ad*
bàdness *kattivèria-e, nf*
to bàffle *ostakolàre*
bàg *bòrsa-e, nf*
to bàg *insakkàre*
bàgful *pièno-i a e, a*
bàggage *bagàyo-i, nm*
bàggy *gònfio-i a e, a*
bàgpìpe *kornamùsa-e, nf*
bàil *kauziòne-i, nf*
bàil *sèkkio-i, nm*
to bàil *aggottàre*
bàiler *aggottatòre-i, nm*
bàiliff *rappresentànte-i, nm*
bàit *èska-e, nf*
to bàit *tormentàre*
to bàke *kuòcere*
bàker *fornàio-i, nm*
bàlance *bilànco-i, nm*
to bàlance *ekuilibràre*
bàlkony *balkòne-i, nm*
bàld *kàlvo-i a e, a*
bàldakin *baldakkìno-i, nm*
bàldness *kalvìzia-e, nf*
bàle *bàlla-e, nf*
to bàle *imballàre*
bàlefire *falò, nm*

baleful *triste-i, a*
balefully *maleficamente, ad*
to balk *evitare*
ball *palla-e, nf*
ballad *ballata-e, nf*
ballast *zamorra-e, nf*
to ballast *zavorrare*
ballet *balletto-i, nm*
balloon *pallone-i, nm*
ballot *scheda-e, nf*
ballotage *ballottaggio-i, nm*
to ballyrag *tormentare*
balm *balsamo-i, nm*
balm-cricket *cicala-e, nf*
balmoral *stivale-i, nm*
balmy *balsamico-i a he, a*
balsam *balsamo-i, nm*
balsamic *balsamico-i a he, a*
baluster *balaustro-i, nm*
balustrade *balaustra-e, nf*
bamboo *bambù, nm*
to bamboozle *ingannare*
bamboozlement *inganno-i, nm*
ban *bando-i, nm*
to ban *maledire*
banal *banale-i, a*
banality *banalità, nf*
banana *banana-e, nf*
band *banda-e, nf*
bandage *benda-e, nf*
to bandage *bendare*
bandana *fazzoletto-i, nm*
banderol *banderuola-e, nf*
bandit *bandito-i a e, nmf*
bandog *mastino-i, nm*
bandoleer *bandoliera-e, nf*
bandoline *cerone-i, nm*
to bandy *gettare*
bandy *curvo-i a e, a*
bane *distruzione-i, nf*
baneful *dannoso-i a e, a*
banefully *dannosamente, ad*

bàleful *trìste-i, a*
bàlefully *malefikamènte, ad*
to bàlk *evitàre*
bàll *pàlla-e, nf*
bàllad *ballàta-e, nf*
bàllast *zamòrra-e, nf*
to bàllast *zavorràre*
bàllet *ballètto-i, nm*
ballòon *pallòne-i, nm*
bàllot *skèda-e, nf*
bàllotage *ballottàjjo-i, nm*
to bàllyràg *tormentàre*
bàlm *bàlsamo-i, nm*
bàlm-krìket *cikàla-e, nf*
balmòral *stivàle-i, nm*
bàlmy *balsàmiko-i a e, a*
bàlsam *bàlsamo-i, nm*
balsàmik *balsàmiko-i a e, a*
bàlùster *balaùstro-i, nm*
balustràde *balaùstra-e, nf*
bambòo *bambù, nm*
to bambòozle *ingannàre*
bambaòozlement *ingànno-i, nm*
bàn *bàndo-i, nm*
to bàn *maledìre*
bànal *banàle-i, a*
banàlity *banalità, nf*
banàna *banàna-e, nf*
bànd *bànda-e, nf*
bàndage *bènda-e, nf*
to bàndage *bendàre*
bandàna *fazzolètto-i, nm*
bànderol *banderuòla-e, nf*
bàndit *bandìto-i a e, nmf*
bàndog *mastìno-i, nm*
bandolèer *bandolièra-e, nf*
bandolìne *ceròne-i, nm*
to bàndy *jettàre*
bàndy *kùrvo-i a e, a*
bàne *distruziòne-i, nf*
bàneful *dannòso-i a e, a*
bànefully *dannosamènte, ad*

ci ce ca co cu   ki ke ka ko ku   ji je ja jo ju   gi ge ga go gu   53
sci sce sca sco scu=shi she sha sho shu   gn=q   gl=y

barcarole

bang *frangia-e, nf*
bang *colpo-i, nm*
to bang *colpire*
bangle *braccialetto-i, nm*
to banish *esiliare*
banishment *esilio-i, nm*
banister *ringhiera-e, nf*
banjo *banjo, nm*
bank *argine-i, nf*
bank *banco-hi, nm*
to bank *arginare*
to bank *depositare*
banker *banchiere-i, nm*
bankrupt *insolvente-i, a*
bankruptcy *fallimento-i, nm*
banner *stendardo-i, nm*
banns *pubblicazioni, nf*
banquet *banchetto-i, nm*
banter *burla-e, nf*
to banter *burlare*
banterer *burlone-i, nm*
baptism *battesimo-i, nm*
baptismal *battesimale-i, a*
baptist *battista-i, nm*
baptistry *battistero-i, nm*
to baptize *battezzare*
bar *bar, nm*
bar *sbarra-e, nf*
to bar *barrare*
barathrum *baratro-i, nm*
to barb *spinare*
barbarian *barbaro-i a e, a*
barbarik *incolto-i a e, a*
barbarism *barbarismo-i, nm*
barbarity *barbarie, nf*
to barbarize *barbarizzare*
barbarous *barbaro-i a e, a*
barbarously *barbaramente, ad*
barbecue *graticola-e, nf*
to barbecue *arrostire*
barber *barbiere-i, nm*
barcarole *barcarola-e, nf*

bàng *frànja-e, nf*
bàng *kòlpo-i, nm*
to bàng *kòlpìre*
bàngle *braccalètto-i, nm*
to bànish *esiliàre*
bànishment *esìlio-i, nm*
bànister *ringièra-e, nf*
bànjo *bànjo, nm*
bànk *àrjine-i, nf*
bànk *bànko-i, nm*
to bànk *arjinàre*
to bànk *depositàre*
bànker *bankière-i, nm*
bànkrùpt *insolvènte-i, a*
bànkrùptcy *fallimènto-i, nm*
bànner *stendàrdo-i, nm*
bànns *pubblikaziòni, nf*
bànquet *bankètto-i, nm*
bànter *bùrla-e, nf*
to bànter *burlàre*
bànterer *burlòne-i, nm*
bàptism *battèsimo-i, nm*
baptìsmal *battesimàle-i, a*
bàptìst *battìsta-i, nm*
bàptìstrỳ *battistèro-i, nm*
to bàptìze *battezzàre*
bàr *bàr, nm*
bàr *sbàrra-e, nf*
to bàr *barràre*
bàrathrùm *bàratro-i, nm*
to bàrb *spinàre*
barbàrian *bàrbaro-i a e, a*
barbàrik *inkòlto-i a e, a*
bàrbarìsm *barbarìsmo-i, nm*
barbàrity *barbarìe, nf*
to barbarìze *barbarizzàre*
bàrbarous *bàrbaro-i a e, a*
bàrbarously *barbaramènte, ad*
bàrbekùe *gratìkola-e, nf*
to bàrbekùe *arrostìre*
bàrber *barbière-i, nm*
bàrkaròle *barkaròla-e, nf*

bard *bardo-i, nm*
bare *nudo-i a e, a*
to bare *denudare*
barefooted *scalzo-i a e, a*
barely *appena, ad*
bareness *nudità, nf*
bargain *affare-i, nm*
to bargain *contrattare*
barge *chiatta-e, nf*
to barge *trasportare*
baritone *baritono-i, nm*
bark *corteccia-e, nf*
to bark *abbaiare*
barley *orzo-i, nm*
barm *fermento-i, nm*
barn *granaio-i, nm*
barometer *barometro-i, nm*
baron *barone-i, nm*
baroness *baronessa-e, nf*
baronet *baronetto-i, nm*
barony *baronato-i, nm*
baroque *barocco-hi a he, a*
barrack *caserma-e, nf*
to barrack *accasermare*
barrage *sbarramento-i, nm*
barrator *provocatore-i, nm*
barratry *baratteria-e, nf*
barrel *barile-i, nm*
to barrel *riempire*
barren *sterile-i, a*
barrenly *sterilmente, ad*
barrenness *sterilità, nf*
to barricade *barricare*
barrier *barriera-e, nm*
barrister *avvocato-i, nm*
barrow *tumulo-i, nm*
barrow *barella-e, nf*
barter *baratto-i, nm*
to barter *scambiare*
basal *basilare-i, a*
basalt *basalto-i, nm*
base *base-i, nf*

bàrd *bàrdo-i, nm*
bàre *nùdo-i a e, a*
to bàre *denudàre*
bàrefòoted *skàlzo-i a e, a*
bàrely *appèna, ad*
bàreness *nudità, nf*
bàrgain *affàre-i, nm*
to bàrgain *kontrattàre*
bàrge *kiàtta-e, nf*
to bàrge *trasportàre*
bàritone *barìtono-i, nm*
bàrk *kortècca-e, nf*
to bàrk *abbaiàre*
bàrley *òrzo-i, nm*
bàrm *fermènto-i, nm*
bàrn *granàio-i, nm*
baròmeter *baròmetro-i, nm*
bàron *baròne-i, nm*
bàroness *baronèssa-e, nf*
bàronet *baronètto-i, nm*
bàrony *baronàto-i, nm*
baròque *baròkko-i a e, a*
bàrrak *kasèrma-e, nf*
to bàrrak *akkasermàre*
barràge *sbarramènto-i, nm*
bàrrator *provokatòre-i, nm*
bàrratry *baratterìa-e, nf*
bàrrel *barìle-i, nm*
to bàrrel *riempìre*
bàrren *stèrile-i, a*
bàrrenly *sterilmènte, ad*
bàrrenness *sterilità, nf*
to bàrrikade *barrikàre*
bàrrier *barrièra-e, nm*
bàrrister *avvokàto-i, nm*
bàrrow *tùmulo-i, nm*
bàrrow *barèlla-e, nf*
bàrter *baràtto-i, nm*
to bàrter *skambiàre*
bàsal *basilàre-i, a*
bàsàlt *basàlto-i, nm*
bàse *bàse-i, nf*

to base *basare*	to bàse *basàre*
baseball *beisball, nf*	bàsebàll *beisbòl, nf*
baseless *infondato-i a e, a*	bàseless *infondàto-i a e, a*
basely *bassamente, ad*	bàsely *bassamènte, ad*
basement *sottosuolo-i, nm*	bàsement *sottosuòlo-i, nm*
to bash *fracassare*	to bàsh *frakassàre*
bashful *vergognoso-i a e, a*	bàshful *vergoqòso-i a e, a*
bashfully *timidamente, ad*	bàshfully *timidamènte, ad*
bashfulness *vergogna-e, nf*	bàshfulness *vergòqa-e, nf*
basik *basilare-i, a*	bàsik *basilàre-i, a*
basil *basilico-i, nm*	bàsil *basìliko-i, nm*
basilary *basiliare*	bàsilàry *basiliàre*
basilica *basilica-he, nf*	basìlika *basìlika-e, nf*
basin *catino-i, nm*	bàsin *katìno-i, nm*
basis *base-i, nf*	bàsis *bàse-i, nf*
to bask *abbronzare*	to bàsk *abbronzàre*
basket *cesta-i, nf*	bàsket *cèsta-i, nf*
bas-relief *bassorilievo-i, nm*	bàs-relìef *bassorilièvo-i, nm*
bass *pesce-i, nm*	bàss *pèshe-i, nm*
bass *basso-i, nm*	bàss *bàsso-i, nm*
basset *bassotto-i, nm*	bàsset *bassòtto-i, nm*
basset-horn *clarinetto-i, nm*	bàsset-hòrn *klarinètto-i, nm*
bassinet *culla-e, nf*	bassinèt *kulla-e, nf*
basso *basso*	bàsso *bàsso*
basso continuo *basso continuo*	bàsso kontìnuo *bàsso kòntinuo*
bassoon *fagotto-i, nm*	bassòon *fagòtto-i, nm*
bastard *bastardo-i a e, nmf*	bàstard *bastàrdo-i a e, nmf*
to bastardize *mischiare*	to bàstardìze *miskiàre*
to baste *imbastire*	to bàste *imbastìre*
to baste *bastonare*	to bàste *bastonàre*
bastion *bastione-i, nm*	bàstion *bastiòne-i, nm*
bat *pipistrello-i, nm*	bàt *pipistrèllo-i, nm*
bat *bastone-i, nm*	bàt *bastòne-i, nm*
to bat *ammiccare*	to bàt *ammikkàre*
batch *infornata-e, nf*	bàtch *infornàta-e, nf*
bate *soluzione-i, nf*	bàte *soluziòne-i, nf*
to bate *immergere*	to bàte *immèrjere*
bath *bagno-i, nm*	bàth *bàqo-i, nm*
to bath *bagnare*	to bàth *baqàre*
bather *bagnante-i, nm*	bàther *baqànte-i, nm*
bathysphere *batisfera-e, nf*	bàthỳsphère *batisfèra-e, nf*
batman *attendente-i, nm*	bàtman *attendènte-i, nm*

baton *bastoncino-i, nm*
battaglia *battaglia*
battalion *battaglione-i, nm*
batten *assicella-e, nf*
to batten *ingrassare*
batter *mescolanza-e, nf*
to batter *battere*
battery *batteria-e, nf*
battle *battaglia-e, nf*
to battle *lottare*
bawd *mezzana-e, nf*
bawdiness *oscenità, nf*
bawdy *osceno-i a e, a*
to bawl *schiamazzare*
bay *baia-e, nf*
to bay *abbaiare*
bayonet *baionetta-e, nf*
to be *essere*
beach *spiaggia-e, nf*
beacon *faro-i, nm*
to beacon *illuminare*
bead *grano-i, nm*
to bead *imperlare*
beadle *bidello-i, nm*
beagle *cane-i, nm*
beak *becco-hi, nm*
beaker *coppa-e, nf*
beam *trave-i, nm*
to beam *irraggiare*
beaming *raggiante-i, a*
bean *fagiolo-i, nm*
bear *orso-i, nm*
to bear *sopportare*
bearable *sopportabile-i, a*
beard *barba-e, nf*
to beard *sfidare*
bearded *barbuto-i a e, a*
beardless *imberbe-i, a*
bearer *portatore-i, nm*
bearing *condotta-e, nf*
bearish *sgarbato-i a e, a*
beast *bestia-e, nf*

bàtòn *bastoncìno-i, nm*
battàglia *battàya*
battàlion *battayòne-i, nm*
bàtten *assicèlla-e, nf*
to bàtten *ingrassàre*
bàtter *meskolànza-e, nf*
to bàtter *bàttere*
bàttery *batterìa-e, nf*
bàttle *battàya-e, nf*
to bàttle *lottàre*
bàwd *mezzàna-e, nf*
bàwdiness *oshenità, nf*
bàwdy *oshèno-i a e, a*
to bàwl *skiamazzàre*
bày *bàia-e, nf*
to bày *abbaiàre*
bayònet *baionètta-e, nf*
to be *èssere*
bèach *spiàjja-e, nf*
bèakon *fàro-i, nm*
to bèakon *illuminàre*
bèad *gràno-i, nm*
to bèad *imperlàre*
bèadle *bidèllo-i, nm*
bèagle *kàne-i, nm*
bèak *bèkko-i, nm*
bèaker *kòppa-e, nf*
bèam *tràve-i, nm*
to bèam *irrajjàre*
bèaming *rajjànte-i, a*
bèan *fajòlo-i, nm*
bèar *òrso-i, nm*
to bèar *sopportàre*
bèarable *sopportàbile-i, a*
bèard *bàrba-e, nf*
to bèard *sfidàre*
bèarded *barbùto-i a e, a*
bèardless *imbèrbe-i, a*
bèarer *portatòre-i, nm*
bèaring *kondòtta-e, nf*
bèarish *sgarbàto-i a e, a*
bèast *bèstia-e, nf*

ci ce ca co cu   ki ke ka ko ku   ji je ja jo ju   gi ge ga go gu
sci sce sca sco scu=shi she sha sho shu   gn=q   gl=y

beforehand

beastly *bestiale-i, a*
beat *colpo-i, nm*
to beat *battere*
beater *battitore-i, nm*
beatification *beatificazione-i, nf*
to beatify *beatificare*
beautiful *bello-i a e, a*
to beautify *abbellire*
beauty *bellezza-e, nf*
beaver *castoro-i, nm*
to becalm *calmare*
because *perchè, ad*
béchamel *beshamella-e, nf*
beck *ruscello-i, nm*
to beckon *accennare*
to becloud *annuvolare*
to become *diventare*
becoming *grazioso-i a e, a*
bed *letto-i, nm*
to bed *coprire*
bedding *lettiera-e, nf*
to bedeck *ornare*
to bedevil *tormentare*
bedlam *manicomio-i, nm*
bedouin *beduino-i, nm*
to bedraggle *sporcare*
bedridden *ammalato-i a e, a*
bedroom *camera-e, nf*
bee *ape-i, nf*
beech *faggio-i, nm*
beef *carne-i, nf*
beefy *bovino-i, a*
beer *birra-e, nf*
beet *barbabietola-e, nf*
beetle *scarafaggio-i, nm*
to beetle *sovrastare*
to befall *accadere*
to befit *adattare*
befitting *adatto-i a e, a*
befittingly *convenientemente, ad*
before *prima, ad*
beforehand *in anticipo, ad*

bèastly *bestiàle-i, a*
bèat *kòlpo-i, nm*
to bèat *bàttere*
bèater *battitòre-i, nm*
beàtifikàtion *beatifikaziòne-i, nf*
to beàtify *beatifikàre*
beaùtiful *bèllo-i a e, a*
to beaùtify *abbellìre*
beaùty *bellèzza-e, nf*
bèaver *kastòro-i, nm*
to bekàlm *kalmàre*
bekàuse *perkè, ad*
bèchàmel *balsamèlla-e, nf*
bèk *rushèllo-i, nm*
to bèkon *accennàre*
to beklòud *annuvolàre*
to bekòme *diventàre*
bekòming *graziòso-i a e, a*
bèd *lètto-i, nm*
to bèd *koprìre*
bèdding *lettièra-e, nf*
to bedèk *ornàre*
to bedèvil *tormentàre*
bèdlam *manikòmio-i, nm*
bèdouin *beduìno-i, nm*
to bedràggle *sporkàre*
bèdrìdden *ammalàto-i a e, a*
bèdròom *kàmera-e, nf*
bèe *àpe-i, nf*
bèech *fàjjo-i, nm*
bèef *kàrne-i, nf*
bèefy *bovìno-i, a*
bèer *bìrra-e, nf*
bèet *barbabiètola-e, nf*
bèetle *skarafàjjo-i, nm*
to bèetle *sovrastàre*
to befàll *akkadère*
to befìt *adattàre*
befìtting *adàtto-i a e, a*
befìttingly *konvenientemènte, ad*
befòre *prìma, ad*
befòrehànd *in antìcipo, ad*

belladonna

to befoul *sporcare*	to befòul *sporkàre*
to befriend *aiutare*	to bèfrièned *aiutàre*
to beg *implorare*	to bèg *imploràre*
to beget *generare*	to begèt *jeneràre*
beggar *mendicante-i, nm*	bèggar *mendikànte-i, nm*
to begin *cominciare*	to begìn *komincàre*
beginner *principiante-i, nm*	begìnner *principiànte-i, nm*
beginning *origine-i, nf*	begìnning *orìjine-i, nf*
to begird *circondare*	to begìrd *cirkòndàre*
begonia *begonia-e, nf*	begònia *begònia-e, nf*
to begrime *insudicare*	to begrìme *insudiciàre*
to begrudge *invidiare*	to begrùdge *invidiàre*
to beguile *ingannare*	to beguìle *ingannàre*
beguilement *inganno-i, nm*	beguìlement *ingànno-i, nm*
beguiler *ingannatore-i, nm*	beguìler *ingannatòre-i, nm*
behalf *favore-i, nm*	behàlf *favòre-i, nm*
to behave *comportarsi*	to behàve *komportàre*
behavior *condotta-e, nf*	behàvior *kondòtta-e, nf*
to behead *decapitare*	to behèad *dekapitàre*
behest *incarico-hi, nm*	behèst *inkàriko-i, nm*
behind *dietro, ad*	behìnd *dìetro, ad*
to behold *guardare*	to behòld *guardàre*
beholden *obbligato-i a e, a*	behòlden *obbligàto-i a e, a*
being *essenza-e, nf*	bèing *essènza-e, nf*
to belabor *picchiare*	to belàbor *pikkiàre*
belated *tardivo-i a e, a*	belàted *tardìvo-i a e, a*
belch *rutto-i, nm*	bèlch *rùtto-i, nm*
to belch *ruttare*	to bèlch *ruttàre*
beldame *vecchia-e, nf*	beldàme *vèkkia-e, nf*
to beleaguer *assediare*	to belèaguer *assediàre*
belfry *campanile-i, nm*	bèlfry *kampanìle-i, nm*
Belgium *Belgio, nm*	Bèlgiùm *Bèljo, nm*
to beie *smentire*	to belìe *smentìre*
belief *credenza-e, nf*	belìef *kredènza-e, nf*
believable *credibile-i, a*	belìevable *kredìbile-i, a*
to believe *credere*	to belìeve *krèdere*
believer *credente-i, nm*	belìever *kredènte-i, nm*
believing *fiducioso-i a e, a*	belìeving *fiducòso-i a e, a*
belike *forse, ad*	belìke *fòrse, ad*
to belittle *impicciolire*	to belìttle *impiccòlìre*
bell *campana-e, nf*	bèll *kampàna-e, nf*
belladonna *belladonna-e, nf*	belladònna *belladònna-e, nf*

ci ce ca co cu   ki ke ka ko ku   ji je ja jo ju   gi ge ga go gu
sci sce sca sco scu=shi she sha sho shu   gn=q   gl=y

benignant

bellicose *bellicoso-i a e, a*   bèllikòse *bellikòso-i a e, a*
bellied *panciuto-i a e, a*   bèllied *pancùto-i a e, a*
belligerency *belligeranza-e, nf*   bellìgerency *bellijerànza-e, nf*
belligerent *belligerante-i, a*   bellìgerent *bellijerànte-i, a*
bellow *muggito-i, nm*   bèllow *mujjìto-i, nm*
to bellow *muggire*   to bèllow *mujjìre*
bellows *mantice-i, nm*   bèllows *màntice-i, nm*
belly *ventre-i, nm*   bèlly *vèntre-i, nm*
to belly *gonfiare*   to bèlly *gonfiàre*
bellyful *panciata-e, nf*   bèllyful *pancàta-e, nf*
to belong *appartenere*   to belòng *appartenère*
belongings *proprietà, nf*   belòngings *proprietà, nf*
beloved *amato-i a e, a*   belòved *amàto-i a e, a*
below *sotto, ad*   belòw *sòtto, ad*
belt *cintura-e, nf*   bèlt *cintùra-e, nf*
to belt *picchiare*   to bèlt *pikkiàre*
belted *cinto-i a e, a*   bèlted *cìnto-i a e, a*
to bemoan *lamentare*   to bemòan *lamentàre*
to bemuse *stupefare*   to bemùse *stupefàre*
bench *banco-hi, nm*   bènch *bànko-i, nm*
bend *curva-e, nf*   bènd *kùrva-e, nf*
to bend *piegare*   to bènd *piegàre*
beneath *sotto, ad*   benèath *sòtto, ad*
Benedictine *benedettino-i, a*   Benedìktine *benedettìno-i, a*
benediction *benedizione-i, nf*   benedìktion *benedizìòne-i, nf*
benefaction *beneficenza-e, nf*   benefàktion *beneficènza-e, nf*
benefactor *benefattore-i, nm*   bènefaktor *benefattòre-i, nm*
benefic *benefico-i, a he, a*   benèfik *benèfiko-i a e, a*
beneficence *beneficenza-e, nf*   benèficence *beneficènza-e, nf*
beneficent *caritevole-i, a*   benèficent *karitatèvole-i, a*
beneficently *beneficamente, ad*   benèficently *benefikamènte, ad*
beneficial *vantaggioso-i a e, a*   beneficial *vantajjòso-i a e, a*
beneficiary *beneficiario-i, nm*   beneficiary *beneficàrio-i, nm*
benefit *beneficio-i, nm*   bènefit *benefiko-i, nm*
to benefit *beneficare*   to bènefit *benefikàre*
benevolence *benevolenza-e, nf*   benèvolence *benevolènza-e, nf*
benevolent *caritatevole-i, a*   benèvolent *karitatèvole-i, a*
Bengal *Bengal, nm*   Bèngal *Bèngal, nm*
benighted *ignarante-i, nm*   benìghted *iqorànte-i, nm*
benign *benigno-i a e, a*   benìgn *benìqo-i a e, a*
benignancy *benignità, nf*   benìgnancy *beniqità, nf*
benignant *benigno-i a e, a*   benìgnant *benìqo-i a e, a*

bestiary

benignantly *benignamente, ad*
benignity *benignità, nf*
Benjamin *Beniamino, nm*
bent *tendenza-e, nf*
to benumb *intorpidire*
benzene *benzolo-i, nm*
benzine *benzina-e, nf*
to bequeath *lasciare*
to bereave *derubare*
bereavement *perdita-e, nf*
beret *berretto-i, nm*
bergamot *bergamotto-i, nm*
Berlin *Berlino, nm*
berry *bacca-he, nf*
to berry *cogliere*
berth *cuccetta-e, nf*
to berth *ancorare*
beryl *berillo-i, nm*
to beseech *implorare*
beseechingly *supplichevolmente, ad*
to beseem *convenire*
beseemingly *appropriatamente, ad*
to best *assediare*
besetment *tentazione-i, nf*
beside *accanto, prep*
besides *inoltre, ad*
to besiege *assediare*
besiegement *assedio-i, nm*
to besmear *cospargere*
to besmirch *insudiciare*
besom *granata-e, nf*
to besot *istupidire*
to bespatter *inzaccherare*
to bespeak *prenotare*
to besprinkle *spruzzare*
best *eccellente-i, a*
to best *superare*
bestial *bestiale-i, a*
bestiality *bestialità, nf*
to bestialize *abbruttire*
bestially *bestialmente, ad*
bestiary *bestiario-i, nm*

benìgnantly *beniqamènte, ad*
benìgnity *beniqità, nf*
Bènjamin *Beniamìno, nm*
bènt *tendènza-e, nf*
to benùmb *intorpidìre*
bènzène *benzòlo-i, nm*
bènzìne *benzìna-e, nf*
to bequèath *lashàre*
to berèave *derubàre*
berèavement *pèrdita-e, nf*
berèt *berrètto-i, nm*
bèrgamòt *bergamòtto-i, nm*
Berlìn *Berlìno, nm*
bèrry *bàkka-e, nf*
to bèrry *kòyere*
bèrth *kuccètta-e, nf*
to bèrth *ankoràre*
bèryl *berìllo-i, nm*
to besèech *imploràre*
besèechìngly *supplikevolmènte, ad*
to besèem *konvenìre*
besèemingly *appropriatamènte, ad*
to bèst *assediàre*
besètment *tentaziòne-i, nf*
besìde *allànto, prep*
besìdes *inòltre, ad*
to besìege *assediàre*
besìegement *assèdio-i, nm*
to besmèar *kospàrjere*
to besmìrch *insudicàre*
besòm *granàta-e, nf*
to besòt *istupìdìre*
to bespàtter *inzakkeràre*
to bespèak *prenotàre*
to besprìnkle *spruzzàre*
bèst *eccellènte-i, a*
to bèst *superàre*
bèstial *bestiàle-i, a*
bestiàlity *bestialità, nf*
to bèstialize *abbruttìre*
bèstially *bestialmènte, ad*
bestiàry *bestiàrio-i, nm*

to bestir *ravvivare*	to bestìr *ravvivàre*
to bestow *concedere*	to bestòw *koncèdere*
bestowal *concessione-i, nf*	bestòwal *koncessiòne-i, nf*
to bestrew *cospargere*	to bestrèw *kospàrjere*
to bestride *cavalcare*	to bestrìde *kavalkàre*
bet *scommessa-e, nf*	bèt *skommèssa-e, nf*
to bet *scommettere*	to bèt *skommèttere*
beta *beta, nm*	bèta *bèta, nm*
to bethink *riflettere*	to bethìnk *riflèttere*
Bethleem *Bettlemme, nm*	Bèthleèm *Bettlèmme, nm*
betimes *presto, ad*	betìmes *prèsto, ad*
to betoken *predire*	to betòken *predìre*
betony *bettonica-he, nf*	bètony *bettònika-e, nf*
to betray *tradire*	to betrày *tradìre*
betrayal *tradimento-i, nm*	betràyàl *tradimènto-i, nm*
betrayer *traditore-i, nm*	betràyer *traditòre-i, nm*
to betroth *fidanzare*	to betròth *fidanzàre*
betrothal *fidanzamento-i, nm*	betròthal *fidanzamènto-i, nm*
betrothed *fidanzato-i a e, a*	betròthed *fidanzàto-i a e, a*
better *meglio, ad*	bètter *mèyo, ad*
to better *migliorare*	to bètter *miyoràre*
betterment *miglioramento-i, nm*	bètterment *miyoramènto-i, nm*
betting *scommessa-e, nf*	bètting *skommèssa-e, nf*
Betty *Bettina, nf*	Bètty *Bettìna, nf*
between *fra, ad*	betwèen *frà, ad*
bevel *angolo-i, nm*	bèvel *àngolo-i, nm*
to bevel *ridurre*	to bèvel *ridùrre*
beverage *bevanda-e, nf*	bèverage *bevànda-e, nf*
bevy *stormo-i, nm*	bèvy *stòrmo-i, nm*
to bewail *piangere*	to bewàil *piànjere*
to beware *guardare*	to bewàre *guardàre*
to bewilder *confondere*	to bewìlder *konfòndere*
bewilderingly *confusamente*	bewìlderingly *konfusamènte*
bewilderment *confusione-i, nf*	bewìlderment *konfusiòne-i, nf*
to bewitch *stregare*	to bewìtch *stregàre*
bewitching *ammaliante-i, a*	bewìtching *ammaliànte-i, a*
bewitchment *malia-e, nf*	bewìtchment *malìa-e, nf*
to bewray *rivelare*	to bèwrày *rivelàre*
beyond *al di là, ad*	beyònd *al di là, ad*
bezel *castone-i, nm*	bèzel *kastòne-i, nm*
bias *inclinazione-i, nf*	bìas *inklinaziòne-i, nf*
bib *bavaglino-i, nm*	bìb *bavayìno-i, nm*

Bible *Bibbia, nf*
biblical *biblico-i a he, a*
bibliographer *bibliografo-i, nm*
bibliography *bibliografia-e, nf*
bibliophile *bibliofilo-i, nm*
bibulous *bibulo-i a e, a*
bicameral *bicamerale-i, nf*
bicarbonate *bicarbonato-i, nm*
bicentenary *bicentenario-i, nm*
biceps *bicipite-i, nm*
to bicker *litigare*
bicuspid *bicuspido-i, a*
bicycle *bicicletta-e, nf*
big *grosso-i a e, a*
bigamist *bigamo-i, nm*
bigamy *bigamia-e, nf*
bigness *grossezza-e, nf*
bigot *bigotto-i a e, a*
bigotry *bigotteria-e, nf*
bike *bicicletta-e, nf*
bike *nido-i, nm*
bileteral *bilaterale-i, a*
bilberry *mirtillo-i, nm*
bile *bile-i, nf*
to bilge *gonfiare*
biliary *biliare-i, a*
bilingual *bilingue-i, a*
bilious *bilioso-i a e, a*
bill *becco-hi, nm*
bill *conto-i, nm*
to bill *fatturare*
billet *alloggio-i, nm*
to billet *alloggiare*
billiards *biliardo-i, nm*
billion *bilione-i, nm*
billow *maroso-i, nm*
to billow *mareggiare*
billy *scatola-e, nf*
billycock *bombetta-e, nf*
billy-goat *caprone-i, nm*
bimestrial *bimestrale-i, a*
binary *binario-i, a*

Bìble *Bìbbia, nf*
bìblikal *bìbliko-i a e, a*
bibliògrapher *bibliògrafo-i, nm*
bibliògraphy *bibliografìa-e, nf*
bìbliophìle *bibliòfilo-i, nm*
bìbulous *bìbulo-i a e, a*
bikàmeral *bikameràle-i, nf*
bikàrbonate *bikarbonàto-i, nm*
bicèntenàry *bicentenàrio-i, nm*
bìceps *bicìpite-i, nm*
to bìker *litigàre*
bikùspid *bikùspido-i, a*
bicỳcle *biciklètta-e, nf*
bìg *gròsso-i a e, a*
bìgamist *bìgamo-i, nm*
bìgamy *bigamìa-e, nf*
bigness *grossèzza-e, nf*
bìgot *bigòtto-i a e, a*
bìgotry *bigotterìa-e, nf*
bìke *biciklètta-e, nf*
bìke *nìdo-i, nm*
bilàteral *bilateràle-i, a*
bìlberry *mirtìllo-i, nm*
bìle *bìle-i, nf*
to bìlge *gonfiàre*
bìliary *biliàre-i, a*
bilìngual *bilìngue-i, a*
bìlious *biliòso-i a e, a*
bìll *bèkko-i, nm*
bìll *kònto-i, nm*
to bìll *fatturàre*
bìllet *allòjjo-i, nm*
to bìllet *allojjàre*
bìlliards *biliàrdo-i, nm*
bìllion *biliòne-i, nm*
bìllow *maròso-i, nm*
to bìllow *màrejjàre*
bìlly *skàtola-e, nf*
bìllykòk *bombètta-e, nf*
bìlly-gòat *kapròne-i, nm*
bimèstrial *bimestràle-i, a*
bìnary *binàrio-i, a*

bind *legamento-i, nm*	**bìnd** *legamènto-i, nm*
to bind *legare*	**to bìnd** *legàre*
binder *rilegatore-i, nm*	**bìnder** *rilegatòre-i, nm*
bindery *legatoria-e, nf*	**bìndery** *legatorìa-e, nf*
binding *obbligatorio-i a e, a*	**bìnding** *obbligatòrio-i a e, a*
binding *rilegatura-e, nf*	**bìnding** *rilegatùra-e, nf*
binge *festa-e, nf*	**bìnge** *fèsta-e, nf*
binocular *cannocchiale-i, nm*	**binòkular** *kannokkiàle-i, nm*
binomial *binomo-i, nm*	**binòmial** *binòmio-i, nm*
biochemistry *biochimica-he, nf*	**biokèmistry** *biokìmika-e, nf*
biogenesy *biogenesi, nf*	**biogènesy** *biojènesi, nf*
biographer *biografo-i, nm*	**biògràphèr** *biògrafo-i, nm*
biographic *biografico-hi a he, a*	**biogràphìk** *biogràfiko-i a e, a*
biography *biografia-e, nf*	**biògraphy** *biografìa-e, nf*
biological *biologico-i a he, a*	**biològìkal** *biolòjiko-i a e, a*
biologist *biologo-hi a he, nmf*	**biòlogìst** *biològo-i a e, nmf*
biology *biologia-e, nf*	**biòlogy** *biolojìa-e, nf*
biplane *biplano-i, nm*	**biplàne** *biplàno-i, nm*
birch *betulla-e, nf*	**bìrch** *betùlla-e, nf*
to birch *sferzare*	**to bìrch** *sferzàre*
bird *uccello-i, nm*	**bìrd** *uccèllo-i, nm*
to bird *uccellare*	**to bìrd** *uccellàre*
birth *nascita-e, nf*	**bìrth** *nàshita-e, nf*
birthday *compleanno-i, nm*	**bìrthdày** *kompleànno-i, nm*
birthplace *luogo di nascita, nm*	**bìrthplàce** *luògo di nàshita, nm*
birthright *primogenitura-e, nf*	**bìrthrìght** *primojenitùra-e, nf*
biscuit *biscotto-i, nm*	**bìskuit** *biskòtto-i, nm*
bisection *bisezione-i, nf*	**bisèktion** *bisezióne-i, nf*
bisector *bisecante-i, nm*	**bisèktor** *bisekànte-i, nm*
bisexual *bisessuale-i, nm*	**bisèxual** *bisessuàle-i, nm*
bishop *vescovo-i, nm*	**bìshop** *vèskovo-i, nm*
bismuth *bismuto-i, nm*	**bìsmùth** *bismùto-i, nm*
bison *bisonte-i, nm*	**bìson** *bisònte-i, nm*
bistre *bistro, nm*	**bìstre** *bìstro, nm*
bit *pezzetto-i, nm*	**bìt** *pezzètto-i, nm*
to bit *frenare*	**to bìt** *frenàre*
bitch *cagna-e, nf*	**bìtch** *kàqa-e, nf*
bite *morso-i, nm*	**bìte** *mòrso-i, nm*
to bite *mordere*	**to bìte** *mòrdere*
biting *pungente-i, a*	**bìting** *punjènte-i, a*
bitingly *pungentemente, ad*	**bìtingly** *punjentemènte, ad*
bitter *amaro-i a e, a*	**bìtter** *amàro-i a e, a*

bitterish *amarognolo-i a e, a* | bìtterish *amaròyolo-i a e, a*
bitterly *amaramente, ad* | bìtterly *amaramènte, ad*
bitterness *amarezza-e, nf* | bìtterness *amarèzza-e, nf*
bitters *amaro-i, nm* | bìtters *amàro-i, nm*
bitumen *bitume-i, nm* | bitùmen *bitùme-i, nm*
bituminous *bituminoso-i, a* | bitùminous *bituminòso-i, a*
bivouac *bivacco-hi, nm* | bìvouàk *bivàkko-i, nm*
to bivouac *bivaccare* | to bìvouàk *bivakkàre*
biweekly *bisettimananle-i, a* | biwèekly *bisettimanàle-i, a*
bizarre *bizzarro-i a e, a* | bizàrre *bizzàrro-i a e, a*
to blab *chiaccherare* | to blàb *kiakkeràre*
blabber *chiaccherone-i a e, nmf* | blàbber *kiakkeròne-i a e, nmf*
black *nero-i a e, a* | blàk *nèro-i a e, a*
to black *annerire* | to blàk *annerìre*
to black out *cancellare* | to blàk òut *kancellàre*
to blackball *respingere* | to blàkbàll *respìnjere*
blackbeetle *scarafaggio-i, nm* | blàkbèetle *skarafàjjo-i, nm*
blackberry *mora-e, nf* | blàkbèrry *mòra-e, nf*
blackbird *merlo-i, nm* | blàkbìrd *mèrlo-i, nm*
blackboard *lavagna-e, nf* | blàkbòard *lavàya-e, nf*
to blacken *annerire* | to blàken *annerìre*
blackish *nerastro-i a e, a* | blàkish *neràstro-i a e, a*
blackleg *imbroglione-i, nm* | blàkleg *imbroyòne-i, nm*
blackmail *ricatto-i, nm* | blàkmail *rikàtto-i, nm*
to blackmail *ricattare* | to blàkmail *rikattàre*
blackmailer *ricattatore-i, nm* | blàkmàiler *rikattatòre-i, nm*
blackness *nerezza-e, nf* | blàkness *nerèzza-e, nf*
blacksmith *fabbro-i, nm* | blàksmith *fàbbro-i, nm*
bladder *viscica-he, nf* | blàdder *vishìka-e, nf*
blade *lama-e, nf* | blàde *làma-e, nf*
blain *pustola-e, nf* | blàin *pùstola-e, nf*
blamable *biasimevole-i, a* | blàmable *biasimèvole-i, a*
blame *colpa-e, nf* | blàme *kòlpa-e, nf*
to blame *biasimare* | to blàme *biasimàre*
blameful *biasimevole-i, a* | blàmeful *biasimèvole-i, a*
blameless *innocente-i, a* | blàmeless *innocènte-i, a*
blameworthy *colpevole-i, a* | blàmewòrthỳ *kolpèvole-i, a*
to blanch *imbiancare* | to blànch *imbiankàre*
Blanche *Bianca, nf* | Blànche *Biànka, nf*
bland *blando-i a e, a* | blànd *blàndo-i a e, a*
to blandish *blandire* | to blàndish *blandìre*
blandishment *lusinga-he, nf* | blàndishment *lusìnga-e, nf*

ci ce ca co cu   ki ke ka ko ku   ji je ja jo ju   gi ge ga go gu
sci sce sca sco scu=shi she sha sho shu   gn=q   gl=y

to blight

blandly *blandamente, ad*	**blàndly** *blandamènte, ad*
blank *vuoto-i a e, a*	**blànk** *vuòto-i a e, a*
blanket *coperta-e, nf*	**blànket** *kopèrta-e, nf*
to blanket *coprire*	**to blànket** *koprìre*
blankly *vagamente, ad*	**blànkly** *vagamènte, ad*
blare *squillo-i, nm*	**blàre** *skuìllo-i, nm*
to blare *squillare*	**to blàre** *skuillàre*
blarney *adulazione-i, nf*	**blàrney** *adulaziòne-i, nf*
to blarney *lusingare*	**to blàrney** *lusingàre*
to blaspheme *blasfemare*	**to blàsphème** *blasfemàre*
blasphemy *bestemmia-e, nf*	**blàsphèmy** *bestèmmia-e, nf*
blast *raffica-he, nf*	**blàst** *ràffika-e, nf*
to blast *distruggere*	**to blàst** *distrùjjere*
blasted *maledetto-i a e, a*	**blàsted** *maledètto-i a e, a*
blatant *clamoroso-i a e, a*	**blàtant** *klamoròso-i a e, a*
blaze *fiamma-e, nf*	**blàze** *fiàmma-e, nf*
to blaze *fiammeggiare*	**to blàze** *fiammejjàre*
blazer *giacca-he, nf*	**blàzer** *jàkka-e, nf*
blazon *blasone-i, nm*	**blàzon** *blasòne-i, nm*
to blazon *proclamare*	**to blàzon** *proklamàre*
blazonry *araldica-he, nf*	**blàzonry** *aràldika-e, nf*
bleach *varichina-e, nf*	**blèach** *varikìna-e, nf*
to bleach *imbiancare*	**to blèach** *imbiankàre*
bleaching *candeggio-i, nm*	**blèachìng** *kandèjjo-i, nm*
bleak *pallido-i a e, a*	**blèak** *pàllido-i a e, a*
blear *oscuro-i, a*	**blèar** *oskùro-i, a*
to blear *oscurare*	**to blèar** *oskuràre*
bleat *belato-i, nm*	**blèat** *belàto-i, nm*
to bleat *belare*	**to blèat** *belàre*
to bleed *sanguinare*	**to blèed** *sanguinàre*
blemish *macchia-e, nf*	**blèmish** *màkkia-e, nf*
to blemish *macchiare*	**to blèmish** *makkiàre*
to blench *ritirare*	**to blènch** *ritiràre*
blend *miscuglio-i, nm*	**blènd** *miskùyo-i, nm*
to blend *mescolare*	**to blènd** *meskolàre*
to bless *benedire*	**to blèss** *benedìre*
blessed *benedetto-i a e, a*	**blèssed** *benedètto-i a e, a*
blessedly *felicemente, ad*	**blèssèdly** *felicemènte, ad*
blessedness *felicità, nf*	**blèssèdness** *felicità, nf*
blessing *benedizione-i, nf*	**blèssing** *benediziòne-i, nf*
blight *ruggine-i, nf*	**blìght** *rùjjine-i, nf*
to blight *inaridire*	**to blìght** *inaridìre*

blouse

blind *cieco-hi a he, a*
to blind *accecare*
blinds *tendina-e, nf*
blindage *blindaggio-i, nm*
blindfold *bendato-i a e, a*
to blindfold *bendare*
blindly *ciecamente, ad*
blindness *cecità, nf*
blink *sguardo-i, nm*
to blink *evitare*
blinkers *paraocchi, nm*
bliss *felicità, nf*
blissful *beato-i a e, a*
blissfully *beatamente, ad*
blissfulness *beatitudine-i, nf*
blister *vescica-he, nf*
to blister *scottare*
blithe *vivace-i, a*
blithely *gaiamente, ad*
blithering *verboso-i a e, a*
blizzard *tormenta-e, nf*
bloated *gonfio-i a e, a*
blob *goccia-e, nf*
block *blocco-hi, nm*
to block *bloccare*
blockade *assedio-i, nm*
to blockade *assediare*
blond *biondo-i a e, a*
blood *sangue-i, nm*
bloodless *esangue-i, a*
bloody *sanguinoso-i a e, a*
to bloody *insanguinare*
bloom *fiore-i, nm*
to bloom *sbocciare*
bloomers *calzoncini, nm*
blooming *fiorente-i, a*
blossom *fiore-i, nm*
to blossom *fiorire*
blot *macchia-e, nf*
to blot *macchiare*
blotch *pustola-e, nf*
blouse *blusa-e, nf*

blìnd *cèko-i a e, a*
to blìnd *accekàre*
blìnds *tendìna-e, nf*
blìndage *blindàjjo-i, nm*
blìndfòld *bendàto-i a e, a*
to blìndfòld *bendàre*
blìndly *cekamènte, ad*
blìndness *cecità, nf*
blìnk *sguàrdo-i, nm*
to blìnk *evitàre*
blìnkers *paraòkki, nm*
blìss *felicità, nf*
blìssful *beàto-i a e, a*
blìssfully *beatamènte, ad*
blìssfulness *beatitùdine-i, nf*
blìster *veshìka-e, nf*
to blìster *skottàre*
blìthe *vivàce-i, a*
blìthely *gaiamènte, ad*
blìthering *verbòso-i a e, a*
blìzzard *tormènta-e, nf*
blòated *gònfio-i a e, a*
blòb *gòcca-e, nf*
blòk *blòkko-i, nm*
to blòk *blokkàre*
blòkàde *assèdio-i, nm*
to blòkàde *assediàre*
blònd *biòndo-i a e, a*
blòod *sàngue-i, nm*
blòodless *esàngue-i, a*
blòody *sanguinòso-i a e, a*
to blòody *insanguinàre*
blòom *fiòre-i, nm*
to blòom *sboccàre*
blòomers *kalzoncìni, nm*
blòoming *fiorènte-i, a*
blòssòm *fiòre-i, nm*
to blòssom *fiorìre*
blòt *màkkia-e, nf*
to blòt *makkiàre*
blòtch *pùstola-e, nf*
blòuse *blùsa-e, nf*

blow *ventata-e, nf*	blòw *ventàta-e, nf*
to blow *soffiare*	to blòw *soffiàre*
blowpipe *soffione-i, nm*	blòwpìpe *soffiòne-i, nm*
blowy *ventoso-i a e, a*	blòwy *ventòso-i a e, a*
blubber *grasso-i, nm*	blùbber *gràsso-i, nm*
to blubber *piangere*	to blùbber *piànjere*
bludgeon *randello-i, nm*	blùdgeon *randèllo-i, nm*
to bludgeon *randellare*	to blùdgeon *randellàre*
blue *blu, a*	blùe *blù, a*
bluff *ripido-i, nm*	blùff *rìpido-i, nm*
to bluff *ingannare*	to blùff *ingannàre*
blunder *errore-i, nm*	blùnder *erròre-i, nm*
blunt *spuntato-i a e, a*	blùnt *spuntàto-i a e, a*
to blunt *ottundere*	to blunt *ottùndere*
bluntly *ottusamente, ad*	blùntly *ottusamènte, ad*
bluntness *ottusità, nf*	blùntness *ottusità, nf*
blur *macchia-e, nf*	blùr *màkkia-e, nf*
to blur *macchiare*	to blùr *makkiàre*
blurb *soffietto-i, nm*	blùrb *soffiètto-i, nm*
blurt *scoppio-i, nm*	blùrt *skòppio-i, nm*
to blurt *prorompere*	to blùrt *proròmpere*
blush *rossore-i, nm*	blùsh *rossòre-i, nm*
to blush *arrossire*	to blùsh *arrossìre*
blushing *rossore-i, nm*	blùshing *rossòre-i, nm*
blushingly *arrossendo, ad*	blùshingly *arrossèndo, ad*
bluster *raffica-he, nf*	blùster *ràffika-e, nf*
to bluster *infuriare*	to blùster *infuriàre*
blusterer *fanfarone-i, nm*	blùsterer *fanfaròne-i, nm*
boa *boa, nm*	bòa *bòa, nm*
boar *verro-i, nm*	bòar *vèrro-i, nm*
board *pensione-i, nf*	bòard *pensiòne-i, nf*
board *comitato-i, nm*	bòard *komitàto-i, nm*
to board *abbordare*	to bòard *abbordàre*
boarish *maialesco-hi a he, a*	bòarish *maialèsko-i a e, a*
boast *vanteria-e, nf*	bòast *vanterìa-e, nf*
to boast *vantare*	to bòast *vantàre*
boastful *vanaglorioso-i a e, a*	bòastful *vanagloriòso-i a e, a*
boastfully *vanagloriosamente, ad*	bòastfully *vanagloriosamènte, ad*
boat *barca-he, nf*	bòat *bàrka-e, nf*
boating *canottaggio-i, nm*	bòating *kanotàjjo-i, nm*
boatman *barcaiuolo-i, nm*	bòatman *barkaiuòlo-i, nm*
boatswain *nostromo-i, nm*	boatswàin *nostròmo-i, nm*

bombastically

bob *pendente-i, nm*
to bob *rimbalzare*
bobbin *bobina-e, nf*
to bode *predire*
bodeful *presagio-i, nm*
bodice *corpetto-i, nm*
bodiless *incorporeo-i a e, a*
bodily *corporeo-i a e, a*
bodkin *forcella-e, nf*
body *corpo-i, nm*
bog *palude-i, nf*
to bod *impantanare*
boggle *scrupolo-i, nm*
to boggle *trasalire*
boggy *paludoso-i a e, a*
bogle *spettro-i, nm*
bogus *falso-i a e, a*
bogy *diavolo-i, nm*
boil *ebollizione-i, nf*
boil *foruncolo-i, nm*
to boil *bollire*
boiler *bollitore-i, nm*
boisterous *turbolento-i, nm*
boisterously *impetuosamente, ad*
bold *baldo-i, a*
boldly *arditamente, ad*
boldness *ardimento-i, a*
bole *tronco-hi, nm*
bolero *bolero, nm*
bolshevik *bolscevico-i a he, a*
bolshevism *bolscevismo-i, nm*
bolster *cuscino-i, nm*
to bolster *sostenere*
bolt *freccia-e, nf*
to bolt *lanciare*
bomb *bomba-e, nf*
to bomb *bombardare*
bombardment *bombardamento-i, nm*
bombast *linguaggio-i, nm*
bombastic *altosonante-i, a*
bombastically *ampollosamente, ad*
bomber *bombardiere-i, nm*

bòb *pendènte-i, nm*
to bòb *rimbalzàre*
bòbbin *bobìna-e, nf*
to bòde *predìre*
bòdeful *presajò-i, nm*
bòdice *korpètto-i, nm*
bòdiless *inkorpòreo-i a e, a*
bòdily *korpòreo-i a e, a*
bòdkin *forcèlla-e, nf*
bòdy *kòrpo-i, nm*
bòg *palùde-i, nf*
to bòd *impantanàre*
bòggle *skrùpolo-i, nm*
to bòggle *trasalìre*
bòggy *paludòso-i a e, a*
bògle *spèttro-i, nm*
bògus *fàlso-i a e, a*
bògy *diàvolo-i, nm*
bòil *ebolliziòne-i, nf*
bòil *forùnkolo-i, nm*
to bòil *bollìre*
bòiler *bollitòre-i, nm*
bòisterous *turbolènto-i, nm*
bòisterously *impetuosamènte, ad*
bòld *bàldo-i, a*
bòldly *arditamènte, ad*
bòldness *ardimènto-i, a*
bòle *trònko-i, nm*
bolèro *bolèro, nm*
bòlshevik *bolshèviko-i a e, a*
bòlshevism *bolshevìsmo-i, nm*
bòlster *kushìno-i, nm*
to bòlster *sostenère*
bòlt *frècca-e, nf*
to bòlt *lancàre*
bòmb *bòmba-e, nf*
to bòmb *bombardàre*
bombàrdment *bombardamènto-i, nm*
bombàst *linguàjjo-i, nm*
bombàstik *altòsonànte-i, a*
bombàstikally *ampollosamènte, ad*
bòmber *bombardière-i, nm*

	to booze
bonanza *fortuna-e, nf*	**bonànza** *fortùna-e, nf*
bon-bon *dolce-i, nm*	**bòn-bòn** *dòlce-i, nm*
bond *legame-i, nm*	**bònd** *legàme-i, nm*
to bond *vincolare*	**to bònd** *vinkolàre*
bondage *servitù, nf*	**bòndage** *servitù, nf*
bonded *vincolato-i a e, a*	**bònded** *vinkolàto-i a e, a*
bondsman *villano-i, nm*	**bòndsman** *villàno-i, nm*
bone *osso-i, nm*	**bòne** *òsso-i, nm*
to bone *disossare*	**to bòne** *disossàre*
boneless *disossato-i a e, a*	**bòneless** *disossàto-i a e, a*
bonfire *falò, nm*	**bònfire** *falò, nm*
bonhomie *bonomia-e, nf*	**bònhomìe** *bonomìa-e, nf*
bonnet *beretto-i, nm*	**bònnet** *berètto-i, nm*
bonny *sano-i a e, a*	**bònny** *sàno-i a e, a*
bonus *compenso-i, nm*	**bònus** *kompènso-i, nm*
bony *ossuto-i a e, a*	**bòny** *ossùto-i a e, a*
to boo *disprezzare*	**to bòo** *disprezzàre*
booby *stupido-i a e, nmf*	**bòoby** *stùpido-i a e, nmf*
book *libro-i, nm*	**bòok** *lìbro-i, nm*
to book *registrare*	**to bòok** *rejistràre*
bookish *libresco-hi a he, a*	**bòokìsh** *librèsko-i a e, a*
bookless *ignorante-i, nm*	**bòokless** *iqorànte-i, nm*
booklet *libretto-i, nm*	**bòoklet** *librètto-i, nm*
bookseller *libraio-i a e, nm*	**bòoksèller** *libràio-i a e, nm*
bookshelf *scaffale-i, nm*	**bòokshèlf** *skaffàle-i, nm*
bookshop *libreria-e, nf*	**bòokshòp** *librerìa-e, nf*
bookworm *lettore-i, nm*	**bòokwòrm** *lettòre-i, nm*
boom *rimbombo-i, nm*	**bòom** *rimbòmbo-i, nm*
to boom *rimbombare*	**to bòom** *rimbombàre*
boomerang *dardo-i, nm*	**boomeràng** *dàrdo-i, nm*
booming *rimbombo-i, nm*	**bòoming** *rimbòmbo-i, nm*
boon *richiesta-e, nf*	**bòon** *rikièsta-e, nf*
boor *zotico-i a he, a*	**bòor** *zòtiko-i a e, a*
boost *spinta-e, nf*	**bòost** *spìnta-e, nf*
to boost *spingere*	**to bòost** *spìnjere*
boot *stivale-i, nm*	**bòot** *stivàle-i, nm*
booth *banco-hi, nm*	**bòoth** *bànko-i, nm*
bootlegger *contrabbandiere-i, nm*	**bootlègger** *kontrabbandière-i, nm*
bootless *inutile-i, a*	**bòotless** *inùtile-i, a*
booty *bottino-i, nm*	**bòoty** *bottìno-i, nm*
booze *bevanda-e, nf*	**bòoze** *bevànda-e, nf*
to booze *bere*	**to bòoze** *bère*

borate *borato-i, nm*
borax *borace-i, nm*
border *confine-i, nf*
to border *confinare*
bore *seccatore-i, nm*
bore *buco-hi, nm*
to bore *forare*
boreal *boreale-i, a*
boredom *tedio-i, nm*
boring *tedioso-i a e, a*
borik *borico-i, a*
to be born *nascere*
borough *cittadina-e, nf*
to borrow *prendere a presto*
borrower *chi prende a prestito*
to bosh *burlare*
bosky *boscoso-i a e, a*
bosom *seno-i, nm*
Bosporous *Bosforo, nm*
boss *capo-i, nm*
to boss *comandare*
botanic *botanico-i a he, a*
botanist *botanista-i, nm*
botany *botanica-he, nf*
both *rappezzo-i, nm*
botcher *rabberciatore-i, nm*
both *ambedue, pron*
to bother *seccare*
bothersome *noioso-i a e, a*
bottle *bottiglia-e, nf*
to bottle *imbottigliare*
bottom *fondo-i, nm*
to bottom *sondare*
bottomless *sfondato-i a e, a*
bough *ramo-i, nm*
boulder *masso-i, nm*
to boun *preparare*
bounce *rimbalzo-i, nm*
bouncer *millantatore-i, nm*
bound *confine-i, nm*
to bound *limitare*
boundary *confine-i, nm*

boràte *boràto-i, nm*
bòrax *boràce-i, nm*
bòrder *konfine-i, nf*
to bòrder *konfinàre*
bòre *sekkatòre-i, nm*
bòre *bùko-i, nm*
to bòre *foràre*
boreàl *bòreàle-i, a*
bòredom *tèdio-i, nm*
bòring *tediòso-i a e, a*
bòrik *bòriko-i, a*
to be bòrn *nàshere*
boròugh *cittadìna-e, nf*
to bòrrow *prèndere in prèstito*
bòrrower *kì prènde a prèstito*
to bòsh *burlàre*
bòsky *boskòso-i a e, a*
bòsom *sèno-i, nm*
Bòspòroùs *Bòsforo, nm*
bòss *kàpo-i, nm*
to bòss *komandàre*
botànik *botàniko-i a e, a*
bòtanist *botanìsta-i, nm*
bòtany *botànika-e, nf*
bòth *rappèzzo-i, nm*
bòtcher *rabbercatòre-i, nm*
bòth *ambedùe, pron*
to bòther *sekkàre*
bòthersòme *noiòso-i a e, a*
bòttle *bottìya-e, nf*
to bòttle *imbottiyàre*
bòttom *fòndo-i, nm*
to bòttom *sondàre*
bòttomless *sfondàto-i a e, a*
bòugh *ràmo-i, nm*
bòulder *màsso-i, nm*
to bòun *preparàre*
bòunce *rimbàlzo-i, nm*
bòuncer *millantatòre-i, nm*
bòund *konfine-i, nm*
to bòund *limitàre*
bòundary *konfine-i, nm*

bracelet

bounderish *grossolano-i a e, a*	**bòunderish** *grossolàno-i a e, a*
boundless *illimitato-i a e, a*	**bòundless** *illimitàto-i a e, a*
boundlessly *illimitatamente, ad*	**bòundlessly** *illimitatamènte, ad*
bounteous *benefico-i a he, a*	**bòunteous** *benèfiko-i a e, a*
bountiful *generoso-i a e, a*	**bòuntiful** *jeneròso-i a e, a*
bountifully *generosamente, ad*	**bòuntifully** *jenerosamènte, ad*
bounty *munificenza-e, nf*	**bòunty** *munificènza-e, nf*
bouquet *profumo-i, nm*	**bouquèt** *profùmo-i, nm*
bourgeois *borghese-i, nm*	**bourgeòis** *borgèse-i, nm*
bourgeoisy *borghesia-e, nf*	**bourgeoisỳ** *borgesìa-e, nf*
bourn *limite-i, nm*	**bòurn** *lìmite-i, nm*
bourse *borsa-e, nf*	**bòurse** *bòrsa-e, nf*
bout *colpo-i, nm*	**bòut** *kòlpo-i, nm*
bovine *bovino-i a e, a*	**bovìne** *bovìno-i a e, a*
bovril *estratto-i, nm*	**bòvril** *estràtto-i, nm*
bow *arco-hi, nm*	**bòw** *àrko-i, nm*
bow *prora-e, nf*	**bòw** *pròra-e, nf*
bow *inchino-i, nm*	**bòw** *inkìno-i, nm*
to bow *inchinare*	**to bòw** *inkinàre*
to bowel *sbudellare*	**to bòwel** *sbudellàre*
bowels *intestino-i, nm*	**bòwels** *intestìno-i, nm*
bowl *vaschetta-e, nf*	**bòwl** *vaskètta-e, nf*
bowl *palla-e, nf*	**bòwl** *pàlla-e, nf*
to bowel *rotolare*	**to bòwel** *rotolàre*
bowler *giocatore-i, nm*	**bòwler** *jokatòre-i, nm*
bowman *rematore-i, nm*	**bòwman** *rematòre-i, nm*
bowsprit *bompresso-i, nm*	**bòwsprit** *bomprèsso-i, nm*
box *scatola-e, nf*	**bòx** *skàtola-e, nf*
to box *incassare*	**to bòx** *inkassàre*
to box *schiaffeggiare*	**to bòx** *skiaffejjàre*
boxer *pugile-i, nm*	**bòxer** *pùjile-i, nm*
boxing *pugilato-i, nm*	**bòxing** *pujlàto-i, nm*
box-office *botteghino-i, nm*	**bòx-òffice** *bottegìno-i, nm*
boy *ragazzo-i, nm*	**bòy** *ragàzzo-i, nm*
boycott *boicottaggio-i, nm*	**bòykòtt** *boikottàjjo-i, nm*
to boycott *boicottare*	**to bòykòtt** *boikottàre*
boyhood *adelescenza-e, nf*	**bòyhòod** *adoleshènza-e, nf*
boyish *fanciullesco-hi a he, a*	**bòyish** *fancullèsko-i a e, a*
boyshness *fanciullaggine-i, nf*	**bòyshnèss** *fancullàjjine-i, nf*
brace *sostenitore-i, nm*	**bràce** *sostenitòre-i, nm*
to brace *sostenere*	**to bràce** *sostenère*
bracelet *braccialetto-i, nm*	**bràcelet** *braccalètto-i, nm*

bracer *bracciale-i, nm*
bracken *felce-i, nf*
bracket *mensola-e, nf*
to bracket *conchiudere*
brackish *salato-i a e, a*
brag *vanteria-e, nf*
to brag *vantare*
braggart *spaccone-i, nm*
brahmin *bramino-i, nm*
braid *treccia-e, nf*
to braid *intrecciare*
brain *cervello-i, nm*
brained *giudizioso-i a e, a*
brainless *senza giudizio, a*
brainy *intelligente-i, a*
to braise *cuocere*
brake *freno*
to brake *frenare*
brakeless *senza freno, a*
brakesman *frenatore-i, nm*
bramble *pruno-i, nm*
bran *crusca-he, nf*
branch *ramo-i, nm*
to branch *ramificare*
branched *ramoso-i a e, a*
branchlet *ramoscello-i, nm*
branchy *ramoso-i a e, a*
brand *marchio-i, nm*
to brand *marcare*
to brandish *brandire*
brand-new *nuovissimo-i a e, a*
brandy *acquavite-i, nf*
brass *ottone-i, nm*
brassy *sfrontato-i a e, a*
brat *biricchino-i a e, a*
brave *coraggioso-i a e, a*
to brave *sfidare*
bravely *coraggiosamente, ad*
bravery *coraggio-i, nm*
bravo *bravo, inter*
brawl *lite-i, nf*
to brawl *litigare*

bràcer *braccàle-i, nm*
bràken *fèlce-i, nf*
bràket *mènsola-e, nf*
to bràket *konkiùdere*
bràkish *salàto-i a e, a*
bràg *vanterìa-e, nf*
to bràg *vantàre*
bràggart *spakkòne-i, nm*
bràhmin *bramìno-i, nm*
bràid *trècca-e, nf*
to bràid *intreccàre*
bràin *cervèllo-i, nm*
bràined *judiziòso-i a e, a*
bràinless *sènza judìzio, a*
bràiny *intellijènte-i, a*
to bràise *kuòcere*
bràke *frèno-i, nm*
to bràke *frenàre*
bràkeless *sènza frèno, a*
bràkesman *frenatòre-i, nm*
bràmble *prùno-i, nm*
bràn *krùska-e, nf*
brànch *ràmo-i, nm*
to brànch *ramifikàre*
brànched *ramòso-i a e, a*
brànchlet *ramoshèllo-i, nm*
brànchy *ramòso-i a e, a*
brànd *màrkio-i, nm*
to brànd *markàre*
to bràndish *brandìre*
brànd-nèw *nuovìssimo-i a e, a*
bràndy *akuavìte-i, nf*
bràss *ottòne-i, nm*
bràssy *sfrontàto-i a e, a*
bràt *birikkìno-i a e, a*
bràve *korajjòso-i a e, a*
to bràve *sfidàre*
bràvely *korajjosamènte, ad*
bràvery *koràjjo-i, nm*
bràvo *bràvo, inter*
bràwl *lìte-i, nf*
to bràwl *litigàre*

ci ce ca co cu ki ke ka ko ku   ji je ja jo ju   gi ge ga go gu
sci sce sca sco scu=shi she sha sho shu   gn=q   gl=y

Breton

brawler *schiamazzatore-i, nm*
brawn *muscolo-i, nm*
brawniness *muscolosità, nf*
brawny *muscoloso-i a e, a*
bray *raglio-i, nm*
to bray *ragliare*
to braze *saldare*
brazen *impudente-i, a*
to brazen *affrontare*
brazenly *sfrontatamente, ad*
brasier *braciere-i, nf*
Brazilian *brasiliano-i a e, nmf*
breach *breccia-e, nf*
to breach *rompere*
bread *pane-i, nm*
breadth *larghezza-e, nf*
break *rottura-e, nf*
to break *rompere*
breakable *fragile-i, a*
break-down *crollo-i, nm*
breaker *rompitore-i, nm*
breakfast *colazione-i, nm*
breakfastless *digiuno-i, nm*
breakneck *pericoloso-i a e, a*
breakwater *frangiflutti, nm*
breast *petto-i, nm*
to breast *affrontare*
breath *respire-i, nm*
to breath *respisare*
breather *riposo-i, nm*
breathing *respirazione-i, nf*
breathless *ansante-i, a*
breech *culatta-e, nf*
breed *razza-e, nf*
to breed *allevare*
breeder *allevatore-i, nm*
breeding *allevamento-i, nm*
breeze *brezza-e, nf*
to breeze *rinfrescare*
breezeless *senza brezza, a*
brethren *confratello-i, nm*
Breton *bretone-i, nm*

bràwler *skiamazzatòre-i, nm*
bràwn *mùskolo-i, nm*
bràwniness *muskolosità, nf*
bràwny *muskolòso-i a e, a*
bràу *ràyo-i, nm*
to bràу *rayàre*
to bràze *saldàre*
bràzen *impudènte-i, a*
to bràzen *affrontàre*
bràzenly *sfrontatamènte, ad*
bràsier *bracère-i, nf*
Brazìlian *brasiliàno-i a e, nmf*
brèach *brècca-e, nf*
to brèach *ròmpere*
brèad *pàne-i, nm*
brèadth *largèzza-e, nf*
brèak *rottùra-e, nf*
to brèak *ròmpere*
brèakable *fràjile-i, a*
brèak-dòwn *kròllo-i, nm*
brèaker *rompitòre-i, nm*
brèakfast *kolaziòne-i, nm*
brèakfàstless *dijùno-i, nm*
brèaknèk *perikolòso-i a e, a*
brèakwàter *franjiflùtti, nm*
brèast *pètto-i, nm*
to brèast *affrontàre*
brèath *respìro-i, nm*
to brèathe *respiràre*
brèather *ripòso-i, nm*
brèathing *respiraziòne-i, nf*
brèathless *ansànte-i, a*
brèech *kulàtta-e, nf*
brèed *ràzza-e, nf*
to brèed *allevàre*
brèeder *allevatòre-i, nm*
brèeding *allevamènto-i, nm*
brèeze *brèzza-e, nf*
to brèeze *rinfreskàre*
brèezeless *sènza brèzza, a*
brèthren *konfratèllo-i, nm*
Brèton *brètone-i, nm*

breviary *breviario-i, nm*
brevity *brevità, nf*
to brew *fermentare*
brewage *miscela-e, nf*
brewery *birreria-e, nf*
bribability *corruttibilità, nf*
bribe *mancia-e, nf*
to bribe *corrompere*
bribery *corruzione-i, nf*
bric-a-brac *anticaglie-i, nf*
brick *mattone-i, nm*
to brick *mattonare*
bricklayer *muratore-i, nm*
bridal *nuziale-i, a*
bride *sposa-e, nf*
bridegroom *sposo-i, nm*
bridesmaid *damigella-e, nf*
bridesman *testimone-i, nm*
bridge *giuoco-he, nm*
bridge *ponte-i, nm*
to bridge *connettere*
bridle *briglia-e, nf*
to bridle *imbrigliare*
brief *riassunto-i, nm*
to brief *informare*
briefly *brevemente, ad*
briefness *bervità, nf*
brier *rovo-i, nm*
brig *brigantino-i, nm*
brigade *brigata-e, nf*
brigand *brigante-i, nm*
brigandage *brigantaggio-i, nm*
brigantine *brigantino-i, nm*
bright *brillante-i, a*
to brighten *illuminare*
brightly *luminosamente, ad*
brightness *splendore-i, nm*
brill *pesce-i, nm*
brilliance *splendore-i, nm*
brilliant *brillante-i, a*
brilliantly *brillantemente, ad*
brim *orlo-i, nm*

brèviary *brevìario-i, nm*
brèvity *brevìtà, nf*
to brèw *fermentàre*
brèwage *mishèla-e, nf*
brèwery *birrerìa-e, nf*
bribabìlity *korruttibilìtà, nf*
brìbe *mànca-e, nf*
to brìbe *korròmpere*
brìbery *korruziòne-i, nf*
brìk-à-bràk *antikàye-i, nf*
brìk *mattòne-i, nm*
to brìk *mattonàre*
brìklàyer *muratòre-i, nm*
brìdal *nuziàle-i, a*
brìde *spòsa-e, nf*
bridegròom *spòso-i, nm*
bridesmàid *damijèlla-e, nf*
brìdesman *testimòne-i, nm*
brìdge *juòko-e, nm*
brìdge *pònte-i, nm*
to brìdge *konnèttere*
brìdle *brìya-e, nf*
to brìdle *imbriyàre*
brìef *riassùnto-i, nm*
to brìef *informàre*
brìefly *brevemènte, ad*
brìefness *bervìtà, nf*
brìer *ròvo-i, nm*
brìg *brigantìno-i, nm*
brigàde *brigàta-e, nf*
brìgand *brigànte-i, nm*
brìgandage *brigantàjjo-i, nm*
brìgantine *brigantìno-i, nm*
brìght *brillànte-i, a*
to brìghten *illumìnàre*
brìghtly *luminosamènte, ad*
brìghtness *splendòre-i, nm*
brìll *pèshe-i, nm*
brìlliance *splendòre-i, nm*
brìlliant *brillànte-i, a*
brìlliantly *brillantemènte, ad*
brìm *òrlo-i, nm*

ci ce ca co cu   ki ke ka ko ku   ji je ja jo ju   gi ge ga go gu
sci sce sca sco scu=shi she sha sho shu   gn=q   gl=y

broom

to brim *riempire*	to brìm *riempìre*
brimless *senza orlo, a*	brìmless *sènza òrlo, a*
brine *acqua salata, nf*	brìne *àkua salàta, nf*
to bring *portare*	to brìng *portàre*
brink *orlo-i, nm*	brìnk *òrlo-i, nm*
briny *marino-i, a*	brìny *marìno-i, a*
briquette *mattoncino-i, nm*	briquètte *mattoncìno-i, nm*
brisk *attivo-i, a e, a*	brìsk *attìvo-i, a e, a*
to brisk *ravvivare*	to brìsk *ravvivàre*
brisket *carne-i, nf*	brìsket *kàrne-i, nf*
briskness *rapidità, nf*	brìskness *rapidità, nf*
bristle *setola-e, nf*	brìstle *sètola-e, nf*
to bristle *arruffare*	to brìstle *arruffàre*
bristly *setoloso-i a e, a*	brìstlỳ *setolòso-i a e, a*
Britain *Britannia, nf*	Brìtain *Britànnia, nf*
British *britannico-i a he, a*	Brìtish *britànniko-i a e, a*
Brittany *Bretagna, nf*	Brìttany *Bretàqa, nf*
brittle *fragile-i, a*	brìttle *fràjile-i, a*
brittleness *fragilità, nf*	brìttleness *frajilità, nf*
broach *spiedo-i, nm*	bròach *spièdo-i, nm*
to broach *cominciare*	to bròach *komincàre*
broad *largo-hi a he, a*	bròad *làrgo-i a e, a*
broadcast *trasmissione-i, nf*	bròadkàst *trasmissiòne-i, nf*
to broadcast *trasmettere*	to bròadkàst *trasmèttere*
to broaden *allargare*	to bròaden *allargàre*
brocade *broccato-i, nm*	brokàde *brokkàto-i, nm*
broil *tumulto-i, nm*	bròil *tumùlto-i, nm*
to broil *arrostire*	to bròil *arrostìre*
broken *ridotto-i a e, a*	bròken *ridòtto-i a e, a*
broker *mediatore-i, nm*	bròker *mediatòre-i, nm*
brokerage *mediazione-i, nf*	bròkerage *mediaziòne-i, nf*
bromide *bromuro-i, nm*	bromìde *bromùro-i, nm*
bronchial *bronchiale-i, a*	brònkial *bronkiàle-i, a*
bronchitis *bronchite-i, nf*	bronkìtis *bronkìte-i, nf*
bronze *bronzo-i, nm*	brònze *brònzo-i, nm*
to bronze *abbronzare*	to brònze *abbronzàre*
brooch *spilla-e, nf*	bròoch *spìlla-e, nf*
brood *covata-e, nf*	bròod *kovàta-e, nf*
to brood *covare*	to bròod *kovàre*
brook *ruscello-i, nm*	bròok *rushèllo-i, nm*
brooklet *ruscelletto-i, nm*	bròoklet *rushellètto-i, nm*
broom *scopa-e, nf*	bròom *skòpa-e, nf*

broth *brodo-i, nm*
brothel *bordello-i, nm*
brother *fratello-i, nm*
brotherhood *fraternità, nf*
brotherly *fraterno-i a*
brow *ciglio-i, nm*
to browbeat *spaventare*
browless *sfrontato-i a e, a*
brown *marrone-i, a*
brownie *dolce cioccolato, nm*
bruise *contusione-i, nf*
to bruise *ammaccare*
bruiser *pugilatore-i, nm*
brumous *nebbioso-i, a*
brunette *brunetta-e, a*
brunt *colpo-i, nm*
brush *pennello-i, nm*
to brush *spazzolare*
brushing *spazzolata-e, nf*
brushwood *boscaglia-e, nf*
brusque *brusco-hi a he, a*
brutal *brutale-i, a*
brutality *brutalità, nf*
to brutalize *abbruttire*
brutally *brutalmente, ad*
brute *bruto-i a e, a*
brutish *brutale-i, a*
bubble *bolla-e, nf*
bubonic *bubbonico-i a he, a*
buccaneer *avventuriero-i, nm*
buck *dollaro-i, nm*
buck *maschio-i, nm*
to buck *saltare*
to buck up *incoraggiare*
bucket *secchio-i a e, nmf*
Buckingham Palace *residenza monarchica, nf*
buckle *fibbia-e, nf*
to buckle *allacciare*
buckram *garza-he, nf*
bucolic *bucolico-i, a*
bud *germoglio-i, nm*

bròth *bròdo-i, nm*
bròthel *bordèllo-i, nm*
bròther *fratèllo-i, nm*
brothèrhòod *fraternità, nf*
bròtherly *fratèrno-i a*
bròw *cìyo-i, nm*
to bròwbèat *spaventàre*
bròwless *sfrontàto-i a e, a*
bròwn *marròne-i, a*
bròwnie *dòlce cokkolàto, nm*
brùise *kontusiòne-i, nf*
to brùise *ammakkàre*
brùiser *pujilatòre-i, nm*
brùmous *nebbiòso-i, a*
brunètte *brunètta-e, a*
brùnt *kòlpo-i, nm*
brùsh *pennèllo-i, nm*
to brùsh *spazzolàre*
brùshing *spazzolàta-e, nf*
brùshwòod *boskàya-e, nf*
brùsque *brùsko-i a e, a*
brùtal *brutàle-i, a*
brutàlity *brutalità, nf*
to brùtalìze *abbruttìre*
brùtally *brutalmènte, ad*
brùte *brùto-i a e, a*
brùtish *brutàle-i, a*
bùbble *bòlla-e, nf*
bubònik *bubbòniko-i a e, a*
bùkkàneer *avventurièro-i, nm*
bùk *dòllaro-i, nm*
bùk *màskio-i, nm*
to bùk *saltàre*
to bùk ùp *inkorajjàre*
bùket *sèkkio-i a e, nmf*
Bùkinghàm Pàlace *residènza monàrkika, nf*
bùkle *fibbia-e, nf*
to bùkle *allaccàre*
bùkram *gàrza-e, nf*
bukòlik *bukòliko-i a e, a*
bùd *jermòyo-i, nm*

ci ce ca co cu   ki ke ka ko ku   ji je ja jo ju   gi ge ga go gu
sci sce sca sco scu=shi she sha sho shu   gn=q   gl=y

to bump

to bud *germogliare*	to bùd *jermoyàre*
Buddha *Budda, nm*	Bùddha *Bùdda, nm*
buddhism *buddismo, nm*	buddhìsm *buddìsmo, nm*
to budge *muovere*	to bùdge *muòvere*
budget *bilancio-i, nm*	bùdget *bilànco-i, nm*
to budget *stanziare*	to bùdget *stanziàre*
buff *pelle-i, nf*	bùff *pèlle-i, nf*
buffalo *bufalo-i, nm*	bùffalo *bùfalo-i, nm*
buffer *respingente-i, nm*	bùffer *respìnjente-i, nm*
buffet *tavolata-e, nf*	bùffet *tavolàta-e, nf*
buffoon *buffone-i, nm*	buffòon *buffòne-i, nm*
buffoonery *buffonata-e, nf*	buffòonery *buffonàta-e, nf*
bug *cimice-i, nf*	bùg *cìmice-i, nf*
bugaboo *spauracchio-i, nm*	bùgabòo *spauràkkio-i, nm*
bugger *sodomita-i, nm*	bùgger *sodomìta-i, nm*
bugle *buccina-e, nf*	bùgle *buccìna-e, nf*
buglet *cornetta-e, nf*	bùglet *kornètta-e, nf*
build *costruzione-i, nf*	bùild *kostruziòne-i, nf*
to build *costruire*	to bùild *kostruìre*
builder *costruttore-i, nm*	bùilder *kostruttòre-i, nm*
building *edificio-i, nm*	bùilding *edifìco-i, nm*
bulb *lampadina-e, nf*	bùlb *lampadìna-e, nf*
Bulgarian *bulgaro-i a e, nmf*	Bùlgàrian *bùlgaro-i a e, nmf*
to bulge *gonfiare*	to bùlge *gonfiàre*
bulginess *gonfiore-i, nm*	bùlginess *gonfiòre-i, nm*
bulgy *gonfio-i a e, a*	bùlgy *gònfio-i a e, a*
bulk *carico-hi, a he, nmf*	bùlk *kàriko-i a e, nmf*
to bulk *ammucchiare*	to bùlk *ammukkiàre*
bulkiness *voluminosità, nf*	bùlkiness *voluminosità, nf*
bulky *voluminoso-i a e, a*	bùlky *voluminòso-i a e, a*
bull *toro-i, nm*	bùll *tòro-i, nm*
bulletin *bollettino-i, nm*	bùlletin *bollettìno-i, nm*
bullion *verga-he, nf*	bùllion *vèrga-e, nf*
bullock *bue-oi, nm*	bùllòk *bùe-oi, nm*
bully *fanfarone-i, nm*	bùllỳ *fanfaròne-i, nm*
to bully *tormentare*	to bùllỳ *tormentàre*
bulwark *baluardo-i, nm*	bùlwàrk *baluàrdo-i, nm*
bum *scroccone-i, nm*	bùm *skrokkòne-i, nm*
bumble-bee *vespa-e, nf*	bùmble-bèe *vèspa-e, nf*
bummer *ozioso-i a e, a*	bùmmer *oziòso-i a e, a*
bump *colpo-i, nm*	bùmp *kòlpo-i, nm*
to bump *urtare*	to bùmp *urtàre*

bumper *paraurto-i, nm*
bumpkin *campagnuolo-i, nm*
bumptious *presuntuoso-i a e, a*
bumpy *accidentato-i a e, a*
bun *ciambellina-e, nf*
bunch *mazzo-i, nm*
to bunch *raccogliere*
bunco *truffa-e, nf*
bundle *fagotto-i, nm*
to bundle *affastellare*
bung *tappo-i, nm*
to bung *tappare*
bungalow *bungalo-i, nm*
to bungle *malfare*
bungler *abborracciatore-i, nm*
bunk *cuccetta-e, nf*
to bunk *fuggire*
buoy *gavitello-i, nm*
to buoy *sollevare*
buoyancy *elasticità, nf*
buoyant *leggero-i a e, a*
bur *involucro-i, nm*
burden *carico-hi, nm*
to burden *caricare*
burdensome *opprimente-i, a*
bureau *scrittoio-i, nm*
bureaucracy *burocrazia-e, nf*
bureaucratic *burocratico-i a he, a*
burgeon *germoglio-i, nm*
burgess *borghese-i, nm*
burglar *ladro-i, nm*
burglary *furto-i, nm*
burgomaster *borgomastro-i, nm*
Burgundy *Borgogna, nf*
burial *sepoltura-e, nf*
to burke *soffocare*
burlesque *burlesco-hi a he, a*
burly *corpulento-i a e, a*
burn *bruciatura-e, nf*
to burn *bruciare*
burning *bruciante-i, a*
to burnish *brunire*

bùmper *paraùrto-i, nm*
bùmpkin *kampaqòlo-i, nm*
bùmptious *presuntuòso-i a e, a*
bùmpy *accidentàto-i a e, a*
bùn *cambellìna-e, nf*
bùnch *màzzo-i, nm*
to bùnch *rakkòyliere*
bùnko *trùffa-e, nf*
bùndle *fagòtto-i, nm*
to bùndle *affastellàre*
bùng *tàppo-i, nm*
to bùng *tappàre*
bùngalow *bùngalo-i, nm*
to bùngle *malfàre*
bùngler *abborraccatòre-i, nm*
bùnk *kuccètta-e, nf*
to bùnk *fujjìre*
buòy *gavitèllo-i, nm*
to buòy *sollevàre*
buòyancy *elasticità, nf*
buòyant *lejjèro-i a e, a*
bùr *invòlukro-i, nm*
bùrden *kàriko-i, nm*
to bùrden *karikàre*
bùrdensòme *opprimènte-i, a*
bureàu *skrittòio-i, nm*
bureàukracy *burokrazìa-e, nf*
bureaukràtik *burokràtiko-i a e, a*
bùrgeon *jermoyo-i, nm*
bùrgess *borgèse-i, nm*
bùrglar *làdro-i, nm*
bùrglary *fùrto-i, nm*
burgòmàster *borgomàstro-i, nm*
Bùrgundy *Borgòqa, nf*
bùriàl *sepoltùra-e, nf*
to bùrke *soffokàre*
bùrlèsque *burlèsko-i a e, a*
bùrly *korpulènto-i a e, a*
bùrn *brucatùra-e, nf*
to bùrn *brucàre*
bùrning *brucànte-i, a*
to bùrnish *brunìre*

ci ce ca co cu   ki ke ka ko ku   ji je ja jo ju   gi ge ga go gu
sci sce sca sco scu=shi she sha sho shu   gn=q   gl=y

	buyable
burrow *tana-e, nf*	**bùrrow** *tàna-e, nf*
to burrow *scavare*	**to bùrrow** *skavàre*
bursar *tesoriere-i, nm*	**bùrsar** *tesorière-i, nm*
burst *scoppio-i, nm*	**bùrst** *skòppio-i, nm*
to burst *scoppiare*	**to bùrst** *skoppiàre*
to bury *seppellire*	**to bùry** *seppellìre*
bus *autobus, nm*	**bùs** *autobùs, nm*
bush *cespuglio-i, nm*	**bùsh** *cespùyo-i, nm*
bushel *panaio-i, nm*	**bùshel** *panàio-i, nm*
bushy *cespuglioso-i a e, a*	**bùshy** *cespuyòso-i a e, a*
business *commercio-i, nm*	**bùsiness** *kommèrco-i, nm*
busk *stecca-he, nf*	**bùsk** *stèkka-e, nf*
buskin *coturno-i, nm*	**bùskin** *kotùrno-i, nm*
busman *bigliettaio-i, nm*	**bùsman** *biyettàio-i, nm*
bust *busto-i, nm*	**bùst** *bùsto-i, nm*
bustle *tramestio-i, nm*	**bùstle** *tramestìo-i, nm*
to bustle *agitare*	**to bùstle** *ajitàre*
bustler *faccendone-i, nm*	**bùstler** *faccendòne-i, nm*
busy *attivo-i a e, a*	**bùsy** *attìvo-i a e, a*
busybody *ficcanaso-i, nm*	**bùsybòdy** *fikkanàso-i, nm*
but *ma, prep*	**bùt** *mà, prep*
but *fuori, ad*	**bùt** *fuòri, ad*
butcher *macellaio-i, nm*	**bùtcher** *macellàio-i, nm*
to butcher *macellaio-i, nm*	**to bùtcher** *macellàre*
butchering *macellazione-i, nf*	**bùtchering** *macellaziòne-i, nf*
butchery *macello-i, nm*	**bùtchery** *macèllo-i, nm*
butler *maggiordomo-i, nm*	**bùtler** *majjordòmo-i, nm*
butt *cozzo-i, nm*	**bùtt** *kòzzo-i, nm*
to butt *cozzare*	**to bùtt** *kozzàre*
butter *burro-i, nm*	**bùtter** *bùrro-i, nm*
to butter *imburrare*	**to bùtter** *imburràre*
buttercup *rannucolo-i, nm*	**bùtterkùp** *rannùkolo-i, nm*
butterfly *farfalla-e, nf*	**bùtterflỳ** *farfàlla-e, nf*
buttery *burroso-i, a*	**bùttery** *burròso-i, a*
buttock *natica-he, nf*	**bùttok** *nàtika-e, nf*
button *bottone-i, nm*	**bùtton** *bottòne-i, nm*
to button *abbottonare*	**to bùtton** *abbottonàre*
buttonhole *occhiello-i, nm*	**bùttonhòle** *okkièllo-i, nm*
buxom *grassoccio-i a e, a*	**bùxom** *grassòcco-i a e, a*
buy *compra-e, nf*	**bùy** *kòmpra-e, nf*
to buy *comprare*	**to bùy** *kompràre*
buyable *comprabile-i, a*	**bùyable** *komparàbile-i, a*

buyer *compratore-i, nm*
to buz *ronzare*
buzz *ronzio-i, nm*
by *da, prep*
by *vicino-i a e, nmf*
by and by *fra poco, ad*
bystander *spettatore-i, nm*
by-way *scorciatoia-e, nf*
by-word *esemplare-i, nm*
Byzantine *bizantino-i, a e, a*

C

cab *taxi, nm*
cabbage *cavolo-i, nm*
cabalism *cabalismo-i, nm*
cabalistic *cabalistico-i a e, a*
cabin *cabina-e, nf*
cabinet *mobile-i, nm*
cable *cavo-i, nm*
to cable *trasmettere*
cabman *vetturino-i, nm*
caboodle *folla-e, nf*
caboose *cambusa-e, nf*
cabotage *cabotaggio-i, nm*
cabriolet *calesse-i, nm*
cacao *cacao-i, nm*
cache *provviste-i, nf*
to cache *nascondere*
cachet *sigillo-i, nm*
to cachinnate *ridere*
cachou *cacciù, nm*
cackle *chiacchiera-e, nf*
to cackle *ciarlare*
cacophony *cacofonia-e, nf*
cactus *cacto-i, nm*
cadastral *catastale-i, a*
cadastre *catasto-i, nm*
cadaveric *cadaverico-i, a*
caddie *portabastoni, nm*
caddish *maleducato-i a e, a*
cadence *cadenza-e, nf*
cadet *cadetto-i a e, nmf*

bùyer *kompratòre-i, nm*
to bùz *ronzàre*
bùzz *ronzìo-i, nm*
by *dà, prep*
bỳ *vicìno-i a e, nmf*
bỳ and bỳ *frà pòko, ad*
bystànder *spettatòre-i, nm*
bỳ-wày *skorcatòia-e, nf*
bỳ-wòrd *esemplàre-i, nm*
Bỳzantine *bizantìno-i, a e, a*

C

kàb *tàxi, nm*
kàbbage *kàvolo-i, nm*
kàbalism *kabalìsmo-i, nm*
kabalìstik *kabalìstiko-i a e, a*
kàbin *kabìna-e, nf*
kàbinet *mòbile-i, nm*
kàble *kàvo-i, nm*
to kàble *trasmèttere*
kàbman *vetturìno-i, nm*
kabòodle *fòlla-e, nf*
kabòose *kambùsa-e, nf*
kàbotage *kabotàjjo-i, nm*
kàbriolet *kalèsse-i, nm*
kakào *kakào-i, nm*
kàche *provvìste-i, nf*
to kàche *naskòndere*
kàchèt *sijìllo-i, nm*
to kàchinnàte *rìdere*
kachòu *kaccù, nm*
kàkle *kiakkerìa-e, nf*
to kàkle *carlàre*
kakòphony *kakofonìa-e, nf*
kàtùs *kàkto-i, nm*
kadàstral *katastàle-i, a*
kadàstre *katàsto-i, nm*
kadavèrik *kadavèriko-i, a*
kàddie *portabastòni, nm*
kàddish *maledukàto-i a e, a*
kàdence *kadènza-e, nf*
kadèt *kadètto-i a e, nmf*

ci ce ca co cu　ki ke ka ko ku　ji je ja jo ju　gi ge ga go gu　**81**
sci sce sca sco scu=shi she sha sho shu　gn=q　gl=y

---

calligraphic

to cadge *elemosinare*	**to kàdge** *elemosinàre*
cadger *mendicante-i, nm*	**kàdger** *mendikànte-i, nm*
cadre *quadro-i, nm*	**kàdre** *kuàdro-i, nm*
caducity *caducità, nf*	**kadùcity** *kaducità, nf*
caducous *caduco-i a he, a*	**kadùkous** *kàduko-i a e, a*
Caesar *Cesare, nm*	**Kàesar** *Cèsare, nm*
caesura *cesura-e, nf*	**caesùra** *cesùra-e, nf*
café *caffè, nm*	**kafé** *kaffè, nm*
cafeteria *ristorante-i, nm*	**kafetèria** *ristorànte-i, nm*
caffeine *caffeina-e, nf*	**kàffeìne** *kaffeìna-e, nf*
cage *gabbia-e, nf*	**kàge** *gàbbia-e, nf*
to cage *ingabbiare*	**to kàge** *ingabbiàre*
to cajole *adulare*	**to kajòle** *adulàre*
cajolement *adulazione-i, nf*	**kajòlement** *adulaziòne-i, nf*
cajoler *ingannatore-i, nm*	**kajòler** *ingannatòre-i, nm*
cake *torta-e, nf*	**kàke** *tòrta-e, nf*
calamary *calamaro-i, nm*	**kàlamàry** *kalamàro-i, nm*
calamitous *calamitoso-i a e, a*	**kalàmitous** *kalamitòso-i a e, a*
calamity *calamità, nf*	**kalàmity** *kalamità, nf*
calcareous *calcareo-i a e, a*	**kalkàreous** *kalkàreo-i a e, a*
calcik *calcico-i a e, a*	**kàlcik** *kàlciko-i a e, a*
calcification *calcificazione-i, nf*	**kalcifikàtion** *kalcifikaziòne-i, nf*
to calcify *calcificare*	**to kàlcifỳ** *kalcifikàre*
calcium *calcio-i, nm*	**kàlcium** *kàlco-i, nm*
calculable *calcolabile-i, a*	**kàlkulable** *kalkolàbile-i, a*
to calculate *calcolare*	**to kàlkulàte** *kalkolàre*
calculation *calcolo-i, nm*	**kalkulàtion** *kàlkolo-i, nm*
calculator *calcolatore-i, nm*	**kàlkulàtor** *kalkolatòre-i, nm*
calculus *calcolo, nm*	**kàlkulus** *kàlkolo, nm*
calendar *calendario-i, nm*	**kàlendar** *kalendàrio-i, nm*
calender *calandra-e, nf*	**kàlender** *kalàndra-e, nf*
to calender *cilindrare*	**to kàlender** *cilindràre*
calends *calende-i, nf*	**kàlends** *kalènde-i, nf*
calf *vitello-i, nm*	**kàlf** *vitèllo-i, nm*
to calibrate *calibrare*	**to kàlibrate** *kalibràre*
caliber *calibro-i, nm*	**kàliber** *kàlibro-i, nm*
calk *rampone-i, nm*	**kàlk** *rampòne-i, nm*
to calk *ferrare*	**to kàlk** *ferràre*
call *chiamata-e, nf*	**kàll** *kiamàta-e, nf*
to call *chiamare*	**to kàll** *kiamàre*
caller *visitatore-i, nm*	**kàller** *visitatòre-i, nm*
calligraphic *calligrafico-i a e, a*	**kalligràphìk** *kalligràfiko-i a e, a*

calligraphy *calligrafia-e, nf*
calling *vocazione-i, nf*
callosity *callosità, nf*
callous *calloso-i a e, a*
callow *inesperto-i a e, a*
calm *calmo-i a e, a*
to calm *calmare*
calmly *tranquillamente, ad*
calomel *calomelano-i, nm*
calorie *caloria-e, nf*
calorifik *calorifico-i, a he, a*
calumet *pipa-e, nf*
to calumniate *calunniare*
calumniator *calunniatore-i, nm*
calumnious *calunnioso-i a e, a*
calumny *calunnia-e, nf*
Calvary *Calvario, nm*
Calvinism *Calvinismo, nm*
calycanthus *calicanto-i, nm*
calyx *calice-i, nm*
camarilla *camarilla-e, nf*
to camber *inarcare*
cambiata *cambiata*
camel *cammello-i, nm*
cameleer *cammelliere-i, nm*
camellia *camelia-e, nf*
Camembert *formaggio, nm*
cameo *cammeo-i, nm*
camera *camera-e, nf*
camion *camion, nm*
camisole *camiciuolo-i, nm*
camlet *tessuto-i, nm*
camomile *camomilla-e, nf*
camouflage *camuffamento-i, nm*
to camouflage *camuffare*
camp *campo-i, nm*
to camp *accampare*
campaign *campagna-e, nf*
campanile *campanile-i, nm*
camphor *canfora-e, nf*
camping *campeggio-i, nm*
campus *campo-i, nm*

kalligraphy *kalligrafia-e, nf*
kàlling *vokazióne-i, nf*
kàllosity *kallosità, nf*
kàllous *kallòso-i a e, a*
kàllow *inespèrto-i a e, a*
kàlm *kàlmo-i a e, a*
to kàlm *kalmàre*
kàlmly *trankuillamènte, ad*
kàlomel *kalomelàno-i, nm*
kàlorie *kalorìa-e, nf*
kalorìfik *kalorìfiko-i, a e, a*
kàlumet *pìpa-e, nf*
to kalùmniate *kalunniàre*
kalùmniator *kalunniatòre-i, nm*
kalùmnious *kalunnióso-i a e, a*
kàlùmny *kalùnnia-e, nf*
Kàlvary *Kalvàrio, nm*
Kàlvinism *Kalvinìsmo, nm*
kalykànthùs *kalikànto-i, nm*
kàlyx *kàlice-i, nm*
kamarìlla *kamarìlla-e, nf*
to kàmber *inarkàre*
kambiàta *kambiàta*
kàmel *kammèllo-i, nm*
kàmelèer *kammellière-i, nm*
kamèllia *kamèlia-e, nf*
Kamembèrt *formàjjo-i, nm*
kàmeo *kammèo-i, nm*
kàmera *kàmera-e, nf*
kàmion *kàmion, nm*
kàmisòle *kamicuòlo-i, nm*
kàmlet *tessùto-i, nm*
kàmomìle *kamomìlla-e, nf*
kàmouflàge *kamuffamènto-i, nm*
to kamouflàge *kamuffàre*
kàmp *kàmpo-i, nm*
to kàmp *akkampàre*
kampàign *kampàqa-e, nf*
kampanìle *kampanìle-i, nm*
kàmphòr *kànfora-e, nf*
kàmping *kampèjjo-i, nm*
kàmpùs *kàmpo-i, nm*

can *scatola-e, nf*
to can *inscatolare*
Canadian *Canadese-i, nmf*
canal *canale-i, nm*
canalization *canalizzazione-i, nm*
to canalize *incanalare*
canard *disinformazione-i, nf*
canary *canarino-i, nm*
to cancel *cancellare*
cancellation *annullamento-i, nm*
cancer *cancro-i, nm*
to cancerate *incancherire*
candelabrum *candelabro-i, nm*
candid *franco-hi a he, a*
candidacy *candidatura-e, nf*
candidate *candidato-i a e, nmf*
candidature *candidatura-e, nf*
candied *inzuccherato-i a e, a*
candle *candela-e, nf*
candor *candore-i, nm*
candy *caramella-e, nf*
to candy *candire*
cane *bastone-i, nm*
to cane *bastonare*
canephorous *canefora-e, nf*
canine *canino-i a e, a*
caning *bastonatura-e, nf*
canister *scatola-e, nf*
canker *cancro-i, nm*
to canker *incancrenire*
cankerous *cancrenoso-i a e, a*
canna *canna-e, nf*
cannel *carbone-i, nm*
cannibal *cannibale-i, nm*
cannibalism *cannibalismo-i, nm*
cannikin *scatolina-e, nf*
cannily *espertamente, ad*
cannon *cannone-i, nm*
cannonade *bombardamento-i, nm*
canny *aperto-i a e, a*
canoe *canoa, nm*
canon *canone-i, nm*

kàn *skàtola-e, nf*
to kàn *inskatolàre*
Kanàdian *Kanadèse-i, nmf*
kanàl *kanàle-i, nm*
kanalizàtion *kanalizzaziòne-i, nm*
to kànalize *inkanalàre*
kanàrd *disinformaziòne-i, nf*
kanàry *kanarìno-i, nm*
to kàncel *kancellàre*
kancellàtion *annullamènto-i, nm*
kàncer *kànkro-i, nm*
to kàncèrate *inkankerìre*
kandelàbrum *kandelàbro-i, nm*
kàndid *frànko-i a e, a*
kàndidacy *kandidatùra-e, nf*
kàndidate *kandidàto-i a e, nmf*
kàndidature *kandidatùra-e, nf*
kàndied *inzukkeràto-i a e, a*
kàndle *kandèla-e, nf*
kàndor *kandòre-i, nm*
kàndy *karamèlla-e, nf*
to kàndy *kandìre*
kàne *bastòne-i, nm*
to kàne *bastonàre*
kanèphorous *kanèfora-e, nf*
kànine *kanìno-i a e, a*
kàning *bastonatùra-e, nf*
kànister *skàtola-e, nf*
kànker *kànkro-i, nm*
to kànker *inkankrenìre*
kànkerous *kankrenòso-i a e, a*
kànna *kànna-e, nf*
kànnel *kàrbòne-i, nm*
kànnibal *kannibale-i, nm*
kànnibalism *kannibalìsmo-i, nm*
kànnikìn *skatolìna-e, nf*
kànnily *espertamènte, ad*
kànnon *kannòne-i, nm*
kànnonàde *bombardamènto-i, nm*
kànny *apèrto-i a e, a*
kanòe *kanòa, nm*
kànon *kànone-i, nm*

canonic *canonico-i a he, a*
canonically *canonicamente, ad*
canonist *canonista-i, nm*
canonization *canonizzazione-i, nf*
to canonize *canonizzare*
canonry *canonicato-i, nm*
to canoodle *accarezzare*
canopy *baldacchino-i, nm*
canorous *canoro-i a e, a*
cant *gergo-hi, nm*
cant *inclinazione-i, nf*
to cant *inclinare*
cantankerous *intrattabile-i, a*
cantata *cantata*
canteen *bettolino-i, nm*
canter *galoppo-i, nm*
to canter *galoppare*
canticle *cantico-i, nm*
cantilever *modiglione-i, nm*
canto *canto*
canto fermo *canto fermo*
canton *cantone-i, nm*
to canton *acquartierare*
cantonment *acquartieramento-i, nm*
canvas *conovaccio-i, nm*
to canvass *sollecitare*
canvass *sollecitazione-i, nf*
canvasser *piazzista-i, nm*
canyon *burrone-i, nm*
canzone *canzone*
cap *berretto-i, nm*
to cap *coprire*
capability *capacità, f*
capable *capace-i, a*
capacious *spazioso-i a e, a*
to capacitate *rendere capace*
capacity *capacità, nf*
caparison *bardatura-e, nf*
to caparison *bardare*
cape *cappa-e, nf*
cape *promontorio-i, nm*
caper *cappero-i, nm*

kanònik *kanòniko-i a e, a*
kanònikally *kanonikamènte, ad*
kànonist *kanonìsta-i, nm*
kanonizàtion *kanonizzaziòne-i, nf*
to kànonize *kanonizzàre*
kànonry *kanonikàto-i, nm*
to kanòodle *akkàrezzàre*
kànopy *baldakkìno-i, nm*
kanòrous *kanòro-i a e, a*
kànt *jèrgo-i, nm*
kànt *inklinaziòne-i, nf*
to kànt *inklinàre*
kantànkerous *intrattàbile-i, a*
kantàta *kantàta*
kantèen *bettolìno-i, nm*
kànter *galòppo-i, nm*
to kànter *galoppàre*
kàntikle *kàntiko-i, nm*
kàntilèver *modiyòne-i, nm*
kànto *kànto*
kànto fèrmo *kànto fèrmo*
kànton *kantòne-i, nm*
to kànton *akuartieràre*
kantònment *akuartieramènto-i, nm*
kànvas *kanovàcco-i, nm*
to kànvass *sollecitàre*
kànvass *sollecitaziòne-i, nf*
kànvasser *piazzìsta-i, nm*
kànyon *burròne-i, nm*
kanzòne *kanzòne*
kàp *berrètto-i, nm*
to kàp *koprìre*
kapabìlity *kapacità, f*
kàpable *kapàce-i, a*
kapàcious *spaziòso-i a e, a*
to kapàcitate *rèndere kapàce*
kapàcity *kapacità, nf*
kapàrison *bardatùra-e, nf*
to kapàrison *bardàre*
kàpe *kàppa-e, nf*
kàpe *promontòrio-i, nm*
kàper *kàppero-i, nm*

ci ce ca co cu   ki ke ka ko ku   ji je ja jo ju   gi ge ga go gu
sci sce sca sco scu=shi she sha sho shu   gn=q   gl=y

caracole

to caper *far capriole*
capillarity *capillarità, nf*
capillary *capillare*
capital *capitale-i, nf*
capitalism *capitalismo-i, nm*
capitalist *capitalista-i a e, a*
to capitalize *capitalizzare*
capitally *principalmente, ad*
capitation *tassa-e, nf*
Capitol *Campidoglio, nm*
to capitulate *capitolare*
capitulation *capitolazione-i, nf*
capon *cappone-i, nm*
capot *cappotto-i, nm*
cappella *cappella*
caprice *capriccio-i, nm*
capricious *capriccioso-i a e, a*
capriciously *capricciosamente, ad*
caprine *caprino-i a e, a*
capriole *capriola-e, nf*
to capriole *saltare*
capsicum *capsico-i, nm*
capsizal *capovolgimento-i, nm*
to capsize *capovolgere*
capstan *argano-i, nm*
capsule *capsula-e, nf*
captain *capitano-i, nm*
captaincy *capitaneria-e, nf*
caption *titolo-i, nm*
captious *insidioso-i a e, a*
to captivate *cattivare*
captivating *seducente-i, a*
captivation *seduzione-i, nf*
captive *captivo-i a e, a*
captivity *prigionia-e, nf*
captor *captatore-i, nm*
capture *cattura-e, nf*
to capture *catturare*
Capuchin *cappuccino-i, nm*
car *macchina-e, nf*
carabineer *carabiniere-i, nm*
caracole *caracollo-i, nm*

to kàper *fàr kapriòle*
kapillàrity *kapillarità, nf*
kàpillàry *kapillàre*
kàpital *kapitàle-i, nf*
kàpitalism *kapitalìsmo-i, nm*
kàpitalist *kapitalìsta-i a e, a*
to kàpitalize *kapitalizzàre*
kàpitally *principalmènte, ad*
kapitàtion *tàssa-e, nf*
Kàpitol *Kampidòyo, nm*
to kapìtulàte *kapitolàre*
kapitulàtion *kapitolaziòne-i, nf*
kàpon *kappòne-i, nm*
kapòt *kappòtto-i, nm*
kappèlla *kappèlla*
kaprìce *kaprìcco-i, nm*
kaprìcious *kapriccòso-i a e, a*
kaprìciously *kapriccosamènte, ad*
kàprine *kaprìno-i a e, a*
kàpriole *kapriòla-e, nf*
to kàpriole *saltàre*
kàpsikum *kàpsiko-i, nm*
kapsìzal *kapovoljimènto-i, nm*
to kapsìze *kapovòljere*
kàpstàn *argàno-i, nm*
kapsùle *kàpsula-e, nf*
kàptain *kapitàno-i, nm*
kàptaincy *kapitanerìa-e, nf*
kàption *tìtolo-i, nm*
kàptious *insidiòso-i a e, a*
to kàptivàte *kattivàre*
kàptivàting *seducènte-i, a*
kàptivàtion *seduziòne-i, nf*
kàptive *kaptìvo-i a e, a*
kaptìvity *prijonìa-e, nf*
kàptor *kaptatòre-i, nm*
kàpture *kattùra-e, nf*
to kàpture *katturàre*
Kàpuchìn *kappuccìno-i, nm*
kàr *màkkina-e, nf*
karàbineer *karabinière-i, nm*
kàrakole *karakòllo-i, nm*

to caracole *caracollare*
carage *caraffa-e, nf*
caramel *caramella-e, nf*
carat *carato-i, nm*
caravan *carovana-e, nf*
caravel *caravella-e, nf*
carbide *carburo-i, nm*
carbine *carabina-e, nf*
carbolik acid *acido carbolico, nm*
carbon *carbone-i, nm*
carbonaceous *carbonioso-i a e, a*
carbonate *carbonato-i, nm*
carbonic *carbonico-i a he, a*
to carbonize *carbonizzare*
carbuncle *carbonchio-i, nm*
to carburet *carburare*
carcass *carcassa-e, nf*
carcinoma *carcinoma-e, nf*
card *cartolina-e, nf*
card *carta-e, nf*
cardboard *cartone-i, nm*
cardiac *cardiaco-i, a*
cardigan *giacchetta-e, nf*
cardinal *cardinale-i, nm*
cardinally *fondatamente, ad*
carding *cardatura-e, nf*
care *cura-e, nf*
to care *curare*
to careen *carenare*
career *carriera-e, nf*
careful *attento-i a e, a*
carefully *accuratamente, ad*
carefulness *accuratezza-e, nf*
careless *negligente-i, a*
carelessly *spensieratamente, ad*
caress *carezza-e, nf*
to caress *accarezzare*
caret *omissione-i, nf*
cargo *carico-hi, nm*
caricature *caricatura-e, nf*
caricaturist *caricaturista-i, nm*
caries *carie, nf*

to karàkole *karakollàre*
karàfe *karàffa-e, nf*
kàramel *karamèlla-e, nf*
kàrat *karàto-i, nm*
kàravan *karovàna-e, nf*
kàravel *karavèlla-e, nf*
kàrbìde *karbùro-i, nm*
kàrbine *karabìna-e, nf*
karbòlik àcid *àcido karbòliko, nm*
kàrbon *karbòne-i, nm*
karbonàceous *karboniòso-i a e, a*
kàrbonate *karbonàto-i, nm*
karbònik *karbòniko-i a e, a*
to kàrbonìze *karbonizzàre*
kàrbùnkle *karbònkio-i, nm*
to kàrburet *karburàre*
kàrkàss *karkàssa-e, nf*
karcinòma *karcinòma-e, nf*
kàrd *kartolìna-e, nf*
kàrd *kàrta-e, nf*
kàrdbòard *kartòne-i, nm*
kàrdiak *kardìako-i, a*
kàrdigan *jakkètta-e, nf*
kàrdinal *kardinàle-i, nm*
kàrdinally *fondatamènte, ad*
kàrding *kardatùra-e, nf*
kàre *kùra-e, nf*
to kàre *kuràre*
to karèen *karenàre*
karèer *karrièra-e, nf*
kàreful *attènto-i a e, a*
kàrefully *akkuratamènte, ad*
kàrefulness *akkuratèzza-e, nf*
kàreless *neglijènte-i, a*
kàrelèssly *spensieratamènte, ad*
karèss *karèzza-e, nf*
to karèss *akkarezzàre*
kàret *omissiòne-i, nf*
kàrgo *kàriko-i, nm*
kàrikatùre *karikatùra-e, nf*
kàrikatùrist *karikaturìsta-i, nm*
kàries *kàrie, nf*

ci ce ca co cu   ki ke ka ko ku   ji je ja jo ju   gi ge ga go gu
sci sce sca sco scu=shi she sha sho shu   gn=q   gl=y

cartoonist

carillon *cariglione-i, nm*	kàrillon *kariyòne-i, nm*
carious *cariato-i a e, a*	kàrious *kariàto-i a e, a*
carman *carrettiere-i, nm*	kàrman *karrettière-i, nm*
Carmine *Carmine, nm*	Karmìne *Kàrmine, nm*
carnage *carnaio-i, nm*	kàrnage *karnàio-i, nm*
carnal *carnale-i, a*	kàrnal *karnàle-i, a*
carnality *carnalità, nf*	kàrnàlity *karnalità, nf*
carnation *garofano-i, nm*	karnàtion *garòfano-i, nm*
carnelian *cornalina-e, nf*	karnèlian *kornalìna-e, nf*
carnival *carnevale-i, nm*	kàrnival *karnevàle-i, nm*
carnivorous *carnivoro-i a e, a*	karnìvorous *karnìvoro-i a e, a*
Carol *Carole, nf*	Kàrol *Kàrole, nf*
carol *canto-i, nm*	kàrol *kànto-i, nm*
to carol *celebrare*	to kàrol *celebràre*
carom *carambola-e, nf*	kàrom *karàmbola-e, nf*
carotid *carotide-i, nf*	karòtid *karòtide-i, nf*
carous *baldoria-e, nf*	karòuse *baldòria-e, nf*
to carouse *gozzovigliare*	to karòuse *gozzoviyàre*
carp *carpa-e, nf*	kàrp *kàrpa-e, nf*
to carp *lagnare*	to kàrp *laqàre*
carpenter *carpentiere-i, nm*	kàrpenter *karpentière-i, nm*
carpentry *falegnameria-e, nf*	kàrpentry *faleqamerìa-e, nf*
carpet *tappeto-i, nm*	kàrpet *tappèto-i, nm*
to carpet *coprire*	to kàrpet *koprìre*
carriage *carrozza-e, nf*	kàrriage *karròzza-e, nf*
carrier *corriere-i, nm*	kàrrier *korrière-i, nm*
carrion *carogna-e, nf*	kàrrion *karòqa-e, nf*
carrot *carota-e, nf*	kàrrot *karòta-e, nf*
to carry *portare*	to kàrry *portàre*
carry away *portar via*	kàrry awày *portàr vìa*
cart *carro-i, nm*	kàrt *kàrro-i, nm*
cartel *cartello-i, nm*	kartèl *kartèllo-i, nm*
cartful *carrettata-e, nf*	kàrtful *karrettàta-e, nf*
Carthusian *certosino-i, nm*	Karthùsian *certosìno-i, nm*
cartilage *cartilagine-i, nf*	kàrtilage *kartilajine-i, nf*
cartilaginous *cartilaginoso-i a e, a*	kartilàginous *kartilajinòso-i a e, a*
cartpographer *cartografo-i, nm*	kartpògrapher *kartògrafo-i, nm*
cartographic *cartografico-i, a*	kartogràphik *kartogràfiko-i, a*
cartography *cartografia-e, nf*	kartògraphy *kartografìa-e, nf*
cartomancy *cartomanzia-e, nf*	kàrtomancy *kartomanzìa-e, nf*
cartoon *cartone-i, nm*	kartòon *kartòne-i, nm*
cartoonist *disegnatore-i, nm*	kartòonist *diseqatòre-i, nm*

cartridge cartuccia-e, nf
to carve intagliare
carver intagliatore-i, nm
carving scultura-e, nf
cascade cascata-e, nf
case caso-i, nm
case scatola-e, nf
to case impaccare
casein caseina-e, nf
casement vetrata-e, nf
cash danaro-i, nm
to cash incassare
cashier cassiere-i, nm
cashmere casimiro-i, nm
cask barile-i, nm
casket cofanetto-i, nm
cassation cassazione-i, nf
casserole casseruola-e, nf
cassia cassia-e, nf
cast getto-i, nm
to cast gettare
castaway reprobo-i a e, nmf
caste casta-e, nf
to castigate castigare
castigation castigo-hi, nm
castigator castigatore-i, nm
casting stampo-i, nm
casting-vote voto decisivo, nm
castiron ghisa-e, nf
castle castello-i, nm
to castle arroccare
castor castoro-i, nm
castor rotella-e, nf
castor oil olio di ricino, nm
to castrate castrare
castration castratura-e, nf
casual casuale-i, a
casually casualmente, ad
casualty accidente-i, nm
casuist casista-i, nm
casuistry casistica-he, nf
cat gatto-i a e, nmf

kàrtridge kartùcca-e, nf
to kàrve intayàre
kàrver intayatòre-i, nm
kàrving skultùra-e, nf
kaskàde kaskàta-e, nf
kàse kàso-i, nm
kàse skàtola-e, nf
to kàse impakkàre
kasèin kaseìna-e, nf
kàsement vetràta-e, nf
kàsh danàro-i, nm
to kàsh inkassàre
kashìer kassière-i, nm
kàshmere kasimìro-i, nm
kàsk barìle-i, nm
kàsket kofanètto-i, nm
kassàtion kassaziòne-i, nf
kasseròle kasseruòla-e, nf
kàssia kàssia-e, nf
kàst jètto-i, nm
to kàst jettàre
kastawày rèprobo-i a e, nmf
kàste kàsta-e, nf
to kàstigate kastigàre
kastigàtion kastìgo-i, nm
kastigàtor kastigatòre-i, nm
kàsting stàmpo-i, nm
kàsting-vòte vòto decisìvo, nm
kàstiron gìsa-e, nf
kàstle kastèllo-i, nm
to kàstle arrokkàre
kàstor kastòro-i, nm
kàstor rotèlla-e, nf
kàstor òil òlio di rìcino, nm
to kàstràte kastràre
kastràtion kastratùra-e, nf
kàsual kasuàle-i, a
kàsually kasualmènte, ad
kàsualty accidènte-i, nm
kàsuist kasìsta-i, nm
kàsuistry kasìstika-e, nf
kàt gàtto-i a e, nmf

cataclysm *cataclisma-i, nm*	**kàtaklysm** *kataklìsma-i, nm*
catacomb *catacomba-e, nf*	**kàtakomb** *katakòmba-e, nf*
catalepsy *catalessi, nf*	**kàtalepsy** *katalèssi, nf*
cataleptic *catalettico-i, nm*	**katalèptik** *katalèttiko-i, nm*
catalog *catalogo-hi, nm*	**kàtalòg** *katàlogo-i, nm*
to catalog *catalogare*	**to kàtalog** *katalogàre*
catamaran *zattera-e, nf*	**kàtamàran** *zàttera-e, nf*
cataplasm *cataplasma-e, nf*	**kàtaplàsm** *kataplàsma-e, nf*
catapult *catapulta-e, nm*	**kàtapùlt** *katapùlta-e, nm*
to catapult *catapultare*	**to kàtapult** *katapultàre*
cataract *cateratta-e, nf*	**kàtarakt** *kateràtta-e, nf*
catarrh *catarro-i, nm*	**kàtarrh** *katàrro-i, nm*
catarrhal *catarrale-i, a*	**katàrrhal** *katarràle-i, a*
catastrophe *catastrofe-i, nf*	**katàstrophè** *katàstrofe-i, nf*
catastrophic *catastrofico-i a he, a*	**katastròphik** *katastròfiko-i a e, a*
catch *presa-e, nf*	**kàtch** *prèsa-e, nf*
to catch *acchiappare*	**to kàtch** *akkiappàre*
catchable *afferrabile-i, a*	**kàtchable** *afferràbile-i, a*
catcher *acchiappatore-i, nm*	**kàtcher** *akkiappatòre-i, nm*
catching *infettivo-i a e, a*	**kàtching** *infettìvo-i a e, a*
catchword *parola-e, nf*	**kàtchwòrd** *paròla-e, nf*
catchy *attrattivo-i a e, a*	**kàtchy** *attrattìvo-i a e, a*
cate *lecconeria-e, nf*	**kàte** *lekkonerìa-e, nf*
catechism *catechismo-i, nm*	**kàtekhism** *katekìsmo-i, nm*
catechist *catechista-i, nm*	**kàtekhist** *katekìsta-i, nm*
to catechize *catechizzare*	**to kàtekhize** *katekizzàre*
catechumen *catecumeno-i, nm*	**katekhùmen** *katekùmeno-i, nm*
categorical *categorico-i a he, a*	**kategòrikal** *kategòriko-i a e, a*
categorically *categoricamente, ad*	**kategòrikally** *kategorikamènte, ad*
category *categoria-e, nf*	**kàtegòry** *kategorìa-e, nf*
catena *catena-e, nf*	**kàtena** *katèna-e, nf*
catenary *catenaria-e, nf*	**katènary** *katenària-e, nf*
cater *quattro-i, nm*	**kàter** *kuàttro-i, nm*
to cater *provvedere*	**to kàter** *provvedère*
cateran *ladro-i, nm*	**kàteran** *làdro-i, nm*
caterer *provveditore-i, nm*	**kàterer** *provveditòre-i, nm*
caterpillar *bruco-hi, nm*	**kàterpillar** *brùko-i, nm*
caterwault *miagolio-i, nm*	**kàterwault** *miagolìo-i, nm*
to caterwault *miagolare*	**to kàterwault** *miagolàre*
catgut *minugia-e, nf*	**kàtgùt** *minùja-e, nf*
cathedral *cattedrale-i, nf*	**kathèdral** *kattedràle-i, nf*
Catherine *Caterina, nf*	**Kàtherine** *Katerìna, nf*

catholic *cattolico-i a he, nmf*
catholically *cattolicamente, ad*
catholicism *cattolicesimo-i, nm*
catholicity *cattolicità, nf*
catkin *inflorescenza-e, nf*
catlin *gattino-i a e, nmf*
Cato *Catone, nm*
catonian *catoniano-i a e, a*
cattle *bestiame-i, nm*
cattish *gattesco-hi, a he, a*
caucasian *caucasico-ci a he, nmf*
caudal *caudale-i, a*
cauldron *caldaia-e, nf*
caulk *colla-e, nf*
to caulk *incollare*
causal *causale-i, a*
causality *causalità, nf*
causative *causativo-i a e, a*
cause *causa-e, nf*
to cause *causare*
causeway *strada rialzata, nf*
caustik *caustico-i a he, a*
caustically *causticamente, ad*
cauterization *cauterizzazione-i, nf*
to cauterize *cauterizzare*
caution *cautela-e, nf*
to caution *ammonire*
cautionary *precauzionale-i, a*
cautious *prudente-i, a*
cautiously *cautamente, ad*
cavalcade *cavalcata-e, nf*
cavalier *cavaliere-i, nm*
cavalierly *sdegnosamente, ad*
cavalry *cavalleria-e, nf*
cave *caverna-e, nf*
to cave *cedere*
cavern *caverna-e, nf*
cavernous *cavernoso-i a e, a*
caviar *caviale-i, nm*
cavil *cavillo-i, nm*
to cavil *cavillare*
cavity *cavità, nf*

kàtholik *kattòliko-i a e, nmf*
kathòlikally *kattolikamènte, ad*
kathòlicism *kattolicèsimo-i, nm*
kathòlicity *kattolicità, nf*
kàtkin *inflorescènza-e, nf*
kàtlin *gattìno-i a e, nmf*
Kàto *Katòne, nm*
katònian *katoniàno-i a e, a*
kàttle *bestiàme-i, nm*
kàttish *gattèsko-i, a e, a*
Kaukàsian *kaukàsiko-ci a e, nmf*
kàudal *kaudàle-i, a*
kàuldron *kaldàia-e, nf*
kàulk *kòlla-e, nf*
to kàulk *inkollàre*
kàusal *kausàle-i, a*
kausàlity *kausalità, nf*
kàusative *kausatìvo-i a e, a*
kàuse *kàusa-e, nf*
to kàuse *kausàre*
kàusewày *stràda rialzàta, nf*
kàustik *kaùstiko-i a e, a*
kàustikally *kaustikamènte, ad*
kauterizàtion *kauterizzaziòne-i, nf*
to kàuterìze *kauterizzàre*
kàution *kautèla-e, nf*
to kàution *ammonìre*
kautionàry *prekauzionàle-i, a*
kàutious *prudènte-i, a*
kàutiously *kautamènte, ad*
kavalkàde *kavalkàta-e, nf*
kavalìer *kavalière-i, nm*
kavalìerly *sdeqosamènte, ad*
kàvalry *kavallerìa-e, nf*
kàve *kavèrna-e, nf*
to kàve *cèdere*
kàvern *kavèrna-e, nf*
kavèrnous *kavernòso-i a e, a*
kaviàr *kaviàle-i, nm*
kàvil *kavìllo-i, nm*
to kàvil *kavillàre*
kàvity *kavità, nf*

ci ce ca co cu   ki ke ka ko ku   ji je ja jo ju   gi ge ga go gu
sci sce sca sco scu=shi she sha sho shu   gn=q   gl=y

censure

to cavort *cavalcare*	**to kavòrt** *kavalkàre*
caw *gracchio-i, nm*	**kàw** *gràkkio-i, nm*
to caw *gracchiare*	**to kàw** *grakkiàre*
cayman *caimano-i, nm*	**kàyman** *kaimàno-i, nm*
to cease *cessare*	**to cèase** *cessàre*
ceaseless *incessante-i, a*	**cèaseless** *incessànte-i, a*
ceaselessly *incessamente, ad*	**ceaselèssly** *incessamènte, ad*
ceiling *soffitto-i, nm*	**cèiling** *soffìtto-i, nm*
celebrant *celebrante-i, nm*	**cèlebrant** *celebrànte-i, nm*
to celebrate *celebrare*	**to cèlebràte** *celebràre*
celebrated *celebrato-i a e, a*	**cèlebràted** *cèlebrato-i a e, a*
celebration *celebrazione-i, nf*	**celebràtion** *celebraziòne-i, nf*
celebrity *celebrità, nf*	**celèbrity** *celebrità, nf*
celerity *celerità, nf*	**celèrity** *celerità, nf*
celery *sedano-i, nm*	**cèlery** *sèdano-i, nm*
celestial *celestiale-i, a*	**celèstial** *celestiàle-i, a*
celestially *celestialmente, ad*	**celèstially** *celestialmènte, ad*
celibary *celibato-i, nm*	**cèlibàcy** *celibàto-i, nm*
celibate *celibe-i, a*	**cèlibàte** *cèlibe-i, a*
cell *cella-e, nf*	**cèll** *cèlla-e, nf*
cellar *cantina-e, nf*	**cèllàr** *kantìna-e, nf*
cellaret *credenza-e nf*	**cèllaret** *kredènza-i, nm*
cellist *violoncellista-i, nm*	**cèllist** *violoncellìsta-i, nm*
cello *violoncello-i, nm*	**cèllo** *violoncèllo-i, nm*
cellophane *cellofane-i, nm*	**cèllophàne** *cellofàne-i, nm*
cellular *cellulare-i, nm*	**cèllulàr** *cellulàre-i, nm*
cellule *cellula-e, nf*	**cèllule** *cèllula-e, nf*
celluloid *celluloide-i, nm*	**cèllulòid** *cellulòide-i, nm*
cellulose *cellulosa-e, nf*	**cèllulòse** *cellulòsa-e, nf*
cement *cemento-i, nm*	**cemènt** *cemènto-i, nm*
to cement *cementare*	**to cemènt** *cementàre*
cemetery *cimitero-i, nm*	**cèmetery** *cimitèro-i, nm*
cenobite *cenobite-i, nm*	**cènobite** *cenòbite-i, nm*
cenotaph *cenotafio-i, nm*	**cènotaph** *cenotàfio-i, nm*
to cense *incensare*	**to cènse** *incensàre*
censer *incensiere-i, nm*	**cènser** *incensière-i, nm*
censor *censore-i, nm*	**cènsor** *censòre-i, nm*
censorial *censorio-i, a*	**censòrial** *censòrio-i, a*
censorious *censorio-i a e, a*	**censòrious** *censòrio-i a e, a*
censorship *censura-e, nf*	**cènsorshìp** *cènsura-e, nf*
censurable *censurabile-i, a*	**cènsurable** *censuràbile-i, a*
censure *censura-e, nf*	**cènsure** *censùra-e, nf*

to censure *censurare*	to cènsure *censuràre*
census *censo-i, nm*	cènsùs *cènso-i, nm*
cent *centesimo-i, nm*	cènt *centèsimo-i, nm*
centaur *centauro-i, nm*	cèntaur *centàuro-i, nm*
centenarian *centenario-i a e, nmf*	cèntenàrian *centenàrio-i a e, nmf*
centenary *centenario-i, nm*	cèntenàry *centenàrio-i, nm*
centennial *centennale-i, nm*	centènnial *centennàle-i, nm*
center *centro-i, nm*	cènter *cèntro-i, nm*
to center *centrare*	to cènter *centràre*
centesimal *centesimale-i, a*	centèsimal *centesimàle-i, a*
centigrade *centigrado-i, nm*	cèntigràde *centìgrado-i, nm*
centigramme *centigrammo-i, nm*	cèntigràmme *centigràmmo-i, nm*
centimeter *centimetro-i, nm*	cèntimèter *centìmetro-i, nm*
centipede *millepiedi, nm*	cèntipède *millepièdi, nm*
cento *centone-i, nm*	cènto *centòne-i, nm*
central *centrale-i, a*	cèntral *centràle-i, a*
centrality *centralità, nf*	centràlity *centralità, nf*
centralization *centralizzazione-i, nf*	centralizàtion *centralizzaziòne-i, nf*
to centralize *centralizzare*	to cèntralize *centralizzàre*
centrally *centralmente, ad*	cèntrally *centralmènte, ad*
centricity *centralità, nf*	centrìcity *centralità, nf*
centrifugal *centrifugo-hi a he, a*	centrìfùgal *centrìfugo-i a e, a*
centripetal *centripeto-i a e, a*	centrìpetal *centrìpeto-i a e, a*
centuple *centuplo-i a e, a*	cèntuple *centùplo-i a e, a*
to centuplicate *centuplicare*	to centùplìkate *centuplicàre*
century *secolo-i, nm*	cèntury *sèkolo-i, nm*
ceramics *ceramica-he, nf*	ceràmiks *ceràmika-e, nf*
ceramist *ceramista-i, nm*	cèramist *ceramìsta-i, nm*
to cere *incerare*	to cère *ceràre*
cereal *cereale-i, nm*	cereàl *cereàle-i, nm*
cerebellum *cervelletto-i, nm*	cerebèllum *cervellètto-i, nm*
cerebral *cerebrale-i, a*	cèrebral *cerebràle-i, a*
cerebralism *cerebralismo-i, nm*	cèrebralism *cerebralìsmo-i, nm*
cerebro-spinal *cerebro-spinale, nm*	cèrebro-spìnal *cèrebro-spinàle, nm*
cerebrum *cervello-i, nm*	cèrebrum *cervèllo-i, nm*
cerement *drappo-i, nm*	cèrement *dràppo-i, nm*
ceremonial *cerimoniale-i, a*	ceremònial *cerimoniàle-i, a*
ceremonially *cerimonialmente, ad*	ceremònially *cerimonialmènte, ad*
ceremonious *cerimosioso-i a e, a*	ceremònious *cerimosiòso-i a e, a*
ceremony *cerimonia-e, nf*	ceremòny *cerimònia-e, nf*
cerise *rossastro-i a e, a*	cerìse *rossàstro-i a e, a*
certain *certo-i a e, a*	cèrtain *cèrto-i a e, a*

ci ce ca co cu   ki ke ka ko ku   ji je ja jo ju   gi ge ga go gu   93
sci sce sca sco scu=shi she sha sho shu   gn=q   gl=y

to chamfer

certainly *certamente, ad*	**cèrtainly** *certamènte, ad*
certainty *certezza-e, nf*	**cèrtainty** *certèzza-e, nf*
certificate *certificato-i, nm*	**certifikate** *certificàto-i, nm*
to certificate *certificare*	**to certìfikàte** *certificàre*
to certify *certificare*	**to cèrtify** *certificàre*
certitude *certezza-e, nf*	**cèrtitude** *certèzza-e, nf*
cerulean *ceruleo-i, a*	**ceruleàn** *cerùleo-i, a*
cerumen *cerume-i, nm*	**cerumèn** *cerùme-i, nm*
cervical *cervicale-i, a*	**cèrvikal** *cervikàle-i, a*
cervine *cervino-i a e, a*	**cèrvine** *cervìno-i a e, a*
cessation *cessazione-i, nf*	**cessàtion** *cessaziòne-i, nf*
cession *cessione-i, nf*	**cèssion** *cessiòne-i, nf*
cessionary *cessionario-i, nm*	**cèssionary** *cessionàrio-i, nm*
cesspool *pozzo nero-, nm*	**cèsspòol** *pòzzo nèro, nm*
cetacean *cetaceo-i, nm*	**cetàcean** *cetàceo-i, nm*
cetaceous *cetaceo-i a e, a*	**cetàceous** *cetàceo-i a e, a*
chafe *riscaldamento-i, nm*	**chàfe** *riskaldamènto-i, nm*
to chafe *riscaldare*	**to chàfe** *riskaldàre*
chaff *loppa-e, nf*	**chàff** *lòppa-e, nf*
chaff *scherzo-i, nm*	**chàff** *skèrzo-i, nm*
to chaff *scherzare*	**to chàff** *skerzàre*
to chaffer *mercanteggiare*	**to chàffer** *merkantejjàre*
chafing-dish *recipiente-i, nm*	**chàfing-dìsh** *recipiènte-i, nm*
chagrin *dispiacere-i, nm*	**chagrìn** *dispiacère-i, nm*
chain *catena-e, nf*	**chàin** *katèna-e, nf*
chainlet *catenina-e, nf*	**chàinlet** *katenìna-e, nf*
chair *sedia-e, nf*	**chàir** *sèdia-e, nf*
to chair *insediare*	**to chàir** *insediàre*
chairman *presidente-i, nm*	**chàirman** *presidènte-i, nm*
chalcography *calcografia-e, nf*	**khalkògraphy** *kalkografìa-e, nf*
chalice *calice-i, nm*	**chàlice** *kàlice-i, nm*
chalk *gesso-i, nm*	**chàlk** *jèsso-i, nm*
to chalk *fregare*	**to chàlk** *fregàre*
chalkiness *gessosità, nf*	**chàlkiness** *jessosità, nf*
challange *sfida-e, nf*	**chàllenge** *sfida-e, nf*
to challenge *sfidare*	**to chàllenge** *sfidàre*
challenger *sfidatore-i, nm*	**chàllenger** *sfidatòre-i, nm*
chamber *aula-e, nf*	**chàmber** *àula-e, nf*
chamberlain *ciambellano-i, nm*	**chàmberlain** *cambellàno-i, nm*
chameleon *camaleonte-i, nm*	**khamèleòn** *kamaleònte-i, nm*
chamfer *smussatura-e, nf*	**chàmfer** *smussatùra-e, nf*
to chamfer *smussare*	**to chàmfer** *smussàre*

chamois *camoscio-i, nm*
champ *masticazione-i, nf*
to champ *masticare*
champagne *sciampagna-e, nf*
champion *campione-i, nm*
to champion *difendere*
chance *caso-i, nm*
chancellery *cancelleria-e, nf*
chancellor *cancelliere-i, nm*
chancy *incerto-i a e, a*
chandelier *lampadario-i, nm*
chandler *droghiere-i, nm*
change *cambio-i, nm*
to change *cambiare*
changeability *mutabilità, nf*
changeable *mutevole-i, a*
changeably *mutevolmente, ad*
changeful *mutevole-i, a*
changless *immutabile-i, a*
changer *cambiavalute, nm*
channel *canale-i, nm*
to channe *scanalare*
chant *canto-i, nm*
to chant *cantare*
chantage *ricatto-i, nm*
chantor *cantore-i, nm*
chanticleer *gallo-i, nm*
chantress *cantatrice-i, nf*
chaos *caos, nm*
chaotic *caotico-i a he, a*
chaotically *caoticamente, ad*
chap *ragazzo-i nm*
chap *crepa-e, nf*
to chap *screpolare*
chap-book *libricino-i, nm*
chapel *cappella-e, nf*
chaplain *cappellano-i, nm*
chapman *venditore-i, nm*
chappy *bellimbusto-i, nm*
chapter *capitolo-i, nm*
to char *annerire*
character *carattere-i, nm*

chàmòis *kamòsho-i, nm*
chàmp *mastikazióne-i, nf*
to chàmp *mastikàre*
chàmpàgne *shampàqa-e, nf*
chàmpion *kampióne-i, nm*
to chàmpion *difèndere*
chànce *kàso-i, nm*
chàncellery *kancellerìa-e, nf*
chàncellor *kancellière-i, nm*
chàncy *incèrto-i a e, a*
chàndelìer *lampadàrio-i, nm*
chàndler *drogière-i, nm*
chànge *kàmbio-i, nm*
to chànge *kambiàre*
chàngeabìlity *mutabilità, nf*
chàngeable *mutèvole-i, a*
chàngeably *mutevolmènte, ad*
chàngeful *mutèvole-i, a*
chàngless *immutàbile-i, a*
chànger *kambiavalùte, nm*
chànnel *kanàle-i, nm*
to chànnel *skanalàre*
chànt *kànto-i, nm*
to chànt *kantàre*
chantàge *rikàtto-i, nm*
chàntor *kantòre-i, nm*
chàntikleer *gàllo-i, nm*
chàntress *kantatrìce-i, nf*
kàos *kàos, nm*
kaòtik *kaòtiko-i a e, a*
kaòtikally *kaotikamènte, ad*
chàp *ragàzzo-i nm*
chàp *krèpa-e, nf*
to chàp *skrepolàre*
chàp-bòok *libricìno-i, nm*
chàpel *kappèlla-e, nf*
chàplain *kappellàno-i, nm*
chàpman *venditòre-i, nm*
chàppy *bellimbùsto-i, nm*
chàpter *kapìtolo-i, nm*
to chàr *annerìre*
kàrakter *karàttere-i, nm*

characteristic *caratteristico-i a he, a*	kàrakterìstik *karatterìstiko-i a e, a*
characterization *caratterizzazione-i nf*	kàrakterizàtion *karatterizzaziòne-i nf*
to characterize *caratterizzare*	to kàrakterìze *karatterizzàre*
charade *sciarada-e, nf*	charàde *sharàda-e, nf*
charcoal *carbone-i, nm*	chàrkoal *karbòne-i, nm*
to chare *lavorare*	to chàre *lavoràre*
charge *carica-hi, nm*	chàrge *kàrika-i, nm*
to charge *caricare*	to chàrge *karikàre*
chargeability *imputabilità, nf*	chàrgeabìlity *imputabilità, nf*
chargeable *imputabile-i, a*	chàrgeable *imputàbile-i, a*
chargeful *grave-i, a*	chàrgeful *gràve-i, a*
chargeless *libero-i a e, a*	chàrgeless *lìbero-i a e, a*
charger *cavallo-i, nm*	chàrger *kavàllo-i, nm*
charily *economicamente, ad*	chàrily *ekonomikamènte, ad*
chariot *carro-i, nm*	chàriot *kàrro-i, nm*
charioteer *auriga-hi, nm*	chàriotèer *aurìga-i, nm*
charitable *caritatevole-i, a*	chàritable *karitatèvole-i, a*
charitably *caritatevolmente, ad*	chàritably *karitatevolmènte, ad*
charity *carità, nf*	chàrity *karità, nf*
charlatan *ciarlatano-i a e, nmf*	chàrlatan *carlatàno-i a e, nmf*
charlatantry *ciarlataneria-e, nf*	chàrlatàntry *carlatanerìa-e, nf*
Charles *Carlo, nm*	Chàrles *Kàrlo, nm*
charm *fascino-i, nm*	chàrm *fàshino-i, nm*
to charm *incantare*	to chàrm *inkantàre*
charmer *incantatore-i, nm*	chàrmer *inkantatòre-i, nm*
charmful *affascinante-i, a*	chàrmful *affashinànte-i, a*
charming *attraente-i, a*	chàrming *attraènte-i, a*
charmingly *attraente, ad*	chàrmingly *attraènte, ad*
charnel-house *ossario-i, nm*	chàrnel-hòuse *ossàrio-i, nm*
Charon *Caronte, nm*	Khàron *Karònte, nm*
chart *carta nautica, nf*	chàrt *kàrta naùtika, nf*
charter *documento-i, nm*	chàrter *dokumènto-i, nm*
to charter *concedere*	to chàrter *koncèdere*
chartographer *cartografo-i, nm*	khartògrapher *kartògrafo-i, nm*
chartography *cartografia-e, nf*	khartògraphy *kartografìa-e, nf*
chartreuse *certosa-e, nf*	chàrtreùse *certòsa-e, nf*
charwoman *domestica-he, nf*	chàrwòman *domèstika-e, nf*
chary *prudente-i, a*	chàry *prudènte-i, a*
chase *caccia-e, nf*	chàse *kàcca-e, nf*
to chase *cacciare*	to chàse *kaccàre*
chaser *inseguitore-i, nm*	chàser *inseguitòre-i, nm*
chasm *abisso-i, nm*	chàsm *abìsso-i, nm*

chasse *liquore-i, nm*
chassis *telaio-i, nm*
chaste *casto-i a e, a*
chastely *castamente, ad*
to chasten *correggere*
chastened *castigato-i a e, a*
to chastise *punire*
chastisement *punizione-i, nf*
chastity *castità, nf*
chat *chiaccherata-e, nf*
to chat *chiacchierare*
chateau *castello-i, nm*
chattels *beni mobili, nm*
chatter *chiaccheria-e, nf*
to chatter *chiaccherare*
chatterbox *chiaccherone-i, nm*
chauffeur *autista-i, nm*
chauvinism *sciovinismo-i, nm*
chaw *cicca-he, nf*
chaw-bacon *campagnuolo-i, nm*
cheap *buon mercato, a*
to cheapen *calare*
cheaply *buon mercato, ad*
cheat *inganno-i, nm*
to cheat *ingannare*
check *assegno-i, nm*
check *arresto-i, nm*
to check *fermare*
checkmate *scacco matto, nm*
to checkmate *dare scacco*
cheek *guancia-e, nf*
cheekily *insolentemente, ad*
cheeky *insolente-i, a*
cheep *pigolio-i, nm*
to cheep *pigolare*
cheer *applauso-i, nm*
to cheer *applaudire*
cheerful *allegro-i a e, a*
cheerfully *gioiosamente, ad*
cheerily *allegramente, ad*
cheerio *coraggio, inter*
cheerless *triste-i, a*

chàsse *likuòre-i, nm*
chàssis *telàio-i, nm*
chàste *kàsto-i a e, a*
chàstely *kastamènte, ad*
to chàsten *korrèjjere*
chàstened *kastigàto-i a e, a*
to chastìse *punìre*
chàstìsement *punizìòne-i, nf*
chàstity *kastità, nf*
chàt *kiakkeràta-e, nf*
to chàt *kiakkieràre*
chàtèau *kastèllo-i, nm*
chàttels *bèni mòbili, nm*
chàtter *kiakkerìa-e, nf*
to chàtter *kiakkeràre*
chàtterbòx *kiakkeròne-i, nm*
chàuffèur *autìsta-i, nm*
chauvìnìsm *shovinìsmo-i, nm*
chàw *cìkka-e, nf*
chàw-bàkon *kampaquòlo-i, nm*
chèap *buòn merkàto, a*
to chèapen *kalàre*
chèaply *buòn merkàto, ad*
chèat *ingànno-i, nm*
to chèat *ingannàre*
chèk *assèqo-i, nm*
chèk *arrèsto-i, nm*
to chèk *fermàre*
chekmàte *skàkko màtto, nm*
to chekmàte *dàre skàkko*
chèek *guànca-e, nf*
chèekily *insolentemènte, ad*
chèeky *insolènte-i, a*
chèep *pigolìo-i, nm*
to chèep *pigolàre*
chèer *applàuso-i, nm*
to chèer *applaudìre*
chèerful *allègro-i a e, a*
chèerfully *joiosamènte, ad*
chèerily *allegramènte, ad*
cheerìò *koràjjo, inter*
chèerless *trìste-i, a*

ci ce ca co cu   ki ke ka ko ku   ji je ja jo ju   gi ge ga go gu
sci sce sca sco scu=shi she sha sho shu   gn=q   gl=y

chiffon

cheerlessly *tristemente, ad*
cheese *formaggio-i, nm*
cheesemonger *pizzicagnolo-i, nm*
cheesy *di formaggio, a*
chef *capo-cuoko, nm*
chemical *chimico-i a che, a*
chemically *chimicamente, ad*
chemist *chimico-i, nm*
chemistry *chimica, nf*
cheque *assegno-i*
chequer *scacchiera-e, nf*
to cherish *proteggere*
cherishment *affetto-i, nm*
cherry *ciliegia-e, nf*
cherub *cherubino-i, nm*
chess *giuoco a scacchi, nm*
chest *petto-i, nm*
chesterfield *soprabito-i, nm*
chestnut *castagna-e, nf*
chevalier *cavaliere-i, nm*
chevy *grido-i, nm*
to chevy *cacciare*
chew *masticazione-i, nf*
to chew *masticare*
chewer *masticatore-i, nm*
chik *eleganza-e, nf*
chicane *artificio-i, nm*
to chicane *ingannare*
chicanery *cavillo-i, nm*
chick *pulcino-i, nm*
chiccabiddy *bambino-i a e, a*
chicken *pollo-i, nm*
chickling *pulcino-i, nm*
chickenpox *varicella-e, nf*
chick-pea *pisello-i, nm*
chicory *cicoria-e, nf*
to chide *sgridare*
chief *principale-i, nm*
chief *capo-i, nm*
chiefly *principalmente, ad*
chieftain *condottiere-i, nm*
chiffon *velo-i, nm*

chèerlessly *tristemènte, ad*
chèese *formàjjo-i, nm*
cheesemònger *pizzikàqolo-i, nm*
chèesy *di formàjjo, a*
chèf *kàpo-kuòko, nm*
kèmikal *kìmiko-i a e, a*
kèmikally *kimikamènte, ad*
kèmist *kìmiko-i, nm*
kèmistry *kìmika, nf*
chèque *assègo-i*
chèquer *skakkièra-e, nf*
to chèrish *protèjjere*
chèrishment *affètto-i, nm*
chèrry *cilièja-e, nf*
chèrub *kerubìno-i, nm*
chèss *juòko a skàkki, nm*
chèst *pètto-i, nm*
chèsterfield *sopràbito-i, nm*
chèstnùt *kastàqa-e, nf*
chevalièr *kavalière-i, nm*
chèvy *grìdo-i, nm*
to chèvy *kaccàre*
chèw *mastikàziòne-i, nf*
to chèw *mastikàre*
chèwer *mastikatòre-i, nm*
chìc *elegànza-e, nf*
chikàne *artifico-i, nm*
to chikàne *ingannàre*
chikànery *kavìllo-i, nm*
chìk *pulcìno-i, nm*
chìkabìddy *bambìno-i a e, a*
chìken *pòllo-i, nm*
chìkling *pulcìno-i, nm*
chìkenpòx *varicèlla-e, nf*
chìk-pèa *pisèllo-i, nm*
chìkory *cikòria-e, nf*
to chìde *sgridàre*
chìef *principàle-i, nm*
chìef *kàpo-i, nm*
chìefly *principalmènte, ad*
chìeftain *kondottière-i, nm*
chiffòn *vèlo-i, nm*

chilblain *gelone-i, nm*
child *bambino-i a e, nmf*
childhood *infanzia-e, nf*
childish *puerile-i, a*
childishness *infantilità, nf*
childlike *docile-i, a*
chill *freddezza-e, nf*
to chill *raffreddare*
chilling *freddo-i, nm*
chilly *fresco-hi, a*
chime *armonia-e, nf*
to chime *suonare*
chimera *chimera-e, nf*
chimerically *chimericamente, ad*
chimney *camino-i nm*
chimpanzee *scimpanzè, nf*
chin *mento-i, nm*
China *Cina, nf*
china *porcellana-e, nf*
chinchilla *cinciglia-e, nf*
chine *cresta-e, nf*
Chinese *Cinese-i, nm*
chink *crepa-e, nf*
to chink *tintinnare*
chip *frammento-i, nm*
to chip *scheggiare*
chippy *asciutto-i a e, a*
chiromancy *chiromanzia-e, nf*
chirp *trillo-i, nm*
to chirp *cinguettare*
chirpy *vivace-i, a*
to chirr *trillare*
chirrup *cinguettio-i, nm*
to chirrup *cinguettare*
chisel *cesello-i, nm*
to chisel *cesellare*
chit *biglietto-i, nm*
chitchat *chiacchericcio-i, nm*
chitterlings *intestini, nm*
chivalrous *cavalleresco-hi a he, a*
chivalry *cavalleria-e, nf*
chlorate *clorato-i, nm*

chìlblain *jelòne-i, nm*
chìld *bambìno-i a e, nmf*
chìldhòod *infànzia-e, nf*
chìldish *puerìle-i, a*
chìldishness *infantilità, nf*
chìldlìke *dòcile-i, a*
chìll *freddèzza-e, nf*
to chìll *raffreddàre*
chìlling *frèddo-i, nm*
chìlly *frèsko-i, a*
chìme *armonìa-e, nf*
to chìme *suonàre*
kìmera *kimèra-e, nf*
kìmèrikally *kimerikamènte, ad*
chìmney *kamìno-i nm*
chìmpanzèe *shimpanzè, nf*
chìn *mènto-i, nm*
Chìna *Cìna, nf*
chìna *porcellàna-e, nf*
chìnchìlla *cincìya-e, nf*
chìne *krèsta-e, nf*
Chinèse *Cinèse-i, nm*
chìnk *krèpa-e, nf*
to chìnk *tintinnàre*
chìp *frammènto-i, nm*
to chìp *skejjàre*
chìppy *ashùtto-i a e, a*
kìromancy *kiromanzìa-e, nf*
chìrp *trìllo-i, nm*
to chìrp *cinguettàre*
chìrpy *vivàce-i, a*
to chìrr *trillàre*
chìrrup *cinguettìo-i, nm*
to chìrrup *cinguettàre*
chìsel *cesèllo-i, nm*
to chìsel *cesellàre*
chìt *biyètto-i, nm*
chìtchàt *kiakkerìcco-i, nm*
chìtterlings *intestìni, nm*
chìvalrous *kavallerèsko-i a e, a*
chìvalry *kavallerìa-e, nf*
kloràte *kloràto-i, nm*

chloride *cloruro-i, nm*   klòride *klorùro-i, nm*
chlorine *cloro-i, nm*   klòrine *klòro-i, nm*
chloroform *cloroformio, nm*   klòrofòrm *klorofòrmio, nm*
to chloroform *cloroformizzare*   to klòrofòrm *kloroformizzàre*
chloropphyll *clorofilla-e, nf*   klòropphỳll *klorofilla-e, nf*
chlorosis *clorosi, nm*   kloròsis *klòrosi, nm*
chlorotic *clorotico-i, nm*   kloròtik *kloròtiko-i, nm*
chock *tassello-i, nm*   chòk *tassèllo-i, nm*
to chock *fermare*   to chòk *fermàre*
chocolate *cioccolato-i, nm*   chòkolàte *cokkolàto-i, nm*
choice *scelta-e, nf*   chòice *shèlta-e, nf*
choir *sceltezza-e, nf*   chòir *sheltèzza-e, nf*
to choir *cantare*   to chòir *kantàre*
choke *soffocamento-i, nm*   chòke *soffokàmènto-i, nm*
to choke *soffocare*   to chòke *soffokàre*
choker *cravatta-e, nf*   chòker *kravàtta-e, nf*
choky *soffocante-i, a*   chòky *soffokànte-i, a*
cholera *colera, nm*   kòlera *kolèra, nm*
choleric *collerico-i a e, a*   kòlerik *kollèriko-i a e, a*
to choose *scegliere*   to chòose *shèyere*
chop *costoletta-e, nf*   chòp *kostolètta-e, nf*
to chop *tagliare*   to chòp *tayàre*
chopper *tagliatore-i, nm*   chòpper *tayatòre-i, nm*
chopping *grosso-i a e, a*   chòpping *gròsso-i a e, a*
choppy *ondoso-i, a*   chòppy *ondòso-i, a*
choral *corale-i, a*   kòral *koràle-i, a*
chord *corda-e, nf*   kòrd *kòrda-e, nf*
choreograph *coreografo-i, nm*   kòreogràph *koreògrafo-i, nm*
choreogrphic *coreografico-i a he, a*   kòreogràphik *kòreogràfiko-i a e, a*
choreography *coreografia*   kòreògraphy *koreografia, nf*
to chortle *bofonchiare*   to chòrtle *bofonkiàre*
chorus *coro-i, nm*   kòrus *kòro-i, nm*
chough *cornacchia-e, nf*   kòugh *kornàkkia-e, nf*
to chouse *ingannare*   to chòuse *ingannàre*
chrestomathy *crestomazia-e, nf*   krestòmathy *krestomazìa-e, nf*
chrism *crisma-i, nm*   krìsm *krìsma-i, nm*
Christ *Cristo, nm*   Krìst *Krìsto, nm*
to christen *battezzare*   to krìsten *battezzàre*
Christendom *cristianità, nf*   Krìstendom *kristianità, nf*
Christian *cristiano-i a e, a*   Krìstian *kristiàno-i a e, a*
Christianity *cristianesimo-i, nm*   Kristiànity *kristianèsimo-i, nm*
to christianize *convertire*   to krìstianìze *konvertìre*

christianly *cristianamente, ad*
Christmas *Natale, nm*
Christopher *Cristoforo, nm*
chromatik *cromatico-i a e, a*
chrome *cromo-i, nm*
chronik *cronico-i, a*
chronicity *cronicità, nf*
to chronicle *annotare*
chronicler *cronista-i, nm*
chronograph *cronografo-i, nm*
chronologically *cronologicamente, ad*
chronology *cronologia-e, nf*
chronometric *cronometrico-i, a*
chrysalis *crisalide-i, nf*
chrysanthemum *crisantemo-i, nm*
chub *ghiozzo-i, nm*
chubby *grasso-i a e , a*
chuck *richiamo-i, nm*
to chuck *chiocciare*
chuckle *riso-i, nm*
to chuckle *ridere*
chuckle-head *scioccone-i, a*
chug *rumore-i, nm*
chum *amico-i a he, nmf*
chump *pezzo-i, nm*
chunk *pezzo-i, nm*
church *chiesa-e, nf*
churchyàrd *cimitero-i, nm*
churl *zotico-i a e he, nmf*
churlish *volgare-i, a*
churn *zangola-e, nf*
to churn *agitare*
chute *canale-i, nm*
to chylify *chilificare*
chyme *chimo-i, nm*
ciborium *ciborio-i, nm*
cicada *cicala-e, nf*
cicatrice *cicatrice-i, nf*
cicatrizàtion *cicatrizzazione-i, nf*
to cicatrize *cicatrizzare*
ciceronian *guida-e, nf*
cider *sidro-i, nm*

kristiànly *kristianamènte, ad*
Krìstmas *Natàle, nm*
Krìstopher *Kristòforo, nm*
kromàtik *kromàtiko-i a e, a*
kròme *kròmo-i, nm*
krònik *kròniko-i, a*
kronìcity *kronicità, nf*
to krònikle *annotàre*
krònikler *kronìsta-i, nm*
krònogràph *kronògrafo-i, nm*
kronològikally *kronolojikamènte, ad*
krònology *kronolojìa-e, nf*
kronomètrik *kronomètriko-i, a*
krỳsalis *krisàlide-i, nf*
krysànthèmùm *krisàntemo-i, nm*
chùb *giòzzo-i, nm*
chùbby *gràsso-i a e , a*
chùk *rikiàmo-i, nm*
to chùk *kioccàre*
chùkle *rìso-i, nm*
to chùkle *rìdere*
chùkle-hèad *shokkòne-i, a*
chùg *rumòre-i, nm*
chùm *amìko-i a e, nmf*
chùmp *pèzzo-i, nm*
chùnk *pèzzo-i, nm*
chùrch *kièsa-e, nf*
chùrchyàrd *cimitèro-i, nm*
chùrl *zòtiko-i a e e, nmf*
chùrlish *volgàre-i, a*
chùrn *zàngola-e, nf*
to chùrn *ajitàre*
chùte *kanàle-i, nm*
to kỳlify *kilifikàre*
kỳme *kìmo-i, nm*
cibòrium *cibòrio-i, nm*
cikàda *cikàla, nf*
cìkatrice *cikatrìce-i, nf*
cikatrizàtion *cikatrizzaziòne-i, nf*
to cikatrìze *cikatrizzàre*
cicerònian *guìda-e, nf*
cìder *sìdro-i, nm*

ci ce ca co cu   ki ke ka ko ku   ji je ja jo ju   gi ge ga go gu
sci sce sca sco scu=shi she sha sho shu   gn=q   gl=y

circumlocution

cigar *sigaro-i, nm*	**cìgar** *sìgaro-i, nm*
cigarette *sigaretta-e, nf*	**cìgarette** *sigarètta-e, nf*
cilia *ciglia-e, nf*	**cìlia** *cìya-e, nf*
ciliate *ciglioso-i a e, a*	**cìliate** *ciyòso-i a e, a*
cinch *certezza-e, nf*	**cìnch** *certèzza-e, nf*
cinchona *cincona-e, nf*	**cinkòna** *cinkòna-e, nf*
cincture *cintura-e, nf*	**cìnkture** *cintùra-e, nf*
to cincture *cingere*	**to cìnkture** *cìnjere*
cinder *residuo-i, nm*	**cìnder** *resìduo-i, nm*
Cinderella *Cenerentola, nf*	**Cinderèlla** *Cenerèntola, nf*
cinema *cinema, nm*	**cìnema** *cìnema, nm*
cinecamera *macchina da presa, nf*	**cinekàmera** *màkkina da prèsa, nf*
cinematograph *cinematografo-i, nm*	**cinemàtogràph** *cinematògrafo-i, nm*
cinemetographic *cinematografico-i, a*	**cinematogràphik** *cinematogràfiko-i, a*
cineraria *cineraria-e, nf*	**cinerària** *cinerària-e, nf*
cinerary *cinerario-i a e, a*	**cineràry** *cineràrio-i a e, a*
cinnabar *cinabro-i, nm*	**cìnnabar** *cinàbro-i, nm*
cinnamon *cinnamomo-i, nm*	**cìnnamon** *cinnàmomo-i, nm*
cinquecentist *cinquecentista-i, nm*	**cinquecèntist** *cinkuecentìsta-i, nm*
cipher *zero-i, nm*	**cìphèr** *zèro-i, nm*
cipher-key *chiave cifraria, nf*	**cìphèr-kèy** *kiave cifrària, nf*
to cipher *calcolare*	**to cìphèr** *kalkolàre*
cipolin *cipollino-i, nm*	**cìpolin** *cipollìno-i, nm*
circle *cerchio-i, nm*	**cìrkle** *cèrkio-i, nm*
to circle *ruotare*	**to cìrkle** *ruotàre*
circled *cerchiato-i, a*	**cìrkled** *cerkiàto-i, a*
circlet *cerchietto-i, nm*	**cìrklet** *cerkiètto-i, nm*
circling *rivoluzione-i, nf*	**cìrkling** *rivoluziòne-i, nf*
circuit *circuito-i, nm*	**cìrkuit** *cirkuìto-i, nm*
circuitous *circuito-i, a*	**cirkùitous** *cirkuìto-i, a*
circular *circolare-i, a*	**cìrkulàr** *cirkolàre-i, a*
circularly *circolarmente, ad*	**cìrkulàrly** *cirkolarmènte, ad*
to circulate *circolare*	**to cìrkulàte** *cirkòlare*
circulation *circolazione-i, nf*	**cirkulàtion** *cirkolaziòne-i, nf*
circulatory *circolatorio-i a e, a*	**cìrkulatory** *cirkolatòrio-i a e, a*
to circumcise *circoncidere*	**to cìrkumcise** *cirkoncìdere*
circumcision *circoncisione-i, nf*	**cìrkumcìsion** *cirkoncisiòne-i, nf*
circumflex *accento-i, nm*	**cìrkumflèx** *accènto-i, nm*
circumfluent *fluente i, a*	**cìrkumflùent** *fluènte i, a*
to circumfuse *circonfondere*	**to cìrkumfùse** *cirkonfòndere*
to circumlocute *usare circonlocuzioni*	**to cìrkumlokùte** *usàre cirkonlokuziòni*
circumlocution *circonlocuzione-i, nf*	**cìrkumlokùtion** *cirkonlokuziòne-i, nf*

circumnavigable *circumnavigabile-i, a*
to circumnavigate *circumnavigare*
to circumscribe *circoscrivere*
circumscription *circoscrizione-i, nf*
circumspect *circospetto-i a e, a*
circumspection *circospezione-i, nf*
circumstance *circostanza-e, nf*
circumstantial *particolareggiato-i a e, a*
circumvallation *circonvallazione-i, nf*
to circumvent *circonvenire*
circus *circo-hi, nm*
cirrus *cirro-i, nm*
cisalpine *cisalpino-i a e, a*
cispadane *cispadano-i e i, a*
cissy *effeminato-i a e, a*
cistercian *cistercense-i, a*
cistern *cisterna-e, nf*
citable *citabile-i, a*
citadel *cittadella-e, ne*
citation *citazione-i, nf*
to cite *citare*
cither *cetra-e, nf*
citizen *cittadino-i, nm*
citizenship *cittadinanza-e, nf*
citrate *citrato-i, nm*
citrik *citrico-i a he, a*
citron *cedro-i, nm*
citrus *agrumi, nm*
city *città, nf*
civet *zibetto-i, nm*
civic *civico-i a he, a*
civil *civile-i, a*
civilian *borghese-i, nm*
civility *educazione-i, nf*
civilization *civiltà, nf*
to civilize *incivilire*
civies *abito-i, nm*
clack *rumore-i, nm*
to clack *schioccare*
claim *reclamo-i, nm*
to claim *reclamare*
claimable *richiamabile-i, a*

claimable
cìrkumnàvigable *cirkumnavigàbile-i, a*
to cìrkumnàvigate *cirkumnavigàre*
to cìrkumscrìbe *cirkoskrìvere*
cìrkumskrìption *cirkoskriziòne-i, nf*
cìrkumspèkt *cirkospètto-i a e, a*
cìrkumspèktion *cirkospeziòne-i, nf*
cìrkumstànce *cirkostànza-e, nf*
cìrkumstàntial *partikolàrejjàto-i a e, a*
cìrkumvallàtion *cirkonvallaziòne-i, nf*
to cìrkumvènt *cirkonvenìre*
cìrkus *cìrko-i, nm*
cìrrus *cìrro-i, nm*
cisàlpine *cisalpìno-i a e, a*
cispadàne *cispadàno-i e i, a*
cìssy *effemìnàto-i a e, a*
cistèrcian *cistercènse-i, a*
cìstern *cistèrna-e, nf*
cìtable *citàbile-i, a*
cìtadel *cittadèlla-e, ne*
citàtion *citaziòne-i, nf*
to cìte *citàre*
cìther *cètra-e, nf*
cìtizen *cittadìno-i, nm*
cìtizenshìp *cittadinànza-e, nf*
cìtrate *citràto-i, nm*
cìtrik *cìtriko-i a e, a*
cìtron *cèdro-i, nm*
cìtrùs *agrùmi, nm*
cìty *città, nf*
cìvet *zibètto-i, nm*
cìvik *cìviko-i a e, a*
cìvil *civìle-i, a*
civìlian *borgèse-i, nm*
civìlity *edukaziòne-i, nf*
civilizàtion *civiltà, nf*
to cìvilìze *incivilìre*
cìvies *àbito-i, nm*
klàk *rumòre-i, nm*
to klàk *shiokkàre*
klàim *reklàmo-i, nm*
to klàim *reklamàre*
klàimable *rikiamàbile-i, a*

clairobscure *chiaroscuro-i, nm*	**klàirobskùre** *kiaroskùro-i, nm*
clairvoyance *chiaroveggenza-e, nf*	**klàirvòyance** *kiarovejjènza-e, nf*
clam *mollusco-hi, nm*	**klàm** *mollùsko-i, nm*
to clamber *arrampicare*	**to klàmber** *arrampikàre*
clammy *molliccio-i a e, a*	**klàmmy** *mollìcco-i a e, a*
clamorous *clamoroso-i a e, a*	**klàmorous** *klamoròso-i a e, a*
clamour *clamore-i, nm*	**klàmour** *klamòre-i, nm*
to clamor *gridare*	**to klàmor** *gridàre*
clamp *grappa-e, nf*	**klàmp** *gràppa-e, nf*
to clamp *grappare*	**to klàmp** *grappàre*
clan *tribù, nf*	**klàn** *tribù, nf*
clandestine *clandestino-i a e, a*	**klandèstìne** *klandestìno-i a e, a*
clang *strepito-i, nm*	**klàng** *strèpito-i, nm*
to clang *strepitare*	**to klàng** *strepitàre*
clangorous *rumoroso-i a e, a*	**klàngorous** *rumoròso-i a e, a*
clank *rumore-i, nm*	**klànk** *rumòre-i, nm*
to clank *strepitare*	**to klànk** *strepitàre*
clap *colpo-i, nm*	**klàp** *kòlpo-i, nm*
to clap *applaudire*	**to klàp** *applaudìre*
clapper *battaglio-i, nm*	**klàpper** *battàyo-i, nm*
to clapperclaw *grattare*	**to klàpperklàw** *grattàre*
claptrap *vistoso-i a e, a*	**klàptràp** *vistòso-i a e, a*
claque *clacca-he, nf*	**klàque** *klàkka-e, nf*
clarence *vettura-e, nf*	**klàrence** *vettùra-e, nf*
clarendon *neretto-i, nm*	**klàrendon** *nerètto-i, nm*
claret *claretto-i, nm*	**klàret** *klarètto-i, nm*
clarification *chiarificazione-i, nf*	**klàrifikàtion** *kiarifikaziòne-i, nf*
to clarify *chiarificare*	**to klàrify** *kiarifikàre*
clarinet *clarinetto-i, nm*	**klàrinet** *klarinètto-i, nm*
clarinettist *clarinettista-i, nm*	**klàrinèttist** *klarinettìsta-i, nm*
clarion *chiarina-e, nf*	**klàrion** *kiarìna-e, nf*
clarity *chiarità, nf*	**klàrity** *kiarità, nf*
clash *collisione-i, nf*	**klàsh** *kollisiòne-i, nf*
to clash *urtare*	**to klàsh** *urtàre*
clasp *fermaglio-i, nm*	**klàsp** *fermàyo-i, nm*
to clasp *agganciare*	**to klàsp** *aggancàre*
class *classe-i, nf*	**klàss** *klàsse-i, nf*
classic *classico*	**klàssik** *klàssiko-i a e, a*
to classify *classificare*	**to klàssify** *klassifikàre*
classable *classabile-i, a*	**klàssable** *klassifikàbile-i, a*
classically *classico-i a he, a*	**klàssikally** *klassikamènte, ad*
classicism *classicamente, ad*	**klàssicism** *klassicìsmo-i, nm*

classicist *classicismo-i, nm*	**klàssicist** *klassicìsta-i, nm*
classifiable *classificabile-i, a*	**klàssifiable** *klassifikàbile-i, a*
classification *classificazione-i, nf*	**klàssifikàtion** *klassifikaziòne-i, nf*
classifier *classificatore-i, nm*	**klàssifier** *klassifikatòre-i, nm*
to classify *classificare*	**to klàssify** *klassifikàre*
classy *distinto-i a e, a*	**klàssy** *distìnto-i a e, a*
clatter *rumore-i, nm*	**klàtter** *rumòre-i, nm*
to clatter *sbattere*	**to klàtter** *sbàttere*
clause *clausola-e, nf*	**klàuse** *klausòla-e, nf*
claustral *claustrale-i, a*	**klàustral** *klaustràle-i, a*
clavicle *clavicola-e, nf*	**klàvikle** *klavìkola-e, nf*
claw *artiglio-i, nm*	**klàw** *artìyo-i, nm*
to claw *aggrinfare*	**to klàw** *aggrinfàre*
clay *argilla-e, nf*	**klày** *arjìlla-e, nf*
clean *pulito-i a e, a*	**klèan** *pulìto-i a e, a*
to clean *pulire*	**to klèan** *pulìre*
cleaner *pulitore-i, nm*	**klèaner** *pulitòre-i, nm*
cleaning *pulizia-e, nf*	**klèaning** *pulizìa-e, nf*
cleanly *completamente, ad*	**klèanly** *kompletamènte, ad*
cleanness *pulizia-e, nf*	**klèanness** *pulizìa-e, nf*
to cleanse *purificare*	**to klèanse** *purifikàre*
clear *chiaro-i a e, a*	**klèar** *kiàro-i a e, a*
to clear *chiarire*	**to klèar** *kiarìre*
clearance *liquidazione*	**klèarance** *likuidaziòne,*
clear-sighted *perspicace-i, a*	**klèar-sìghted** *perspikàce-i, a*
clearing *sboscamento-i, nm*	**klèaring** *sboskamènto-i, nm*
clearly *chiaramente, ad*	**klèarly** *kiaramènte, ad*
clearness *chiarezza-e, nf*	**klèarness** *kiarèzza-e, nf*
cleat *bietta-e, nf*	**klèat** *bièetta-e, nf*
cleavable *spaccabile-i, a*	**klèavable** *spakkàbile-i, a*
cleavage *sfaldamento-i, nm*	**klèavage** *sfaldamènto-i, nm*
to cleave *fendere*	**to klèave** *fèndere*
cleaver *mannaia-e, nf*	**klèaver** *mannàia-e, nf*
cleek *bastone-i, nm*	**klèek** *bastòne-i, nm*
clef *chiave-i, nf*	**klèf** *kiàve-i, nf*
cleft *crepaccio-i, nm*	**klèft** *krepàcco-i, nm*
cleg *tafano-i, nm*	**klèg** *tàfano-i, nm*
to clem *affamare*	**to klèm** *affamàre*
clematis *clematide-i, nf*	**klemàtis** *klemàtide-i, nf*
clemency *clemenza-e, nf*	**klèmency** *klemènza-e, nf*
clement *clemente-i, a*	**klèment** *klemènte-i, a*
clesydra *clessidra-e, nf*	**klesỳdra** *klèssidra-e, nf*

ci ce ca co cu   ki ke ka ko ku   ji je ja jo ju   gi ge ga go gu
sci sce sca sco scu=shi she sha sho shu   gn=q   gl=y

clergy *clero-i, nm*
clergyman *pastore-i, nm*
cleric *ecclesiastico-i, nm*
clerical *clericale-i, a*
clericalism *clericalismo-i, nm*
to clericalize *rendere clericale*
clerically *clericamente, ad*
clerk *commesso-i a e, nmf*
clerkly *sapiente-i, nm*
clerkship *impiego-hi, nm*
clever *abile-i, a*
cleverly *abilmente, ad*
cleaverness *abilità, nf*
clew *gomitolo-i, nm*
click *suono-i, nm*
to click *cliccare*
client *cliente-i, nm*
clientele *clientela-e, nf*
cliff *picco-hi, nm*
cliffsman *scalatore-i, nm*
cliffy *scoscese-i, a*
climacteric *climaterico-i a e, a*
climate *clima-i, nm*
climatic *climatico-i a he, a*
climatically *climaticamente, ad*
climax *agitazione-i, nf*
to climb *scalare*
climber *arrampicatore-i, nm*
clime *clima-i, nm*
clinch *ribaditura-e, nf*
to clinch *ribadire*
clincher *argomento decisivo, n*
cling *aderenza-e, nf*
to cling *aderire*
clingstone *duracino-i, nm*
clinik *clinica-he, nf*
clinical *clinico-i a e, a*
clink *tintinnio-i, nm*
to clink *tintinnare*
clinker *esemplare-i, nm*
clinging *ottimo-i a e, a*
clip *fermaglio-i, nm*

klèrgy *klèro-i, nm*
klèrgyman *pastòre-i, nm*
klèrik *ekklesiàstiko-i, nm*
klèrikal *klerikàle-i, a*
klèrikalism *klerikalìsmo-i, nm*
to klèrikalize *rèndere klerikàle*
klèrikally *klerikamènte, ad*
klèrk *kommèsso-i a e, nmf*
klèrkly *sapiènte-i, nm*
klèrkshìp *impiègo-i, nm*
klèver *àbile-i, a*
klèverly *abilmènte, ad*
klèaverness *abilità, nf*
klèw *gomìtolo-i, nm*
klìk *suòno-i, nm*
to klìk *klikkàre*
klìent *kliènte-i, nm*
klientèle *klientèla-e, nf*
klìff *pìkko-i, nm*
klìffsman *skalatòre-i, nm*
klìffy *skòshese-i, a*
klimaktèrik *klimatèriko-i a e, a*
klìmate *klìma-i, nm*
klimàtik *klimàtiko-i a e, a*
klimàtikally *klimatikamènte, ad*
klìmax *ajitazziòne-i, nf*
to klìmb *skalàre*
klìmber *arrampikatòre-i, nm*
klìme *klìma-i, nm*
klìnch *ribaditùra-e, nf*
to klìnch *ribadìre*
klìncher *argomènto decisìvo, n*
klìng *aderènza-e, nf*
to klìng *aderìre*
klingstòne *duracìno-i, nm*
klìnik *klìnika-e, nf*
klìnikal *klìniko-i a e, a*
klìnk *tintinnìo-i, nm*
to klìnk *tintinnàre*
klìnker *esemplàre-i, nm*
klìngìng *òttimo-i a e, a*
klìp *fermàyo-i, nm*

clip

clip *taglio-i, nm*
to clip *tagliare*
clipper *tagliacappelli, nm*
clipping *tosatura-e, nf*
clique *cricca-he, nf*
cloak *mantello-i, nm*
to cloak *coprire*
clock *orologio-i, nm*
to clock *registrare*
clod *zolla-e, nf*
cloddish *terroso-i a e, a*
clog *impedimento-i, nm*
to clog *impedire*
cloggy *nodoso-i a e, a*
cloister *chiostro-i, nm*
to cloister *rinchiudere*
cloistral *claustrale-i, a*
close *vicino, ad*
close *chiuso-i a e, a*
to close *chiudere*
close-fisted *avaro-i a e, a*
closely *da vicino, ad*
closeness *prossimità, nf*
closet *gabinetto-i, nm*
to closet *chiudere*
closing *chiusura-e, nf*
closure *chiusura-e, nf*
clot *coagulo-i, nm*
cloth *stoffa-e, nf*
to clothe *vestire*
clothes *vestiti, nm*
clothier *sarto-i, nm*
clothing *vestiti, nm*
cloud *nube-i, nf*
clouded *oscuro-i a e, a*
cloudily *oscuramente, ad*
cloudiness *nuvolosità, nf*
cloudless *sereno-i a e, a*
claudlet *nuvoletta-e, nf*
cloudy *nuvoloso-i a e, a*
clough *burrone-i, nm*
clout *pezza-e, nf*

klìp *tàyo-i, nm*
to klìp *tayàre*
klìpper *tayakapèlli, nm*
klìpping *tosatùra-e, nf*
klìque *krìkka-e, nf*
klòak *mantèllo-i, nm*
to klòak *koprìre*
klòk *orolòjo-i, nm*
to klòk *rejistràre*
klòd *zòlla-e, nf*
klòddish *terròso-i a e, a*
klòg *impedimènto-i, nm*
to klòg *impedìre*
klòggy *nodòso-i a e, a*
klòister *kiòstro-i, nm*
to klòister *rinkiùdere*
klòistral *klaustràle-i, a*
klòse *vicìno, ad*
klòse *kiùso-i a e, a*
to klòse *kiùdere*
klòse-fisted *avàro-i a e, a*
klòsely *dà vicìno, ad*
klòseness *prossimità, nf*
klòset *gabinètto-i, nm*
to klòset *kiùdere*
klòsing *kiusùra-e, nf*
klòsure *kiusùra-e, nf*
klòt *koàgulo-i, nm*
klòth *stòffa-e, nf*
to klòthe *vestìre*
klòthes *vestìti, nm*
klòthier *sàrto-i, nm*
klòthing *vestìti, nm*
klòud *nùbe-i, nf*
klòuded *oskùro-i a e, a*
klòudily *oskuramènte, ad*
klòudiness *nuvolosità, nf*
klòudless *serèno-i a e, a*
klòudlet *nuvolètta-e, nf*
klòudy *nuvolòso-i a e, a*
klòugh *burròne-i, nm*
klòut *pèzza-e, nf*

ci ce ca co cu   ki ke ka ko ku   ji je ja jo ju   gi ge ga go gu
sci sce sca sco scu=shi she sha sho shu   gn=q   gl=y

coarseness

to clout *rammendare*	to klòut *rammendàre*
clove *garofano-i, nm*	klòve *garòfano-i, nm*
clove *spicchio-i, nm*	klòve *spìkkio-i, nm*
clover *trifoglio-i, nm*	klòver *trifòyo-i, nm*
clown *buffone-i, nm*	klòwn *buffòne-i, nm*
clownery *pagliacciata-e*	klòwnery *payaccàta-e*
clownish *rozzo-i a e, a*	klòwnish *ròzzo-i a e, a*
to cloy *saziare*	to klòy *saziàre*
club *bastone-i, nm*	klùb *bastòne-i, nm*
club *circolo-i, nm*	klùb *cìrkolo-i, nm*
clubbable *socievole-i, a*	klùbbable *socièvole-i, a*
cluck *chioccolo-i, nm*	klùk *kiokkòlo-i, nm*
clue *traccia-e, nf*	klùe *tràcca-e, nf*
clump *massa-e, nf*	klùmp *màssa-e, nf*
to clump *ammucchiare*	to klùmp *ammukkiàre*
clumpy *pesante-i, a*	klùmpy *pesànte-i, a*
clumsy *goffo-i a e, a*	klùmsy *gòffo-i a e, a*
clumsily *goffamente, ad*	klùmsily *goffamènte, ad*
clumsiness *goffaggine-i, nf*	klùmsiness *goffàjjine-i, nf*
cluster *grappolo-i, nm*	klùster *gràppolo-i, nm*
to cluster *raccogliere*	to klùster *rakkòyere*
clutch *covata-e, nf*	klùtch *kovàta-e, nf*
clutch *stretta-e, nf*	klùtch *strètta-e, nf*
to clutch *afferrare*	to klùtch *afferràre*
clutter *confusione-i, nf*	klùtter *konfusiòne-i, nf*
to clutter *accumulare*	to klùtter *akkumulàre*
coach *carrozza-e, nf*	kòach *karròzza-e, nf*
to coach *allenare*	to kòach *allenàre*
coaching *assistenza-e, nf*	kòaching *assistènza-e, nf*
coadjutor *coadiutore-i, nm*	koàdjutor *koadiutòre-i, nm*
coagulant *sostanza-e, nf*	koàgulant *sostànza-e, nf*
to coagulate *coagulare*	to koàgulate *koagulàre*
coagulation *coagulazione-i, nf*	koagulàtion *koagulaziòne-i, nf*
coal *carbone-i, nm*	kòal *karbòne-i, nm*
to coalesce *coalizzare*	to koalèsce *koalizzàre*
coalition *coalizione-i, nf*	koalìtion *koaliziòne-i, nf*
to coalize *coalizzare*	to koalìze *koalizzàre*
coaming *bordo-i, nm*	kòaming *bòrdo-i, nm*
coarse *ruvido-i a e, a*	kòarse *rùvido-i a e, a*
coarsely *volgarmente, ad*	kòarsely *volgarmènte, ad*
to coarsen *volgareggiare*	to kòarsen *volgàrejjàre*
coarseness *volgarità, nf*	kòarseness *volgarità, nf*

coast *costa-e, nf*
to coast *costeggiare*
coat *cappotto-i, nm*
coat *rivestimento-i, nm*
to coat *rivestire*
coating *rivestimento-i, nm*
coaxer *adulatore-i, nm*
coaxingly *adulatorio, ad*
cob *cigno-i, nm*
cobalt *cobalto-i, nm*
cobble *ciottolo-i, nm*
to cobble *acciottolare*
cobbler *ciabattaio-i, nm*
coble *battello-i, nm*
cobra *cobra-e, nf*
cobweb *ragnatela-e, nf*
cocaine *cocaina-e, nf*
cocainism *cocainomania-e, nf*
coccyx *coccige-i, nf*
cochineal *cocciniglia-e, nf*
cock *gallo-i, nm*
to cock *drizzare*
to cock *ammucchiare*
coccade *coccarda-e, nf*
cock-a-hoop *esultante-i, a*
coccatoo *cacatua, nf*
cockboat *battello-i, nm*
cockchafer *scarabeo-i, nm*
cocker *cane-i, nm*
to cocker *coccolare*
cockerel *galletto-i, nm*
cock-eyed *strabico-i a he, a*
cockle *bivalve-i, nf*
to cockle *arricciare*
cockney *londinese-i, nm*
cockpit *carlinga-he, nf*
cockroach *scarafaggio-i, nm*
cocktail *bevanda-e, nf*
cocky *impudente-i, a*
cocoa *cacao-i, nm*
cocoon *bozzolo-i, nm*
to cocoon *avvolgere*

kòast *kòsta-e, nf*
to kòast *kostejjàre*
kòat *kappòtto-i, nm*
kòat *rivestimènto-i, nm*
to kòat *rivestìre*
kòating *rivestimènto-i, nm*
kòaxer *adulatòre-i, nm*
kòaxingly *adulatòrio, ad*
kòb *cìqo-i, nm*
kòbalt *kobàlto-i, nm*
kòbble *ciòttolo-i, nm*
to kòbble *accottolàre*
kòbbler *cabattàio-i, nm*
kòble *battèllo-i, nm*
kòbra *kòbra-e, nf*
kobwèb *raqatèla-e, nf*
kokàine *kokaìna-e, nf*
kokàinism *kokainomanìa-e, nf*
kòccyx *kòccije-i, nf*
kokìneal *koccinìya-e, nf*
kòk *gàllo-i, nm*
to kòk *drizzàre*
to kòk *ammukkiàre*
kokàde *kokkàrda-e, nf*
kòk-a-hòop *esultànte-i, a*
kokkatòo *kakatùa, nf*
kòkboat *battèllo-i, nm*
kòkchàfer *skarabèo-i, nm*
kòker *kàne-i, nm*
to kòker *kokkolàre*
kòkerel *gallètto-i, nm*
kòk-èyed *stràbiko-i a e, a*
kòkle *bivàlve-i, nf*
to kòkle *arriccàre*
kòkney *londinèse-i, nm*
kòkpit *karlìnga-e, nf*
kokròach *skarafàjjo-i, nm*
kòktail *bevànda-e, nf*
kòky *impudènte-i, a*
kokòa *kakào-i, nm*
kokòon *bòzzolo-i, nm*
to kokòon *avvòljere*

cod *merluzzo-i, nm*	**kòd** *merlùzzo-i, nm*
to cod *ingannare*	**to kòd** *ingannàre*
coda *coda*	**kòda** *kòda*
to coddle *curare*	**to kòddle** *kuràre*
code *codice-i, nm*	**kòde** *kòdice-i, nm*
to code *incifrare*	**to kòde** *incifràre*
codex *codice-i, nm*	**kòdex** *kòdice-i, nm*
codger *individuo-i, nm*	**kòdger** *indivìduo-i, nm*
codicil *codicillo-i, nm*	**kòdicil** *kodicìllo-i, nm*
codification *codificazione-i, nf*	**kodifikàtion** *kodifikaziòne-i, nf*
to codify *codificare*	**to kòdify** *kodifikàre*
codling *merluzzo-i, nm*	**kòdling** *merlùzzo-i, nm*
co-ed *studente-i, nm*	**ko-èd** *studènte-i, nm*
co-educational *di scuola mista, a*	**ko-edukàtional** *di skuòla mìsta, a*
coefficient *coefficiente-i, nm*	**koefficient** *koefficiènte-i, nm*
to coerce *costringere*	**to koèrce** *kostrìnjere*
coercible *coercibile-i, a*	**koèrcible** *koercìbile-i, a*
coercion *coercizione-i, nf*	**koèrcion** *koerciziòne-i, nf*
coercive *coercitivo-i a e, a*	**koèrcive** *koercitìvo-i a e, a*
coeval *coevo-i a e, a*	**koèval** *koèvo-i a e, a*
to coexist *coesistere*	**to koèxìst** *koesìstere*
coexistence *coesistenza-e, nf*	**koèxìstence** *koesistènza-e, nf*
to coextend *coestendere*	**to koèxtènd** *koestèndere*
coffee *caffè, nm*	**kòffee** *kaffè, nm*
coffer *cofano-i, nm*	**kòffer** *kòfano-i, nm*
coffin *cassa da morto, nf*	**kòffin** *kàssa da mòrto, nf*
cog *inganno-i, nm*	**kòg** *ingànno-i, nm*
to cog *ingannare*	**to kòg** *ingannàre*
to cog *dentare*	**to kòg** *dentàre*
cogent *convincente-i, a*	**kògent** *konvincènte-i, a*
cogged *dentato-i a e, a*	**kògged** *dentàto-i a e, a*
cogitate *cogitare*	**kògitàte** *kojitàre*
cogitation *cogitazione-i, nf*	**kogitàtion** *kojitaziòne-i, nf*
cognate *congiunto-i, nm*	**kògnate** *konjùnto-i, nm*
cognition *cognizione-i, nf*	**kognìtion** *koqiziòne-i, nf*
cognizable *comprensibile-i, a*	**kognìzable** *komprensìbile-i, a*
cognizance *competenza-e, nf*	**kògnizance** *kompetènza-e, nf*
cognizant *competente-i, a*	**kògnizant** *kompetènte-i, a*
to cohabit *coabitare*	**to kohàbit** *koabitàre*
cohabitant *coabitante-i, nm*	**kohàbitant** *koabitànte-i, nm*
cohabitation *coabitazione-i, nf*	**kohabitàtion** *koabitaziòne-i, nf*
coheir *coerede-i, nm*	**kòhèir** *koerède-i, nm*

to cohere *aderire*
coherence *coerenza-e, nf*
coherent *coerente-i, a*
cohesion *coesione-i, nf*
cohesive *coesivo-i a e, a*
cohort *coorte-i, nf*
coiffeur *parrucchiere-i, nm*
coil *molla-e, nf*
to coil *avvolgere*
coin *moneta-e, nf*
to coin *coniare*
coinage *conio-i, nm*
to coincide *coincidere*
coincidence *coincidenza-e, nf*
coincident *coincidente-i, a*
coincidentally *coincidentalmente, ad*
coiner *coniatore-i, nm*
coition *coito-i, nm*
coke *carbone-i, nm*
col *passo-i, nm*
colander *colino-i, nm*
to colander *colare*
colchicum *colchico-hi, nm*
cold *freddo-i a e, a*
cold *raffreddore-i, nm*
coldly *freddamente, ad*
coldness *freddezza-e, nf*
coleopterous *coleottero-i, nm*
colic *colica-he, nf*
colicky *colico-hi a he, a*
Coliseum *Colosseo, nm*
colitis *colite-i, nf*
to collaborate *collaborare*
collaboration *collaborazione-i, nf*
collaborator *collaboratore-i, nm*
collpase *collasso-i, nm*
to collapse *crollare*
collar *collare-i, nm*
to collar *afferrare*
collaret *collaretto-i, nm*
to collate *collazionare*
collateral *collaterale-i, a*

collateral

to kohère *aderìre*
kohèrence *koerènza-e, nf*
kohèrent *koerènte-i, a*
kohèsion *koesiòne-i, nf*
kohèsive *koesìvo-i a e, a*
kòhort *koòrte-i, nf*
koiffèur *parrukkière-i, nm*
kòil *mòlla-e, nf*
to kòil *avvòljere*
kòin *monèta-e, nf*
to kòin *koniàre*
kòinage *kònio-i, nm*
to koincìde *koincìdere*
koìncidence *koincidènza-e, nf*
koìncident *koincidènte-i, a*
koincidèntally *koincidentalmènte, ad*
kòiner *koniatòre-i, nm*
koìtion *kòito-i, nm*
kòke *karbòne-i, nm*
kòl *pàsso-i, nm*
kòlander *kòlino-i, nm*
to kòlander *kolàre*
kòlkikùm *kòlkiko-i, nm*
kòld *frèddo-i a e, a*
kòld *raffreddòre-i, nm*
kòldly *freddamènte, ad*
kòldness *freddèzza-e, nf*
koleòpterous *koleòttero-i, nm*
kòlik *kòlika-e, nf*
kòliky *kòliko-i a e, a*
Kolisèum *Kolossèo, nm*
kolìtis *kolìte-i, nf*
to kollàborate *kollaboràre*
kollàboràtion *kollaboraziòne-i, nf*
kollàboràtor *kollaboratòre-i, nm*
kollàpse *kollàsso-i, nm*
to kollàpse *krollàre*
kòllar *kollàre-i, nm*
to kòllar *afferràre*
kollàrèt *kollarètto-i, nm*
to kollàte *kollazionàre*
kollàteral *kollateràle-i, a*

collation collazione-i, nf	kollàtion kollazióne-i, nf
colleague collega-hi, nm	kollèague kollèga-i, nm
collect colletta-e, nf	kollèkt kollètta-e, nf
to collect radunare	to kollèkt radunàre
collection collezione-i, nf	kollèktion kollezióne-i, nf
collective collettivo-i a e, a	kollèktive kollettìvo-i a e, a
collectively collettivamente, ad	kollèktively kollettivamènte, ad
collectivism colletivismo-i, nm	kollètivism kolletivìsmo-i, nm
collectivist colettivista-i, nm	kollèktivist kolettivìsta-i, nm
collectivity collettività, nf	kollektìvity kollettività, nf
collector collettore-i, nm	kollèktor kollettòre-i, nm
college collegio-i, nm	kòllege kollèjo-i, nm
collegial collegiale-i, a	kollègial kollejàle-i, a
collegian collegiale-i, nm	kollègian kollejàle-i, nm
collegiate colleggiato-i, a	kollègiate kollejjàto-i, a
to collide scontrare	to kollìde skontràre
collie cane-i, nm	kòllie kàne-i, nm
collier minatore-i, nm	kòllier minatòre-i, nm
colliery miniera-e, nf	kòlliery minièra-e, nf
collision collisione-i, nf	kollìsion kollisióne-i, nf
collocation collocazione-i, nf	kollokàtion kollokazióne-i, nf
collop fetta-e, nf	kòllop fètta-e, nf
colloquial familiare-i, a	kollòquial familiàre-i, a
colloquialism espressione familiare, nf	kollòqualism espressióne familiàre, nf
colloquy colloquio-i, nm	kòlloquy kollòkuio-i, nm
collusive collusivo-i a e, a	kollùsive kollusìvo-i a e, a
collyrium collirio-i, nm	kollỳrium kollìrio-i, nm
collywobbles brontoli intestinali, nm	kòllywòbbles bròntoli intestinàli, nm
colon colon, nm	kòlon kòlon, nm
colonel colonnello-i, nm	kòlonel kolonnèllo-i, nm
colonial coloniale-i, a	kolònial koloniàle-i, a
colonist colono-i a e, nmf	kòlonist kolòno-i a e, nmf
colonization colonizzazione-i, nf	kolonizàtion kolonizzazióne-i, nf
to colonize colonizzare	to kòlonize kolonizzàre
colonizer colonizzatore-i, nm	kolonìzer kolonizzatòre-i, nm
colonnade colonnato-i, nm	kolonnàde kolonnàto-i, nm
colony colonia-e, nf	kòlony kolònia-e, nf
coloration colorazione-i, nf	kolorátion kolorazióne-i, nf
coloratura coloratura	koloratùra koloràtura
colorifik colorante-i, a	kolorìfik koloránte-i, a
colossal colossale-i, a	kolòssal kolossàle-i, a
colossally colossalmente, ad	kolòssally kolossalmènte, ad

colossus *colosso-i, nm*
colostrum *colostro-i, nm*
color *colore-i, nm*
to color *colorire*
colorable *specioso-i a e, a*
coloring *colorazione-i, nf*
colorist *colorista-i, nm*
colorless *senza colore, a*
colt *puledro-i, nm*
to colt *sferzare*
Columbus *Colombo, nm*
column *colonna-e, nf*
columnar *colonnare-i, a*
columned *colonnato-i, a*
colza *colza-e, nf*
coma *coma, nf*
coma *ciuffo-i, nm*
comart *patto-i, nm*
comatose *comatoso-i a e, a*
comb *pettine-i, nm*
to comb *pettinare*
combat *combattimento-i, nm*
to combat *combattere*
combatant *combattente-i, nm*
combative *battagliero-i a e, a*
comber *macchina-e, nf*
combination *combinazione-i, nf*
combine *agglomerato-i, nm*
to combine *combinare*
combing *pettinatura-e, nf*
combustible *combustibile-i, nm*
combustibility *combustibilità, nf*
combustion *combustione-i, nf*
to come *venire*
comedian *commediante-i, nm*
comedy *commedia-e, nf*
comeliness *grazia-e, nf*
comely *piacevole-i, a*
comet *cometa-e, nf*
comfit *confetto-i, nm*
confiture *conserva-e, nf*
comfort *conforto-i, nm*

kolòssus *kolòsso-i, nm*
kolòstrum *kolòstro-i, nm*
kòlor *kolòre-i, nm*
to kòlor *kolorìre*
kòlorable *speciòso-i a e, a*
kòloring *koloraziòne-i, nf*
kòlorist *kolorìsta-i, nm*
kòlorless *sènza kolòre, a*
kòlt *pulèdro-i, nm*
to kòlt *sferzàre*
Kolùmbus *Kolòmbo, nm*
kòlumn *kolònna-e, nf*
kolùmnar *kolonnàre-i, a*
kòlumned *kolonnàto-i, a*
kòlza *kòlza-e, nf*
kòma *kòma, nf*
kòma *cùffo-i, nm*
kòmart *pàtto-i, nm*
kòmatòse *komatòso-i a e, a*
kòmb *pèttine-i, nm*
to kòmb *pettinàre*
kòmbat *kombattimènto-i, nm*
to kòmbat *kombàttere*
kàmbàtànt *kombattènte-i, nm*
kòmbatìve *battayèro-i a e, a*
kòmber *màkkina-e, nf*
kombinàtion *kombinaziòne-i, nf*
kombìne *agglomeràto-i, nm*
to kombìne *kombinàre*
kombìng *pettinatùra-e, nf*
kombùstible *kombustìbile-i, nm*
kombustibìlity *kombustibilità, nf*
kombùstion *kombustiòne-i, nf*
to kòme *venìre*
komèdian *kommediànte-i, nm*
kòmedy *kommèdia-e, nf*
kòmeliness *gràzia-e, nf*
kòmely *piacevòle-i, a*
kòmet *komèta-e, nf*
komfit *konfètto-i, nm*
konfitùre *konsèrva-e, nf*
kòmfort *konfòrto-i, nm*

to comfort *confortare*	to kòmfort *konfortàre*
comfortable *confortevole-i, a*	kòmfortable *konfortèvole-i, a*
comfortably *confortevolmente, ad*	kòmfortably *konfortevolmènte, ad*
comforter *consolatore-i, nm*	kòmforter *konsolatòre-i, nm*
comfortless *sconsolato-i a e, a*	kòmfortless *skonsolàto-i a e, a*
comfy *comodo-i a e, a*	kòmfy *kòmodo-i a e, a*
comik *comico-i a he, a*	kòmik *kòmiko-i a e, a*
comically *comicamente, ad*	kòmikally *komikamènte, ad*
coming *venuta-e, nf*	kòming *venùta-e, nf*
comity *cortesia-e, nf*	kòmity *kortesìa-e, nf*
comma *virgola-e, nf*	kòmma *vìrgola-e, nf*
command *comando-i, nm*	kommànd *komàndo-i, nm*
to command *comandare*	to kommànd *komandàre*
commandant *comandante-i, nm*	kommandànt *komandànte-i, nm*
to commandeer *requisire*	to kommandèer *rekuisìre*
commander *comandante-i, nm*	kommànder *komandànte-i, nm*
commanding *imponente-i, a*	kommànding *imponènte-i, a*
commando *truppe d'assalto, nf*	kommàndo *trùppe d'assàlto, nf*
commemorable *commemorabile-i, a*	kommèmorable *kommemoràbile-i, a*
to commemorate *commemorare*	to kommemoràte *kommemoràre*
commemoration *commemorazione-i, nf*	kommemoràtion *kommemoraziòne-i, nf*
commemorative *commemorativo-i a e, a*	kommèmorative *kommemorativo-i a e, a*
to commence *cominciare*	to kommènce *komincàre*
commencement *principio-i, nm*	kommèncement *princìpio-i, nm*
to commend *lodare*	to kommènd *lodàre*
commendable *lodevole-i, a*	kommèndable *lodèvole-i, a*
commendably *lodevolmente, ad*	kommèndably *lodevolmènte, ad*
commendation *raccomandazione-i, nf*	kommendàtion *rakkomandaziòne-i, nf*
commendatory *di lode, a*	kommèndatory *di lòde, a*
commensurability *commensurabilità, nf*	kommensurabìlity *kommensurabilità, nf*
commensurable *commensurabile-i, a*	kommènsurable *kommensuràbile-i, a*
commensurate *commisurato-i a e, a*	kommènsurate *kommisuràto-i a e, a*
comment *commento-i, nm*	kòmment *kommènto-i, nm*
commentary *commentario-i, nm*	kòmmentary *kommentàrio-i, nm*
commerce *commercio-i, nm*	kòmmerce *kommèrco-i, nm*
commercial *commerciale-i, a*	kommèrcial *kommercàle-i, a*
commercialism *commercialismo-i, nm*	kommèrcialism *kommercalìsmo-i, nm*
to commercialize *rendere commerciabile*	to kommèrcialize *rèndere kommercàbile*
commercially *commercialmente, ad*	kommèrcially *kommercalmènte, ad*
commination *comminazione-i, nf*	komminàtion *komminaziòne-i, nf*
comminatory *comminatorio-i, a*	kòmminatory *komminatòrio-i, a*
commiserable *commiserabile-i, a*	kommìserable *kommiseràbile-i, a*

to commiserate *commiserare*
commiseration *commiserazione-i, nf*
commiserative *commiserativo-i a e, a*
commissarial *commissariato-i a e, a*
commissariat *commissariato-i, nm*
commissary *commissario-i, nm*
commission *commissione-i, nf*
commissionaire *fattorino-i, nm*
commissioned *autorizzato-i a e, a*
commissioner *commissario-i, nm*
to commit *commettere*
commitment *impegno-i, nm*
committal *consegna-e, nf*
committee *comitato-i, nm*
commode *cassettone-i, nm*
commodious *spazioso-i a e, a*
commodity *merce-i, nf*
commodore *commodoro-i, nm*
common *comune-i, a*
common right *diritto comune, nm*
commonable *in comune, a*
commonalty *comunità, nf*
commoner *popolano-i, nm*
commonly *comunemente, ad*
commonness *volgarità, nf*
commonplace *banalità, nf*
commonwealth *repubblica-he, nf*
commotion *commozione-i, nf*
communal *comunale-i, nf*
commune *comune-i, nm*
communicable *comunicabile-i, a*
communicant *comunicante-i, nf*
to communicate *comunicare*
communication *comunicazione-i, nf*
communicator *comunicatore-i, nm*
communion *comunione-i, nf*
communique *comunicato-i, nm*
communism *comunismo, nm*
communistik *comunistico-i a he, a*
community *comunità-à, nf*
commutable *commutabile-i, a*
commutation *commutazione-i, nm*

to kommìserate *kommiseràre*
kommiseràtion *kommiserazióne-i, nf*
kommìserative *kommiseratìvo-i a e, a*
kommissàrial *kommissariàto-i a e, a*
kommissàriat *kommissariàto-i, nm*
kòmmissary *kommissàrio-i, nm*
kommìssion *kommissióne-i, nf*
kommìssionàire *fattorìno-i, nm*
kommìssioned *autorizzàto-i a e, a*
kommìssioner *kommissàrio-i, nm*
to kommìt *kommèttere*
kommìtment *impègo-i, nm*
kommìttal *konsèqa-e, nf*
kommìttee *komitàto-i, nm*
kommòde *kassettóne-i, nm*
kommòdious *spazióso-i a e, a*
kommòdity *mèrce-i, nf*
kòmmodore *kommodòro-i, nm*
kòmmon *komùne-i, a*
kòmmon rìght *dirìtto komùne, nm*
kòmmonable *in komùne, a*
kommonàlty *komunità, nf*
kòmmoner *popolàno-i, nm*
kòmmonly *komunemènte, ad*
kòmmonness *volgarità, nf*
kòmmonplàce *banalità, nf*
kòmmònwèalth *repùbblika-e, nf*
kommòtion *kommozióne-i, nf*
kommùnal *komunàle-i, nf*
kòmmune *komùne-i, nm*
kommùnikable *komunikàbile-i, a*
kommùnikant *komunikànte-i, nf*
to kommùnikate *komunikàre*
kommunikàtion *komunikazióne-i, nf*
kommunikàtor *komunikatòre-i, nm*
kommùnion *komunióne-i, nf*
kommuniquè *komunikàto-i, nm*
kòmmunism *komunìsmo, nm*
kommunìstik *komunìstiko-i a e, a*
kommùnity *komunità-à, nf*
kommùtable *kommutàbile-i, a*
kommutàtion *kommutazióne-i, nm*

commutative *commutativo-i a e, a*	kommùtative *kommutatìvo-i a e, a*
commutator *commutatore-i, nm*	kòmmutàtor *kommutatòre-i, nm*
to commute *commutare*	to kommùte *kommutàre*
commuter *abbonato-i a e, nmf*	kommùter *abbonàto-i a e, nmf*
compact *accordo-i, nm*	kòmpakt *akkòrdo-i, nm*
compact *compatto-i, nm*	kòmpakt *kompàtto-i, nm*
to compact *comprimere*	to kompàkt *komprìmere*
compacter *compattore-i, nm*	kompàktor *kompattòre-i, nm*
compactness *compattezza-e, nf*	kompàktness *kompattèzza-e, nf*
compages *compagine-i, nf*	kompàges *kompàjine-i, nf*
companion *compagno-i a e, nmf*	kompànion *kompàqo-i a e, nmf*
companionable *socievole-i, a*	kompànionable *socièvole-i, a*
companionship *compagnia-e, nf*	kompànionshìp *kompaqìa-e, nf*
company *compagnia-e, nf*	kòmpany *kompaqìa-e, nf*
comparable *comparabile-i, a*	kompàrable *komparàbile-i, a*
comparative *comparativo-i a e, a*	kompàrative *kompàratìvo-i a e, a*
comparatively *comparativamente, ad*	kompàratively *komparativamènte, ad*
compare *confronto-i, nm*	kòmpare *konfrònto-i, nm*
to compare *paragonare*	to kòmpare *paragonàre*
comparison *comparazione-i, nf*	kompàrison *komparaziòne-i, nf*
compartment *compartimento-i, nm*	kompàrtment *kompartimènto-i, nm*
compass *bussola-e, nf*	kòmpass *bùssola-e, nf*
to compass *cirdondare*	to kòmpass *cirkondàre*
compassion *compassione-i, nf*	kompàssion *kompassiòne-i, nf*
compassionable *compassionevole-i, a*	kompàssionable *kompassionèvole-i, a*
to compassionate *compassionare*	to kompàssionàte *kompassionàre*
compatible *compatibile-i, a*	kompàtible *kompatìbile-i, a*
compatibility *compatibilità, nf*	kompatibìlity *kompatibilità, nf*
compatriot *compatriota-i, nm*	kompàtriot *kompatriòta-i, nm*
to compel *costringere*	to kompèl *kostrìnjere*
compendious *compendioso-i, a*	kompèndious *kompendiòso-i, a*
compendium *compendio-i, nm*	kompèndium *kompèndio-i, nm*
to compensate *compensare*	to kòmpensàte *kompensàre*
compensation *compenso-i, nm*	kompensàtion *kompènso-i, nm*
compensator *compensatore-i, nm*	kòmpensàtor *kompensatòre-i, nm*
compensatory *compensativo-i, nm*	kompènsatory *kompensativo-i, nm*
to compete *competere*	to kompète *kompètere*
competence *competenza-e, nf*	kòmpetence *kompetènza-e, nf*
competent *competente-i, nm*	kòmpetent *kompetènte-i, nm*
competently *competentemente, ad*	kòmpetently *kompetentemènte, ad*
competition *competizione-i, nf*	kompetìtion *kompetiziòne-i, nf*
competitor *competitore-i, nm*	kompètitor *kompetitòre-i, nm*

compliation *compilazione-i, ne*
to compile *compilare*
complacence *compiacenza-e, nf*
complacency *compiacimento-i, nm*
complacent *compiaciuto-i a e, a*
to complain *lamentare*
complaint *lamento-i, nm*
complaisance *compiacenza-e, nf*
complaisant *compiacente-i, a*
complement *complemento-i, nm*
to complement *complementare*
complementary *complementare-i, a*
complete *completo-i a e, a*
to complete *completare*
completely *completamente, ad*
completion *completamento-i, nm*
complex *complesso-i, nm*
complexion *colorito-i a e, a*
complexity *complessità, nf*
compliance *obbedienza-e, nf*
compliant *accondiscendente-i, a*
complicacy *complicatezza-e, nf*
to complicate *complicare*
complicity *complicità, nf*
compliment *complimento-i, nm*
to compliment *complimentare*
to comply *consentire*
component *componente-i, nm*
to comport *comportare*
to compose *comporre*
composed *composto-i a e, a*
composer *compositore-i, nm*
composite *composto-i a e, a*
composition *composizione-i, nf*
compositor *compositore-i, nm*
compost *concime-i, nm*
composure *compostezza-e, nf*
compote *composta-e, nf*
compound *composto-i, a*
to compound *comporre*
to comprehend *comprendere*
comprehensibility *comprensibilità, nf*

comprehensibility

kompilàtion *kompilazióne-i, ne*
to kompìle *kompilàre*
komplàcence *kompiacènza-e, nf*
komplàcency *kompiacimènto-i, nm*
komplàcent *kompiacùto-i a e, a*
to komplàin *lamentàre*
komplàint *lamènto-i, nm*
komplaisànce *kompiacènza-e, nf*
komplaisànt *kompiacènte-i, a*
kòmplement *komplemènto-i, nm*
to kòmplement *komplementàre*
komplemèntary *komplementàre-i a*
komplète *komplèto-i a e, a*
to komplète *kompletàre*
komplètely *kompletamènte, ad*
komplètion *kompletamènto-i, nm*
kòmplex *komplèsso-i, nm*
komplèxion *kolorìto-i a e, a*
komplèxity *komplessità, nf*
komplìance *obbediènza-e, nf*
komplìant *akkondishendènte-i, a*
kòmplikacy *komplikatèzza-e, nf*
to kòmplikàte *komplikàre*
komplìcity *komplicità, nf*
kòmpliment *komplimènto-i, nm*
to kòmpliment *komplimentàre*
to komplỳ *konsentìre*
kompònent *kompońente-i, nm*
to kompòrt *komportàre*
to kompòse *kompòrre*
kompòsed *kompòsto-i a e, a*
kompòser *kompositòre-i, nm*
kompòsite *kompòsto-i a e, a*
kompòsition *komposizióne-i, nf*
kompòsitor *kompositòre-i, nm*
kòmpost *koncìme-i, nm*
kompòsure *kompostèzza-e, nf*
kòmpote *kompòsta-e, nf*
kòmpound *kompòsto-i, a*
to kompòund *kompòrre*
to komprehènd *komprèndere*
komprehensibìlity *komprensibilità, nf*

comprehensible *comprensibile-i, a*	**komprehènsible** *komprensìbile-i, a*
comprehensibly *comprensibil-mente, ad*	**komprehènsibly** *komprensibil-mènte, ad*
comprehension *comprensione-i, nf*	**komprehènsion** *komprensiòne-i, nf*
comprehensive *comprensivo-i a e, a*	**komprehènsive** *komprensìvo-i a e, a*
to compress *comprimere*	**to komprèss** *komprìmere*
compressibility *compressibilità, nf*	**kompressibìlity** *kompressibilità, nf*
compressible *compressibile-i, a*	**komprèssible** *kompressìbile-i, a*
compression *compressione-i, nf*	**komprèssion** *kompressiòne-i, nf*
compressor *compressore-i, nm*	**komprèssor** *kompressòre-i, nm*
to comprise *contenere*	**to komprìse** *kontenère*
compromise *compromesso-i, nm*	**kompromìse** *kompromèsso-i, nm*
to compromise *accomodare*	**to kòmpromise** *akkomodàre*
comptometer *calcolatrice-i, nf*	**komptòmeter** *kalkolatrìce-i, nf*
to compulse *costringere*	**to kompùlse** *kostrìnjere*
compulsion *costrizione-i, nf*	**kompùlsion** *kostriziòne-i, nf*
compulsorily *coercitivamente, ad*	**kompùlsorily** *koercitivamènte, ad*
compulsory *obligatorio-i a e, a*	**kompùlsory** *obligatòrio-i a e, a*
compunction *compunzione-i, nf*	**kompùnktion** *kompunziòne-i, nf*
computable *computabile-i, a*	**kòmpùtable** *komputàbile-i, a*
computation *computo-i, nm*	**komputàtion** *kompùto-i, nm*
to compute *computare*	**to kompùte** *komputàre*
computist *computista-i, nm*	**kòmputist** *komputìsta-i, nm*
comrade *camerata-e, nf*	**kòmrade** *kameràta-e, nf*
comradeship *cameratismo-i, nm*	**kòmradeshìp** *kameratìsmo-i, nm*
conatus *conato-i, nm*	**konàtus** *konàto-i, nm*
to concatenate *concatenare*	**to konkàtenate** *konkatenàre*
concatenation *concatenazione-i, nf*	**konkatenàtion** *konkatenaziòne-i, nf*
concave *concavo-i a e, a*	**kònkave** *konkàvo-i a e, a*
concavity *concavità, nf*	**konkàvity** *konkavità, nf*
to conceal *celare*	**to koncèal** *celàre*
concealment *nascondimento-i, nm*	**koncèalment** *naskondimènto-i, nm*
to concede *concedere*	**to koncède** *koncèdere*
conceit *presunzione-i, nf*	**koncèit** *presunziòne-i, nf*
conceited *presuntuoso-i a e, a*	**koncèited** *presuntuòso-i a e, a*
conceitedly *presuntuosamente, ad*	**koncèitedly** *presuntuosamènte, ad*
conceitedness *vanità, nf*	**koncèitedness** *vanità, nf*
conceivable *concepibile-i, a*	**koncèivable** *koncepìbile-i, a*
to conceive *concepire*	**to koncèive** *koncepìre*
to concentrate *concentrare*	**to kòncentràte** *koncentràre*
concentration *concentrazione-i, nf*	**koncentràtion** *koncentraziòne-i, nf*
concentrative *concentrativo-i a e, a*	**koncèntrative** *koncentratìvo-i a e, a*

concentric *concentrico-i a e, a*
concentrically *concentricamente, ad*
concentricity *concentricità, nf*
concept *concetto-i, nm*
conception *cencezione-i, nf*
conceptive *concettivo-i a e, a*
conceptual *concettuale-i, a*
concern *ansietà, nf*
to concern *concernere*
concerned *ansioso-i a e, a*
concenrnedly *ansiosamente, ad*
concerning *riguardo a, prep*
concert *concerto-i, nm*
concertante *concertante*
to concert *concertare*
concertina *strumento-i, nm*
concerto *concerto-i, nm*
concession *concessione-i, nf*
concessionaire *concessionario-i, nm*
concessive *concessivo-i a e, a*
conch *conchiglia-e, nf*
conchy *oppositore-i, nm*
to conciliate *conciliare*
conciliation *conciliazione-i, nf*
conciliator *conciliatore-i, nm*
conciliatory *conciliante-i, a*
concise *conciso-i a e, a*
concisely *concisamente, ad*
conciseness *concisione-i, nf*
concision *concisione-i, nf*
conclave *conclave-i, nm*
to conclude *concludere*
conclusion *conclusione-i, nf*
conclusive *conclusivo-i a e, a*
concomintance *concomitanza-e, nf*
concomitant *concomitante-i, a*
concord *concordia-e, nf*
concordance *accordo-i, nm*
concordant *concorde-i, a*
concordantly *concordemente, ad*
concordat *concordato-i, nm*
concourse *concorso-i, nm*

koncèntrik *koncèntriko-i a e, a*
koncèntrikally *koncentrikamènte, ad*
koncentrìcity *koncentricità, nf*
kòncept *koncètto-i, nm*
koncèption *koncezióne-i, nf*
koncèptive *koncettìvo-i a e, a*
koncèptuàl *koncettuàle-i, a*
koncèrn *ansietà, nf*
to koncèrn *koncèrnere*
koncèrned *ansiòso-i a e, a*
koncèrnèdly *ansiosamènte, ad*
koncèrning *riguàrdo a, prep*
kòncert *koncèrto-i, nm*
koncertànte *koncertànte*
to koncèrt *koncertàre*
koncertìna *strumènto-i, nm*
koncèrto *koncèrto-i, nm*
koncèssion *koncessióne-i, nf*
koncèssionàire *koncessionàrio-i, nm*
koncèssive *koncessìvo-i a e, a*
kònch *konkìya-e, nf*
kònchỳ *oppositòre-i, nm*
to koncìliate *konciliàre*
konciliàtion *konciliazióne-i, nf*
konciliàtor *konciliatòre-i, nm*
konciliatòry *konciliànte-i, a*
koncìse *koncìso-i a e, a*
koncìsely *koncisamènte, ad*
koncìseness *koncisióne-i, nf*
koncìsion *koncisióne-i, nf*
kònclàve *konklàve-i, nm*
to konklùde *konklùdere*
konklùsion *konklusióne-i, nf*
konklùsive *konklusìvo-i a e, a*
konkòmintance *konkomitànza-e, nf*
konkòmitant *konkomitànte-i, a*
kònkord *konkòrdia-e, nf*
konkordànce *akkòrdo-i, nm*
konkòrdant *konkòrde-i, a*
konkòrdantly *konkordamènte, ad*
konkòrdat *konkordàto-i, nm*
kònkourse *konkòrso-i, nm*

concrete *cemento-i, nm*
concrete *concreto-i a e, a*
to concrete *indurire*
concreteness *concretezza-e, nf*
concretion *concrezione-i, nf*
concubinage *concubinato-i, nm*
concubine *concubina-e, nf*
concupiscence *concupiscenza-e, nf*
concupiscent *concupiscente-i, a*
to concur *concorrere*
concurrence *concorrenza-e, nf*
concurrent *concorrente-i, a*
concussion *concussione-i, nf*
to condemn *condannare*
condemnable *condannabile-i, a*
condemnation *condanna-e, nf*
condemnatory *condannatorio-i a e, a*
condensability *condensabilità, nf*
condensable *condensabile-i, a*
condensation *condensazione-i, nf*
to condense *condensare*
condenser *condensatore-i, nm*
to condescend *condiscendere*
condescendence *condiscenza-e, nf*
condescending *condiscendente-i, a*
condescendingly *condiscendemente, ad*
condenscension *condiscendenza-e, nf*
condiment *condimento-i, nm*
condition *condizione-i, nf*
to condition *stipulare*
conditional *condizionale-i, a*
conditionality *a condizione, nf*
conditioned *condizionato-i a e, a*
to condole *dolere*
condolence *condoglianza-e, nf*
condolent *condolente-i, a*
condominium *condominio-i, nm*
condonation *condono-i, nm*
to condone *condonare*
condor *condore-i, nm*
to conduce *condurre*
conducive *tendente-i, a*

kònkrete *cemènto-i, nm*
kònkrete *konkrèto-i a e, a*
to konkrète *indurìre*
kònkrèteness *konkretèzza-e, nf*
konkrètion *konkreziòne-i, nf*
konkùbinage *konkubinàto-i, nm*
kònkubine *konkubìna-e, nf*
konkùpìscènce *konkupishènza-e, nf*
konkupìscent *konkupishènte-i, a*
to konkùr *konkorrère*
konkùrrènce *konkorrènza-e, nf*
konkùrrent *konkorrènte-i, a*
konkùssion *konkussiòne-i, nf*
to kondèmn *kondannàre*
kondèmnable *kondannàbile-i, a*
kondemnàtion *kondànna-e, nf*
kondèmnatory *kondannatòrio-i a e, a*
kondensabìlity *kondensabilità, nf*
kondènsable *kondensàbile-i, a*
kondensàtion *kondensaziòne-i, nf*
to kondènse *kondensàre*
kondènser *kondensatòre-i, nm*
to kondescènd *kondishèndere*
kondescèndence *kondishènza-e, nf*
kondescènding *kondishendènte-i, a*
kondescèndingly *kondishendemènte, ad*
kondenscènsion *kondishendènza-e, nf*
kòndiment *kondimènto-i, nm*
kondìtion *kondiziòne-i, nf*
to kondìtion *stipulàre*
kondìtional *kondizionàle-i, a*
konditionàlity *à kondiziòne, nf*
kondìtioned *kondizionàto-i a e, a*
to kondòle *dolère*
kondòlence *kondoyànza-e, nf*
kondòlent *kondolènte-i, a*
kondomìnium *kondomìnio-i, nm*
kondonàtion *kondòno-i, nm*
to kondòne *kondonàre*
kòndor *kondòre-i, nm*
to kondùce *kondùrre*
kondùcive *tendènte-i, a*

conduct *condotta-e, nf*
to conduct *condurre*
conduction *conduzione-i, nf*
conductive *conduttivo-i a e, a*
conductivity *conduttività, nf*
conductor *conduttore-i, nm*
conduit *condotto-i, nm*
cone *cono-i, nm*
to confabulate *confabulare*
confabulation *confabulazione-i, nf*
confection *confettura-e, nf*
confectionary *pasticceria-e, nf*
confectioner *dolciere-i, nm*
confectionery *confetteria-e, nf*
confederacy *confederazione-i, nf*
confederate *confederato-i, nm*
to confederate *confederare*
confederation *confederazione-i, nf*
to confer *conferire*
conference *conferenza-e, nf*
conferment *conferimento-i, nm*
conferrable *conferibile-i, a*
conferrer *conferitore-i, nm*
to confess *confessare*
confession *confessione-i, nf*
confessional *confessionale-i, a*
confessor *confessore-i, nm*
confetti *confetti, nm*
confidant *confidante, nf*
to confide *confidare*
confidence *confidenza-e, nf*
confident *confidente-i, a*
confidential *confidenziale-i, a*
confidentially *confidenzialmente, ad*
confidently *confidentemente, ad*
configuration *configurazione-i, nf*
confine *confine-i, nf*
to confine *confinare*
confined *limitato-i a e, a*
confineless *illimitato-i a e, a*
confinement *confino-i, nm*
to confirm *confermare*

kondùkt *kondòtta-e, nf*
to kondùkt *kondùrre*
kondùktion *konduziòne-i, nf*
kondùktive *konduttìvo-i a e, a*
konduktìvity *konduttività, nf*
kondùktor *konduttòre-i, nm*
kònduit *kondòtto-i, nm*
kòne *kòno-i, nm*
to konfàbulàte *konfabulàre*
konfabulàtion *konfabulaziòne-i, nf*
konfèktion *konfettùra-e, nf*
konfèktionary *pasticcerìa-e, nf*
konfèktioner *dolcère-i, nm*
konfèktionery *konfetterìa-e, nf*
konfèderacy *konfederaziòne-i, nf*
konfèderate *konfederàto-i, nm*
to konfèderate *konfederàre*
konfederàtion *konfederaziòne-i, nf*
to konfèr *konferìre*
kònference *konferènza-e, nf*
konfèrment *konferimènto-i, nm*
konfèrrable *konferìbile-i, a*
konfèrrer *konferitòre-i, nm*
to konfèss *konfessàre*
konfèssion *konfessiòne-i, nf*
konfèssional *konfessionàle-i, a*
konfèssor *konfessòre-i, nm*
konfètti *konfètti, nm*
konfidànt *konfidànte, nf*
to konfìde *konfidàre*
kònfidence *konfidènza-e, nf*
kònfident *konfidènte-i, a*
konfidèntial *konfidenziàle-i, a*
konfidèntially *konfidenzialmènte, ad*
kònfidently *konfidentemènte, ad*
konfiguràtion *konfiguraziòne-i, nf*
kònfine *konfine-i, nf*
to konfìne *konfinàre*
konfined *limitàto-i a e, a*
konfineless *illimitàto-i a e, a*
konfinement *konfino-i, nm*
to konfìrm *konfermàre*

confirmation *conferma-e, nf*
confirmative *confermativo-i a e, a*
confirmatively *confermativamente, ad*
confirmatory *confermatorio-i a*
confirmed *confermato-i a e, a*
confiscable *confiscabile-i, a*
to confiscate *confiscare*
confiscation *confisca-he, nf*
confiscator *confiscatore-i, nm*
conflagration *conflagrazione-i, nf*
conflict *conflitto-i, nm*
to conflict *lottare*
confluence *confluenza-e, nf*
confluent *confluente-i, a*
conflux *confluenza-e, nf*
to conform *conformare*
conformable *conforme-i, a*
conformably *conformemente, ad*
conformation *conformazione-i, nf*
conformist *conformista-i, nm*
conformity *conformità, nf*
to confound *confondere*
confoundedly *vergognosamente, ad*
confraternity *confraternità, nf*
to confront *confrontare*
confrontation *confronto-i, nm*
Confucianism *confucianesimo, nm*
Confucious *Confucio, nm*
to confuse *confondere*
confused *confuse-i a e, a*
confusion *confusione-i, nf*
confutable *confutabile-i, a*
confutation *confutazione-i, nf*
to confute *confutare*
to congeal *congelare*
congelation *congelazione-i, nf*
congener *consimile-i, nm*
congenial *geniale-i, a*
congeniality *affinità, nf*
congenially *simpaticamente, ad*
congenial *congenito-i a e, a*
conger *anguilla-e, nf*

konfirmàtion *konfèrma-e, nf*
konfìrmative *konfermatìvo-i a e, a*
konfirmatively *konfermativamènte, ad*
konfirmatory *konfermatòrio-i a*
konfirmed *konfermàto-i a e, a*
konfiskable *konfiskàbile-i, a*
to kònfiskàte *konfiskàre*
konfiskàtion *konfiska-e, nf*
kònfiskàtor *konfiskatòre-i, nm*
konflàgràtion *konflagraziòne-i, nf*
kònflikt *konflìtto-i, nm*
to kònflikt *lottàre*
kònfluence *konfluènza-e, nf*
kònfluent *konfluènte-i, a*
kònflùx *konfluènza-e, nf*
to konfòrm *konformàre*
konfòrmable *konfòrme-i, a*
konfòrmably *konformemènte, ad*
konfòrmàtion *konformaziòne-i, nf*
konfòrmist *konformìsta-i, nm*
konfòrmity *konformità, nf*
to konfòund *konfòndere*
konfòundedly *vergoqosamènte, ad*
konfratèrnity *konfraternità, nf*
to konfrònt *konfrontàre*
konfrontàtion *konfrònto-i, nm*
Konfùcianism *konfucanèsimo, nm*
Konfùcious *Konfùco, nm*
to konfùse *konfòndere*
konfùsed *konfùso-i a e, a*
konfùsion *konfusiòne-i, nf*
konfùtable *konfutàbile-i, a*
konfutàtion *konfutàziòne-i, nf*
to konfùte *konfutàre*
to kongèal *konjelàre*
kongelàtion *konjelaziòne-i, nf*
kòngener *konsìmile-i, nm*
kongènial *jeniàle-i, a*
kongenìality *affìnità, nf*
kongènially *simpatikamènte, ad*
kongènial *konjènito-i a e, a*
kònger *anguìlla-e, nf*

congeries *congerie, nf*
congested *affollatissimo-i a e, a*
congestion *congestione-i, nf*
conglomerate *conglomerato-i, nm*
to conglomerate *conglomerare*
conglomeration *conglomerazione-i, nf*
congratulations *congratulazioni, nf*
congratulatory *congratulatorio-i, nm*
to congregate *congregare*
congregation *congregazione-i, nf*
congregational *di congregazione, a*
congress *congresso-i nm*
to congress *riunire*
congressional *di congresso, a*
congruence *congruenza-e, nf*
congruent *congruente-i, nm*
congruity *congruità, nf*
congruous *congruo-i, a*
conik *conico-i a he, a*
conifer *conifera-e, nf*
coniferous *conifero-i a e, a*
conjecturable *congetturabile-i, a*
conjectural *congetturale-i, a*
conjecturally *congetturalmente, ad*
conjecture *congettura-e, nf*
to conjecture *congetturare*
to conjoin *congiungere*
conjoint *congiunto-i a e, a*
conjointly *congiuntamente, ad*
conjugal *coniugale-i, a*
conjugally *coniugalmente, ad*
conjugate *coniugato-i, nm*
to conjugate *coniugare*
conjugation *coniugazione-i, nf*
conjunct *congiunto-i a e, a*
conjunction *congiunzione-i, nf*
conjunctiva *congiuntiva-e, nf*
conjunctive *congiuntivo-i, nm*
conjunctivitis *congiuntivite-i, nf*
conjunctly *congiuntamente, ad*
conjuncture *congiuntura-e, nf*
conjuration *scongiuro-i, nm*

conjuration

kongèries *konjerìe, nf*
kongèsted *affollatìssimo-i a e, a*
kongèstion *konjestiòne-i, nf*
konglòmerate *konglomeràto-i, nm*
to konglòmeràte *konglomeràre*
konglomeràtion *konglomeraziòne-i, nf*
kongràtulàtions *kongratulaziòni, nf*
kongràtulatory *kongratulatòrio-i, nm*
to kòngregàte *kongregàre*
kongregàtion *kongregaziòne-i, nf*
kongregàtional *di kongregaziòne, a*
kòngress *kongrèsso-i, nm*
to kongrèss *riunìre*
kongrèssional *di kongrèsso, a*
kòngruence *kongruènza-e, nf*
kòngruent *kongruènte-i, nm*
kongrùity *kongruità, nf*
kòngruous *kòngruo-i, a*
kònik *kòniko-i a e, a*
kònifer *konìfera-e, nf*
konìferous *konìfero-i a e, a*
konjèkturable *konjetturàbile-i, a*
konjèktural *konjetturàle-i, a*
konjèkturally *konjetturalmènte, ad*
konjèkture *konjettùra-e, nf*
to konjèkture *konjetturàre*
to konjòin *konjunjère*
konjòint *konjùnto-i a e, a*
konjòintly *konjuntamènte, ad*
kònjugal *koniugàle-i, a*
kònjugally *koniugalmènte, ad*
kònjugàte *koniugàto-i, nm*
to kònjugàte *koniugàre*
konjugàtion *koniugaziòne-i, nf*
konjùnkt *konjùnto-i a e, a*
konjùnktion *konjunziòne-i, nf*
konjunktìva *konjuntìva-e, nf*
konjùnktive *konjuntìvo-i, nm*
konjunktivìtis *konjuntivìte-i, nf*
konjùnktly *konjuntamènte, ad*
konjùnkture *konjuntùra-e, nf*
konjuràtion *skonjùro-i, nm*

to conjure *scongiurare*
conjurement *scongiuro-i, nm*
conjurer *prestigiatore-i, nm*
conk *naso-i, nm*
to conk *sfasciare*
conky *nasuto-i, a*
connatural *connaturale-i, a*
to connect *connettere*
connection *connezione-i, nf*
connective *connettivo-i a e, a*
connivance *connivenza-e, nf*
to connive *ingannare*
connosseur *conoscitore-i, nm*
to conquer *conquistare*
conquerable *conquistabile-i, a*
conqueror *conquistatore-i, nm*
conquest *conquista-e, nf*
consanguineous *consanguineo-i, a*
consanguinity *consanguineità, nf*
conscience *coscienza-e, nf*
conscientious *coscienzioso-i a e, a*
conscientiously *coscienziosamente, ad*
conscious *conscio-i a e, a*
consciously *coscientemente, ad*
consciousness *coscienza-e, nf*
to conscribe *coscrivere*
conscript *coscritto-i a e, a*
conscription *coscrizione-i, nf*
to consecrate *consacrare*
consecration *consacrazione-i, nf*
consecrator *consacratore-i, nm*
consecutive *consecutivo-i a e, a*
consecutively *consecutivamente, ad*
consensus *consenso-i, nm*
consent *consenso-i, nm*
to consent *acconsentire*
consentaneous *consentaneo-i, a*
consentient *consenziente-i, a*
consequence *conseguenza-e, a*
consequently *conseguentemente, ad*
conservable *conservabile-i, a*
conservancy *conmmissione-i, nf*

to konjùre *skonjuràre*
kònjùrement *skonjùro-i, nm*
kònjùrer *prestijatòre-i, nm*
kònk *nàso-i, nm*
to kònk *sfashàre*
kònky *nasùto-i, a*
konnàtural *konnaturàle-i, a*
to konnèkt *konnèttere*
konnèktion *konneziòne-i, nf*
konnèktive *konnettìvo-i a e, a*
konnìvance *konnivènza-e, nf*
to konnìve *ingannère*
konnossèur *konoshitòre-i, nm*
to kònquer *konkuistàre*
kònquerable *konkuistàbile-i, a*
kònqueror *konkuistatòre-i, nm*
kònquest *konkuìsta-e, nf*
konsanguìneous *konsanguìneo-i, a*
konsanguìnity *konsanguineità, nf*
kònscience *koshiènza-e, nf*
konscìentious *koshenzòso-i a e, a*
konscièntiously *koshenziosamènte, ad*
kònscious *kònsho-i a e, a*
kònsciously *koshientemènte, ad*
kònscioùsness *koshiènza-e, nf*
to konskrìbe *koskrìvere*
kònskript *koskrìtto-i a e, a*
konskrìption *koskriziòne-i, nf*
to konsekràte *konsakràre*
konsekràtion *konsakraziòne-i, nf*
kònsekràtor *konsakratòre-i, nm*
konsèkutive *konsekutìvo-i a e, a*
konsèkutively *konsekutivamènte, ad*
konsènsus *konsènso-i, nm*
konsènt *konsènso-i, nm*
to konsènt *akkonsentìre*
konsentàneous *konsentàneo-i, a*
konsèntient *konsenziènte-i, a*
kònsequence *konseguènza-e, a*
kònsequently *konseguentemènte, ad*
konsèrvable *konservàbile-i, a*
konsèrvancy *konmmissiòne-i, nf*

conservation *conservazione-i, nf*
conservative *conservativo-i a e, a*
conservator *custode-i, nm*
conservatory *conservatorio-i, nm*
to conserve *conservare*
to consider *considerare*
considerable *considerevole-i, a*
considerably *considerabilmente, ad*
considerate *considerato-i a e, a*
considerately *consideratamente, ad*
considerateness *prudenza-e, nf*
consideration *considerazione-i nf*
considering *in considerazione, prep*
to consign *consegnare*
consignee *destinatario-i, nm*
consignor *mittente-i, nm*
consignment *consegna-e, nf*
to consist *consistere*
consistence *consistenza-e, nf*
consistent *coerente-i, a*
consistory *concistoro-i, nm*
consociate *consocio-i a e, nmf*
consociation *consociazione-i, nf*
consolable *consolabile-i, a*
consolation *consolazione-i, nf*
consolatory *consolatorio-i a e, a*
console *mensola-e, nf*
to console *consolare*
consoler *consolatore-i, nm*
to consolidate *consolidare*
consolidation *consolidazione-i, nf*
consolidator *consolidatore-i, nm*
consonance *consonanza-e, nf*
consonant *consonante-i, a*
consonantly *in accordo con, ad*
consort *consorte-i, nf*
to consort *accompagnare*
conspectus *prospetto-i, nm*
conspicuous *cospicuo-i a e, a*
conspicuousness *vistosità, nf*
conspiracy *cospirazione-i, nf*
conspirator *cospiratore-i, nm*

konservàtion *konservazióne-i, nf*
konsèrvative *konservatìvo-i a e, a*
kònservàtor *kustòde-i, nm*
konsèrvatory *konservatòrio-i, nm*
to konsèrve *konservàre*
to konsìder *konsideràre*
konsìderable *konsiderèvole-i, a*
konsìderably *konsiderabilmènte, ad*
konsìderate *konsideràto-i a e, a*
konsìderately *konsideratamènte, ad*
konsìderateness *prudènza-e, nf*
konsideràtion *konsiderazióne-i nf*
konsìdering *in konsiderazióne, prep*
to konsìgn *konseqàre*
konsìgnee *destinatàrio-i, nm*
konsìgnor *mittènte-i, nm*
konsìgnment *konsèqa-e, nf*
to konsìst *konsìstere*
konsìstence *konsistènza-e, nf*
konsìstent *koerènte-i, a*
kònsistory *koncistòro-i, nm*
konsociàte *konsòco-i a e, nmf*
konsociàtion *konsocazióne-i, nf*
konsòlable *konsolàbile-i, a*
konsolàtion *konsolazióne-i, nf*
konsòlatory *konsolatòrio-i a e, a*
kònsole *mènsola-e, nf*
to konsòle *konsolàre*
konsòler *konsolatòre-i, nm*
to konsòlidate *konsolidàre*
konsolidàtion *konsolidazióne-i, nf*
konsòlidàtor *konsolidatòre-i, nm*
kònsonance *konsonànza-e, nf*
kònsonant *konsonànte-i, a*
kònsonantly *in akkòrdo kòn, ad*
kònsort *konsòrte-i, nf*
to konsòrt *akkompaqàre*
konspèktus *prospètto-i, nm*
konspìkuous *kospìkuo-i a e, a*
konspìkuousness *vistosità, nf*
konspìracy *kospirazióne-i, nf*
konspìrator *kospiratòre-i, nm*

conspiratress *cospiratice-i, nf*	konspìratress *kospiratrice-i, nf*
to conspire *cospirare*	to konspìre *kospiràre*
constable *vigile-i, nm*	kònstable *vìjile-i, nm*
constancy *costanza-e, nf*	kònstancy *kostànza-e, nf*
constant *costante-i, a*	kònstant *kostànte-i, a*
Costantinople *Costantinopoli, nf*	Kostantinòple *Kostantinòpoli, nf*
costantly *costantemente, ad*	kòstantly *kostantemènte, ad*
constellation *costellazione-i, nf*	konstellàtion *kostellaziòne-i, nf*
consternation *costernazione-i, nf*	konsternàtion *kosternaziòne-i, nf*
to constipate *rendere stitico*	to konstipàte *rèndere stìtiko*
constipation *stitichezza-e, nf*	konstipàtion *stitikèzza-e, nf*
constituency *elettorale-i, nm*	konstìtuency *elettoràle-i, nm*
constituent *costituente-i, nm*	konstìtuent *kostituènte-i, nm*
to constitute *costituire*	to kònstitute *kostituìre*
constitution *costituzione-i, nf*	konstitùtion *kostituziòne-i, nf*
constitutional *costituzionale-i, a*	konstitùtional *kostituzionàle-i, a*
constitutionalism *costituzionalismo-i, nm*	konstitùtionalism *kostituzionalìsmo-i,nm*
constitutionalis *costituzionalista-i, nm*	konstitùtionalist *kostituzionalìsta-i, nm*
constitutionality *costituzionalità, nf*	konstitutionàlity *kostituzionalità, nf*
constitutionally *costituzionalmente, ad*	konstitùtionally *kostituzionalmènte, ad*
constitutive *costitutivo-i a e, a*	kònstitùtive *kostitutìvo-i a e, a*
constitutor *costitutore-i, nm*	kònstitùtor *kostitutòre-i, nm*
to constrain *costringere*	to konstràin *kostrìnjere*
constrainedly *forzatamente, ad*	konstràinedly *forzatamènte, ad*
constraint *costrizione-i, nf*	konstràint *kostriziòne-i, nf*
to constrict *costringere*	to konstrìkt *kostrìnjere*
constriction *costrizione-i, nf*	konstrìktion *kostriziòne-i, nf*
constrictive *costrittivo-i a e, a*	konstrìktive *kostrittìvo-i a e, a*
constrictor *costrittore-i, nm*	konstrìktor *kostrittòre-i, nm*
constringent *costringente-i, a*	konstrìngent *kostrinjènte-i, a*
to construct *costruire*	to konstrùkt *kostruìre*
constructer *costruttore-i, nm*	konstrùkter *kostruttòre-i, nm*
construction *costruzione-i, nf*	konstrùktion *kostruziòne-i, nf*
constructional *di costruzione, a*	konstrùktional *di kostruziòne, a*
constructive *costruttivo-i a e, a*	konstrùktive *kostruttìvo-i a e, a*
constructively *costruttivamente, ad*	konstrùktively *kostruttivamènte, ad*
constructor *costruttore-i, nm*	konstrùktor *kostruttòre-i, nm*
to construe *interpretare*	to kònstrùe *interpretàre*
consuetude *consuetudine-i, nf*	kònsuetùde *konsuetùdine-i, nf*
consul *console-i, nm*	kònsùl *kònsole-i, nm*
consular *consolare-i, a*	kònsùlar *konsolàre-i, a*
consulate *consolato-i, nm*	kònsùlate *konsolàto-i, nm*

to consult *consultare*
consultant *consulente-i, nm*
consultation *consulto-i, nm*
consultative *consultivo-i, a*
consultee *consultore-i, nm*
consulting *consulente-i, a*
to consume *consumare*
consumedly *eccessivamente, ad*
consumer *consumatore-i, nm*
consummate *perfetto-i a e, a*
to consummate *compiere*
consummation *consumazione-i, nf*
consumption *consumo-i, nm*
consumptive *tisico-i a he, a*
contact *contatto-i, nm*
to contact *contattare*
contagion *contagio-i, nm*
contagious *contagioso-i a e, a*
to contain *contenere*
container *contenente-i, nm*
contaminable *contaminabile-i, a*
to contaminate *contaminare*
contamination *contaminazione-i, nf*
contango *riporto-i, nm*
to contemn *disprezzare*
to contemplate *contemplare*
contemplation *contemplazione-i, nf*
contemplative *contemplativo-i a e, a*
contemporaneity *contemporaneità, nf*
contemporaneous *contemporaneo-i a e, a*
contemporary *contemporaneo-i a e, a*
contempt *disprezzo-i, nm*
contemptible *spregevole-i, a*
contemptibly *spregevolmente, ad*
contemptuous *sprezzante-i, a*
contemptuously *sprezzantemente, ad*
to contend *contendere*
contender *contendente-i, nm*
content *contenuto-i, nm*
content *contento-i a e, a*
to content *accontentare*

to konsùlt *konsultàre*
konsùltant *konsulènte-i, nm*
konsultàtion *konsùlto-i, nm*
konsùltative *konsultìvo-i, a*
konsùltèe *konsultòre-i, nm*
konsùlting *konsulènte-i, a*
to konsùme *konsumàre*
konsumèdly *eccessivamènte, ad*
konsùmer *konsumatòre-i, nm*
konsùmmàte *perfètto-i a e, a*
to kònsùmmàte *kòmpiere*
konsummàtion *konsumaziòne-i, nf*
konsùmption *konsùmo-i, nm*
konsùmptive *tìsiko-i a e, a*
kòntakt *kontàtto-i, nm*
to kòntakt *kontattàre*
kontàgion *kontàjo-i, nm*
kontàgious *kontajòso-i a e, a*
to kontàin *kontenère*
kontàiner *kontenènte-i, nm*
kontàminable *kontaminàbile-i, a*
to kontàminate *kontaminàre*
kontaminàtion *kontaminaziòne-i, nf*
kontàngo *ripòrto-i, nm*
to kontèmn *disprezzàre*
to kontèmplàte *kontemplàre*
kontemplàtion *kontemplaziòne-i, nf*
kontèmplatìve *kontemplatìvo-i a e, a*
kontèmporanèity *kontemporaneità, nf*
kontemporàneous *kontemporàneo-i a e, a*
kontèmporàry *kontemporàneo-i a e, a*
kontèmpt *disprèzzo-i, nm*
kontèmptible *sprejèvole-i, a*
kontèmptibly *sprejevolmènte, ad*
kontèmptuous *sprezzànte-i, a*
kontèmptùously *sprèzzantemènte, ad*
to kontènd *kontèndere*
kontènder *kontendènte-i, nm*
kontènt *kontenùto-i, nm*
kontènt *kontènto-i a e, a*
to kontènt *akkontentàre*

ci ce ca co cu   ki ke ka ko ku   ji je ja jo ju   gi ge ga go gu
sci sce sca sco scu=shi she sha sho shu   gn=q   gl=y

contradiciton

contended *contento-i a e, a* | kontènded *kontènto-i a e, a*
contention *contenzione-i, nf* | kontèntion *kontenziòne-i, nf*
contentious *contenzioso-i a e, a* | kontèntious *kontenziòso-i a e, a*
contentless *scontento-i a e, a* | kontèntless *skontènto-i a e, a*
contentment *soddisfazione-i, nf* | kontèntment *soddisfàziòne-i, nf*
contest *contestazione-i, nf* | kontèst *kontestaziòne-i, nf*
to contest *contestare* | to kontèst *kontestàre*
context *contesto-i, nm* | kòntext *kontèsto-i, nm*
contiguity *contiguità, nf* | kontiguìty *kontiguità, nf*
contiguous *contiguo-i a e, a* | kontìguous *kontìguo-i a e, a*
continence *continenza-e, nf* | kòntinence *kontinènza-e, nf*
continent *continente-i, nm* | kòntinent *kontinènte-i, nm*
continental *continentale-i, a* | kontinèntal *kontinentàle-i, a*
contingency *contingenza-e, nf* | kontìngency *kontinjènza-e, nf*
contingent *contingente-i, a* | kontìngent *kontinjènte-i, a*
continuable *continuabile-i, a* | kontìnuable *kontinuàbile-i, a*
continual *continuo-i a e, a* | kontìnual *kòntinuo-i a e, a*
continually *continuamente, ad* | kontìnually *kontinuamènte, ad*
continuance *continuazione-i, nf* | kontìnuance *kontinuaziòne-i, nf*
continuation *continuazione-i, nf* | kontinuàtion *kontinuaziòne-i, nf*
continuative *continuativo-i, a e, a* | kontìnuative *kontinuatìvo-i, a e, a*
continuator *continuatore-i, nm* | kontìnuàtor *kontinuatòre-i, nm*
to continue *continuare* | to kontìnue *kontinuàre*
continuity *continuità, nf* | kontinùity *kontinuità, nf*
continuo *continuo* | kontìnuo *kontìnuo*
continuous *continuo-i a e, a* | kontìnuous *kontìnuo-i a e, a*
continuously *continuamente, ad* | kontìnuously *kontinuamènte, ad*
to contort *contorcere* | to kontòrt *kontòrcere*
contortion *contorsione-i, nf* | kontòrtion *kontorsiòne-i, nf*
contortionist *contorsionista-i, nm* | kontòrtionist *kontorsionìsta-i, nm*
contour *contorno-i, nm* | kòntòur *kontòrno-i, nm*
contraband *contrabbando-i, nm* | kòntraband *kontrabbàndo-i, nm*
contrabandist *contrabbandiere-i, nm* | kòntrabàndist *kontrabbandière-i, nm*
contract *contratto-i, nm* | kòntrakt *kontràtto-i, nm*
to contract *contrattare* | to kontràkt *kontrattàre*
contractility *contrattilità, nf* | kontraktìlity *kontrattilità, nf*
contractile *contrattile-i, a* | kontràktile *kontràttile-i, a*
contraction *contrazione-i, nf* | kontràktion *kontraziòne-i, nf*
contractor *contrattore-i, nm* | kontràktor *kontrattòre-i, nm*
contractual *contrattuale-i, a* | kontràktual *kontrattuàle-i, a*
to contradict *contradire* | to kontradìkt *kontradìre*
contradiction *contradizione-i, nf* | kontradìktion *kontradiziòne-i, nf*

conventional

contradictory *contradittorio-i, a*
contralto *contralto-i, nm*
contrapuntist *contrappuntista-e, nm*
contrariety *contrarità, nf*
contrarily *contrariamente, ad*
contrariness *contrarietà, nf*
contrariwise *in senso contrario, ad*
contrary *contrario-i a e, a*
contrast *contrasto-i, nm*
to contrast *contrastare*
to contravene *contravvenire*
contravention *contravvenzione-i, nf*
to contribute *contribuire*
contribution *contribuzione-i, nf*
contributive *contributivo-i a e, a*
contributor *contributore-i, nm*
contrite *contrito-i a e, a*
contrition *contrizione-i, nf*
contrivance *invenzione-i, nf*
to contrive *inventare*
control *controllo-i, nm*
to control *controllare*
controllable *controllabile-i, a*
controller *controllore-i, nm*
controversial *controverso-i a e, a*
controversy *controversia-e, nf*
to controvert *controvertere*
contumelious *contumelioso-i, a*
contumely *contumelia-e, nf*
to contuse *contundere*
contusion *contusione-i, nf*
convalescence *convalescenza-e, nf*
convalescent *convalescente-i, a*
convenable *convocabile-i, a*
to convene *convenire*
convenience *convenienza-e, nf*
convenient *conveniente-i, a*
conveniently *convenientemente, ad*
convent *convento-i, nm*
conventicle *conventicola-e, nf*
convention *convenzione-i, nf*
conventional *convenzionale-i, a*

kontradìktory *kontradittòrio-i, a*
kontràlto *kontràlto-i, nm*
kontrapùntist *kontrappuntìsta-e, nm*
kontrarìety *kontrarità, nf*
kòntràrily *kontrariamènte, ad*
kontràriness *kontrarietà, nf*
kòntràriwìse *in sènso kontràrio, ad*
kòntràry *kontràrio-i a e, a*
kòntrast *kontràsto-i, nm*
to kontràst *kontrastàre*
to kontravène *kontravvenìre*
kontravèntion *kontravvenziòne-i, nf*
to kontrìbute *kontribuìre*
kontribùtion *kontribuziòne-i, nf*
kontrìbutive *kontributìvo-i a e, a*
kontrìbutor *kontributòre-i, nm*
kòntrìte *kontrìto-i a e, a*
kontrìtion *kontriziòne-i, nf*
kontrìvance *invenziòne-i, nf*
to kontrìve *inventàre*
kontròl *kontròllo-i, nm*
to kontròl *kontrollàre*
kontròllable *kontrollàbile-i, a*
kontròller *kontrollòre-i, nm*
kontrovèrsial *kontrovèrso-i a e, a*
kàntrovèrsy *kontrovèrsia-e, nf*
to kòntrovèrt *kontrovèrtere*
kontumèlious *kontumeliòso-i, a*
kòntùmely *kontumèlia-e, nf*
to kontùse *kontùndere*
kontùsion *kontusiòne-i, nf*
konvalèscence *konvaleshènza-e, nf*
konvalèscent *konvaleshènte-i, a*
konvènable *konvokàbile-i, a*
to konvène *konvenìre*
konvènience *konvenièmza-e, nf*
konvènient *konvenènte-i, a*
konvèniently *konvenientemènte, ad*
kònvent *konvènto-i, nm*
konvèntikle *konventìkola-e, nf*
konvèntion *konvenziòne-i, nf*
konvèntional *konvenzionàle-i, a*

conventionality *convenzionalità, nf*	**konventionàlity** *konvenzionalità, nf*
conventionally *convenzionalmente, ad*	**konvèntionally** *konvenzionalmènte, ad*
conventual *conventuale-i, a*	**konvèntual** *konventuàle-i, a*
to converge *convergere*	**to konvèrge** *konvèrjere*
convergence *convergenza-e, nf*	**konvèrgence** *konverjènza-e, nf*
convergent *convergente-i, a*	**konvèrgent** *konverjènte-i, a*
conversable *socievole-i, a*	**konvèrsable** *socièvole-i, a*
conversant *versato-i a e, a*	**konvèrsant** *versàto-i a e, a*
conversation *conversazione-i, nf*	**konversàtion** *konversaziòne-i, nf*
converse *converso-i, nm*	**kònverse** *konvèrso-i, nm*
to converse *conversare*	**to konvèrse** *konversàre*
conversion *conversione-i, nm*	**konvèrsion** *konversiòne-i, nm*
conversely *oppostamente, ad*	**konvèrsely** *oppostamènte, ad*
convert *converso-i a e, nmf*	**kònvert** *konvèrso-i a e, nmf*
to convert *convertire*	**to konvèrt** *konvertìre*
convertible *convertibile-i, a*	**konvèrtible** *konvertìbile-i, a*
convertibly *convertibilmente, ad*	**konvèrtibly** *konvertibilmènte, ad*
convex *convesso-i, a*	**konvèx** *konvèsso-i, a*
convexity *convessità, nf*	**konvèxity** *konvessità, nf*
to convey *trasmettere*	**to konvèy** *trasmèttere*
conveyable *trasportabile-i, a*	**konvèyable** *trasportàbile-i, a*
conveyance *trasmissione-i, nf*	**konvèyance** *trasmissiòne-i, nf*
convict *condannato-i a e, a*	**kònvikt** *kondannàto-i a e, a*
to convict *condannare*	**to konvìkt** *kondannàre*
conviction *condanna-e, nf*	**konvìktion** *kondànna-e, nf*
conviction *convinzione-i, nf*	**konvìktion** *konvinziòne-i, nf*
to convince *convincere*	**to konvìnce** *konvìncere*
convincible *convincibile-i, ad*	**konvìncible** *konvincìbile-i, ad*
convincingly *convincentemente, ad*	**konvìncingly** *konvincentemènte, ad*
convivial *conviviale-i, a*	**konvìvial** *konviviàle-i, a*
conviviality *festività, nf*	**konviviàlity** *festività, nf*
convocation *convocazione-i, nf*	**konvokàtion** *konvokaziòne-i, nf*
to convoke *convocare*	**to konvòke** *konvokàre*
convulsus *convolvolo-i, nm*	**konvùlsus** *konvòlvolo-i, nm*
convoy *convoglio-i, nm*	**kònvoy** *konvòyo-i, nm*
to convoy *convogliare*	**to konvòy** *konvoyàre*
to convulse *agitare violentemente*	**to konvùlse** *ajitàre violentemènte*
convulsion *convulsione-i, nf*	**konvùlsion** *konvulsiòne-i, nf*
convulsive *convulsivo-i a e, a*	**konvùlsive** *konvulsìvo-i a e, a*
to coo *tubare*	**to kòo** *tubàre*
cook *cuoco-hi a he, nmf*	**kòok** *kuòko-i a e, nmf*
to cook *cucinare*	**to kòok** *kucinàre*

cookery *cucina-e, nf*
cool *calmo-hi a e, a*
cool *fresco-hi a he, a*
to cool *rinfrescare*
coolant *lubrificante-i, nm*
coolie *lavoratore cinense, nm*
coolly *freddamente, ad*
coolness *fresco-hi, nm*
coomb *valletta-e, nf*
coon *persona astuta, nf*
coop *stia-e, nf*
to coop *mettere in gabbia*
cooper *bottaio-i, nm*
to cooper *accomodare*
cooperation *cooperazione-i, nf*
cooperative *cooperativo-i a e, a*
cooperator *cooperatore-i, nm*
coordiaate *coordinato-i a e, a*
to coordinate *coordinare*
coordination *coordinazione-i, nf*
coordinative *coordinativo-i a e, a*
coot *folaga-he, nf*
cootie *pidocchio-i, nm*
cop *poliziotto-i, nm*
copal *copale-i, nm*
copartner *consocio-i a e, nmf*
copartnership *società, nf*
cope *copertura-e, nf*
to cope *ricoprire*
Copernican *copernicano-i, a*
Copernicus *Copernico, nm*
coping *copertura-e, nf*
copious *copioso-i a e, a*
copper *rame-i, nf*
to copper *ricoprire*
coppery *color rame, nm*
coppice *macchia-e, nf*
copy *copia-e, nf*
to copy *copiare*
copyst *copista-i, nm*
copyright *diritti d'autore, nm*
to copyright *riservare*

kòokery *kucìna-e, nf*
kòol *kàlmo-i a e, a*
kòol *frèsko-i a e, a*
to kòol *rinfreskàre*
kòolànt *lubrifikànte-i, nm*
kòolie *lavoratòre cinèse, nm*
kòolly *freddamènte, ad*
kòolness *frèsko-i, nm*
kòomb *vallètta-e, nf*
kòon *persòna astùta, nf*
kòop *stìa-e, nf*
to kòop *mèttere in gàbbia*
kòoper *bottàio-i, nm*
to kòoper *akkomodàre*
koòperàtion *kooperaziòne-i, nf*
koòperative *kooperatìvo-i a e, a*
koòperator *kooperatòre-i, nm*
koòrdinate *koordinàto-i a e, a*
to koòrdinate *koordinàre*
koòrdinàtion *koordinaziòne-i, nf*
koòrdinative *koordinatìvo-i a e, a*
kòot *fòlaga-e, nf*
kòotie *pidòkkio-i, nm*
kòp *poliziòtto-i, nm*
kòpal *koppàle-i, nm*
kopàrtner *konsòco-i a e, nmf*
kopàrtnershìp *socetà, nf*
kòpe *kopertùra-e, nf*
to kòpe *rikoprìre*
Kopèrnikan *kopernikàno-i, a*
Kopèrnikus *Kopèrniko, nm*
kòping *kopertùra-e, nf*
kòpious *kopiòso-i a e, a*
kòpper *ràme-i, nf*
to kòpper *rikoprìre*
kòppery *kolòr ràme, nm*
kòppice *màkkia-e, nf*
kòpy *kòpia-e, nf*
to kòpy *kopiàre*
kòpyst *kopìsta-i, nm*
kòpyright *diritti d'autòre, nm*
to kòpyright *riservàre*

ci ce ca co cu   ki ke ka ko ku   ji je ja jo ju   gi ge ga go gu
sci sce sca sco scu=shi she sha sho shu   gn=q   gl=y

coquetry *civetteria-e, nf*	**kòquètry** *civetterìa-e, nf*
coquette *civetta-e, nf*	**koquètte** *civètta-e, nf*
to coquette *civettare*	**to koquètte** *civettàre*
coquettish *civettuolo-i a e, a*	**koquèttish** *civettuòlo-i a e, a*
coral *corallo-i, nm*	**kòral** *koràllo-i, nm*
to coral *arrossare*	**to koràl** *arrossàre*
coralline *corallino-i, nm*	**kòrallìne** *korallìno-i, nm*
corbie *corvo-i, nm*	**kòrbie** *kòrvo-i, nm*
cord *corda-e, nf*	**kòrd** *kòrda-e, nf*
to cord *legare*	**to kòrd** *legàre*
cordage *cordame-i, nm*	**kòrdage** *kordàme-i, nm*
cordelier *cordigliero-i, nm*	**kordelièr** *kordiyèro-i, nm*
cordial *cordiale-i, a*	**kòrdial** *kordiàle-i, a*
cordiality *cordialità, nf*	**kòrdiàlity** *kordialità, nf*
cordially *cordialmente, ad*	**kòrdially** *kordialmènte, ad*
corduroy *velluto-i, nm*	**kòrduròy** *vellùto-i, nm*
core *midollo-i, nm*	**kòre** *midòllo-i, nm*
to core *rinchiudere*	**to kòre** *rinkiùdere*
co-religionist *correligionario-i, nm*	**kò-relìgionist** *korrelijonàrio-i, nm*
co-respondent *coimputato-i a e, nmf*	**kò-respòndent** *koimputàto-i a e, nmf*
corgi *cane-i, nm*	**kòrgì** *kàne-i, nm*
coriaceous *coriaceo-i, a*	**koriàceous** *koriàceo-i, a*
coriander *coriandolo-i, nm*	**koriànder** *koriàndolo-i, nm*
Corinthian *Corinto, nm*	**Korìnthian** *Korìnto, nm*
cork *sughero-i, nm*	**kòrk** *sùgero-i, nm*
to cork *tappare*	**to kòrk** *tappàre*
corcage *tariffa-e, nf*	**kòrkage** *tarìffa-e, nf*
corker *grossa bugia, nf*	**kòrker** *gròssa bujìa, nf*
corky *frivolo-i a e, a*	**kòrky** *frìvolo-i a e, a*
cormorant *cormorano-i, nm*	**kòrmorant** *kormoràno-i, nm*
corn *granturco, nm*	**kòrn** *grantùrko, nm*
corn *callo-i, nm*	**kòrn** *kàllo-i, nm*
to corn *conservare*	**to kòrn** *konservàre*
cornea *cornea, nm*	**kòrnea** *kòrnea, nm*
cornel *corniolo-i, nm*	**kòrnel** *korniòlo-i, nm*
cornemuse *cornamusa-e, nf*	**kòrnèmùse** *kornamùsa-e, nf*
corneous *corneo-i, a*	**kòrnèous** *kòrneo-i, a*
corner *angolo-i, nm*	**kòrner** *àngolo-i, nm*
to corner *accaparrare*	**to kòrner** *akkaparràre*
cornered *in posizione difficile, a*	**kòrnered** *in posiziòne difficile, a*
cornet *cornetta-e, nf*	**kòrnet** *kornètta-e, nf*
cornetist *suonatore-i, nm*	**kòrnetist** *suonatòre-i, nm*

cornice *cornicione-i, nm*	kòrnìce *kornicòne-i, nm*
Cornish *Cornovaglia, nm*	Kòrnish *Kornovàya, nm*
cornucopia *cornucopia, nm*	kornukòpia *kornukòpia, nm*
Cornwall *Cornovaglia, nm*	Kòrnwàll *Kornovàya, nm*
corolla *corolla, nf*	koròlla *koròlla, nf*
corollary *corollario-i, nm*	koròllary *korollàrio-i, nm*
coronal *corona-e, nf*	kòronal *koròna-e, nf*
coronation *incoronazione-i, nf*	koronàtion *inkoronaziòne-i, nf*
coroner *magistrato-i, nm*	kòroner *majistràto-i, nm*
coronet *corona-e, nf*	kòronet *koròna-e, nf*
corporal *caporale-i, nm*	kòrporal *kaporàle-i, nm*
corporality *corporalità, nf*	korporàlity *korporalità, nf*
corporate *corporato-i a e, a*	kòrporate *korporàto-i a e, a*
corporation *corporazione-i, nf*	korporàtion *korporaziòne-i, nf*
corporative *corporativo-i a e, a*	kòrporative *korporatìvo-i a e, a*
corporeal *corporeo-i a e, a*	korporèal *korpòreo-i a e, a*
corporeity *corporeità, nf*	korporèity *korporeità, nf*
corposant *fuoco-hi, nm*	kòrposant *fuòko-i, nm*
corps *corpo-i, nm*	kòrps *kòrpo-i, nm*
corpse *cadavere-i, nm*	kòrpse *kadàvere-i, nm*
corpulence *corpulenza-e, nf*	kòrpulence *korpulènza-e, nf*
corpulent *corpulento- a i a e, a*	kòrpulent *korpulènto- a i a e, a*
corpuscle *corpuscolo-i, nm*	korpùscle *korpùskolo-i, nm*
corpuscular *corpuscolare-i, a*	korpùskular *korpuskolàre-i, a*
correct *corretto-i a e, a*	korrèkt *korrètto-i a e, a*
to correct *correggere*	to korrèkt *korrèjjere*
correction *correzione-i, nf*	korrèktion *korreziòne-i, nf*
corrective *correttivo-i a e, a*	korrèktive *korrettìvo-i a e, a*
correctitude *correttezza-e, nf*	korrèktitude *korrettèzza-e, nf*
correctly *correttamente, ad*	korrèktly *korrettamènte, ad*
correctedness *correttezza-e, nf*	korrèktness *korrettèzza-e, nf*
corrector *correttore-i, nm*	korrèktor *korrettòre-i, nm*
correlate *correlativo-i a e, a*	kòrrelàte *korrelatìvo-i a e, a*
correlation *correlazione-i, nf*	korrelàtion *korrelaziòne-i, nf*
corellative *correlativo-i a e, a*	korrèlative *korrelatìvo-i a e, a*
correllativity *correlatività, nf*	korrelatìvity *korrelatività, nf*
to correspond *corrispondere*	to korrespònd *korrispòndere*
correspondence *corrispondenza-e, nf*	korrespòndence *korrispondènza-e, nf*
correspondent *corrispondente-i, nm*	korrespòndent *korrispòndente-i, nm*
corridor *corridoio-i, nm*	kòrridor *korridòio-i, nm*
corrigible *corregibile-i, a*	kòrrigible *korregìbile-i, a*
corroborant *corroborante-i, a*	korròborant *korroboràntе-i, a*

to corroborate *corroborare*
corroboration *corroborazione-i, nf*
corroborative *corroborativo-i a e, a*
to corrode *corrodere*
corrosion *corrosione-i, nf*
corrosive *corrosivo-i a e, a*
to corrugate *corrugare*
corrugation *corrugamento-i, nm*
corrupt *corrotto-i a e, a*
to corrupt *corrompere*
corrupter *corruttore-i, nm*
corruptibility *corruttibilità, nf*
corruptible *corruttibile-i, a*
corruption *corruzione-i, nf*
corruptly *corrottamente, ad*
corsage *corpetto-i, nm*
corsair *corsaro-i, nm*
corset *busto-i, nm*
Corsica *Corsica, nf*
Corsican *corso-i a e, nmf*
cortege *corteggio-i, nm*
cortisone *cortisone, nm*
corundum *corindone, nm*
coruscant *corrusco-hi, a he, a*
to coruscate *corruscare*
coruscation *corruscazione-i, nf*
corvette *corvetta-e, nf*
corvine *corvino-i a e, a*
corymb *corimbo-i, nm*
coryphaeus *corifeo-i, nm*
cos *lattuga-he, nf*
to cose *accomodare*
cosh *mazza-e, nf*
to cosh *colpire*
to cosher *nutrire*
consignatory *firmatario-i a e, nmf*
cosily *comodamente, ad*
cosine *coseno-i, nm*
cosmetik *cosmetico-i a he, a*
cosmik *cosmico-i a he, a*
cosmically *cosmicamente, ad*
cosmogony *cosmogonia-e, nf*

to korròborate *korroboràre*
korroboràtion *korroborazióne-i, nf*
korròborative *korroboratìvo-i a e, a*
to korròde *korròdere*
korròsion *korrosióne-i, nf*
korròsive *korrosìvo-i a e, a*
to kòrrugàte *korrugàre*
korrugàtion *korrugamènto-i, nm*
korrùpt *korròtto-i a e, a*
to korrùpt *korròmpere*
korrùpter *korruttòre-i, nm*
korruptibìlity *korruttibilità, nf*
korrùptible *korruttìbile-i, a*
korrùption *korruzióne-i, nf*
korrùptly *korrottamènte, ad*
korsàge *korpètto-i, nm*
kòrsair *korsàro-i, nm*
kòrset *bùsto-i, nm*
Kòrsika *Kòrsika, nf*
Kòrsikan *kòrso-i a e, nmf*
kortège *kortèjjo-i, nm*
kòrtisone *kortisòne, nm*
korùndum *korìndone, nm*
korùskant *korrùsko-i, a e, a*
to kòrùskate *korruskàre*
koruskàtion *korruskazióne-i, nf*
korvètte *korvètta-e, nf*
kòrvine *korvìno-i a e, a*
kòrymb *korìmbo-i, nm*
koryphàeus *korifeo-i, nm*
kòs *lattùga-e, nf*
to kòse *akkomodàre*
kòsh *màzza-e, nf*
to kòsh *kolpìre*
to kòsher *nutrìre*
kosìgnatory *firmatàrio-i a e, nmf*
kòsily *komodamènte, ad*
kòsine *kòseno-i, nm*
kosmètik *kosmètiko-i a e, a*
kòsmik *kòsmiko-i a e, a*
kòsmikally *kosmikamènte, ad*
kosmògony *kosmogonìa-e, nf*

cosmographic *cosmografico-i a he, a*
cosmography *cosmografìa-e, nf*
cosmologist *cosmologo-hi a he, nmf*
cosmology *cosmologìa-e, nf*
cosmopolitan *cosmopolita-e, nf*
cosmopolitanism *cosmopolitanismo-i, nm*
cosmopolite *cosmopolita-i, nm*
cosmorama *cosmorama, nm*
cosmos *cosmo, nm*
Cossack *cosacco-hi a he, nmf*
cost *costo-i, nm*
to cost *costare*
costal *costale-i, a*
costard *mela-e, nf*
coster *venditore-i, nm*
costive *stitico-i, a he, a*
costliness *costosità, nf*
costly *costoso-i a e, a*
costume *costume-i, nm*
to costume *fornire*
costumier *commerciante-i, nm*
cosy *comodo-i a e, a*
cot *capanna-e, nf*
cot *lettino-i, nf*
to cot *riparare*
cote *stalla-e, nf*
coterie *circolo-i, nm*
cottage *casetta-e, nf*
cottager *abitante-i, nm*
cotton *cotone-i, nm*
to cotton *andare d'accordo*
cottonocracy *magnati, nm*
cotyledon *cotiledone-i, nm*
couch *divano-i, nm*
to couch *coricare*
couch-grass *gramigna-e, nf*
cough *tosse-i, nf*
to cough *tossire*
coulisse *scanalatura-e, nf*
coulter *vomero-i, nm*
council *consiglio-i, nm*

kosmogràphik *kosmogràfiko-i a e, a*
kosmògraphy *kosmografìa-e, nf*
kosmòlogist *kosmòlogo-i a e, nmf*
kosmòlogy *kosmolojìa-e, nf*
kosmopòlitan *kosmopòlita-e, nf*
kosmopòlitanism *kosmopolitanìsmo-i, nm*
kosmòpolite *kosmopòlita-i, nm*
kosmoràma *kosmoràma, nm*
kòsmos *kòsmo, nm*
Kòssak *kosàkko-i a e, nmf*
kòst *kòsto-i, nm*
to kòst *kostàre*
kòstal *kostàle-i, a*
kòstard *mèla-e, nf*
kòster *venditòre-i, nm*
kòstive *stìtiko-i, a e, a*
kòstliness *kostosità, nf*
kòstly *kostòso-i a e, a*
kòstume *kostùme-i, nm*
to kòstume *fornìre*
kostùmier *kommercànte-i, nm*
kòsy *kòmodo-i a e, a*
kòt *kapànna-e, nf*
kòt *lettìno-i, nf*
to kòt *riparàre*
kòte *stàlla-e, nf*
kòterie *cìrkolo-i, nm*
kòttage *kasètta-e, nf*
kòttager *abitànte-i, nm*
kòtton *kotòne-i, nm*
to kottòn *andàre d'akkòrdo*
kottonòkracy *maqàti, nm*
kotylèdon *kotilèdone-i, nm*
kòuch *divàno-i, nm*
to kòuch *korikàre*
kòuch-gràss *gramìqa-e, nf*
kòugh *tòsse-i, nf*
to kòugh *tossìre*
koulìsse *skanalatùra-e, nf*
kòulter *vòmero-i, nm*
kòuncil *konsìyo-i, nm*

to countersign

councillor consigliere-i, nm
counsel consiglio-i, nm
to counsel consigliare
counsellor consigliere-i, nm
Count conte-i, nm
count conto-i, nm
to count contare
countenance espressione-i, nf
counter gettone-i, nm
counter contrario-i a e, a
to counter opporre
to counteract sconfiggere
counter-attack controattacco-hi, nm
to counter-attack controattaccare
counterbalance controbilancio-i, nm
to counterbalance controbilanciare
countercharge controaccusa-e, nf
counterclaim controquerela-e, nf
counter-clockwise in direzione contraria, ad
counter-evidence controtestimonianza-e, nf
counterfeit contraffatto-i a e, a
to counterfeit contraffare
counterfeiter contraffattore-i, nm
counterlight controluce-i, nm
countermand contromandare-i, nm
to countermand contromandare
countermarch contromarcia-e, nm
to countermarch contromarciare
countermark contrassegno-i, nm
countermine contromina-e, nf
to countermine controminare
counterpane copriletto-i, nm
counterpart controparte-i, nf
to counterplead controbattere
to counterpoise contrappesare
counter-reformation controriforma-e, nf
counter-revolution controrivoluzione-i, nf
countersign contrassegno-i, nm
to countersign controfirmare

kòuncillor konsiyère-i, nm
kòunsel konsìyo-i, nm
to kòunsel konsiyàre
kòunsellor konsiyère-i, nm
Kòunt kònte-i, nm
kòunt kònto-i, nm
to kòunt kontàre
kòuntenance espressiòne-i, nf
kòunter jettòne-i, nm
kòunter kontràrio-i a e, a
to kòunter oppòrre
to kounteràkt skonfìjjere
kòunter-attàk kontroattàkko-i, nm
to kòunter-attàk kontroattakkàre
kòunterbàlance kontrobilànco-i, nm
to kòunterbàlance kontrobilancàre
kòunterchàrge kontroakkùsa-e, nf
kòunterklàim kontrokuerèla-e, nf
kòunter-klòkwise in dìreziòne kontrària, ad
kòunter-èvidence kontrotestimoniànza-e, nf
kòunterfèit kontraffàtto-i a e, a
to kòunterfèit kontraffàre
kòunterfèiter kontraffattòre-i, nm
kòunterlìght kontrolùce-i, nm
kòuntermànd kontromandàre-i, nm
to kòuntermànd kontromandàre
kòuntermàrch kontromàrca-e, nm
to kòuntermàrch kontromarcàre
kòuntermàrk kontrassèqo-i, nm
kòuntermìne kontromìna-e, nf
to kòuntermìne kontrominàre
kòunterpàne koprilètto-i, nm
kòunterpàrt kontropàrte-i, nf
to kòunterplèad kontrobàttere
to kòunterpòise kontrappesàre
kòunter-reformàtion kontrorifòrma-e, nf
kòunter-revolùtion kontrorivoluziòne-i, nf
kòuntersìgn kontrassèqo-i, nm
to kòuntersìgn kontrofirmàre

countship

countersignature *controfirma-e, nf*	**kòuntersìgnature** *kontrofirma-e, nf*
to countersinc *fresare*	**to kòuntersìnk** *fresàre*
countersink-bit *fresa-e, nf*	**kòuntersìnk-bìt** *frèsa-e, nf*
counter-stand *opposizione-i, nf*	**kòunter-stànd** *opposiziòne-i, nf*
to countervail *controbilanciare*	**to kòuntervàil** *kontrobilancàre*
counterweight *contrappeso-i, nm*	**kòunterwèight** *kontrappèso-i, nm*
to counter-weigh *controbilanciare*	**to kòunter-wèigh** *kontrobilancàre*
to counterwork *operare in opposizione*	**to kòunterwòrk** *operàre in opposiziòne,*
Countess *contessa-e, nf*	**Kòuntess** *kontèssa-e, nf*
counting-house *ufficio-i, nm*	**kòunting-hòuse** *uffico-i, nm*
countless *innumerevole-i, a*	**kòuntless** *innumerèvole-i, a*
countried *rustico-hi a he, a*	**kòuntrified** *rùstiko-i a e, a*
to countrify *rendere rustico*	**to kòuntrifỳ** *rèndere rùstiko*
country *campagna-e, nf*	**kòuntry** *kampàqa-e, nf*
country-dance *danza campestre, nf*	**kòuntry-dànce** *dànza kampèstre, nf*
country-house *casa di campagna, nf*	**kòuntry-hòuse** *kàsa di kampàqa, nf*
countryman *compaesano-i, nm*	**kòuntrymàn** *kompaesàno-i, nm*
country-side *distretto rurale, nm*	**kòuntry-sìde** *distrètto ruràle, nm*
countrywoman *compaesana-e, nf*	**kòuntrywòman** *kompaesàna-e, nf*
county *contea-e, nf*	**kòunty** *kontèa-e, nf*
coup *colpo-i, nm*	**kòup** *kòlpo-i, nm*
couple *coppia-e, nf*	**kòuple** *kòppia-e, nf*
to couple *accoppiare*	**to kòuple** *akkoppiàre*
coupler *accoppiatore-i, nm*	**kòupler** *akkoppiatòre-i, nm*
couplet *distico, nm*	**kòuplet** *dìstiko, nm*
cpiling *accoppiamento-i, nm*	**kòupling** *akkoppiamènto-i, nm*
coupon *cedola-e, nf*	**kòupon** *cèdola-e, nf*
courage *coraggio-i, nm*	**kòurage** *koràjjo-i, nm*
courageous *coraggioso-i a e, a*	**kouràgeous** *korajjòso-i a e, a*
courier *corriere-i, nm*	**kòurier** *korrière-i, nm*
course *corso-i, nm*	**kòurse** *kòrso-i, nm*
to course *inseguire*	**to kòurse** *inseguìre*
courser *corsiero-i, nm*	**kòurser** *korsièro-i, nm*
court *corte-i, nf*	**kòurt** *kòrte-i, nf*
to court *corteggiare*	**to kòurt** *kortejjàre*
courteous *cortese-i, a*	**kòurteoùs** *kortèse-i, a*
courtesy *cortesia-e, nf*	**kòurtesy** *kortesìa-e, nf*
to courtesy *inchinare*	**to kòurtesy** *inkinàre*
courtier *cortigiano-i a e, nmf*	**kòurtier** *kortijàno-i a e, nmf*
courtliness *eleganza-e, nf*	**kòurtliness** *elegànza-e, nf*
courtly *elegante-i, a*	**kòurtly** *elegànte-i, a*
courtship *corteggiamento-i, nm*	**kòurtship** *kortejjamènto-i, nm*

cousin *cugino-i a e, nmf*	kòusin *kujìno-i a e, nmf*
cousinhood *parentela-e, nf*	kòusinhòod *parentèla-e, nf*
cousinly *di cugini, a*	kòusinly *di kujìni, a*
covenant *convenzione-i, nf*	kòvenant *konvenzióne-i, nf*
to covenant *accordare*	to kòvenant *akkordàre*
covent *convento-i, nm*	kòvent *konvènto-i, nm*
Covent Garden *mercato-i, nm*	Kòvent Gàrden *merkàto-i, nm*
cover *copertura-e, nf*	kòver *kopertùra-e, nf*
to cover *coprire*	to kòver *koprìre*
covering *copertura-e, nf*	kòvering *kopertùra-e, nf*
coverlet *coperta-e, nf*	kòverlet *kopèrta-e, nf*
covert *coperto-i, a*	kòvert *kopèrto-i, a*
to covet *bramare*	to kòvet *bramàre*
covetous *bramoso-i a e, a*	kòvetous *bramòso-i a e, a*
covetousness *avidità, nf*	kòvetousness *avidità, nf*
covey *stormo-i nm,*	kòvey *stòrmo-i nm,*
cow *vacca-he, nf*	kòw *vàkka-e, nf*
cow-boy *vaccaro-i, nm*	kòw-bòy *vakkàro-i, nm*
to cow *intimidire*	to kòw *intimidìre*
coward *codardo-i, a e, a*	kòward *kodàrdo-i, a e, a*
cowardice *codardia-e, nf*	kòwardìce *kodàrdia-e, nf*
cowardliness *codardia-e, nf*	kòwardliness *kodàrdia-e, nf*
cowardly *codardamente, ad*	kòwardly *kodardamènte, ad*
to cower *accoccolare*	to kòwer *akkokkolàre*
cowl *cappuccio-i, nm*	kòwl *kappùcco-i, nm*
cowslip *varietà, nf*	kòwslip *varietà, nf*
coxcomb *damerino-i, nm*	kòxkòmb *damerìno-i, nm*
coxcombical *presuntuoso-i a e, a*	kòxkòmbikal *presuntuòso-i a e, a*
coxcombry *vanità, nf*	kòxkombrỳ *vanità, nf*
coxswain *timoniere-i, nm*	kòxswàin *timonière-i, nm*
coy *modesto-i a e, a*	kòy *modèsto-i a e, a*
to coy *esitare*	to kòy *esitàre*
coyish *timido-i a e, a*	kòyish *tìmido-i a e, a*
coyly *timidamente, ad*	kòyly *timidamènte, ad*
coyness *timidezza-e, nf*	kòyness *timidèzza-e, nf*
coyote *lupo-i, nm*	koyòte *lùpo-i, nm*
to coze *chiacchierare*	to kòze *kiakkieràre*
to cozen *ingannare*	to kòzen *ingannàre*
cozenage *inganno-i, nm*	kòzenage *ingànno-i, nm*
crab *granchio-i, nm*	kràb *grànkio-i, nm*
to crab *artigliare*	to kràb *artiyàre*
crab apple *mela selvatica, nf*	kràb àpple *mèla selvàtika, nf*

crabbed *cattivo-i a e, a*
crabbedness *perversità, nf*
crabby *irritabile, a*
crack *spaccatura-e, nf*
crack *scoppio-i, nm*
top crack *rompere*
cracked *impazzito-i a e, a*
cracker *pedardo-i, nm*
crackle *scricchiolio-i, nm*
to crackle *scricchiolare*
crackling *scricchiolio-i, nm*
cracknel *biscotto-i, nm*
cracksman *ladro-i, nm*
cracky *pazzo-i a e, a*
cradle *culla-e, nf*
to cradle *allevare*
craft *abilità, nf*
craftily *abilmente, ad*
craftiness *artigiano-i a e, nmf*
craftsman *artigiano-i, nm*
crafty *abile-i, a*
crag *picco-hi, nm*
craggy *piccoso-i a e, a*
crake *corvo-i, nm*
to cracke *gracchiare*
cram *folla-e, nf*
to cram *riempire*
crammer *ripetitore*
cramp *grappa-e, nf*
cramp *crampo-i, nm*
to cramp *impedire*
crampton *gancio-i, nm*
crane *gru, nm*
to crane *sollevare*
cranial *cranico-i a he, a*
cranium *cranio-i, nm*
crank *curvo-i a e, a*
crank *manovella-e, nf*
to crank *piegare*
to crank up *avviare*
cranky *malfermo-i a e, a*
crannied *screpolato-i a e, a*

kràbbed *kattìvo-i a e, a*
kràbbèdness *perversità, nf*
kràbby *irritàbile, a*
kràk *spakkatùra-e, nf*
kràk *skòppio-i, nm*
to kràk *ròmpere*
kràked *impazzìto-i a e, a*
kràker *pedàrdo-i, nm*
kràkle *skrikkiolìo-i, nm*
to kràkle *skrikkiolàre*
kràkling *skrikkiolìo-i, nm*
kràknel *biskòtto-i, nm*
kràksman *làdro-i, nm*
kràky *pàzzo-i a e, a*
kràdle *kùlla-e, nf*
to kràdle *allevàre*
kràft *abilità, nf*
kràftily *abilmènte, ad*
kràftiness *abilità, nf*
kràftsmàn *artijàno-i, nm*
kràfty *àbile-i, a*
kràg *pìkko-i, nm*
kràggy *pikkòso-i a e, a*
kràke *kòrvo-i, nm*
to kràke *grakkiàre*
kràm *fòlla-e, nf*
to kràm *riempìre*
kràmmer *ripetitòre*
kràmp *gràppa-e, nf*
kràmp *kràmpo-i, nm*
to kràmp *impedìre*
kràmpton *gànco-i, nm*
kràne *grù, nm*
to kràne *sollevàre*
krànial *krànìko-i a e, a*
krànium *krànio-i, nm*
krànk *kùrvo-i a e, a*
krànk *manovèlla-e, nf*
to krànk *piegàre*
to krànk up *avviàre*
krànky *malfèrmo-i a e, a*
krànnied *skrepolàto-i a e, a*

cranny *fessura-e, nf*	krànny *fessùra-e, nf*
crape *crespo-i, nm*	kràpe *krèspo-i, nm*
craped *increspato-i a e, a*	kràped *inkrespàto-i a e, a*
crapulence *crapula-e, nf*	kràpulence *kràpula-e, nf*
crapulent *intemperante, ad*	kràpulent *intemperànte, ad*
crapulous *crapuloso-i a e, a*	kràpulous *krapulòso-i a e, a*
crash *fracasso-i, nm*	kràsh *frakàsso-i, nm*
to crash *crollare*	to kràsh *krollàre*
crate *gabbia-e, nf*	kràte *gàbbia-e, nf*
crater *cratere-i, nm*	kràter *kràtere-i, nm*
cravat *cravatta-e, nf*	kravàt *kravàtta-e, nf*
to crave *implorare*	to kràve *imploràre*
craven *codardo-i a e, a*	kràven *kodàrdo-i a e, a*
craw *gozzo-i, nm*	kràw *gòzzo-i, nm*
crawfish *cambero-i, nm*	kràwfish *kàmbero-i, nm*
crawl *strisciamento-i, nm*	kràwl *strishamènto-i, nm*
to crawl *strisciare*	to kràwl *strishàre*
crawler *pidocchio-i, nm*	kràwler *pidòkkio-i, nm*
crawly *strisciante-i, a*	kràwly *strishànte-i, a*
craze *mania-e, nf*	kràze *manìa-e, nf*
to craze *impazzire*	to kràze *impazzìre*
crazily *pazzamente, ad*	kràzily *pazzamènte, ad*
craziness *pazzia-e, nf*	kràziness *pazzìa-e, nf*
crazy *pazzo-i a e, nmf*	kràzy *pàzzo-i a e, nmf*
creak *cigolio-i, nm*	krèak *cigolìo-i, nm*
to creak *cigolare*	to krèak *cigolàre*
creaky *cigolante-i, a*	krèaky *cigolànte-i, a*
cream *crema-e, nf*	krèam *krèma-e, nf*
to cream *scremare*	to krèam *skremàre*
creamery *cremeria-e, nf*	krèamery *kremerìa-e, nf*
creamy *cremoso-i a e, a*	krèamy *kremòso-i a e, a*
crease *piega-he, nf*	krèase *pièga-e, nf*
to crease *piegare*	to krèase *piegàre*
creatable *creabile-i, a*	krèàtable *kreàbile-i, a*
to create *creare*	to krèàte *kreàre*
creation *creazione-i, nf*	krèàtion *kreaziòne-i, nf*
creative *creativo-i a e, a*	krèàtive *kreatìvo-i a e, a*
creator *creatore-i, nm*	krèàtor *kreatòre-i, nm*
creature *creatura-e, nf*	krèature *kreatùra-e, nf*
creche *ospizio-i, nm*	krèche *ospìzio-i, nm*
credence *credenza-e, nf*	krèdence *kredènza-e, nf*
credent *credulo-i a e, a*	krèdent *krèdulo-i a e, a*

Crete

credential credenziale-i, a
credentials credenziali, nm
credibility credibilità, nf
credible credibile-i, a
credibly credibilmente, ad
credit credito-i, nm
to credit accreditare
creditable credibile-i, a
creditor creditore-i, nm
credo credo
credulity credulità, nf
credulous credulo-i a e, a
to cree ammollire
credo credo-i, nm
credulous credulo
creed credo-i, nm
creek fiumetto-i, nm
creel cesto-i, nm
creep brivido-i, nm
to creep strisciare
creeper rettile-i, nm
creepy pauroso-i a e, a
to cremate cremare
cremation cremazione-i, nf
cremator crematore-i, nm
crematorium crematorio-i, nm
crenello merlo-i, nm
to crenellate merlare
creole creolo-i, nm
creosote creosoto-i, nm
to crepitate crepitare
crepitation crepitio-i, nm
crepuscular crepusculare-i, a
crescendo crescendo
crescent crescente-i, a
cress crescione-i, nm
cresset lampione-i, nm
crest cresta-e, nf
to crest alzar onde
crested munito di cresta, a
cretaceous cretaceo-i, a
Crete Creta, nf

krèdèntial kredenziàle-i, a
krèdèntials kredenziàli, nm
kredibìlity kredibilità, nf
krèdible kredìbile-i, a
krèdibly kredibilmènte, ad
krèdit krèdito-i, nm
to krèdit akkreditàre
krèditable kredìbile-i, a
krèditor kreditòre-i, nm
krèdo krèdo
kredùlity kredulità, nf
krèdulous krèdulo-i a e, a
to krèe ammollìre
krèdo krèdo-i, nm
krèdulous krèdulo
krèed krèdo-i, nm
krèek fiumètto-i, nm
krèel cèsto-i, nm
krèep brìvido-i, nm
to krèep strishàre
krèeper rèttile-i, nm
krèepy pauròso-i a e, a
to kremàte kremàre
kremàtion kremaziòne-i, nf
kremàtor krematòre-i, nm
kremàtòrium krematòrio-i, nm
krenèlle mèrlo-i, nm
to krènellàte merlàre
krèole kreòlo-i, nm
kreosòte kreòsoto-i, nm
to krèpitàte krepitàre
krepitàtion krepitìo-i, nm
krepùskular krepuskulàre-i, a
krescèndo kreshendo
krèscent krescènte-i, a
krèss kreshòne-i, nm
krèsset lampiòne-i, nm
krèst krèsta-e, nf
to krèst alzàre ònde
krèsted muìto di krèsta, a
kretàceous kretàceo-i, a
Krète Crèta, nf

cretin *cretino-i a e, a*	**krètin** *kretìno-i a e, a*
cretinism *cretinismo-i, nm*	**krètinism** *kretinìsmo-i, nm*
cretinous *cretino-i a e, a*	**krètinous** *kretìno-i a e, a*
crevasse *crepaccio-i, nm*	**krevàsse** *krepàcco-i, nm*
crevice *crepatura-e, nf*	**krèvice** *krepatùra-e, nf*
crew *equipaggio-i, nm*	**krèw** *ekuipàjjo-i, nm*
crewel *lana-e, nf*	**krèwel** *làna-e, nf*
crib *presepio-i, nm*	**krìb** *presèpio-i, nm*
to crib *confinare*	**to krìb** *konfinàre*
cricket *grillo-i, nm*	**krìket** *grìllo-i, nm*
cricket *cricket, nm*	**krìket** *krìket, nm*
to cricket *giocare*	**to krìket** *jokàre*
crier *banditore-i, nm*	**krìer** *banditòre-i, nm*
crime *delitto-i, nm*	**krìme** *delìtto-i, nm*
crimeless *privo di criminalità, a*	**krìmeless** *prìvo di kriminalità, a*
criminal *criminale-i, a*	**krìminal** *kriminàle-i, a*
crimination *incriminazione-i, nf*	**kriminàtion** *inkriminaziòne-i, nf*
criminology *criminologia-e, nf*	**krimìnology** *kriminolojìa-e, nf*
criminous *criminoso-i a e, a*	**krìminous** *kriminòso-i a e, a*
crimp *arricciato-i a e, a*	**krìmp** *arriccàto-i a e, a*
to crimp *arricciare*	**to krìmp** *arriccàre*
crimson *cremisi, a*	**krìmson** *krèmisi, a*
to crimson *arrossire*	**to krìmson** *arrossìre*
crinal *del crine, a*	**krìnal** *dèl krìne, a*
cringe *servile-i, a*	**krìnge** *servìle-i, a*
to cringe *sottomettere*	**to krìnge** *sottomèttere*
crinkle *rotolo-i, nm*	**krìnkle** *ròtolo-i, nm*
to crinkle *avvolgere*	**to krìnkle** *avvòljere*
crinkly *arricciato-i a e, a*	**krìnkly** *arriccàto-i a e, a*
crinoline *crinolina-e, nf*	**krìnolìne** *krinolìna-e, nf*
cripple *zoppo-i a e, nmf*	**krìpple** *zòppo-i a e, nmf*
to cripple *azzoppare*	**to krìpple** *azzoppàre*
crisis *crisi, nf*	**krìsis** *krìsi, nf*
crisp *crespo-i a e, a*	**krìsp** *krèspo-i a e, a*
to crisp *increspare*	**to krìsp** *inkrespàre*
crisps *patatine-e, nf*	**krìsps** *patatìne-e, nf*
crispy *croccante-i a*	**krìspy** *krokkànte-i a*
criterion *criterio-i, nm*	**kritèrion** *kritèrio-i, nm*
critik *critico-i a he, nmf*	**krìtik** *krìtiko-i a e, nmf*
critical *critico-i a he, a*	**krìtikal** *krìtiko-i a e, a*
critically *criticamente, ad*	**krìtikally** *kritikamènte, ad*
criticism *critica-he, nf*	**krìticism** *krìtika-e, nf*

to criticize *criticare*
to croak *gracidare*
croaker *rana-e, nf*
croaky *gracidante-i, a*
crochet *uncinetto-i, nm*
crock *coccio-i, nm*
crock *vecchione-i, nm*
to crock *invecchiare*
crockery *terraglie-i, nf*
crocodile *coccodrillo-i, nm*
crocus *croco-i, nm*
croft *ortolino-i, nm*
croma *croma, nm*
crone *vecchiotta-e, nf*
crony *vecchio-i, nm*
crook *curvatura-e, nf*
to crook *curvare*
crooked *storto-i a e, a*
crookedly *curvamente, ad*
crookedness *curvatura-e, nf*
croon *canto-i, nm*
to croon *canticchiare*
crop *raccolto-i, nm*
to crop *falciare*
cropping *raccolta-e, nf*
croquet *gioco-hi, nm*
to croquet *giocare*
croquette *crocchetta-e, nf*
crosier *pastorale-i, nf*
cross *trasversale-i, nf*
cross *croce-i, nf*
to cross *incrociare*
crossbelt *cartucciera-e, nf*
cross-bow *balestra-e, nf*
cross-cut *taglio trasversale, nm*
cross-examination *interrogatorio-i, nm*
to cross-examine *interrogare*
cross-fire *fuoco incrociato, nm*
cross-heading *sotto-titolo-i, nm*
crossing *incrocio-i, nm*
crosslet *crocetta-e, nf*
crossly *trasversalmente, ad*

to krìticìze *kritikàre*
to kròak *gracidàre*
kròaker *ràna-e, nf*
kròaky *gracidànte-i, a*
kròchèt *uncinètto-i, nm*
kròk *kòcco-i, nm*
kròk *vekkiòne-i, nm*
to kròk *invekkiàre*
kròkery *terràye-i, nf*
kròkodile *kokkodrìllo-i, nm*
kròkus *kròko-i, nm*
kròft *ortolìno-i, nm*
kròma *kròma, nm*
kròne *vekkiòtta-e, nf*
kròny *vèkkio-i, nm*
kròok *kurvatùra-e, nf*
to kròok *kurvàre*
kròoked *stòrto-i a e, a*
kròokèdly *kurvamènte, ad*
kròokèdness *kurvatùra-e, nf*
kròon *kànto-i, nm*
to kròon *kantikkiàre*
kròp *rakkòlto-i, nm*
to kròp *falcàre*
kròpping *rakkòlta-e, nf*
kròquet *jòko-i, nm*
to kròquet *jokàre*
kroquètte *krokkètta-e, nf*
kròsier *pastoràle-i, nf*
kròss *trasversàle-i, nf*
kròss *kròce-i, nf*
to kròss *inkrocàre*
kròssbelt *kartuccèra-e, nf*
kròss-bòw *balèstra-e, nf*
kròss-kùt *tàyo trasversàle, nm*
kròss-examinàtion *interrogatòrio-i, nm*
to kròss-exàmine *interrogàre*
kròss-fìre *fuòko inkrocàto, nm*
kròss-hèading *sòtto-tìtolo-i, nm*
kròssing *inkròco-i, nm*
kròsslet *krocètta-e, nf*
kròssly *trasversalmènte, ad*

ci ce ca co cu   ki ke ka ko ku   ji je ja jo ju   gi ge ga go gu
sci sce sca sco scu=shi she sha sho shu   gn=q   gl=y

to crump

cross-patch *donnacciola-e, nf*
cross-purpose *contrario-i, nm*
cross-road *crocevia-e, nf*
cross-trees *crocette-i, nf*
cross-way *strada trasversale, nf*
cross-wind *vento sfavorevole, nm*
cross-wise *attraverso, ad*
cross-word *cruciverba-i, nm*
crotchet *uncino-i, nm*
crotchety *maniaco-i a he, a*
to crouch *accucciare*
croup *groppa-e, nf*
crouton *crostino-i, nm*
crow *cornacchia-e, nf*
crow *canto-i, nf*
to crow *cantare*
crowd *folla-e, nf*
to crowd *affollare*
crown *corona-e, nf*
to crown *incoronare*
crucial *cruciale-i, a*
crucible *crogiuolo-i, nm*
crucifier *crocifissore-i, nm*
crucifix *crocefisso-i, nm*
crucifixion *crocefissione-i, nf*
cruciform *crociforme-i, a*
to crucify *crocifiggere*
crude *crudo-i a e, a*
crudity *crudità, nf*
cruel *crudele-i, a*
cruelly *crudelmente, ad*
cruelty *crudeltà, nf*
cruet *ampolla-e, nf*
cruise *crociera-e, nf*
to cruise *incrociare*
crumb *briciola-e, nf*
to crumb *sbriciolare*
crumble *briciola-e, nf*
to crumble *sgretolare*
crummy *di poco valore*
crump *colpo-i, nm*
to crump *colpire*

kròss-pàtch *donnaccòla-e, nf*
kròss-pùrpose *kontràrio-i, nm*
kròss-ròad *krocevìa-e, nf*
kròss-trèes *krocètte-i, nf*
kròss-wày *stràda trasversàle, nf*
kròss-wìnd *vènto sfavorèvole, nm*
kròss-wìse *attravèrso, ad*
kròss-wòrd *krucivèrba-i, nm*
kròtchet *uncìno-i, nm*
kròtchety *manìako-i a e, a*
to kròuch *akkuccàre*
kròup *gròppa-e, nf*
kròuton *krostìno-i, nm*
kròw *kornàkkia-e, nf*
kròw *kànto-i, nf*
to kròw *kantàre*
kròwd *fòlla-e, nf*
to kròwd *affollàre*
kròwn *koròna-e, nf*
to kròwn *inkoronàre*
krùcial *krucàle-i, a*
krùcible *krojuòlo-i, nm*
krùcifier *krocifissòre-i, nm*
krùcifix *krocefìsso-i, nm*
krùcifixion *krocefissiòne-i, nf*
krùcifòrm *krocifòrme-i, a*
to krùcify *krocifìjjere*
krùde *krùdo-i a e, a*
krùdity *krudità, nf*
krùel *krudèle-i, a*
krùelly *krudelmènte, ad*
krùelty *krudeltà, nf*
krùet *ampòlla-e, nf*
krùise *krocèra-e, nf*
to krùise *inkrocàre*
krùmb *brìcola-e, nf*
to krùmb *sbricolàre*
krùmble *brìciola-e, nf*
to krùmble *sgretolàre*
krùmmy *di pòko valòre*
krùmp *kòlpo-i, nm*
to krùmp *kolpìre*

cucumber

crumpet *focaccia-e, nf*
to crumple *raggrinzare*
crumpled *storto-i a e, a*
to crunch *schiacciare*
crusade *crociata-e, nf*
crusader *crociato-i a e, nmf*
cruse *vaso-i, nm*
crush *schiacciamento-i, nm*
to crush *schiacciare*
crust *crosta-e, nf*
to crust *incrostare*
crustacean *crostaceo-i, nm*
crusty *crostoso-i a e, a*
crutch *gruccia-e, nf*
to crutch *sostenere*
crux *difficoltà, nf*
cry *grido-i, nm*
to cry *piangere*
crypt *cripta-e, nf*
cryptik *nascosto-i a e, a*
cryptogram *documento-i, nm*
crystal *cristallo-i, nm*
crystalline *cristallino-i a e, a*
crystallization *cristallizzazione-i, a*
to crystallize *cristallizzare*
crystalloid *cristlloide-i, nm*
cub *cucciolo-i, nm*
to cub *partorire*
cubbing *caccia-e, nf*
cubbish *goffo-i a e, a*
cubby *posto-i, nm*
cube *cubo-i, nm*
to cube *cubare*
cubik *cubico-i a e, a*
cubicle *cubicolo-i, nm*
cubiform *cubiforme-i, a*
cubism *cubismo-i, nm*
cubital *cubitale-i, a*
cuckold *cornuto-i a e, a*
to cuckold *tradire*
cuckoo *cuculo-i, nm*
cucumber *cetriolo-, nm*

krùmpet *fokàcca-e, nf*
to krùmple *raggrinzàre*
krùmpled *stòrto-i a e, a*
to krùnch *skiaccàre*
krùsade *krociàta-e, nf*
krùsàder *krociàto-i a e, nmf*
krùse *vàso-i, nm*
krùsh *skiaccamènto-i, nm*
to krùsh *skiaccàre*
krùst *kròsta-e, nf*
to krùst *inkrostàre*
krùstàcean *krostàceo-i, nm*
krùsty *kostòso-i a e, a*
krùtch *grùcca-e, nf*
to krùtch *sostenère*
krùx *diffikoltà, nf*
krỳ *grìdo-i, nm*
to krỳ *piànjere*
krỳpt *krìpta-e, nf*
krỳptik *naskòsto-i a e, a*
krỳptogràm *dokumènto-i, nm*
krỳstal *kristàllo-i, nm*
krỳstallìne *kristallìno-i a e, a*
krỳstallizàtion *kristallizziòne-i, a*
to krỳstallìze *kristallizzàre*
krỳstallòid *kristallòide-i, nm*
kùb *kùccolo-i, nm*
to kùb *partorìre*
kùbbing *kàcca-e, nf*
kùbbish *gòffo-i a e, a*
kùbby *pòsto-i, nm*
kùbe *kùbo-i, nm*
to kùbe *kubàre*
kùbik *kùbiko-i a e, a*
kùbikle *kubìkolo-i, nm*
kùbiform *kubifòrme-i, a*
kùbism *kubìsmo-i, nm*
kùbital *kubitàle-i, a*
kùkold *kornùto-i a e, a*
to kùkold *tradìre*
kùkòo *kùkulo-i, nm*
kùkumber *cetriòlo-, nm*

ci ce ca co cu   ki ke ka ko ku   ji je ja jo ju   gi ge ga go gu
sci sce sca sco scu=shi she sha sho shu   gn=q   gl=y

cup-bearer

cud *cibo-i, nm*	kùd *cìbo-i, nm*
cuddle *abbraccio-i, nm*	kùddle *abbracco-i, nm*
to cuddle *abbracciare*	to kùddle *abbraccàre*
cuddy *asino-i, nm*	kùddy *àsino-i, nm*
cudgel *randello-i, nm*	kùdgel *randèllo-i, nm*
to cudgel *randellare*	to kùdgel *randellàre*
cue *segno-i, nm*	kùe *sèqo-i, nm*
cuff *pugno-i, nm*	kùff *pùqo-i, nm*
to cuff *percuotere*	to kùff *perkuòtere*
cuirass *corazza-e, nf*	kuìràss *koràzza-e, nf*
cuirassier *corazziere-i, nm*	kuìrassìer *korazzière-i, nm*
cuisine *cucina-e, nm*	kuisìne *kucìna-e, nm*
culinary *culinario-i a e, a*	kùlinary *kulinàrio-i a e, a*
to cull *raccogliere*	to kùll *rakkòyere*
cullender *colino-i, nm*	kùllender *kolìno-i, nm*
to culminate *culminare*	to kùlminate *kulminàre*
culpable *colpevole-i a e, a*	kùlpable *kolpèvole-i a e, a*
culpability *colpevolezza-e, nf*	kùlpabìlity *kolpevolèzza-e, nf*
culpably *colpevolmente, ad*	kùlpably *kolpevolmènte, ad*
culprit *colpevole-i, nm*	kùlprit *kolpèvole-i, nm*
cult *culto-i, nm*	kùlt *kùlto-i, nm*
cultivable *coltivabile-i, a*	kùltivable *koltivàbile-i, a*
to cultivate *coltivare*	to kùltivate *koltivàre*
cultivation *coltivazione-i, nf*	kultivàtion *koltivazìòne-i, nf*
cultivator *coltivatore-i, nm*	kùltivator *koltivatòre-i, nm*
cultural *culturale-i, a*	kùltural *kulturàle-i, a*
culture *cultura-e, nf*	kùlture *kùltura-e, nf*
cultured *colto-i a e, a*	kùltured *kòlto-i a e, a*
cultureless *incolto-i a e, a*	kùltureless *inkòlto-i a e, a*
culvert *canale-i, nm*	kùlvert *kànale-i, nm*
cumber *ostacolo-i, nm*	kùmber *ostàkolo-i, nm*
to cumber *impedire*	to kùmber *impedìre*
cumberless *libero-i a e, a*	kùmberless *lìbero-i a e, a*
cumbersome *ingombrante-i, a*	kùmbersome *ingombrànte-i, a*
cumbrous *ingombrante-i, a*	kùmbrous *ingombrànte-i, a*
to cumulate *cumulare*	to kùmùlàte *kumulàre*
cumulative *cumulativo-i a e, a*	kùmùlative *kumulatìvo-i a e, a*
cuneiform *cuneiforme-i, a*	kùneìfòrm *kuneifòrme-i, a*
cunning *astuzia-e, nf*	kùnning *astùzia-e, nf*
cunningly *astutamente, ad*	kùnningly *astutamènte, ad*
cup *tazza-e, nf*	kùp *tàzza-e, nf*
cup-bearer *coppiere-i, nm*	kùp-bèarer *koppière-i, nm*

cupboard *credenza-e, nf*
cupful *tazza-e, nf*
Cupid *Cupido, nm*
cupidity *cupidigia-e, nf*
cupola *cupola-e, nf*
cupreous *cupreo-i a e, a*
cupriferous *cuprifero-i, a*
cur *cane-i, nm*
curability *curabilità, nf*
curable *curabile-i, a*
curative *curativo-i a e, a*
curator *curatore-i, nm*
curb *cordone-i, nm*
to curb *domare*
curd *quagliata-e, nf*
to curdle *quagliare*
curdy *quagliato-i a e, a*
cure *cura-e, nf*
to cure *curare*
cureless *incurabile-i, a*
curfew *coprifuoco-i, nm*
curia *curia-e, nf*
curiosity *curiosità, nf*
curious *curiouso-i a e, a*
curl *ricciolo-i, nm*
curled *ricciuto-i a e, a*
curling *arricciatura-e, nf*
curly *ricciuto-i a e, a*
curmudgeon *avaro-i, nm*
to curr *fusare*
currant *uva sultanina, nf*
currency *circolazione-i, nf*
current *corrente-i, a*
current *corrente-i, nf*
currently *correntemente, ad*
currier *conciapelli, nm*
currish *codardo-i a e, a*
currishly *codardamente, ad*
currishness *codardia-e, nf*
to curry *conciare*
curry-comb *striglia-e, nf*
curse *bestemmia-e, nf*

kùpbòard *kredènza-e, nf*
kùpful *tàzza-e, nf*
Kùpid *Kùpido, nm*
kùpìdity *kupidìjia-e, nf*
kùpola *kùpola-e, nf*
kùpreous *kùpreo-i a e, a*
kùprìferous *kuprìfero-i, a*
kùr *kane-i, nm*
kùrabìlity *kurabilità, nf*
kùrable *kuràbile-i, a*
kùrative *kuratìvo-i a e, a*
kùràtor *kuratòre-i, nm*
kùrb *kordòne-i, nm*
to kùrb *domàre*
kùrd *kuayàta-e, nf*
to kùrdle *kuayàre*
kùrdy *kuayàto-i a e, a*
kùre *kùra-e, nf*
to kùre *kuràre*
kùreless *inkuràbile-i, a*
kùrfew *koprifuòko-i, nm*
kùria *kùria-e, nf*
kuriòsity *kuriosità, nf*
kùrious *kuriòso-i a e, a*
kùrl *rìccolo-i, nm*
kùrled *ricciùto-i a e, a*
kùrling *arriccatùra-e, nf*
kùrly *riccùto-i a e, a*
kùrmùdgeon *avàro-i, nm*
to kùrr *fusàre*
kùrrant *ùva sultanìna, nf*
kùrrency *cirkolaziòne-i, nf*
kùrrent *korrènte-i, a*
kùrrent *korrènte-i, nf*
kùrrently *korrentemènte, ad*
kùrrier *koncapèlli, nm*
kùrrish *kodàrdo-i a e, a*
kùrrishly *kodardamènte, ad*
kùrrishness *kodàrdia-e, nf*
to kùrry *koncàre*
kùrry-kòmb *strìya-e, nf*
kùrse *bestèmmia-e, nf*

cut

to curse *maledire*	to kùrse *maledìre*
cursed *abbominevole-i, a*	kùrsed *abbominèvole-i, a*
cursedness *maledizione-i, nf*	kùrsèdness *maledizìòne-i, nf*
cursive *cursivo-i, a*	kùrsive *kursìvo-i, a*
cursorial *superficialmente, ad*	kùrsòrial *superficalmènte, ad*
cursoriness *superficialità, nf*	kùrsoriness *superficalità, nf*
cursory *frettolloso-i a e, a*	kùrsory *frettollòso-i a e, a*
curt *conciso-i a e, a*	kùrt *koncìso-i a e, a*
to curtail *accorciare*	to kùrtail *akkorciàre*
curtailment *accorciamento-i, nm*	kùrtailment *akkorcamènto-i, nm*
curtain *tenda-e, nf*	kùrtain *tènda-e, nf*
to curtain *guernire*	to kùrtain *guernìre*
curtly *brevemente, ad*	kùrtly *brevemènte, ad*
curtness *brevità, nf*	kùrtness *brevità, nf*
curtsy *riverenza-e, nf*	kùrtsy *riverènza-e, nf*
curvature *curvatura-e, nf*	kùrvature *kurvatùra-e, nf*
curve *curva-e, nf*	kùrve *kùrva-e, nf*
to curve *curvare*	to kùrve *kurvàre*
curvet *faleata-e, nf*	kùrvèt *fàleàta-e, nf*
to curvet *falcare*	to kùrvèt *falkàre*
curvilinear *curvilineo-i a e, a*	kùrvilìnèar *kurvilìneo-i a e, a*
curving *curvatura-e, nf*	kùrving *kurvatùra-e, nf*
cushat *colombo-i, nm*	kùshàt *kolòmbo-i, nm*
cushion *cuscino-i, nm*	kùshion *kushìno-i, nm*
to cushion *imbottire*	to kùshion *imbottìre*
cushioned *imbottito-i a e, a*	kùshioned *imbottìto-i a e, a*
cushiony *soffice-i, a*	kùshiony *sòffice-i, a*
cushy *comodo-i a e, a*	kùshy *kòmodo-i a e, a*
cusp *cuspide-i, nm*	kùsp *kùspide-i, nm*
cuspidate *cuspidato-i, a*	kùspidate *kuspidàto-i, a*
cussedness *perversità, nf*	kùssedness *perversità, nf*
custard *dolce-i, nm*	kùstard *dòlce-i, nm*
custodian *custode-i, nm*	kustòdian *kustòde-i, nm*
custody *custodia-e, nf*	kùstody *kustòdia-e, nf*
custom *abitudine-i, nf*	kùstom *abitùdine-i, nf*
customable *consueto-i a e, a*	kùstomable *konsuèto-i a e, a*
customarily *consuetamente, ad*	kùstomàrily *konsuetamènte, ad*
customary *consueto-i a e, a*	kùstomàry *konsuèto-i a e, a*
customer *cliente-i, nm*	kùstomer *kliènte-i, nm*
custom-house *dogana-e, nf*	kùstom-hòuse *dogàna-e, nf*
custos *custode-i, nm*	kùstos *kustòde-i, nm*
cut *taglio-i, nm*	kùt *tàyo-i, nm*

to cut *tagliare*
cutaneous *cutaneo-i a e, a*
cute *carino-i a e, a*
cutely *abilmente, ad*
cutlass *lama-e, nf*
cutler *coltellinaio-i, nm*
cutlet *costoletta-e, nf*
cutter *tagliatore-i, nm*
cutting *taglio-i, nm*
cutthroat *assassino-i a e, nmf*
cuttle *seppia-e, nf*
cutwater *tagliamare-i, nm*
cyanide *cianuro-i, nm*
cyanosis *cianosi, a*
cyanotic *cianotico-i a he, a*
cyclamen *ciclamino-i, nm*
cycle *ciclo-i, nm*
to cycle *svolgere*
cyclik *ciclico-i a e, a*
cycling *ciclismo-i, nm*
cyclist *ciclista-i, nm*
cyclometer *contagiri, nm*
cyclone *ciclone-i, nm*
cyclonic *ciclonico-i a e, a*
cyclopean *ciclopico-i a he, a*
cyclop *ciclope-i, nm*
cyclostyle *ciclostile-i, nm*
cylinder *cilindro-i, nm*
cylindric *cilindrico-i a he, a*
cyma *cimasa-e, nf*
cymbal *cimbalo-i, nm*
cynic *cinico-i a he, a*
cynical *cinico-i a he, a*
cynically *cinicamente, ad*
cynicism *cinismo-i, nm*
cypress *cipresso-i, nm*
Cyprus *Cipro, nm*
Cyrus *Ciro, nm*
cyst *ciste-i, nf*
cystic *cistico-i a he, a*
cystitis *cistite-i, nf*
czar *czar, nm*

czar

to kùt *tayàre*
kutàneous *kutàneo-i a e, a*
kùte *karìno-i a e, a*
kùtely *abilmènte, ad*
kùtlass *làma-e, nf*
kùtler *koltellinàio-i, nm*
kùtlet *kostolètta-e, nf*
kùtter *tayatòre-i, nm*
kùtting *tàyo-i, nm*
kùtthròat *assassìno-i a e, nmf*
kùttle *sèppia-e, nf*
kùtwater *tayamàre-i, nm*
cyànìde *canùro-i, nm*
cyànòsis *canòsi, a*
cyànòtik *canòtiko-i a e, a*
cỳklamen *ciklamìno-i, nm*
cỳkle *cìklo-i, nm*
to cỳkle *svòljere*
cỳklik *cìkliko-i a e, a*
cỳkling *ciklìsmo-i, nm*
cỳklist *ciklìsta-i, nm*
cyklòmeter *kontajìri, nm*
cyklòne *ciklòne-i, nm*
cyklònik *ciklòniko-i a e, a*
cyklòpean *ciklòpiko-i a e, a*
cyklòp *cìklope-i, nm*
cyclostỳle *ciklostìle-i, nm*
cỳlinder *cilìndro-i, nm*
cylìndrik *cilìndriko-i a e, a*
cỳma *cimàsa-e, nf*
cỳmbal *cèmbalo-i, nm*
cỳnik *cìniko-i a e, a*
cỳnikal *cìniko-i a e, a*
cỳnikally *cinikamènte, ad*
cynicìsm *cinìsmo-i, nm*
cỳpress *ciprèsso-i, nm*
Cỳprus *Cìpro, nm*
Cỳrus *Cìro, nm*
cỳst *cìste-i, nf*
cỳstik *cìstiko-i a e, a*
cystìtis *cistìte-i, nf*
czàr *czàr, nm*

czarina *zarina-e, nf*
Czech *ceco-hi a he, nmf*
Czeco-Slovak *cecoslovacco-hi a he, nmf*

D

dab *buffetto-i, nm*
to dab *sfiorare*
dabber *tampone-i, nm*
to dabble *spruzzare*
dabbler *dilettante-i, nm*
dabchic *colimbo-i, nm*
da capo *da capo*
dacoit *ladro-i, nm*
dactyl *dattilo-i, nm*
dactylic *dattilico-i a he, a*
dad *babbo-i, nm*
dado *zoccolo-i, nm*
Daedalus *Dedalo, nm*
daemon *demone-i, nm*
daemonic *demonico-i a he, a*
daffodil *narciso-i, nm*
dagger *pugnale-i, nm*
dahabeah *imbarcazione-i, nf*
dahlia *dalia-e, nf*
daily *quotidiano-i, nm*
daintily *delicatamente, ad*
daintiness *delicatezza-e, nf*
dainty *delicato-i a e, a*
dairy *latteria-e, nf*
dais *pavimento-i, nm*
daisy *margherita-e, nf*
dale *vallata-e, nf*
dalliance *ritardo-i, nm*
dallier *procrastinatore-i, nm*
daltoism *daltonismo-i, nm*
dam *diga-he, na*
to dam *arginare*
damage *danno-i, nm*
to damage *danneggiare*
damageable *danneggiabile-i, a*
damask *rossastro-i a e, a*
damask *damasco-hi, nm*

czarìna *zarìna-e, nf*
Czèch *cèko-i a e, nmf*
Czèko-Slòvak *cekoslovàkko-i a e, nmf*

D

dàb *buffètto-i, nm*
to dàb *sfioràre*
dàbber *tampòne-i, nm*
to dàbble *spruzzàre*
dàbbler *dilettànte-i, nm*
dàbchìk *kolìmbo-i, nm*
da kàpo *da kàpo*
dàkoit *làdro-i, nm*
dàktyl *dàttilo-i, nm*
daktỳlik *dattìliko-i a e, a*
dàd *bàbbo-i, nm*
dàdo *zòkkolo-i, nm*
Dàedalus *Dèdalo, nm*
dàemon *dèmone-i, nm*
daemònik *demòniko-i a e, a*
dàffodil *narcìso-i, nm*
dàgger *puqàle-i, nm*
dàhàbeah *imbarkaziòne-i, nf*
dàhlia *dàlia-e, nf*
dàily *kuotidiàno-i, nm*
dàintily *delikatamènte, ad*
dàintiness *delikatèzza-e, nf*
dàinty *delikàto-i a e, a*
dàiry *latterìa-e, nf*
dàis *pavimènto-i, nm*
dàisy *margerìta-e, nf*
dàle *vallàta-e, nf*
dàlliance *ritàrdo-i, nm*
dàllier *prokrastinatòre-i, nm*
dàltoism *daltonìsmo-i, nm*
dàm *dìga-e, na*
to dàm *arjinàre*
dàmage *dànno-i, nm*
to dàmage *dannejjàre*
dàmageable *dannejjàbile-i, a*
dàmask *rossàstro-i a e, a*
dàmask *damàsko-i, nm*

to damask *damascare*
dame *dama-e, nf*
damn *maledizione-i, nf*
to damn *dannare*
damnable *dannabile-i, a*
damnably *dannabilmente, ad*
damnation *dannazione-i, nf*
damnatory *dannabile-i, a*
damned *dannato-i a e, a*
damnification *danno-i, nm*
to damnify *danneggiare*
damning *schiacciante-i, a*
damp *umidità, nf*
damp *umido-i a e, a*
to damp *inumidire*
to dampen *inumidire*
damper *sviamento-i, nm*
dampness *umidità, nf*
damsel *donzella-e, nf*
damson *damaschina-e, nf*
dance *danza-e, nf*
to dance *danzare*
dancer *ballerino-i a e, nmf*
dancing *ballo-i, nm*
dander *stizza-e, nf*
dandriff *forfora-e, nf*
dandy *damerino-i, nm*
dandyism *eleganza-e, nf*
Dane *danese-i, nm*
danger *pericolo-i, nm*
dangerous *pericoloso-i a e, a*
dangerously *pericolosamente, ad*
to dangle *pendere*
dangler *bellimbusto-i, nm*
Daniel *Daniele, nm*
Danish *danese-i, nm*
dank *umido-i a e, a*
Dantist *dantista-i, nm*
Danube *Danubio, nm*
dap *rimbalzo-i, nm*
to dap *pescare*
dapper *elegante-i, a*

dapper

to dàmask *damaskàre*
dàme *dàma-e, nf*
dàmn *maledizióne-i, nf*
to dàmn *dannàre*
dàmnable *dannàbile-i, a*
dàmnably *dannabilmènte, ad*
dàmnàtion *dannazióne-i, nf*
dàmnatory *dannàbile-i, a*
dàmned *dannàto-i a e, a*
dàmnifikàtion *dànno-i, nm*
to dàmnify *dannejjàre*
dàmning *skiaccànte-i, a*
dàmp *umidità, nf*
dàmp *ùmido-i a e, a*
to dàmp *inumidìre*
to dàmpen *inumidìre*
dàmper *sviamènto-i, nm*
dàmpness *umidità, nf*
dàmsel *donzèlla-e, nf*
dàmson *damaskìna-e, nf*
dànce *dànza-e, nf*
to dànce *danzàre*
dàncer *ballerìno-i a e, nmf*
dàncing *bàllo-i, nm*
dànder *stìzza-e, nf*
dàndriff *fòrfora-e, nf*
dàndy *damerìno-i, nm*
dàndỳism *elegànza-e, nf*
Dàne *danèse-i, nm*
dànger *perìkolo-i, nm*
dàngerous *perikolòso-i a e, a*
dàngerously *perikolosamènte, ad*
to dàngle *pèndere*
dàngler *bellimbùsto-i, nm*
Dàniel *Danièle, nm*
Dànish *danèse-i, nm*
dànk *ùmido-i a e, a*
Dàntist *dantìsta-i, nm*
Dànube *Danùbio, nm*
dàp *rimbàlzo-i, nm*
to dàp *peskàre*
dàpper *elegànte-i, a*

dapple *macchiato-i a e, a*
to dapple *macchiettare*
darbies *manette, nf*
Dardanelles *Dardanelli, nf*
to dare *osare*
dare-devil *temerario-i a e, a*
dareful *audace-i, a*
daring *audace-i, a*
daringly *audacemente, ad*
dark *oscuro-i a e, a*
dark *oscurità, nf*
to darken *oscurare*
darkish *fosco-hi, a he, a*
darkling *nell'oscurità, ad*
darkly *oscuramento, ad*
darkness *oscurità, nf*
darling *prediletto-i a e, nmf*
darn *rammendo-i, nm*
to darn *maledire*
darnel *logio-i, nm*
darning *rammendo-i, nm*
dart *dardo-i, nm*
to dart *dardeggiare*
dash *cozzo-i, nm*
to dash *cozzare*
dashboard *parafango-hi, nm*
dasher *menatoio-i, nm*
dashing *impetuoso-i a e, a*
dashingly *violentemente, ad*
dastard *codardo-i a e, a*
dastardliness *codardia-e, nf*
dastardly *codardo-i a e, a*
datable *databile-i, a*
date *dattero-i, nm*
date *data-e, nf*
to date *datare*
dateless *senza data, a*
dativo *dativo-i, nm*
datum *dato-i, nm*
daub *intonaco-hi, nm*
to daub *imbrattare*
dauber *imbrattatore-i, nm*

dàpple *makkiàto-i a e, a*
to dàpple *makkiettàre*
dàrbies *manètte, nf*
Dàrdanèlles *Dardanèlli, nf*
to dàre *osàre*
dàre-dèvil *temeràrio-i a e, a*
dàreful *audàce-i, a*
dàring *audàce-i, a*
dàringly *audacemènte, ad*
dàrk *oskùro-i a e, a*
dàrk *oskurità, nf*
to dàrken *oskuràre*
dàrkish *fòsko-i, a e, a*
dàrkling *nell'oskurità, ad*
dàrkly *oskuramènto, ad*
dàrkness *oskurità, nf*
dàrling *predilètto-i a e, nmf*
dàrn *rammèndo-i, nm*
to dàrn *maledìre*
dàrnel *lòjo-i, nm*
dàrning *rammèndo-i, nm*
dàrt *dàrdo-i, nm*
to dàrt *dardejjàre*
dàsh *kòzzo-i, nm*
to dàsh *kozzàre*
dàshbòard *parafàngo-i, nm*
dàsher *menatòio-i, nm*
dàshing *impetuòso-i a e, a*
dàshingly *violentemènte, ad*
dàstard *kodàrdo-i a e, a*
dàstardliness *kodàrdia-e, nf*
dàstardly *kodàrdo-i a e, a*
dàtable *datàbile-i, a*
dàte *dàttero-i, nm*
dàte *dàta-e, nf*
to dàte *datàre*
dàteless *sènza dàta, a*
dàtivo *datìvo-i, nm*
dàtum *dàto-i, nm*
dàub *intònako-i, nm*
to dàub *imbrattàre*
dàuber *imbrattatòre-i, nm*

dauby *appiccicaticcio-i a e, a*
daughter *figlia-e, nf*
daughterly *filiale-i, a*
to daunt *spaventare*
dauntless *intrepido-i a e, a*
dauntlessly *intrepidamente, ad*
dauphin *delfino-i, nm*
dauphiness *delfina-e, nf*
davenport *scrivania-e, nf*
David *Davide, nm*
daw *cornacchia-e, nf*
to dawdle *bighellonare*
dawdler *bighellone-i*
dawn *alba-e, nf*
to dawn *albeggiare*
dawning *alba-e, nf*
day *giorno-i, nm*
daylight *giorno-i, nm*
daze *stupore-i, nm*
to daze *stupire*
dazedly *in modo stupefacente, ad*
dazzle *abbagliamento-i, nm*
deacon *diacono-i, nm*
dead *morte-i, nf*
to deaden *ammortire*
deadlock *punto morto, nm*
deadly *mortale-i, a*
deadness *morte-i, nf*
deaf *sordo-i a e, a*
to deafen *assordare*
deafly *sordamente, ad*
deafness *sordità, nf*
deal *affare-i, nm*
to deal *trattare*
dealer *negoziante-i, nm*
dealing *trattativa-e, nf*
dean *decano-i, nm*
dear *caro-i a e, a*
dearly *caramente, ad*
dearness *carezza-e, nf*
dearth *carestia-e, nf*
deary *diletto-i, nm*

dàuby *appiccikatìcco-i a e, a*
dàughter *fìya-e, nf*
dàughterly *filiàle-i, a*
to dàunt *spaventàre*
dàuntless *intrèpido-i a e, a*
dàuntlessly *intrepidamènte, ad*
dauphìn *dèlfino-i, nm*
dàuphiness *delfìna-e, nf*
dàvenport *skrivanìa-e, nf*
Dàvid *Dàvide, nm*
dàw *kornàkkia-e, nf*
to dàwdle *bigellonàre*
dàwdler *bigellòne-i*
dàwn *àlba-e, nf*
to dàwn *albejjàre*
dàwning *àlba-e, nf*
dày *jòrno-i, nm*
dàylight *jòrno-i, nm*
dàze *stupòre-i, nm*
to dàze *stupìre*
dàzedly *in mòdo stupefacènte, ad*
dàzzle *abbayamènto-i, nm*
dèakon *diàkono-i, nm*
dèad *mòrte-i, nf*
to dèaden *ammortìre*
dèadlòk *pùnto mòrto, nm*
dèadly *mortàle-i, a*
dèadness *mòrte-i, nf*
dèaf *sòrdo-i a e, a*
to dèafen *assordàre*
dèafly *sordamènte, ad*
dèafness *sordità, nf*
dèal *affàre-i, nm*
to dèal *trattàre*
dèaler *negoziànte-i, nm*
dèaling *trattatìva-e, nf*
dèan *dekàno-i, nm*
dèar *kàro-i a e, a*
dèarly *karamènte, ad*
dèarness *karèzza-e, nf*
dèarth *karestìa-e, nf*
dèary *dilètto-i, nm*

death *morte, nf*	dèath *mòrte, nf*
deathless *imperituro-i a e, a*	dèathless *imperitùro-i a e, a*
deathly *mortalmente, ad*	dèathly *mortalmènte, ad*
debacle *sconfitta-e, nf*	debàcle *skònfitta-e, nf*
to debar *escludere*	to debàr *esklùdere*
debarcation *sbarco-hi, nm*	debarkàtion *sbàrko-i, nm*
to debase *degradare*	to debàse *degradàre*
debasement *degradazione-i, nf*	debàsement *degradaziòne-i, nf*
debatable *discutibile-i, a*	debàtable *diskutìbile-i, a*
debate *dibattito-i, nm*	debàte *dibàttito-i, nm*
to debate *dibattere*	to debàte *dibàttere*
debauch *corruzione-i, nf*	debàuch *korruziòne-i, nf*
to debauch *pervertire*	to debàuch *pervertìre*
debauchee *debosciato-i a e, a*	dèbauchèe *deboshàto-i a e, a*
debauchery *corruzione-i, nf*	debàuchery *korruziòne-i, nf*
debenture *obligazione-i, nf*	debènture *obligaziòne-i, nf*
to debilitate *debilitare*	to debìlitate *debilitàre*
debility *debolezza-e, nf*	debìlity *debolèzza-e, nf*
debit *debito-i, nm*	dèbit *dèbito-i, nm*
to debit *addebitare*	to dèbit *addebitàre*
to debouch *sboccare*	to debòuch *sbokkàre*
debouchment *sbocco-hi, nm*	debòuchment *sbòkko-i, nm*
debris *detriti, nm*	dèbris *dètriti, nm*
debt *debito-i, nm*	dèbt *dèbito-i, nm*
debtor *debitore-i, nm*	dèbtor *debitòre-i, nm*
to debus *scendere*	to debùs *shèndere*
debut *debutante-i, nm*	dèbut *debutànte-i, nm*
decade *decade-i, nf*	dèkàde *dèkade-i, nf*
decadence *decadenza-e, nf*	dèkadence *dekadènza-e, nf*
decadent *decadente-i, a*	dèkadent *dekadènte-i, a*
decagon *decagono-i, nm*	dèkagon *dekàgono-i, nm*
decahedron *decaedro-i, nm*	dekahèdron *dekaèdro-i, nm*
decalogue *decalogo-hi, nm*	dèkalogue *dekàlogo-i, nm*
decameron *decamerone-i, nm*	dekàmeron *dekameròne-i, nm*
decametre *decametro-i, nm*	dekàmeter *dekàmetro-i, nm*
to decamp *lasciare*	to dekàmp *lashàre*
to decant *decantare*	to dekànt *dekantàre*
decantation *decantazione-i, nf*	dekantàtion *dekantaziòne-i, nf*
decanter *caraffa-e, nf*	dekànter *karàffa-e, nf*
to decapitate *decapitare*	to dekàpitate *dekapitàre*
decapitation *decapitazione-i, nf*	dekapitàtion *dekapitaziòne-i, nf*
decasyllabic *decasillabo-i, a*	dekasyllàbik *dekasìllabo-i, a*

decay *decadenza-e, nf*
to decay *decadere*
decease *decesso-i, nm*
to decease *decedere*
deceased *defunto-i a e, nmf*
deceit *frode-i, nf*
deceitful *falso-i a e, a*
deceitfully *falsamente, ad*
deceitfulness *falsità, nf*
deceivable *ingannabile-i, a, nf*
deceivably *ingannevolmente, ad*
to deceive *ingannare*
December *dicembre, nm*
decency *decenza-e, nf*
decennary *decennale-i, nf*
decennial *decennale-i, a*
decent *decente-i, a*
decently *decentemente, ad*
decentralization *decentramento-i, nm*
to decentralize *decentrare*
deception *inganno-i, nm*
deceptive *ingannevole-i, a*
deceptively *ingannevolmente, ad*
deceptiveness *ingannevolezza-e, nf*
to decide *decidere*
decided *deciso-i a e, a*
decidedly *decisamente, ad*
deciduous *deciduo-i, a*
decigram *decigrammo-i, nm*
deciliter *decilitro-i, nm*
decimal *decimale-i, nm*
to decimalize *ridurre*
to decimate *decimare*
decimation *decimazione-i, nf*
decimeter *decimetro-i, nm*
to decipher *decifrare*
decipherment *deciframento-i, nm*
decision *decisione-i, nf*
decisive *decisivo-i a e, a*
decisively *decisamente, ad*
deck *ponte-i, nm*
to deck *rivestire*

dèkay *dekadènza-e, nf*
to dekày *dekàdere*
decèase *decèsso-i, nm*
to decèase *decèdere*
decèased *defùnto-i a e, nmf*
decèit *fròde-i, nf*
decèitful *fàlso-i a e, a*
decèitfully *falsamènte, ad*
decèitfulness *falsità, nf*
decèivable *ingannàbile-i, a, nf*
decèivably *ingannevolmènte, ad*
to decèive *ingannàre*
Decèmber *dicèmbre, nm*
dècencỳ *decènza-e, nf*
decènnary *decennàle-i, nf*
decènnial *decennàle-i, a*
dècent *decènte-i, a*
dècently *decentemènte, ad*
decentralizàtion *decentramènto-i, nm*
to decèntralize *decentràre*
decèption *ingànno-i, nm*
decèptive *ingannèvole-i, a*
decèptively *ingannevolmènte, ad*
decèptiveness *ingannevolèzza-e, nf*
to decìde *decìdere*
decìded *decìso-i a e, a*
decìdedly *decisamènte, ad*
decìduous *decìduo-i, a*
dècigram *decigràmmo-i, nm*
dèciliter *decilìtro-i, nm*
dècimal *decimàle-i, nm*
to dècimalize *ridùrre*
to dècimate *decimàre*
dècimàtion *decimazìòne-i, nf*
dècimeter *decìmetro-i, nm*
to decìpher *decifràre*
decìpherment *deciframènto-i, nm*
decìsion *decisiòne-i, nf*
decìsive *decisìvo-i a e, a*
decìsively *decisamènte, ad*
dèk *pònte-i, nm*
to dèk *rivestìre*

to declaim *declamare*	to declàim *deklamàre*
declamation *declamazione-i, nf*	dèklamàtion *deklamaziòne-i, nf*
declamatory *declamatorio-i a e, a*	declàmatory *deklamatòrio-i a e, a*
declarable *dichiarabile-i, a*	declàrable *dikiaràbile-i, a*
declaration *dichiarazione-i, nf*	dèklaràtion *dikiaraziòne-i, nf*
declarative *dichiarativo-i a e, a*	declàrative *dikiaratìvo-i a e, a*
declaratory *dichiaratorio-i a e, a*	declàratory *dikiaratòrio-i a e, a*
to declare *dichiarare*	to declàre *dikiaràre*
declaredly *dichiaratamente, ad*	declàredly *dikiaratamènte, ad*
declension *declinazione-i, nf*	declènsion *deklinaziòne-i, nf*
declinable *declinabile-i, a*	deklìnable *deklinàbile-i, a*
declination *declinazione-i, nf*	declinàtion *deklinaziòne-i, nf*
decline *inclinamento-i, nm*	deklìne *inklinamènto-i, nm*
to decline *declinare*	to deklìne *deklinàre*
declivity *declivio-i, nm*	deklìvity *deklìvio-i, nm*
decoction *decozione-i, nf*	dekòktion *dekoziòne-i, nf*
to decode *decifrare*	to dekòde *decifràre*
decomposable *decomponibile-i, a*	dekompòsable *dekomponìbile-i, a*
to decompose *scomporre*	to dekompòse *skompòrre*
decomposition *decomposizione-i, nf*	dekomposìtion *dekomposiziòne-i, nf*
to decompress *diminuire*	to dekomprèss *diminuìre*
to decorate *decorare*	to dèkoràte *dekoràre*
decoration *decorazione-i, nf*	dekoràtion *dekoraziòne-i, nf*
decorative *decorativo-i a e, a*	dèkorative *dekoratìvo-i a e, a*
decorator *decoratore-i, nm*	dèkoràtor *dekoratòre-i, nm*
decorous *decoroso-i a e, a*	dekòrous *dekoròso-i a e, a*
decorously *decorosamente, ad*	dekòrously *dekorosamènte, ad*
decorum *decoro-i, nm*	dekòrum *dekòro-i, nm*
decoy *trappola-e, nf*	dekòy *tràppola-e, nf*
to decoy *attirare*	to dekòy *attiràre*
decrease *dimunizione-i, nf*	dèkrease *dimuniziòne-i, nf*
to decrease *diminuire*	to dèkrease *diminuìre*
decreasingly *diminuitamente, ad*	dekrèasingly *diminuitamènte, ad*
decree *decreto-i, nm*	dekrèe *dekrèto-i, nm*
to decree *decretare*	to dekrèe *dekretàre*
decrepit *decrepito-i a e, a*	dekrèpit *dekrèpito-i a e, a*
decreptitude *decrepitezza-e, nf*	dekrèptitùde *dekrepitèzza-e, nf*
decrescent *decrescente-i, a*	dekrèscent *dekreshènte-i, a*
to decry *deprezzare*	to decrỳ *deprezzàre*
decuple *decuplo-i, nm*	dèkuple *dekùplo-i, nm*
to decuple *decuplicare*	to dèkuple *dekuplikàre*
to dedicate *dedicare*	to dèdikate *dedikàre*

dedication *dedicazione-i, nf*
dedicator *dedicatore-i, nm*
to deduce *dedurre*
deducible *deducibile-i, a*
to deduct *dedurre*
deduction *deduzione-i, nf*
deductive *deduttivo-i a e, a*
deductively *deduttivamente, ad*
deed *atto-i, nm*
to deed *donare*
to deem *giudicare*
deemster *giudice-i, nm*
deep *profondo-i a e, a*
deep *profondamente, ad*
to deepen *approfondire*
deeply *profondamente, ad*
deepness *profondità, nf*
deer *cervo-i, nm*
to deface *sfigurare*
defaceable *sfregiabile-i, a*
defacement *sfregio-i, nm*
to defalcate *diffalcare*
defalcation *diffalco-hi, nm*
defamation *diffamazione-i, nf*
defamatory *diffamatorio-i a e, a*
to defame *diffamare*
default *difetto-i, nm*
to default *negare*
defaulter *imputato contumace, nm*
defeat *disfatta-e, nf*
to defeat *sconfiggere*
defeatism *disfattismo-i, nm*
defeatist *disfattista-i, nm*
to defecate *decantare*
defecation *defecazione-i, nf*
defect *difetto-i, nm*
defection *defezione-i, nf*
defective *difettoso-i a e, a*
defence *difesa-e, nf*
defenceless *indifeso-i a e, a*
defencelessly *senza difesa, ad*
to defend *difendere*

dedikàtion *dedikaziòne-i, nf*
dedikàtor *dedikatòre-i, nm*
to dedùce *dedùrre*
dedùcible *deducìbile-i, a*
to dedùkt *dedùrre*
dedùktion *deduziòne-i, nf*
dedùktive *deduttìvo-i a e, a*
dedùktively *deduttivamènte, ad*
dèed *àtto-i, nm*
to dèed *donàre*
to dèem *judikàre*
dèemster *jùdice-i, nm*
dèep *profòndo-i a e, a*
dèep *profondamènte, ad*
to dèepen *approfondìre*
dèeply *profondamènte, ad*
dèepness *profondità, nf*
dèer *cèrvo-i, nm*
to defàce *sfiguràre*
defàceable *sfrejàbile-i, a*
defàcement *sfrèjo-i, nm*
to dèfalkàte *diffalkàre*
defalkàtion *diffàlko-i, nm*
defamàtion *diffamaziòne-i, nf*
defàmatory *diffamatòrio-i a e, a*
to defàme *diffamàre*
dèfault *difètto-i, nm*
to dèfault *negàre*
defàulter *imputàto kontumàce, nm*
defèat *disfàtta-e, nf*
to defèat *skonfìjjere*
defèatism *disfattìsmo-i, nm*
defèatist *disfattìsta-i, nm*
to dèfekate *dekantàre*
defekàtion *defekaziòne-i, nf*
defèkt *difètto-i, nm*
defèktion *defeziòne-i, nf*
defèktive *difettòso-i a e, a*
defènce *difèsa-e, nf*
defènceless *indifèso-i a e, a*
defèncelessly *sènza difèsa, ad*
to defènd *difèndere*

defendant *accusato-i a e, nmf*
defender *difensore-i, nm*
defensibility *difendibilità, nf*
defensible *difensibile-i, a*
defensibly *difensivamente, ad*
difensive *difensivo-i a e, a*
difensively *difensivamente, ad*
to defer *differire*
to defer *deferire*
deference *deferenza-e, nf*
deferential *deferente-i, a*
deferentially *deferentemente, ad*
deferment *differimento-i, nm*
defiance *sfida-e, nf*
defiant *insolente-i, a*
defiantly *provocantemente, ad*
deficiency *deficenza-e, nf*
deficient *deficiente-i, a*
deficit *deficit, nm*
defier *sfidatore-i, nm*
to defile *sfilare*
to defile *profanare*
defilement *profanazione-i, nf*
definable *definibile-i, a*
to define *definire*
definite *definito-i a e, a*
defintely *definitamente, ad*
definiteness *determinatezza-e, nf*
definition *definizione-i, nf*
definitive *definitivo-e a e, a*
definitively *definitivamente, ad*
to deflate *sgonfiare*
deflation *deflazione, nf*
to deflect *deflettere*
deflection *deviazione-i, nf*
to deflower *deflorare*
to deform *deformare*
deformation *deformazione-i, nf*
deformity *deformità, nf*
to defraud *defraudare*
to defray *pagare*
deft *destro-i a e, a*

defendànt *akkusàto-i a e, nmf*
defènder *difensòre-i, nm*
defensibìlity *difendibilità, nf*
defènsible *difensìbile-i, a*
defènsibly *difensivamènte, ad*
defènsive *difensìvo-i a e, a*
difènsively *difensivamènte, ad*
to defèr *differìre*
to defèr *deferìre*
dèference *deferènza-e, nf*
deferèntial *deferènte-i, a*
deferèntially *deferentemènte, ad*
defèrment *differimènto-i, nm*
defiànce *sfida-e, nf*
defiànt *insolènte-i, a*
defiàntly *provokantemènte, ad*
deficiency *deficènza-e, nf*
deficient *deficènte-i, a*
dèficit *deficìt, nm*
defier *sfidatòre-i, nm*
to defile *sfilàre*
to defile *profanàre*
defilement *profanazione-i, nf*
definable *definìbile-i, a*
to defìne *definìre*
dèfinite *definìto-i a e, a*
dèfintely *definitamènte, ad*
dèfiniteness *determinatèzza-e, nf*
definìtion *definiziòne-i, nf*
definitive *definitìvo-e a e, a*
definitively *definitivamènte, ad*
to deflàte *sgonfiàre*
deflàtion *deflaziòne, nf*
to deflèkt *deflèttere*
deflèktion *deviaziòne-i, nf*
to dèflòwer *defloràre*
to defòrm *deformàre*
defòrmàtion *deformaziòne-i, nf*
defòrmity *deformità, nf*
to defràud *defraudàre*
to defrày *pagàre*
dèft *dèstro-i a e, a*

defunct *defunto-i a e, a*
to defy *sfidare*
degenaracy *degenerazione-i, nf*
to degenerate *degenerare*
degenerate *degenere-i, a*
deglutition *deglutizione-i, nf*
degradation *degradazione-i, nf*
to degrade *degradare*
degrading *degradante-i, a*
to degrease *sgrassare*
degree *grado-i, nm*
degustation *degustazione-i, nf*
dehiscent *deiscente-i, a*
deicer *scioglighiaccio-i, nm*
deification *deificazione-i, nf*
deiform *deiforme-i, a*
to deify *deificare*
to deign *accordare*
deism *desimo-i, nm*
deist *deista-i, nm*
deity *deità, nf*
to deject *abbattere*
dejected *depresso-i a e, a*
dejection *abbattimento-i, nm*
delaine *mussola-e, nf*
delation *delazione-i, nf*
delay *ritardo-i, nm*
to delay *rimandare*
delectable *dilettevole-i, a*
delectably *dilettevolmente, ad*
delectation *diletto-i, nm*
delegacy *delegazione-i, nf*
delegate *delegato-i a e, nmf*
to delgate *delegare*
delegation *delegazione-i, nf*
delete *cancellare*
deleterious *deleterio-i a e, a*
deliberate *deliberato-i a e, a*
to deliberate *deliberare*
deliberatly *deliberatamente, ad*
deliberatenes *ponderatezza-e, nf*
deliberation *deliberazione-i, nf*

defùnkt *defùnto-i a e, a*
to defỳ *sfidàre*
degènaracy *dejeneraziòne-i, nf*
to degènerate *dejeneràre*
degèneràte *dejènere-i, a*
deglutìtion *deglutiziòne-i, nf*
degradàtion *degradaziòne-i, nf*
to degràde *degradàre*
degràding *degradànte-i, a*
to degrèase *sgrassàre*
degrèe *gràdo-i, nm*
degustàtion *degustaziòne-i, nf*
dehìscent *deishènte-i, a*
dèicer *shoyigiàcco-i, nm*
deifikàtion *deifikaziòne-i, nf*
deìform *deifòrme-i, a*
to deìfỳ *deifikàre*
to dèign *akkordàre*
deìsm *deìsmo-i, nm*
deìst *deìsta-i, nm*
deìty *deità, nf*
to dejèkt *abbàttere*
dejèkted *deprèsso-i a e, a*
dejèktion *abbattimènto-i, nm*
delàine *mùssola-e, nf*
delàtion *delaziòne-i, nf*
delàỳ *ritàrdo-i, nm*
to delàỳ *rimandàre*
delèktable *dilettèvole-i, a*
delèktably *dilettevolmènte, ad*
delektàtion *dilètto-i, nm*
dèlegacy *delegaziòne-i, nf*
dèlegàte *delegàto-i a e, nmf*
to dèlegate *delegàre*
delegàtion *delegaziòne-i, nf*
delète *kancellàre*
deletèrious *deletèrio-i a e, a*
delìberàte *deliberàto-i a e, a*
to delìberate *deliberàre*
delìberatly *deliberatamènte, ad*
delìberateness *ponderatèzza-e, nf*
delìberàtion *deliberaziòne-i, nf*

ci ce ca co cu   ki ke ka ko ku   ji je ja jo ju   gi ge ga go gu
sci sce sca sco scu=shi she sha sho shu   gn=q   gl=y

deliberative *deliberativo-i a e, a*
delicacy *delicatezza-e, nf*
delicate *delicato-i a e, a*
delicately *delicatamente, ad*
delicatessen *pizzicagnolo-i, nm*
delicious *delizioso-i a e, a*
deliciously *deliziosamente, ad*
deliciousness *squisitezza-e, nf*
delight *diletto-i a e, nmf*
to delight *dilettare*
delightful *piacevole-i, a*
delightfully *piacevolmente, ad*
delightsome *dilettevole-i, a*
to delimit *delimitare*
delimitation *delimitazione-i, nf*
delineable *delineabile-i, a*
to delieate *delineare*
delineation *delineazione-i, nf*
delinquency *delinquenza-e, nf*
delinquent *delinquente-i, nm*
delirious *delirante-i, a*
delirium *delirio-i, nm*
to deliver *consegnare*
deliverable *consegnabile-i, a*
deliverance *liberazione-i, nf*
deliverer *salvatore-i, nm*
delivery *consegna-e, nf*
dell *valletta-e, nf*
to delouse *spidocchiare*
delta *delta-e, nf*
to delude *deludere*
deluge *diluvio-i, nm*
to deluge *inondare*
delusion *delusione-i, nf*
delusive *delusorio-i a e, a*
to delve *scavare*
demagogic *demagogico-i a he, a*
demagogue *demagogo-i a he, nmf*
demagogy *demagogia-e, nf*
demand *domanda-e, nf*
to demand *domandare*
demandant *domandatore-i, nm*

demandant

delìberative *delìberatìvo-i a e, a*
dèlikacy *delikatèzza-e, nf*
dèlikàte *delikàto-i a e, a*
dèlikàtely *delikatamènte, ad*
delikatèssen *pizzikàqolo-i, nm*
delìcious *delizìòso-i a e, a*
delìciously *deliziosamènte, ad*
delìciousness *skuisitèzza-e, nf*
delìght *dilètto-i a e, nmf*
to delìght *dilettàre*
delìghtful *piacèvole-i, a*
delìghtfully *piacevolmènte, ad*
delìghtsòme *dilettèvole-i, a*
to delìmit *delimitàre*
delimitàtion *delimitazìòne-i, nf*
delìnèable *delineàbile-i, a*
to delìnèate *delineàre*
delineàtion *delineazìòne-i, nf*
delìnquency *delinkuènza-e, nf*
delìnquent *delinkùente-i, nm*
delìrious *deliràte-i, a*
delìrium *delìrio-i, nm*
to delìver *konseqàre*
delìverable *konseqàbile-i, a*
delìverance *liberazìòne-i, nf*
delìverer *salvatòre-i, nm*
delìvery *konsèqa-e, nf*
dèll *vallètta-e, nf*
to delòuse *spidokkiàre*
dèlta *dèlta-e, nf*
to delùde *delùdere*
dèluge *dilùvio-i, nm*
to dèluge *inondàre*
delùsion *delusìòne-i, nf*
delùsive *delusòrio-i a e, a*
to dèlve *skavàre*
demagògik *demagòjiko-i a e, a*
dèmagògue *demagògo-i a e, nmf*
dèmagogy *demagojìa-e, nf*
demànd *domànda-e, nf*
to demànd *domandàre*
demàndant *domandatòre-i, nm*

demarcation *demarcazione-i, nf*
to demean *abbassare*
demeanor *condotta-e, nf*
demented *demente-i, a*
demerit *demerito-i, nm*
demigod *semidio, nm*
demijohn *damigiana-e, nf*
demi-monde *mezzo-mondo, nm*
demisable *trasmissibile-i, a*
demise *morte-i, nm*
demobilization *smobilitazione-i, nf*
to demobilize *smobilitare*
democracy *democrazia-e, nf*
democrat *democratico-i, a he, a*
democratically *democraticamente, ad*
democratization *democratizzazione-i, a*
to democratize *democratizzare*
demographic *demografico-i a he, a*
demography *demografia-e, nf*
to demolish *demolire*
demolition *demolizione-i, nf*
demon *demonio-i, nm*
demoniacal *demoniaco-i a he, a*
demoniac *indemoniato-i a e, a*
demoniacally *demoniacamente, ad*
demonic *demonico-i a he, a*
demonolatry *domoniolatria-e, nf*
demonology *demonologia-e, nf*
demonstrable *dimostrabile-i, a*
demonstrant *dimostrante-i, nm*
to demonstrate *dimostrare*
demonstration *dimostrazione-i, nf*
demonstrative *dimostrativo-i a e, a*
demonstrator *dimostratore-i, nm*
demoralization *demoralizzazione-i, nf*
to demoralize *demoralizzare*
to demur *esitare*
demure *sobrio-i a e, a*
demureness *sobrietà, nf*
demurrage *ritardo-i, nm*
demurrer *indugiatore-i, nm*
den *tana-e, nf*

demarkàtion *demarkaziòne-i, nf*
to demèan *abbassàre*
demèanor *kondòtta-e, nf*
demènted *demènte-i, a*
demèrit *demèrito-i, nm*
dèmigòd *semidìo, nm*
dèmijòhn *damijàna-e, nf*
dèmi-mònde *mèzzo-mòndo, nm*
demìsable *trasmissìbile-i, a*
demìse *mòrte-i, nm*
dèmòbilizàtion *smobilitaziòne-i, nf*
to demòbilìze *smobilitàre*
demòkracy *demokrazìa-e, nf*
dèmokrat *demokràtiko-i, a e, a*
demòkràtikally *demokratikamènte, ad*
dèmòkratizàtion *demokratizzaziòne-i, a*
to demòkratize *demokratizzàre*
demogràphik *demogràfiko-i a e, a*
demògraphy *demografia-e, nf*
to demòlish *demolìre*
demolìtion *demoliziòne-i, nf*
dèmon *demònio-i, nm*
dèmonìakal *demonìako-i a e, a*
dèmonìak *indemonìàto-i a e, a*
demonìakally *demoniakamènte, ad*
demònik *demòniko-i a e, a*
demonòlatry *domoniolatrìa-e, nf*
demonòlogy *demonolojìa-e, nf*
demònstrable *dimostràbile-i, a*
demònstrant *dimostrànte-i, nm*
to demònstrate *dimostràre*
demonstràtion *dimostraziòne-i, nf*
demònstrative *dimostratìvo-i a e, a*
dèmonstràtor *dimostratòre-i, nm*
demoralizàtion *demoralizzaziòne-i, nf*
to demòralize *demoralizzàre*
to demùr *esitàre*
demùre *sòbrio-i a e, a*
demùreness *sobrietà, nf*
demùrrage *ritàrdo-i, nm*
demùrrer *indujatòre-i, nm*
dèn *tàna-e, nf*

to denature *denaturare*	to denàture *denaturàre*
deniable *negabile-i, a*	denìable *negàbile-i, a*
denial *rifiuto-i, nm*	denìal *rifiùto-i, nm*
denier *negatore-i, nm*	denìer *negatòre-i, nm*
to denigrate *denigrare*	to denìgràte *denigràre*
denigration *denigrazione-i, nf*	dènigràtion *denigraziòne-i, nf*
denigrator *denigratore-i, nm*	dènigràtor *denigratòre-i, nm*
denizen *straniero-i a e, nmf*	dènizen *stranièro-i a e, nmf*
Denmark *Danimarca, nf*	Dènmàrk *Danimàrka, nf*
todenominate *denominare*	to denòminàte *denominàre*
denomination *denominazione-i, nf*	denominàtion *denominaziòne-i, nf*
denominator *denominatore-i, nm*	denòminàtor *denominatòre-i, nm*
denotation *denotazione-i, nf*	denotàtion *denotaziòne-i, nf*
to denote *denotare*	to denòte *denotàre*
denotement *denotazione-i, nf*	denòtement *denotaziòne-i, nf*
denoument *scioglimento-i, nm*	dènoument *shoyimènto-i, nm*
denounce *dinunciare*	denòunce *dinunciàre*
denouncement *denuncia-e, nf*	denòuncement *denùnka-e, nf*
dense *denso-i a e, a*	dènse *dènso-i a e, a*
densely *densamente, ad*	dènsely *densamènte, ad*
denseness *densità, nf*	dènseness *densità, nf*
density *densità, nf*	dènsity *densità, nf*
dent *incavo-i, nm*	dènt *inkàvo-i, nm*
to dent *dentare*	to dènt *dentàre*
dental *dentale-i, a*	dèntal *dentàle-i, a*
dentate *dentato-i a e, a*	dèntate *dentàto-i a e, a*
dentation *dentellatura-e, nf*	dentàtion *dentellatùra-e, nf*
dentex *dentice-i, nm*	dèntex *dèntice-i, nm*
dentifrice *dentifricio-i, nm*	dèntifrice *dentifrìco-i, nm*
dentin *dentina-e, nf*	dèntin *dentìna-e, nf*
dentist *dentista-i, nm*	dèntist *dentìsta-i, nm*
dentistry *odontoiatria, nf*	dèntistry *odontoiatrìa, nf*
dentition *dentizione-i, a*	dentìtion *dentiziòne-i, a*
denture *dentiera-e, nf*	dènture *dentièra-e, nf*
denudation *denudazione-i, nf*	denudàtion *denudaziòne-i, nf*
to denude *denudare*	to denùde *denudàre*
denunciation *denuncia-e, nf*	denùnciàtion *denùnca-e, nf*
denunicator *denunciatore-i, nm*	denùnciàtor *denuncatòre-i, nm*
to deny *negare*	to denỳ *negàre*
deodoriation *deodorizzazione-i, nf*	deodorizàtion *deodorizzaziòne-i, nf*
to deodorize *deodorare*	to deòdorìze *deodoràre*
deodorizer *deodorante-i, nm*	deòdorìzer *deodorànte-i, nm*

to depart *partire*
departed *morto-i, nm*
department *dipartimento-i, nm*
departmental *dipartimentale-i, a*
departure *partenza-e, nf*
to depauperate *depauperare*
to depend *dipendere*
dependable *fidato-i a e, a*
dependant *dipendente-i, nm*
dependence *dipendenza-e, nf*
dependency *dipendenza-e, nf*
dependent *dipendente-i, nm*
dependently *dipendentemente, ad*
to depict *descrivere*
depilation *depilazione-i, nf*
depilatory *depilatorio-i a e, a*
to deplete *esaurire*
deplorable *deplorabile-i, a*
deplorably *deplorabilmente, ad*
deploration *deplorazione-i, nf*
to deplore *deplorare*
to deploy *dispiegare*
deployment *spiegamento-i, nm*
to depone *deporre*
deponement *deponente-i, nm*
to depopulate *spopolare*
depopulation *spopolamento-i, nm*
to deport *deportatre*
deportation *deportazione-i, nf*
deportment *comportamento-i, nm*
deposable *deponibile-i, a*
to depose *deporre*
deposit *deposito-i, nm*
to deposit *depositare*
depositary *depositario-i, nm*
deposition *deposizione-i, nf*
depositor *depositante-i, nm*
depository *deposito-i, nm*
depot *magazzino-i, nm*
depravation *depravazione-i, nf*
to deprave *depravare*
depravity *depravazione-i, nf*

to depàrt *partìre*
depàrted *mòrto-i a e, nmf*
depàrtment *dipartimènto-i, nm*
departmèntal *dipartimentàle-i, a*
depàrture *partènza-e, nf*
to depauperàte *depauperàre*
to depènd *dipèndere*
depèndable *fidàto-i a e, a*
depèndant *dipendènte-i, nm*
depèndence *dipendènza-e, nf*
depèndency *dipendènza-e, nf*
depèndent *dipendènte-i, nm*
depèndently *dipendentemènte, ad*
to depìkt *deskrìvere*
depilàtion *depilaziòne-i, nf*
depìlatory *depilatòrio-i a e, a*
to deplète *esaurìre*
deplòrable *deplorabìle-i, a*
deplòrably *deplorabilmènte, ad*
deplòration *deplorazòne-i, nf*
to deplòre *deploràre*
to deplòy *dispiegàre*
deplòyment *spiegamènto-i, nm*
to depòne *depòrre*
depònent *deponènte-i, nm*
to depòpulàte *spopolàre*
depòpulàtion *spopolamènto-i, nm*
to depòrt *deportàre*
depòrtàtion *deportaziòne-i, nf*
depòrtment *komportamènto-i, nm*
depòsable *deponìbile-i, a*
to depòse *depòrre*
depòsit *depòsito-i, nm*
to depòsit *depositàre*
depòsitary *depositàrio-i, nm*
depòsition *depoziziòne-i, nf*
depòsitor *depositànte-i, nm*
depòsitory *depòsito-i, nm*
dèpot *magazzìno-i, nm*
depravàtion *depravaziòne-i, nf*
to depràve *depravàre*
depràvity *depravaziòne-i, nf*

deprecable *deprecabile-i, a*	**dèprekable** *deprekàbile-i, a*
to deprecate *deprecare*	**to dèprekàte** *deprekàre*
depreciation *deprezzamento-i, nm*	**depreciàtion** *deprèzzamènto-i, nm*
depreciative *deprezzativo-i a e, a*	**deprèciative** *deprezzatìvo-i a e, a*
deprecator *deprecatore-i, nm*	**dèprekator** *deprekatòre-i, nm*
deprecatory *deprecatorio-i a e, a*	**dèprekàtory** *deprekatòrio-i a e, a*
to depreciate *deprezzare*	**to deprecìate** *deprezzàre*
depreciatingly *deprezzamente, ad*	**depreciàtingly** *deprezzamènte, ad*
depreciation *deprezzamento-i, nm*	**depreciàtion** *deprezzamènto-i, nm*
depreciative *deprezzabile-i, a*	**deprèciative** *deprezzàbile-i, a*
depredation *depredamento-i, nm*	**depredàtion** *depredamènto-i, nm*
depredator *depredatore-i, nm*	**dèpredator** *depredatòre-i, nm*
to depress *deprimere*	**to deprèss** *deprìmere*
depression *depressione-i, nf*	**deprèssion** *depressiòne-i, nf*
depressing *deprimente-i, a*	**deprèssing** *deprimènte-i, a*
deprivation *privazione-i, nf*	**deprivàtion** *privaziòne-i, nf*
to deprive *privare*	**to deprìve** *privàre*
depth *profondità, nf*	**dèpth** *profondità, nf*
depthless *senza profondità, a*	**dèpthless** *sènza profondità, a*
deputation *deputazione-i, nf*	**deputàtion** *deputaziòne-i, nf*
to depute *deputare*	**to depùte** *deputàre*
to deputize *deputare*	**to dèputize** *deputàre*
deputy *deputato-i a e, nmf*	**dèputỳ** *deputàto-i a e, nmf*
to derail *deragliare*	**to deràil** *derayàre*
derailment *deragliamento-i, nm*	**deràilment** *derayamènto-i, nm*
to derange *disordinare*	**to derànge** *disordinàre*
deranged *impazzito-i a e, a*	**derànged** *impazzìto-i a e, a*
derangement *disordine-i, nm*	**deràngement** *disòrdine-i, nm*
to derate *diminuire*	**to deràte** *diminuìre*
derelict *derelitto-i, nm*	**dèrelikt** *derelìtto-i, nm*
dereliction *abbandono-i, nm*	**derelìktion** *abbandòno-i, nm*
to deride *deridere*	**to derìde** *derìdere*
derider *derisore-i, nm*	**derìder** *derisòre-i, nm*
derision *derisione-i, nm*	**derìsion** *derisiòne-i, nm*
derisive *derisivo-i a e, a*	**derìsive** *derisìvo-i a e, a*
derisively *derisivamente, ad*	**derìsively** *derisivamènte, ad*
derisory *derisorio-i a e, a*	**derìsory** *derisòrio-i a e, a*
derivable *derivabile-i, a*	**derìvable** *derivàbile-i, a*
derivate *derivato-i a e, a*	**dèrivate** *derivàto-i a e, a*
derivation *derivazione-i, nf*	**derivàtion** *derivaziòne-i, nf*
derivative *derivato-i a e, a*	**derìvative** *derivàto-i a e, a*
derivatively *derivatamente, ad*	**derìvatively** *derivatamènte, ad*

to derive *derivare*
dermatologist *dermatologo-hi, nm*
dermatology *dermatologia-e, nf*
to derogate *derogare*
derogation *deroga-he, nf*
derogatory *derogatorio-i, a*
derrick *gru, nf*
derring-do *coraggio-i, nm*
dervish *monaco-i, nm*
descant *melodia-e, nf*
to descant *insistere*
to descend *discendere*
descendant *discendente-i, nm*
descended *prole-i, nf*
descendible *trasmissibile-i, a*
descent *discesa-e, nf*
describable *descrivibile-i, a*
to describe *descrivere*
description *descrizione-i, nf*
descriptive *descrittivo-i a e, a*
to descry *scorgere*
to desecrate *profanare*
desecrator *profanatore-i, nm*
desecration *profanazione-i, nf*
desert *deserto-i, nm*
desert *merito-i, nm*
to desert *disertare*
deserter *disertore-i, nm*
desertion *diserzione-i, nf*
desertless *senza meriti, nm*
to deserve *meritare*
deserving *meritevole-i, a*
deservingly *meritevolmente, ad*
desiccant *essiccante-i, a*
to desiccate *essiccare*
desiccation *essiccazione-i, nf*
desiccative *essiccativo-i a e, a*
to desiderate *desiderare*
desiderative *desiderativo-i a e, a*
desoderatum *desiderato-i, nm*
design *disegno-i, nm*
to design *disegnare*

to derìve *derivàre*
dermatòlogist *dermatòlogo-i, nm*
dermatòlogy *dermatolojìa-e, nf*
to dèrogate *derogàre*
derogàtion *deròga-e, nf*
deròrgatory *derogatòrio-i, a*
dèrrik *grù, nf*
dèrring-dò *koràjjo-i, nm*
dèrvish *mònako-i, nm*
dèskant *melodìa-e, nf*
to deskànt *insìstere*
to descènd *dishèndere*
descèndant *dishendènte-i, nm*
descènded *pròle-i, nf*
descèndible *trasmissìbile-i, a*
descènt *dishèsa-e, nf*
descrìbable *deskrivìbile-i, a*
to dèscrìbe *deskrìvere*
descrìption *deskrizìone-i, nf*
descrìptive *deskrittìvo-i a e, a*
to descrỳ *skòrjere*
to dèsekràte *profanàre*
dèsekràtor *profanatòre-i, nm*
desekràtion *profanazìone-i, nf*
dèsert *desèrto-i, nm*
desèrt *merìto-i, nm*
to dèsèrt *disertàre*
desèrter *disertòre-i, nm*
desèrtion *diserzìone-i, nf*
desèrtless *sènza mèriti, nm*
to desèrve *meritàre*
desèrving *meritèvole-i, a*
desèrvingly *meritevolmènte, ad*
desìkkant *essikkànte-i, a*
to dèsikkàte *essikkàre*
desikkàtion *essikkazìone-i, nf*
desìkkative *essikkatìvo-i a e, a*
to desìderate *desideràre*
desìderative *desiderativo-i a e, a*
desideratùm *desideràto-i, nm*
desìgn *disèqo-i, nm*
to desìgn *diseqàre*

ci ce ca co cu   ki ke ka ko ku   ji je ja jo ju   gi ge ga go gu
sci sce sca sco scu=shi she sha sho shu   gn=q   gl=y

dispotically

to designate *designare* | to dèsignate *desiqàre*
designation *designazione-i, nf* | designàtion *desiqaziòne-i, nf*
designer *disegnatore-i, nm* | desìgner *diseqatòre-i, nm*
designing *astuto-i a e, a* | desìgning *astùto-i a e, a*
desirable *desiderabile-i, a* | desìrable *desideràbile-i, a*
desirability *desiderabilità, nf* | desirabìlity *desiderabilità, nf*
desirably *desiderabilmente, ad* | desìrably *desiderabilmènte, ad*
desire *desiderio-i, nm* | desìre *desidèrio-i, nm*
to desire *desiderare* | to desìre *desideràre*
desireless *senza desideri, a* | desìreless *sènza desidèri, a*
desirous *desideroso-i a e, a* | desìrous *desideròso-i a e, a*
to desist *desistere* | to desìst *desìstere*
desistance *desistenza-e, nf* | desìstance *desistènza-e, nf*
desk *banco-hi, nm* | dèsk *bànko-i, nm*
to desolate *desolare* | to dèsolate *desolàre*
desolate *desolato-i a e, a* | dèsolàte *desolàto-i a e, a*
desolately *desolatamente, ad* | dèsolately *desolatamènte, ad*
desolateness *desolazione-i, nf* | dèsolateness *desolaziòne-i, nf*
desolation *desolazione-i, a* | desolàtion *desolaziòne-i, a*
despair *disperazione-i, nf* | despàir *disperaziòne-i, nf*
to despair *disperare* | to despàir *disperàre*
despairingly *disperatamente, ad* | despàiringly *disperatamènte, ad*
despatch *spedizione-i, nf* | despàtch *spediziòne-i, nf*
to despatch *spacciare* | to despàtch *spaccàre*
desperate *disperato-i a e, a* | dèsperàte *disperàto-i a e, a*
desperation *disperazione-i, nf* | desperàtion *disperaziòne-i, nf*
despicable *vile-i, a* | despìkable *vìle-i, a*
despicably *vilmente, ad* | despìkably *vilmènte, ad*
despise *dispetto-i, nm* | despìse *dispètto-i, nm*
to despise *disprezzare* | to despìse *disprezzàre*
despite *nonostante, prep* | despìte *nonostànte, prep*
despiteful *dispettoso-i a e, a* | despìteful *dispettòso-i a e, a*
despitefully *dispettosamente, ad* | despìtefully *dispettosamènte, ad*
to despoil *rovinare* | to despòil *rovinàre*
despoilment *spoliazione-i, nf* | despòilment *spoliaziòne-i, nf*
to despond *scoraggiare* | to despònd *skorajjàre*
despondency *scoraggiamento-i, nm* | despòndency *skorajjamènto-i, nm*
despondent *scoraggiato-i a e, a* | despòndent *skorajjàto-i a e, a*
despondently *scoraggiatamente, ad* | despòndently *skorajjatamènte, ad*
despot *despota-i, nm* | dèspot *dèspota-i, nm*
despotic *despotico-i a he, a* | despòtik *despòtiko-i a e, a*
dispotically *dispoticamente, ad* | dispòtikally *dispotikamènte, ad*

despotism *dispotismo-i, nm*	**dèspotism** *dispotìsmo-i, nm*
to desquamate *squamare*	**to dèsquamate** *skuamàre*
dessert *dolce-i, nm*	**dessèrt** *dòlce-i, nm*
destination *destinazione-i, nf*	**destinàtion** *destinaziòne-i, nf*
to destine *destinare*	**to dèstine** *destinàre*
destiny *destino-i, nm*	**dèstiny** *destìno-i, nm*
destitute *destituto-i a e, a*	**dèstitute** *destitùto-i a e, a*
destitution *povertà, nf*	**destitùtion** *povertà, nf*
to destroy *distruggere*	**to destròy** *distrùjjere*
destroyer *distruttore-i, nm*	**destròyer** *distruttòre-i, nm*
destructible *distruttibile-i, a*	**destrùktible** *distruttìbile-i, a*
destruction *distruzione-i, nf*	**destrùktion** *distruziòne-i, nf*
destructive *distruttivo-i a e, a*	**destrùktive** *distruttìvo-i a e, a*
destructively *distruttivamente, ad*	**destrùktively** *distruttivamènte, ad*
destructor *distruttore-i, nm*	**destrùktor** *distruttòre-i, nm*
desuetude *dissuetudine-i, nf*	**dèsuetùde** *dissuetùdine-i, nf*
desultorily *saltuariamente, ad*	**dèsùltorily** *saltuariamènte, ad*
desultoriness *saltuarietà, nf*	**dèsultòriness** *saltuarietà, nf*
desultory *saltuario-i a e, a*	**dèsultòry** *saltuàrio-i a e, a*
to detach *staccare*	**to detàch** *stakkàre*
detatchable *staccabile-i, a*	**detàtchable** *stakkàbile-i, a*
detatched *staccato-i a e, a*	**detàtched** *stakkàto-i a e, a*
detachedness *isolamento-i, nm*	**detàchedness** *isolamènto-i, nm*
detachment *distacco-hi, nm*	**detàchment** *distàkko-i, nm*
detail *dettaglio-i, nm*	**dètail** *dettàyo-i, nm*
to detail *dettagliare*	**to dètail** *dettayàre*
detailed *particolareggiato-i a e, a*	**dètailed** *partikolàrejjato-i a e, a*
to detain *trattenere*	**to dètain** *trattenère*
detainer *detentore-i, nm*	**detàiner** *detentòre-i, nm*
to detect *scoprire*	**to detèkt** *skoprìre*
detection *scoperta-e, nf*	**detèktion** *skopèrta-e, nf*
detective *agente-i, nm*	**detèktive** *ajènte-i, nm*
detector *scopritore-i, nm*	**detèktor** *skopritòre-i, nm*
detention *detenzione-i, nf*	**detèntion** *detenziòne-i, nf*
to deter *distogliere*	**to detèr** *distòyere*
detergent *detergente-i, nm*	**detèrgent** *deterjènte-i, nm*
to deteriorate *deteriorare*	**to deteriòràte** *deterioràre*
deterioration *deteriorazione-i, nf*	**deterioràtion** *deteriorazione-i, nf*
determinable *determinabile-i, a*	**detèrminable** *determinàbile-i, a*
determinant *determinante-i, a*	**detèrminant** *determinànte-i, a*
determinate *determinato-i a e, a*	**detèrminàte** *determinàto-i a e, a*
determinateness *determinatezza-e, nf*	**detèrminateness** *determinatèzza-e, nf*

ci ce ca co cu   ki ke ka ko ku   ji je ja jo ju   gi ge ga go gu   167
sci sce sca sco scu=shi she sha sho shu   gn=q   gl=y

devilment

determination *determinazione-i, nf*
determinative *determinativo-i a e, a*
to determine *determinare*
determined *risoluto-i a e, a*
determinism *determinismo-i, nm*
deterrent *deterrente-i, a*
detersive *detersivo-i, nm*
to detest *detestare*
detestable *detestabile-i, a*
detestably *detestabilmente, ad*
detestation *detestazione-i, nf*
to dethrone *detronizzare*
dethronement *detronizzare*
to detonate *detonare*
detonation *detonazione-i, nf*
detonator *detonatore-i, nm*
detour *deviazione-i, nf*
detract *detrarre*
detractingly *diffamatoriamente, ad*
detraction *detrazione-i, nf*
detractor *detrattore-i, nm*
to detrain *scendere*
detriment *detrimento-i, nm*
detrimental *dannoso-i a e, a*
detrimentally *dannosamente, ad*
deuce *due, nm*
deuce *diavolo-i, nm*
devaluation *svalutazione-i, nf*
to devastate *devastare*
devastation *devastazione-i, nf*
devastator *devastatore-i, nm*
to develop *sviluppare*
developer *sviluppatore-i, nm*
development *sviluppo-i, nm*
to deviate *deviare*
deviation *deviazione-i, nf*
deviator *deviatore-i, nm*
device *espediente-i, nm*
devil *diavolo-i, nm*
devilish *diabolico-i ahe, a*
devilishly *diabolicamente, ad*
devilment *diavoleria-e, nf*

determinàtion *determinaziòne-i, nf*
detèrminàtive *determinatìvo-i a e, a*
to detèrmine *determinàre*
detèrmined *risolùto-i a e, a*
detèrminism *determinìsmo-i, nm*
detèrrent *deterrènte-i, a*
detèrsive *detersìvo-i, nm*
to detèst *detestàre*
detèstable *detestàbile-i, a*
detèstably *detestabilmènte, ad*
detestàtion *detestaziòne-i, nf*
to dethròne *detronizzàre*
dethrònement *detronizzàre*
to dètonate *detonàre*
detonàtion *detonaziòne-i, nf*
dètonàtor *detonatòre-i, nm*
dètour *deviaziòne-i, nf*
detràkt *detràrre*
detràktingly *diffamatoriamènte, ad*
detràktion *detraziòne-i, nf*
detràktor *detrattòre-i, nm*
to detràin *shèndere*
dètriment *detrimènto-i, nm*
detrimèntal *dannòso-i a e, a*
detrimèntally *dannosamènte, ad*
dèuce *dùe, nm*
dèuce *diàvolo-i, nm*
devaluàtion *svalutaziòne-i, nf*
to dèvastàte *devastàre*
devastàtion *devastaziòne-i, nf*
dèvastàtor *devastatòre-i, nm*
to devèlop *sviluppàre*
devèloper *sviluppatòre-i, nm*
devèlopment *svilùppo-i, nm*
to devìate *deviàre*
deviàtion *deviaziòne-i, nf*
deviàtor *deviatòre-i, nm*
devìce *espediènte-i, nm*
dèvil *diàvolo-i, nm*
dèvilish *diabòliko-i a e, a*
dèvilishly *diabolikamènte, ad*
dèvilment *diavolerìa-e, nf*

devilry *diavoleria-e, nf*
devious *sviato-i a e, a*
devisable *immaginabile-i, a*
devise *testamento-i, nm*
to devise *escogitare*
devisee *erede-i, nm*
devisor *testatore-i, nm*
devoid *privo-i a e, a*
devolution *devoluzione-i, nf*
to devolve *devolvere*
to devote *dedicare*
devoted *devoto-i a e, a*
devotee *devoto-i a e, nmf*
devotion *devozione-i, nf*
devotional *devozione-i, nf*
devotionally *devozionalmente, ad*
to devour *divorare*
devouringly *voracemente, ad*
devout *devoto-i a e, a*
devoutly *devotamente, ad*
dew *rugiada-e, nf*
dewiness *rugiadosità, nf*
dewlap *giogaia-e, nf*
dewy *rugiadoso-i a e, a*
dexter *destro-i a e, a*
dexterity *destrezza-e, nf*
dextrous *abile-i, a*
dextrin *destrina-e, nf*
diabetes *diabete-i, nf*
diabetic *diabetico-i a he, a*
diabolic *diabolico-i a he, a*
diabolism *diavoleria-e, nf*
diaconal *diaconato-i a e, a*
diadem *diadema-e, nf*
diademed *incoronato-i a e, a*
diaeresis *dieresi, nf*
to diagnose *diagnosticare*
diagnosis *diagnosi, nf*
diagnostic *diagnostico-i a he, a*
diagonal *diagonale-i, a*
diagonally *diagonalmente, ad*
diagram *diagramma-i, nm*

diagram

dèvilry *diavolerìa-e, nf*
dèvious *sviàto-i a e, a*
devìsable *immajinàbile-i, a*
devìse *testamènto-i, nm*
to devìse *eskojitàre*
devìsee *erède-i, nm*
devìsor *testatòre-i, nm*
devòid *prìvo-i a e, a*
devolùtion *devoluziòne-i, nf*
to devòlve *devòlvere*
to devòte *dedikàre*
devòted *devòto-i a e, a*
devotèe *devòto-i a e, nmf*
devòtion *devoziòne-i, nf*
devòtional *devoziòne-i, nf*
devòtionally *devozionalmènte, ad*
to devòur *divoràre*
devòuringly *voracemènte, ad*
devòut *devòto-i a e, a*
devòutly *devotamènte, ad*
dèw *rujàda-e, nf*
dèwiness *rujadosità, nf*
dèwlàp *jogàia-e, nf*
dèwy *rujadòso-i a e, a*
dèxter *dèstro-i a e, a*
dextèrity *destrèzza-e, nf*
dèxtrous *àbile-i, a*
dèxtrin *destrìna-e, nf*
diàbetes *diabète-i, nf*
diàbetik *diabètiko-i a e, a*
diàbòlik *diabòliko-i a e, a*
diàbolism *diavolerìa-e, nf*
diàkonal *diakonàto-i a e, a*
diàdèm *diadèma-e, nf*
diàdemed *inkoronàto-i a e, a*
diàerèsis *dièresi, nf*
to diàgnòse *diaqostikàre*
diàgnòsis *diaqòsi, nf*
diàgnòstik *diaqòstiko-i a e, a*
diàgonal *diagonàle-i, a*
diàgonally *diagonalmènte, ad*
dìagram *diagràmma-i, nm*

ci ce ca co cu   ki ke ka ko ku   ji je ja jo ju   gi ge ga go gu
sci sce sca sco scu=shi she sha sho shu   gn=q   gl=y

diction

diagrammatic *diagrammatico-i a he, a*   **dìagrammàtik** *diagrammàtiko-i a e, a*
dial *quadrante-i, nm*   **dìal** *kuadrànte-i, nm*
to dial *telefonare*   **to dìal** *telefonàre*
dialect *dialetto-i nm*   **dìalekt** *dialètto-i nm*
dialectal *dialettale-i, a*   **dialèktal** *dialettàle-i, a*
dialectically *dialettalmente, ad*   **dialèktikally** *dialettalmènte, ad*
dialectician *dialettico-i a he, nmf*   **dialektìcian** *dialèttiko-i a e, nmf*
dialectics *dialettica-he, nf*   **dialèktiks** *dialèttika-e, nf*
dialogic *dialogico-i a he, a*   **diàlògik** *dialòjiko-i a e, a*
dialogue *dialogo-hi, nm*   **diàlogue** *diàlogo-i, nm*
diameter *diametro-i, nm*   **diàmeter** *diàmetro-i, nm*
diamectric *diametrale-i, a*   **diamètrik** *diametràle-i, a*
diametrically *diametralmente, ad*   **diamètrikally** *diametralmènte, ad*
diamond *diamante-i, nm*   **dìàmond** *diamànte-i, nm*
to diamond *adornare*   **to dìamond** *adornàre*
Diana *Diana, nf*   **Diàna** *Diàna, nf*
diaper *diaspro-i, nm*   **dìaper** *diàspro-i, nm*
diaphanous *diafano-i a e, a*   **dìàphanous** *diàfano-i a e, a*
diaphoretik *diaforetico-i a he, a*   **dìaphorètik** *diaforètiko-i a e, a*
diaphragm *diaframma-i, nm*   **diaphràgm** *diafràmma-i, nm*
diarist *diarista-i, nm*   **diàrist** *diarìsta-i, nm*
diarrhoea *diarrea-e, nf*   **diàrrhoèa** *diarrèa-e, nf*
diary *diario-i, nm*   **dìary** *diàrio-i, nm*
diastole *diastole-i, nf*   **diàstole** *diastòle-i, nf*
diathesis *diatesi, nf*   **diàthesis** *diàtesi, nf*
diatribe *diatribe-e, nf*   **diàtrìbe** *diatrìbe-e, nf*
dibble *piulo-i, nm*   **dìbble** *piùlo-i, nm*
to dibble *piantare*   **to dìbble** *piantàre*
to dice *tagliare*   **to dìce** *tayàre*
dicer *giocatore-i, nm*   **dìcer** *jokatòre-i, nm*
dichromatic *dicromatico-i a he, a*   **dikromàtik** *dikromàtiko-i, a e, a*
to dicker *contrattare*   **to dìker** *kontrattàre*
dicky *somarello-i, nm*   **dìky** *somàrello-i, nm*
dicky *barchetta-e, nf*   **dìky** *barkètta-e, nf*
dicotyledon *pianta-e, nf*   **dikotylèdon** *piànta-e, nf*
dictate *dettame-i, nm*   **diktàte** *dettàme-i, nm*
to dictate *dettare*   **to diktàte** *dettàre*
dictation *dettatura-e, nf*   **diktàtion** *dettatùra-e, nf*
dictator *dettatore-i, nm*   **diktàtor** *dettatòre-i, nm*
dictatorial *dettatoriale-i, a*   **diktatòrial** *dettatoriàle-i, a*
dictatorship *dittatura-e, nf*   **diktàtorshìp** *dittatùra-e, nf*
diction *dizione-i, nf*   **dìktion** *diziòne-i, nf*

dictionary *dizionario-i, nm*
didactic *didattico-i a he, a*
didactically *didatticamente, ad*
didactics *didattica-he, nf*
didascalic *didascalico-i a he, a*
to diddle *imbrogliare*
didymous *didimo-i, a*
die *dado-i, nm*
to die *morire*
die-away *languente-i, a*
die-hard *testardo-i a e, nmf*
diet *congresso-i, nm*
diet *dieta-e, nf*
to diet *dimagrire*
dietary *dietetico-i a he, a*
dietetically *dieteticamente, ad*
dietetics *dietetica-he, nf*
to differ *differire*
difference *differenza-e, nf*
to difference *differenziare*
different *differente-i, a*
differential *differenziale-i, a*
to differentiate *differenziare*
differentiation *differenziazione-i, nf*
differently *differentement, ad*
difficult *difficile-i, a*
difficultly *difficilmente, ad*
difficulty *difficoltà, nf*
diffidence *sfiducia-e, nf*
diffident *diffidente-i, nm*
diffidently *timidamente, ad*
diffuse *diffuso-i a e, a*
to diffuse *diffondere*
diffusely *diffusamente, ad*
diffusible *diffusibile-i, a*
diffusion *diffusione-i, nf*
diffusive *diffusivo-i a e, a*
dig *scavo-i, nm*
to dig *scavare*
digamma *digamma-e, nf*
digest *digesto-i, nm*
to digest *digerire*

dìktionary *dizionàrio-i, nm*
didàktik *didàttiko-i a e, a*
didàktikally *didattikamènte, ad*
didàktiks *didàttika-e, nf*
didaskàlik *didaskàliko-i a e, a*
to dìddle *imbroyàre*
dìdymous *dìdimo-i, a*
dìe *dàdo-i, nm*
to dìe *morìre*
dìe-awày *languènte-i, a*
dìe-hàrd *testàrdo-i a e, nmf*
dìet *kongrèsso-i, nm*
dìet *dièta-e, nf*
to dìet *dimagrìre*
dietàry *dietètiko-i a e, a*
dietètikally *dietetikamènte, ad*
dietètiks *dietètika-e, nf*
to dìffer *differìre*
ìfference *differènza-e, nf*
to dìfference *differenziàre*
dìfferent *differènte-i, a*
differèntial *differenziàle-i, a*
to differèntiate *differenziàre*
differentiàtion *differenziazìone-i, nf*
dìfferently *differentemènte, ad*
dìffikùlt *difficile-i, a*
dìffikultly *difficilmènte, ad*
dìffikulty *diffikoltà, nf*
dìffidence *sfidùca-e, nf*
dìffident *diffidènte-i, nm*
dìffidently *timidamènte, ad*
diffùse *diffùso-i a e, a*
to diffùse *diffòndere*
diffùsely *diffusamènte, ad*
diffùsible *diffusìbile-i, a*
diffùsion *diffusiòne-i, nf*
diffùsive *diffusìvo-i a e, a*
dìg *skàvo-i, nm*
to dìg *skavàre*
digàmma *digàmma-e, nf*
dìgest *dijèsto-i, nm*
to dìgèst *dijerìre*

digestibility digeribilità, *nf*	**digestìbility** dijeribilità, *nf*
digestible digeribile-i, *a*	**digèstible** dijerìbile-i, *a*
digestion digestione-i, *nf*	**digèstion** dijestiòne-i, *nf*
digestive digestivo-i a e, *a*	**digèstive** dijestìvo-i a e, *a*
digger scavatore-i, *nm*	**dìgger** skavatòre-i, *nm*
diggings scavature, *nf*	**dìggings** skavatùre, *nf*
dight adorno-i, *nm*	**dìght** adòrno-i, *nm*
digital digitale-i, *a*	**dìgital** dijitàle-i, *a*
digitalis digitale-i, *nm*	**digitàlis** dijitàle-i, *nm*
digitate digitato-i a e, *a*	**dìgitàte** dijitàto-i a e, *a*
digitigrade digitigrado-i, *nm*	**dìgitigràde** dijitigràdo-i, *nm*
dignified nobile-i, *a*	**dìgnified** nòbile-i, *a*
to dignify dignificare	**to dìgnifỳ** diqifikàre
dignitary dignitario-i a e, *nmf*	**dìgnitary** diqitàrio-i a e, *nmf*
dignity dignità, *nf*	**dìgnity** diqità, *nf*
to digress fare digressioni	**to digrèss** fàre digressiòni
digression digressione-i, *nf*	**digrèssion** digressiòne-i, *nf*
digressive digressivo-i a e, *a*	**digrèssive** digressìvo-i a e, *a*
digressively digressivamente, *ad*	**digrèssively** digressivamènte, *ad*
dike diga-he, *nf*	**dìke** dìga-e, *nf*
to dike circondare	**to dìke** cirkondàre
dilapidation dilapidazione-i, *nf*	**dilapidàtion** dilapidaziòne-i, *nf*
dilatabity dilatabilità, *nf*	**dìlatabìlity** dilatabilità, *nf*
dilatable dilatabile-i, *a*	**dilàtable** dilatàbile-i, *a*
dilatation dilitazione-i, *nf*	**dilatàtion** dilitaziòne-i, *nf*
to dilate dilatare	**to dìlate** dilatàre
dilation dilatazione-i, *nf*	**dilàtion** dilataziòne-i, *nf*
dilatory dilatorio-i a e, *a*	**dìlatory** dilatòrio-i a e, *a*
dilemma dilemma, *nm*	**dilèmma** dilèmma, *nm*
dilettante dilettante-i, *nm*	**dilettànte** dilettànte-i, *nm*
dilettantism dilettantismo-i, *nm*	**dilettàntism** dilettantìsmo-i, *nm*
diligence diligenza-e, *nf*	**dìligence** dilijènza-e, *nf*
diligent diligente-i, *a*	**dìligent** dilijènte-i, *a*
diligently diligentemente, *ad*	**dìligently** dilijentemènte, *ad*
to dilly-dally vacillare	**to dìlly-dàlly** vacillàre
dilute diluito-i a e, *a*	**dilùte** diluìto-i a e, *a*
to dilute diluire	**to dilùte** diluìre
dilution diluzione-i, *nf*	**dilùtion** diluziòne-i, *nf*
diluvial diluviale-i, *a*	**dilùvial** diluviàle-i, *a*
dim oscuro-i a e, *a*	**dìm** oskùro-i a e, *a*
to dim oscurare	**to dìm** oskuràre
dime dieci soldi, *nm*	**dìme** dièci sòldi, *nm*

dimension *dismensione-i, nf*
dimensional *dimensionale-i, a*
to diminish *diminuire*
diminished *diminuito-i a e, a*
diminuendo *diminuendo*
diminuitive *diminutivo-i a e, a*
dimly *oscuramente, ad*
dimness *oscurità, nf*
dimple *fossetta-e, nf*
to dimple *fare fossette*
din *rumore-i, nm*
to din *assordare*
to dine *pranzare*
diner *ristorante-i, nm*
ding-dong *scampanio-i, nm*
dinghy *barchetta-e, nf*
dingily *sudiciamente, ad*
dinginess *sudiciume-i, mf*
dingo *cane-i, nm*
dingy *sporco-hi a he, a*
dining-car *vettura ristorante, nf*
dining-hall *sala da pranzo, nf*
dinner *pranzo-i, nm*
dinosaur *dinosauro-i, nm*
dint *colpo-i, nm*
to dint *colpire*
diocesan *diocesano-i, nm*
dionysiac *dionisiaco-i a he, a*
dioptric *diottrico-i a he, a*
diorama *diorama, nm*
dip *immersione-i, nf*
to dip *immergere*
diphtheria *difterite-i, nf*
diphtherik *difterico-i a he, a*
diphthong *dittongo-hi, nm*
diploma *diploma-i, nm*
diplomacy *diplomazia-e, nf*
diplomat *diplomato-i a e, a*
diplomatic *diplomatico-i a he, a*
diplomatically *diplomaticamente, ad*
dipper *mestola-e, nf*
dire *bisognoso-i a e, a*

dimènsion *dismensiòne-i, nf*
dimènsional *dimensionàle-i, a*
to dimìnish *diminuìre*
dimìnished *diminuìto-i a e, a*
diminuèndo *diminuèndo*
dimìnùitive *diminutìvo-i a e, a*
dìmly *oskuramènte, ad*
dìmness *oskurità, nf*
dìmple *fossètta-e, nf*
to dìmple *fàre fossètte*
dìn *rumòre-i, nm*
to dìn *assordàre*
to dìne *pranzàre*
dìner *ristorànte-i, nm*
dìng-dòng *skampanìo-i, nm*
dìnghy *barkètta-e, nf*
dìngily *sudicamènte, ad*
dìnginess *sudicùme-i, mf*
dìngò *kàne-i, nm*
dìngy *spòrko-i a e, a*
dìning-kàr *vettùra ristorànte, nf*
dìning-hàll *sàla da prànzo, nf*
dìnner *prànzo-i, nm*
dìnosaur *dinosàuro-i, nm*
dìnt *kòlpo-i, nm*
to dìnt *kolpìre*
diòcesan *diocèsano-i, nm*
dionỳsiak *dionisìako-i a e, a*
diòptrik *diòttriko-i a e, a*
dioràma *dioràma, nm*
dìp *immersiòne-i, nf*
to dìp *immèrjere*
diphthèria *difterìte-i, nf*
diphthèrik *diftèriko-i a e, a*
dìphthòng *dittòngo-i, nm*
diplòma *diplòma-i, nm*
diplòmacy *diplomazìa-e, nf*
dìplomàt *diplomàto-i a e, a*
diplomàtik *diplomàtiko-i a e, a*
diplomàtikally *diplomatikamènte, ad*
dìpper *mèstola-e, nf*
dìre *bisoqòso-i a e, a*

direct *diretto-i, nm*
to direct *dirigere*
direction *direzione-i, nf*
directive *ordine-i, nf*
directly *direttamente, ad*
directness *immediatezza-e, nf*
director *direttore-i, nm*
directorate *direttorato-i, nm*
directorial *direttorio-i, a*
directorship *direzione-i, nf*
directory *guida-e, nf*
direful *bisognoso-i a e, a*
direfully *bisognosamente, ad*
dirge *canto-i, nm*
dirigible *dirigibile-i, nm*
dirt *sudiciume-i, nm*
dirt *terra, nf*
dirtily *sudiciamente, ad*
dirty *sporco-hi a he, a*
to dirty *sporcare*
disability *incapacità, nf*
to disable *inabilitare*
disablement *incapacità, nf*
do disabuse *disingannare*
disaccord *disaccordo-i, nm*
to dissacord *dissentire*
to disaccustom *disabituare*
disadvantage *svantaggio-i, nm*
disadvantageous *svantaggioso-i a e, a*
disaffected *nemico-i a he, a*
disaffection *slealtà, nf*
disafforest *diboscare*
disafforestation *diboscamento-i, nm*
disagree *dissentire*
disagreeable *sgradevole-i, a*
disagreeably *spiacevolmente, ad*
disagreement *dissenso-i, nm*
to disallow *respingere*
to disappear *disapparire*
disappearance *scomparsa-e, nf*
to disappoint *deludere*
disappointed *deluso-i a e, a*

dirèkt *dirètto-i, nm*
to dirèkt *dirìjere*
dirèktion *dìreziòne-i, nf*
dirèktive *òrdine-i, nf*
dirèktly *dìrettamènte, ad*
dirèktness *immediatèzza-e, nf*
dirèktor *direttòre-i, nm*
dirèktorate *dìrettoràto-i, nm*
direktòrial *dìrettòrio-i, a*
dirèktorshìp *dìreziòne-i, nf*
dirèktory *guìda-e, nf*
dìreful *bisoqòso-i a e, a*
dìrefully *bisoqosamènte, ad*
dìrge *kànto-i, nm*
dìrigible *dirijìbile-i, nm*
dìrt *sudicùme-i, nm*
dìrt *tèrra, nf*
dìrtily *sudicamènte, ad*
dìrty *spòrko-i a e, a*
to dìrty *sporkàre*
disabìlity *inkapacità, nf*
to disàble *inabilitàre*
disàblement *inkapacità, nf*
do disabùse *disingannàre*
disakkòrd *disakkòrdo-i, nm*
to dissakòrd *dissentìre*
to disakkùstom *disabituàre*
disadvàntage *svantàjjo-i, nm*
disàdvantàgeous *svantajjòso-i a e, a*
disaffèkted *nemìko-i a e, a*
disaffèktion *slealtà, nf*
disaffòrest *diboskàre*
disafforestàtion *diboskamènto-i, nm*
disagrèe *dissentìre*
disagrèeable *sgradèvole-i, a*
disagrèeably *spiacevolmènte, ad*
disagrèement *dissènso-i, nm*
to disallòw *respìnjere*
to disappèar *disapparìre*
disappèarance *skompàrsa-e, nf*
to disappòint *delùdere*
disappòinted *delùso-i a e, a*

disappointment *delusione-i, nf*
disapprobation *disapprovazione-i, nf*
disapproval *disapprovazione-i, nf*
to disapprove *disapprovare*
to disarm *disarmare*
disarmament *disarmo-i, nm*
to disarrange *disorganizzare*
disarray *scompiglio-i, nm*
to disarray *scompigliare*
disaster *disastro-i, nm*
disastrous *disastroso-i a e, a*
disastrously *disastrosamente, ad*
to disavow *disconoscere*
disavowal *disconoscimento-i, nm*
to disband *sbandare*
disbandment *sbandamento-i, nm*
disbelief *incredulità, nf*
to disbelieve *negare*
to disbranch *putare*
to disbud *sbocciolare*
to disburden *alleggerire*
to disburse *sborsare*
disbursement *sborso-i, nm*
disc *disco-hi, nm*
discard *scarto-i, nm*
to discard *scartare*
to discern *discernere*
discernible *discernibile-i, a*
discernibly *discernibilmente, ad*
discernment *discernimento-i, nm*
discharge *scarico-hi, nm*
to discharge *scaricare*
discharger *scaricatore-i, nm*
disciple *discepolo-i, nm*
disciplinable *disciplinabile-i, a*
disciplinarian *ammaestratore-i, nm*
discipline *disciplina-e, nf*
to discipline *disciplinare*
disclaimer *disconoscimento-i, nm*
to disclose *dischiudere*
disclosure *rivelazione-i, nf*
discoloration *discolorazione-i, nf*

disappòintment *delusiòne-i, nf*
disapprobàtion *disapprovaziòne-i, nf*
disappròval *disapprovaziòne-i, nf*
to disappròve *disapprovàre*
to disàrm *disarmàre*
disàrmament *disàrmo-i, nm*
to disarrànge *disorganizzàre*
disarrày *skompìyo-i, nm*
to dìsarray *skompiyàre*
disàster *disàstro-i, nm*
disàstrous *disastròso-i a e, a*
disàstrously *disastrosamènte, ad*
to disavòw *diskonòshere*
disavòwal *diskonoshimènto-i, nm*
to disbànd *sbandàre*
disbàndment *sbandamènto-i, nm*
disbelìef *inkredulità, nf*
to disbelìeve *negàre*
to disbrànch *putàre*
to disbùd *sboccolàre*
to disbùrden *allejjerìre*
to disbùrse *sborsàre*
disbùrsement *sborsò-i, nm*
dìsk *dìsko-i, nm*
diskàrd *skàrto-i, nm*
to diskàrd *skartàre*
to discèrn *dishèrnere*
discèrnible *dishernìbile-i, a*
discèrnibly *dishernibilmènte, ad*
discèrnment *dishernimènto-i, nm*
dischàrge *skàriko-i, nm*
to dischàrge *skarikàre*
dischàrger *skarikatòre-i, nm*
discìple *dishèpolo-i, nm*
dìscplìnable *dishiplinàbile-i, a*
disciplinàrian *ammaestratòre-i, nm*
dìscplìne *dishiplìna-e, nf*
to dìscplìne *dishiplinàre*
disklàimer *diskonoshimènto-i, nm*
to disklòse *diskiùdere*
disklòsure *rivelaziòne-i, nf*
diskoloràtion *diskoloraziòne-i, nf*

to discolor *scolorire*
discolorment *scolorimento-i, nm*
to discomfit *sconfiggere*
discomfiture *sconfitta-e, nf*
discomfort *disagio-i, nm*
to discomfort *disturbare*
to discompose *scomporre*
discomposure *scompostezza-e, nf*
to disconcert *sconcertare*
disconcertment *sconcertamento-i, nm*
to discocnnet *sconnettere*
disconnected *sconnesso-i a e, a*
disconnectedly *sconnessamente*
disconnection *sconnessione-i, nf*
disconsolate *sconsolato-i a e, a*
discontent *scontento-i a e, a*
to discontent *scontentare*
discontented *scontento-i a e, a*
discontentment *scontentezza-e, nf*
to discontinue *interrompere*
discontinuance *interruzione-i, nf*
discontinuity *discontinuità, nf*
discontinuous *discontinuo-i a e, a*
discontinuously *discontinuamente, ad*
discord *discordia-e, nf*
to discord *discordare*
discordance *discordanza-e, nf*
discordant *discordante-i, nm*
discount *sconto-i, nm*
to discount *scontare*
discountenance *disapprovazione-i, nf*
to discountenance *disapprovare*
to discourage *scoraggiare*
discouragement *scoraggiamento-i, nm*
discourse *sermone-i, nm*
to discourse *dissertare*
discourteous *scortese-i, a*
discortesy *scortesia-e, nf*
to discover *scoprire*
discoverable *scopribile-i, a*
discovery *scoperta-e, nf*
discredit *discredito-i, nm*

to diskòlor *skolorìre*
diskolòrment *skolorimènto-i, nm*
to diskòmfit *skonfìjjere*
diskòmfiture *skonfìtta-e, nf*
diskòmfort *disàjo-i, nm*
to diskòmfort *disturbàre*
to diskompòse *skompòrre*
diskompòsure *skompostèzza-e, nf*
to diskoncèrt *skoncertàre*
diskoncèrtment *skoncertamènto-i, nm*
to diskonnèkt *skonnèttere*
diskonnèkted *skonnèsso-i a e, a*
diskonnèktedly *skonnessamènte*
diskonnèktion *skònnessiòne-i, nf*
diskònsolate *skonsolàto-i a e, a*
diskontènt *skontènto-i a e, a*
to diskontènt *skontentàre*
diskontènted *skontènto-i a e, a*
diskontèntment *skontentèzza-e, nf*
to diskontìnue *interròmpere*
diskontinuànce *interruziòne-i, nf*
diskontinùity *diskontinuità, nf*
diskontinùous *diskontìnuo-i a e, a*
diskontìnuously *diskontinuamènte, ad*
dìskord *diskòrdia-e, nf*
to diskòrd *diskordàre*
diskòrdance *diskordànza-e, nf*
diskòrdant *diskordànte-i, nm*
dìskount *skònto-i, nm*
to dìskount *skontàre*
diskòuntenance *disapprovaziòne-i, nf*
to diskòuntenance *disapprovàre*
to diskòurage *skorajjàre*
diskòuragement *skorajjamènto-i, nm*
diskòurse *sermòne-i, nm*
to diskòurse *dissertàre*
diskòurteous *skortèse-i, a*
diskòrtesy *skortesìa-e, nf*
to diskòver *skòprire*
diskòverable *skopribìle-i, a*
diskòvery *skopèrta-e, nf*
diskrèdit *diskrèdito-i, nm*

to discredit *screditare*
discreet *giudizioso-i a e, a*
descreetness *discrezione-i, nf*
discrepancy *discrepanza-e, nf*
discrepant *discrepante-i, a*
discretion *discrezione-i, nf*
to discriminate *discriminare*
discrimination *discriminazione-i, nf*
discriminative *discriminativo-i a e, a*
to discrown *scoronare*
discursive *saltuario-i a e, a*
to discuss *discutere*
discussible *discutibile-i, a*
discussion *discussione-i, nf*
disdain *sdegno-i, nm*
to disdain *disdegnare*
disdainful *disdegnoso-i a e, a*
disdainfully *disdegnosamente, ad*
disease *malattia-e, nf*
diseased *malato-i a e, a*
to disembark *sbarcare*
disembarcation *sbarco-hi, nm*
to disembarrass *disimbarazzare*
disembodiment *scioglimento-i, nm*
to disembody *sciogliere*
to disembogue *scaricare*
to disembowel *sbudellare*
to disembroil *sbrogliare*
to disenchant *disincantare*
disenchantment *disincanto-i, nm*
to disencumber *sgombrare*
to disengage *liberare*
disengaged *libero-i a e, a*
disengagement *liberazione-i, nf*
to disentail *svincolare*
to disentangle *districare*
disentanglement *districamento-i, nm*
to disenthral *liberare*
to disentomb *disseppellire*
to disentrain *scaricare*
to disestablish *abolire*
disfavor *disfavore-i, nm*

disfavor

to diskrèdit *skreditàre*
diskrèet *judiziòso-i a e, a*
deskrèetness *diskreziòne-i, nf*
diskrèpancy *diskrepànza-e, nf*
diskrèpant *diskrepànte-i, a*
diskrètion *diskreziòne-i, nf*
to discrìmìnàte *diskrimìnàre*
discrimìnàtion *diskriminaziòne-i, nf*
discrìminative *diskriminatìvo-i a e, a*
to discròwn *skoronàre*
diskùrsive *saltuàrio-i a e, a*
to diskùss *diskùtere*
diskùssible *diskutìbile-i, a*
diskùssion *diskussiòne-i, nf*
disdàin *sdèqo-i, nm*
to disdàin *disdeqàre*
disdàinful *disdeqòso-i a e, a*
disdàinfully *disdeqosamènte, ad*
disèase *malattìa-e, nf*
disèased *malàto-i a e, a*
to disembàrk *sbarkàre*
disembàrkàtion *sbàrko-i, nm*
to disembàrrass *disimbarazzàre*
disembòdiment *shoyimènto-i, nm*
to disembòdy *shòyere*
to disembògue *skarikàre*
to disembòwel *sbudellàre*
to disembròil *sbroyàre*
to disenchànt *disinkantàre*
disenchàntment *disinkànto-i, nm*
to disenkùmber *sgombràre*
to disengàge *liberàre*
disengàged *lìbero-i a e, a*
disengàgement *liberaziòne-i, nf*
to disentàil *svinkolàre*
to disentàngle *distrikàre*
disentànglement *distrikamènto-i, nm*
to disenthràl *liberàre*
to disentòmb *disseppellìre*
to disentràin *skarikàre*
to disestàblish *abolìre*
disfàvor *disfavòre-i, nm*

to disfavor *sfavorire*
disfiguration *deformazione-i, nf*
to disfigure *sfigurare*
disfigurement *deformazione-i, nf*
to disforest *sforestare*
to disgorge *vomitare*
disgrace *vergogna-e, nf*
to disgrace *disonorare*
disgraceful *vergognoso-i a e, a*
disgracefully *disonoratamente, ad*
disgruntled *scontento-i a e, a*
disguise *maschera-e, nf*
disguisement *travestimento-i, nm*
disgust *disgusto-i, nm*
to disgust *disgustare*
disgustedly *disgustoso-i a e, a*
disgustingly *disgustosamente, ad*
dish *piatto-i, nm*
to dish *servire*
disharmonious *disarmonioso-i a e, a*
disharmony *disarmonia-e, nf*
to dishearten *scoraggiare*
dishevelled *scarmigliato-i a e, a*
dishonest *disonesto-i a e, a*
dishonestly *disonestamente, ad*
dishonesty *disonestà, nf*
dishonor *disonore-i, nm*
to dishonor *disonorare*
dishonorable *disonorevole-i, a*
dishonorably *disonorevolmente, ad*
to dishorse *disarcionare*
disillusion *disillusione-i, nf*
to disillusion *disilludere*
disillusionment *disillusione-i, nf*
disinclination *disinclinazione-i, nf*
to disincline *disinclinare*
to disinfect *disinfettare*
disinfectant *disinfettante-i, nm*
disinfection *disinfezione-i, nf*
disingenuous *falso-i a e, a*
to disinherit *diseredare*
disinheritance *diseredamento-i, nm*

to disfàvor *sfavorìre*
disfiguràtion *deformazióne-i, nf*
to disfìgure *sfiguràre*
disfìgurement *deformazióne-i, nf*
to disfòrest *sforestàre*
to disgòrge *vomitàre*
disgràce *vergòqa-e, nf*
to disgràce *disonoràre*
disgràceful *vergoqòso-i a e, a*
disgràcefully *disonoratamènte, ad*
disgrùntled *skontènto-i a e, a*
disguìse *màskera-e, nf*
disguìsement *travestimènto-i, nm*
disgùst *disgùsto-i, nm*
to disgùst *disgustàre*
disgùstedly *disgustòso-i a e, a*
disgùstingly *disgustosamènte, ad*
dìsh *piàtto-i, nm*
to dìsh *servìre*
dishàrmònious *disarmonìòso-i a e, a*
dishàrmony *disarmonìa-e, nf*
to disheàrten *skorajjàre*
dishèvelled *skarmiyàto-i a e, a*
dishònest *disonèsto-i a e, a*
dishònestly *disonestamènte, ad*
dishònesty *disonestà, nf*
dishònor *disonòre-i, nm*
to dishònor *disonoràre*
dishònorable *disonòrevole-i, a*
dishònorably *disonorevolmènte, ad*
to dishòrse *disarconàre*
disillùsion *disillusiòne-i, nf*
to disillùsion *disillùdere*
disillùsionment *disillusiòne-i, nf*
disinklinàtion *disinklinaziòne-i, nf*
to disinklìne *disinklinàre*
to disinfèkt *disinfettàre*
disinfèktant *disinfettànte-i, nm*
disinfèktion *disinfeziòne-i, nf*
disingènuous *fàlso-i a e, a*
to disinhèrit *diseredàre*
disinhèritance *diseredamènto-i, nm*

disintegrable *disintegrabile-i, a*
to disintegrate *disintegrare*
disintegration *disintegrazione-i, nf*
to disinter *esumare*
disinterested *disinterssato-i a e, a*
disinterestedly *disinterssatamente, ad*
to disjoin *disgiungere*
to disjoint *dislogare*
disjointed *sconnesso-i a e, a*
disjunction *disgiunzione-i, nf*
disk *disco-hi, nm*
dislike *antipatia-e, nf*
to dislocate *dislocare*
dislocation *slogatura-e, nf*
dislodgement *sloggiamento-i, nm*
disloyal *sleale-i, a*
disloyally *slealmente, ad*
dismal *infelice-i, a*
dismally *infelicemente, ad*
dismalness *infelicità, nf*
dismals *malinconia-e, nf*
to dismantle *smantellare*
dismay *terrore*
to dismember *smembrare*
dismemberment *smembramento-i, nm*
dismiss *congedo-i, nm*
to dismiss *licenziare*
dismissal *congedo-i, nm*
to dismount *smontare*
disobedience *disubbidienza-e, nf*
disobedient *disobbediente-i, a*
to disobey *disobbedire*
to disoblige *disobbligare*
disobliging *sgarbato-i a e, a*
disobligingly *scortesemente, ad*
disorder *disordine-i, nf*
to disorder *disordinare*
disorderly *disordinato-i a e, a*
disorganization *disorganizzazione-i, nf*
to disorganize *disorganizzare*
to disown *rinnegare*
to disparage *denigrare*

disìntegrable *disintegràbile-i, a*
to disìntegràte *disintegràre*
disintegràtion *disintegraziòne-i, nf*
to disintèr *esumàre*
disìnterested *disinteressàto-i a e, a*
disìnterestedly *disinteressatamènte, ad*
to disjòin *disjùnjere*
to disjòint *dislogàre*
disjòinted *skonnèsso-i a e, a*
disjùnktion *disjunziòne-i, nf*
dìsk *dìsko-i, nm*
dislìke *antipatìa-e, nf*
to dìslokàte *dislokàre*
dislokàtion *slogatùra-e, nf*
dislòdgement *slojjamènto-i, nm*
dislòyal *sleàle-i, a*
dislòyally *slealmènte, ad*
dìsmàl *infelìce-i, a*
dìsmally *infelicemènte, ad*
dìsmàlness *infelicità, nf*
dìsmals *malinkonìa-e, nf*
to dismàntle *smantellàre*
dismày *terròre*
to dismèmber *smembràre*
dismèmberment *smembramènto-i, nm*
dismìss *konjèdo-i, nm*
to dismìss *licenziàre*
dismìssal *konjèdo-i, nm*
to dismòunt *smontàre*
disobèdience *disubbidiènza-e, nf*
disobèdient *disobbediènte-i, a*
to disobèy *disobbedìre*
to disoblìge *disobbligàre*
disoblìging *sgarbàto-i a e, a*
disoblìgingly *skortesemènte, ad*
disòrder *disòrdine-i, nf*
to disòrder *disordinàre*
disòrderly *disordinàto-i a e, a*
disorganizàtion *disorganizzaziòne-i, nf*
to disòrganize *disorganizzàre*
to disòwn *rinnegàre*
to dispàrage *denigràre*

ci ce ca co cu   ki ke ka ko ku   ji je ja jo ju   gi ge ga go gu
sci sce sca sco scu=shi she sha sho shu   gn=q   gl=y

disparagement *denigrazioni, nf* / dispàragement *denigraziòne-i, nf*
disparagingly *ingiuriosamente, ad* / dispàragingly *injuriosamènte, ad*
disparate *disparato-i a e, a* / dìsparate *disparàto-i a e, a*
disparately *disparatamente, ad* / dìsparately *disparatamènte, ad*
disparity *disparità, nf* / dispàrity *disparità, nf*
to dispart *separare* / to dispàrt *separàre*
dispassionate *spassionato-i a e, a* / dispàssionate *spassionàto-i a e, a*
dispassionately *spassionatamente, ad* / dispàssionately *spassionatamènte, ad*
dispatch *dispaccio-i, nm* / dispàtch *dispàcco-i, nm*
to dispatch *spacciare* / to dìspatch *spaccàre*
to dispel *dissipare* / to dispèl *dissipàre*
dispensable *dispensabile-i, a* / dispènsable *dispensàbile-i, a*
dispensary *dispensario-i, nm* / dispènsary *dispensàrio-i, nm*
dispensation *dispensazione-i, nf* / dispensàtion *dispensaziòne-i, nf*
to dispense *dispensare* / to dispènse *dispensàre*
to dispeople *spopolare* / to dispèople *spopolàre*
dispersal *dispersione-i, nf* / dispèrsal *dispersiòne-i, nf*
to disperse *diffondere* / to dispèrse *diffòndere*
dispersedly *sparsamente, ad* / dispèrsèdly *sparsamènte, ad*
dispersive *dispersivo-i a e, a* / dispèrsive *dispersìvo-i a e, a*
dispersion *dispersione-i, nf* / dispèrsion *dispersiòne-i, nf*
to despirit *scoraggiare* / to despìrit *skorajjàre*
despirited *scoraggiato-i a ae, a* / despìrited *skorajjàto-i a e, a*
to displace *spostare* / to displàce *spostàre*
displaceable *spostabile-i, a* / displàceable *spostàbile-i, a*
dispalcement *spostamento-i, nm* / displàcement *spostamènto-i, nm*
display *mostra-e, nf* / displày *mòstra-e, nf*
to display *esporre* / to displày *espòrre*
to displease *offendere* / to displèase *offèndere*
displeasing *spiacevole-i, a* / displèasing *spiacèvole-i, a*
displeasure *dispiacere-i, nf* / displèasure *dispiacère-i, nf*
disposable *disponibile-i, a* / dispòsable *disponìbile-i, a*
disposal *disposizione-i, nf* / dispòsal *disposiziòne-i, nf*
to dispose *disporre* / to dispòse *dispòrre*
disposedly *oridinatamente, ad* / dispòsedly *ordinatamènte, ad*
disposition *disposizione-i, nf* / disposìtion *disposiziòne-i, nf*
to disposses *espropriare* / to dispossès *espropriàre*
dispossession *espropriazione-i, nf* / dispossèssion *espropriaziòne-i, nf*
dispraise *biasimo-i, nm* / dispràise *biàsimo-i, nm*
to dispraise *biasimare* / to dispràise *biasimàre*
disproof *confutazione-i, nf* / dispròof *konfutaziòne-i, nf*
disproportion *sproporzione-i, nf* / dispropòrtion *sproporziòne-i, nf*

to disproportion *sproporzionare*
disproportionate *sproporzionato-i a e, a*
disproportionately *sproporzionatamente, ad*
disproval *confutazione-i, nf*
to disprove *negare*
disputable *discutibile-i, a*
disputant *disputante-i, nm*
dispute *disputa-e, nf*
to dispute *disputare*
disqualificaiton *squalifica-he, nf*
to disqualify *squalificare*
disquiet *inquietudine-i, nf*
to disquiet *disturbare*
disquietude *inquietudine-i, nf*
disquisition *disquisizione-i, nf*
disregard *noncuranza-e, nf*
to disregard *trascurare*
disrelish *ripugnanza-e, nf*
to disrelish *ripugnare*
to disremember *dimenticare*
disrepair *irreparabilità, nf*
disreputable *screditato-i a e, a*
disrepute *disistima-e, nf*
disrespect *sgarbatezza-e, nf*
disrespectful *irrispettoso-i a e, a*
to disroot *sradicare*
to disrupt *spaccare*
disruption *scisma-i, nm*
dissatisfaction *insoddisfazione-i, nf*
dissatisfied *insoddisfatto-i a e, a*
to dissastify *scontentare*
to dissect *sezionare*
dissection *dissezione-i, nf*
dissector *dissettore-i, nm*
to dissemble *dissimulare*
dissembler *dissimulatore-i, nm*
to disseminate *disseminare*
disseminator *disseminatore-i, nm*
dissession *dissenso-i, nm*
dissent *dissenso-i, nm*
to dissent *dissentire*

to dispropòrtion *sproporzionàre*
dispropòrtionate *sproporzionàto-i a e, a*
dispropòrtionately *sproporzionatamènte, ad*
dispròval *konfutaziòne-i, nf*
to dispròve *negàre*
dispùtable *diskutìbile-i, a*
dispùtant *disputànte-i, nm*
dispùte *dispùta-e, nf*
to dispùte *disputàre*
disqualifikàtion *skualifika-e, nf*
to disquàlify *skualifikàre*
disquìet *inkuietùdine-i, nf*
to disquìet *disturbàre*
disquìetude *inkuietùdine-i, nf*
disquisìtion *diskuisiziòne-i, nf*
disregàrd *nonkurànza-e, nf*
to disregàrd *traskuràre*
disrèlish *ripuqànza-e, nf*
to disrèlish *ripuqàre*
to disremèmber *dimentikàre*
disrepàir *irreparabilità, nf*
disrèputable *skreditàto-i a e, a*
disrepùte *disistìma-e, nf*
disrespèkt *sgarbatèzza-e, nf*
disrespèktful *irrispettòso-i a e, a*
to disròot *sradikàre*
todisrùpt *spakkàre*
disrùption *shìsma-i, nm*
dissatisfàktion *insoddisfaziòne-i, nf*
dissàtisfied *insoddisfàtto-i a e, a*
to dissàtisfỳ *skontentàre*
to dissèkt *sezionàre*
dissèktion *disseziòne-i, nf*
dissèktor *dissettòre-i, nm*
to dissèmble *dissimulàre*
dissèmbler *dissimulatòre-i, nm*
to dissèminate *disseminàre*
dissèminator *disseminatòre-i, nm*
dissèssion *dissènso-i, nm*
dissènt *dissènso-i, nm*
to dissènt *dissentìre*

to distemper

dissenter *dissidente-i, nm*
dissentient *dissenziente-i, a*
dissertation *dissertazione-i, nf*
disservice *disservizio-i, nm*
dissidence *dissidio-i, nm*
dissident *dissidente-i, nm*
dissimilar *dissimile-i, a*
dissimilarity *dissomiglianza-e, nf*
dissimilation *dissimilazione-i, nf*
to dissimulate *dissimulare*
dissimulation *dissimulazione-i, nf*
dissimulator *dissimulatore-i, nm*
to dissipate *dissipare*
dissipated *dissoluto-i a e, a*
dissipation *dissipazione-i, nf*
dissociable *dissociabile-i, a*
to dissociate *dissociare*
dissociation *dissociazione-i, nf*
dissociative *dissociativo-i a e, a*
dissolubility *dissolubilità, nf*
dissoluble *dissolubile-i, a*
dissolute *dissoluto-i a e, a*
dissoluteness *dissolutezza-e, nf*
dissolution *dissoluzione-i, nf*
dissolvable *solubile-i, a*
to dissolve *disciogliere*
dissolvent *dissolvente-i, nm*
dissonance *dossonanza-e, nf*
dissonant *dissonante-i, a*
to dissuade *dissuadere*
dissuasion *dissuasione-i, nf*
dissuasive *dissuasivo-i a e, a*
dissyllable *disillabo-i, nm*
distaff *conocchia-e, nf*
distance *distanza-e, nf*
to distance *distanziare*
distant *distante-i, a*
distaste *avversione-i, nf*
distasteful *disgustoso-i a e, a*
distemper *malattia-e, nf*
distemper *tempera-e, nf*
to distemper *dipingere*

dissènter *dissidènte-i, nm*
dissèntient *dissenzième-i, a*
dissertàtion *dissertaziòne-i, nf*
dissèrvice *disservìzio-i, nm*
dìssidence *dissìdio-i, nm*
dìssident *dissidènte-i, nm*
dissìmilar *dissìmile-i, a*
dissimilàrity *dissomiyànza-e, nf*
dissimilàtion *dissimilaziòne-i, nf*
to dissìmulàte *dissimulàre*
dissimulàtion *dissimulaziòne-i, nf*
dìssimulator *dissimulatòre-i, nm*
to dìssipate *dissipàre*
dìssipàted *dissolùto-i a e, a*
dissipàtion *dissipaziòne-i, nf*
dissòciable *dissocàbile-i, a*
to dissòciate *dissocàre*
dissociàtion *dissocaziòne-i, nf*
dissòciative *dissocativo-i a e, a*
dissolubìlity *dissolubilità, nf*
dìssoluble *dissolùbile-i, a*
dìssolùte *dissolùto-i a e, a*
dissolùteness *dissolutèzza-e, nf*
dissolùtion *dissoluziòne-i, nf*
dissòlvable *solùbile-i, a*
to dissòlve *dishòyere*
dissòlvent *dissolvènte-i, nm*
dìssonance *dissonànza-e, nf*
dìssonant *dissonànte-i, a*
to dissuàde *dissuàdere*
dissuàsion *dissuasiòne-i, nf*
dissuàsive *dissuasìvo-i a e, a*
dissỳllable *disìllabo-i, nm*
distàff *konòkkia-e, nf*
dìstance *distànza-e, nf*
to dìstance *distanziàre*
dìstant *distànte-i, a*
distàste *avversiòne-i, nf*
distàsteful *disgustòso-i a e, a*
distèmper *malattìa-e, nf*
distèmper *tèmpera-e, nf*
to distèmper *dipìnjere*

to distend *distendere*
distensible *distensibile-i, a*
distension *distensione-i, nf*
distich *distico-i, nm*
to distil *stillare*
distillable *distillabile-i, a*
distillate *distillato-i, nm*
distillation *distillazione-i, nf*
distillery *distilleria-e, nf*
distinct *distinto-i a e, a*
distinction *distinzione-i, nf*
distinctive *distintivo-i a e, a*
distinctly *distintamente, a d*
to distinguish *distinguere*
distingueshed *distinto-i a e, a*
to distort *deformare*
distortion *distorsione-i, nf*
to distract *distrarre*
distracted *distratto-i a e, a*
distractedly *pazzamente, ad*
distraction *distrazione-i, nf*
to distrain *sequestrare*
distrainer *sequestatario-i, nm*
distrait *distratto-i a e, a*
distraught *impazzito-i a e, a*
distress *dolore-i, nm*
to distress *affliggere*
distressful *tormentoso-i a e, a*
distressfully *sventuratamente, ad*
distressingly *affliggentemente, ad*
distributable *distributibile-i, a*
to distribute *distribuire*
distribution *distribuzione-e, nf*
distributive *distributivo-i a e, a*
distributor *distributore-i, nm*
district *distretto-i, nm*
distrust *sfiducia-e, nf*
disturb *disturbo*
to disturb *disturbare*
disturbance *perturbazione-i, nf*
disturber *disturbatore-i, nm*
disunion *disunione-i, nf*

to distènd *distèndere*
distènsible *distensìbile-i, a*
distènsion *distensiòne-i, nf*
dìstich *dìstiko-i, nm*
to distìl *stillàre*
distìllable *distillàbile-i, a*
dìstillàte *distillàto-i, nm*
distillàtion *distillaziòne-i, nf*
distìllery *distillerìa-e, nf*
distìnkt *distìnto-i a e, a*
distìnktion *distinziòne-i, nf*
distìnktive *distintìvo-i a e, a*
distìnktly *distintamènte, a d*
to distìnguìsh *distìnguere*
distìnguished *distìnto-i a e, a*
to distòrt *deformàre*
distòrtion *distorsiòne-i, nf*
to distràkt *distràrre*
distràkted *distràtto-i a e, a*
distràktedly *pazzamènte, ad*
distràktion *distraziòne-i, nf*
to distràin *sekuestràre*
distràiner *sekuestatàrio-i, nm*
distràit *distràtto-i a e, a*
distràught *impazzìto-i a e, a*
distrèss *dolòre-i, nm*
to distrèss *afflìjjere*
distrèssful *tormentòso-i a e, a*
distrèssfully *sventuratamènte, ad*
distrèssingly *afflijjentemènte, ad*
distrìbutable *distributìbile-i, a*
to distrìbute *distribuìre*
distribùtion *distribuziòne-i, nf*
distrìbutive *distributìvo-i a e, a*
distrìbutor *distributòre-i, nm*
dìstrikt *distrètto-i, nm*
distrùst *sfidùca-e, nf*
distùrb *distùrbo*
to distùrb *disturbàre*
distùrbance *perturbaziòne-i, nf*
distùrber *disturbatòre-i, nm*
disùnion *disuniòne-i, nf*

to disunite *disunire*	to disunìte *disunìre*
disuse *disuso-i, nm*	disùse *disùso-i, nm*
to disuse *cessar di usare*	to disùse *cessàr l'ùso*
to disvalue *svalutare*	to disvàlue *svalutàre*
ditch *fosso-i a e, nmf*	dìtch *fòsso-i a e, nmf*
to ditch *scavare*	to dìtch *skavàre*
dither *tremito-i, nm*	dìther *trèmito-i, nm*
to dither *tremare*	to dìther *tremàre*
dithyranb *ditirambo-i, nm*	dìthyràmb *ditiràmbo-i, nm*
dithyrambik *ditirambico-i a e, a*	dìthyràmbik *ditiràmbiko-i a e, a*
ditto *idem, a*	dìtto *ìdem, a*
ditty *canto-i, nm*	dìtty *kànto-i, nm*
diuretik *diuretico-i a he, a*	diurètik *diurètiko-i a e, a*
diurnal *diurno-i a e, a*	diùrnal *diùrno-i a e, a*
diurnally *giornalmente, ad*	diùrnally *jornalmènte, ad*
divagation *divagazione-i, nf*	divagàtion *divagaziòne-i, nf*
divan *divano-i, nm*	dìvàn *divàno-i, nm*
dive *tuffo-i, nm*	dìve *tùffo-i, nm*
to dive *tuffare*	to dìve *tuffàre*
diver *tuffatore-i, nm*	dìver *tuffatòre-i, nm*
to diverge *divergere*	to divèrge *divèrjere*
divergence *divergenza-e, nf*	divèrgence *diverjènza-e, nf*
divergent *divergente-i, nm*	divèrgent *diverjènte-i, nm*
diverse *diverso-i a e, a*	divèrse *divèrso-i a e, a*
to diversify *diversificare*	to divèrsifỳ *diversifikàre*
diversion *diversione-i, nf*	divèrsion *diversiòne-i, nf*
diversity *diversità, nf*	divèrsity *diversità, nf*
to divert *divertire*	to divèrt *divertìre*
diverting *divertente-i, a*	divèrting *divertènte-i, a*
divertingly *divertentemente, ad*	divèrtingly *divertentemènte, ad*
to divest *sottrarre*	to divèst *sottràrre*
divestment *sottrazzione-i, nf*	divèstment *sottrazziòne-i, nf*
divisable *divisibile-i, a*	divìsable *divisìbile-i, a*
divide *spartiacqua-e, nm*	divìde *spartiàkua-e, nm*
to divide *dividere*	to divìde *divìdere*
dividend *dividendo-i, nm*	dìvidend *dividèndo-i, nm*
divination *divinazione-i, nf*	divinàtion *divinaziòne-i, nf*
divine *divino-i a e, a*	divìne *divìno-i a e, a*
to devina *divinare*	to devìne *divinàre*
divier *divinatore-i, nm*	divìner *divinatòre-i, nm*
divining *divinazione-i, nf*	divìning *divinaziòne-i, nf*
diving *tuffo-i, nm*	dìving *tùffo-i, nm*

divinity *divinità, nf*
divisibility *divisibilità, nf*
divisible *divisibile-i, a*
division *divisione-i, nf*
divisional *divisionale-i, a*
divisionary *divisorio-i a e, a*
divisor *divisore-i, nm*
divorce *divorzio-i, nm*
to divorce *divorziare*
divorcee *divorziato-i a e, nmf*
to divulge *rivelare*
dizzily *confusamente, ad*
dizziness *vertigine-i, nf*
dizzy *capogiro-i, nm*
to dizzy *stordire*
do *do, nm*
to do *fare*
dobbin *cavallo-i, nm*
docile *docile-i, a*
docility *docilità, nf*
dock *bacino-i, nm*
to dock *arrivare*
to dock *sottrarre*
to docket *attergare*
doctor *dottore-i, nm*
to doctor *addottorare*
doctoral *dottorale-i, a*
doctorate *dottorato-i, nm*
doctriaire *dottrinairo-i a e, nmf*
doctrinal *dottrinale-i, a*
doctrine *dottrina-e, nf*
document *documento-i, nm*
to document *documentare*
documentary *documentario-i, a*
documentaion *documentazione-i, nf*
dodder *cuscuta-e, nf*
to dodder *tremare*
decasyllable *dedacasillabo-i, nm*
dodge *scarto-i, nm*
to dodge *schivare*
dodger *sornione-i, nm*
dodgery *inganno-i, nm*

divìnity *divinità, nf*
divìsibìlity *divisibilità, nf*
divìsible *divisìbile-i, a*
divìsion *divisiòne-i, nf*
divìsional *divisionàle-i, a*
divìsionary *divisòrio-i a e, a*
divìsor *divisòre-i, nm*
divòrce *divòrzio-i, nm*
to divòrce *divorziàre*
divòrcee *divorziàto-i a e, nmf*
to divùlge *rivelàre*
dìzzily *konfusamènte, ad*
dìzziness *vertìjine-i, nf*
dìzzy *kapojìro-i, nm*
to dìzzy *stordìre*
dò *do, nm*
to dò *fàre*
dòbbin *kavàllo-i, nm*
dòcile *dòcile-i, a*
docìlity *docilità, nf*
dòk *bacìno-i, nm*
to dòk *arrivàre*
to dòk *sottràrre*
to dòket *attergàre*
dòktor *dottòre-i, nm*
to dòktor *addottoràre*
dòktoral *dottoràle-i, a*
dòktorate *dottoràto-i, nm*
dòktrinàire *dottrinàrio-i a e, nmf*
dòktrinal *dottrinàle-i, a*
dòktrine *dottrìna-e, nf*
dòkument *dokumènto-i, nm*
to dòkument *dokumentàre*
dokumèntary *dokumentario-i, a*
dokumentàtion *dokumentaziòne-i, nf*
dòdder *kùskuta-e, nf*
to dòdder *tremàre*
dodekasỳllable *dodakasìllabo-i, nm*
dòdge *skàrto-i, nm*
to dòdge *skivàre*
dòdger *sorniòne-i, nm*
dòdgery *ingànno-i, nm*

dodgy *ingannevole-i, a*	**dòdgy** *ingannèvole-i, a*
doe *daino-i, nm*	**dòe** *dàino-i, nm*
dog *cane-i, nm*	**dòg** *kàne-i, nm*
to dog *inseguire*	**to dòg** *inseguìre*
doge *doge-i, nm*	**dòge** *dòje-i, nm*
dogged *ostinato-i a e, a*	**dògged** *ostinàto-i a e, a*
doggedly *ostinatamente, ad*	**dòggèdly** *ostinatamènte, ad*
doggedness *ostinazione-i, nf*	**dòggedness** *ostinazióne-i, nf*
doggerel *triviale-i, a*	**dòggerel** *triviàle-i, a*
doggish *ringhioso-i a e, a*	**dòggìsh** *ringiòso-i a e, a*
doggy *cagnolino-i a e, nmf*	**dòggy** *kaqolìno-i a e, nmf*
dogma *dogma-e, nf*	**dògma** *dògma-e, nf*
dogmatik *dogmatico-i a he, a*	**dogmàtik** *dogmàtiko-i a e, a*
dogmatically *dogmaticamente, ad*	**dogmàtikally** *dogmatikamènte, ad*
to dogmatize *dogmatizzare*	**to dògmatize** *dogmatizzàre*
dogwood *corniolo-i, nm*	**dògwòod** *korniòlo-i, nm*
doily *sottocoppa-e, nf*	**dòily** *sottokòppa-e, nf*
doings *imprese-i, nf*	**dòings** *imprèse-i, nf*
dolce *dolce*	**dòlce** *dòlce*
doldrums *depressioni, nf*	**dòldrùms** *depressióni, nf*
dole *sussidio-i, nm*	**dòle** *sussìdio-i, nm*
to dole *distribuire*	**to dòle** *distribuìre*
doleful *triste-i, a*	**dòleful** *trìste-i, a*
dolefully *tristemente, ad*	**dòlefully** *tristemènte, ad*
doll *bambola-e, nf*	**dòll** *bàmbola-e, nf*
to doll *adornare*	**to dòll** *adornàre*
dollar *dollaro-i, nm*	**dòllar** *dòllaro-i, nm*
dollop *pezzetto-i, nm*	**dòllop** *pezzètto-i, nm*
dolly *bambola-e, nf*	**dòlly** *bàmbola-e, nf*
dolomite *dolomite-i, nf*	**dòlomite** *dolomìte-i, nf*
Dolomite *Dolomite, nf*	**Dòlomite** *Dolomìte, nf*
dolomitic *dolomitico-i, a*	**dolomìtik** *dolomìtiko-i, a*
dolorous *doloroso-i a e, a*	**dòlorous** *doloròso-i a e, a*
dolphin *delfino-i, nm*	**dòlphìn** *delfìno-i, nm*
dolt *stupido-i a e, a*	**dòlt** *stùpido-i a e, a*
doltish *ottuso-i a e, a*	**dòltish** *ottùso-i a e, a*
domain *dominio-i, nm*	**domàin** *domìnio-i, nm*
dome *cupola-e, nf*	**dòme** *kùpola-e, nf*
domestic *domestico-i a he, nmf*	**domèstik** *domèstiko-i a e, nmf*
domestically *domesticamente, ad*	**domèstikally** *domestikamènte, ad*
to domesticate *addomesticare*	**to domèstikate** *addomestikàre*
domestication *addomesticamento-i, nm*	**domestikàtion** *addomestikamènto-i, nm*

domesticator *addomisticatore-i, nm*
domesticity *domesticità, nf*
comicile *domicilio-i, nm*
to domicile *domiciliare*
domiciliary *domiciliare-i a*
dominance *predominio-i, nf*
dominant *dominante-i, a*
to dominate *dominare*
domination *dominazione-i, nf*
dominator *dominatore-i, nm*
to domineer *tiranneggiare*
dominical *domenicale-i, a*
dominion *dominio-i, nm*
domino *domino-i, nm*
donation *donazione-i, nf*
donative *donativo-i a e, a*
donator *donatore-i, nm*
dono *finito-i a e, a*
donkey *asino-i, nm*
donor *donatore-i, nm*
do-nothing *fannullone-i, nm*
doom *condanna-e, nf*
to doom *condannare*
door *porta-e, nf*
dope *narcotico-i, nm*
dormancy *torpore-i, nm*
dormant *inattivo-i a e, a*
dormer *abbaino-i, nm*
dormitory *dormitorio-i, nm*
dormhouse *ghiro-i, nm*
dorsal *dorsale-i, a*
dory *orata-e, nf*
dose *dose-i, nf*
to dose *adulterare*
doss *letto-i, nm*
dossier *incartamento-i, nm*
dot *punto-i, nm*
to dot *punteggiare*
dotage *rimbambimento-i, nm*
dotal *dotale-i, a*
dotard *rimbambito-i a e, nmf*
dotation *dotazione-i, nf*

domèstikàtor *addomistikatòre-i, nm*
domestìcity *domesticità, nf*
dòmicile *domicìlio-i, nm*
to dòmicìle *domiciliàre*
domicìliary *domiciliàre-i a*
dòminance *predomìnio-i, nf*
dòminant *dominànte-i, a*
to dòminate *dominàre*
dominàtion *dominaziòne-i, nf*
dòminàtor *dominatòre-i, nm*
to dominèer *tirannejjàre*
domìnikal *domenikàle-i, a*
domìnion *domìnio-i, nm*
dòmino *dòmino-i, nm*
donàtion *donaziòne-i, nf*
dònative *donatìvo-i a e, a*
donàtor *donatòre-i, nm*
dòne *finìto-i a e, a*
dònkey *àsino-i, nm*
dònor *donatòre-i, nm*
dò-nòthing *fannullòne-i, nm*
dòom *kondànna-e, nf*
to dòom *kondannàre*
dòor *pòrta-e, nf*
dòpe *narkòtiko-i, nm*
dòrmancy *torpòre-i, nm*
dòrmant *inattìvo-i a e, a*
dòrmer *abbaìno-i, nm*
dòrmitory *dormitòrio-i, nm*
dòrmhòuse *gìro-i, nm*
dòrsal *dorsàle-i, a*
dòry *oràta-e, nf*
dòse *dòse-i, nf*
to dòse *adulteràre*
dòss *lètto-i, nm*
dòssìer *inkartamènto-i, nm*
dòt *pùnto-i, nm*
to dòt *puntejjàre*
dòtage *rimbambimènto-i, nm*
dòtal *dotàle-i, a*
dòtard *rimbambìto-i a e, nmf*
dotàtion *dotaziòne-i, nf*

ci ce ca co cu   ki ke ka ko ku   ji je ja jo ju   gi ge ga go gu
sci sce sca sco scu=shi she sha sho shu   gn=q   gl=y

downright

to dote *rimbambire*	to dòte *rimbambìre*
dotty *malsicuro-i a e, a*	dòtty *malsikùro-i a e, a*
double *doppio-i, a*	dòuble *dòppio-i, a*
double *sottoattore-i, nm*	dòuble *sottoattòre-i, nm*
to double *doppiare*	to dòuble *doppiàre*
doubleness *doppiezza-e, nf*	dòubleness *doppièzza-e, nf*
doublet *farsetto-i, n-i, nm*	dòublet *farsètto-i, n-i, nm*
doubt *dubbio-i, nm*	dòubt *dùbbio-i, nm*
doubtful *dubbioso-i a e, a*	dòubtful *dubbiòso-i a e, a*
doubtfully *dubbiosamente, ad*	dòubtfully *dubbiosamènte, ad*
doubtfulness *incertezza-e, nf*	dòubtfulness *incertèzza-e, nf*
doubtless *indubiamente, ad*	dòubtless *indubiamènte, ad*
douce *gentile-i, a*	dòuce *jentìle-i, a*
douche *doccia-e, nf*	dòuche *dòcca-e, nf*
dough *pasta, nf*	dòugh *pàsta, nf*
dough *denaro-i, nm*	dòugh *denàro-i, nm*
doughtily *valorosamente, ad*	dòughtily *valorosamènte, ad*
doughty *forte-i, a*	dòughty *fòrte-i, a*
doughy *pastoso-i a e, a*	dòughy *pastòso-i a e, a*
dour *ostinato-i a e, a*	dòur *ostinàto-i a e, a*
dourly *ostinatamente, ad*	dòurly *ostinatamènte, ad*
to douse *tuffare*	to dòuse *tuffàre*
to douse *spegnere*	to dòuse *spèqere*
dove *colombo-i, nm*	dòve *kolòmbo-i, nm*
dovecot *colombaia-e, nf*	dòvekot *kolombàia-e, nf*
dovetail *incastro-i, nm*	dòvetail *inkàstro-i, nm*
to dovetail *incastrate*	to dòvetail *inkastràre*
dowager *vedova-e, nf*	dòwagèr *vèdova-e, nf*
dowdily *sporco-hi a he, a*	dòwdily *spòrko-i a e, a*
dowdiness *trascuratezza-e, nf*	dòwdiness *traskuratèzza-e, nf*
dowdy *trascurato-i a e, a*	dòwdy *traskuràto-i a e, a*
dower *dote-i, nf*	dòwer *dòte-i, nf*
to dower *dotare*	to dòwer *dotàre*
down *duna-nf*	dòwn *dùna-nf*
down *abbattuto-i a e, a*	dòwn *abbattùto-i a e, a*
down *giù, ad*	dòwn *jù, ad*
to down *abbattere*	to dòwn *abbàttere*
downcast *abbassato-i a e, a*	downkàst *abbassàto-i a e, a*
downfall *rovina-e, nf*	downfàll *rovìna-e, nf*
downhill *discesa-e, nf*	downhìll *dishèsa-e, nf*
downpour *scroscio-i, nm*	downpòur *skròsho-i, nm*
downright *completamente, ad*	downrìght *kompletamènte, ad*

downstairs *giù, ad*	**downstàirs** *jù, ad*
downtrodden *oppresso-i a e, a*	**downtròdden** *opprèsso-i a e, a*
downward *discendente-i, a*	**downwàrd** *dishendènte-i, a*
dowry *dote-i, nf*	**dòwry** *dòte-i, nf*
dowser *rabdomante-i, nf*	**dòwser** *rabdomànte-i, nf*
doze *sonnellino-i, nm*	**dòze** *sonnellìno-i, nm*
to doze *sonnecchiare*	**to dòze** *sonnekkiàre*
dozen *dozzina-e, nf*	**dòzen** *dozzìna-e, nf*
drab *sudiciona-e, nf*	**dràb** *sudicòna-e, nf*
drab *grigiore-i, a*	**dràb** *grijòre-i, a*
to drabble *schizzare*	**to dràbble** *skizzàre*
Draconian *draconiano-i, a*	**Drakònian** *drakoniàno-i, a*
draff *feccia-e, nf*	**dràff** *fècca-e, nf*
draft *abbozzo-i, nm*	**dràft** *abbòzzo-i, nm*
to draft *redigere*	**to dràft** *redìjere*
drag *erpice-i, nf*	**dràg** *èrpice-i, nf*
to drag *trascinare*	**to dràg** *trashinàre*
to draggle *insudiciare*	**to dràggle** *insudicàre*
dragon *drago-i, nm*	**dràgon** *dràgo-i, nm*
dragoon *dragone-i, nm*	**dragòon** *dragòne-i, nm*
to dragoon *costringere*	**to dragòon** *kostrìnjere*
drain *fogna-e, nf*	**dràin** *fòga-e, nf*
to drain *scolare*	**to dràin** *skolàre*
drainage *drenaggio-i, nm*	**dràinage** *drenàjjo-i, nm*
drake *anitra-e, nf*	**dràke** *ànitra-e, nf*
drake *esca, nf*	**dràke** *èska, nf*
dram *liquore-i, nm*	**dràm** *likuòre-i, nm*
drama *dramma-i, nm*	**dràma** *dràmma-i, nm*
dramatic *drammatico-i a e, a*	**dramàtik** *drammàtiko-i a e, a*
dramatically *drammaticamente, ad*	**dramàtikally** *drammatikamènte, ad*
dramatist *drammaturgo-hi a he, nmf*	**dràmatist** *drammatùrgo-i a e, nmf*
dramatization *rappresentazione-i, nf*	**dramatizàtion** *rappresentaziòne-i, nf*
to dramatize *drammatizzare*	**to dràmatize** *drammatizzàre*
to drape *drappeggiare*	**to dràpe** *drappejjàre*
drapery *drappeggio-i, nm*	**dràpery** *drappèjjo-i, nm*
drastic *drastico-i a he, a*	**dràstik** *dràstiko-i a e, a*
drastically *drasticamente, ad*	**dràstikally** *drastikamènte, ad*
draught *trazione-i, nf*	**dràught** *traziòne-i, nf*
draughtsman *disegnatore-i, nm*	**dràughtsmàn** *diseqatòre-i, nm*
draughty *correnti d'aria, a*	**dràughtỳ** *korrènte d'ària, a*
draw *sorteggio-i, nm*	**dràw** *sortèjjo-i, nm*
to draw *tirare*	**to dràw** *tiràre*

draw-back *svantaggio-i, nm*	dràw-bàk *svantàjjo-i, nm*
draw-bridge *ponte-i, nm*	dràw-brìdge *pònte-i, nm*
drawer *cassetto-i, nm*	dràwer *kassètto-i, nm*
drawing *tiraggio-i, nm*	dràwing *tiràjjo-i, nm*
drawing-room *salotto-i, nm*	dràwing-ròom *salòtto-i, nm*
drawl *pronuncia cattiva, nf*	dràwl *pronùnca kattìva, nf*
to drawl *pronunciare male*	to dràwl *pronuncàre m*
drawplate *trafila-e, nf*	drawplàte *trafìla-e, nf*
draw-well *pozzo-i, nm*	dràw-wèll *pòzzo-i, nm*
dray *carro-i, nm*	dràу *kàrro-i, nm*
dread *terrore-i, nm*	drèad *terròre-i, nm*
to dread *temere*	to drèad *temère*
dreadful *terribile-i, a*	drèadful *terrìbile-i, a*
dreadfully *spaventosamente, ad*	drèadfully *spaventosamènte, ad*
dreadlessly *intrepidamente, ad*	drèadlessly *intrepidamènte, ad*
dreadnought *supercorazzata-e, nf*	drèadnòught *superkorazzàta-e, nf*
dream *sogno-i, nm*	drèam *sòqo-i, nm*
to dream *sognare*	to drèam *soqàre*
dreamer *sognatore-i, nm*	drèamer *soqatòre-i, nm*
dreamily *sognantemente, ad*	drèamily *soqantemènte, ad*
dreamy *sognante-i, nm*	drèamy *soqànte-i, nm*
drearily *tristemente, ad*	drèarily *tristemènte, ad*
dreariness *tristezza-e, nf*	drèariness *tristèzza-e, nf*
dreary *triste-i, a*	drèary *trìste-i, a*
dredge *draga-he, nf*	drèdge *dràga-e, nf*
to dredge *dragare*	to drèdge *dragàre*
dredger *vasetto-i, nm*	drèdger *vasètto-i, nm*
to dree *sopportare*	to drèe *sopportàre*
dreggy *torbido-i a e, a*	drèggy *tòrbido-i a e, a*
dregs *feccia-e, nf*	drègs *fècca-e, nf*
drench *pozione-i, nf*	drènch *poziòne-i, nf*
to drench *inzuppare*	to drènch *inzuppàre*
drencher *acquazzone-i, nm*	drèncher *akkuazzòne-i, nm*
dress *abito-i, nm*	drèss *àbito-i, nm*
to dress *vestire*	to drèss *vestìre*
dresser *credenza-e, nf*	drèsser *kredènza-e, nf*
dressing *condimento-i, nm*	drèssing *kondimènto-i, nm*
dressy *ben vestito-i a e, a*	drèssy *bèn vestìto-i a e, a*
dribble *goccia-e, f*	drìbble *gòcca-e, f*
to dribble *gocciolare*	to drìbble *goccòlàre*
driblet *piccola somma, nf*	drìblet *pìkkola sòmma, nf*
drier *essiccatoio-i, nm*	drìer *essikkatòio-i, nm*

to drowse

drift *deriva-e, nf*	**drìft** *derìva-e, nf*
to drift *andare alla deriva*	**to drìft** *andàre alla derìva*
drill *trapano*	**drìll** *tràpano-i, nm*
to drill *perforare*	**to drìll** *perforàre*
drink *bevanda-e, nf*	**drìnk** *bevànda-e, nf*
to drink *bere*	**to drìnk** *bère*
drincable *bevibile-i, a*	**drìnkable** *bevìbile-i, a*
drinker *bevitore-i, nm*	**drìnker** *bevitòre-i, nm*
drip *gocciamento-i, nm*	**drìp** *goccamènto-i, nm*
to drip *gocciare*	**to drìp** *goccàre*
drive *strada-e, nf*	**drìve** *stràda-e, nf*
to drive *guidare*	**to drìve** *guidàre*
drivel *bava-e, nf*	**drìvel** *bàva-e, nf*
driver *guidatore-i, nm*	**drìver** *guidatòre-i, nm*
driving-wheel *ruota motrice, nf*	**drìving-whèel** *ruòta motrìce, nf*
drizzle *pioggerella-e, nf*	**drìzzle** *piojjerèlla-e, nf*
to drizzle *piovigginare*	**to drìzzle** *piovijjinàre*
droll *divertente-i, a*	**dròll** *divertènte-i, a*
drollery *buffoneria-e, nf*	**dròllery** *buffònerìa-e, nf*
drolly *buffamente, ad*	**dròlly** *buffamènte, ad*
dromedary *dromedario-i, nm*	**dròmedary** *dromedàrio-i, nm*
drone *parassita-i, nm*	**dròne** *parassìta-i, nm*
to drone *ronzare*	**to dròne** *ronzàre*
droop *abbasamento-i, nm*	**dròop** *abbasamènto-i, nm*
to droop *abbassare*	**to dròop** *abbassàre*
drop *goccia-e, nf*	**dròp** *gòcca-e, nf*
to drop *gocciolare*	**to dròp** *goccolàre*
to drop out *scomparire*	**to dròp òut** *skomparìre*
droplet *gocciolina-e, nf*	**dròplet** *goccolìna-e, nf*
dropper *contagoccie, nm*	**dròpper** *kontagòcce, nm*
dropping *sgocciolamento-i, nm*	**dròpping** *sgoccolamènto-i, nm*
dropsical *idropico-i a he, a*	**dròpsikal** *idròpiko-i a e, a*
dropsy *idropisia-e, nf*	**dròpsy** *idropisìa-e, nf*
dross *scoria-e, nf*	**dròss** *skòria-e, nf*
drought *siccità, nf*	**dròught** *siccità, nf*
droughty *arido-i a e, a*	**dròughtỳ** *àrido-i a e, a*
drove *mandra-e, nf*	**dròve** *màndra-e, nf*
to drove *condurre*	**to dròve** *kondùrre*
drover *conducente-i, nm*	**dròver** *konducènte-i, nm*
to drown *annegare*	**to dròwn** *annegàre*
drowse *sonnolenza-e, nf*	**dròwse** *sonnolènza-e, nf*
to drowse *sonnecchiare*	**to dròwse** *sonnekkiàre*

drowsily *addormentatamente, ad*
drowsiness *sonnolenza-e, nf*
drowsy *sonnecchiante-i, a*
to drub *battere*
drubbing *bastonatura-e, nf*
drudge *schiavo-i, nm*
to drudge *lavorare da schiavo*
drudgery *lavoro duro, nm*
drug *droga-he, nf*
to drug *drogare*
druggist *farmacista-i, nm*
druggy *drogato-i a e, a*
Druid *druido-i, nm*
Druidic *druidico-i a he, a*
drum *tamburo-i, nm*
to drum *tamburare*
drummer *batterista-i, nm*
drunk *ubriaco-hi a he, a*
druncard *ubriacone-i a e, nm*
drunken *alcoolizzato-i a e, a*
drunkenly *da ubriaco, ad*
dunkenness *ubriachezza-e, nf*
dry *asciutto-i a e, a*
to dry *asciugare*
dry-clean *pulisecco-hi, nm*
to dry-dock *carenare*
dryly *seccamente, ad*
dryness *secchezza-e, nf*
drysalter *droghiere-i, nm*
dual *duale-i, a*
dualism *dualismo-i, nm*
dualist *dualista-i, nm*
dualistik *dualistico-i a he, a*
to dub *dar nome*
dubious *dubbio-i, nm*
dubiously *dubbiosamente, ad*
dubitation *dubbio-i, nm*
dubitative *dubitativo-i a e, a*
Dublin *Dublino, nf*
ducal *ducale-i, a*
ducat *ducato-i, nm*
duchess *duchessa-e, nf*

dròwsily *addormentatamènte, ad*
dròwsiness *sonnolènza-e, nf*
dròwsy *sonnekkiànte-i, a*
to drùb *bàttere*
drùbbing *bastonatùra-e, nf*
drùdge *skiàvo-i, nm*
to drùdge *lavoràre da skiàvo*
drùdgery *lavòro dùro, nm*
drùg *dròga-e, nf*
to drùg *drogàre*
drùggist *farmacìsta-i, nm*
drùggy *drogàto-i a e, a*
Drùid *drùido-i, nm*
Druìdik *druìdiko-i a e, a*
drùm *tambùro-i, nm*
to drùm *tamburàre*
drùmmer *batterìsta-i, nm*
drùnk *ubriàko-i a e, a*
drùnkard *ubriakòne-i a e, nm*
drùnken *alkoolizzàto-i a e, a*
drùnkenly *da ubriàko, ad*
drùnkenness *ubriakèzza-e, nf*
drỳ *ashùtto-i a e, a*
to drỳ *ashugàre*
drỳ-clèan *pulisèkko-i, nm*
to drỳ-dòk *kàrenàre*
drỳly *sekkamènte, ad*
drỳness *sekkèzza-e, nf*
drỳsalter *drogière-i, nm*
dùal *duàle-i, a*
dùalism *dualìsmo-i, nm*
dùalist *dualìsta-i, nm*
dùalìstik *dualìstiko-i a e, a*
to dùb *dàre nòme*
dùbious *dùbbio-i, nm*
dùbiously *dubbiosamènte, ad*
dùbitation *dùbbio-i, nm*
dùbitàtive *dubitatìvo-i a e, a*
Dùblin *Dublìno, nf*
dùkal *dukàle-i, a*
dùkat *dukàto-i, nm*
dùchess *dukèssa-e, nf*

duchy *ducato-i, nm*
duck *anitra-e, nf*
to duck *abbassare*
duckling *anitroccolo-i, nm*
ducky *anitrino-i, nm*
duct *canale-i, nm*
ductile *duttile-i, a*
ductility *duttilità, nf*
dud *fiasco-hi, nm*
dude *elegantone-i, nm*
dudgeon *risentimento-i, nm*
due *dovuto-i a e, a*
duel *duello-i, nm*
to duel *duellare*
duet *duetto-i, nm*
duff *budino-i, nm*
duffel *tessuto-i, nm*
duffer *stupido-i, nm*
dug *capezzolo-i, nm*
dugong *strena-e, nf*
dug-out *riparo-i, nm*
duke *duca-hi, nm*
dukedom *ducato-i, nm*
dulcet *dolce-i, a*
to dulcify *addolcire*
dull *lento-i a e, a*
to dull *intorpidire*
dullard *stolto-i a e, nmf*
dulness *lentezza-e, nf*
dully *lentamente, ad*
duly *debitamente, ad*
dumb *muto-i a e, a*
to dumb *ammutire*
to dumfound *ammutolire*
dumbly *in silenzio, ad*
dumbness *mutezza-e, nf*
dummy *muto-i a e, nmf*
dummy *falso-i a e, a*
dump *tristezza-e, a*
dump *tonfo-i, nm*
to dump *scaricare*
dumpiness *tarchiatezza-e, nf*

dumpiness

dùchy *dukàto-i, nm*
dùk *ànitra-e, nf*
to dùk *abbassàre*
dùkling *anitròkkolo-i, nm*
dùky *anitrìno-i, nm*
dùkt *kanàle-i, nm*
dùktile *dùttile-i, a*
duktìlity *duttilità, nf*
dùd *fiàsko-i, nm*
dùde *elegantòne-i, nm*
dùdgeon *risentimènto-i, nm*
dùe *dovùto-i a e, a*
dùel *duèllo-i, nm*
to dùel *duellàre*
duèt *duètto-i, nm*
dùff *budìno-i, nm*
dùffel *tessùto-i, nm*
dùffer *stùpido-i, nm*
dùg *kapèzzolo-i, nm*
dùgong *strèna-e, nf*
dùg-òut *ripàro-i, nm*
dùke *dùka-i, nm*
dùkedom *dukàto-i, nm*
dùlcet *dòlce-i, a*
to dùlcify *addolcìre*
dùll *lènto-i a e, a*
to dùll *intorpidìre*
dullàrd *stòlto-i a e, nmf*
dùlness *lentèzza-e, nf*
dùlly *lentamènte, ad*
dùly *debitamènte, ad*
dùmb *mùto-i a e, a*
to dùmb *ammutìre*
to dùmfòund *ammutolìre*
dùmbly *in silènzio, ad*
dùmbness *mutèzza-e, nf*
dùmmy *mùto-i a e, nmf*
dùmmy *fàlso-i a e, a*
dùmp *tristèzza-e, a*
dùmp *tònfo-i, nm*
to dùmp *skarikàre*
dùmpiness *tarkiatèzza-e, nf*

to dust

dumping *svendita-e, nf*	dùmping *svèndita-e, nf*
dumpling *budino-i, nm*	dùmpling *budìno-i, nm*
dumpy *tarchiato-i, a*	dùmpy *tarkiàto-i, a*
dun *grigio scuro, nm*	dùn *grìjo skùro, nm*
dun *creditore-i, nm*	dùn *kreditòre-i, nm*
to dun *domandare*	to dùn *domandàre*
dunce *somaro-i, nm*	dùnce *somàro-i, nm*
dunderhead *cretino-i a e, nmf*	dùnderhèad *krètino-i a e, nmf*
dune *duna-e, nf*	dùne *dùna-e, nf*
dung *sterco-hi, nm*	dùng *stèrko-i, nm*
to dung *concimare*	to dùng *koncimàre*
dungeon *prigione-i, nf*	dùngeon *prijòne-i, nf*
duodecimal *dodicesimo-i a e, a*	dùodècimal *dodicèsimo-i a e, a*
duodecimo *dodicesimo-i, nm*	dùodècimo *dodicèsimo-i, nm*
duodenal *duodeno-i, nm*	duòdenal *duòdeno-i, nm*
dupable *ingannabile-i, a*	dùpable *ingannàbile-i, a*
dupe *gonzo-i, nm*	dùpe *gònzo-i, nm*
to dupe *gabbare*	to dùpe *gabbàre*
duper *ingannatore-i, nm*	dùper *ingannatòre-i, nm*
dupery *inganno-i, nm*	dùpery *ingànno-i, nm*
duple *doppio-i, nm*	dùple *dòppio-i, nm*
duplex *doppio-i, nm*	dùplex *dòppio-i, nm*
duplicate *duplicato-i a e, a*	dùplikate *duplikàto-i a e, a*
to duplicate *duplicare*	to duplikàte *duplikàre*
duplication *duplicazione-i, nf*	duplikàtion *duplikaziòne-i, nf*
duplicator *duplicatore-i, nm*	duplikàtor *duplikatòre-i, nm*
duplicity *duplicità, nf*	duplìcity *duplicità, nf*
durability *durabilità, nf*	durabìlity *durabilità, nf*
durable *durevole-i, a*	dùrable *durèvole-i, a*
durably *durabilmente, ad*	dùrably *durabilmènte, ad*
dura mater *madre dura, nf*	dùra màter *màdre dùra, nf*
durance *prigionia-e, nf*	dùrance *prijonìa-e, nf*
duration *durata-e, nf*	duràtion *duràta-e, nf*
duress *costrizione-i, nf*	durèss *kostriziòne-i, nf*
dusk *oscuro-i a e, a*	dùsk *oskùro-i a e, a*
to dusk *oscurare*	to dùsk *oskuràre*
to dusken *imbrunire*	to dùsken *imbrunìre*
duskily *foscamente, ad*	dùskily *foskamènte, ad*
duskiness *oscurità, nf*	dùskiness *oskurità, nf*
dusky *foscoco-i a e, a*	dùsky *foskòso-i a e, a*
dust *polvere-i, nf*	dùst *pòlvere-i, nf*
to dust *spolverare*	to dùst *spolveràre*

duster *cencio-i, nm*
dusty *polveroso-i a e, a*
Dutch *olandese-i, nm*
duteous *obbediente-i, a*
dutiable *tassabile-i, a*
dutiful *obbediente-i, a*
dutifully *obbedientemente, ad*
dutifulness *rispetto-i, nm*
duty *dovere-i, nm*
duumvir *duumviro-i, nm*
duumvirate *duumvirato-i, nm*
dwarf *nano-i a e, nmf*
to dwarf *rimpicciolire*
dwarfish *piccolissimo-i a e, a*
to dwell *dimorare*
dweller *abitante-i, nm*
dewlling *abitazione-i, nf*
to dwindle *diminuire*
dya *tintura-e, nf*
to dye *tingere*
dyeing *tintoria-e, nf*
dyer *tintore-i, nm*
dynamic *dinamico-i a he, a*
dynamically *dinamicamente, ad*
dynamics *dinamica-he, nf*
dynamitard *dinamitardo-i, nm*
dynamite *dinamite-hc,e nf*
dynamo *dinamo-i, nm*
dynamometer *dinamometro-i, nm*
dynastic *dinastico-i a he, a*
dynastically *dinasticamente, ad*
dynasty *dinastia-e, nf*
dysenteric *dissenterico-i a he, a*
dysentery *dissenteria-e, nf*
dyspesia *dispepsia-e, nf*
dyspeptic *dispeptico-i a he, nmf*
dysuria *minzione-i, nf*

E
each *ciascuno, prep*
eager *desideroso-i a e, a*
eagerly *premurosamente, ad*

dùster *cènco-i, nm*
dùsty *polveròso-i a e, a*
Dùtch *olàndese-i, nm*
dùteous *obbediènte-i, a*
dùtìable *tassàbile-i, a*
dùtiful *obbediènte-i, a*
dùtifully *obbedientemènte, ad*
dùtifulness *rispètto-i, nm*
dùty *dovère-i, nm*
duùmvir *duùmviro-i, nm*
duùmviràte *duumviràto-i, nm*
dwàrf *nàno-i a e, nmf*
to dwàrf *rimpiccolìre*
dwàrfish *pikkolìssimo-i a e, a*
to dwèll *dimoràre*
dwèller *abitànte-i, nm*
dwèlling *abitaziòne-i, nf*
to dwìndle *diminuìre*
dỳe *tintùra-e, nf*
to dỳe *tìnjere*
dỳeing *tintorìa-e, nf*
dỳer *tintòre-i, nm*
dynàmik *dinàmiko-i a e, a*
dynàmikally *dinamikamènte, ad*
dynàmiks *dinamìka-he, nf*
dỳnamìtard *dinamitàrdo-i, nm*
dynamìte *dinamìte-i, nf*
dỳnamo *dìnamo-i, nm*
dynamòmeter *dinamòmetro-i, nm*
dynàstik *dinàstiko-i a e, a*
dynàstikally *dinastikamènte, ad*
dỳnasty *dinastìa-e, nf*
dysentèrik *dissentèriko-i a e, a*
dỳsentery *dissenterìa-e, nf*
dyspèsia *dispèpsia-e, nf*
dyspèptik *dispèptiko-i a e, nmf*
dysùria *minziòne-i, nf*

E
èach *caskùno, prep*
èager *desideròso-i a e, a*
èagerly *premurosamènte, ad*

eagerness *ardore-i, nm*	èagerness *ardòre-i, nm*
eagle *aquila-e*	èagle *àkuila-e*
eaglet *aquilotto-i, nm*	èaglet *akuilòtto-i, nm*
ear *spiga-he, nf*	èar *spìga-e, nf*
ear *orecchio-hi, nm*	èar *òrekkio-i, nm*
earl *conte-i, nm*	èarl *kònte-i, nm*
earldom *contea-e, nf*	èarldom *kontèa-e, nf*
earless *senza orecchi, a*	èarless *sènza òrèkki, a*
early *mattiniere-i, a*	èarly *mattinière-i, a*
early *presto, ad*	èarly *prèsto, ad*
to earn *guadagnare*	to èarn *guadaqàre*
earnest *serio-i a e, a*	èarnest *sèrio-i a e, a*
earnestly *seriamente, ad*	èarnestly *seriamènte, ad*
earnestness *serietà, nf*	èarnestness *serietà, nf*
earnings *guadagni, nm*	èarnings *guadàqi, nm*
earring *orecchino-i, nm*	èarring *orekkìno-i, nm*
earth *terra-e, nf*	èarth *tèrra-e, nf*
to earth *interrare*	to èarth *interràre*
earthen *in terra, a*	èarthen *in tèrra, a*
earthenware *vasellame-i, nm*	èarthenwàre *vasellàme-i, nm*
earthliness *materialità, nf*	èarthliness *materialità, nf*
earthling *abitante terrestre, nm*	èarthling *abitànte terrèstre, nm*
earthly *terreno-i, nm*	èarthly *terrèno-i, nm*
earthquake *terremoto-i, nm*	èarthquàke *terremòto-i, nm*
earthy *terrestre-i, a*	èarthy *terrèstre-i, a*
earwig *insetto-i, nm*	èarwig *insètto-i, nm*
to earwig *influenzare*	to èarwig *influenzàre*
ease *agio-i, nm*	èase *àjo-i, nm*
to ease *sollevare*	to èase *sollevàre*
easeful *comodo-i a e, a*	èaseful *kòmodo-i a e, a*
easel *cavalletto-i, nm*	èasel *kavallètto-i, nm*
easement *diritto di passaggio, nm*	èasement *diritto di passàjjo, nm*
easily *facilmente, ad*	èasily *facilmènte, ad*
easiness *facilità, nf*	èasiness *facilità, nf*
east *oriente, nm*	èast *orriènte, nm*
Easter *Pasqua, nf*	Easter *Pàskua, nf*
easterly *verso est, ad*	èasterly *vèrso èst, ad*
eastern *orientale-i, a*	èastern *orientàle-i, a*
eastwards *verso est, ad*	èastwàrds *vèrso èst, ad*
easy *facile-i, a*	èasy *fàcile-i, a*
to eat *mangiare*	to èat *manjàre*
eatable *mangiabile-i, a*	èatable *manjàbile-i, a*

	ecstatic
eater *mangiatore-i, nm*	èater *manjatòre-i, nm*
eating-house *ristorante-i, nm*	èating-hòuse *ristorànte-i, nm*
eats *cibo-i, nm*	èats *cìbo-i, nm*
eaves *gronda, nf*	èaves *grònda, nf*
to eavesdrop *origliare*	to èavesdròp *oriyàre*
eavesdropper *ascoltatore-i, nm*	èavesdròpper *askoltatòre-i, nm*
ebb *riflusso-i, nm*	èbb *riflùsso-i, nm*
to ebb *rifluire*	to èbb *rifluìre*
ebony *ebano-i, nm*	èbony *èbano-i, nm*
ebonist *ebanista-i, nm*	èbonist *ebanìsta-i, nm*
ebonite *ebanite-i, nf*	èbonìte *ebanìte-i, nf*
ebullience *ebollizione-i, nf*	ebùllience *ebolliziòne-i, nf*
ebullient *ribollente-i, a*	ebùllient *ribollènte-i, a*
ebullition *ebollizione-i, nf*	èbullìtion *ebolliziòne-i, nf*
eccentric *eccentrico-i a he, a*	ekcèntrik *eccèntriko-i a e, a*
eccentrically *eccentricamente, ad*	ekcèntrikally *eccentrikamènte, ad*
eccentricity *eccentricità, nf*	ekcentrìcity *eccentricità, nf*
ecclesiastic *ecclesiastico-i, nm*	ekkesiàstik *ekklesiàstiko-i, nm*
ecclesiastically *ecclesiasticamente, ad*	ekklesiàstikally *ekklesiastikamènte, ad*
echelon *scaglione-i, nm*	èchelon *skayòne-i, nm*
echo *eco-hi, nm*	èko *èko-i, nm*
to echo *echeggiare*	to èko *ekejjàre*
eclaircissement *spiegazione-i, nf*	èklaircissemènt *spiegaziòne-i, nf*
eclat *successo-i, nm*	èklàt *succèsso-i, nm*
eclectik *eclettico-i a he, a*	eklèktik *eklèttiko-i a e, a*
eclectically *ecletticamente, ad*	eklèktikally *eklettikamènte, ad*
eclecticism *eclettismo-i, nm*	eklèkticism *eklettìsmo-i, nm*
eclipse *eclisse-i, nf*	eklìpse *eklìsse-i, nf*
to eclipse *eclissare*	to eklìpse *eklissàre*
ecliptic *eclittico-i a he, a*	eklìptik *eklìttiko-i a e, a*
ecliptic *eclittica-he, nf*	eklìptik *eklìttika-e, nf*
eclogue *egloga-he, nf*	èklogue *ègloga-e, nf*
economic *economico-i a he, a*	ekonòmik *ekonòmiko-i a e, a*
economically *economicamente, ad*	ekonòmikally *ekonomikamènte, ad*
economics *economia-e, nf*	ekonòmiks *ekonomìa-e, nf*
economist *economista-i, nm*	ekònomist *ekonomìsta-i, nm*
economization *realizzo-i, nm*	ekonomizàtion *realìzzo-i, nm*
to economize *economizzare*	to ekònomize *ekonomizzàre*
economy *economia-e, nf*	ekònomy *ekonomìa-e, nf*
to ecstasize *estasiare*	to èkstasìze *estasiàre*
ecstasy *estasi, nf*	èkstasy *èstasi, nf*
ecstatic *estasiante-i, a*	ekstàtik *estasiànte-i, a*

ecstatically *estaticamente, ad*
ecumenic *ecumenico-i, a*
eczema *eczema, nf*
edacious *edace-i, a*
edacity *edacità, nf*
eddy *turbine-i, nm*
to eddy *turbinare*
edelweiss *stella-e, nf*
Eden *Eden, nf*
edge *bordo-i, nm*
to edge *bordare*
edgeless *smussato-i, a*
edgeways *con il taglio in fuori, ad*
edging *orlatura-e, nf*
edgy *irritabile-i, a*
edict *editto-i, nm*
edification *edificazione-i, nf*
edifice *edificio-i, nm*
to edify *edificare*
to edit *pubblicare*
Edith *Editta, nf*
edition *edizione-i, nf*
editor *editore-i, nm*
editorial *editoriale-i, a*
editorship *direzione-i, nf*
Edmund *Edmondo, nm*
educable *educabile-i, a*
to educate *educare*
education *educazione-i, nf*
educational *educativo-i a e, a*
educationally *educativamente, ad*
educative *educativo-i a e, a*
educator *educatore-i, nm*
to educe *estrarre*
educible *deducibile-i, a*
eduction *emissione-i, nf*
eel *anguilla-e, nf*
eerie *magico-i a he, a*
eerily *magicamente, ad*
eeriness *magia-e, nf*
to efface *cancellare*
effaceable *cancellabile-i, a*

ekstàtikally *estatikamènte, ad*
ekumènik *ekumèniko-i, a*
èkzema *èkzema, nf*
edàcious *èdace-i, a*
edàcity *edacità, nf*
èddy *tùrbine-i, nm*
to èddy *turbinàre*
èdelwèiss *stèlla-e, nf*
Eden *Eden, nf*
èdge *bòrdo-i, nm*
to èdge *bordàre*
èdgeless *smussàto-i, a*
èdgewàys *kòn il tàyo in fuòri, ad*
èdging *orlatùra-e, nf*
èdgy *irritàbile-i, a*
èdikt *edìtto-i, nm*
edifikàtion *edifikaziòne-i, nf*
èdifice *edifìco-i, nm*
to èdify *edifikàre*
to èdit *pubblikàre*
Edith *Edìtta, nf*
edìtion *ediziòne-i, nf*
èditor *editòre-i, nm*
editòrial *editoriàle-i, a*
èditorshìp *direziòne-i, nf*
Edmùnd *Edmòndo, nm*
èdukable *edukàbile-i, a*
to edukàte *edukàre*
edukàtion *edukaziòne-i, nf*
edukàtional *edukativo-i a e, a*
edukàtionally *edukativamènte, ad*
èdukative *edukatìvo-i a e,*
èdukàtor *edukatòre-i, nm*
to edùce *estràrre*
edùcible *deducìbile-i, a*
edùktion *emissiòne-i, nf*
èel *anguìlla-e, nf*
èerie *màjiko-i a e, a*
èerily *majikamènte, ad*
èeriness *majìa-e, nf*
to effàce *kancellàre*
effàceable *kancellàbile-i, a*

effacement *cancellatura-e, nf*
effect *effetto-i, nm*
to effect *effettuare*
effective *effettivo-i a e, a*
effectless *inefficace-i, a*
effectual *efficace-i, a*
effectually *efficacemente, ad*
to effectuate *effettuare*
effectuation *effettuazione-i, nf*
effeminacy *effeminatezza-e, nf*
effeminate *effeminato-i a e, a*
effeminately *effeminatamente, ad*
to effervesce *spumeggiare*
effervescence *effervescenza-e, nf*
effete *logoro-i a e, a*
efficacious *efficace-i, a*
efficaciously *efficacemente, ad*
efficacy *efficacia-e, nf*
efficiency *efficienza-e, nf*
efficient *efficiente-i, a*
efficently *efficientemente, ad*
effigy *effige-i, nm*
to effloresce *florire*
efflorescence *efflorescenza-e, nf*
efflorescent *efflorescente-i, a*
effluence *efflusso-i, nm*
effluent *effluente-i, a*
effluvium *effluvio-i, nm*
effort *sforzo-i, nm*
effortless *passivo-i, a*
effrontery *sfrontatezza-e, nf*
effulgence *splendore-i, nm*
effulgent *risplendente-i, a*
effulgently *splendentemente, ad*
to effuse *effondere*
effusion *effusione-i, nf*
effusive *esuberante-i, a*
effusively *espansivamente, ad*
effuciveness *espansività, nf*
egg *uovo-a, nf*
to egg *istigare*
egoism *egoismo-i, nm*

effàcement *kancellatùra-e, nf*
effèkt *effètto-i, nm*
to effèkt *effettuàre*
effèktive *effettìvo-i a e, a*
effèktless *ineffikàce-i, a*
effèktual *effikàce-i, a*
effèktually *effikacemènte, ad*
to effèktuate *effettuàre*
effektuàtion *effettuaziòne-i, nf*
effèminacy *effeminatèzza-e, nf*
effèminàte *effemìnàto-i a e, a*
effèminately *effeminatamènte, ad*
to effèrvèsce *spumejjàre*
effervèscence *efferveshènza-e, nf*
effète *lògoro-i a e, a*
effikàcious *effikàce-i, a*
effikàciously *effikacemènte, ad*
èffikacy *effikàca-e, nf*
efficiency *efficènza-e, nf*
efficient *efficènte-i, a*
efficiently *efficentemènte, ad*
èffigy *effìje-i, nm*
to efflorèsce *florìre*
efflorèscence *effloreshènza-e, nf*
efflorèscent *effloreshènte-i, a*
èffluence *efflùsso-i, nm*
èffluent *effluènte-i, a*
efflùvium *efflùvio-i, nm*
èffort *sfòrzo-i, nm*
èffortless *passìvo-i, a*
effròntery *sfrontatèzza-e, nf*
effùlgence *splendòre-i, nm*
effùlgent *risplendènte-i, a*
effùlgently *splendentemènte, ad*
to effùse *effòndere*
effùsion *effusiòne-i, nf*
effùsive *esuberànte-i, a*
effùsively *espansivamènte, ad*
effùsiveness *espansività, nf*
ègg *uòvo-a, nf*
to ègg *istigàre*
ègoism *egoìsmo-i, nm*

ci ce ca co cu ki ke ka ko ku ji je ja jo ju gi ge ga go gu
sci sce sca sco scu=shi she sha sho shu   gn=q   gl=y

egoist *egoista-i, nm*
egoitistic *egoistico-hi a he, a*
egoistically *egoisticamente, ad*
egregious *egregio-i, a*
egregiously *egregemente, ad*
egress *uscita-e, nf*
Egypt *Egitto, nm*
Egyptian *egiziano-i a e, nmf*
Egyptologist *egittologo-hi, nm*
Egyptology *eggittologia-e, nf*
eider *edredone-i, nf*
eight *otto, nm*
eighteen *diciotto, nm*
eighteenth *diciottesimo-i a e, a*
eighth *ottavo-i a e, a*
eightieth *ottantesimo-i a e, a*
eighty *ottanta, nm*
either *l'uno o l'altro, prep*
either *o, cong*
to ejaculate *espellere*
ejaculation *espellere sperma, nf*
to eject *espellere*
ejection *espulsione-i, nf*
ejectment *espulsione-i, nf*
ejector *espulsore-i, nm*
to eke *accrescere*
elaborate *elaborato-i a e, a*
to elaborate *elaborare*
elaborately *elaboratamente, ad*
elaborateness *elaboratezza-e, nf*
elaboration *elaborazione-i, nf*
elan *slancio-i, nm*
to elapse *trascorrere*
elastik *elastico-i a he, a*
elastically *elasticamente, ad*
elate *fiero-i a e, a*
to elate *stimolare*
elatedly *orgogliosamente, ad*
elation *esaltazione-i, nf*
elbow *gomito-i, nm*
to elbow *spingere*
elder *vecchiotto-i a e, nmf*

ègoist *egoìsta-i, nm*
egoìtistik *egotìstiko-i a e, a*
egoìstikally *egotistikamènte, ad*
egrègious *egrèjo-i, a*
egrègiously *egrejemènte, ad*
ègress *ushìta-e, nf*
Egỳpt *Ejìtto, nm*
Egỳptian *ejiziàno-i a e, nmf*
Egyptòlogist *ejittòlogo-i, nm*
Egyptòlogy *ejittolojìa-e, nf*
èider *edredòne-i, nf*
èight *òtto, nm*
eightèen *dicòtto, nm*
eightèenth *dicottèsimo-i a e, a*
èighth *ottàvo-i a e, a*
eightièth *ottantèsimo-i a e, a*
eightỳ *ottànta, nm*
èither *l'ùno o l'àltro, prep*
èither *o, cong*
to ejàkulàte *espèllere*
ejakulàtion *espèllere spèrma, nf*
to ejèkt *espèllere*
ejèktion *espulsiòne-i, nf*
ejèktment *espulsiòne-i, nf*
ejèktor *espulsòre-i, nm*
to èke *akkreshere*
elàborate *elaboràto-i a e, a*
to elàborate *elaboràre*
elàborately *elaboratamènte, ad*
elàborateness *elaboratèzza-e, nf*
elaboràtion *elaboraziòne-i, nf*
èlàn *slànco-i, nm*
to elàpse *traskòrrere*
elàstik *elàstiko-i a e, a*
elàstikally *elastikamènte, ad*
elàte *fièro-i a e, a*
to elàte *stimolàre*
elàtedly *orgoyosamènte, ad*
elàtion *esaltaziòne-i, nf*
elbòw *gòmito-i, nm*
to èlbow *spìnjere*
èlder *vekkiòtto-i a e, nmf*

elementarily

elder *sambuco-hi, nm*
elderly *vecchiotti, nm*
eldership *anzianità, nf*
eldest *più vecchio-i a he, superl*
eldritch *spaventoso-i a e, a*
elect *eletto-i a e, a*
to elect *eleggere*
election *elezione-i, nf*
to electioneer *promuovere elezioni*
elective *elettivo-i a e, a*
electively *eleggibilità, nf*
elector *elettore-i, nm*
electoral *elettorale-i, a*
electorate *elettorato-i, nm*
electric *elettrico-i a e he, a*
electrician *elettricista-i, nm*
electricity *elettricità, nf*
electrifiable *elettrificabile-i, a*
elektrification *elettrificazione-i, nf*
to electrify *elettrificare*
electrization *elettricizzazione-i, nf*
to electrize *elettrificare*
to electrocute *giustiziare*
electrocution *elettroesecuzione-i, nf*
electrode *elettrodo-i, nm*
electro-dynamics *elettro-dinamico, nm*
electrolysis *elettrolisi, nm*
to electrolyze *sottoporre ad elettrolisi*
electron *elettrone-i, nm*
electropathy *elettroterapia-e, nf*
electropalte *placcato-i a e, a*
to electroplate *placcare*
electrocope *elettroscopio-i, nm*
elegance *elegnza-e, nf*
elegant *elegante-i, a*
elegantly *elegantemente, ad*
elegiac *elegiaco-i a he, a*
to elegize *comporre una elegia*
elegy *elegia-e, nf*
element *elemento-i, nm*
elemental *elementale-i, a*
elementarily *elementarmente, ad*

èlder *sambùko-i, nm*
èlderly *vekkiòtti, nm*
eldershìp *anzianità, nf*
èldest *più vèkkio-i a e, superl*
èldritch *spaventòso-i a e, a*
elèkt *elètto-i a e, a*
to elèkt *elèjjere*
elèktion *eleziòne-i, nf*
to elektionèer *promuòvere eleziòni*
elèktive *elettìvo-i a e, a*
elektìvety *elejjibilità, nf*
elèktor *elettòre-i, nm*
elèktoral *elettoràle-i, a*
elèktoràte *elettoràto-i, nm*
elèktrik *elèttriko-i a e, a*
elektrìcian *elettricìsta-i, nm*
elektrìcity *elettricità, nf*
elèktrifiable *elettrifikàbile-i, a*
elektrifikàtion *elettrifikaziòne-i, nf*
to elèktrify *elettrifikàre*
elektrizàtion *elettricizzaziòne-i, nf*
to elèktrify *elettrifikàre*
to elèktrokute *justiziàre*
elektrokùtion *elettroesekuziòne-i, nf*
elèktrode *elèttrodo-i, nm*
elèktro-dynàmiks *elèttro-dinàmiko, nm*
elektròlysis *elettròlisi, nm*
to elèktrolyze *sottopòrre ad elettròlisi*
elèktron *elettròne-i, nm*
elektròpathy *elettroterapìa-e, nf*
elèktroplàte *plakkàto-i a e, a*
to elèktroplàte *plakkàre*
elèktroskòpe *elettroskòpio-i, nm*
èlegance *elegànza-e, nf*
èlegant *elegànte-i, a*
èlegantly *elegantemènte, ad*
elegìak *elejìako-i a e, a*
to èlegìze *kompòrre ùna elejìa*
èlegy *elejìa-e, nf*
èlement *elemènto-i, nm*
elemèntal *elementàle-i, a*
elemèntarily *elementarmènte, ad*

ci ce ca co cu   ki ke ka ko ku   ji je ja jo ju   gi ge ga go gu
sci sce sca sco scu=shi she sha sho shu   gn=q   gl=y

elucidation

elementariness *rudimentalità, nf*	**elemèntariness** *rudimentalità, nf*
elementary *elementare-i, a*	**elemèntary** *elementàre-i, a*
elephant *elefante-i, nf*	**èlephant** *elefànte-i, nf*
elephantiasis *elefantiasi, nf*	**elephantìasis** *elefantìasi, nf*
elephantine *elefantino-i a e, a*	**elephàntine** *elefantìno-i a e, a*
to elevate *elevare*	**to èlevate** *elevàre*
elevation *elevazione-i, nf*	**elevàtion** *elevaziòne-i, nf*
elevator *ascensore-i, nf*	**èlevator** *ashensòre-i, nf*
eleven *undici, nm*	**elèven** *ùndici, nm*
eleventh *undicesimo-i a e, a*	**elèventh** *undicèsimo-i a e, a*
elf *folletto-i, nm*	**èlf** *follètto-i, nm*
elfin *incantato-i a e, a*	**èlfin** *inkantàto-i a e, a*
elfin *nano-i a e, nmf*	**èlfin** *nàno-i a e, nmf*
to elicit *dedurre*	**to elìcit** *dedùrre*
to elide *elidere*	**to elìde** *elìdere*
eligibility *eleggibilità, nf*	**eligibìlity** *elejjibilità, nf*
eligible *eleggibile-i, a*	**èligible** *elejjìbile-i, a*
eligibly *desiderabilmente, ad*	**èligibly** *desiderabilmènte, ad*
eliminable *eliminabile-i, a*	**elìminable** *eliminàbile-i, a*
to eliminate *eliminare*	**to elìminate** *eliminàre*
elimination *eliminazione-i, nf*	**eliminàtion** *eliminaziòne-i, nf*
elision *elisione-i, nf*	**elìsion** *elisiòne-i, nf*
elite *l'èlite, nf*	**elìte** *l'èlite, nf*
elixir *elisir, nf*	**elìxir** *èlisir, nf*
Elizabeth *Elisabetta, nf*	**Elìzabeth** *Elisabètta, nf*
Elizabethan *elisabettiano-i a e, a*	**Elizabèthan** *elisabettiàno-i a e, a*
elk *alce-i, nf*	**èlk** *àlce-i, nf*
ellipse *elisse-i, nf*	**ellìpse** *elìsse-i, nf*
ellipsis *ellissi, nf*	**ellìpsis** *ellìssi, nf*
Elmo's fire *fuoco di Sant'Elmo, n*	**Elmò's fire** *fuòko di Sànt'Elmo, n*
elocution *elocuzione-i, nf*	**elokùtion** *elokuziòne-i, nf*
to elongate *allungare*	**to èlongate** *allungàre*
elongation *allungamento-i, nm*	**elongàtion** *allungamènto-i, nm*
to elope *fuggire*	**to elòpe** *fujjìre*
elopment *fuga-he, nf*	**elòpment** *fùga-e, nf*
eloquence *eloquenza-e, nf*	**èloquence** *elokuènza-e, nf*
eloquent *eloquente-i, a*	**èloquent** *elokuènte-i, a*
eloquently *eloquentemente, ad*	**èloquently** *elokuentemènte, ad*
else *altro-i a e, a*	**èlse** *àltro-i a e, a*
elsewhere *altrove, ad*	**èlsewhere** *altròve, ad*
to elucidate *chiarire*	**to elùcidate** *kiarìre*
elucidation *dilucidazione-i, nf*	**elucidàtion** *dilucidaziòne-i, nf*

to elude *eludere*
elusion *elusione-i, nf*
elusive *elusivo-i a e, a*
elusively *elusivamente, ad*
Elysium *Elisio, nm*
to emaciate *dimagrire*
e-mail *posta elettronica, nf*
to emanate *emanare*
emanation *emanazione-i, nf*
emanative *emanativo-i a e, a*
to emancipate *emancipare*
emancipation *emancipazione-i, nf*
emancipator *emancipatore-i, nm*
emasculate *evirato-i a e, a*
to emasculate *castrare*
to embalm *imbalsamare*
embalment *imbalsamazione-i, nf*
to embank *arginare*
embankment *argine-i, nf*
embargo *embargo-hi, nm*
to embargo *sequestrare*
to embark *imbarcare*
imbarcation *imbarcazione-i, nf*
to embarass *imbarazzare*
embarrassment *imbarazzo-i, nm*
embassy *ambasciata-e, nf*
to embattle *battagliare*
to embellish *abbellire*
embellishment *abbellimento-i, nm*
ember *ceneri, nf*
ember-goose *smergo-hi, nm*
to embezzle *approfittare*
embezzlement *appropriazione-i, nf*
to embitter *amareggiare*
embitterment *amareggiamento-i, nm*
emblem *emblema-i, nm*
to emblem *simboleggiare*
emblematic *emblematico-i a he, a*
embodiment *personificazione-i, nf*
to embody *incorporare*
to embolden *rendere baldanzoso*
embolism *embolia-e, nf*

to elùde *elùdere*
elùsion *elusiòne-i, nm*
elùsive *elusìvo-i a e, a*
elùsively *elusivamènte, ad*
Elỳsium *Elìsio, nm*
to emàciate *dimagrìre*
e-màil *pòsta elettrònika, nf*
to èmanate *emanàre*
emanàtion *emanaziòne-i, nf*
èmanative *emanatìvo-i a e, a*
to emàncipate *emancipàre*
emancipàtion *emancipaziòne-i, nf*
emàncipàtor *emancipatòre-i, nm*
emàskulàte *evirào-i a e, a*
to emàskulàte *kastràre*
to embàlm *imbalsamàre*
embàlment *imbalsamaziòne-i, nf*
to embànk *arjinàre*
embànkment *àrjine-i, nf*
embàrgo *embàrgo-i, nm*
to embàrgo *sekuestràre*
to embàrk *imbarkàre*
imbarkàtion *imbarkaziòne-i, nf*
to embàrass *imbarazzàre*
embàrrassment *imbaràzzo-i, nm*
èmbassy *ambashàta-e, nf*
to embàttle *battayàre*
to embèllish *abbellìre*
embèllishment *abbellimènto-i, nm*
èmber *cèneri, nf*
èmber-gòose *smèrgo-i, nm*
to embèzzle *approfittàre*
embèzzlement *appropriaziòne-i, nf*
to embìtter *amàrejjàre*
embìtterment *amarejjamènto-i, nm*
èmblem *emblèma-i, nm*
to èmblem *simbolejjàre*
emblemàtik *emblemàtiko-i a e, a*
embòdiment *personifikaziòne-i, nf*
to embòdy *inkorporàre*
to embòlden *rèndere baldanzòso*
èmbolism *embolìa-e, nf*

embolus *embolo-i, nm*
to embosom *abbracciare*
to emboss *scolpire*
embossment *rilievo-i, nm*
embouchure *imboccatura-e, nf*
to embowel *sbudellare*
to embower *rinchiudere*
embrace *abbraccio-i, nm*
to embrace *abbracciare*
to embroider *ricamare*
embroiderer *ricamatrice-i, nf*
embroidery *ricamo-i, nm*
to embroil *coinvolgere*
embroilment *imbroglio-i, nm*
embryo *embrione-i, nm*
embryology *embriologia-e, nf*
embryonik *embrionale-i, a*
to embus *caricare*
to emend *emendare*
emendation *emendazione-i, nf*
emendator *emendatore-i, nm*
emendatory *emendatorio-i, a*
emerald *smeraldo-i, nm*
emeraldine *di smeraldo, nm*
to emerge *emergere*
emergence *emersione-i, nf*
emergency *emergenza-e, nf*
emergent *emergente-i, a*
emeritus *emerito-i, a*
emersion *emersione-i, nf*
emery *smeriglio-i, nm*
emetic *emetico-i a he, a*
emigrant *emigrante-i, nm*
to emigrate *emigrare*
emigration *emigrazione-i, nf*
emigratory *migratorio-i, a*
Emil *Emilio, nm*
Emily *Emilia, nf*
eminence *eminenza-e, nm*
eminent *eminente-i, a*
eminently *eminetemente, ad*
emissary *emissario-i, nm*

èmbolus *èmbolo-i, nm*
to embòsom *abbraccàre*
to embòss *skolpìre*
embòssment *rilièvo-i, nm*
embòuchùre *imbokkatùra-e, nf*
to embòwel *sbudellàre*
to embòwer *rinkiudere*
embràce *abbràcco-i, nm*
to embràce *abbraccàre*
to embròider *rikamàre*
embròiderer *rikamatrìce-i, nf*
embròidery *rikàmo-i, nm*
to embròil *koinvòljere*
embròilment *imbròyo-i, nm*
èmbryo *embriòne-i, nm*
embryòlogy *embriolojìa-e, nf*
embryònik *embrionàle-i, a*
to embùs *karikàre*
to emènd *emendàre*
emendàtion *emendaziòne-i, nf*
èmèndator *emendatòre-i, nm*
emèndatory *emendatòrio-i, a*
èmerald *smeràldo-i, nm*
emeraldìne *di smeràldo, nm*
to emèrge *emèrjere*
emèrgence *emersiòne-i, nf*
emèrgency *emerjènza-e, nf*
emèrgent *emerjènte-i, a*
èmèritus *emèrito-i, a*
emèrsion *emersiòne-i, nf*
èmery *smerìyo-i, nm*
emètik *emètiko-i a e, a*
èmigrant *emigrànte-i, nm*
to èmigràte *emigràre*
emigràtion *emigraziòne-i, nf*
èmigràtory *migratòrio-i, a*
Emil *Emìlio, nm*
Emily *Emìlia, nf*
èminence *eminènza-e, nm*
èminent *eminènte-i, a*
èminently *eminetemènte, ad*
èmissary *emissàrio-i, nm*

emission *emissione-i, nf*
emissive *emissivo-i a e, a*
to emit *emettere*
to emolliate *ammollire*
emollient *emolliente-i, a*
emolument *emolumento-i, nm*
emotion *emozione-i, nf*
emotional *emotivo-i a e, a*
emotionality *emotività, nf*
emotionally *emozionalmente, ad*
emotive *emotivo-i a e, a*
to empanel *includere*
emperor *imperatore-i, nm*
emphasis *enfasi, nf*
to emphasize *esprimere con forza*
emphatic *enfatico-i a he, a*
emphatically *enfaticamente, ad*
empire *impero-i, nm*
empiric *empirico-i a he, a*
empirically *empiricamente, ad*
empiricism *empirismo-i, nm*
emplacement *collocazione-i, nf*
to emplane *salire*
to employ *impiegare*
employable *inpiegabile-i, a*
employee *impiegato-i a e, nmf*
employer *padrone-i, nm*
employment *impiego-hi, nm*
to empoison *avvelenare*
emporium *emporio-i, nm*
to empower *autorizzare*
empress *imperatrice-i, nf*
emptiness *vacuità, nf*
empty *vuoto-i, nm*
to empty *vuotare*
to empurple *imporporare*
empyreal *impireo-i, nm*
empyrean *empireo-i a e, a*
to emulate *emulare*
emulation *emulazione-i, nf*
emulative *emulativo-i a e, a*
emulator *emulatore-i, nm*

emùlator

emìssion *emissiòne-i, nf*
emìssive *emissìvo-i a e, a*
to emìt *emèttere*
to emòlliate *ammollìre*
emòllient *emolliènte-i, a*
emòlùment *emolumènto-i, nm*
emòtion *emoziòne-i, nf*
emòtional *emotìvo-i a e, a*
emotionàlity *emotività, nf*
emòtionally *emozionalmènte, ad*
emòtive *emotìvo-i a e, a*
to empànel *inklùdere*
èmperor *imperatòre-i, nm*
èmphasis *enfàsi, nf*
to èmphasize *esprìmere kòn fòrza*
emphàtik *enfàtiko-i a e, a*
emphàtikally *enfatikamènte, ad*
èmpire *impèro-i, nm*
empìrik *empìriko-i a e, a*
empìrikally *empirikamènte, ad*
empìricism *empirìsmo-i, nm*
emplàcement *kollokaziòne-i, nf*
to emplàne *salìre*
to emplòy *impiegàre*
emplòyable *inpiegàbile-i, a*
employèe *impiegàto-i a e, nmf*
emplòyer *padròne-i, nm*
emplòyment *impiègo-i, nm*
to empòison *avvelenàre*
emporiùm *empòrio-i, nm*
to empòwer *autorizzàre*
èmpress *imperatrìce-i, nf*
èmptiness *vakuità, nf*
èmpty *vuòto-i, nm*
to èmpty *vuotàre*
to empùrple *imporporàre*
empỳreal *impìreo-i, nm*
empỳrean *empìreo-i a e, a*
to èmulàte *emulàre*
emulàtion *emulaziòne-i, nf*
èmulative *emulatìvo-i a e, a*
èmulàtor *emulatòre-i, nm*

emulous *emulo-i a e, a*
to emulsify *emulsionare*
emulsion *emulsione-i, nf*
emulsive *emulsivo-i a e, a*
to enable *abilitare*
to enact *decretare*
enactive *decretante-i, a*
enactment *decreto-i, nm*
enamel *smalto-i, nm*
to enamel *smaltare*
to enamour *innamorare*
to encage *ingabbiare*
to encamp *accampare*
encampment *accampamento-i, nm*
to encase *incassare*
encasement *incassamento-i, nm*
encephalic *encefalico-i a e, a*
encephalitis *encefalite-i, nf*
to enchain *incatenare*
enchainment *incatenamento-i, nm*
to enchant *incantare*
enchantress *incantatrice-i, nf*
enchantingly *incantevolmente, ad*
enchantment *incantesimo-i, nm*
encircle *accerchiare*
to enclasp *afferrare*
enclitic *enclitica-e, nf*
to enclose *rinchiudere*
enclosure *recinto-i, nm*
encomiast *encomiatore-i, nm*
encomiastic *encomiastico-i a he, a*
encomium *encomio-i, nm*
to encompass *circondare*
encore *ripetizione-i, nf*
to encore *domandare il bis*
encounter *incontro-i, nm*
to encounter *incontrare*
to encourage *incoraggiare*
encouragement *incoraggiamento-i, nm*
to encroach *usurpare*
encroachment *usurpazione-i, nf*
to encrust *incrostare*

èmulous *èmulo-i a e, a*
to emùlsify *emulsionàre*
emùlsion *emulsiòne-i, nf*
emùlsive *emulsìvo-i a e, a*
to enàble *abilitàre*
to enàkt *dekretàre*
enàktive *dekretànte-i, a*
enàktment *dekrèto-i, nm*
enàmel *smàlto-i, nm*
to enàmel *smaltàre*
to enàmour *innamoràre*
to enkàge *ingabbiàre*
to enkàmp *akkampàre*
enkàmpment *akkampamènto-i, nm*
to enkàse *inkassàre*
enkàsement *inkassamènto-i, nm*
encephàlik *encefàliko-i a e, a*
encephalìtis *encefàlite-i, nf*
to enchàin *inkatenàre*
enchàinment *inkatenamènto-i, nm*
to enchànt *inkantàre*
enchàntress *inkantatrìce-i, nf*
enchàntingly *inkantevolmènte, ad*
enchàntment *inkantèsimo-i, nm*
encìrkle *accerkiàre*
to enklàsp *afferràre*
enklìtik *enklìtika-e, nf*
to enklòse *rinkiùdere*
enklòsure *recìnto-i, nm*
enkòmiast *enkomiatòre-i, nm*
enkomiàstik *enkomiàstiko-i a e, a*
enkòmiùm *enkòmio-i, nm*
to enkòmpass *cirkondàre*
enkòre *ripetiziòne-i, nf*
to enkòre *domandàre il bis*
enkòunter *inkòntro-i, nm*
to enkòunter *inkontràre*
to enkòurage *inkorajjàre*
enkòuragement *inkorajjamènto-i, nm*
to enkròach *usurpàre*
enkròachment *usurpaziòne-i, nf*
to enkrùst *inkrostàre*

to encumber *ingombrare*
encumbrance *ingombro-i, nm*
encyclic *enciclica-he, nf*
encyclopaedia *encyclopedia-e, nf*
encyclopaedic *encicolpedico-i a he, a*
end *fine-i, nf*
to end *finire*
to endanger *mettere in pericolo*
to endear *rendere caro*
endearingly *teneramente, ad*
endearment *tenerezza-e, nf*
endeavor *tentativo-i, nm*
to endeavor *tentare*
endemic *endemico-i a he, a*
endemically *contagiosamente, ad*
ending *conclusione-i, nf*
endive *endivia-e, nf*
endless *eterno-i a e, a*
endlessly *interminabilmente, ad*
endocrine *endocrino-i, a*
to endorse *confermare*
endorsee *giratario-i a e, nf*
endorsement *girata-e, nf*
endorser *girante-i, nm*
to endow *dotare*
endower *dotatore-i, nm*
endowment *dotazione-i, nf*
to endue *rivestire*
endurable *sopportabile-i, a*
endurance *sopportazione-i, nf*
to endure *sopportare*
enduringly *pazientemente, ad*
endways *in posizione eretta, ad*
Eneas *Enea, nm*
Eneid *Eneide, nm*
enema *enteroclisma-e, nf*
enemy *nemico-i a he, nmf*
energetic *energico-i a he, a*
energetically *energicamente, ad*
to energize *dare energia*
energumen *energumeno-i, nm*
energy *energia-e, nf*

to enkùmber *ingombràre*
enkùmbrance *ingombro-i, nm*
encỳklik *encìklika-e, nf*
encỳklopàedia *encyklopedìa-e, nf*
encỳklopàedik *enciklopèdiko-i a e, a*
ènd *fìne-i, nf*
to ènd *finìre*
to endànger *mettère in perìkolo*
to endèar *rèndere kàro*
endèaringly *teneramènte, ad*
endèarment *tenerèzza-e, nf*
endèavor *tentatìvo-i, nm*
to endèavor *tentàre*
endèmik *endèmiko-i a e, a*
endèmikally *kontajosamènte, ad*
ènding *konklusiòne-i, nf*
èndive *endìvia-e, nf*
èndless *etèrno-i a e, a*
èndlessly *interminabilmènte, ad*
èndokrìne *endokrìno-i, a*
to endòrse *konfermàre*
endorsèe *jiratàrio-i a e, nf*
endòrsement *jiràta-e, nf*
endòrser *jirànte-i, nm*
to endòw *dotàre*
endòwer *dotatòre-i, nm*
endòwment *dotaziòne-i, nf*
to endùe *rivestìre*
endùrable *sopportàbile-i, a*
endùrance *sopportaziòne-i, nf*
to endùre *sopportàre*
endùringly *pazientemènte, ad*
èndwàys *in posiziòne erètta, ad*
Enèas *Enèa, nm*
Enèid *Enèide, nm*
ènema *enteroklìsma-e, nf*
ènemy *nemìko-i a e, nmf*
energètik *enèrjiko-i a e, a*
energètikally *enerjikamènte, ad*
to enèrgìze *dàre enerjìa*
energumen *energùmeno-i, nm*
ènergy *enerjìa-e, nf*

to enervate *snervare*
enervation *snervamento-i, nm*
to enfeeble *indebolire*
enfeeblement *indebolimento-i, nm*
to enfeoff *infeudare*
to enfilade *assoggettare*
to enfold *avvolgere*
to enforce *forzare*
enforcedly *forzatamente, ad*
enforcement *costrizione-i, nf*
enfranchisement *liberazione-i, nf*
to engage *impegnare*
engagement *fidanzamento-i, nm*
engagingly *attraentemente, ad*
to engarland *inghirlandare*
to engender *generare*
engine *motore-i, nm*
to engine *provvedere*
engineer *ingegnere-i, nm*
to engineer *costruire*
engineering *ingegneria-e, nf*
enginery *macchinario-i, nm*
to engird *circondare*
England *Inghilterra, nf*
English *inglese, nf*
Englishman *inglese-i, nm*
Englishwoman *donna inglese, nf*
to engraft *innestare*
to engrain *tingere*
to engrave *incidere*
engraver *incisore-i, nm*
engraving *incisione-i, nf*
to engross *assorbire*
to engulf *inghiottire*
to enhance *aumentare*
enhancement *intensificazione-i, nf*
enigma *enigma, nf*
enigmatically *enigmaticamente, ad*
to enjoin *ingiungere*
to enjoy *godere*
enjoyable *godibile-i, a*
enjoyment *divertimento-i, nm*

to ènervàte *snervàre*
enervàtion *snervamènto-i, nm*
to enfèeble *indebolìre*
enfèeblement *indebolimènto-i, nm*
to enfèoff *infeudàre*
to enfilàde *assojjettàre*
to enfòld *avvòljere*
to enfòrce *forzàre*
enforcèdly *forzatamènte, ad*
enfòrcement *kostriziòne-i, nf*
enfrànchìsement *liberaziòne-i, nf*
to engàge *impeqàre*
engàgement *fidanzamènto-i, nm*
engàgingly *attraentemènte, ad*
to engàrland *ingirlandàre*
to engènder *jeneràre*
èngine *motòre-i, nm*
to èngine *provvedère*
engìnèer *injeqère-i, nm*
to engìnèer *kostruìre*
engìnèering *injeqerìa-e, nf*
èngìnery *makkinàrio-i, nm*
to engìrd *cirkondàre*
England *Ingiltèrra, nf*
English *inglèse, nf*
Englishmàn *inglèse-i, nm*
Englishwòman *dònna inglèse, nf*
to engràft *innestàre*
to engràin *tìnjere*
to engràve *incìdere*
engràver *incisòre-i, nm*
engràving *incisiòne-i, nf*
to engròss *assorbìre*
to engùlf *ingiottìre*
to enhànce *aumentàre*
enhàncement *intensifikaziòne-i, nf*
enìgma *enìgma, nf*
enigmàtikally *enigmatikamènte, ad*
to enjòin *injùnjere*
to enjòy *godère*
enjòyable *godìbile-i, a*
enjòyment *divertimènto-i, nm*

to enkindle *infiammare*
to enlace *stringere*
to enlarge *ingrandire*
enlargement *allargamento-i, nm*
to enlighten *illuminare*
to enlist *arrolare*
enlistment *arrolamento-i, nm*
to enliven *ravvivare*
to enmesh *irretire*
enmity *inimicizia-e, nf*
to ennoble *nobilitare*
ennoblement *nobilitamento-i, nm*
ennui *noia-e, nf*
enormity *enormità, nf*
enormous *enorme-i, a*
enormously *enormemente, ad*
enourmousness *enormità, nf*
enough *sufficiente-i, a*
to enounce *enunciare*
to enrage *irritare*
to enrapture *rapire*
to enrich *arricchire*
to enring *circondare*
to enrobe *vestire*
to enroll *registrare*
enrollment *registrazione-i, nf*
to ensconce *nascondere*
ensemble *insieme, nf*
to enshrine *custodire*
to enshroud *ricoprire*
ensign *insegna-e, nf*
ensilage *foraggi, nm*
to ensilage *conservare*
to ensile *insilare*
to enslave *asservire*
enslavement *asservimento-i, nm*
enslaver *ammaliatrice-i, nf*
to ensnare *intrappolare*
to ensue *seguire*
to ensure *assicurare*
entablature *cornicione-i, nm*
entail *vincolo-i, nm*

entail

to enkìndle *infiammàre*
to enlàce *strinjère*
to enlàrge *ingrandìre*
enlàrgement *allargamènto-i, nm*
to enlìghten *illuminàre*
to enlìst *arrolàre*
enlìstment *arrolamènto-i, nm*
to enlìven *ravvivàre*
to enmèsh *irretìre*
ènmity *inimìcizia-e, nf*
to ennòble *nobilitàre*
ennòblement *nobilitamènto-i, nm*
ennuì *nòia-e, nf*
enòrmity *enormità, nf*
enòrmous *enòrme-i, a*
enòrmously *enormemènte, ad*
enòurmousness *enormità, nf*
enòugh *sufficènte-i, a*
to ènounce *enunciàre*
to enràge *irritàre*
to enràpture *rapìre*
to enrìch *arrikkìre*
to enrìng *cirkondàre*
to enròbe *vestìre*
to enròll *rejistràre*
enròllment *rejistraziòne-i, nf*
to enskònce *naskòndere*
ensèmble *insième, nf*
to enshrìne *kustodìre*
to enshròud *rikoprìre*
ensìgn *insèqa-e, nf*
ènsilàge *foràjji, nm*
to ensilàge *konservàre*
to ensìle *insilàre*
to enslàve *asservìre*
enslàvement *asservimènto-i, nm*
enslàver *ammaliatrìce-i, nf*
to ensnàre *intrappolàre*
to ensùe *seguìre*
to ensùre *assikuràre*
entàblature *kornicòne-i, nm*
entàil *vìnkolo-i, nm*

to entail *imporre*
to entangle *inbrogliare*
entanglement *imbroglio-i, nm*
to enter *entrare*
enterable *penetrabile-i, a*
enterik *enterico-i a he, a*
enteritis *enterite-i, nf*
enterprise *impresa-e, nf*
to enterprise *intraprendere*
enterprising *intraprendente-i, a*
to entertain *intrattenere*
entertainment *divertimento-i, nm*
to enthral *asservire*
enthralment *asservimento-i, nm*
to enthrone *mettere sul torno*
to enthuse *entusiasmare*
enthusiasm *entusiasmo-i, nm*
enthusiast *entusiasta-i, nm*
enthusiastic *entusiastico-i a he, a*
enthusiastically *entusiasticamente, ad*
to entice *tentare*
enticeable *lusingabile-i, a*
enticement *lusinga-he, nf*
entire *intero-i, a e, a*
entirely *interamente, ad*
entireness *interezza-e. nf*
entirety *interezza-e, nf*
to entitle *intitolare*
entity *entità, nf*
to entomb *seppellire*
entombment *seppellimento-i, nm*
entomologist *entomologo-i a he, nmf*
entomolgy *entomologia-e, nf*
entourage *ambiente-i, nf*
entrails *intestini, nm*
to entrain *salire*
entrance *ingresso-i, nm*
to entrance *estasiare*
entrancement *estasi, nf*
to entrap *intrappolare*
to entreat *implorare*
entreatingly *supplichevolmente, ad*

to entàil *impòrre*
to entàngle *inbroyàre*
entànglement *imbròyo-i, nm*
to ènter *entràre*
ènterable *penetràbile-i, a*
entèrik *entèriko-i a e, a*
enterìtis *entèrite-i, nf*
ènterprìse *imprèsa-e, nf*
to ènterprìse *intraprèndere*
enterprìsing *intraprendènte-i, a*
to entertàin *intrattenère*
entertàinment *divertimènto-i, nm*
to enthràl *asservìre*
enthràlment *asservimènto-i, nm*
to enthròne *mèttere sùl tròno*
to enthùse *entusiasmàre*
enthùsiasm *entusiàsmo-i, nm*
enthùsiast *entusiàsta-i, nm*
enthusiàstik *entusiàstiko-i a e, a*
enthusiàstikally *entusiàstikamènte, ad*
to entìce *tentàre*
entìceable *lusingàbile-i, a*
entìcement *lusìnga-e, nf*
entìre *intèro-i, a e, a*
entìrely *interamènte, ad*
entìreness *interèzza-e. nf*
entìrety *interèzza-e, nf*
to entìtle *intitolàre*
èntity *entità, nf*
to entòmb *seppellìre*
entòmbment *seppellimènto-i, nm*
entomòlogìst *entomòlogo-i a e, nmf*
entomòlogy *entomolojìa-e, nf*
entouràge *ambiènte-i, nf*
entràils *intestìni, nm*
to entràin *salìre*
èntrance *ingrèsso-i, nm*
to èntrance *estasiàre*
entràncement *èstasi, nf*
to entràp *intrappolàre*
to entrèat *imploràre*
entrèatingly *supplikevolmènte, ad*

entreaty *implorazione-i, nf*
entrée *ingresso-i, nm*
entremets *tramesso-i, nm*
to entrench *trincerare*
entrenchment *trinceramento-i, nm*
entresol *piano rialzato, nm*
entrust *affidare*
entry *entrata-e, nf*
to entwine *intrecciare*
to enumerate *enumerare*
enumeration *enumerazione-i, nf*
enumerative *enumerativo-i a e, a*
enuminator *enumeratore-i, nm*
to enunciate *enunciare*
enunciation *enunciazione-i, nf*
enunciative *enunciativo-i a e, a*
enunciator *enunciatore-i, nm*
to envelop *avvolgere*
envelope *busta-e, nf*
envelopment *avvolgimento-i, nm*
to envenom *avvelenare*
enviable *individiabile-i, a*
enviably *invidiabilmente, ad*
envious *invidioso-i a e, a*
enviously *invidiosamente, ad*
to environ *circondare*
environment *ambiente-i, nf*
environs *vicinanze-i, nf*
to envisage *affrontare*
envoy *inviato-i a e, nmf*
envy *invidia-e, nf*
to envy *invidiare*
to enwind *avvolgere*
to enwrap *avvolgere*
epaulet *spallina-e, nf*
ephebe *efebo-i, nm*
ephemeral *effimero-i a e, a*
epic *epica-he, nf*
epically *epicamente, ad*
epicure *epicureo-i, nm*
epicurean *epicureo-i a e, a*
epicureanism *epicureismo-i, nm*

entrèaty *imploraziòne-i, nf*
entrée *ingrèsso-i, nm*
entremèts *tramèsso-i, nm*
to entrènch *trinceràre*
entrènchment *trinceramènto-i, nm*
èntresòl *piàno rialzàto, nm*
entrùst *affidàre*
èntry *entràta-e, nf*
to entwìne *intreccàre*
to enùmerate *enumeràre*
enumeràtion *enumeraziòne-i, nf*
enùmerative *enumeratìvo-i a e, a*
enùminàtor *enumeratòre-i, nm*
to enùnciate *enuncàre*
enùnciàtion *enunciaziòne-i, nf*
enùnciatìve *enuncatìvo-i a e, a*
enùnciator *enuncatòre-i, nm*
to envèlop *avvòljere*
ènvelope *bùsta-e, nf*
envèlopment *avvoljimènto-i, nm*
to envènom *avvelenàre*
ènviable *individiàbile-i, a*
ènviably *invidiabilmènte, ad*
ènvious *invidiòso-i a e, a*
ènviously *invidiosamènte, ad*
to envìron *cirkondàre*
envìronment *ambiènte-i, nf*
envìrons *vicinànze-i, nf*
to envìsage *affrontàre*
ènvoy *inviàto-i a e, nmf*
ènvy *invìdia-e, nf*
to ènvy *invidiàre*
to enwìnd *avvòljere*
to enwràp *avvòljere*
èpaulèt *spallìna-e, nf*
ephèbe *èfebo-i, nm*
ephèmeral *effimero-i a e, a*
èpik *èpika-e, nf*
èpikally *epikamènte, ad*
èpikure *epikurèo-i, nm*
epikurèan *epikurèo-i a e, a*
epikurèanism *epikurèismo-i, nm*

ci ce ca co cu   ki ke ka ko ku   ji je ja jo ju   gi ge ga go gu
sci sce sca sco scu=shi she sha sho shu   gn=q   gl=y

equable

epidemic *epidemia-e, nf*
epidemical *epidemico-i a he, a*
epidemically *epidemicamente, ad*
epidermal *epidermico-i a he, a*
epidermis *epidermide-i, nf*
epigastric *epigastrico-i a he, a*
epigastrium *epigastro-i, nm*
epiglottis *epiglottide-i, nf*
epigram *epigramma-i, nm*
epigrammatic *epigrammatico-i a che, a*
epigraph *epigrafe-i, nf*
epigraphic *epigrafico-i, a he, a*
epigraphist *epigafista-i, nm*
epigraphy *epigrafia-e, nf*
epilepsy *epilessia-e, nf*
epileptic *epilettico-i a he, a*
epilogue *epilogo-hi, nm*
epiphany *epifania-e, nf*
episcopacy *episcopato-i, nm*
episcopal *episcopale-i, a*
episcopalian *episcopale-i, a*
episcopate *episcopato-i, nm*
episode *episodio-i, nm*
episodic *episodico-i a che, a*
episodically *episodicamente, ad*
epistle *epistola-e, nf*
epistolary *epistolare-i, a*
epitaph *epitaffio-i, nm*
epithalamium *epitalamio-i, nm*
epithelium *epitelio-i, nm*
epithet *epiteto-i, nm*
epithetic *epitetico-i a he, a*
epitome *epitome-i, nm*
to epitomize *epitomare*
epizootic *epizootico-hi, nm*
epoch *epoca-he, nf*
epochal *epocale-i, a*
epodo *epodo-i, nm*
eponymous *eponimo-i a e, a*
epopee *epopea-e, nf*
epos *poema-i, nm*
equable *uniforme-i, a*

epidèmik *epidemìa-e, nf*
epidèmikal *epidèmiko-i a e, a*
epidèmikally *epidemikamènte, ad*
epidèrmal *epidèrmiko-i a e, a*
epidèrmis *epidèrmide-i, nf*
epigàstrik *epigàstriko-i a e, a*
epigàstrium *epigàstro-i, nm*
epiglòttis *epiglòttide-i, nf*
èpigram *epigràmma-i, nm*
epigrammàtik *epigrammàtiko-i a e, a*
èpigraph *epìgrafe-i, nf*
epigràphìk *epigràfiko-i, a e, a*
epìgraphist *epigrafista-i, nm*
epìgraphy *epigrafìa-e, nf*
èpilepsy *epilèssia-e, nf*
epilèptik *epilèttiko-i a e, a*
èpilogue *èpilogo-i, nm*
epìphany *epifanìa-e, nf*
epìskopacy *episkopàto-i, nm*
epìskopal *episkopàle-i, a*
episkopàlian *episkopàle-i, a*
epìskopàte *episkopàto-i, nm*
èpisode *episòdio-i, nm*
epìsòdik *episòdiko-i a ko, a*
episòdikally *episodikamènte, ad*
epìstle *epìstola-e, nf*
epìstolàry *epistolàre-i, a*
èpitaph *epitàffio-i, nm*
epithalamiùm *epitalàmio-i, nm*
epitheliùm *epitèlio-i, nm*
èpithet *epìteto-i, nm*
epithètik *epitètiko-i a e, a*
epìtome *epitòme-i, nm*
to epìtomize *epitomàre*
epizoòtik *epizoòtiko-i, nm*
èpok *èpoka-e, nf*
èpokal *epokàle-i, a*
èpode *èpodo-i, nm*
epònymous *epònimo-i a e, a*
èpopee *epopèa-e, nf*
èpos *poèma-i, nm*
èquable *unifòrme-i, a*

equability *equità, nf*
equably *equamente, ad*
equal *uguale-i, a*
to equal *eguagliare*
equality *eguaglianza-e, nf*
equalization *eguagliamento-i, nm*
to equalize *eguagliare*
equally *egualmente, ad*
equanimity *equanimità, nf*
equation *equazione-i, nf*
equator *equatore, nm*
equatorial *equatoriale-i, a*
equestrian *cavaliere-i, nm*
equiangular *equiangolo-i, a*
equidistant *ekuidistànte-i, a*
equilateral *ekuilateràle-i, a*
to equilibrate *equilibrare*
equilibration *equilibrazione-i, nf*
equilibrist *equilibrista-i, nm*
equilibrium *equilibrio-i, nm*
equine *equino-i a e, a*
equinoctial *equinoziale-i, a*
equinox *equinozio, nm*
to equip *equipaggiare*
equipoise *equilibrio-i, nm*
equipollence *equipollenza-e, nf*
equipollent *equipollente-i, a*
equitable *equo-i a e, a*
equitably *equamente, ad*
equity *equità, nf*
equivalence *equivalenza-e, nf*
equivalent *equivalente-i, a*
equivocal *equivoco-i a che, a*
equivocality *equivocità, nf*
equivocally *equivocamente, ad*
to equivocate *equivocare*
equivocation *equivoco-i, nm*
era *era, nf*
eradicable *sradicabile-i, a*
to eradicate *eradicare*
eradication *sradicamento-i, nm*
erasable *cancellabile-i, a*

equabìlity *ekuità, nf*
èquably *ekuamènte, ad*
èqual *uguàle-i, a*
to èqual *eguayàre*
equàlity *eguayànza-e, nf*
èqualizàtion *eguayamènto-i, nm*
to èqualize *eguayàre*
èqually *egualmènte, ad*
equanìmity *ekuanimità, nf*
equàtion *ekuaziòne-i, nf*
èquàtor *ekuatòre, nm*
equatòrial *ekuatoriàle-i, a*
equèstrian *kavalière-i, nm*
equiàngular *ekuiàngolo-i, a*
equidìstant *ekuidistànte-i, a*
equilàteral *ekuilateràle-i, a*
to equìlibràte *ekuilibràre*
equilibràtion *ekuilibraziòne-i, nf*
èquìlibrist *ekuilibrìsta-i, nm*
èquilìbrium *ekuilìbrio-i, nm*
equìne *ekuìno-i a e, a*
equinòktial *ekuinoziàle-i, a*
èquinox *ekuinòzio, nm*
to equìp *ekuipajjàre*
èquipòise *ekuilìbrio-i, nm*
equipòllence *ekuipollènza-e, nf*
equipòllent *ekuipollènte-i, a*
èquitable *èkuo-i a e, a*
èquitably *ekuamènte, ad*
èquity *ekuità, nf*
èquìvalence *ekuivalènza-e, nf*
equìvalent *ekuivalènte-i, a*
equìvokal *ekuìvoko-i a e, a*
equìvokàlity *ekuivocità, nf*
equìvokally *ekuivokamènte, ad*
to equìvokate *ekuivokàre*
equivokàtion *ekuìvoko-i, nm*
èra *èra, nf*
eràdikable *sradikàbile-i, a*
to eràdikate *eradikàre*
eradikàtion *sradikamènto-i, nm*
eràsable *kancellàbile-i, a*

to erase *cancellare*
erasure *cancellatura-e, nf*
Erebus *Erebo, nm*
erect *eretto-i a e, a*
to erect *erigere*
erectile *erettibile-i, a*
erection *erezione-i, nf*
erectness *innalzatura-e, nf*
erector *erettore-i, nm*
eremite *eremita-i, nm*
eremitic *eremitico-i a he, a*
ergo *dunque, ad*
Eritrea *Eritrea, nf*
ermine *ermellino-i, nm*
erne *aquila-e, nf*
Ernest *Ernesto, nm*
to erode *erodere*
erosion *erosione-i, nf*
erosive *erosivo-i a e, a*
erotic *erotico-i a he, a*
to err *errare*
errand *commissione-i, nf*
errant *errante-i, a*
erratic *irregolare-i, a*
erratically *irregolarmente, ad*
erratum *errore-i, nm*
erroneous *erroneo-i, a*
erroneously *erroneamente, ad*
erroneousness *erroneità, nf*
error *errore-i, nm*
erubescent *erubescente-i, a*
eructation *eruttazione-i, nf*
erudite *erudito-i a e, a*
erudition *erudizione-i, nf*
to erupt *eruttare*
eruption *eruzione-i, nf*
eruptive *eruttivo-i a e, a*
eruptiveness *eruttività, nf*
erysipelas *erisipola-e, nf*
escalade *scalata-e, nf*
to escalade *scalare*
escalator *scala mobile, nf*

to eràse *kancellàre*
eràsure *kancellatùra-e, nf*
Erebùs *Erèbo, nm*
erèkt *èretto-i a e, a*
to erèkt *erìjere*
erèktìle *erettìbile-i, a*
erèktion *ereziòne-i, nf*
erèktness *innalzatùra-e, nf*
erèktor *erettòre-i, nm*
èrèmite *eremìta-i, nm*
eremìtik *eremìtiko-i a e, a*
èrgo *dùnkue, ad*
Eritrèa *Eritrèa, nf*
èrmìne *ermellìno-i, nm*
èrne *àkuila-e, nf*
Ernest *Ernèsto, nm*
to eròde *èrodere*
eròsion *erosiòne-i, nf*
eròsive *erosìvo-i a e, a*
eròtik *eròtiko-i a e, a*
to èrr *erràre*
èrrand *kommissiòne-i, nf*
errànt *errànte-i, a*
erràtik *irregolàre-i, a*
erràtikally *irregolàrmènte, ad*
erràtum *erròre-i, nm*
erròneous *erròneo-i, a*
erròneously *erròneamènte, ad*
erròneousness *erroneità, nf*
èrror *erròre-i, nm*
erubèscent *erubeshènte-i, a*
eruktàtion *eruttaziòne-i, nf*
èrudìte *erudìto-i a e, a*
erudìtion *erudiziòne-i, nf*
to erùpt *eruttàre*
erùption *eruziòne-i, nf*
erùptive *eruttìvo-i a e, a*
erùptiveness *eruttività, nf*
erỳsìpelas *erisìpola-e, nf*
eskalàde *skalàta-e, nf*
to eskalàde *skalàre*
èskalàtor *scàla mòbile, nf*

to estimate

escapade *scappata-e, nf*
escape *fuga-he, nf*
to escape *sfuggire*
escapement *scappamento-i, nm*
escarp *scarpata-e, nf*
to escarp *ridurre*
escarpment *scarpata-e, nf*
eschalot *scalogna-e, nf*
eschatology *escatologia-e, nf*
to eschew *evitare*
escort *scorta-e, nf*
escritoire *scrittoio-i, nm*
escutcheon *scudo-i, nm*
espallier *spalliera-e, nf*
esparto *sparto-i, nm*
especial *speciale-i, a*
especially *specialmente, ad*
Esperanto *esperanto, nm*
espial *spionaggio-i, nm*
espionage *spionaggio-i, nm*
esplanade *spianata-e, nf*
espousal *sposalizio-i, nm*
to espouse *sposare*
esprit *spirito-i, nm*
to espy *spiare*
esquire *scudiero-i, nm*
essay *saggio-i, nm*
to essay *tentare*
essayist *scrittore-i, nm*
essence *essenza-e, nf*
essential *essenziale-i, a*
essentially *essenzialmente, ad*
to establish *stabilire*
establishment *istituzione-i, nf*
estate *proprietà, nf*
esteem *stima-e, nf*
to esteem *stimare*
esthetic *estetico-i a he, a*
estimable *stimabile-i, a*
estimably *stimabilmente, ad*
estimate *preventivo-i, nm*
to estimate *valutare*

èskapade *skappàta-e, nf*
eskàpe *fùga-e, nf*
to eskàpe *sfujjìre*
eskàpement *skappamènto-i, nm*
eskàrp *skarpàta-e, nf*
to eskàrp *ridùrre*
eskàrpment *skarpàta-e, nf*
esckalòt *skalòqa-e, nf*
eskatòlogy *eskatolojìa-e, nf*
to eskèw *evitàre*
èskort *skòrta-e, nf*
escritòire *skrittòio-i, nm*
eskùtcheon *skùdo-i, nm*
espàllier *spallièra-e, nf*
espàrto *spàrto-i, nm*
espècial *specàle-i, a*
espècially *specalmènte, ad*
Esperànto *esperànto, nm*
espìal *spionàjjo-i, nm*
espionàge *spionàjjo-i, nm*
èsplanàde *spianàta-e, nf*
espòusal *sposalìzio-i, nm*
to espòuse *sposàre*
esprìt *spìrito-i, nm*
to espỳ *spiàre*
esquìre *skudièro-i, nm*
èssay *sàjjo-i, nm*
to èssay *tentàre*
èssayist *skrittòre-i, nm*
èssence *essènza-e, nf*
essèntial *essenziàle-i, a*
essèntially *essenzialmènte, ad*
to estàblish *stabilìre*
estàblishment *istituziòne-i, nf*
estàte *proprietà, nf*
estèem *stìma-e, nf*
to estèem *stimàre*
esthètik *estètiko-i a e, a*
èstimable *stimàbile-i, a*
èstimably *stimabilmènte, ad*
èstimate *preventìvo-i, nm*
to èstimate *valutàre*

estimation *stima-e, nf*	estimàtion *stìma-e, nf*
estimator *stimatore-i, nm*	èstimator *stimatòre-i, nm*
estrade *piattaforma-e, nf*	estràde *piattafòrma-e, nf*
to estrange *alienare*	to estrànge *alienàre*
estrangement *distacco-hi, nm*	estràngement *distàkko-i, nm*
estray *smarrito-i a e, nmf*	estràry *smarrìto-i a e, nmf*
estreat *estratto-i, nm*	estrèat *estràtto-i, nm*
to estreat *estrarre*	to estrèat *estràrre*
estuary *estuario-i, nm*	èstuary *estuàrio-i, nm*
esurient *affamto-i a e, a*	esùrient *affamàto-i a e, a*
to etch *incidere*	to ètch *incìdere*
etching *acquaforte, nm*	ètching *akuafòrte, nm*
eternal *eterno-i a e, a*	etèrnal *etèrno-i a e, a*
to eternalize *eternare*	to etèrnalize *eternàre*
eternally *eternamente, ad*	etèrnally *eternamènte, ad*
eternity *eternità, nf*	etèrnity *eternità, nf*
ether *etere, nf*	èther *ètere, nf*
ethereal *etereo-i a e, a*	ethèreàl *etèreo-i a e, a*
ethereally *spiritualità, nf*	ethèreally *spiritualità, nf*
etherealization *spiritualizzazione-i, nf*	etherealizàtion *spiritualizzaziòne-i, nf*
to etherealize *spiritualizzare*	to ethèreàlize *spiritualizzàre*
ethereally *etereamente, ad*	ethereàlly *etereamènte, ad*
to etherize *porrere all'etere*	to ètherìze *pòrrere all'ètere*
ethic *etico-i a he, a*	èthik *ètiko-i a e, a*
ethically *eticamente, ad*	èthikally *etikamènte, ad*
ethics *etica, nf*	èthiks *ètika, nf*
Ethiopia *Etiopia, nf*	Ethiòpia *Etiòpia, nf*
ethnic *etnico-i a he, a*	èthnik *ètniko-i a e, a*
ethnographic *etnografico-i, a he, a*	ethnogràphik *etnogràfiko-i, a e, a*
ethnography *etnografia-e, nf*	ethnògraphy *etnografia-e, nf*
ethnologic *etnologico-i a he, a*	ethnològik *etnològiko-i a e, a*
ethyl *etile-i, nm*	èthyl *ètile-i, nm*
etiology *etiologia-e, nf*	etiòlogy *etiolojìa-e, nf*
etiquette *etichetta-e, nf*	etiquètte *etikètta-e, nf*
etna *fornellino-i, nm*	ètna *fornellìno-i, nm*
Etruscan *etrusco-hi a he, a*	Etrùskan *etrùsko-i a e, a*
etui *astuccio-i, nm*	etuì *astùcco-i, nm*
etymologic *etimologico-i a he, a*	etymològik *etimolòjiko-i a e, a*
etymologically *etimologicamente, ad*	etymològikally *etimolojikamènte, ad*
etymology *etimologia-e, nf*	etymòlogy *etimolojìa-e, nf*
etymon *etimo-i, nm*	etỳmon *ètimo-i, nm*
eucalyptus *eucalipto-i, nm*	eukalỳptus *eukalìpto-i, nm*

eucharist *eucaristia-e, nf*
eucharistic *eucaristico-i, a he, a*
Eugene *Eugenio, nm*
eugenic *eugenetico-i, a he, a*
eugenics *eugenetica-he, nf*
to eulogize *elogiare*
eulogist *elogiatore-i, nm*
eulogistic *elogiativo-i a e, a*
eulogistically *elogiativamente, ad*
eulogy *elogio-i, nm*
eunuch *eunuco-hi, nm*
eupeptic *eupeptico-i a e, a*
euphemism *eufemismo-i, nm*
euphemistic *eufemistico-i a he, a*
euphemistically *eufemisticamente, ad*
to euphemize *esprimere*
euphony *eufonia-e, nf*
euphuism *eufuismo-i, nm*
euphuist *eufuista-i, nm*
euphuistic *affettato-i a e, a*
eurhythmic *euritmico-i a he, a*
Europe *Europa, nf*
European *europeo-i e, nmf*
Europeanism *europeismo-i, nm*
to europeanize *europeizzare*
euthanasia *eutanasia-e, nf*
Eva *Eva, nf*
to evacuate *evacuare*
evacuee *sfollato-i a e, nmf*
evadable *evitabile-i, a*
to evade *evadere*
to evaluate *valutare*
evaluation *valutazione-i, nf*
to evanesce *svanire*
evanescence *evanescenza-e, nf*
evanescent *evanescente-i, a*
evanescently *evanescentemente, ad*
evangel *vangelo-i, nm*
evangelical *evangelico-i a he, a*
evangelicalism *predicazione-i, nf*
evangelically *evangelicamente, ad*
evangelist *evangelista-i, nm*

eukarìst *eukaristìa-e, nf*
eukarìstik *eukarìstiko-i, a e, a*
Eugène *Eujènio, nm*
eugènik *eujenètiko-i, a e, a*
eugèniks *eujenètika-e, nf*
to eulogìze *elojàre*
eùlogìst *elojatòre-i, nm*
eulogìstik *elojatìvo-i a e, a*
eulogìstikally *elojativamènte, ad*
eùlogy *elòjo-i, nm*
eùnuk *eunùko-i, nm*
eupèptik *eupèptiko-i a e, a*
eùphemism *eufemìsmo-i, nm*
euphemìstik *eufemìstiko-i a e, a*
euphemìstikally *eufemistikamènte, ad*
to euphemìze *esprìmere*
èuphòny *eufònia-e, nf*
euphuìsm *eufuìsmo-i, nm*
euphùist *eufuìsta-i, nm*
euphùistik *affettàto-i a e, a*
eurhỳthmik *eurìtimiko-i a e, a*
Europe *Euròpa, nf*
Europèan *europèo-i e, nmf*
Europèanism *europeìsmo-i, nm*
to europeànize *europeizzàre*
euthanàsia *eutanasìa-e, nf*
Eva *Eva, nf*
to evàkuate *evakuàre*
evàkuèe *sfòllato-i a e, nmf*
evàdable *evitàbile-i, a*
to evàde *evàdere*
to evàluate *valutàre*
evaluàtion *valutazìone-i, nf*
to èvanèsce *svanìre*
evanèscence *evaneshènza-e, nf*
evanèscent *evaneshènte-i, a*
evanèscently *evaneshentemènte, ad*
evàngel *vanjèlo-i, nm*
evangèlikal *evanjèliko-i a e, a*
evangèlikalism *predikazìone-i, nf*
evangèlikally *evanjelikamènte, ad*
evàngelist *evanjelìsta-i, nm*

evangelization *evangelizzazione-i, nf*
to evangelize *evangelizzare*
to evanish *svanire*
evaporable *evaporabile-i, a*
to evaporate *evaporare*
evaporation *evaporazione-i, nf*
evaporator *evaporatore-i, nm*
evasion *evasione-i, nf*
evasive *evasivo-i a e, a*
evasively *evasivamente, ad*
evasiveness *evasività, nf*
Eve *Eva, nf*
eve *vigilia-e, nf*
Evelyn *Evelina, nf*
even *uguale-i, a*
even *perfino, ad*
evening *sera-e, nf*
evenly *ugualmente, ad*
evenness *uguaglianza-e, nf*
event *evento-i, nm*
eventful *avventurato-i a e, a*
eventless *privo di avventimenti, a*
eventual *eventuale-i, a*
eventuality *eventualità, nf*
to eventuate *accadere*
ever *sempre, ad*
evergreen *sempreverde-i, a*
everlasting *eterno-i a e, a*
every *ogni, a*
everybody *ognuno-a, pron*
everyday *quotidiano-i, a*
everything *ogni cosa, pron*
everyway *in ogni modo, ad*
everywhere *ovunque, ad*
to evict *sfrattare*
eviction *sfratto-i, nm*
evidence *evidenza-e, nf*
to evidence *provare*
evident *evidente-i, a*
evidently *evidentemente, ad*
evil *male-i, nm*
evil *cattivo-i a e, a*

evangelizàtion *evanjelizzaziòne-i, nf*
to evàngelize *evanjelizzàre*
to evànish *svanìre*
evàporable *evaporàbile-i, a*
to evàporate *evaporàre*
evaporàtion *evaporaziòne-i, nf*
evàporator *evaporatòre-i, nm*
evàsion *evasiòne-i, nf*
evàsive *evasìvo-i a e, a*
evàsively *evasivamènte, ad*
evàsiveness *evasività, nf*
Eve *Eva, nf*
ève *vijìlia-e, nf*
Evelyn *Evelìna, nf*
èven *ùguale-i, a*
èven *perfìno, ad*
èvening *sèra-e, nf*
èvenly *ugualmènte, ad*
èvenness *uguayànza-e, nf*
evènt *evènto-i, nm*
evèntful *avventuràto-i a e, a*
evèntless *prìvo di avvenimènti, a*
evèntual *eventuàle-i, a*
eventuàlity *eventualità, nf*
to evèntuate *akkadère*
èver *sèmpre, ad*
èvergrèen *sempervèrde-i, a*
everlàsting *etèrno-i a e, a*
èvery *òqi, a*
everybòdy *oqùno-a, pron*
everydày *kuotidiàno-i, a*
everythìng *òqi kòsa, pron*
everywày *in òqi mòdo, ad*
everywhère *ovùnkue, ad*
to evìkt *sfrattàre*
èvìktion *sfratto-i, nm*
èvidence *evidènza-e, nf*
to èvidence *provàre*
èvident *evidènte-i, a*
èvidently *evidentemènte, ad*
èvil *màle-i, nm*
èvil *kattìvo-i a e, a*

to evince *provare*
to eviscerate *sviscerare*
evisceration *svisceramento-i, nm*
evocation *evocazione-i, nf*
evocatory *evocativo-i a e, a*
to evoke *evocare*
evolution *evoluzione-i, nf*
evolutionist *evoluzionista-i, nm*
to evolve *evolvere*
evulsion *evulsione-i, nf*
ewe *pecora-e, nf*
ewer *brocca-he, nf*
ex *da, prep*
to exacerbate *esacerbare*
exacerbation *esacerbazione-i, nf*
exact *esatto-i a e, a*
to exact *esigere*
exactable *esigibile-i, a*
exactitude *esattezza-e, nf*
exactly *esattamente, ad*
exactness *esattezza-e, nf*
exactor *esigente-i, nm*
to exaggerate *esagerare*
exaggeration *esagerazione-i, nf*
exaggerative *esagerante-i, a*
exaggerator *esageratore-i, nm*
to exalt *esaltare*
exaltation *esaltazione-i, nf*
exam *esame-i, nf*
examinable *esaminabile-i, a*
examination *esame-i, nf*
to examine *esaminare*
examinee *esaminato-i a e, nmf*
examiner *esaminatore-i, nm*
example *esempio-i, nm*
exarch *esarca-hi, nm*
exarchate *esarcato-i, nm*
to exasperate *esasperare*
exasperation *esasperazione-i, nf*
to excavate *scavare*
excavation *escavazione-i, nf*
excavator *scavatore-i, nm*

to evìnce *provàre*
to evisceràte *svisheràre*
visceràtion *svisheramènto-i, nm*
evokàtion *evokaziòne-i, nf*
evòkatory *evokativo-i a e, a*
to evòke *evokàre*
evolùtion *evoluziòne-i, nf*
evolùtionist *evoluzionìsta-i, nm*
to evòlve *evòlvere*
evùlsion *evulsiòne-i, nf*
èwe *pèkora-e, nf*
èwer *bròkka-e, nf*
ex *dà, prep*
to exàcerbàte *esacerbàre*
exacerbàtion *esacerbaziòne-i, nf*
exàkt *esàtto-i a e, a*
to exàkt *esìjere*
exàktable *esijìbile-i, a*
exàktitude *esattèzza-e, nf*
exàktly *esattamènte, ad*
exàktness *esattèzza-e, nf*
exàktor *esijènte-i, nm*
to exaggeràte *esajeràre*
exaggeràtion *esajeraziòne-i, nf*
exàggeràtive *esajerànte-i, a*
exàggeràtor *esajeratòre-i, nm*
to exàlt *esaltàre*
exaltàtion *esaltaziòne-i, nf*
exàm *esàme-i, nf*
exàmìnable *esaminàbile-i, a*
examinàtion *esàme-i, nf*
to exàmine *esaminàre*
examinèe *esaminàto-i a e, nmf*
exàminer *esaminatòre-i, nm*
exàmple *esèmpio-i, nm*
exàrk *esàrka-i, nm*
exàrkàte *esarkàto-i, nm*
to exàsperate *esasperàre*
exasperàtion *esasperaziòne-i, nf*
to èxkavàte *skavàre*
exkavàtion *eskavaziòne-i, nf*
èxkavator *skavatòre-i, nm*

to exceed *eccedere*	**to excèed** *eccèdere*
exceeding *eccessivo-i a e, a*	**excèeding** *eccessìvo-i a e, a*
exeedingly *eccessivamente, ad*	**exèedingly** *eccessivamènte, ad*
to excel *superare*	**to excèl** *superàre*
excellence *eccellenza-e, nf*	**èxcellence** *eccellènza-e, nf*
excellency *eccellenza-e, nf*	**èxcellency** *eccellènza-e, nf*
excellent *eccellente-i, a*	**èxcellent** *eccellènte-i, a*
excelsior *più in alto, inter,*	**excèlsior** *più in àlto, inter,*
except *eccetto, prep*	**excèpt** *eccètto, prep*
to except *eccettuare*	**to excèpt** *eccettuàre*
exception *eccezzione-i, nf*	**excèption** *eccezziòne-i, nf*
exceptional *eccezionale-i, a*	**excèptional** *eccezionàle-i, a*
exceptionally *eccezionalmente, ad*	**excèptionally** *eccezionalmènte, ad*
excess *eccesso-i, nm*	**excèss** *eccèsso-i, nm*
excessive *eccessivo-i a e, a*	**excèssive** *eccessìvo-i a e, a*
excessively *eccessivamente, ad*	**excèssively** *eccessivamènte, ad*
exchange *cambio-i, nm*	**exchànge** *càmbio-i, nm*
to exchange *scambiare*	**to exchànge** *skambiàre*
exchangeability *scambio-i, nm*	**exchangeàbìlity** *skàmbio-i, nm*
exchangeable *scambiabile-i, a*	**exchàngeable** *skambiàbile-i, a*
excise *dazio-i, nm*	**excìse** *dàzio-i, nm*
to excise *tassare*	**to excìse** *tassàre*
to excise *tagliare*	**to excìse** *tayàre*
excision *taglio-i, nm*	**excìsion** *tàyo-i, nm*
excitabity *eccitabilità, nf*	**excitabìlity** *eccitabilità, nf*
excitable *eccitabile-i, a*	**excìtable** *eccitàbile-i, a*
excitant *eccitante-i, a*	**èxcìtant** *eccitànte-i, a*
excitation *eccitazione-i, nf*	**excitàtion** *eccitaziòne-i, nf*
excitative *eccitativo-i, a e, a*	**excìtative** *eccitatìvo-i, a e, a*
excitatory *eccitante-i, a*	**excìtatory** *eccitànte-i, a*
to excite *eccitare*	**to excìte** *eccitàre*
excitedly *eccitatamente, ad*	**excìtedly** *eccitatamènte, ad*
excitement *agitazione-i, nf*	**excìtement** *ajitaziòne-i, nf*
exciter *eccitatore-i, nm*	**excìter** *eccitatòre-i, nm*
to exclaim *esclamare*	**to exklàim** *esklamàre*
exclamation *esclamazione-i, nf*	**exklamàtion** *esklamaziòne-i, nf*
exclamatory *esclamativo-i a e, a*	**exlàmatory** *esklamatìvo-i a e, a*
to exclude *escludere*	**to exklùde** *esklùdere*
exclusion *esclusione-i, nf*	**exklùsion** *esklusiòne-i, nf*
exclusive *esclusivo-i a e, a*	**exklùsive** *esklusìvo-i a e, a*
exclusiveness *esclusività, nf*	**exklùsiveness** *esklusività, nf*
exclusivism *esclusivismo-i, nm*	**exklùsivism** *esklusivìsmo-i, nm*

to excogitate *escogitare*
excogitation *escogitazione-i, nf*
excommunicable *scomunicabile-i, a*
excommunicate *scomunicato-i a e, nmf*
to excommunicate *scomunicare*
excommunication *scomunica-he, nf*
to excoriate *escoriare*
excoriation *escorazione-i, nf*
excrement *escremento-i, nm*
excrescence *escrescenza-e, nf*
to excrete *espellere*
excretion *escrezione-i, nf*
to excruciate *torturare*
excruciation *tortura-e, nf*
to exculpate *scolpare*
exculpation *discolpa-e, nf*
excursion *escursione-i, nf*
excursionist *escursionista-i, nm*
escursive *digressivo-i a e, a*
excursively *digressivamente, ad*
excusable *scusabile-i, a*
excusably *scusabilmente, ad*
excusatory *giustificativo-i a e, a*
excuse *scusa-e, nf*
to excuse *perdonare*
execrable *esecrabile-i, a*
execrably *esecrabilmente, ad*
to execrate *esecrare*
execration *esecrazione-i, nf*
executable *eseguibile-i, a*
executant *esecutore-i, nm*
to execute *eseguire*
execution *esecuzione-i, nf*
executioner *boia-i, nm*
executive *esecutivo-i a e, a*
executively *esecutamente, ad*
executor *esecutore-i, nm*
executorial *esecutorio-i, a e, a*
executory *esecutivo-i, a*
executrix *esecutrice-i, nf*
exemplar *esemplare-i, nf*
exemplarily *esemplarmente, ad*

to exkògitàte *eskojitàre*
exkogìtàtion *eskojitazìòne-i, nf*
exkommùnikable *skomunikàbile-i, a*
exkommùnikàte *skomunikàto-i a e, nmf*
to exkommùnikate *skomunikàre*
exkommunikàtion *skomùnika-e, nf*
to exkòriate *eskoriàre*
exkoriàtion *eskorazìòne-i, nf*
èxkrement *eskremènto-i, nm*
exkrèscence *eskreshènza-e, nf*
to exkrète *espèllere*
exkrètion *eskreziòne-i, nf*
to exkrùciate *torturàre*
exkrùciation *tortùra-e, nf*
to exkùlpate *skolpàre*
exkulpàtion *diskòlpa-e, nf*
exkùrsion *eskursiòne-i, nf*
exkùrsionist *eskursionìsta-i, nm*
eskùrsive *digressìvo-i a e, a*
exkùrsively *digressivamènte, ad*
exkùsable *skusàbile-i, a*
exkùsably *skusabilmènte, ad*
exkùsatory *justifikatìvo-i a e, a*
exkùse *skùsa-e, nf*
to exkùse *perdonàre*
èxekrable *esekràbile-i, a*
èxekrably *esekrabilmènte, ad*
to èxekràte *esekràre*
exekràtion *esekrazìòne-i, nf*
èxekùtable *eseguìbile-i, a*
exèkutant *esekutòre-i, nm*
to èxekute *eseguìre*
exekùtion *esekuzìòne-i, nf*
exekùtioner *bòia-i, nm*
exèkutive *esekutìvo-i a e, a*
exèkutively *esekutamènte, ad*
exèkutor *esekutòre-i, nm*
exekutòrial *esekutòrio-i, a e, a*
exèkutory *esekutìvo-i, a*
exèkutrìx *esekutrìce-i, nf*
exèmplar *esemplàre-i, nf*
exèmplarily *esemplarmènte, ad*

exemplariness *esemplarità, nf*	**exèmplàriness** *esemplarità, nf*
exemplary *esemplare-i, a*	**exèmplary** *esemplàre-i, a*
exemplifiable *esemplificabile-i, a*	**exèmplifiable** *esemplifikàbile-i, a*
exemplification *esemplificazione-i, nf*	**exèmplifikàtion** *esemplifikaziòne-i, nf*
to exemplify *esemplificare*	**to exèmplify** *esemplifikàre*
exempt *esente-i a e, a*	**exèmpt** *esènte-i a e, a*
to exempt *esentare*	**to exèmpt** *esentàre*
exemption *esenzione-i, nf*	**exèmption** *esenziòne-i, nf*
exequies *esequie, nf*	**èxequies** *esèkuie, nf*
exercise *esercizio-i, nm*	**èxercise** *esercìzio-i, nm*
to exercise *esercitare*	**to èxercise** *esercitàre*
exercitation *esercitazione-i, nf*	**exercitàtion** *esercitaziòne-i, nf*
to exert *esercitare*	**to exèrt** *esercitàre*
exertion *azione-i, nf*	**exèrtion** *aziòne-i, nf*
to exfoliate *sfogliare*	**to exfòliate** *sfoyàre*
exhalable *esalabile-i, a*	**exhàlable** *esalàbile-i, a*
exhalation *esalazione-i, nf*	**exhalàtion** *esalaziòne-i, nf*
to exhale *esalare*	**to exhàle** *esalàre*
exhaust *scarico-hi, nm*	**exhàust** *skàriko-i, nm*
to exhaust *esaurire*	**to exhàust** *esaurìre*
exhaustible *esauribile-i, a*	**exhàustible** *esaurìbile-i, a*
exhaustion *esaurimento-i, nm*	**exhàustion** *esaurimènto-i, nm*
exhaustive *esauriente-i, a*	**exhàustive** *esauriènte-i, a*
exhibit *esposizione-i, nf*	**exhìbit** *esposiziòne-i, nf*
to exhibit *esibire*	**to exhìbit** *esibìre*
exhibition *esibizione-i, nf*	**exhibìtion** *esibiziòne-i, nf*
exhibitioner *espositore-i, nm*	**exhibìtioner** *espositòre-i, nm*
exhibitor *espositore-i, nm*	**exhìbitor** *espositòre-i, nm*
to exhilarate *esilarare*	**to exhìlarate** *esilaràre*
exhilaration *esilaramento-i, nm*	**exhìlaràtion** *esilaramènto-i, nm*
to exhort *esortare*	**to exhòrt** *esortàre*
exhortation *esortazione-i, nf*	**exhortàtion** *esortaziòne-i, nf*
exhortative *esortativo-i a e, a*	**exhòrtative** *esortatìvo-i a e, a*
exhortatory *esortatorio-i a e, a*	**exhòrtatory** *esortatòrio-i a e, a*
exhumation *esumazione-i, nf*	**exhùmàtion** *esumaziòne-i, nf*
to exhume *esumare*	**to exhùme** *esumàre*
exigence *esigenza-e, nf*	**èxigence** *esijènza-e, nf*
exigent *esigente-i, a*	**èxigent** *esijènte-i, a*
exigible *esigibile-i, a*	**èxigìble** *esijìbile-i, a*
exiguity *esiguità, nf*	**exigùity** *esiguità, nf*
exiguous *esiguo-i a e, a*	**exìguous** *esìguo-i a e, a*
exile *esilio-i, nm*	**èxile** *esìlio-i, nm*

to exile *esiliare*
to exist *esistere*
existence *esistenza-e, nf*
existent *esistente-i, a*
exit *uscita-e, nf*
exodus *esodo-i, nm*
to exonerate *esonorare*
exoneration *esonero-i, nm*
exonerative *esonerante-i, a*
exorbitance *esorbitanza-e, nf*
exorbitant *esorbitante-i, a*
to exorcise *scacciare*
exorcism *esorcismo-i, nm*
exorcist *esorcista-i, nm*
exordial *esordio-i, a*
exordium *esordio-i, nm*
exotic *esotico-i a he, a*
expand *espandere*
expanse *distesa-e, nf*
expandibility *espansibilità, nf*
expansible *espansibile-i, a*
expansion *espansione-i, nf*
expansive *espansivo-i a e, a*
expansively *espansivamente, ad*
expansivity *espansività, nf*
to expatiate *spaziare*
expatiation *diffusione-i, nf*
to expatriate *espatriare*
expatriation *espatrio-i, nm*
to expect *sperare*
expectancy *aspettativa-e, nf*
expectant *chi attende, nmf*
expectantly *in attesa, ad*
expectation *aspettativa-e, nf*
expectoration *espettorazione-i, nf*
to expectorate *espettorare*
expedience *convenienza-e, nf*
expediency *convenienza-e, nf*
expedient *espediente-i, a*
to expedite *accellerare*
expedition *spedizione-i, nf*
expeditionary *sollecitudine-i, a*

to èxile *esiliàre*
to exìst *esìstere*
exìstence *esistènza-e, nf*
exìstent *esistènte-i, a*
èxit *ushìta-e, nf*
èxodus *èsodo-i, nm*
to exònerate *esonoràre*
exoneràtion *esònero-i, nm*
exònerative *esònerante-i, a*
exòrbitance *esorbitànza-e, nf*
exòrbitant *esorbitànte-i, a*
to èxorcise *skaccàre*
èxorcism *esorcìsmo-i, nm*
èxorcist *esorcìsta-i, nm*
exòrdial *esòrdio-i, a*
exòrdium *esòrdio-i, nm*
exòtik *esòtiko-i a e, a*
expànd *espàndere*
expànse *distèsa-e, nf*
expandibìlity *espansibilità, nf*
expànsible *espansìbile-i, a*
expànsion *espansiòne-i, nf*
expànsive *espansìvo-i a e, a*
expànsively *espansivamènte, ad*
expansìvity *espansività, nf*
to expàtiate *spaziàre*
expatiàtion *diffusiòne-i, nf*
to expàtriate *espatriàre*
expatriàtion *espàtrio-i, nm*
to expèkt *speràre*
expèktancy *aspettatìva-e, nf*
expèktant *ki attènde, nmf*
expèktantly *in attèsa, ad*
expektàtion *aspettatìva-e, nf*
expektoràtion *espettoraziòne-i, nf*
to expèktorate *espettoràre*
expèdience *konvenièn za-e, nf*
expèdiency *konvenièn za-e, nf*
expèdient *espediènte-i, a*
to èxpedite *accelleràre*
expedìtion *spediziòne-i, nf*
expedìtionary *sollecitùdine-i, a*

expeditious *rapido-i a e, a*
expeditiously *speditamente, ad*
to expel *espellere*
to expend *spendere*
expenditure *spesa-e, nf*
expsense *spesa-e, nf*
expensive *costoso-i a e, a*
expensively *costosamente, ad*
experience *esperienza-e, nf*
to experience *esperimentare*
experienceless *inesperto-i a e, a*
experiment *esperimento-i, nm*
to experiment *sperimentare*
experimental *sperimentale-i, a*
experimentalist *sperimentatore-i, nm*
to experimentalize *sperimentare*
experimentally *sperimentalmente, ad*
experimentation *esperimento-i, nm*
expert *esperto-i a e, nmf*
expiable *espiabile-i, a*
to expiate *espiare*
expiation *espiazione-i, nf*
expiator *espiatore-i, nm*
expiatory *espiatorio-i a e, a*
expiration *termine-i, nm*
to expire *spirare*
expiry *cessazione-i, nf*
to explain *spiegare*
explainable *spiegabile-i, a*
explanation *spiegazione-i, nf*
explanatorily *esplicativamente, ad*
explanatory *esplicativo-i a e, a*
explicable *spiegabile-i, a*
to explicate *esplicare*
explicit *esplicito-i a e, a*
explicitely *esplicitamente, ad*
to explode *esplodere*
exploit *impresa-e, nf*
to exploit *utilizzare*
exploitable *sfruttabile-i, a*
exploitation *sfruttamento-i, nm*
exploration *esplorazione-i, nf*

expedìtious *ràpido-i a e, a*
expedìtiously *speditamènte, ad*
to expèl *espèllere*
to expènd *spèndere*
expènditure *spèsa-e, nf*
expsènse *spèsa-e, nf*
expènsive *kostòso-i a e, a*
expènsively *kostosamènte, ad*
expèrience *esperiènza-e, nf*
to expèrience *esperimentàre*
expèrienceless *inespèrto-i a e, a*
expèriment *esperimènto-i, nm*
to expèriment *sperimentàre*
exprimèntal *sperimentàle-i, a*
experimèntalist *sperimentatòre-i, nm*
to experimèntalize *sperimentàre*
experimèntally *sperimentalmènte, ad*
experimentàtion *esperimènto-i, nm*
expèrt *espèrto-i a e, nmf*
èxpìable *espiàbile-i, a*
to èxpìate *espiàre*
expìation *espiaziòne-i, nf*
èxpìator *espiatòre-i, nm*
èxpìatory *espiatòrio-i a e, a*
expiràtion *tèrmine-i, nm*
to expìre *spiràre*
expìry *cessaziòne-i, nf*
to explàin *spiegàre*
explàinable *spiegàbile-i, a*
explanàtion *spiegaziòne-i, nf*
explànatorily *esplikativamènte, ad*
explànatory *esplikatìvo-i a e, a*
èxplikable *spiegàbile-i, a*
to èxplikàte *esplikàre*
explìcit *esplìcito-i a e, a*
explìcitely *esplicitamènte, ad*
to explòde *esplòdere*
èxploit *imprèsa-e, nf*
to explòit *utilizzàre*
explòitable *sfruttàbile-i, a*
exploitàtion *sfruttamènto-i, nm*
exploràtion *esploraziòne-i, nf*

explorative *esplorativo-i a e, a*
explorer *esploratore-i, nm*
explosion *esplosione-i, nf*
explosive *esplosivo-i a e, a*
exponent *esponente-i, nm*
export *esportazione*
to export *esportare*
exportable *esportabile-i, a*
exportation *esportazione-i, nf*
exporter *esportatore-i, nm*
to expose *esporre*
exposer *espositore-i, nm*
exposition *esposizione-i, nf*
expositive *espositivo-i a e, a*
expositor *espositore-i, nm*
expository *espositivo-i a e, a*
to expostulate *rimostrare*
expostulation *rimostranza-e, nf*
exposure *esposizione-i, nm*
to expound *esporre*
express *espresso-i a e, a*
to express *esprimere*
expressible *esprimibile-i, a*
expression *espressione-i, nf*
expressionism *espressionismo, nm*
expressionless *inespressivo-i a e, a*
expressive *espressivo-i a e, a*
expressiveness *espressività, nf*
expressly *espressamente, ad*
to expropriate *espropriare*
expropriation *espropriazione-i, nf*
expulsion *espulsione-i, nf*
expulsive *espulsivo-i a e, a*
to expunge *cancellare*
to expurgate *purgare*
expurgation *espurgazione-i, nf*
expurgator *espurgatore-i, nm*
exquisite *squisito-i a e, a*
exquisitely *squisitamente, ad*
exquisiteness *squisitezza-e, nf*
ex-service *ex-combattente-i, nm*
extant *esistente-i, a*

explòrative *esploratìvo-i a e, a*
explòrer *esploratòre-i, nm*
explòsion *esplosiòne-i, nf*
explòsive *esplosìvo-i a e, a*
expònent *esponènte-i, nm*
èxport *esportaziòne-i, nf*
to expòrt *esportàre*
expòrtable *esportàbile-i, a*
exportàtion *esportaziòne-i, nf*
expòrter *esportatòre-i, nm*
to expòse *espòrre*
expòser *espositòre-i, nm*
expòsition *esposiziòne-i, nf*
expòsitive *espositìvo-i a e, a*
expòsitor *espositòre-i, nm*
expòsitory *espositìvo-i a e, a*
to expòstulàte *rimostràre*
expostulàtion *rimostrànza-e, nf*
expòsure *esposiziòne-i, nm*
to expòund *espòrre*
exprèss *esprèsso-i a e, a*
to exprèss *esprìmere*
exprèssible *esprimìbile-i, a*
exprèssion *espressiòne-i, nf*
exprèssionism *espressionìsmo, nm*
exprèssionless *inespressìvo-i a e, a*
exprèssive *espressìvo-i a e, a*
exprèssiveness *espressività, nf*
exprèssly *espressamènte, ad*
to expròpriàte *espropriàre*
expropriàtion *espropriaziòne-i, nf*
expùlsion *espulsiòne-i, nf*
expùlsive *espulsìvo-i a e, a*
to expùnge *kancellàre*
to èxpurgàte *purgàre*
expurgàtion *espurgaziòne-i, nf*
èxpurgàtor *espurgatòre-i, nm*
èxquisite *skuisìto-i a e, a*
èxquisitely *skuisitamènte, ad*
èxquisiteness *skuisitèzza-e, nf*
ex-sèrvice *ex-kombattènte-i, nm*
èxtant *esistènte-i, a*

ci ce ca co cu   ki ke ka ko ku   ji je ja jo ju   gi ge ga go gu
sci sce sca sco scu=shi she sha sho shu   gn=q   gl=y

extract

extemporaneous *estemporaneo-i a e, a*	**extemporàneous** *estemporàneo-i a e, a*
extempore *estemporaneamente, ad*	**extèmpore** *estemporaneamènte, ad*
extemporization *improvvisazione-i, nf*	**extemporizàtion** *improvvisaziòne-i, nf*
to extemporize *parlare con facilità*	**to extèmporìze** *parlàre kòn facilità*
to extend *distendere*	**to extènd** *distèndere*
extendible *estendibile-i, a*	**extèndible** *estendìbile-i, a*
extensibility *estensibilità, nf*	**extensibìlity** *estensibilità, nf*
extensible *estensibile-i, a*	**extènsible** *estensìbile-i, a*
extension *prolungamento-i, nm*	**extènsion** *prolungamènto-i, nm*
extensive *esteso-i a e, a*	**extènsive** *estèso-i a e, a*
extensively *estesamente, ad*	**extènsively** *estesamènte, ad*
extent *estensione-i, nf*	**extènt** *estensiòne-i, nf*
to extenuate *attenuare*	**to extènuate** *attenuàre*
extenuation *attenuazione-i, nf*	**extenuàtion** *attenuaziòne-i, nf*
exterior *esterno-i, nm*	**extèrior** *estèrno-i, nm*
exteriority *esteriorità, nf*	**exteriòrity** *esteriorità, nf*
to exteriorize *esternare*	**to extèriorize** *esternàre*
exteriorly *esteriormente, ad*	**extèriorly** *esteriormènte, ad*
exterminable *esterminabile-i, a*	**extèrminable** *esterminàbile-i, a*
to exterminate *sterminare*	**to extèrminate** *sterminàre*
extermination *sterminio-i, nm*	**exterminàtion** *stermìnio-i, nm*
exterminator *sterminatore-i, nm*	**extèrminàtor** *sterminatòre-i, nm*
external *esterno-i a e, a*	**extèrnal** *estèrno-i a e, a*
externality *esteriorità, nf*	**externàlity** *esteriorità, nf*
externalization *esternamento-i, nm*	**externalizàtion** *esternamènto-i, nm*
to externalize *esteriorare*	**to extèrnalize** *esterioràre*
externally *esternamente, ad*	**extèrnally** *esternamènte, ad*
exterritorial *estraterritoriale-i a*	**exterritòrial** *estraterritoriàle-i a*
exterritoriality *estraterritorialità, nf*	**exterritoriàlity** *estraterritorialità, nf*
extinction *estinzione-i, a*	**extìnktion** *estinziòne-i, a*
to extinguish *estinguere*	**to extìnguish** *estìnguere*
extinguisher *spegnimoccolo-i, nm*	**extìnguisher** *speqimòkkolo-i, nm*
to extirpate *estirpare*	**to èxtirpate** *estirpàre*
extirpation *estirpazione-i, nf*	**extirpàtion** *estirpaziòne-i, nf*
extirpator *estirpatore-i, nm*	**èxtirpàtor** *estirpatòre-i, nm*
to extol *estollere*	**to extòl** *estòllere*
to extort *estorcere*	**to extòrt** *estòrcere*
extortion *estorsione-i, nf*	**extòrtion** *estorsiòne-i, nf*
extortionate *oppressivo-i a e, a*	**extòrtionate** *oppressìvo-i a e, a*
extortioner *estorsionista-i, nm*	**extòrtioner** *estòrsionista-i, nm*
extra *aggiunta-e, nf*	**èxtra** *ajjùnta-e, nf*
extract *estratto-i, nm*	**èxtrakt** *estràtto-i, nm*

to extract *estrarre*
extractable *estrattabile-i, a*
extraction *estrazione-i, nf*
extractive *estrattivo-i a e, a*
extractor *estrattore-i, nm*
to extradite *estradare*
extradition *estradizione-i, nf*
extraneous *estraneo-i a e, a*
extraordinarily *straordinariamente, ad*
extraordinary *straordinario-i a e, a*
extravagance *stravaganza-e, nf*
extravagant *stravagante-i, a*
extravagantly *stravagantemente, ad*
to extravasate *travasare*
extravasation *travaso-i, n*
extreme *estremo-i a e, a*
extremely *estremamente, ad*
extremism *estremismo-i, nm*
extremist *estremista-i, nm*
extremity *estremità, nf*
extricable *districabile-i, a*
to extricate *districare*
extrication *districamento-i, nm*
extrinsik *estrinseco-i a he, a*
extrinsically *estrinsecamento, ad*
exuberance *esuberanza-e, nf*
exuberant *esuberante-i, a*
exuberantly *esuberantemente, ad*
to exuberate *esuberare*
exudation *essudazione-i, nf*
to exude *trasudare*
to exult *esultare*
exultancy *esultanza-e, nf*
exultant *esultante-i, nm*
exultation *esultanza-e, nf*
eyas *falco-hi, nm*
eye *occhio-i, nm*
to eye *osservare*
eyebrow *sopraciglio-i, nm*
eyelash *ciglio-i, nm*
eyesight *vista, nf*
eyelet *occhiello-i, nm*

to extràkt *estràrre*
extràktable *estrattàbile-i, a*
extràktion *estraziòne-i, nf*
extràktive *estrattìvo-i a e, a*
extràktor *estrattòre-i, nm*
to èxtradìte *estradàre*
extradìtion *estradiziòne-i, nf*
extràneous *estràneo-i a e, a*
extraòrdinàrily *straordinariamènte, ad*
extraòrdinary *straordinàrio-i a e, a*
extràvagance *stravagànza-e, nf*
extràvagant *stravagànte-i, a*
extràvagantly *stravagantemènte, ad*
to extràvasàte *travasàre*
extràvasàtion *travàso-i, n*
extrème *estrèmo-i a e, a*
extrèmely *estremamènte, ad*
extrèmism *estremìsmo-i, nm*
extrèmist *estremìsta-i, nm*
extrèmity *estremità, nf*
èxtrikable *distrikàbile-i, a*
to èxtrikàte *distrikàre*
extrikàtion *distrikamènto-i, nm*
extrìnsik *estrinsèko-i a e, a*
extrìnsikally *estrinsekamènto, ad*
exùberance *esuberànza-e, nf*
exùberant *esuberànte-i, a*
exùberantly *esuberantemènte, ad*
to exùberate *esuberàre*
exudàtion *essudaziòne-i, nf*
to exùde *trasudàre*
to exùlt *esultàre*
exùltancy *esultànza-e, nf*
exùltant *esultànte-i, nm*
exultàtion *esultànza-e, nf*
eyàs *fàlko-i, nm*
èye *òkkio-i, nm*
to èye *osservàre*
èyebròw *sopracìyo-i, nm*
eyelàsh *cìyo-i, nm*
eyesìght *vìsta, nf*
èyelet *okkièllo-i, nm*

eyot *isolina-e, nf*

F

fable *fiaba-e, nf*
to fable *favoleggiare*
fabler *favolatore-i, nm*
fabric *tessuto-i, nm*
to fabricate *fabbricare*
fabrication *invenzione-i, nf*
fabulist *fabulatore-i, nm*
fabulous *favoloso-i a e, a*
facade *facciata-e, nf*
face *faccia-e, nf*
to face *fronteggiare*
facet *faccetta-e, nf*
to facet *faccettare*
facetious *faceto-i a e, a*
facetiously *facetamente, ad*
facia *insegna-e, nf*
facial *facciale-i, a*
facile *facile-i, a*
facilely *facilmente, ad*
to facilitate *facilitare*
facilitation *facilitazione-i, nf*
facility *facilità, nf*
facing *fronteggio-i, nm*
fact *fatto-i, nm*
faction *fazione-i, nf*
factious *fazioso-i a e, a*
factiously *faziosamente, ad*
factor *fattore-i, nm*
factory *fabbrica-he, nf*
facultative *facoltativo-i a e, a*
faculty *facoltà, nf*
fad *mania-e, nf*
faddish *maniaco-i a he, a*
faddist *maniaco-i a he, nmf*
faddy *maniaco-i a he, a*
to fade *appassire*
faeces *feci, nf*
fag *servo-i a e, nmf*
to fag *sgobbare*

eyòt *isolìna-e, nf*

F

fàble *fiàba-e, nf*
to fàble *favolejjàre*
fàbler *favolatòre-i, nm*
fàbrik *tessùto-i, nm*
to fàbrikate *fabbrikàre*
fabrikàtion *invenziòne-i, nf*
fàbulist *fabulatòre-i, nm*
fàbulous *favolòso-i a e, a*
fakàde *faccàta-e, nf*
fàce *fàcca-e, nf*
to fàce *frontejjàre*
fàcet *faccètta-e, nf*
to fàcet *faccettàre*
facètious *facèto-i a e, a*
facètiously *facetamènte, ad*
fàcia *insèqa-e, nf*
fàcial *faccàle-i, a*
fàcile *fàcile-i, a*
fàcilely *facilmènte, ad*
to facìlitate *facilitàre*
facilitàtion *facilitaziòne-i, nf*
facìlity *facilità, nf*
fàcing *frontèjjo-i, nm*
fàkt *fàtto-i, nm*
fàktion *faziòne-i, nf*
fàktious *faziòso-i a e, a*
fàktiously *faziosamènte, ad*
fàktor *fattòre-i, nm*
fàktory *fàbbrika-e, nf*
fàkultative *fakoltatìvo-i a e, a*
fàkulty *fakoltà, nf*
fàd *manìa-e, nf*
fàddish *manìako-i a e, a*
fàddist *manìako-i a e, nmf*
fàddy *manìako-i a e, a*
to fàde *appassìre*
fàeces *fèci, nf*
fàg *sèrvo-i a e, nmf*
to fàg *sgobbàre*

fagot *fascio-i, nm*
Fahrenheit *termometro-i, nm*
faience *porcellana-e, nf*
fail *fallo-i, nm*
to fail *fallire*
failing *mancanza-e, nf*
failure *fallimento-i, nm*
fain *contento-i a e, a*
faineant *fannullone-i, nm*
faint *debole-i, a*
faint *svanimento-i, nm*
to faint *svanire*
faintish *debole-i a e, a*
faintly *debolmente, ad*
faintness *debolezza-e, nf*
fair *bello-i a e, a*
fair *cortesemente, ad*
fair *fiera-e, nf*
fairily *magicamente, ad*
fairly *discretamente, ad*
fairway *canale-, nm*
fairy *fata-e, nf*
faith *fede-i, nf*
faithful *fedele-i, a*
faithfulness *fedeltà, nf*
faithfully *fedelmente, ad*
faithless *infedele-i, a*
faithlessly *slealmente, ad*
fake *truffa-e, nf*
to fake *truffare*
fakir *fachiro-i, nm*
falcon *falcone-i, nm*
falconer *falconiere-i, nm*
falconry *falconeria-e, nf*
fall *caduta-e, nf*
to fall *cadere*
fallacious *fallace-i, a*
fallaciously *fallacemente, ad*
fallacy *fallacia-e, nf*
fallal *ornamento-i, nm*
fallibility *fallibilità, nf*
fallible *fallibile-i, a*

fallible

fàgot *fàsho-i, nm*
Fàhrenhèit *termòmetro, nm*
fàience *porcellàna-e, nf*
fàil *fàllo-i, nm*
to fàil *fallìre*
fàiling *mankànza-e, nf*
fàilure *fallimènto-i, nm*
fàin *kontènto-i a e, a*
faineànt *fannullòne-i, nm*
fàint *dèbole-i, a*
fàint *svanimènto-i, nm*
to fàint *svanìre*
fàintish *dèbole-i a e, a*
fàintly *debolmènte, ad*
fàintness *debolèzza-e, nf*
fàir *bèllo-i a e, a*
fàir *kortesemènte, ad*
fàir *fièra-e, nf*
fàirily *majikamènte, ad*
fàirly *diskretamènte, ad*
fàirway *kanàle-i-, nm*
fàiry *fàta-e, nf*
fàith *fède-i, nf*
fàithful *fedèle-i, a*
fàithfulness *fedeltà, nf*
fàithfully *fedelmènte, ad*
fàithless *infedèle-i, a*
fàithlessly *slealmènte, ad*
fàke *trùffa-e, nf*
to fàke *truffàre*
fakìr *fakìro-i, nm*
fàlkon *falkòne-i, nm*
fàlkoner *falkonière-i, nm*
fàlkonry *falkonerìa-e, nf*
fàll *kadùta-e, nf*
to fàll *kadère*
fallàcious *fallàce-i, a*
fallàciously *fallacèmente, ad*
fàllacy *fallacìa-e, nf*
fàllàl *ornamènto-i, nm*
fallibìlity *fallibilità, nf*
fàllible *fallìbile-i, a*

falling *caduta-e, nf*	**fàlling** *kadùta-e, nf*
fallow *maggese-i, nf*	**fàllow** *majjèse-i, nf*
to fallow *rompere*	**to fàllow** *ròmpere*
false *falso-i a e, a*	**fàlse** *fàlso-i a e, a*
falsehood *falsità, nf*	**falsehòod** *falsità, nf*
falsely *falsamente, ad*	**fàlsely** *falsamènte, ad*
falsetto *falsetto*	**falsètto** *falsètto*
falsifiable *falsicabile-i, a*	**falsifiable** *falsifikàbile-i, a*
falsification *falsificazione-i, nf*	**falsifikàtion** *falsifikaziòne-i, nf*
falsifier *falsificatore-i, nm*	**fàlsifier** *falsifikatòre-i, nm*
to falsify *falsificare*	**to fàlsify** *falsifikàre*
falsity *falsità, nf*	**fàlsity** *falsità, nf*
to falter *incespicare*	**to fàlter** *incespikàre*
falteringly *difficoltosamente, ad*	**fàlteringly** *diffikoltosamènte, ad*
fame *fama, nf*	**fàme** *fàma, nf*
famed *rinomato-i a e, a*	**fàmed** *rinomàto-i a e, a*
familiar *familiare-i, a*	**famìliar** *familiàre-i, a*
familiarity *familiarità, nf*	**famìliàrity** *familiarità, nf*
to familizrize *familiarizzare*	**to famìliàrize** *familiarizzàre*
family *famiglia-e, nf*	**fàmily** *famìya-e, nf*
famine *carestia-e, nf*	**fàmine** *karestìa-e, nf*
to famish *affamare*	**to fàmish** *affamàre*
famous *famoso-i a e, a*	**fàmous** *famòso-i a e, a*
famously *famosamente, ad*	**fàmously** *famosamènte, ad*
fan *ventaglio-i, nm*	**fàn** *ventàyo-i, nm*
fan *tifoso-i a e, nmf*	**fàn** *tifòso-i a e, nmf*
to fan *sventagliare*	**to fàn** *sventayàre*
fanatic *fanatico-i a he, a*	**fanàtik** *fanàtiko-i a e, a*
fanatical *fanatico-i a he, a*	**fanàtikal** *fanàtiko-i a e, a*
fanaticism *fanatismo-i, nm*	**fanàticism** *fanatìsmo-i, nm*
fancied *fantastico-i a he, a*	**fàncied** *fantàstiko-i a e, a*
fancier *conoscitore-i, nm*	**fàncier** *konoshitòre-i, nm*
fanciful *fantasioso-i a e, a*	**fànciful** *fantasiòso-i a e, a*
fancifully *fantasiosamente, ad*	**fàncifully** *fantasiosamènte, ad*
fancy *fantasia-e, nf*	**fàncy** *fantasìa-e, nf*
to fancy *immaginare*	**to fàncy** *immajinàre*
fane *fano-i, nm*	**fàne** *fàno-i, nm*
fanfare *fanfara-e, nf*	**fànfàre** *fanfàra-e, nf*
fang *zanna-e, nf*	**fàng** *zànna-e, nf*
fanged *zannuto-i a e, a*	**fànged** *zannùto-i a e, a*
fangless *senza zanne, a*	**fàngless** *sènza zànne, a*
fantasm *fantasma-i, nm*	**fàntasm** *fantàsma-i, nm*

fast

fantastic *fantastico-i a he, a*
fantastically *fantasticamente, ad*
fantasy *fantasia-e, nf*
faquir *fachiro-i, nm*
far *lontananza-e, nf*
far *lontano-i a e, a*
farce *farsa-e, nf*
farcical *farsesco-hi a he, a*
fare *prezzo-i, nm*
farewell *addio, nm*
farinaceous *farinaceo-i a e, a*
farm *fattoria-e, nf*
to farm *coltivare*
farmer *contadino-i*
farming *coltivazione-i, nf*
farouche *scontroso-i a e, a*
farraginous *faraginoso-i a e, a*
farrago *farragine-i, nm*
farrier *maniscalco-hi, nm*
farrow *covata-e, nf*
to farrow *figliare*
fart *ventosità, nf*
to fart *puzzare*
farther *più lontano, ad*
farthermost *il più lontano, a*
farthing *moneta-e, nf*
fascia *insegna-e, nf*
fascicle *fascicolo-i, nm*
to fascinate *affascinare*
fascination *fascino-i, nm*
fascinator *affascinatore-i, nm*
fascism *fascismo-i, nm*
fascist *fascista-i, nm*
fash *nioia-e, nf*
to fash *annoiare*
fashion *moda-e, nf*
to fashion *adattare*
fashionable *elegante-i, a*
fashionableness *eleganza-e, nf*
fashionably *alla moda, ad*
fast *fermo-i a e, a*
fast *veloce-i, a*

fantàstik *fantàstiko-i a e, a*
fantàstikally *fantastikamènte, ad*
fàntasy *fantasìa-e, nf*
fàquir *fakìro-i, nm*
fàr *lontanànza-e, nf*
fàr *lontàno-i a e, a*
fàrce *fàrsa-e, nf*
fàrcikal *farsèsko-i a e, a*
fàre *prèzzo-i, nm*
farewèll *addìo, nm*
farinàceous *farinàceo-i a e, a*
fàrm *fattorìa-e, nf*
to fàrm *koltivàre*
fàrmer *kontadìno-i*
fàrming *koltivaziòne-i, nf*
faroùche *skontròso-i a e, a*
farràginous *farajinòso-i a e, a*
farragò *farràjine-i, nm*
fàrrier *maniskàlko-i, nm*
fàrrow *kovàta-e, nf*
to fàrrow *fiyàre*
fàrt *ventosità, nf*
to fàrt *puzzàre*
fàrther *più lòntano, ad*
fàrthermòst *il più lontàno, a*
fàrthing *mòneta-e, nf*
fàscia *insèqa-e, nf*
fàscikle *fashìkolo-i, nm*
to fàscinate *affashinàre*
fascinàtion *fàshino-i, nm*
fàscinator *affashinatòre-i, nm*
fàscism *fashìsmo-i, nm*
fàscist *fashìsta-i, nm*
fàsh *nòia-e, nf*
to fàsh *annoiàre*
fàshion *mòda-e, nf*
to fàshion *adattàre*
fàshionable *elegànte-i, a*
fàshionableness *elegànza-e, nf*
fàshionably *àlla mòda, ad*
fàst *fèrmo-i a e, a*
fàst *velòce-i, a*

fast *digiuno-i, nm*	fàst *dijùno-i, nm*
to fast *digiunare*	to fàst *dijunàre*
to fasten *allacciare*	to fàsten *allaccàre*
fastening *fermatura-e, nf*	fàstening *fermatùra-e, nf*
faster *digiunatore-i, nm*	fàster *dijunatòre-i, nm*
faster *più veloce, a*	fàster *più velòce, a*
fastidious *disdegnoso-i a e, a*	fastìdious *disdeqòso-i a e, a*
fastidiousness *fastidiosità, nf*	fastìdiousness *fastidiosità, nf*
fastness *saldezza-e, nf*	fàstness *saldèzza-e, nf*
fat *grasso-i, nm*	fàt *gràsso-i, nm*
to fat *ingrassare*	to fàt *ingrassàre*
fatal *fatale-i, a*	fàtal *fatàle-i, a*
fatalism *fatalismo-i, nm*	fàtalism *fatalìsmo-i, nm*
fatalist *fatalista-i, nm*	fàtalist *fatalìsta-i, nm*
fatalistic *fatalistico-i a he, a*	fatalìstik *fatalìstiko-i a e, a*
fatality *fatalità, nf*	fatàlity *fatalità, nf*
fatally *fatalmente, ad*	fàtally *fatalmènte, ad*
fate *destino-i, nm*	fàte *destìno-i, nm*
to fate *destinare*	to fàte *destinàre*
fateful *fatale-i, n*	fàteful *fatàle-i, n*
father *padre-i, nm*	fàther *pàdre-i, nm*
to father *diventare padre*	to fàther *diventàre pàdre*
fatherhood *paternità, nf*	fàtherhòod *paternità, nf*
fatherless *orfano-i a e, a*	fàtherless *òrfano-i a e, a*
fatherland *patria-e, nf*	fàtherlànd *pàtria-e, nf*
fatherlike *paterno-i, a*	fàtherlìke *patèrno-i, a*
fatherly *paterno-i, a*	fàtherly *patèrno-i, a*
fathom *scandaglio-i, nm*	fàthòm *skandàyo-i, nm*
to fathom *scandagliare*	to fàthòm *skandayàre*
fathomless *incommensurabile-i, a*	fàthomless *inkommensuràbile-i, a*
fatidical *fatidico-i a he, a*	fatìdikal *fatìdiko-i a e, a*
fatidically *fatidicamente, ad*	fatìdikally *fatidikamènte, ad*
fatigue *fatica-he, nf*	fatìgue *fàtika-e, nf*
to fatigue *affaticare*	to fatìgue *affatikàre*
fatigueless *senza fatica, a*	fatìgueless *sènza fàtika, a*
fatiguing *faticoso-i a e, a*	fatìguing *fatikòso-i a e, a*
fatling *ingrassato-i a e, nmf*	fàtling *ingrassàto-i a e, nmf*
fatly *grassamente, ad*	fàtly *grassamènte, ad*
fatness *grassezza-e, nf*	fàtness *grassèzza-e, nf*
to fatten *ingrasare*	to fàtten *ingrassàre*
fatty *grasso-i a e, a*	fàtty *gràsso-i a e, a*
fatuity *fatuità, nf*	fatùity *fatuità, nf*

to feature

fatuous *fatuo-i a e, -e, nf*	**fàtuous** *fàtuo-i a e, -e, nf*
fault *colpa-e, nf*	**fàult** *kòlpa-e, nf*
faultfinding *riprovazione-i, nf*	**faultfinding** *riprovaziòne-i, nf*
faultily *colpevolmente, ad*	**fàultily** *kolpevolmènte, ad*
faultliness *colpevolezza-e, nf*	**fàultliness** *kolpevolèzza-e, nf*
faultless *irresponsabile-i, a*	**fàultless** *irresponsàbile-i, a*
faultlessly *irreprensibilmente, ad*	**fàultlessly** *irreprensibilmènte, ad*
faultlessness *correttezza-e, nf*	**fàultlessness** *korrettèzza-e, nf*
faulty *difettoso-i a e, a*	**faultỳ** *difettòso-i a e, a*
faun *fauno-i, nm*	**fàun** *fàuno-i, nm*
fauna *fauna, nm*	**fàuna** *fàuna, nm*
favor *favore-i, nm*	**fàvor** *favòre-i, nm*
to favor *favorire*	**to fàvor** *favorìre*
favorable *favorevole-i, a*	**fàvorable** *favorèvole-i, a*
favorably *favorevolmente, ad*	**fàvorably** *favorevolmènte, ad*
favorer *fautore-i, nm*	**fàvorer** *fautòre-i, nm*
favorite *favorito-i a e, a*	**fàvorite** *favorìto-i a e, a*
favoritism *favoritismo-i, nm*	**fàvoritism** *favoritìsmo-i, nm*
fawn *cerbiatto-i, nm*	**fàwn** *cerbiàtto-i, nm*
to fawn *figliare*	**to fàwn** *fiyàre*
fawning *adulazione-i, nf*	**fàwning** *adulaziòne-i, nf*
fawningly *servilmente, ad*	**fàwningly** *servilmènte, ad*
fay *fata-e, nf*	**fày** *fàta-e, nf*
fear *paura-e, nf*	**fèar** *paùra-e, nf*
to fear *temere*	**to fèar** *temère*
fearful *pauroso-i a e, a*	**fèarful** *pauròso-i a e, a*
fearfully *paurosamente, ad*	**fèarfully** *paurosamènte, ad*
fearfulness *timore-i, nm*	**fèarfulness** *timòre-i, nm*
fearless *coraggioso-i a e, a*	**fèarless** *korajjòso-i a e, a*
fearlessly *coraggiosamente, ad*	**fèarlessly** *korajjosamènte, ad*
fearsome *pauroso-i a e, a*	**fèarsòme** *pauròso-i a e, a*
feasible *fattibile-i, a*	**fèasible** *fattìbile-i, a*
feast *festa-e, nf*	**fèast** *fèsta-e, nf*
to feast *festeggiare*	**to fèast** *festejjàre*
feaster *bacchettante-i, nm*	**fèaster** *bankettànte-i, nm*
feat *impresa-e, nf*	**fèat** *imprèsa-e, nf*
feather *penna-e, nf*	**fèather** *pènna-e, nf*
to feather *ornare*	**to fèather** *ornàre*
feathered *ornato-i a e, a*	**fèathered** *ornàto-i a e, a*
feathering *piumaggio-i, nm*	**fèathering** *piumàjjo-i, nm*
feature *lineamento-i, nm*	**fèature** *lineamènto-i, nm*
to feature *rappresentare*	**to fèature** *rappresentàre*

ci ce ca co cu   ki ke ka ko ku   ji je ja jo ju   gi ge ga go gu
sci sce sca sco scu=shi she sha sho shu   gn=q   gl=y

---

featureless *niente di particolare, a*
febrifuge *febbrifugo-hi, a*
febrile *febbrile-i, a*
February *febbraio, nm*
feckless *debole-i, a*
feculent *fetido-i a e, a*
fecund *fecondo-i a e, a*
to fecundate *fecondare*
fecundation *fecondazione-i, nf*
fecundity *fecondità, nf*
federacy *federazione-i, nf*
federal *federale-i, a*
federalism *federalismo-i, nm*
federalist *federalista-i, nm*
to federalize *confederare*
federate *federato-i a e, a*
to federate *confederare*
federation *federazione-i, nf*
federative *federativo-i a e, a*
fee *quota-e, nf*
to fee *pagare*
feeble *debole-i, a*
feebleness *debolezza-e, nf*
feebly *debolmente, ad*
feed *nutrimento-i, nm*
to feed *nutrire*
feeder *mangiatoia-e, nf*
feeding *nutrizione-i, nf*
feel *tatto-i, nm*
to feel *sentire*
feeler *tentacolo-i, nm*
feeling *sentimento-i, nm*
feelingly *sensibilmente, ad*
feet *piedi, nm*
to feign *fingere*
feint *debolezza-e, nf*
feint *finta-e, nf*
to feint *fingere*
to felicitate *felicitare*
felicitation *felicitazione-i, nf*
felicitous *felice-i, a*
felicity *felicità, nf*

fèatureless *nièntè di partikolàre, a*
fèbrifùge *febbrifùgo-i, a*
fèbrìle *febbrìle-i, a*
Fèbruary *febbràio, nm*
fèkless *dèbole-i, a*
fèkulent *fètido-i a e, a*
fèkund *fekòndo-i a e, a*
to fèkùndate *fekondàre*
fekundàtion *fekondaziòne-i, nf*
fekùndity *fekondità, nf*
fèderacy *federaziòne-i, nf*
fèderal *federàle-i, a*
fèderalism *federalìsmo-i, nm*
fèderalist *federalìsta-i, nm*
to fèderalize *konfederàre*
fèderate *federàto-i a e, a*
to fèderate *konfederàre*
federàtion *federaziòne-i, nf*
fèderative *federatìvo-i a e, a*
fèe *kuòta-e, nf*
to fèe *pagàre*
fèeble *dèbole-i, a*
fèebleness *debolèzza-e, nf*
fèebly *debolmènte, ad*
fèed *nutrimènto-i, nm*
to fèed *nutrìre*
fèeder *manjàtoia-e, nf*
fèeding *nutriziòne-i, nf*
fèel *tàtto-i, nm*
to fèel *sentìre*
fèeler *tentàkolo-i, nm*
fèeling *sentimènto-i, nm*
fèelingly *sensibilmènte, ad*
fèet *pièdi, nm*
to fèign *finjere*
fèint *debolèzza-e, nf*
fèint *finta-e, nf*
to fèint *finjere*
to felìcitate *felicitàre*
felicitàtion *felicitaziòne-i, nf*
felìcitous *felìce-i, a*
felìcity *felicità, nf*

feline *felino-i, nm*
felinity *felineo, a*
fell *collina-e, nf*
to fell *abbattere*
fellow *collega-hi, nm*
fellowship *colleganza-e, nf*
felon *fellone-i, nm*
felonious *criminale-i, nm*
felony *fellonia-e, nf*
felt *feltro-i, nm*
to felt *feltrare*
felting *feltratura-e, nf*
female *femmina-e, nf*
feminality *femminilità, nf*
femineity *femminilità, nf*
feminine *femminile-i, a*
femininity *femminilità, nf*
feminism *femminismo-i, nm*
to feminize *effeminare*
fence *recinto-i, nm*
to fence *fortificare*
fenceless *indifeso-i a e, a*
fencing *recinto-i, nm*
fencing *scherma-e, nf*
to fend *parare*
fender *parafango-hi, nm*
fennel *finocchio-i, nm*
fenny *paludoso-i a e, a*
fenugreek *fienogreco, nm*
feoff *feudo-i, nm*
to feoff *infeudare*
feral *ferino-i a e, a*
feretory *sacrario-i, nm*
ferial *feriale-i, a*
ferine *ferino-i a e, a*
fermata *fermata*
ferment *fermento-i, nm*
to ferment *fermentare*
fermentation *fermentazione-i, nf*
fermentative *fermentativo-i a e, a*
fern *felce-i, nf*
fernery *felceto-i, nm*

fèline *felìno-i, nm*
felìnity *felìneo, a*
fèll *kollìna-e, nf*
to fèll *abbàttere*
fèllow *kollèga-i, nm*
fèllowship *kollegànza-e, nf*
fèlon *fellòne-i, nm*
felònious *krimìnale-i, nm*
fèlony *fellonìa-e, nf*
fèlt *fèltro-i, nm*
to fèlt *feltràre*
fèlting *feltratùra-e, nf*
fèmale *fèmmina-e, nf*
feminàlity *femminilità, nf*
feminèity *femminilità, nf*
fèmìnìne *femminìle-i, a*
feminìnity *femminilità, nf*
fèminism *femminìsmo-i, nm*
to fèminize *effeminàre*
fènce *recìnto-i, nm*
to fènce *fortifikàre*
fènceless *indifèso-i a e, a*
fèncing *recìnto-i, nm*
fèncing *skèrma-e, nf*
to fènd *paràre*
fènder *parafàngo-i, nm*
fènnel *finòkkio-i, nm*
fènny *paludòso-i a e, a*
fènugrèek *fienogrèko, nm*
fèoff *fèudo-i, nm*
to fèoff *infeudàre*
fèral *ferìno-i a e, a*
fèretory *sakràrio-i, nm*
fèrial *ferìàle-i, a*
fèrine *ferìno-i a e, a*
fermàta *fermàta*
fèrment *fermènto-i, nm*
to fèrment *fermentàre*
fermentàtion *fermentaziòne-i, nf*
fermèntative *fermentatìvo-i a e, a*
fèrn *fèlce-i, nf*
fèrnery *felcèto-i, nm*

ci ce ca co cu   ki ke ka ko ku   ji je ja jo ju   gi ge ga go gu
sci sce sca sco scu=shi she sha sho shu   gn=q   gl=y

feud

ferocious *feroce-i, a*	**feròcious** *feròce-i, a*
ferociously *ferocemente, ad*	**feròciously** *ferocemènte, ad*
ferocity *ferocia-e, nf*	**feròcity** *feròcia-e, nf*
ferreous *ferroso-i a e, a*	**fèrrèous** *ferròso-i a e, a*
ferret *furetto-i, nm*	**fèrret** *furètto-i, nm*
to ferret *cacciare*	**to fèrret** *kaccàre*
ferrous *ferroso-i a e, a*	**ferrous** *ferròso-i a e, a*
ferruginous *ferruginoso-i a e, a*	**ferrùginous** *ferrujinòso-i a e, a*
ferrule *puntale-i, nm*	**fèrrule** *puntàle-i, nm*
ferry *passaggio-i, nm*	**fèrry** *passàjjo-i, nm*
to ferry *trasportare*	**to fèrry** *trasportàre*
fertile *fertile-i, a*	**fèrtile** *fèrtile-i, a*
fertility *fertilità, nf*	**fertìlity** *fertilità, nf*
fertilization *fertilizzazione-i, nf*	**fertilizàtion** *fertilizzaziòne-i, nf*
to fertilize *fertilizzare*	**to fèrtilize** *fertilizzàre*
fertilizer *fertilizzante-i, nm*	**fèrtilizer** *fertilizzànte-i, nm*
ferule *ferula-e, nf*	**fèrule** *fèrula-e, nf*
fervency *fervore-i, nm*	**fèrvency** *fervòre-i, nm*
fervent *fervente-i, a*	**fèrvent** *fervènte-i, a*
fervently *ferventemente, ad*	**fèrvently** *ferventemènte, ad*
fervid *fervido-i a e, a*	**fèrvid** *fèrvido-i a e, a*
fervor *fervore-i, nm*	**fèrvor** *fervòre-i, nm*
festal *festivo-i a e, a*	**fèstal** *festìvo-i a e, a*
fester *suppurazione-i, nf*	**fèster** *suppuraziòne-i, nf*
to fester *suppurare*	**to fèster** *suppuràre*
festival *festivale-i, nm*	**fèstival** *festivàle-i, nm*
festive *festivo-i a e, a*	**fèstive** *festìvo-i a e, a*
festively *festivamente, ad*	**fèstively** *festivamènte, ad*
festoon *festone-i, nm*	**festòon** *festòne-i, nm*
fetch *stratagemma-i, nm*	**fètch** *stratajèmma-i, nm*
to fetch *prendere*	**to fètch** *prèndere*
fetid *fetido-i a e, a*	**fètid** *fètido-i a e, a*
fetish *feticcio-i, nm*	**fètish** *fetìcco-i, nm*
fetishism *feticismo-i, nm*	**fètishism** *fetìcismo-i, nm*
fetishist *feticista-i, nm*	**fètishist** *fetìcista-i, nm*
fetter *catena-e, nf*	**fètter** *katèna-e, nf*
to fetter *impedire*	**to fètter** *impedìre*
fettle *condizione-i, nf*	**fèttle** *kondiziòne-i, nf*
to fettle *preparare*	**to fèttle** *preparàre*
fetus *feto-i, nm*	**fètus** *fèto-i, nm*
feud *contesa-e, nf*	**fèud** *kòntesa-e, nf*
feud *feudo-i a e, nmf*	**fèud** *fèudo-i a e, nmf*

feudal *feudale-i, a*
feudalism *feudalismo-i, nm*
feudality *feudalità, nf*
to feudalize *costituire in feudo*
feudatory *feudatario-i a e, a*
fever *febbre-i, nf*
to fever *infebbrire*
feverish *febbricitante-i, a*
feverishly *febbrilmente, ad*
feverous *febbrile-i, a*
few *pochi, a*
fiat *ordine-i, nf*
fib *fandonia-e, nf*
to fib *cianciare*
fibber *bugiardo-i, nm*
fibre *fibra-e, nf*
fibril *fibrilla-e, nf*
fibrin *fibrina-e, nf*
fibroid *tumore-i, nm*
fibroma *fibroma, nm*
fibrous *fibroso-i a e, a*
fibula *fibula-e, nf*
fickle *volubile-i, a*
fiction *finzione-i, nf*
fictional *inventato-i a e, a*
fictitious *fittizio-i e a, a*
fid *cuneo-i, nm*
fiddle *sciocchezza-e, nf*
fiddle *violino-i, nm*
to fiddle *suonare*
fiddle-bow *archetto-i, nm*
fiddler *violinista-i, nm*
fiddling *frivolo-i a e, a*
fidelity *fedeltà, nf*
fidget *irrequietezza-e, nf*
to fidget *agitare*
fidgety *agitato-i a e, a*
fiduciary *fiduciario-i a e, a*
fief *feudo-i, nm*
field *campo-i, nm*
to field *rilanciare*
fielder *ribattitore-i, nm*

feùdal *feudàle-i, a*
feùdalism *feudalìsmo-i, nm*
feudàlity *feudalità, nf*
to feudàlize *kostituìre in fèudo*
feudàtory *feudatàrio-i a e, a*
fèver *fèbbre-i, nf*
to fèver *infebbrìre*
fèverish *febbricitànte-i, a*
fèverishly *febbrilmènte, ad*
fèverous *febbrìle-i, a*
fèw *pòki, a*
fiat *òrdine-i, nf*
fib *fandonìa-e, nf*
to fib *cancàre*
fibber *bujàrdo-i, nm*
fibre *fibra-e, nf*
fibril *fibrìlla-e, nf*
fìbrin *fibrìna-e, nf*
fìbroid *tumòre-i, nm*
fibròma *fibròma, nm*
fibrous *fibròso-i a e, a*
fibula *fibula-e, nf*
fìkle *volùbile-i, a*
fiktion *finziòne-i, nf*
fiktional *inventàto-i a e, a*
fiktìtious *fittìzio-i e a, a*
fid *kùneo-i, nm*
fiddle *shokkèzza-e, nf*
fiddle *violìno-i, nm*
to fiddle *suonàre*
fiddle-bòw *arkètto-i, nm*
fiddler *violinìsta-i, nm*
fiddling *frìvolo-i a e, a*
fidèlity *fedeltà, nf*
fidget *irrekuietèzza-e, nf*
to fidget *ajitàre*
fidgety *ajitàto-i a e, a*
fidùciary *fiducàrio-i a e, a*
fief *fèudo-i, nm*
field *kàmpo-i, nm*
to field *rilancàre*
fielder *ribattitòre-i, nm*

ci ce ca co cu   ki ke ka ko ku   ji je ja jo ju   gi ge ga go gu   **237**
sci sce sca sco scu=shi she sha sho shu   gn=q   gl=y

file

fiend *demonio-i, nm*
fiendish *demoniaco-i a he, a*
fiendishly *diabolicamente, ad*
fierce *feroce-i, a*
fiercely *fieramente, ad*
fierceness *fierezza-e, nf*
fierily *focosamente, ad*
fieriness *ardore-i, nm*
fiery *focoso-i a e, a*
fife *piffero-i, nm*
to fife *suonare*
fifer *pifferaio-i, nm*
fifteen *quindici, nm*
fifteenth *quindicesimo-i a e, a*
fifth *quinto-i a e, a*
fifthly *in quinto luogo, ad*
fifthieth *cinquantesimo-i a e, a*
fifty *cinquanta, a*
fig *fico-hi, nm*
fig *uniforme-i, nf*
to fig *vestire*
fight *battaglia-e, nf*
to fight *combattere*
fighter *combattente-i, nm*
fighter-bomber *cacciabombardiere-i, nm*
fighting *combattimento-i, nm*
figment *invenzione-i, nf*
figurant *figurante-i, nm*
figuration *figurazione-i, nf*
figurative *figurativo-i a e, a*
figure *figura-e, nf*
to figure *figurare*
figurine *figurina-e, nf*
filament *filamento-i, nm*
filamentous *filamentoso-i a e, a*
filature *filatura-e, nf*
filbert *nocciolo-i a e, nmf*
to filtch *rubare*
filcher *ladro-i, nm*
file *filza-e, nf*
to file *ordinare*
file *lima-e, nf*

fiend *demònio-i, nm*
fiendish *demonìako-i a e, a*
fiendishly *diabolikamènte, ad*
fierce *feròce-i, a*
fiercely *fieramènte, ad*
fierceness *fierèzza-e, nf*
fièrily *fokosamènte, ad*
fièriness *ardòre-i, nm*
fièry *fokòso-i a e, a*
fife *pìffero-i, nm*
to fife *suonàre*
fifer *pifferàio-i, nm*
fifteen *kuìndici, nm*
fifteenth *kuindicèsimo-i a e, a*
fifth *kuìnto-i a e, a*
fifthly *in kuìnto luògo, ad*
fifthieth *cinkuantèsimo-i a e, a*
fifty *cinkuànta, a*
fig *fìko-i, nm*
fig *unifòrme-i, nf*
to fig *vestìre*
fight *battàya-e, nf*
to fight *kombàttere*
fighter *kombattènte-i, nm*
fighter-bòmber *kaccabombardière-i, nm*
fighting *kombattimènto-i, nm*
figment *invenziòne-i, nf*
figurant *figurànte-i, nm*
figuration *figuraziòne-i, nf*
figurative *figuratìvo-i a e, a*
figure *figùra-e, nf*
to figure *figuràre*
figurine *figurìna-e, nf*
filament *filamènto-i, nm*
filamèntous *filamentòso-i a e, a*
filature *filatùra-e, nf*
filbert *nòccolo-i a e, nmf*
to filtch *rubàre*
filcher *làdro-i, nm*
file *filza-e, nf*
to file *ordinàre*
file *lìma-e, nf*

to file *limare*
filial *filiale-i, a*
filiality *filialmente, ad*
filiation *figliazione-i, nf*
filibuster *filibustiero-i, nm*
to filibuster *pirateggiare*
filigree *filigrana-e, nf*
filigreed *filigranato-i a e, a*
filing *limatura-e, na*
fill *quantità, nf*
to fill *riempire*
filler *riempitore-i, nm*
fillet *bistecca-he, nf*
fillet *nastro-i, nm*
to fillet *legare*
fillip *buffetto-i, nm*
to fillip *stimolare*
filly *puledra-e, nf*
film *film, nm*
to film *rappresentare*
filmdom *regno del cinema, nm*
filminess *sottigliezza-e, nf*
to filmize *adattare*
filmy *filamentoso-i a e, a*
filoselle *filaticcio-i a e, a*
filter *filtro-i, nm*
to filter *filtrare*
filth *sudiciume-i, nf*
filthily *sudiciamente, ad*
filthiness *sudiciume-i, nf*
filthy *sudicio-i a e, a*
to filtrate *filtrare*
filtration *filtrazione-i, nf*
fin *pinna-e, nf*
final *finale-i, nf*
finale *finale*
finality *finalità, nf*
finally *finalmente, ad*
finance *finanza-e, nf*
to finance *finanziare-i, nm*
financial *finanziario-i a e, a*
financially *finanziariamente, ad*

to file *limàre*
filial *filiàle-i, a*
filially *filialmènte, ad*
filiàtion *fiyaziòne-i, nf*
filibùster *filibustìero-i, nm*
to filibuster *piratejjàre*
filigrèe *filigràna-e, nf*
filigreed *filigranàto-i a e, a*
filing *limatùra-e, na*
fill *kuantità, nf*
to fill *riempìre*
filler *riempitòre-i, nm*
fillet *bistèkka-e, nf*
fillet *nàstro-i, nm*
to fillet *legàre*
fillip *buffètto-i, nm*
to fillip *stimolàre*
filly *pulèdra-e, nf*
film *film, nm*
to film *rappresentàre*
filmdom *règo dèl cìnema, nm*
filminess *sottiyèzza-e, nf*
to filmize *adattàre*
filmy *filamentòso-i a e, a*
filosèlle *filatìcco-i a e, a*
filter *filtro-i, nm*
to filter *filtràre*
filth *sudicùme-i, nf*
filthily *sudicamènte, ad*
filthiness *sudicùme-i, nf*
filthy *sùdico-i a e, a*
to filtràte *filtràre*
filtràtion *filtraziòne-i, nf*
fin *pìnna-e, nf*
final *finàle-i, nf*
finàle *finàle*
finàlity *finalità, nf*
finally *finalmènte, ad*
finànce *finànza-e, nf*
to finànce *finanziàre-i, nm*
finàncial *finanziàrio-i a e, a*
finàncially *finanziariamènte, ad*

financier *finanziere-i, nm*	finàncier *finanzière-i, nm*
to financier *finanziare*	to financier *finanziàre*
finch *fringuello-i, nm*	finch *fringuèllo-i, nm*
find *scoperta-e, nf*	find *skopèrta-e, nf*
to find *trovare*	to find *trovàre*
finder *trovatore-i, nm*	finder *trovatòre-i, nm*
finding *scoperta-e, nf*	finding *skopèrta-e, nf*
finable *multabile-i, a*	finable *multàbile-i, a*
fine *fine-i, a*	fine *fine-i, a*
fine *bene, ad*	fine *bène, ad*
fine *multa-e, nf*	fine *mùlta-e, nf*
to fine *multare*	to fine *multàre*
to finedraw *cucire*	to finedràw *kucìre*
finely *finemente, ad*	finely *finemènte, ad*
fineness *bellezza-e, nf*	fineness *bellèzza-e, nf*
finery *eleganza-e, nf*	finery *elegànza-e, nf*
finesse *finezza-e, nf*	finèsse *finèzza-e, nf*
to finesse *usare astuzia*	to finèsse *usàre astùzia*
finger *dito-a, nmf*	finger *dìto-a, nmf*
to finger *indicare*	to finger *indikàre*
fingering *tocco-hi, nm*	fingering *tòkko-i, nm*
finical *affettato-i a e, a*	finikal *affettàto-i a e, a*
finically *affettatamente, ad*	finikally *affettatamènte, ad*
finiclaness *affettazione-i, nf*	finikalness *affettaziòne-i, nf*
finish *fine-i, nm*	finish *fine-i, nm*
to finish *finire*	to finish *finìre*
finisher *rifinitore-i, nm*	finisher *rifinitòre-i, nm*
finite *definito-i a e, a*	finite *definìto-i a e, a*
Finland *Finlandia, nf*	Fìnlànd *Finlàndia, nf*
Finn *finlandese-i, nm*	Finn *finlàndese-i, nm*
Finnic *finnico-i a he, a*	Fìnnik *finniko-i a e, a*
fiord *fiordo-i, nm*	fiòrd *fiòrdo-i, nm*
fir *abete-i, nm*	fir *abète-i, nm*
fire *fuoco-hi, nm*	fire *fuòko-i, nm*
to fire *bruciare*	to fire *bruciàre*
to fire *licenziare*	to fire *licenziàre*
fireman *pompiere-i, nm*	firemàn *pompière-i, nm*
fire-place *caminetto-i, nm*	fire-plàce *kaminètto-i, nm*
firer *sparatore-i, nm*	firer *sparatòre-i, nm*
fire-wood *legna, nf*	fire-wòod *lèqa, nf*
firing *scarica-he, nf*	firing *skàrika-e, nf*
firkin *bariletto-i, nm*	firkin *barilètto-i, nm*

fixedly

firm *ditta-e, nf*
firm *fermo-i a e, a*
to firm *consolidare*
firmament *firmamento-i, nm*
firmly *fermamente, ad*
firmness *fermezza-e, nf*
first *primo-i a e, a*
firstling *primizia-e, nf*
firstly *in primo luogo, ad*
firth *estuario-i, nm*
fisc *fisco-hi, nm*
fiscal *fiscale-i, a*
fish *pesce-i, nm*
to fish *pescare*
to fish *rinforzare*
fisher *pescatore-i, nm*
fisherman *pescatore-i, nm*
fishery *pesca-he, nf*
fishing *pesca, nf*
fishy *pescoso-i a e, a*
fissure *fessura-e, nf*
fist *pugno-i, nm*
to fist *colpire*
fistula *fistola-e, nf*
fit *crisi, nf*
fit *adatto-i a e, a*
to fit *adatare*
fitchew *puzzola-e, nf*
fitful *capriccioso-i a e, a*
fitfully *capricciosamente, ad*
fitly *convenientemente, ad*
fitment *mobile-i, nm*
fitness *appropriatezza-e, nf*
fitting *appropriato-i a e, a*
five *cinque, a*
fix *difficoltà, nf*
to fix *aggiustare*
fixation *fissazione-i, nf*
fixative *fissativo-i, a*
fixature *fissatore-i, nm*
fixed *fisso-i a e, a*
fixedly *fissamente, ad*

firm *dìtta-e, nf*
firm *fèrmo-i a e, a*
to firm *konsolidàre*
firmament *firmamènto-i, nm*
firmly *fermamènte, ad*
firmness *fermèzza-e, nf*
first *prìmo-i a e, a*
firstling *primìzia-e, nf*
firstly *in prìmo luògo, ad*
firth *estuàrio-i, nm*
fisk *fisko-i, nm*
fiskal *fiskàle-i, a*
fish *pèshe-i, nm*
to fish *peskàre*
to fish *rinforzàre*
fisher *peskatòre-i, nm*
fisherman *peskatòre-i, nm*
fishery *pèska-e, nf*
fishing *pèska, nf*
fishy *peskòso-i a e, a*
fissure *fessùra-e, nf*
fist *pùqo-i, nm*
to fist *kolpìre*
fistula *fistola-e, nf*
fit *krìsi, nf*
fit *adàtto-i a e, a*
to fit *adattàre*
fitchèw *pùzzola-e, nf*
fitful *kapriccòso-i a e, a*
fitfully *kapriccosamènte, ad*
fitly *konvenientemènte, ad*
fitment *mòbile-i, nm*
fitness *appropriatèzza-e, nf*
fitting *appropriàto-i a e, a*
five *cìnkue, a*
fix *diffikoltà, nf*
to fix *ajjustàre*
fixàtion *fissaziòne-i, nf*
fixative *fissatìvo-i, a*
fixature *fissatòre-i, nm*
fixed *fisso-i a e, a*
fixedly *fissamènte, ad*

fixedness *fissità, nf*	**fixedness** *fissità, nf*
fixity *fissità, nf*	**fixity** *fissità, nf*
fixture *mobile-i, nm*	**fixture** *mòbile-i, nm*
fizz *spumante-i, nm*	**fìzz** *spumànte-i, nm*
to fizz *frizzare*	**to fìzz** *frizzàre*
fizzle *fiasco-hi, nm*	**fìzzle** *fiàsko-i, nm*
to fizzle *frizzare*	**to fìzzle** *frizzàre*
fizzy *frizzante-i, a*	**fìzzy** *frizzànte-i, a*
to flabbergast *sbalordire*	**to flàbbergast** *sbalordìre*
flabbiness *mollezza-e, nf*	**flàbbiness** *mollèzza-e, nf*
flabby *molle-i, na*	**flàbby** *mòlle-i, nf*
flaccid *flaccido-i a e, a*	**flàccid** *flàccido-i a e, a*
flag *bandiera-e, nf*	**flàg** *bandièra-e, nf*
to flag *languire*	**to flàg** *languìre*
to flag *comunicare*	**to flàg** *komunikàre*
flagellant *flagellante-i, a*	**flagèllant** *flajellànte-i, a*
to flagellate *flagellare*	**to flàgellate** *flajellàre*
flagellation *flagellazione-i, nf*	**flagellàtion** *flajellaziòne-i, nf*
flagellator *flagellatore-i, nm*	**flàgellàtor** *flajellatòre-i, nm*
flagitious *atroce-i, a*	**flagìtious** *àtroce-i, a*
flagon *bottiglione-i, nm*	**flàgon** *bottiyòne-i, nm*
flagrant *flagrante-i, a*	**flàgrant** *flagrànte-i, a*
flail *flagello-i, nm*	**flàil** *flajèllo-i, nm*
to flail *flagellare*	**to flàil** *flajellàre*
flair *fiuto-i, nm*	**flàir** *fiùto-i, nm*
flake *fiocco-hi, nm*	**flàke** *fiòkko-i, nm*
to flake *fioccare*	**to flàke** *fiokkàre*
flaky *fioccoso-i, a*	**flàky** *fiokkòso-i, a*
flam *inganno-i, nm*	**flàm** *ingànno-i, nm*
to flam *ingannare*	**to flàm** *ingannàre*
flame *fiamma-e, nf*	**flàme** *fiàmma-e, nf*
to flame *fiammeggiare*	**to flàme** *fiammejjàre*
flaming *fiammante-i, a*	**flàming** *fiammànte-i, a*
Flanders *Fiandre, nf*	**Flànders** *Fiàndre, nf*
flange *bordo-i, nm*	**flànge** *bòrdo-i, nm*
to flange *munire*	**to flànge** *munìre*
flank *fianco-hi, nm*	**flànk** *fiànko-i, nm*
to flank *fiancheggiare*	**to flànk** *fiankejjàre*
flannel *flanella-e, nf*	**flànnel** *flanèlla-e, nf*
flanneled *di flanella, a*	**flànneled** *di flanèlla, a*
flap *battito-i, nm*	**flàp** *bàttito-i, nm*
to flap *ondeggiare*	**to flàp** *ondejjàre*

flapdoodle *insensatezza-e, nf*
flapjack *pasticcio fritto, nm*
flap *spaventapasseri, nm*
flare *razzo-i, nm*
to flare *brillare*
flash *vistoso-i ae e, a*
flash *lampo-i, nm*
to flash *sfavillare*
flashily *vistosamente, ad*
flashiness *vistosità, nf*
flashing *striscia-e, nf*
flalshy *vistoso-i a e, a*
flask *fiasco-hi, nm*
flasket *fiaschetto-i, nm*
flat *appartamento-i, nm*
flatly *uniformemente, ad*
flatness *uniformità, nf*
to flatten *appiattire*
to flatter *adulare*
flatterer *adulatore-i, nm*
flattering *adulatorio-i a e, a*
flatteringly *adulatoriamente, ad*
flattery *adulazione-i, nf*
flatting *appiattimento-i, nm*
flatulence *flatulenza-e, nf*
flatulent *flatulento-i, a*
flaunt *vanto-i, nm*
to flaunt *pavoneggiare*
flannty *vistoso-i a e, a*
flautist *flautista-i, nm*
flavor *fragranza-e, nf*
to flavor *aromatizzare*
flavoring *spezie, nf*
flavorless *senza aroma, a*
flaw *imperfezione-i, nf*
to flaw *danneggiare*
flawless *senza difetti, a*
flax *lino-i, nm*
flaxen *biondastro-i a e, a*
to flay *scorticare*
flayer *scorticatore-i, nm*
flea *pulce-i, nf*

flapdòodle *insensatèzza-e, nf*
flàpjak *pastìcco frìtto, nm*
flàp *spaventapàsseri, nm*
flàre *ràzzo-i, nm*
to flàre *brillàre*
flàsh *vistòso-i a e e, a*
flàsh *làmpo-i, nm*
to flàsh *sfavillàre*
flàshily *vistosamènte, ad*
flàshiness *vistosità, nf*
flàshìng *strìsha-e, nf*
flàlshy *vistòso-i a e, a*
flàsk *fiàsko-i, nm*
flàsket *fiaskètto-i, nm*
flàt *appartamènto-i, nm*
flàtly *uniformemènte, ad*
flàtness *uniformità, nf*
to flàtten *appiattìre*
to flàtter *adulàre*
flàtterer *adulatòre-i, nm*
flàttering *adulatòrio-i a e, a*
flàtteringly *adulatoriamènte, ad*
flàttery *adulaziòne-i, nf*
flàtting *appiattimènto-i, nm*
flàtulence *flatulènza-e, nf*
flàtulent *flatulènto-i, a*
flàunt *vànto-i, nm*
to flàunt *pavònejjàre*
flànnty *vistòso-i a e, a*
flàutist *flautìsta-i, nm*
flàvor *fragrànza-e, nf*
to flàvor *aromatizzàre*
flàvoring *spèzie, nf*
flàvorless *sènza aròma, a*
flàw *imperfeziòne-i, nf*
to flàw *dannejjàre*
flàwless *sènza difètti, a*
flàx *lìno-i, nm*
flàxen *biondàstro-i a e, a*
to flày *skortikàre*
flàyer *skortikatòre-i, nm*
flèa *pùlce-i, nf*

fleck *macchia-e, nf*	flèk *màkkia-e, nf*
to fleck *macchiare*	to flèk *makkiàre*
fleckless *senza macchia, a*	flèkless *sènza màkkia, a*
to fledge *fornire*	to flèdge *fornìre*
fledgeless *implume-i, nf*	flèdgeless *implùme-i, nf*
fledgling *uccellino-i, nm*	flèdgling *uccellìno-i, nm*
to flee *fuggire*	to flèe *fujjìre*
fleece *vello-i, nm*	flèece *vèllo-i, nm*
to fleece *tosare*	to flèece *tosàre*
fleecy *velloso-i a e, a*	flèecy *vellòso-i a e, a*
fleer *sherno-i, nm*	flèer *skèrno-i, nm*
to fleer *schernire*	to flèer *skernìre*
fleet *flotta-e, nf*	flèet *flòtta-e, nf*
to fleet *passare*	to flèet *passàre*
fleetly *velocemente, ad*	flèetly *velocemènte, ad*
Fleming *fiammingo-hi a he, nmf*	Flèming *fiammìngo-i a e, nmf*
Flemish *fiammingo-hi a he, a*	Flèmish *fiammìngo-i a e, a*
to flemish *fremere*	to flèmish *frèmere*
flesh *carne-i, nf*	flèsh *kàrne-i, nf*
to flesh *incitare*	to flèsh *incitàre*
fleshiness *carnosità, nf*	flèshiness *karnosità, nf*
fleshings *maglie, nf*	flèshings *màye, nf*
fleshliness *carnalità, nf*	flèshliness *karnalità, nf*
fleshly *carnale-i, a*	flèshly *karnàle-i, a*
fleshy *grasso-i a e, a*	flèshy *gràsso-i a e, a*
fleur-de-lis *fiordaliso-i, nm*	flèur-de-lìs *fiordalìso-i, nm*
flex *filo-i, nm*	flèx *fìlo-i, nm*
flexibility *flessibilità, nf*	flexibìlity *flessibilità, nf*
flexible *flessibile-i, a*	flèxible *flessìbile-i, a*
flexibly *flessibilmente, ad*	flèxibly *flessibilmènte, ad*
flexile *flessibile-i, a*	flèxile *flessìbile-i, a*
flexion *flessione-i, nf*	flèxion *flessiòne-i, nf*
flexuosity *sinuosità, nf*	flexuòsity *sinuosità, nf*
flexuous *sinuoso-i a e, a*	flèxuous *sinuòso-i a e, a*
flexure *flessione-i, nf*	flèxure *flessiòne-i, nf*
flick *colpo-i, nm*	flìk *kòlpo-i, nm*
to flick *colpire*	to flìk *kolpìre*
flicker *tremolio-i, nm*	flìker *tremolìo-i, nm*
to flicker *tremolare*	to flìker *tremolàre*
flier *volatore-i, nm*	flìer *volatòre-i, nm*
flight *volo-i, nm*	flìght *vòlo-i, nm*
flight *fuga-he, nf*	flìght *fùga-e, nf*

flightily *capricciosamente, ad*
flighty *capriccioso-i a e, a*
flimsily *debolmente, ad*
flimsy *frivolo-i a e, a*
to flinch *cedere*
flinder *scheggia-e, nf*
fling *lancio-i, nm*
to fling *lanciare*
flint *selce-i, nf*
flinty *crudele-i, a*
flip *buffetto-i, nm*
to flip *rovesciare*
flip-flap *capriole-e, nf*
flippancy *leggerezza-e, nf*
flippant *leggero-i a e, a*
flirt *civetteria-e, nf*
to flirt *flirtare*
flirtation *civetteria-e, nf*
flirty *civettuolo-i a e, a*
flit *trasferta-e, nf*
to flit *cambiare*
flitting *cambiamento-i, nm*
flivver *macinino-i, nm*
float *galleggiante-i, nm*
to float *galleggiare*
floatable *galeggiabile-i, a*
floatage *galleggiamento-i, nm*
flotation *galleggiamento-i, nm*
floater *galleggiante-i, nm*
floating *galleggiante-i, a*
floating *galleggiamento-i, nm*
flock *gregge-i, nm*
to flock *affollare*
flocky *fioccoso-i a e, a*
to flog *fustigare*
flogging *fustigazione-i, nf*
flood *diluvio-i, nm*
to flood *inondare*
flooding *inondazione-i, nf*
floor *pavimento-i, nm*
to floor *pavimentare*
flop *tonfo-i, nm*

flìghtily *kapriccosamènte, ad*
flìghty *kapriccòso-i a e, a*
flìmsily *debolmènte, ad*
flìmsy *frìvolo-i a e, a*
to flìnch *cèdere*
flìnder *skèjja-e, nf*
flìng *lànco-i, nm*
to flìng *lancàre*
flìnt *sèlce-i, nf*
flìnty *krudèle-i, a*
flìp *buffètto-i, nm*
to flìp *roveshàre*
flìp-flàp *kapriole-e, nf*
flìppancy *lejjerèzza-e, nf*
flìppant *lejjèro-i a e, a*
flìrt *civetterìa-e, nf*
to flìrt *flirtàre*
flirtàtion *civetterìa-e, nf*
flìrty *civettuòlo-i a e, a*
flìt *trasfèrta-e, nf*
to flìt *kambiàre*
flìtting *kambiamènto-i, nm*
flìvver *macinìno-i, nm*
flòat *gallejjànte-i, nm*
to flòat *gallejjàre*
flòatable *gallejjàbile-i, a*
flòatage *gallejjamènto-i, nm*
flotàtion *gallejjamènto-i, nm*
flòater *gallejjànte-i, nm*
flòating *gallejjànte-i, a*
flòating *gallejjamènto-i, nm*
flòk *grèjje-i, nm*
to flòk *affollàre*
flòky *fiokkòso-i a e, a*
to flòg *fustigàre*
flògging *fustigazziòne-i, nf*
flòod *dilùvio-i, nm*
to flòod *inondàre*
flòoding *inondaziòne-i, nf*
flòor *pavimènto-i, nm*
to flòor *pavimentàre*
flòp *tònfo-i, nm*

ci ce ca co cu ki ke ka ko ku ji je ja jo ju gi ge ga go gu
sci sce sca sco scu=shi she sha sho shu   gn=q   gl=y

fluent

to flop *avere cattivo esito*
floppy *sgraziato-i a e, a*
flora *flora-e, nf*
floral *floreale-i, a*
Florence *Firenze, nf*
Florentine *fiorentino-i a e, nmf*
floricultural *floricultura-e, a*
floriculture *floricultura-e, nf*
floriculturist *floricultore-i, nm*
florid *florido-i, a*
floridity *floridità, nf*
floridly *floridamente, ad*
florin *fiorino-i, nm*
florist *fioraio-i, nm*
floss *seta-e, nf*
flotilla *flottiglia-e, nf*
flotsam *relitti gallegianti, nm*
flunce *movimento-i, nm*
to flounce *dimenare*
to flounder *fare errori*
flour *farina-e, nf*
to flour *infarinare*
flourish *fioritura-e, nf*
to flourish *fiorire*
flourishy *fiorito-i a e, a*
flowury *infarinato-i a e, a*
flout *scherno-i, nm*
to flout *schernire*
flow *flusso-i, nm*
to flow *fluire*
flower *fiore-i, nf*
to flower *fiorire*
floweret *fiorellino-i, nm*
flowerless *senza fiori, a*
flowery *fiorito-i a e, a*
flowing *fluente-i, a*
flowingly *fluentemente, ad*
to fluctuate *fluttuare*
fluctuation *fluttuazione-i, nf*
flue *influenza, nf*
fluency *prontezza-e, nf*
fluent *eloquente-i, a*

to flòp *avère kattìvo esìto*
flòppy *sgraziàto-i a e, a*
flòra *flòra-e, nf*
flòral *floreàle-i, a*
Flòrence *Firènze, nf*
Flòrentine *fiorentìno-i a e, nmf*
florikùltural *florikùltura-e, a*
florikùlture *florikùltura-e, nf*
florikùlturìst *florikultòre-i, nm*
flòrid *flòrido-i, a*
florìdity *floridità, nf*
flòridly *floridamènte, ad*
flòrin *fiòrino-i, nm*
flòrist *fioràio-i, nm*
flòss *sèta-e, nf*
flotìlla *flottìya-e, nf*
flòtsam *relìtti gallèjjanti, nm*
flòunce *movimènto-i, nm*
to flòunce *dimenàre*
to flòunder *fàre erròri*
flòur *farìna-e, nf*
to flòur *infarinàre*
flòurish *fiorìtura-e, nf*
to flòurish *fiorìre*
flòurishy *fiorìto-i a e, a*
flòury *infarinàto-i a e, a*
flòut *skèrno-i, nm*
to flòut *skèrnire*
flòw *flùsso-i, nm*
to flòw *fluìre*
flòwer *fiòre-i, nf*
to flòwer *fiorìre*
flòweret *fiòrellino-i, nm*
flòwerless *sènza fiòri, a*
flòwery *fiorìto-i a e, a*
flòwing *fluènte-i, a*
flòwingly *fluentemènte, ad*
to flùktuate *fluttuàre*
flùktuation *fluttuaziòne-i, nf*
flù *influènza, nf*
flùency *prontèzza-e, nf*
flùent *elokuènte-i, a*

fluently *fluentemente, ad*
fluff *peluria-e, nf*
to fluff *trascurare*
fluffiness *lanuginosità, nf*
fluffy *lanuginoso-i a e, a*
fluid *fluido-i, nm*
to fluidify *liquefare*
fluidity *fluidità, nf*
fluidly *fluidamente, ad*
fluke *arpione-i, nm*
fluke *fortuna-e, nf*
fluky *instabile-i, a*
flume *burrone-i, nm*
flummery *crema-e, nf*
to flummox *sconcertare*
flunkey *poveraccio-i a e, nmf*
fluor *fluorite-i, nf*
fluorescence *fluorescenza-e, nf*
fluorescent *fluorescente-i, a*
fluoride *fluoruro-i, nm*
fluorine *fluoro-i, nm*
flurry *eccitazione-i, nf*
to flurry *agitare*
flush *pari, a*
flush *uccello-i, nm*
flush *rossore-i, a*
to flush *arrossire*
to flush *stormire*
flushed *soffuso di rossore, a*
fluster *agitazione-i, nf*
to fluster *eccitare*
flute *flauto-i, nm*
to flute *suonare*
fluter *flautista-i, nm*
flutist *flautista-i, nm*
flutter *svolazzamento-i, nm*
to flutter *svolazzare*
fluty *soave-i, a*
fluvial *fluviale-i, a*
fluviatik *fluviatico-i a he, a*
fluviatile *fluviatile-i, a*
flux *flusso-i, nm*

flùently *fluentemènte, ad*
flùff *pelùria-e, nf*
to flùff *traskuràre*
flùffiness *lanujinosità, nf*
flùffy *lanujinòso-i a e, a*
flùid *flùido-i, nm*
to flùidify *likuefàre*
flùidity *fluidità, nf*
flùidly *fluidamènte, ad*
flùke *arpiòne-i, nm*
flùke *fortùna-e, nf*
flùky *instàbile-i, a*
flùme *burròne-i, nm*
flùmmery *krèma-e, nf*
to flùmmox *skoncertàre*
flùnkey *poveràcco-i a e, nmf*
fluòr *fluorìte-i, nf*
fluòrescènce *fluoreshènza-e, nf*
fluòrescènt *fluoreshènte-i, a*
fluòride *fluorùro-i, nm*
fluòrine *fluòro-i, nm*
flùrry *eccitaziòne-i, nf*
to flùrry *ajitàre*
flùsh *pàri, a*
flùsh *uccèllo-i, nm*
flùsh *rossòre-i, a*
to flùsh *arrossìre*
to flùsh *stòrmire*
flùshed *sòffuso di rossòre, a*
flùster *ajitaziòne-i, nf*
to flùster *eccitàre*
flùte *flàuto-i, nm*
to flùte *suonàre*
flùter *flautìsta-i, nm*
flùtist *flautìsta-i, nm*
flùtter *svolazzamènto-i, nm*
to flùtter *svolazzàre*
flùty *soàve-i, a*
flùvial *fluviàle-i, a*
flùviàtik *fluviàtiko-i a e, a*
flùviatìle *fluviàtile-i, a*
flùx *flùsso-i, nm*

to flux *fluire*
fluxion *flussione-i, nf*
fly *mosca-he, nf*
fly *volo-i, nm*
to fly *volare*
flying *volante-i, a*
foal *puledro-i, nm*
to foal *figliare*
foam *schiuma-e, nf*
to foam *spumeggiare*
foamless *senza spuma, a*
foamy *spumoso-i a e, a*
fob *taschino-i, nm*
fob *inganno-i, nm*
to fob *ingannare*
focal *focale-i, a*
focalization *messa a fuoco, nf*
to focalize *mettere a fuoco*
focus *fuoco-hi, nm*
to focus *mettere in fuoco*
fodder *foraggio-i, nm*
to fodder *foraggiare*
foe *nemico-i a he, nmf*
foetal *fetale-i, a*
fog *nebbia-e, nf*
to fog *annebbiare*
foggily *indistintamente, ad*
fogginess *nebbiosità, nf*
foggy *nebbioso-i a e, a*
fogy *arretrato-i a e, a*
foible *debolezza-e, nf*
foil *fioretto-i, nm*
foil *traccia-e, nf*
to foil *disperdere*
to foist *inserire*
fold *ovile-i, nm*
fold *ripiegatura-e, nf*
to fold *piegare*
folder *piegatore-i, nm*
foliaceous *fogliaceo-i, a*
foliage *fogliame-i, nm*
to foliate *ricoprire*

to flùx *fluìre*
flùxion *flussiòne-i, nf*
flỳ *mòska-e, nf*
flỳ *vòlo-i, nm*
to flỳ *volàre*
flỳing *volànte-i, a*
fòal *pulèdro-i, nm*
to fòal *fiyàre*
fòam *skiùma-e, nf*
to fòam *spumejjàre*
fòamless *sènza spùma, a*
fòamy *spumòso-i a e, a*
fòb *taskìno-i, nm*
fòb *ingànno-i, nm*
to fòb *ingannàre*
fòkal *fokàle-i, a*
fokalizàtion *mèssa a fuòko, nf*
to fòkalize *mèttere a fuòko*
fòkus *fuòko-i, nm*
to fòkus *mèttere in fuòko*
fòdder *foràjjo-i, nm*
to fòdder *forajjàre*
fòe *nemìko-i a e, nmf*
fòetal *fetàle-i, a*
fòg *nèbbia-e, nf*
to fòg *annebbiàre*
fòggily *indistintamènte, ad*
fògginess *nebbiosità, nf*
fòggy *nebbiòso-i a e, a*
fògy *arretràto-i a e, a*
fòible *debolèzza-e, nf*
fòil *fiòretto-i, nm*
fòil *tràcca-e, nf*
to fòil *dispèrdere*
to fòist *inserìre*
fòld *ovìle-i, nm*
fòld *ripiegatùra-e, nf*
to fòld *piegàre*
fòlder *piegatòre-i, nm*
fòliaceous *foyàceo-i, a*
fòliage *foyàme-i, nm*
to fòliate *rikoprìre*

foliation *fogliazione-i, nf*
folio *folio-i, nm*
folk *gente-i, nf*
follicle *follicolo-i, nm*
follicular *follicolare-i, a*
to follow *seguire*
follower *seguace-i, nm*
following *seguito-i, nm*
following *seguente-i, a*
folly *follia-e, nf*
to foment *fomentare*
fomentation *fomentazione-i, nf*
fomenter *fomentatore-i, nm*
fond *tenero-i a e, a*
to fondly *accarezzare*
fondly *appassionatamente, ad*
font *fonte battesimale, nf*
font *tipo-i, nm*
food *cibo-i, nm*
fool *buffone-i, nm*
to fool *ingannare*
foolery *stoltezza-e, nf*
foolish *sciocco-hi a he, a*
foolishly *stoltamente, ad*
foolishness *stoltezza-e, nf*
foot *piede-i, nm*
to foot *ballare*
footballer *calciatore-i, nm*
foothold *predellino-i, nm*
footing *predellino-i, nm*
footle *follia-e, nf*
footless *senza piedi, a*
to footslog *marciare*
footstep *impronta-e, nf*
footstool *sgabello-i, nm*
fop *damerino-i a en nmf*
foppery *vanità, nf*
foppish *vanitoso-i a e, a*
foppishly *vanitosamente, ad*
for *per, prep*
for *poichè, cong*
forage *foraggio-i, nm*

fòliation *foyaziòne-i, nf*
fòlio *fòlio-i, nm*
fòlk *jènte-i, nf*
fòllikle *follìkolo-i, nm*
follìkular *follikolàre-i, a*
to fòllow *seguìre*
fòllower *seguàce-i, nm*
fòllowing *sèguito-i, nm*
fòllowing *seguènte-i, a*
fòlly *follìa-e, nf*
to fomènt *fomentàre*
fomentàtion *fomentaziòne-i, nf*
fomènter *fomentatòre-i, nm*
fònd *tènero-i a e, a*
to fòndly *akkàrezzàre*
fòndly *appassionatamènte, ad*
fònt *fònte battesimàle, nf*
fònt *tìpo-i, nm*
fòod *cìbo-i, nm*
fòol *buffòne-i, nm*
to fòol *ingannàre*
fòolery *stoltèzza-e, nf*
fòolish *shòkko-i a e, a*
fòolishly *stoltamènte, ad*
fòolishness *stoltèzza-e, nf*
fòot *piède-i, nm*
to fòot *ballàre*
fòotbàller *kalcatòre-i, nm*
fòothold *predellìno-i, nm*
fòoting *predellìno-i, nm*
fòotle *follìa-e, nf*
fòotless *sènza pièdi, a*
to fòotslog *marcàre*
fòotstep *imprònta-e, nf*
fòotstòol *sgabèllo-i, nm*
fòp *damerìno-i a e, nmf*
fòppery *vanità, nf*
fòppish *vanitòso-i a e, a*
fòppishly *vanitosamènte, ad*
fòr *pèr, prep*
fòr *poikè, cong*
fòrage *foràjjo-i, nm*

ci ce ca co cu   ki ke ka ko ku   ji je ja jo ju   gi ge ga go gu
sci sce sca sco scu=shi she sha sho shu   gn=q   gl=y

to **forage** *foraggiare*
forager *foraggiere-i, nm*
forasmuch as *poichè, cong*
foray *incursione-i, nf*
to **foray** *invadere*
forbear *antenato*
to **forebear** *sopportare*
forebearance *pazienza-e, nf*
forebearing *paziente-i, a*
forebearing *pazientemente, ad*
forbid *proibire*
forbiddance *proibizione-i, nf*
forbidden *illegale-i, a*
forbidding *repulsivo-i a e, a*
forbiddingly *repulsivamente, ad*
force *forza, nf*
to **force** *forzare*
forcedly *forzatamente, ad*
forceful *forzato-i a e, a*
forceless *debole-i, a*
forceps *forcipe-i, nf*
forcer *stantuffo-i, nm*
forcible *potente-i, a*
forcibly *efficacemente, ad*
ford *guado-i, nm*
to **ford** *guadare*
to **fordo** *rovinare*
fore *anteriore-i, a*
forearm *avambraccio-i, nm*
to **forearm** *armare*
to **forebode** *presentire*
foreboding *presagio-i, nm*
forecast *previsione-i, nf*
to **forecast** *predire*
forecastle *castello di prua, nm*
to **foreclose** *precludere*
foreclosure *preclusione-i, nf*
forefather *antenato-i, nm*
forefinger *indice-i, nm*
forefoot *piede anteriore, nm*
forefront *prima linea, nf*
to **forego** *precedere*

to **fòrage** *forajjàre*
fòrager *forajjière-i, nm*
foresmùch as *poichè, cong*
forày *inkursiòne-i, nf*
to **forày** *invàdere*
fòrbear *antenàto*
to **fòrebear** *sopportàre*
forebèarance *pazìenza-e, nf*
forebèaring *pazìente-i, a*
forebèaring *pazientemènte, ad*
forbìd *proibìre*
forbìddance *proibiziòne-i, nf*
forbìdden *illegàle-i, a*
forbìdding *repulsìvo-i a e, a*
forbìddingly *repulsivamènte, ad*
fòrce *fòrza, nf*
to **fòrce** *forzàre*
fòrcedly *forzatamènte, ad*
fòrceful *forzàto-i a e, a*
fòrceless *dèbole-i, a*
fòrceps *fòrcipe-i, nf*
fòrcer *stantùffo-i, nm*
fòrcible *potènte-i, a*
fòrcibly *effikacemènte, ad*
fòrd *guàdo-i, nm*
to **fòrd** *guadàre*
to **fòrdo** *rovinàre*
fòre *anteriòre-i, a*
foreàrm *avambràcco-i, nm*
to **foreàrm** *armàre*
to **forebòde** *presentìre*
forebòding *presàjo-i, nm*
forekàst *previsiòne-i, nf*
to **forekàst** *predìre*
forekàstle *kastèllo di prùa, nm*
to **foreklòse** *prèkludere*
foreklòsure *preklusiòne-i, nf*
forefàther *antenàto-i, nm*
forefìnger *ìndice-i, nm*
forefòot *piède anteriòre, nm*
forefrònt *prìma lìnea, nf*
to **foregò** *precèdere*

foregoer *predecessore-i, nm*
foregoing *precedente-i, a*
foregone *anticipato-i a e, a*
forground *primo piano, nm*
forehead *fronte-i, nf*
foreign *straniero-i a e, a*
foreigner *straniero-i a e, nmf*
forejudge *giudicare*
forejudgement *giudizio preconcetto, nm*
to foreknow *prevedere*
foreknowledge *prescienza-e, nf*
foreleg *gamba anteriore, nf*
forelock *ciuffo-i, nm*
foreman *capo-i, nm*
foremast *albero di trinchetto, nm*
foremost *primo-i, nm*
forenamed *prenominato-i a e, a*
forenoon *mattina-e, nf*
forensic *forense-i, a*
to foreordain *preordinare*
foreordination *preordinazione-i, nf*
to forerun *precorrere*
forerunner *precursore-i, nm*
to foresee *prevedere*
to foreshadow *prefigurare*
foreshore *spiaggia-e, nf*
to foreshorten *rappresentazione in iscorcio*
to foreshow *preannunziare*
foresight *previsione-i, nf*
foreskin *prepuzio-i, nm*
forest *foresta-e, nf*
to forest *imboschire*
forestall *forestale-i, a*
to forestall *anticipare*
forester *guardia-e, nf*
forestry *foreste-i, nf*
to foretaste *pregustare*
to foretell *predire*
foreteller *profeta-i, nm*
forethought *previdenza-e-, nf*
foretoken *presagio-i, nm*

foregòer *predecessòre-i, nm*
foregòing *precedènte-i, a*
foregòne *anticipàto-i a e, a*
forgròund *prìmo piàno, nm*
forehèad *frònte-i, nf*
fòreign *stranièro-i a e, a*
fòreigner *stranièro-i a e, nmf*
forejùdge *judikàre*
forejùdgement *judìzio prekoncètto, nm*
to foreknòw *prevedère*
foreknòwledge *preshiènza-e, nf*
fòreleg *gàmba anteriòre, nf*
fòrelok *cùffo-i, nm*
fòreman *kàpo-i, nm*
foremàst *àlbero di trinkètto, nm*
foremòst *prìmo-i, nm*
forenàmed *prenominàto-i a e, a*
forenòon *mattìna-e, nf*
forènsik *forènse-i, a*
to foreòrdain *preordinàre*
foreordinàtion *preordinaziòne-i, nf*
to forerùn *prekòrrere*
forerùnner *prekursòre-i, nm*
to foresèe *prevedère*
to foreshàdow *prefiguràre*
foreshòre *spiàjja-e, nf*
to foreshòrten *rappresentàre in iskòrco*
to foreshòw *preannunziàre*
foresìght *previsiòne-i, nf*
foreskìn *prepùzio-i, nm*
fòrest *forèsta-e, nf*
to fòrest *imboskìre*
fòrestall *fòrestale-i, a*
to fòrestall *anticipàre*
fòrester *guàrdia-e, nf*
fòrestry *forèste-i, nf*
to foretàste *pregustàre*
to foretèll *predìre*
foretèller *profèta-i, nm*
forethòught *previdènza-e-, nf*
foretòken *presàjo-i, nm*

to forewarn *avvertire*	**to forewàrn** *avvertìre*
forewarning *preavviso-i, nm*	**forewàrning** *preavvìso-i, nm*
forewoman *direttrice-i, nf*	**forewòman** *dìrettrìce-i, nf*
foreword *prefazione-i, nf*	**forewòrd** *prefaziòne-i, nf*
forfeit *perdita-e, nf*	**fòrfeit** *pèrdita-e, nf*
to forfeit *perdere*	**to fòrfeit** *pèrdere*
forfeiture *penalità, nf*	**forfèiture** *penalità, nf*
to forfend *allontanare*	**to forfènd** *allontanàre*
to forgather *riunire*	**to forgàther** *riunìre*
forge *fucina-e, nf*	**fòrge** *fucìna-e, nf*
to forge *falsare*	**to fòrge** *falsàre*
to forge *avanzare*	**to fòrge** *avanzàre*
forger *fabbro-i, nm*	**fòrger** *fàbbro-i, nm*
forgery *contraffazione-i, nf*	**fòrgery** *kontraffaziòne-i, nf*
to forget *dimenticare*	**to forgèt** *dimentikàre*
forgetful *distratto-i a e, a*	**forgètful** *distràtto-i a e, a*
forgetful *dimenticanza-e, nf*	**fòrgètful** *dimentikànza-e, nf*
forgetfully *obliosamente, ad*	**fòrgètfully** *obliosamènte, ad*
to forgive *perdonare*	**to forgìve** *perdonàre*
forginveness *perdono-i, nm*	**forgìveness** *perdòno-i, nm*
forgiving *indulgente-i, a*	**forgìving** *induljènte-i, a*
to forgo *astenere*	**to forgò** *astenère*
fork *forchetta-e, nf*	**fòrk** *forkètta-e, nf*
forkeful *forchettata-e, nf*	**fòrkeful** *forkettàta-e, nf*
forlorn *abbandonato-i a e, a*	**forlòrn** *abbandonàto-i a e, a*
form *forma-e, nf*	**fòrm** *fòrma-e, nf*
to form *formare*	**to fòrm** *formàre*
formal *formale-i, a*	**fòrmal** *formàle-i, a*
formalin *formalina-e, nf*	**fòrmalin** *formalìna-e, nf*
formalism *formalismo-i, nm*	**fòrmalism** *formalìsmo-i, nm*
formalist *formalista-i, nm*	**fòrmalist** *formalìsta-i, nm*
formality *formalità, nf*	**formàlity** *formalità, nf*
to formalize *formalizzare*	**to fòrmalize** *formalizzàre*
formally *formalmente, ad*	**fòrmally** *formalmènte, ad*
format *formato-i a e, a*	**fòrmat** *formàto-i a e, a*
formation *formazione-i, nf*	**formàtion** *formaziòne-i, nf*
formative *formativo-i a e, a*	**fòrmative** *formatìvo-i a e, a*
former *precedente-i, a*	**fòrmer** *precedènte-i, a*
formerly *precedentemente, ad*	**fòrmerly** *precedentemènte, ad*
formic *formico-i a he, a*	**fòrmik** *fòrmiko-i a e, a*
formication *formicolio-i, nm*	**formikàtion** *formikolìo-i, nm*
formidable *formidabile-i, a*	**fòrmidable** *formidàbile-i, a*

formless *informe-i, a*
formula *formula-e, nf*
formulary *formulario-i, nm*
to formulate *formulare*
to fornicate *fornicare*
fornication *fornicazione-i, nf*
fornicator *fornicatore-i, nm*
to forsake *abbandonare*
forsaking *abbandono-i a e, a*
forsooth *certamente, ad*
forspent *stanco-hi a he, a*
to forswear *abiurare*
fort *forte-i, a*
forte *forte-i, nm*
forte *forte*
forth *avanti, ad*
to forthcome *venire avanti*
forthcoming *pronto-i a e, a*
forthright *direttamente, ad*
forthwith *immediatamente, ad*
fortieth *quarantesimo-i a e, a*
fortifiable *fortificabile-i, a*
fortification *fortificazione-i, nf*
to fortify *fortificare*
fortissimo *fortissimo*
fortitude *fortezza-e, nf*
fortlet *fortino-i, nm*
fortnight *due settimane, nf*
fortnightly *quindicinale, ad*
fortress *fortezza-e, nf*
fortuitous *fortuito-i a e, a*
fortuity *casualità, nf*
fortunate *fortunato-i a e, a*
fortunately *fortunatamente, ad*
fortune *fortuna-e, nf*
fortuneless *sfortunato-i a e, a*
forty *quaranta, a*
forum *foro-i, nm*
forward *premuroso-i, a*
to foreward *promuovere*
forwardly *impertinentemente, ad*
forwardness *impertinenza-e, nf*

fòrmless *infòrme-i, a*
fòrmula *fòrmula-e, nf*
fòrmulary *formulàrio-i, nm*
to fòrmulate *formulàre*
to fòrnikate *fornikàre*
fornikàtion *fornikaziòne-i, nf*
fòrnikator *fornikatòre-i, nm*
to forsàke *abbandonàre*
forsàking *abbandòno-i a e, a*
forsòoth *certamènte, ad*
forspènt *stànko-i a e, a*
to forswèar *abiuràre*
fòrt *fòrte-i, a*
fòrte *fòrte-i, nm*
fòrte *fòrte*
fòrth *avànti, ad*
to forthkòme *venire avànti*
forthkòming *prònto-i a e, a*
forthrìght *direttamènte, ad*
forthwìth *immediatamènte, ad*
fòrtieth *kuarantèsimo-i a e, a*
fortifiàble *fortifikàbile-i, a*
fortifikàtion *fortifikaziòne-i, nf*
to fòrtify *fortifikàre*
fortìssimo *fortìssimo*
fortitùde *fortèzza-e, nf*
fòrtlet *fortìno-i, nm*
fòrtnight *dùe settimàne, nf*
fòrtnightly *kuindicinàle, ad*
fòrtress *fortèzza-e, nf*
fortuìtous *fortuìto-i a e, a*
fortùity *kasualità, nf*
fòrtunate *fortunàto-i a e, a*
fòrtunately *fortunatamènte, ad*
fòrtune *fortùna-e, nf*
fòrtunelèss *sfortunàto-i a e, a*
fòrty *kuarànta, a*
fòrum *fòro-i, nm*
fòrward *premuròso-i, a*
to fòreward *promuòvere*
fòrwardly *impertinentemènte, ad*
fòrwardness *impertinènza-e, nf*

ci ce ca co cu   ki ke ka ko ku   ji je ja jo ju   gi ge ga go gu
sci sce sca sco scu=shi she sha sho shu   gn=q   gl=y

forwards *avanti, ad* | fòrwards *avànti, ad*
forwearied *sfinito-i a e, a* | forwèaried *sfinìto-i a e, a*
fosse *fossato-i, nm* | fòsse *fossàto-i, nm*
to fossick *frugare* | to fòssik *frugàre*
fossil *fossile-i, nf* | fòssil *fòssile-i, nf*
fossilization *fossilizzazione-i, nf* | fossilizàtion *fossilizziòne-i, nf*
to fossilize *fossilizzare* | to fòssilize *fossilizzàre*
to foster *allevare* | to fòster *allevàre*
foster-brother *fratello di latte, nm* | fòster-bròther *fratèllo di làtte, nm*
foster-sister *sorella di latte, nf* | fòster-sìster *sòrella di làtte, nf*
fostering *allevamento in balia, nm* | fòstering *allevamènto in balìa, nm*
foul *sporco-hi a he, a* | fòul *spòrko-i a e, a*
foul *disonestamente, ad* | fòul *disonestamènte, ad*
to foul *sporcare* | to fòul *sporkàre*
foulard *fazzoletto-i, nm* | fòulàrd *fazzolètto-i, nm*
foully *sudiciamente, ad* | fòully *sudicamènte, ad*
foulness *sporcizia-e, nf* | fòulness *sporcìzia-e, nf*
foumart *puzzola-e, nf* | fòumàrt *pùzzola-e, nf*
found *trovato-i a e, a* | fòund *trovàto-i a e, a*
to found *fondare* | to fòund *fondàre*
to found *fondere* | to fòund *fòndere*
foundation *fondazione-i, nf* | foundàtion *fondaziòne-i, nf*
founder *fondatore-i, nm* | fòunder *fondatòre-i, nm*
founder *fonditore-i, nm* | fòunder *fonditòre-i, nm*
to founder *affondare* | to fòunder *affondàre*
founding *fusione-i, nf* | fòunding *fusiòne-i, nf*
foundling *trovatello-i a e, nm* | fòundling *trovatèllo-i a e, nm*
foundry *fonderia-e, nf* | fòundry *fonderìa-e, nf*
fount *fonte-i, nf* | fòunt *fònte-i, nf*
fountain *fontana-e, nf* | fòuntain *fontàna-e, nf*
four *quattro, a* | fòur *kuàttro, a*
fourfold *quadruplo-i a e, a* | fourfòld *kuadrùplo-i a e, a*
foursome *compagni a quattro, nm* | foursòme *kompàqi a kuàttro, nm*
fourteen *quattordici, a* | fourtèen *kuattòrdici, a*
fourteenth *quattordicesimo-i a e, a* | fourtèenth *kuattordicèsimo-i a e, a*
fourth *quarto-i a e, a* | fòurth *kuàrto-i a e, a*
fourthly *in quarto luogo, ad* | fòurthly *in kuàrto luògo, ad*
fowl *pollo-i, nm* | fòwl *pòllo-i, nm*
to fowl *cacciare* | to fòwl *kaccàre*
fowler *cacciatore-i, nm* | fòwler *kaccatòre-i, nm*
fowling *uccellagione-i, nm* | fòwling *uccellajòne-i, nm*
fox *volpe-i, nf* | fòx *vòlpe-i, nf*

to fox *dissimulare*
foxhole *tana-e, nf*
foxiness *astuzia-e, nf*
foxy *volpino-i a e, a*
fracas *fracasso-i, nm*
fraction *frazione-i, nf*
fractional *frazionario-i, a*
to fractionalize *frazionare*
fractious *litigioso-i a e, a*
fracture *frattura-e, nf*
to fracture *fratturare*
fragile *fragile-i, a*
fragility *fragilità, nf*
fragment *frammento-i, nm*
fragmentary *frammentario-i a e, a*
fragrance *fragranza-e, nf*
fragrant *fragrante-i, a*
fragrantly *fragrantemente, ad*
frail *cestello-i, nm*
frail *fragile-i, a*
frailly *fragilmente, ad*
frailty *fragilità, nf*
fraise *fresa-e, nf*
frame *cornice-i, nf*
to frame *montare*
framing *costruzione-i, nf*
franc *franco-hi, nm*
France *Francia, nf*
Frances *Francesca, nf*
Francis *Francesco, nm*
Franciscan *francescano-i a e, a*
Franco *Franco, nm*
Francophile *francofilo-i a e, a*
Francophobe *francofobo-i a e, a*
Frank *Franco, nm*
frank *franco-hi a he, a*
frankincense *incenso-i, nm*
franklin *uomo libero, nm*
frankly *francamente, ad*
frankness *franchezza-e, nf*
frantic *frenetico-i a he, a*
frantically *freneticamente, ad*

fràntically

to fòx *dissimulàre*
fòxhòle *tana-e, nf*
fòxiness *astùzia-e, nf*
fòxy *volpìno-i a e, a*
fràkas *frakàsso-i, nm*
fràktion *frazióne-i, nf*
fràktional *frazionàrio-i, a*
to fràktionàlize *frazionàre*
fràktious *litijòso-i a e, a*
fràkture *frattùra-e, nf*
to fràkture *fratturàre*
fràgìle *fràjile-i, a*
fragìlity *frajilità, nf*
fràgment *frammènto-i, nm*
fràgmentary *frammentàrio-i a e, a*
fràgrance *fragrànza-e, nf*
fràgrant *fragrànte-i, a*
fràgrantly *fragrantemènte, ad*
fràil *cestèllo-i, nm*
fràil *fràjile-i, a*
fràilly *frajilmènte, ad*
fràilty *frajilità, nf*
fràise *frèsa-e, nf*
fràme *kornìce-i, nf*
to fràme *montàre*
fràming *kostruzióne-i, nf*
frànk *frànko-i, nm*
Frànce *Frànca, nf*
Frànces *Francèska, nf*
Fràncis *Francèsko, nm*
Francìskan *franceskàno-i a e, a*
Frànko *Frànko, nm*
Frànkophìle *frankofilo-i a e, a*
Frànkophòbe *frankòfobo-i a e, a*
Frànk *Frànko, nm*
frànk *frànko-i a e, a*
frànkincense *incènso-i, nm*
frànklin *uòmo lìbero, nm*
frànkly *frankamènte, ad*
frànkness *frankèzza-e, nf*
fràntik *frenètiko-i a e, a*
fràntikally *frenetikamènte, ad*

ci ce ca co cu   ki ke ka ko ku   ji je ja jo ju   gi ge ga go gu
sci sce sca sco scu=shi she sha sho shu   gn=q   gl=y

---

franticness *frenesia-e, nf*
frate *frate-i, nm*
fraternal *fraterno-i, a*
fraternally *fraternamente, ad*
fraternity *fraternità, nf*
fraternization *affratellamento-i, nm*
to fraternize *fraternizzare*
fratricidal *fratricida-i, a*
fratricide *fratricida-i, nm*
fraud *frode-i, nf*
fraudelence *frode-i, nf*
fraudulent *fraudolente-i, a*
fraudulently *fraudolentemente, ad*
fraught *carcico-hi a he, a*
fraxinus *frassino-i, nm*
fray *litigio-i, nm*
to fray *logorare*
to frazzle *logorare*
freak *mostruosità, nf*
freaked-out *terrorizzato-i a e, a*
freakish *capriccioso-i a e, a*
freakishly *capricciosamente, ad*
freckle *lentigine-i, nf*
to freckle *macchiare*
freckly *lentiginoso-i a e, a*
free *libero-i a e, a*
free-booter *pirata-i, nm*
freedom *libertà, nf*
freely *liberamente, ad*
free-thinker *libero pensatore, nm*
free thinking *libertà di pensiero, nf*
to freeze *gelare*
freezer *congelatore-i, nm*
freezing *glaciale-i, a*
freight *carico-hi, nm*
to freight *noleggiare*
freightage *noleggio-i, nm*
freighter *noleggiatore-i, nm*
French *francese, nf*
to frenchify *gallicizzare*
Frenchman *francese-i, nm*
Frenchwoman *francese-i, nf*

fràntikness *frenesìa-e, nf*
fràte *fràte-i, nm*
fratèrnal *fratèrno-i, a*
fratèrnally *fraternamènte, ad*
fratèrnity *fraternità, nf*
fraternizàtion *affratellamènto-i, nm*
to fràternize *fraternizzàre*
fràtricìdal *fratricìda-i, a*
fràtricide *fratricìda-i, nm*
fràud *fròde-i, nf*
fràudelènce *fròde-i, nf*
fraudùlent *fraudolènte-i, a*
fràudùlently *fraudolentemènte, ad*
fràught *kàriko-i a e, a*
fràxinus *fràssino-i, nm*
fràb *litìjo-i, nm*
to fràb *logoràre*
to fràzzle *logoràre*
frèak *mostruosità, nf*
frèaked-òut *terrorizzàto-i a e, a*
frèakish *kapricciòso-i a e, a*
frèakishly *kapriccosamènte, ad*
frèkle *lentìjine-i, nf*
to frèkle *makkiàre*
frèkly *lentijinòso-i a e, a*
frèe *lìbero-i a e, a*
frèe-bòoter *piràta-i, nm*
frèedom *libertà, nf*
frèely *liberamènte, ad*
frèe-thìnker *lìbero pensatòre, nm*
frèe thìnkìng *libertà di pensièro, nf*
to frèeze *jelàre*
frèezer *konjelatòre-i, nm*
frèezing *glaciàle-i, a*
frèight *kàriko-i, nm*
to frèight *nolejjàre*
frèightage *nolèjjo-i, nm*
frèighter *nolejjatòre-i, nm*
Frènch *francèse, nf*
to frènchify *gallicizzàre*
Frènchmàn *francese-i, nm*
Frènchwòman *francèse-i, nf*

frenetical *frenetico-i a he, a*
frenzy *frenesia-e, nf*
frequency *frequenza-e, nf*
frequent *frequente-i, a*
frequentation *frequenza-e, nf*
frequentative *frequentativo-i a e, a*
frequently *frequentemente, ad*
fresco *fresco-hi a he, a*
fresh *fresco-hi, nm*
fresh *recentement, ad*
to freshen up *rinfrescare*
fresher *studente-i, nm*
freshly *recentemente, ad*
freshness *freschezza-e, nf*
fret *agitazione-i, nf*
fret *intaglio-i, nm*
to fret *ornare*
to fret *irritare*
to fret *fregare*
fretful *irritabile-i, a*
fretfully *irritatamente, ad*
friability *friabilità, nf*
friable *friabile-i, a*
friar *frate-i, nm*
friarly *da frate, a*
friary *convento-i, nm*
fribble *frivolo-i a e, a*
to fribble *frivoleggiare*
fricandeau *fricandò, nm*
fricassee *fricassea-e, nf*
fricative *fricativo-i a e, a*
friction *frizione-i, nf*
frictional *di frizione-i, a*
Friday *venerdì, nm*
friend *amico-i a he, nmf*
friendless *senza amici, a*
friendly *amichevole-i, a*
friendship *amicizia-e, nf*
frieze *fregio-i, nm*
to frieze *ornare*
frigate *fregata-e, nf*
fright *spavento-i, nm*

frenètikal *frenètiko-i a e, a*
frènzy *frenesìa-e, nf*
frèquency *frekuènza-e, nf*
frèquent *frekuènte-i, a*
frequentàtion *frekuènza-e, nf*
frequèntative *frekuentatìvo-i a e, a*
frèquently *frekuentemènte, ad*
frèsko *frèsko-i a e, a*
frèsh *frèsko-i, nm*
frèsh *recentemènte, ad*
to freshèn-ùp *rinfreskàre*
frèsher *studènte-i, nm*
frèshly *recentemènte, ad*
frèshness *freskèzza-e, nf*
frèt *ajitaziòne-i, nf*
frèt *intàyo-i, nm*
to frèt *ornàre*
to frèt *irritàre*
to frèt *fregàre*
frètful *irritàbile-i, a*
frètfully *irritatamènte, ad*
friabìlity *friabilità, nf*
frìable *friàbile-i, a*
frìar *fràte-i, nm*
frìarly *da fràte, a*
frìary *konvènto-i, nm*
frìbble *frìvolo-i a e, a*
to frìbble *frivolejjàre*
frìkandèau *frikandò, nm*
frikassèe *frikassèa-e, nf*
frìkative *frikatìvo-i a e, a*
frìktion *friziòne-i, nf*
frìktional *di friziòne-i, a*
Frìday *venerdì, nm*
frìend *amìko-i a e, nmf*
frièndless *sènza amìci, a*
frièndly *amikèvole-i, a*
frièndshìp *amicìzia-e, nf*
frìeze *frèjo-i, nm*
to frìeze *ornàre*
frìgate *fregàta-e, nf*
frìght *spavènto-i, nm*

ci ce ca co cu   ki ke ka ko ku   ji je ja jo ju   gi ge ga go gu
sci sce sca sco scu=shi she sha sho shu   gn=q   gl=y

to frighten *spaventare*	to frìghten *spaventàre*
frightful *spaventoso-i a e, a*	frìghtful *spaventòso-i a e, a*
frightfully *spaventosamente, ad*	frìghtfully *spaventosaménte, ad*
frightfulness *spaventosità, nf*	frìghtfulness *spaventosità, nf*
frightsome *spaventoso-i a e, a*	frìghtsòme *spaventòso-i a e, a*
frigid *frigido-i a e, a*	frìgid *frìjido-i a e, a*
frigidity *frigidità, nf*	frigìdity *frijidità, nf*
frigidly *frigidamente, ad*	frìgidly *frijidaménte, ad*
frill *arricciatura-e, nf*	frìll *arriccatùra-e, nf*
to frill *arricciare*	to frìll *arriccàre*
frilling *increspatura-e, nf*	frìlling *inkrespatùra-e, nf*
fringe *frangia-e, nf*	frìnge *frànja-e, nf*
to fringe *frangiare*	to frìnge *franjàre*
fringy *frangiato-i a e, a*	frìngy *franjàto-i a e, a*
frippery *cianfrusaglie-i, nf*	frìppery *canfrusàye-i, nf*
frisk *capriola-e, nf*	frìsk *kapriòla-e, nf*
to frisk *saltellare*	to frìsk *saltellàre*
friskly *vivacemente, ad*	frìskly *vivaceménte, ad*
friskiness *vivacità, nf*	frìskiness *vivacità, nf*
frisky *vivace-i, a*	frìsky *vivàce-i, a*
frith *baia-e, nf*	frìth *bàia-e, nf*
fritter *frittella-e, nf*	frìtter *frittèlla-e, nf*
to fritter *sciupare*	to frìtter *shupàre*
to frivol *frivoleggiare*	to frìvol *frivolejjàre*
frivolity *frivolità, nf*	frivòlity *frivolità, nf*
frivolous *frivolo-i a e, a*	frìvolous *frìvolo-i a e, a*
frivolously *frivolamente, ad*	frìvolously *frivolaménte, ad*
friz *ricciolo-i, nm*	frìz *rìccolo-i, nm*
to friz *arricciare*	to frìz *arriccàre*
to frizz *sfriggere*	to frìzz *sfrìjjere*
frizzle *ricciolo-i, nm*	frìzzle *rìccolo-i, nm*
to frizzle *arricciare*	to frìzzle *arriccàre*
frizzy *ricciuto-i a e, a*	frizzy *riccùto-i a e, a*
fro *indietro, ad*	frò *indìetro, ad*
frock *tonaca-he, nf*	fròk *tònaka-e, nf*
to frock *rivestire*	to fròk *rivestìre*
frog *rana-e, nf*	fròg *ràna-e, nf*
froggery *rane, nf*	fròggery *ràne, nf*
froggy *tante rane, a*	fròggy *tànte ràne, a*
frolic *allegria-e, nf*	fròlik *allegrìa-e, nf*
to frolic *scherzare*	to fròlik *skerzàre*
frolicsome *allegro-i a e, a*	fròliksome *allègro-i a e, a*

from *da, prep*
frond *fronda-e, nf*
frondage *fronde-i, nf*
frondose *frondoso-i a e, a*
front *fronte-i, nm*
front *di fronte, a*
to front *fronteggiare*
frontage *facciata-e, nf*
frontal *frontale-i, a*
frontier *frontiere-i, nm*
frontispiece *frontespizio-i, nm*
fronton *frontone-i, nm*
frontward *in avanti, ad*
frost *gelo-i, nm*
frost *brina-e, nf*
to frost *gelare*
frostily *gelidamente, ad*
frostiness *freddezza-e, nf*
frosty *gelato-i a e, a*
froth *schiuma-e, nf*
to froth *spumare*
frothily *spumeggiante, ad*
frothiness *spumosità, nf*
frothy *spumoso-i, a e, a*
frown *cipiglio-i, nm*
to frown *aggrottare*
frowningly *aggrottando, ad*
frowst *aria viziata, nf*
frowziness *muffa-e, nf*
frowzy *ammuffito-i a e, a*
fructificaiton *fruttificazione-i, nf*
to fructify *fruttificare*
tu fructuate *fruttificare*
fructuation *fruttificazione-i, nf*
frugal *frugale-i, a*
frugality *frugalità, nf*
fruglly *frugalmente, ad*
fruit *frutto-a, nmf*
to fruit *fruttificare*
fruitage *fruttame-i, nm*
fruiter *nave-i, nf*
fruiterer *commerciante-i, nm*

fruiterer

fròm *dà, prep*
frònd *frònda-e, nf*
fròndage *frònde-i, nf*
fròndose *frondòso-i a e, a*
frònt *frònte-i, nm*
frònt *di frònte, a*
to frònt *frontejjàre*
fròntage *faccàta-e, nf*
fròntal *frontàle-i, a*
fròntier *frontière-i, nm*
fròntispìece *frontespìzio-i, nm*
frònton *frontòne-i, nm*
fròntward *in avànti, ad*
fròst *jèlo-i, nm*
fròst *brìna-e, nf*
to fròst *jelàre*
fròstily *jelidamènte, ad*
fròstiness *freddèzza-e, nf*
fròsty *jelàto-i a e, a*
fròth *skiùma-e, nf*
to fròth *spumàre*
fròthily *spumejjànte, ad*
fròthiness *spumosità, nf*
fròthy *spumòso-i, a e, a*
fròwn *cipìyo-i, nm*
to fròwn *aggrottàre*
fròwningly *aggrottàndo, ad*
fròwst *ària viziàta, nf*
fròwziness *mùffa-e, nf*
fròwzy *ammuffìto-i a e, a*
fruktifikàtion *fruttifikaziòne-i, nf*
to frùktify *fruttifikàre*
tu frùktuate *fruttifikàre*
frùktuation *fruttifikaziòne-i, nf*
frùgal *frugàle-i, a*
frugàlity *frugalità, nf*
frùgally *frugalmènte, ad*
frùit *frùtto-a, nmf*
to frùit *fruttifikàre*
frùitage *fruttàme-i, nm*
frùiter *nàve-i, nf*
frùiterer *kommercànte-i, nm*

fruitful *fruttuoso-i a e, a*	**frùitful** *fruttuòso-i a e, a*
fruitfully *fruttuosamente, ad*	**frùitfully** *fruttuosamènte, ad*
fruitfulness *fruttuosità, nf*	**frùitfulness** *fruttuosità, nf*
fruition *fruizione-i, nf*	**frùition** *fruiziòne-i, nf*
fruitless *infruttifero-i a e, a*	**frùitless** *infruttìfero-i a e, a*
fruitlessly *infruttuosamente, ad*	**frùitlessly** *infruttuosamènte, ad*
fruity *saporoso-i a e, a*	**frùity** *saporòso-i a e, a*
frumenty *frumento-i nm*	**frùmenty** *frumènto-i nm*
frump *stracciona-e, nf*	**frùmp** *straccòna-e, nf*
frumpish *malvestito-i a e, a*	**frùmpish** *malvestìto-i a e, a*
frustrate *vano-i a e, a*	**frùstrate** *vàno-i a e, a*
to frustrate *frustrare*	**to frùstrate** *frustràre*
frustration *frustrazione-i, nf*	**frustràtion** *frustraziòne-i, nf*
fry *fritto-i, nm*	**frỳ** *frìtto-i, nm*
to fry *friggere*	**to frỳ** *frìjjere*
fryer *padella-e, nf*	**frỳer** *padèlla-e, nf*
fubby *grassottello-i a e, a*	**fùbby** *grassottèllo-i a e, a*
fuchsia *fucsia-e, nf*	**fùksia** *fùksia-e, nf*
fucus *fuco-hi, nm*	**fùkus** *fùko-i, nm*
fuddle *ubriacatura-e, nf*	**fùddle** *ubriakatùra-e, nf*
to fuddle *ubriacare*	**to fùddle** *ubriakàre*
fudge *cioccolata, nf*	**fùdge** *cokkolàta, nf*
to fudge *rattoppare*	**to fùdge** *rattoppàre*
fudgy *irritabile-i, a*	**fùdgy** *irritàbile-i, a*
fuel *combustibile-i, nm*	**fùel** *kombustìbile-i, nm*
to fuel *far benzina*	**to fùel** *fàre bènzina*
fug *odore-i, nm*	**fùg** *odòre-i, nm*
fugacious *fugace-i, a*	**fugàcious** *fugàce-i, a*
fugacity *fugacità, nf*	**fugàcity** *fugacità, nf*
fugitive *fugitivo-i a e, nmf*	**fùgitive** *fujitìvo-i a e, nmf*
fugleman *capo-i, nm*	**fùglemàn** *kàpo-i, nm*
fugue *fuga-he, nf*	**fùgue** *fùga-e, nf*
to fugue *comporre*	**to fùgue** *kompòrre*
fulcrum *fulcro, nm*	**fulkrùm** *fùlkro, nm*
to fulfil *compiere*	**to fulfìl** *kòmpiere*
fulfiller *esecutore*	**fulfìller** *esekutòre*
fulfilment *compimento-i, nm*	**fulfìlment** *kompimènto-i, nm*
fulgent *fulgido-i a e, a*	**fùlgent** *fùljido-i a e, a*
fulgurite *fulgorite-i, nf*	**fùlgurite** *fulgorìte-i, n*
fuliginous *fuligginoso-i a e, a*	**fulìginous** *fulijjnòso-i a e, a*
full *pieno-i a e, a*	**fùll** *pièno-i a e, a*
full *molto, ad*	**fùll** *mòlto, ad*

to full *follare*
fuller *follatore-i, nm*
fullness *pienezza-e, nf*
fully *pienamente, ad*
fulminant *fulminante-i, a*
fulsome *sazio-i a e, a*
fulsomely *disgustosamente, ad*
fulvous *fulvo-i a e, a*
fumarole *fumarola-e, nf*
to fumble *brancolare*
fume *fumo-i, nm*
to fume *fumare*
to fumigate *fumigare*
fumigation *fumigazione-i, nf*
fumy *fumoso-i a e, a*
fun *allegria-e, nf*
funambulist *funambolo-i a e, nmf*
function *funzione-i, nf*
to function *funzionare*
functional *funzionale-i, a*
fund *fondo-i, nm*
fundament *fondamenta, nf*
fundamental *fondamentale-i, a*
fundamentally *fondamentalmente, ad*
funeral *funerale-i, nm*
funerary *funerario-i a e, a*
funereal *funereo-i a e, a*
fungous *fungoso-i a e, a*
fungus *fungo-hi, nm*
funicular *funicolare-i, nf*
funk *panico-i, nm*
to funk *intimorire*
funky *moda matta, nf*
funnel *imbuto-i, nm*
funnelled *ciminiera-e, a*
funnily *scherzosamente, ad*
funniness *comicità, nf*
funny *comico-i a he, nmf*
fur *pelliccia-e, nf*
to fur *foderare*
to furbish *forbire*
furcated *forcuto-i a e, a*

furcated

to fùll *follàre*
fùller *follatòre-i, nm*
fùllness *pienèzza-e, nf*
fùlly *pienamènte, ad*
fùlminant *fulminànte-i, a*
fùlsome *sàzio-i a e, a*
fùlsomely *disgustosamènte, ad*
fùlvous *fùlvo-i a e, a*
fùmaròle *fumaròla-e, nf*
to fùmble *brankolàre*
fùme *fùmo-i, nm*
to fùme *fumàre*
to fùmigàte *fumigàre*
fùmigàtion *fumigaziòne-i, nf*
fùmy *fumòso-i a e, a*
fùn *allegrìa-e, nf*
funàmbulist *funàmbolo-i a e, nmf*
fùnktion *funziòne-i, nf*
to fùnktion *funzionàre*
fùnktional *funzionàle-i, a*
fùnd *fòndo-i, nm*
fùndament *fondamènta, nf*
fùndamèntal *fondamentàle-i, a*
fundamèntally *fondamentalmènte, ad*
fùneral *funeràle-i, nm*
fùnerary *funeràrio-i a e, a*
funerèàl *funèreo-i a e, a*
fùngous *fungòso-i a e, a*
fùngus *fùngo-i, nm*
funìkular *funikolàre-i, nf*
fùnk *pàniko-i, nm*
to fùnk *intimorìre*
fùnky *mòda màtta, nf*
fùnnel *imbùto-i, nm*
fùnnelled *ciminièra-e, a*
fùnnily *skèrzosamènte, ad*
fùnniness *komicità, nf*
fùnny *kòmiko-i a e, nmf*
fùr *pellìcca-e, nf*
to fùr *foderàre*
to fùrbish *forbìre*
furkàted *forkùto-i a e, a*

to fuss

to furcate *biforcare*
furcation *biforcazione-i, nf*
furious *furioso-i a e, a*
furiously *furiosamente, ad*
to furl *ammainare*
furlong *misura-e, nf*
furlough *licenza-e, nf*
to furlough *dare licenza*
furnace *furnace-i, nf*
to furnish *fornire*
furnished *ammobiliato-i a e, a*
furniture *mobilia-e, nf*
furor *furore-i, nm*
furred *impellicciato-i a e, a*
furrier *pellicciaio-i, nm*
furrow *solco-hi, nm*
to furrow *solcare*
furry *di pelliccia-e, a*
further *otre, ad*
to further *avanzare*
furthermore *inoltre, ad*
furthermost *il più lontano, a*
furthest *estremo-i a e, a*
furtive *furtivo-i a e, a*
fury *furia-e, nf*
furze *ginestra-e, nf*
furzy *di ginestre, a*
fuse *spoletta-e, nf*
to fuse *fondere*
fusee *piramide-i, nf*
fuselage *fusoliera-e, nf*
fusel oil *alcool amilico, nm*
fuselibility *fusibilità, nf*
fusible *fusibile-i, a*
fusiform *fusiforme-i, a*
fusil *fucile-i, nm*
fusilier *fuciliere-i, nm*
fusillade *fucileria-e, nf*
to fusillade *assalire*
fusion *fusione-i, nf*
fuss *trambusto-i, nm*
to fuss *brontolare*

to fùrkate *biforkàre*
furkàtion *biforkaziòne-i, nf*
fùrious *furiòso-i a e, a*
fùriously *furiosamènte, ad*
to fùrl *ammainàre*
fùrlong *misùra-e, nf*
fùrlough *licènza-e, nf*
to furlòugh *dàre licènza*
fùrnace *fornàce-i, nf*
to fùrnish *fornìre*
fùrnished *ammobiliàto-i a e, a*
fùrniture *mobìlia-e, nf*
fùror *furòre-i, nm*
fùrred *impelliccàto-i a e, a*
fùrrier *pelliccàio-i, nm*
fùrrow *sòlko-i, nm*
to fùrrow *solkàre*
fùrry *di pellìcca-e, a*
fùrthèr *òltre, ad*
to fùrthèr *avanzàre*
fùrthèrmore *inòltre, ad*
fùrthèrmost *il più lontàno, a*
fùrthèst *estrèmo-i a e, a*
fùrtive *furtìvo-i a e, a*
fùry *fùria-e, nf*
fùrze *jinèstra-e, nf*
fùrzy *di jinèstre, a*
fùse *spolètta-e, nf*
to fùse *fòndere*
fùsee *piràmide-i, nf*
fùselage *fusòliera-e, nf*
fùsel òil *alkoòl amìliko, nm*
fusebìlity *fusibilità, nf*
fùsible *fusìbile-i, a*
fùsiform *fusifòrme-i, a*
fùsil *fucìle-i, nm*
fùsilier *fucilière-i, nm*
fùsillade *fucilerìa-e, nf*
to fusillàde *assalìre*
fùsion *fusiòne-i, nf*
fùss *trambùsto-i, nm*
to fùss *brontolàre*

fussily *con tranbusto,* ad
fussiness *rumorosità,* nf
fussy *brontolone-i,* a
fustian *fustagno-i,* nm
to fustigate *fustigare*
fustigation *fustigazione-i,* nf
fustiness *muffa-e,* nf
fusty *ammuffito-i a e,* a
futile *futile-i,* a
futilely *futilmente,* ad
futility *futilità,* nf
future *futuro-i,* nm
futurism *futurismo-i,* nm
futurist *futurista-i,* nm
futurity *futuro-i,* nm
fuzz *polverio-i,* nm
to fuzz *sfriggere via*
fuzzily *indistintamente,* ad
fuzziness *sfilacciatura-e,* nf
fuzzy *sfilacciato-i a e,* a

G
gab *chiaccheria-e,* nf
to gab *chiaccherare*
gabble *borbottio-i,* nm
to gabble *borbottare*
gabelle *gabella-e,* nf
gaberdine *gabardina-e,* nf
gaby *semplicione-i,* nf
to gad *bighellonare*
gadfly *tafano-i,* nm
gadget *aggeggio-i,* nm
Gaelic *gaelico-i,* a
gaff *rampone-i,* nm
to gaff *ramponare*
gaffer *nonno-i,* nm
gag *improvvisata-e,* nf
to gag *imbavagliare*
gage *pegno-i,* nm
to gage *dare*
gaity *gaiezza-e,* nf
gaily *gaiamente,* ad

fùssily *kòn tranbùsto,* ad
fùssiness *rumorosità,* nf
fùssy *brontolòne-i,* a
fùstian *fustàqo-i,* nm
to fùstigate *fustigàre*
fùstigation *fustigaziòne-i,* nf
fùstiness *mùffa-e,* nf
fùsty *ammuffìto-i a e,* a
fùtile *fùtile-i,* a
fùtilely *futilmènte,* ad
futìlity *futilità,* nf
fùture *futùro-i,* nm
fùturism *futurìsmo-i,* nm
fùturist *futurìsta-i,* nm
futùrity *futùro-i,* nm
fùzz *polverìo-i,* nm
to fùzz *sfrìjjere vìa*
fùzzily *indistintamènte,* ad
fùzziness *sfilaccatùra-e,* nf
fùzzy *sfilaccàto-i a e,* a

G
gàb *kiakkerìa-e,* nf
to gàb *kiakkeràre*
gàbble *borbottìo-i,* nm
to gàbble *borbottàre*
gabèlle *gabèlla-e,* nf
gàberdine *gabardìna-e,* nf
gàby *semplicòne-i,* nf
to gàd *bigellonàre*
gàdfly *tàfano-i,* nm
gàdget *ajjèjjo-i,* nm
Gàelik *gaèliko-i,* a
gàff *rampòne-i,* nm
to gàff *ramponàre*
gàffer *nònno-i,* nm
gàg *improvvisàta-e,* nf
to gàg *imbavayàre*
gàge *pèqo-i,* nm
to gàge *dàre*
gàity *gaièzza-e,* nf
gàily *gaiamènte,* ad

gain *guadagno-i, nm*	gàin *guadàqo-i, nm*
to gain *guadagnare*	to gàin *guadaqàre*
gainable *guadagnabile-i, a*	gàinable *guadaqàbile-i, a*
gainful *lucroso-i a e, a*	gàinful *lukròso-i a e, a*
gainings *guadagni, nm*	gàinings *guadàqi, nm*
to gainsay *contradire*	to gàinsay *kontradìre*
gait *andatura-e, nf*	gàit *andatùra-e, nf*
gaiter *ghetta-e, nf*	gàiter *gètta-e, nf*
gala *gala, nf*	gàla *galà, nf*
galantine *galantina-e, nf*	gàlantine *galantìna-e, nf*
Galaxy *Galassia-e, nf*	Gàlaxy *Galàssia-e, nf*
galbanum *galbano-i, nm*	gàlbànùm *galbàno-i, nm*
gale *mortella-e, nf*	gàle *mortèlla-e, nf*
gale *tempesta-e, nf*	gàle *tempèsta-e, nf*
galeeny *faraona-e, nf*	galèeny *faraòna-e, nf*
Galen *Galeno, nm*	Gàlen *Galèno, nm*
galena *galena-e, nf*	galèna *galèna-e, nf*
Galilee *Galilea, nf*	Gàlilee *Galilèa, nf*
galilee *portico-i, nm*	gàlilee *pòrtiko-i, nm*
galipot *resina-e, nf*	gàlipot *rèsina-e, nf*
gall *bile-i, nf*	gàll *bìle-i, nf*
gall *galla-e, nf*	gàll *gàlla-e, nf*
to gall *irritare*	to gàll *irritàre*
gallant *valoroso-i a e, a*	gàllant *valoròso-i a e, a*
to gallant *flirtare*	to gallànt *flirtàre*
gallantly *coraggiosamente, ad*	gàllantly *korajjosamènte, ad*
gallantry *galanteria-e, nf*	gàllantry *galanterìa-e, nf*
galleon *galeone-i, nm*	gàllèon *galeòne-i, nm*
gallery *galleria-e, nf*	gàllery *gallerìa-e, nf*
galley *galea-e, nf*	gàlley *galèa-e, nf*
Gallik *gallico-i a he, a*	Gàllik *gàlliko-i a e, a*
gallicism *gallicismo-i, nm*	gàllicism *gallicìsmo-i, nm*
to gallicize *gallicizzare*	to gàllicize *gallicizzàre*
galligaskins *braghe, nf*	gàlligàskìns *bràge, nf*
gallinaceous *gallinaceo-i, a*	gallinàceous *gallinàceo-i, a*
galling *irritante-i, a*	gàlling *irritànte-i, a*
to gallivant *vagare*	to gàllivant *vagàre*
Gallomania *gallomania-e, nf*	Gàllomània *gallomanìa-e, nfi*
gallon *gallone-i, nm*	gàllon *gallòne-i, nm*
galloon *frangia-e, nf*	gallòon *frànja-e, nf*
gallop *galoppo-i, nm*	gàllop *galòppo-i, nm*
to gallop *galoppare*	to gàllop *galoppàre*

gallopade *galoppo-i, nm*
galloper *galoppatore-i, nm*
Gallophobe *gallofobo-i a e, a*
Gallophobia *gallofobia-e, nf*
gallows *impiccagione-i, nf*
galop *danza-e, nf*
to galop *danzare*
galore *tanto, ad*
galosh *galoscia-e, nf*
to galumph *camminare trionfalmente*
galvanic *galvanico-i a he, a*
galvanism *galvanismo-i, nm*
galvanization *galvanizzazione-i, nf*
to galvanize *galvanizzare*
galvanometer *galvanometro-i, nm*
galvanoplasty *galvanoplastica-he, nf*
galvanoscope *galvanoscopio-i, nm*
gambade *scappata-e, nf*
gambit *gambitto-i, nm*
gamble *giuoco-hi, nm*
to gamble *giocare*
gambler *giocatore-i, nm*
gambol *salto*
to gambol *saltare*
game *partita-e, nf*
game *giuoco-hi, nm*
to game *giocare*
gamely *coraggiosamente, ad*
gamesome *allegro-i a e, a*
gamesomely *allegramente, ad*
gamester *giuocatore-i, nm*
gamin *monello-i a e, a*
gammon *prosciutto-i, nm*
gammon *inganno-i, nm*
to gammon *ingannare*
gamp *ombrello-i, nm*
gamut *gamma-e, nf*
gamy *selvaggina-e, nf*
gander *papero-i, nm*
gang *banda-e, nf*
to gang *andare*
ganger *caposquadra, nm*

gàllopàde *galòppo-i, nm*
gàlloper *galoppatòre-i, nm*
Gàllophòbe *gallòfobo-i a e, a*
Gàllophòbia *gallofòbia-e, nf*
gàllows *impikkajòne-i, nf*
gàlop *dànza-e, nf*
to gàlop *danzàre*
gàlore *tànto, ad*
gàlosh *galòsha-e, nf*
to gàlumph *kamminàre trionfalmènte*
galvànik *galvàniko-i a e, a*
gàlvanism *galvanìsmo-i, nm*
gàlvanizàtion *galvanizaziòne-i, nf*
to gàlvanize *galvanizzàre*
galvanòmeter *galvanomètro-i, nm*
gàlvanoplàsty *galvanoplàstika-e, nf*
galvànoskòpe *galvanoskòpio-i, nm*
gàmbade *skappàta-e, nf*
gàmbit *gambìtto-i, nm*
gàmble *juòko-i, nm*
to gàmble *jocàre*
gàmbler *jokatòre-i, nm*
gàmbol *sàlto*
to gàmbol *saltàre*
gàme *partìta-e, nf*
gàme *juòko-i, nm*
to gàme *jocàre*
gàmely *korajjosamènte, ad*
gàmesome *allègro-i a e, a*
gamesòmely *allegramènte, ad*
gàmester *juokatòre-i, nm*
gàmin *monèllo-i a e, a*
gàmmon *proshùtto-i, nm*
gàmmon *ingànno-i, nm*
to gàmmon *ingannàre*
gàmp *ombrèllo-i, nm*
gàmut *gàmma-e, nf*
gàmy *selvajjìna-e, nf*
gànder *pàpero-i, nm*
gàng *bànda-e, nf*
to gàng *andàre*
gànger *kaposkuàdra, nm*

Ganges *Gange, nm*	**Gànges** *Gànje, nm*
ganglion *ganglio-i, nm*	**gànglion** *gànglio-i, nm*
gangrene *cancrena-e, nf*	**gàngrène** *kankrèna-e, nf*
to gangrene *incancrenire*	**to gàngrène** *inkankrenìre*
gangrenous *cancrenoso-i a e, a*	**gàngrenous** *kankrenòso-i a e, a*
gangster *criminale-i, nm*	**gàngster** *kriminàle-i, nm*
gangway *passaggio-i, nm*	**gàngway** *passàjjo-i, nm*
gantry *trespolo-i, nm*	**gàntry** *trèspolo-i, nm*
gaol *prigione-i, nf*	**gàol** *prijòne-i, nf*
gaoler *carceriere*	**gàoler** *karcerière*
gap *breccia-e, nf*	**gàp** *brècca-e, nf*
gape *sbadiglio-i, nm*	**gàpe** *sbadìyo-i, nm*
to gape *spalancare*	**to gàpe** *spalankàre*
gappy *pieno di crepacci, a*	**gàppy** *pièno di krepàcci, a*
garage *autorimessa-e, nf*	**gàrage** *autorimèssa-e, nf*
to garage *mettere in garage*	**to gàrage** *mettère in garàje*
garb *costume-i, nm*	**gàrb** *kòstume-i, nm*
to garb *rivestire*	**to gàrb** *rivestìre*
garbage *rifiuto-i, nm*	**gàrbage** *rifiùto-i, nm*
garden *giardino-i, nm*	**gàrden** *jàrdino-i, nm*
to garden *lavorare un giardino*	**to gàrden** *lavoràre un jàrdino*
gardener *giardiniere-i, nm*	**gàrdener** *jardinière-i, nm*
gardenia *gardenia-e, nf*	**gardènia** *gardènia-e, nf*
gardening *giardinaggio-i, nm*	**gàrdening** *jardinàjjo-i, nm*
gargantuan *enorme-i, a*	**gargàntuan** *enòrme-i, a*
gargle *gargarismo-i, nm*	**gàrgle** *gargarìsmo-i, nm*
to gargle *gargarizzare*	**to gàrgle** *gargarizzàre*
gargoyle *grondone-i, nm*	**gàrgoyle** *grondòne-i, nm*
garish *sgargiante-i, a*	**gàrish** *sgarjànte-i, a*
garland *ghirlanda-e, nf*	**gàrland** *girlànda-e, nf*
to garland *inghirlandare*	**to gàrland** *ingirlandàre*
garlic *aglio-i, nm*	**gàrlik** *àyo-i, nm*
garment *articolo di vestiario, nm*	**gàrment** *artìkolo di vestiàrio, nm*
garner *granaio-i, nm*	**gàrner** *granàio-i, nm*
to garner *immagazzinare*	**to gàrner** *immagazzinàre*
garnet *granato-i, nm*	**gàrnet** *granàto-i, nm*
garnish *guernizione-i, nf*	**gàrnish** *guernizióne-i, nf*
to garnish *guarnire*	**to gàrnish** *guernìre*
garniture *guernizione-i, nf*	**gàrniture** *guernizióne-i, nf*
garret *soffitta-e, nf*	**gàrret** *soffitta-e, nf*
garrison *guarnigione-i, nf*	**gàrrison** *guarnijòne-i, nf*
to garrison *occupare*	**to gàrrison** *okkupàre*

garrulity *garrulità, nf*
garrulous *garrulo-i a e, a*
garter *giarretiera-e, nf*
garth *recinto-i, nm*
gas *benzina-e, nf*
to gas *fare benzina*
gaseity *gassosità, nf*
gaselier *lampadario-i, nm*
gaseous *gassoso-i a e, a*
gash *squarcio-i, nm*
to gash *fare uno squarcio*
gasification *gassificazione-i, nf*
to gasify *gassificare*
gasogene *gassogeno-i, nm*
gasolene *benzina-e, nf*
gasometer *gassometro-i, nm*
gasp *affanno-i, nm*
to gasp *boccheggiare*
gaspingly *convulsivamente, ad*
gassy *gassoso-i, a*
gastric *gastrico-i a he, a*
gastritis *gastrite-i, nf*
gastronome *gastronomo-i, nm*
gastronomic *gastronomico-i a he, a*
gastronomically *gastronomicamente, ad*
gastronomy *gastronomia-e, nf*
gate *cancello-i, nm*
to gate *punire*
to gather *radunare*
gatherer *raccoglitore-i, nm*
gathering *assemblea-e, nf*
gauche *goffo-i a e, a*
gaucherie *goffagine-i, nf*
gaucho *gaucho, nm*
gaud *ornamento-i, nm*
to gaud *adornare*
gaudery *straeleganza-e, nf*
gaudily *sfarzosamente, ad*
gaudiness *sfarzosità, nf*
gaudy *sfarzoso-i a e, a*
gauge *misura-e, nf*
to gauge *misurare*

to gauge

garrùlity *garrulità, nf*
gàrrulous *gàrrulo-i a e, a*
gàrter *jarretièra-e, nf*
gàrth *recìnto-i, nm*
gàs *bènzina-e, nf*
to gàs *fàre benzìna*
gàseity *gassosità, nf*
gàselier *lampadàrio-i, nm*
gàseous *gassòso-i a e, a*
gàsh *skuàrco-i, nm*
to gàsh *fàre ùno skuàrco*
gasifikàtion *gassifikaziòne-i, nf*
to gàsify *gassificàre*
gàsogene *gassòjeno-i, nm*
gàsolene *benzìna-e, nf*
gasòmeter *gassòmetro-i, nm*
gàsp *affànno-i, nm*
to gàsp *bokkejjàre*
gàspingly *konvulsivamènte, ad*
gàssy *gassòso-i, a*
gàstrik *gàstriko-i a e, a*
gastrìtis *gastrìte-i, nf*
gàstronòme *gastrònomo-i, nm*
gastronòmik *gastronòmiko-i a e, a*
gastronòmikally *gastronomikamènte, ad*
gastrònomy *gastronòmia-e, nf*
gàte *kancèllo-i, nm*
to gàte *punìre*
to gàther *radunàre*
gàtherer *rakkoyitòre-i, nm*
gàthering *assemblèa-e, nf*
gàuche *gòffo-i a e, a*
gàucherìe *goffàjine-i, nf*
gàuchò *gàuco, nm*
gàud *ornamènto-i, nm*
to gàud *adornàre*
gàudery *straelegànza-e, nf*
gàudily *sfarzosamènte, ad*
gàudiness *sfarzosità, nf*
gàudy *sfarzòso-i a e, a*
gàuge *misùra-e, nf*
to gàuge *misuràre*

gauging *misurazione-i, nf*	gàuging *misuraziòne-i, nf*
Gaul *Gallia, nf*	Gàul *Gàllia, nf*
Gaulish *gallico-i a*	Gàulish *gàlliko-i a*
gaunt *magro-i a e, a*	gàunt *màgro-i a e, a*
gauntlet *sfida-e, nf*	gàuntlet *sfìda-e, nf*
gauze *garza-e, nf*	gàuze *gàrza-e, nf*
gauzy *velato-i, a*	gàuzy *velàto-i, a*
gavel *martelletto-i, nm*	gàvel *martellètto-i, nm*
gavotte *gavotta-e, nf*	gàvotte *gavòtta-e, nf*
gawk *timido-i a e, nmf*	gàwk *tìmido-i a e, nmf*
gawkiness *goffaggine-i, nf*	gàwkiness *goffàjjìne-i, nf*
gawky *goffo-i a e, a*	gàwky *gòffo-i a e, a*
gay *gaio-i a e, a*	gày *gàio-i a e, a*
gayly *gaiamente, ad*	gàyly *gaiamènte, ad*
gaze *sguardo-i, nm*	gàze *sguàrdo-i, nm*
to gaze *guardare*	to gàze *guardàre*
gazelle *gazzella-e, nf*	gàzelle *gazzèlla-e, nf*
gazer *spettatore-i, nm*	gàzer *spettatòre-i, nm*
gazette *gazzetta-e, nf*	gàzette *gazzètta-e, nf*
gazetteer *editore-i, nm*	gazettèer *editòre-i, nm*
gazogene *gazogeno-i, nm*	gàzogene *gazòjeno-i, nm*
gear *equipaggiamento-i, nm*	gèar *ekuipajjamènto-i, nm*
to gear *bardare*	to gèar *bardàre*
gearing *bardatura-e, nf*	gèaring *bardatùra-e, nf*
gee-gee *cavallo-i, nm*	gèe-gèe *kavàllo-i, nm*
geezer *vecchiotto-i a e, nmf*	gèezer *vekkiòtto-i a e, nmf*
geisha *gheisca-e, nf*	gèisha *geìsha-e, nf*
geist *spirito-i, nm*	gèist *spìrito-i, nm*
gelatine *gelatina-e, nf*	gèlàtine *jelatìna-e, nf*
to gelatinize *trasformare*	to gelàtinize *trasformàre*
gelatinous *gelatinoso-i a e, a*	gelàtinous *jelatinòso-i a e, a*
to geld *castrare*	to gèld *kastràre*
gelding *castrone-i, nm*	gèlding *kastròne-i, nm*
gelid *gelido-i a e, a*	gèlid *jèlido-i a e, a*
gem *gemma-e, nf*	gèm *jèmma-e, nf*
to gem *ingemmare*	to gèm *injemmàre*
geminate *gemino-i, nm*	gèminàte *jèmino-i, nm*
to geminate *geminare*	to gèminàte *jeminàre*
gemination *geminazione-i, nf*	gèminàtion *jeminaziòne-i, nf*
Gemini *Gemini, nm*	Gèmini *Jèmini, nm*
gemma *gemma-e, nf*	gèmma *jèmma-e, nf*
gemmate *gemmato-i a e, a*	gèmmate *jemmàto-i a e, a*

to gemmate *gemmare*
gemmation *gemmazione-i, nf*
gender *genere-i, nm*
to gender *generare*
genealogical *genealogico-i a e he, a*
genealogically *genealogicamente, ad*
genealogist *genealogista-i, nm*
genealogy *genealogia-e, nf*
general *generale-i, nm*
general *generale-i, a*
generalissimo *generalissimo-i, nm*
generality *generalità, nf*
generalizable *generalizzabile-i, a*
to generalize *generalizzare*
generalization *generalizzazione-i, nf*
generally *generalmente, ad*
generable *generabile-i, a*
to generate *generare*
generazion *generazione-i, nf*
generative *generativo-i a e, a*
generator *generatore-i, nm*
generic *generico-i a he, a*
generically *genericalmente, ad*
generosity *generosità, nf*
generous *generoso-i a e, a*
generously *generosamente, ad*
generousness *generosità, nf*
genesis *genesi, nf*
genet *genetta-e, nf*
genetic *genetico-i a he, a*
genetics *genetica, nf*
Geneva *Ginevra, nf*
genial *geniale-i, a*
geniality *genialità, nf*
genially *piacevolmente, ad*
genie *genietto-i a e, nmf*
genista *ginestra-e, nf*
genital *genitale-i, a*
genitals *genitali, nm*
genitival *genitivo-i a e, a*
genitive *genitivo-i a e, nmf*
genius *genio-i, nm*

to gèmmate *jemmàre*
gemmàtion *jemmaziòne-i, nf*
gènder *sèsso-i, nm*
to gènder *jeneràre*
genèàlògìkal *jenealòjiko-i a e, a*
genèàlògìkally *jenealojikamènte, ad*
geneàlogìst *jenealojìsta-i, nm*
geneàlogy *jenealojìa-e, nf*
gèneral *jeneràle-i, nm*
gèneral *jeneràle-i, a*
gèneralìssimo *jeneralìssimo-i, nm*
generàlity *jeneralità, nf*
gèneralìzable *jeneralizzàbile-i, a*
to gèneralize *jeneralizzàre*
generalizàtion *jeneralizzaziòne-i, nf*
gènerally *jeneralmènte, ad*
gènerable *jeneràbile-i, a*
to gènerate *jeneràre*
generàtion *jeneraziòne-i, nf*
gènerative *jeneratìvo-i a e, a*
gènerator *jeneratòre-i, nm*
genèrik *jenèriko-i a e, a*
genèrikally *jenerikalmènte, ad*
generòsity *jenerosità, nf*
gènerous *jeneròso-i a e, a*
gènerously *jenerosamènte, ad*
gènerousness *jenerosità, nf*
gènesis *jènesi, nf*
gènet *jenètta-e, nf*
genètik *jenètiko-i a e, a*
genètics *jenètika, nf*
Genèva *Ginèvra, nf*
gènial *jèniàle-i, a*
geniàlity *jenialità, nf*
gènially *piacevolmènte, ad*
gènie *jeniètto-i a e, nmf*
gènista *jinèstra-e, nf*
gènital *jenitàle-i, a*
gènitals *jenitàli, nm*
genitìval *jenitìvo-i a e, a*
gènitive *jenitìvo-i a e, nmf*
gènius *jènio-i, nm*

ci ce ca co cu   ki ke ka ko ku   ji je ja jo ju   gi ge ga go gu
sci sce sca sco scu=shi she sha sho shu   gn=q   gl=y

Genoa *Genova, nf*   Gènoa *Jènova, nf*
Genoese *genovese-i a e, a*   Genòese *jenovèse-i a e, a*
genre *genere-i, nm*   gènre *jènere-i, nm*
gent *gentiluomo-ini, nm*   gènt *jentiluòmo-ini, nm*
genteel *gentile-i, a*   gènteel *jentìle-i, a*
genteelly *gentilmente, ad*   gènteelly *jentilmènte, ad*
gentian *genziana-e, nf*   gèntian *jenziàna-e, nf*
gentile *gentile-i, a*   gèntile *jentìle-i, a*
gentility *nobiltà, nf*   gentìlity *nobiltà, nf*
gentle *dolce-i, a*   gèntle *dòlce-i, a*
gentleman *gentiluomo-ini, nm*   gèntlemàn *jentiluòmo-ini, nm*
gentelmanlike *signorile-i, a*   gèntelmànlike *siqòrile-i, a*
gentlemanly *nobile-i, a*   gèntlemànly *nòbile-i, a*
gentlewoman *gentildonna-e, nf*   gèntlewòman *jentildònna-e, nf*
gentlewomanly *signorile-i, a*   gèntlewòmanly *siqòrile-i, a*
gently *gentilmente, ad*   gèntly *jentilmènte, ad*
gentry *piccola nobiltà, nf*   gèntry *pìkkola nobiltà, nf*
to genuflect *genuflettere*   to gènuflekt *jenuflettère*
genuflection *genuflessione-i, nf*   genuflèktion *jenuflessiòne-i, nf*
genuine *genuino-i a e, a*   gènuine *jenuìno-i a e, a*
genuinely *genuinamente, ad*   gènuinely *jenuinamènte, ad*
genuineness *genuità, nf*   gènuineness *jenuità, nf*
genus *genere-i, nm*   gènus *jènere-i, nm*
geodesy *geodesia-e, nf*   geòdesy *jeodesìa-e, nf*
Geoffrey *Goffredo, nm*   Geoffrèy *Goffrèdo, nm*
geographer *geografo-i a e, nmf*   geògrapher *jòografo-i a e, nmf*
geographic *geografico-i a he, a*   geogràphic *jeogràfiko-i a e, a*
geographically *geograficamente, ad*   geogràphikally *jeografikamènte, ad*
geography *geografia-e, nf*   geògraphy *jeografìa-e, nf*
geologist *geologo-hi, nm*   geòlogist *jeòlogo-i, nm*
geology *geologia-e, nf*   geòlogy *jeolojìa-e, nf*
geometer *geometra-i, nm*   geòmeter *jeòmetra-i, nm*
geometrical *geometrico-i a e, a*   geomètrikal *jeomètriko-i a e, a*
geometrically *geometricamente, ad*   geomètrikally *jeometrikamènte, ad*
geometry *geometria-e, nf*   gèometry *jeometrìa-e, nf*
George *Giorgio, nm*   Geòrge *Jòrjo, nm*
georgic *campestre-i, a*   geòrgik *kampèstre-i, a*
geranium *geranio-i, nm*   geraniùm *jerànio-i, nm*
germ *germe-i, nm*   gèrm *jèrme-i, nm*
to germ *germinare*   to gèrm *jerminàre*
German *tedesco-hi a he, nmf*   Gèrman *tedèsko-i a e, nmf*
germane *affinità, nf*   germàne *affinità, nf*

germanic *germanico-i a he, a*
germanism *germanesimo-i, nm*
germanist *germanista-i, nm*
germanity *germanità, nf*
germanization *germanizzazione-i, nf*
to germanize *germinanizzare*
Germanophil *germanofilo-i a e, a*
Germanophobe *germanofobo-i a e, a*
Germany *Germania, nf*
germicidal *germicida-i, a*
germicide *germicida-i, nm*
germinal *germinale-i, a*
germinant *germinante-i, a*
to germinate *germinare*
germination *germinazione-i, nf*
germinative *germinativo-i a e, a*
germinator *germinatore-i, nm*
to gerrymander *manipolare*
gerund *gerundio-i, nm*
gerundial *del gerundio, a*
gerundive *gerundivo-i a e, a*
gesso *gesso-i, nm*
gestation *gestazione-i, nf*
to gesticulate *gesticolare*
gesticulation *gesticolazione-i, nf*
gesticulator *gesticolatore-i, nm*
gesticulatory *di tanti gesti, a*
gesture *gesto-i, nm*
to gesture *gestire*
to get *ottenere*
getaway *fuga-he, nf*
gettable *raggiunginbile-i, a*
get-up *apsetto-i, nm*
gewgaw *giocattolo-i, nm*
geyser *sorgente-i, nf*
ghastlily *spaventosamente, ad*
ghastliness *apparenza-e, nf*
ghastly *spettrale-i, a*
gherkin *cetriolino-i, nm*
ghetto *ghetto-i, nm*
Ghibelline *ghibellino-i, nm*
ghost *apparizione-i, nf*

germànik *jermàniko-i a e, a*
gèrmanism *jermanèsimo-i, nm*
gèrmanist *jermànista-i, nm*
germànity *jermanità, nf*
gèrmanizàtion *jermanizzaziòne-i, nf*
to gèrmanize *jerminanizzàre*
Germànophil *jermanòfilo-i a e, a*
Germànophobe *jermanòfobo-i a e, a*
Gèrmany *Jermània, nf*
gèrmicidal *jermicìda-i, a*
gèrmicide *jermicìda-i, nm*
gèrminal *jerminàle-i, a*
gèrminant *jerminànte-i, a*
to gèrminàte *jerminàre*
germinàtion *jerminaziòne-i, nf*
gèrminative *jerminatìvo-i a e, a*
gèrminàtor *jerminatòre-i, nm*
to gerrymànder *manipolàre*
gèrund *jerùndio-i, nm*
gerùndial *del jerùndio, a*
gerùndive *jerundìvo-i a e, a*
gèsso *jèsso-i, nm*
gestàtion *jestaziòne-i, nf*
to gestìkulàte *jestikolàre*
gestikulàtion *jestikolaziòne-i, nf*
gestìkulàtor *jestikolatòre-i, nm*
gestìkùlatory *di tànti jèsti, a*
gèsture *jèsto-i, nm*
to gèsture *jestìre*
to gèt *ottenère*
gètawày *fùga-e, nf*
gettàble *rajjunjìnbile-i, a*
gèt-ùp *aspètto-i, nm*
gèwgàw *jokàttolo-i, nm*
gèyser *sorjènte-i, nf*
ghàstlily *spaventosamènte, ad*
ghàstliness *appàrenza-e, nf*
ghàstly *spettràle-i, a*
ghèrkin *cetriolìno-i, nm*
ghètto *gètto-i, nm*
Ghìbellìne *gibellìno-i a e, nmf*
ghòst *apparizìòne-i, nf*

ghostlike *spettrale-i, a*	**ghòstlike** *spettràle-i, a*
ghostliness *incorporeità, nf*	**ghòstliness** *inkorpòreità, nf*
ghostly *spirituale-i, a*	**ghòstly** *spirituàle-i, a*
ghyll *precipizio-i, nm*	**ghỳll** *precipìzio-i, nm*
giant *gigante-i, nm*	**giànt** *jigànte-i, nm*
giantess *gigantessa-e, nf*	**giàntess** *jigantèssa-e, nf*
giantlike *gigante-i, a*	**giàntlike** *jigànte-i, a*
to gibber *borbottare*	**to gìbber** *borbottàre*
gibberish *borbottio-i, nm*	**gìbberish** *borbottìo-i, nm*
gibbet *forca-he, nf*	**gìbbet** *fòrka-e, nf*
to gibbet *condannare*	**to gìbbet** *kondannàre*
gibbosity *gibbosità, nf*	**gibbòsity** *jibbosità, nf*
gibbous *gibboso-i a e, a*	**gìbbous** *jibbòso-i a e, a*
gibe *beffa-e, nf*	**gìbe** *bèffa-e, nf*
to gibe *beffare*	**to gìbe** *beffàre*
giblets *rigaglie, nf*	**gìblets** *rigàye, nf*
Gibraltar *Gibilterra, nf*	**Gìbràltar** *Gibiltèrra, nf*
giddily *storditamente, ad*	**gìddily** *storditamènte, ad*
giddiness *vertigine-i, nf*	**gìddiness** *vertìjine-i, nf*
giddy *stordito-i a e, a*	**gìddy** *stordìto-i a e, a*
gift *dono-i, nm*	**gìft** *dòno-i, nm*
to gift *donare*	**to gìft** *donàre*
gifted *dotato-i a e, a*	**gìfted** *dotàto-i a e, a*
gig *puntata-e, nf*	**gìg** *puntàta-e, nf*
gigantic *gigantesco-hi a he, a*	**gigàntik** *jigantèsko-i a e, a*
gigantically *gigantescamente, ad*	**gigàntikally** *jiganteskamènte, ad*
giggle *riso, nm*	**gìggle** *rìso, nm*
to giggle *ridere*	**to gìggle** *rìdere*
giglet *ragazza leggera, nf*	**gìglet** *ragàzza lejjèra, nf*
gilded *dorato-i a e, a*	**gìlded** *doràto-i a e, a*
gilder *doratore-i, nm*	**gìlder** *doratòre-i, nm*
gilding *doratura-e, nf*	**gìlding** *doratùra-e, nf*
gill *branchia-e, nf*	**gìll** *brànkia-e, nf*
gill *stretto-i, nm*	**gìll** *strètto-i, nm*
gimbals *cardanica, nf*	**gìmbals** *kardànika, nf*
gimcrack *giocattolo-i, nm*	**gìmkrak** *jokàttolo-i, nm*
gimlet *succhiello-i, nm*	**gìmlet** *sukkièllo-i, nm*
gin *gin, nm*	**gìn** *jìn, nm*
to gin *sgranare*	**to gìn** *sgranàre*
ginger *zenzero-i, nm*	**gìnger** *zènzero-i, nm*
to ginger *aromatizzare*	**to gìnger** *aromatizzàre*
gingerly *cautamente, ad*	**gìngerly** *kautamènte, ad*

gingery *aromatizzato-i a e, a*
gink *giovanotto-i, nmf*
gippo *minestra-e, nf*
gipsy *zingaro-i a e, nmf*
gipsyish *zingaresco-hi a he, a*
giraffe *giraffa-e, nf*
girandole *girandola-e, nf*
girasol *girasole-i, nm*
to gird *beffare*
to gird *cingere*
girder *trave-i, nm*
girdle *cintura-e, nf*
to girdle *cingere*
girkin *citriolo-i, nm*
girl *ragazza-e, nf*
girlhood *adolescenza i, nm*
girlish *fanciullesco-hi a he, a*
girlishly *fanciullescamente, ad*
girlishness *ingenuità, nf*
girth *cinghia-e, nf*
to girth *reggere*
gist *punto essenziale, nm*
gittern *chitarra-e, nf*
give *cedimento-i, nm*
to give *dare*
given *supposto-i, a*
giver *datore-i, nm*
gizzard *ventriglio-i, nm*
glabrous *glabro-i, a*
glacè *lucido-i a e, a*
glacial *glaciale-i, a*
glaciated *coperto di ghiaccio, nm*
glaciation *agghiacciamento-i, nm*
glacier *ghiacciaio-i, nm*
glad *contento-i a e, a*
to glad *allietare*
to gladden *allietare*
glade *radura-e, nf*
gladiator *gladiatore-i, nm*
gladiolus *gladiolo-i, nm*
gladly *lietamente, ad*
gladness *contentezza-e, nf*

gìngery *aromatizzàto-i a e, a*
gìnk *jovanòtto-i, nmf*
gìppo *minèstra-e, nf*
gìpsy *zìngaro-i a e, nmf*
gìpsyish *zingàresko-i a e, a*
giràffe *jiràffa-e, nf*
gìrandole *jiràndola-e, nf*
gìrasol *jirasòle-i, nm*
to gìrd *beffàre*
to gìrd *cìnjere*
gìrder *tràve-i, nm*
gìrdle *cintùra-e, nf*
to gìrdle *cìnjere*
gìrkìn *citriòlo-i, nm*
gìrl *ragàzza-e, nf*
gìrlhòod *adoleshènza i, nm*
gìrlish *fanciullèsko-i a e, a*
gìrlishly *fanculleskamènte, ad*
gìrlishness *injenuità, nf*
gìrth *cìngia-e, nf*
to gìrth *rèjjere*
gìst *pùnto essenziàle, nm*
gìttern *kitàrra-e, nf*
gìve *cedimènto-i, nm*
to gìve *dàre*
gìven *suppòsto-i, a*
gìver *datòre-i, nm*
gìzzard *ventrìyo-i, nm*
glàbrous *glàbro-i, a*
glacè *lùcido-i a e, a*
glàcial *glaciàle-i, a*
glàciated *kopèrto di giàcco, nm*
glàciàtion *aggiaccamènto-i, nm*
glàcier *giaccàio-i, nm*
glàd *kontènto-i a e, a*
to glàd *allietàre*
to glàdden *allietàre*
glàde *radùra-e, nf*
glàdiàtor *gladiatòre-i, nm*
gladiolùs *gladiòlo-i, nm*
glàdly *lietamènte, ad*
glàdness *kontentèzza-e, nf*

gladsome *contento-i a e, a*
Gladstone *Gladstone, nm*
glair *albume-i, nm*
to glair *spalmare*
glamour *fascino-i, nm*
glamorous *affascinante-i, a*
glance *sguardo-i, nm*
to glance *gettare sguardi*
glancingly *fugacemente, ad*
gland *ghiandola-e, nf*
glanders *cimurro-i, nm*
glandular *glandolare-i, a*
glare *bagliore-i, nm*
to glare *risplendere*
glaringly *abbagliantemente, ad*
glass *bicchiere-i, nm*
to glass *specchiare*
glasses *occhiali, nm*
glassful *bicchiere pieno, nm*
glassiness *vetrosità, nf*
glassy *vitreo-i, a*
glauberite *glauberite-i, nf*
glaucous *glauco-hi a he, a*
glaze *smalto-i, nm*
to glaze *smaltare*
glazer *verniciatore-i, nm*
glazier *vetraio-i, nm*
glazing *verniciatura-e, nf*
glazy *vitreo-i a e, a*
gleam *barlume-i, nm*
to gleam *brillare*
gleamy *scintillante-i, a*
to glean *spigolare*
gleaner *spigolatore-i, nm*
gleaning *spigolatura-e, nf*
glebe *gleba-e, nf*
glee *giubilo-i, nm*
gleeful *gioioso-i a e, a*
gleefully *gioiosamente, ad*
gleesome *allegro-i a e, a*
gleet *scolo-i, nm*
gleety *viscoso-i a e, a*

glàdsome *kontènto-i a e, a*
Glàdstòne *Gladstòne, nm*
glàir *albùme-i, nm*
to glàir *spalmàre*
glàmour *fàshino-i, nm*
glàmorous *affashinànte-i, a*
glànce *sguàrdo-i, nm*
to glànce *jettàre sguàrdi*
glàncingly *fugacemènte, ad*
glànd *giàndola-e, nf*
glànders *cimùrro-i, nm*
glàndular *glandolàre-i, a*
glàre *bayòre-i, nm*
to glàre *risplèndere*
glàringly *abbayantemènte, ad*
glàss *bikkière-i, nm*
to glàss *spekkiàre*
glàsses *okkiàli, nm*
glàssful *bikkière pièno, nm*
glàssiness *vetrosità, nf*
glàssy *vìtreo-i, a*
glàuberite *glauberìte-i, nf*
glàukous *glàuko-i a e, a*
glàze *smàlto-i, nm*
to glàze *smaltàre*
glàzer *vernicatòre-i, nm*
glàzier *vetràio-i, nm*
glàzing *vernicatùra-e, nf*
glàzy *vìtreo-i a e, a*
glèam *barlùme-i, nm*
to glèam *brillàre*
glèamy *shintillànte-i, a*
to glèan *spigolàre*
glèaner *spigolatòre-i, nm*
glèaning *spigolatùra-e, nf*
glèbe *glèba-e, nf*
glèe *jùbilo-i, nm*
glèeful *joiòso-i a e, a*
glèefully *joiosamènte, ad*
glèesome *allègro-i a e, a*
glèet *skòlo-i, nm*
glèety *viskòso-i a e, a*

glen *valletta-e, nf*
glib *fluente-i, a*
glibness *prontezza-e, nf*
glide *scivolata-e, nf*
to glide *scivolare*
glider *aliante-i, nm*
glim *candela-e, nf*
to glimmer *scintillare*
glimpse *barlume-i, nm*
to glimpse *intravedere*
glint *riflesso-i, nm*
to glint *risplendere*
glissade *scivolata-e, nf*
to glissade *slittare*
to glisten *scintillare*
to glister *scintillare*
glitter *scintillio-i, nm*
to glitter *scintillare*
gloaming *crepuscolo-i, nm*
globe *globo-i, nm*
globular *globulare-i, a*
globule *globulo-i, nm*
glomerate *agglomerato-i a e, a*
goom *tristezza-e, nf*
to gloom *rattristare*
gloomily *oscuramente, ad*
gloominess *oscurità, nf*
gloomy *triste-i, nmf*
glorification *glorificazione-i, nf*
gloria *gloria*
to glorify *glorificare*
gloriole *aureola-e, nf*
glorious *glorioso-i a e, a*
gloriously *gloriosamente, ad*
glory *gloria-e, nf*
to glory *esultare*
gloryingly *vanagloriosamente, ad*
gloss *glossa-e, nf*
to gloss *glossare*
to gloss *lucidare*
glossary *glossario-i, nm*
glossily *lucidamente, ad*

glossily

glèn *vallètta-e, nf*
glìb *fluènte-i, a*
glìbness *prontèzza-e, nf*
glìde *shivolàta-e, nf*
to glìde *shivolàre*
glìder *aliànte-i, nm*
glìm *kandèla-e, nf*
to glìmmer *shintillàre*
glìmpse *barlùme-i, nm*
to glìmpse *intravedère*
glìnt *riflèsso-i, nm*
to glìnt *risplèndere*
glissàde *shivolàta-e, nf*
to glissàde *slittare*
to glìsten *shintillàre*
to glìster *shintillàre*
glìtter *shintillìo-i, nm*
to glìtter *shintillàre*
glòaming *krepùskolo-i, nm*
glòbe *glòbo-i, nm*
glòbular *globulàre-i, a*
glòbule *glòbulo-i, nm*
glòmerate *agglomeràto-i a e, a*
glòom *tristèzza-e, nf*
to glòom *rattristàre*
glòomily *oskuramènte, ad*
glòominess *oskurità, nf*
glòomy *trìste-i, nmf*
glorifikàtion *glorifikaziòne-i, nf*
glòria *glòria*
to glòrify *glorificàre*
glòriole *aureòla-e, nf*
glòrious *gloriòso-i a e, a*
glòriously *gloriosamènte, ad*
glòry *glòria-e, nf*
to glòry *esultàre*
glòryingly *vanagloriosamènte, ad*
glòss *glòssa-e, nf*
to glòss *glossàre*
to glòss *lucidàre*
glòssary *glossàrio-i, nm*
glòssily *lucidamènte, ad*

glossiness *lucidezza-e, nf*	**glòssiness** *lucidèzza-e, nf*
glossology *glottologia-e, nf*	**glossòlogy** *glottolojìa-e, nf*
glossy *lucente-i, nf*	**glòssy** *lucènte-i, nf*
glottis *glottide-i, nf*	**glòttis** *glòttide-i, nf*
glove *guanto-i, nm*	**glòve** *guànto-i, nm*
to glove *inguantare*	**to glòve** *inguantàre*
gloveless *senza guanti, a*	**glòveless** *sènza guànti, a*
glover *guantaio-i a e, nmf*	**glòver** *guantàio, i a e, nmf*
glow *ardore-i, nm*	**glòw** *ardòre-i, nm*
to glow *ardere*	**to glòw** *àrdere*
to glower *guardare*	**to glòwer** *guardàre*
glowingly *ardentemente, ad*	**glòwingly** *ardentemènte, ad*
glow-worm *lucciola-e, nf*	**glòw-wòrm** *lùccola-e, nf*
to gloze *adulterare*	**to glòze** *adulteràre*
glucik *glucosio-i a e, a*	**glùcik** *glukòsio-i a e, a*
glucose *glucosio-i nm*	**glùkose** *glukòsio-i nm*
glue *colla-e, nf*	**glùe** *kòlla-e, nf*
to glue *incollare*	**to glùe** *inkollàre*
gluey *appiccicaticcio-i a e, a*	**glùey** *appiccikatìcco-i a e, a*
glum *triste-i, a*	**glùm** *trìste-i, a*
glumness *tristezza-e, nf*	**glùmness** *tristèzza-e, nf*
glumps *mal umore, nm*	**glùmps** *màl umòre, nm*
glut *sazietà, nf*	**glùt** *sazietà, nf*
to glut *saziare*	**to glùt** *saziàre*
gluten *glutine-i, nm*	**glùten** *glùtine-i, nm*
to glutinize *rendere glutinoso*	**to glùtinize** *rèndere glutinòso*
glutinosity *glutinosità, nf*	**glutinòsity** *glutinosità, nf*
glutinous *glutinoso-i a e, a*	**glùtinous** *glutinòso-i a e, a*
glutton *ghiottone-i, nm*	**glùtton** *giottòne-i, nm*
gluttonous *ghiotto-i a e, a*	**glùttonous** *giòtto-i a e, a*
gluttony *golosità, n*	**glùttony** *golosità, n*
glycerine *glicerina-e, nf*	**glỳcerine** *glicerìna-e, nf*
gnarled *nodoso-i a e, a*	**gnàrled** *nodòso-i a e, a*
to gnash *battere*	**to gnàsh** *bàttere*
gnat *moscerino-i, nm*	**gnàt** *mosherìno-i, nm*
to gnaw *rodere*	**to gnàw** *ròdere*
gnome *gnomo-i, nm*	**gnòme** *qòmo-i, nm*
gnomic *gnomico-i a he, a*	**gnòmik** *qòmiko-i a e, a*
gnomon *gnomone-i, nm*	**gnòmon** *qomòne-i, nm*
gnosticism *gnosticismo-i, nm*	**gnòsticism** *qosticìsmo-i, nm*
go *andata-e, nf*	**gò** *andàta-e, nf*
to go *andare*	**to gò** *andàre*

goad *pungolo-i, nm*
to goad *stimolare*
goal *goal, n*
goat *capra-e, nf*
goatee *barbetta-e, nf*
goatish *caprino-i a e, a*
gob *sputo-i, nf*
to gobble *ingoiare*
goblet *coppa-e, nf*
goblin *maligno-i a e, a*
God *Dio, nm*
to god *divinizzare*
goddess *dea-e, nf*
godfather *padrino-i, nm*
godfearing *religioso-i a e, a*
godforsaken *miserabile-i, a*
godlike *divino-i a e, a*
godliness *religiosità, nf*
godly *devoto-i a e, a*
godmother *madrina-e, nf*
godsend *dono-i, nm*
godson *figlioccio-i, nm*
goffer *ferro per pieghettare, nm*
to goffer *pieghettare*
go-getter *arrivista-e, nm*
goggle *stralunato-i a e, a*
goggles *occhiali, nm*
going *andata-e, nf*
goitre *gozzo-i, nm*
goitred *gozzuto-i a e, a*
gold *oro-i, nm*
golden *dorato-i a e, a*
goldfinch *cardellino-i, nm*
goldilocks *trecce d'oro, nf*
goldsmith *orefice-i, nm*
golf *golf, nm*
to golf *giocare a golf*
golfer *giocatore di golf*
golliwog *spauracchio-i, nm*
golosh *soprascarpa-e, nf*
gondola *gondola-e, nf*
gondolier *gondoliere-i, nm*

gòad *pùngolo-i, nm*
to gòad *stimolàre*
gòal *gòal, n*
gòat *kàpra-e, nf*
gòatee *barbètta-e, nf*
gòatish *kaprìno-i a e, a*
gòb *spùto-i, nf*
to gòbble *ingoiàre*
gòblet *kòppa-e, nf*
gòblin *malìqo-i a e, a*
Gòd *Dìo, nm*
to gòd *divinizzàre*
gòddess *dèa-e, nf*
gòdfàthèr *padrìno-i, nm*
gòdfèaring *relijiòso-i a e, a*
gòdforsàken *miseràbile-i, a*
gòdlike *divìno-i a e, a*
gòdliness *relijosità, nf*
gòdly *devòto-i a e, a*
gòdmòther *madrìna-e, nf*
gòdsend *dòno-i, nm*
gòdsòn *fiyòcco-i, nm*
gòffer *fèrro pèr piegettàre, nm*
to gòffer *piegettàre*
gò-gètter *arrivìsta-e, nm*
gòggle *stralunàto-i a e, a*
gòggles *okkiàli, nm*
gòing *andàta-e, nf*
gòitre *gòzzo-i, nm*
gòitred *gozzùto-i a e, a*
gòld *òro-i, nm*
gòlden *dorào-i a e, a*
gòldfinch *kardellìno-i, nm*
gòldiloks *trècce d'òro, nf*
gòldsmìth *orèfice-i, nm*
gòlf *gòlf, nm*
to gòlf *jocàre a gòlf*
gòlfer *jokatòre di gòlf*
gòlliwog *spauràkkio-i, nm*
golòsh *sopraskàrpa-e, nf*
gòndola *gòndola-e, nf*
gòndolier *gondolière-i, nm*

ci ce ca co cu   ki ke ka ko ku   ji je ja jo ju   gi ge ga go gu
sci sce sca sco scu=shi she sha sho shu   gn=q   gl=y

goner *persona finita, nf*
gonfalon *gonfalone-i, nm*
gonfalonier *gonfaloniere-i, nm*
gong *gong, nm*
to gong *intimare*
goniometer *goniometro-i, nm*
goniometry *gonometria-e, nf*
gonorrhea *gonorrea-e, nf*
good *buono-i a e, a*
good *bene-i, nm*
good-bye *addio, nm*
goodish *piuttosto buono, a*
goodly *bello-i a e, a*
goodman *padre-i, nm*
goodness *bontà, nf*
goods *merce-i, nf*
goodwife *madre di famiglia, nf*
goodwill *benevolenza-e, nf*
goody *dolce-i, nf*
goody *sciocco-hi a he, a*
goose *oca-he, nf*
gooseberry *uva spina, nf*
gore *sangue-i, nm*
gorge *strozza-e, nf*
to gorge *trangugiare*
gorgeous *sgargiante-i, a*
gorgeously *splendidamente, ad*
gorgeousness *vistosità, nf*
gorget *soggolo-i, nm*
gorgon *gorgona-i, nm*
gorgonean *gorgoneo-i, a*
to gorgonize *pietrificare*
gorgonzola *gorgonzola, nm*
gorilla *gorilla, nm*
to gormindize *inghiottire*
gormindizer *ghiottone-i, nm*
gorse *ginestra-e, nf*
gorsy *coperto ti ginestre, nm*
gory *coperto di sangue, nm*
gosling *paperetto-i, nm*
gospel *vangelo-i, nm*
gospeller *evangelizzatore-i, nm*

gòner *persòna finìta, nf*
gònfalon *gonfalòne-i, nm*
gònfalonier *gonfalonière-i, nm*
gòng *gòng, nm*
to gòng *intimàre*
goniòmeter *goniòmetro-i, nm*
goniòmetry *gonometrìa-e, nf*
gonorrhèa *gonorrèa-e, nf*
gòod *buòno-i a e, a*
gòod *bène-i, nm*
gòod-bỳe *addìo, nm*
gòodish *piuttòsto buòno, a*
gòodly *bèllo-i a e, a*
gòodmàn *pàdre-i, nm*
gòodness *bontà, nf*
gòods *mèrce-i, nf*
gòodwìfe *màdre di fàmiya, nf*
gòodwìll *benevolènza-e, nf*
gòody *dòlce-i, nf*
gòody *shòkko-i a e, a*
gòose *òka-e, nf*
gòoseberry *ùva spìna, nf*
gòre *sàngue-i, nm*
gòrge *stròzza-e, nf*
to gòrge *trangujàre*
gòrgeous *sgarjante-i, a*
gòrgèously *splendidamènte, ad*
gòrgeousness *vistosità, nf*
gòrget *sòggolo-i, nm*
gòrgon *gorgòna-i, nm*
gorgònean *gorgòneo-i, a*
to gòrgonize *pietrifikàre*
gorgonzòla *gorgonzòla, nm*
gorìlla *gorìlla, nm*
to gòrmindize *ingiottìre*
gòrmindizer *giottòne-i, nm*
gòrse *jinèstra-e, nf*
gòrsy *kopèrto ti jinèstre, nm*
gòry *kopèrto di sàngue, nm*
gòsling *paperètto-i, nm*
gòspel *vanjèlo-i, nm*
gòspeller *evanjelizzatòre-i, nm*

gossamer *filo leggero, nm*
gossamery *leggero-i a e, a*
gossip *pettegolo-i, nm*
to gossip *pettegolare*
gossiper *pettegolo-hi a he, nmf*
gossiping *pettegolezzo-i, nm*
gossipy *pettegolo-i a e, a*
gothamite *semplicione-i, nm*
Gothic *gotico-i a he, a*
Gothicism *goticismo-i, nm*
to gothecize *rendere gotico*
gouache *guazzo-i, nm*
gouge *sgorbia-e, nf*
to gouge *scanalare*
gourd *zucca-he, nf*
gourdy *gonfio-i a e, a*
gourmand *ghiottone-i, a*
gout *gotta-e, nf*
gout *gusto-i, nm*
gouty *gottoso-i, a*
to govern *governare*
governable *governabile-i, a*
governess *istitutrice-i, nf*
governing *dominante-i, a*
government *governo-i, nm*
governmental *governativo-i a e, a*
governor *governatore-i, nm*
governorship *governatorato-i a e, a*
gown *veste-i, nf*
to gown *rivestire*
grab *stretta-e, nf*
to grab *afferrare*
grabber *presuntuoso-i a e, nmf*
to grabble *andare a tentoni*
grabby *soldato-i, nm*
grace *grazia-e, nf*
to grace *adornare*
graceful *grazioso-i a e, a*
gracefully *graziosamente, ad*
gracefulness *grazia-e, nf*
graceless *impudico-i a he, a*
gracelessly *impudicamente, ad*

gracelessly

gòssamer *filo lejjèro, nm*
gòssamery *lejjèro-i a e, a*
gòssip *pettègolo-i, nm*
to gòssip *pettegolàre*
gòssiper *pettègelo-i a e, nmf*
gòssiping *pettegolèzzo-i, nm*
gòssipy *pettègolo-i a e, a*
gòthamite *semplicòne-i, nm*
Gòthik *gòtiko-i a e, a*
Gòthicism *goticìsmo-i, nm*
to gòthecize *rèndere gòtiko*
gouàche *guàzzo-i, nm*
gòuge *sgòrbia-e, nf*
to gòuge *skanalàre*
gòurd *zùkka-e, nf*
gòurdy *gònfio-i a e, a*
gòurmànd *giottòne-i, a*
gòut *gòtta-e, nf*
gòut *gùsto-i, nm*
gòuty *gottòso-i, a*
to gòvern *governàre*
gòvernable *governàbile-i, a*
gòverness *istitutrìce-i, nf*
gòverning *dominànte-i, a*
gòvernment *govèrno-i, nm*
gòvernmental *governatìvo-i a e, a*
gòvernor *governatòre-i, nm*
gòvernorshìp *governatoràto-i a e, a*
gòwn *vèste-i, nf*
to gòwn *rivestìre*
gràb *strètta-e, nf*
to gràb *afferràre*
gràbber *presuntuòso-i a e, nmf*
to gràbble *andàre a tentòni*
gràbby *soldàto-i, nm*
gràce *gràzia-e, nf*
to gràce *adornàre*
gràceful *graziòso-i a e, a*
gràcefully *graziosamènte, ad*
gràcefulness *gràzia-e, nf*
gràceless *impùdiko-i a e, a*
gràcelessly *impudikamènte, ad*

gracious *grazioso-i a e, a*	**gràcious** *graziòso-i a e, a*
to gradate *digradare*	**to gradàte** *digradàre*
grade *grado-i, nm*	**gràde** *gràdo-i, nm*
to grade *graduare*	**to gràde** *graduàre*
gradient *gradato-i a e, a*	**gràdient** *gradàto-i a e, a*
gradual *graduale-i, a*	**gràdual** *graduàle-i, a*
gradually *gradualmente, ad*	**gràdually** *gradualmènte, ad*
to graduate *graduare*	**to gràduate** *graduàre*
graduate *laureato-i a e, a*	**gràduate** *laureàto-i a e, a*
graduated *graduato-i a e, a*	**gràduated** *graduàto-i a e, a*
graduator *graduatore-i, nm*	**gràduator** *graduatòre-i, nm*
graft *corruzione-i, nf*	**gràft** *korruziòne-i, nf*
graft *innesto-i, nm*	**gràft** *innèsto-i, nm*
to graft *innestare*	**to gràft** *innestàre*
grain *grano-i, nm*	**gràin** *gràno-i, nm*
grainy *granuloso-i a e, a*	**gràiny** *granulòso-i a e, a*
gram *grammo-i, nm*	**gràm** *gràmmo-i, nm*
gramineous *graminaceo-i, a*	**gramìneous** *graminacèo-i, a*
grammar *grammatica-he, nf*	**gràmmar** *grammàtika-e, nf*
grammarian *grammatico-i a he, nmf*	**grammàrian** *grammatìko-i a e, nmf*
grammatical *grammaticale-i, a*	**grammàtikal** *grammatikàle-i, a*
grammatically *grammaticamente, ad*	**grammàtikally** *grammatikamènte, ad*
gramme *grammo-i, nm*	**gràmme** *gràmmo-i, nm*
gramophone *grammofono-i, nm*	**gràmophòne** *grammòfono-i, nm*
grampus *orca-he, nf*	**gràmpus** *òrka-e, nf*
granary *granaio-i, nm*	**grànary** *granàio-i, nm*
grand *grande-i, a*	**grànd** *grànde-i, a*
grandad *nonno-i, nm*	**grandàd** *nònno-i, nm*
grandam *antenata-e, nf*	**grandàm** *antenàta-e, nf*
grandchild *nipotino-i a e, nmf*	**gràndchìld** *nipotìno-i a e, nmf*
grandaughter *nipotina-e, nf*	**gràndàughter** *nipotìna-e, nf*
grandeur *grandezza-e, nf*	**gràndeur** *grandèzza-e, nf*
grandfather *nonno-i, nm*	**gràndfàther** *nònno-i, nm*
grandiloquence *magniloquenza-e, nf*	**grandìloquence** *maqilokuènza-e, nf*
gandiloquent *magniloquente-i, a*	**gràndìloquent** *maqilokuènte-i, a*
grandiose *grandioso-i a e, a*	**gràndiose** *grandiòso-i a e, a*
grandiosely *grandiosamente, ad*	**gràndiosely** *grandiosamènte, ad*
grandiosity *grandiosità, nf*	**grandiòsity** *grandiosità, nf*
grandly *grandemente, ad*	**gràndly** *grandemènte, ad*
grandmama *nonna-e, nf*	**gràndmamà** *nònna-e, nf*
grandmother *nonna-e, nf*	**gràndmòther** *nònna-e, nf*
grandpapa *nonno-i, nm*	**gràndpapà** *nònno-i, nm*

grandparents *nonni, nmf*
grandson *nipote-i, nm*
grange *fattoria-e, nf*
granitic *granitico-i a he, a*
granny *nonna, nf*
grant *dono-i, nm*
to grant *concedere*
grantee *concessionario-i, nm*
granter *concedente-i, nm*
granular *granulare-i, a*
to granulate *granulare*
granulation *granulazione-i, nf*
granule *granello-i, nm*
granulous *granuloso-i a e, a*
grape *uva-e, nf*
grape-shot *carica-he, nf*
grapery *vigna-e, nf*
grapefruit *pompelmo-i, nm*
graph *grafico-i, nm*
graphic *grafico-i a he, a*
graphically *graficamente, ad*
graphite *grafite-i, nf*
graphology *grafologia-e*
grapnel *ancoretta-e, nf*
grapple *rampone-i, nm*
to grapple *afferrare*
grapy *di uva, a*
grasp *presa-e, nf*
to grasp *afferrare*
grasping *avido-i a e, a*
graspingly *avaramente, ad*
graspingness *avarizia-e, nf*
grass *erba-e, nf*
to grass *coprire d'erba*
grassing *sbiancatura-e, nf*
grassy *erboso-i a e, a*
grate *griglia-e, nf*
to grate *grattuggiare*
grateful *grato-i a e, a*
gratefully *con gratitudine, ad*
gratefulness *gratitudine-i, nf*
grater *grattugia-e, nf*

gràndpàrents *nònni, nmf*
gràndsòn *nipòte-i, nm*
grànge *fattorìa-e, nf*
grànitik *granìtiko-i a e, a*
grànny *nònna, nf*
grànt *dòno-i, nm*
to grànt *koncèdere*
gràntee *koncessionàrio-i, nm*
grànter *koncedènte-i, nm*
grànular *granulàre-i, a*
to grànulate *granulàre*
granulàtion *granulaziòne-i, nf*
grànule *grànello-i, nm*
grànulous *granulòso-i a e, a*
gràpe *ùva-e, nf*
gràpe-shòt *kàrika-e, nf*
gràpery *vìga-e, nf*
gràpefruit *pompèlmo-i, nm*
gràph *gràfiko-i, nm*
gràphik *grafiko-i a e, a*
gràphikally *grafikamènte, ad*
gràphite *grafite-i, nf*
graphòlogy *grafolojìa-e*
gràpnel *ankòretta-e, nf*
gràpple *rampòne-i, nm*
to gràpple *afferràre*
gràpy *di ùva, a*
gràsp *prèsa-e, nf*
to gràsp *afferràre*
gràsping *àvido-i a e, a*
gràspingly *avaramènte, ad*
gràspingness *avarìzia-e, nf*
gràss *èrba-e, nf*
to gràss *koprìre d'èrba*
gràssing *sbiankatùra-e, nf*
gràssy *erbòso-i a e, a*
gràte *grìya-e, nf*
to gràte *grattujjàre*
gràteful *gràto-i a e, a*
gràtefully *kòn gratitùdine, ad*
gràtefulness *gratitùdine-i, nf*
gràter *grattùja-e, nf*

gratification *soddisfazione-i, nf*	**gratifikàtion** *soddisfaziòne-i, nf*
to gratify *gratificare*	**to gràtify** *gratifikàre*
gratifying *soddisfacente-i, a*	**gràtifÿing** *soddisfacènte-i, a*
grating *inferiata-e, nf*	**gràting** *inferiàta-e, nf*
gratingly *con stridore, ad*	**gràtingly** *kòn stridòre, ad*
gratis *gratuitamente, ad*	**gràtis** *gratuitamènte, ad*
gratitude *gratitudine-i, nf*	**gràtitude** *gratitùdine-i, nf*
gratuitous *gratuito-i, a*	**gratùitous** *gratuìto-i, a*
gratuity *mancia-e, nf*	**gratùity** *mància-e, nf*
grave *tomba-e, nf*	**gràve** *tòmba-e, nf*
grave *grave-i, a*	**gràve** *gràve-i, a*
to grave *raddobbare*	**to gràve** *raddobbàre*
gravel *ghiaia-e, nf*	**gràvel** *giàia-e, nf*
to gravel *ricoprire di ghiaia*	**to gràvel** *rikoprìre di giàia*
graveless *insepolto-i a e, a*	**gràveless** *insepòlto-i a e, a*
gravelly *ghiaiato-i a e, a*	**gràvelly** *giaiàto-i a e, a*
gravely *gravemente, ad*	**gràvely** *gravemènte, ad*
gravestone *pietra tombale, nf*	**gràvestone** *pièdra tombàle, nf*
graveyard *cimitero-i, nm*	**gràveyàrd** *cimitèro-i, nm*
gravid *gravido-i a e, a*	**gràvid** *gràvido-i a e, a*
to gravitate *gravitare*	**to gràvitate** *gravitàre*
gravitation *gravitazione-i, nf*	**gravitàtion** *gravitaziòne-i, nf*
gravity *gravità, nf*	**gràvity** *gravità, nf*
gravy *sugo-hi, nm*	**gràvy** *sùgo-i, nm*
graze *abrasione-i, nf*	**gràze** *abrasiòne-i, nf*
to graze *pascolare*	**to gràze** *paskolàre*
to graze *sfiorare*	**to gràze** *sfioràre*
grazer *pascolante-i, nm*	**gràzer** *paskolànte-i, nm*
grazier *allevatore-i, nm*	**gràzier** *allevatòre-i, nm*
grazing *pascolo-i, nm*	**gràzing** *pàskolo-i, nm*
grease *grasso-i, nm*	**grèase** *grasso-i, nm*
to grease *lubrificare*	**to grèase** *lubrifikàre*
greasily *untuosamente, ad*	**grèasily** *untuosamènte, ad*
greasiness *grassezza-e, nf*	**grèasiness** *grassèzza-e, nf*
greasy *grasso-i a e, a*	**grèasy** *gràsso-i a e, a*
great *grande-i, a*	**grèat** *grànde-i, a*
greatly *molto, ad*	**grèatly** *mòlto, ad*
greatness *grandezza-e, nf*	**grèatness** *grandèzza-e, nf*
greeb *colimbo-i, nm*	**grèeb** *kolìmbo-i, nm*
Grecian *Greco-i a he, nmf*	**Grècian** *Grèko-i a e, nmf*
grecism *grecismo-i, nm*	**grècism** *grecìsmo-i, nm*
to grecize *grecizzare*	**to grècize** *grecizzàre*

griminess

Greco-Roman *greco-romano, nm*
Greece *Grecia, nf*
greed *cupidigia-e, nf*
greedily *avidamente, ad*
greediness *avidità, nf*
greedy *avido-i, a*
Greek *greco-i a he, a*
green *verde-i, a*
green *verzura-e, nf*
to green *verdeggiare*
greenery *verzura-e, nf*
greenhouse *serra-e, nf*
greenish *verdastro-i a e, a*
greenness *verdezza-e, nf*
greeny *verde-i, a*
to greet *salutare*
greeting *saluto-i, nm*
Gregorian *gregoriano-i a e, a*
Gregory *Gregorio, nm*
grenade *granata-e, nf*
grenadier *granatiere-i, nm*
grenadine *granatina-e, nf*
grey *grigio-i a e, a*
greyhound *levriero-i, nm*
greyish *grigiastro-i a e, a*
greyness *grigiore-i, a*
grid *graticola-e, nf*
gridiron *graticola-e, nf*
grief *dolore-i, nm*
grievance *lagnanza-e, nf*
grievous *grave-i, a*
greviously *dolorosamente, ad*
griffin *grifone-i, nm*
grig *anguilla-e, nf*
grill *griglia-e, nf*
to grill *arrostire*
grim *fosco-hi a he, a*
grimace *smorfia-e, nf*
to grimace *fare smorfie*
grime *sudiciume-i, nm*
to grime *insudiciare*
griminess *sudicezza-e, nf*

Grèko-Ròman *grèko-romàno, nm*
Grèece *Grèca, nf*
grèed *kupidìja-e, nf*
grèedily *avidamènte, ad*
grèediness *avidità, nf*
grèedy *àvido-i, a*
Grèek *grèko-i a e, a*
grèen *vèrde-i, a*
grèen *verzùra-e, nf*
to grèen *verdejjàre*
grèenery *verzùra-e, nf*
grèenhouse *sèrra-e, nf*
grèenish *verdàstro-i a e, a*
grèenness *verdèzza-e, nf*
grèeny *vèrde-i, a*
to grèet *salutàre*
grèeting *salùto-i, nm*
Gregòrian *gregoriàno-i a e, a*
Grègory *Gregòrio, nm*
grenàde *granàta-e, nf*
grènadier *granatière-i, nm*
grènadine *granatìna-e, nf*
grèy *grìjo-i a e, a*
grèyhound *levrièro-i, nm*
grèyish *grijàstro-i a e, a*
grèyness *grijòre-i, a*
grìd *gratìkola-e, nf*
gridìron *gratìkola-e, nf*
grìef *dolòre-i, nm*
grìevance *laqànza-e, nf*
grìevous *gràve-i, a*
grèviously *dolorosamènte, ad*
grìffin *grifòne-i, nm*
grìg *anguìlla-e, nf*
grìll *grìya-e, nf*
to grìll *arrostìre*
grìm *fòsko-i a e, a*
grìmace *smòrfia-e, nf*
to grìmace *fàre smòrfie*
grìme *sudicùme-i, nm*
to grìme *insudiciàre*
grìminess *sudicèzza-e, nf*

grimly *foscamente, ad*	grìmly *foskamènte, ad*
grimness *spaventosità, nf*	grìmness *spaventosità, nf*
grimy *sudicio-i, a*	grìmy *sùdico-i, a*
grin *sogghigno-i, nm*	grìn *soggìqo-i, nm*
to grin *sogghignare*	to grìn *soggiqàre*
grind *lavoro faticoso, nm*	grìnd *lavòro fatikòso, nm*
to grind *macinare*	to grìnd *macinàre*
grinder *arrotino-i, nm*	grìnder *arrotìno-i, nm*
grindstone *macina-e, nf*	grìndstòne *màcina-e, nf*
grip *presa-e, nf*	grìp *prèsa-e, nf*
to grip *afferrare*	to grìp *afferràre*
gripe *lagnanza-e, nf*	grìpe *laqànza-e, nf*
to gripe *lagnare*	to grìpe *laqàre*
to gripe *afferrare*	to grìpe *afferràre*
griping *avaro-i a e, a*	grìping *avàro-i a e, a*
grippe *influenza-e, nf*	grìppe *influènza-e, nf*
grisette *grisetta-e, nf*	grìsette *grisètta-e, nf*
grisliness *orribilità, nf*	grìsliness *orribilità, nf*
grisly *orribile-i, a*	grìsly *orrìbile-i, a*
grist *grano-i, nm*	grìst *gràno-i, nm*
gristel *cartilagine-i, nf*	grìstel *kartilàjine-i, nf*
gristly *cartilaginoso-i a e, a*	grìstly *kartilajinòso-i a e, a*
grit *fortezza-e, nf*	grìt *fortèzza-e, nf*
grit *sabbia-e, nf*	grìt *sàbbia-e, nf*
gritty *sabbioso-i a e, a*	grìtty *sabbiòso-i a e, a*
grizzled *grigio-i, a*	grìzzled *grìjo-i, a*
grizzly *grigio-i, a*	grìzzly *grìjo-i, a*
groan *gemito-i, nm*	gròan *jèmito-i, nm*
to groan *gemere*	to gròan *jemère*
groaningly *con gemiti, ad*	gròaningly *kòn jèmiti, ad*
groat *moneta-e, nf*	gròat *mòneta-e, nf*
groats *fiocchi d'avena, nm*	gròats *fiòkki d'àvena, nm*
grocer *droghiere-i, nm*	gròcer *drogière-i, nm*
grocery *drogheria-e, nf*	gròcery *drogerìa-e, nf*
grog *miscela-e, nf*	gròg *mishèla-e, nf*
groggy *ubriaco-hi a he, a*	gròggy *ubriàko-i a e, a*
groin *inguine-i, nf*	gròin *ìnguine-i, nf*
groom *staffiere-i, nm*	gròom *staffière-i, nm*
to groom *curare*	to gròom *kuràre*
groove *scanalatura-e, nf*	gròove *skanalatùra-e, nf*
to groove *scanalare*	to gròove *skanalàre*
grooviness *scanalatura-e, nf*	gròoviness *skanalatùra-e, nf*

groovy *scanalato-i a e, a*
to grope *andare a tentoni*
gropingly *tentoni, ad*
gross *grosso-i, nm*
gross *grossolano-i a e, a*
grosso *lordo, nm*
to gross *ricavare*
grossly *grossolanamente, ad*
grossness *grossolanità, nf*
grotesque *grottesco-hi a he, a*
grotesquely *grottescamente, ad*
grotto *grotto-i a e, nmf*
ground *suolo-i, nm*
to ground *basare*
groundage *diritto di porto, nm*
goundedly *fondatamente, ad*
groundless *infondato-i a e, a*
groundlessly *infondatamente, ad*
groundlessness *infondatezza-e, nf*
grounding *filo di massa, nm*
groundfloor *pianterreno-i, nm*
groundsel *erba cardellina, nf*
groundy *denso-i a e, a*
group *gruppo-i, nm*
to group *raggruppare*
grouping *raggruppamento-i, nm*
grouse *tetraone-i, nm*
grouse *brontolamento-i, nm*
to grouse *brontolare*
grout *malta-e, nf*
to grout *intonacare*
to grout *grufolare*
grove *boschetto-i, nm*
to grovel *strisciare*
grovelling *abbietto-i a e, a*
grovellingly *vilmente, ad*
to grow *crescere*
growable *coltivabile-i, a*
grower *coltivatore-i, nm*
growing *coltivazione-i, nf*
growl *borbottio-i, nm*
to growl *borbottare*

gròovy *skanalàto-i a e, a*
to gròpe *andàre a tentòni*
gròpingly *tentòni, ad*
gròss *gròsso-i, nm*
gròss *grossolàno-i a e, a*
gròsso *lòrdo, nm*
to gròss *rikavàre*
gròssly *grossolanamènte, ad*
gròssness *grossolanità, nf*
grotèsque *grottèsko-i a e, a*
grotèsquely *grotteskamènte, ad*
gròtto *gròtto-i a e, nmf*
gròund *suòlo-i, nm*
to gròund *basàre*
gròundage *dirìtto di pòrto, nm*
gòundèdly *fondatamènte, ad*
gròundless *infondàto-i a e, a*
gròundlessly *infondatamènte, ad*
gròundlessness *infondatèzza-e, nf*
gròunding *filo di màssa, nm*
gròundfloor *pianterrèno-i, nm*
gròundsel *èrba kardellìna, nf*
gròundy *dènso-i a e, a*
gròup *grùppo-i, nm*
to gròup *raggruppàre*
gròuping *raggruppamènto-i, nm*
gròuse *tetraòne-i, nm*
gròuse *brontolamènto-i, nm*
to gròuse *brontolàre*
gròut *màlta-e, nf*
to gròut *intonakàre*
to gròut *grufolàre*
gròve *boskètto-i, nm*
to gròvel *strishàre*
gròvelling *abbiètto-i a e, a*
gròvellingly *vilmènte, ad*
to gròw *krèshere*
gròwable *koltivàbile-i, a*
gròwer *koltivatòre-i, nm*
gròwing *koltivaziòne-i, nf*
gròwl *borbottìo-i, nm*
to gròwl *borbottàre*

ci ce ca co cu   ki ke ka ko ku   ji je ja jo ju   gi ge ga go gu
sci sce sca sco scu=shi she sha sho shu   gn=q   gl=y

guess

growler *borbottone-i, nm*	**gròwler** *borbottòne-i, nm*
growling *borbottio-i, nm*	**gròwling** *borbottìo-i, nm*
grown-up *adulto-i, nm*	**gròwn-up** *adùlto-i, nm*
growth *crescita-e, nf*	**gròwth** *krèshita-e, nf*
grub *larva-e, nf*	**grùb** *làrva-e, nf*
to grub *scavare*	**to grùb** *skavàre*
grubber *scavatore-i, nm*	**grùbber** *skavatòre-i, nm*
to grubble *cercare a tentoni*	**to grùbble** *cercàre a tentòni*
grubby *sporco-hi a he, a*	**grùbby** *spòrko-i a e, a*
grudge *rancore-i, nm*	**grùdge** *rankòre-i, nm*
to grudge *concedere*	**to grùdge** *koncèdere*
grudgingly *riluttevolmente, ad*	**grùdgingly** *riluttevolmènte, ad*
gruel *punizione-i, nf*	**grùel** *puniziòne-i, nf*
to gruel *punire*	**to grùel** *punìre*
gruesome *orribile-i, a*	**grùesome** *orrìbile-i, a*
gruff *sgarbato-i a e, a*	**grùff** *sgàrbato-i a e, a*
gruffly *sgarbatamente, ad*	**grùffly** *sgarbatamènte, ad*
gruffness *rudezza-e, nf*	**grùffness** *rudèzza-e, nf*
grum *sgarbato-i a e, a*	**grùm** *sgàrbato-i a e, a*
grumble *brontolio-i, nm*	**grùmble** *brontolìo-i, nm*
to grumgle *brontolare*	**to grùmble** *brontolàre*
grumlingly *brontolando, ad*	**grùmblingly** *brontolàndo, ad*
grumpy *sgarbato-i a e, a*	**grùmpy** *sgàrbato-i a e, a*
grunt *grugnito-i, nm*	**grùnt** *gruqìto-i, nm*
to grunt *grugnire*	**to grùnt** *gruqìre*
grunter *maiale-i, nm*	**grùnter** *maiàle-i, nm*
gruyere *gruviera-e, nf*	**gruyère** *gruvièra-e, nf*
guano *guano-i, nm*	**guàno** *guàno-i, nm*
guarantee *garanzia-e, nf*	**guàrantee** *garanzìa-e, nf*
to guarantee *garantire*	**to guàrantee** *garantìre*
guarantor *garante-i, nm*	**guàrantor** *garànte-i, nm*
guaranty *garanzia-e, nf*	**guàranty** *garanzìa-e, nf*
guard *guardia-e, nf*	**guàrd** *guàrdia-e, nf*
to guard *sorvegliare*	**to guàrd** *sorveyàre*
guarded *guardingo-hi a he, a*	**guàrded** *guardìngo-i a e, a*
guardian *guardiano-i, nm*	**guàrdian** *guardiàno-i, nm*
guardianship *tutela-e, nf*	**guàrdianship** *tutèla-e, nf*
gudgeon *ghiozzo-i, nm*	**gudgèon** *giòzzo-i, nm*
gudgeon *perno-i, nm*	**gudgèon** *pèrno-i, nm*
Guelph *Guelfo-i, nm*	**Guèlph** *Guèlfo-i, nm*
guerilla *guerriglia-e, nf*	**guerìlla** *guerrìya-e, nf*
guess *congettura-e, nf*	**guèss** *konjettùra-e, nf*

to guess *indovinare*
guest *ospite-i, nm*
guffaw *sghignazzata-e, nm*
guidance *guida-e, nf*
guide *guida-e, nf*
to guide *guidare*
guideless *senza guida, nf*
guild *corporazione-i, nm*
guilder *fiorino-i, nm*
guile *inganno-i, nm*
guileful *ingannevole-i, a*
guilefully *ingannevolmente, ad*
guilefulness *ingannevolezza-e, nf*
guileless *senza inganni, a*
guilessness *innocenza-e, nf*
guillotine *ghigliottina-e, nf*
to guillotine *ghigliottinare*
guilt *colpa-e, nf*
guiltily *colpevolmente, ad*
guiltiness *colpevolezza-e, nf*
guiltless *innocente-i, a*
guiltlessly *senza colpa, ad*
guiltlesness *innocenza-e, nf*
guilty *colpevole-i, a*
guinea *ghinea-e, nf*
guise *guisa-e, nf*
guitar *chitarra-e, nf*
guitarist *chitarrista-e, nm*
gulch *burrone-i, nm*
gulf *golfo-i, nm*
to gulf *inghiottire*
gull *gabbiano-i, nm*
to gull *ingannare*
gullet *esofago-h, nm*
gullible *credulo-i a e, a*
gullied *solcato-i a e, a*
gully *precipizio-i, nm*
gulp *boccata-e, nf*
to gulp *inghiottire*
gum *gengiva-e, nf*
gum *gomma-e, nf*
to gum *ingommare*

to guèss *indovinàre*
guèst *òspite-i, nm*
gùffaw *sgiqazzàta-e, nm*
guìdance *guìda-e, nf*
guìde *guìda-e, nf*
to guìde *guidàre*
guìdeless *sènza guìda, nf*
guìld *korporaziòne-i, nm*
guìlder *fiorìno-i, nm*
guìle *ingànno-i, nm*
guìleful *ingannèvole-i, a*
guìlefully *ingannevolmènte, ad*
guìlefulness *ingannevolèzza-e, nf*
guìleless *sènza ingànni, a*
guìlessness *innocènza-e, nf*
guìllotine *giyottìna-e, nf*
to guìllotine *giyottinàre*
guìlt *kòlpa-e, nf*
guìltily *kolpevolmènte, ad*
guìltiness *kolpevolèzza-e, nf*
guìltless *innocènte-i, a*
guìltlessly *sènza kòlpa, ad*
guìltlesness *innocènza-e, nf*
guìlty *kolpèvole-i, a*
guìnea *ginèa-e, nf*
guìse *guìsa-e, nf*
guìtar *kitàrra-e, nf*
guìtarist *kitarrìsta-e, nm*
gùlch *burròne-i, nm*
gùlf *gòlfo-i, nm*
to gùlf *ingiottìre*
gùll *gabbiàno-i, nm*
to gùll *ingannàre*
gùllet *esòfago-h, nm*
gùllible *krèdulo-i a e, a*
gùllied *solkàto-i a e, a*
gùlly *precipìzio-i, nm*
gùlp *bokkàta-e, nf*
to gùlp *ingiottìre*
gùm *jenjìva-e, nf*
gùm *gòmma-e, nf*
to gùm *ingommàre*

gymnasial

gummed *gommato-i a e, a*	**gùmmed** *gòmmato-i a e, a*
gumminess *gommosità, nf*	**gùmminess** *gommosità, nf*
gumming *ingommatura-e, nf*	**gùmming** *ingommatùra-e, nf*
gummous *gommoso-i a e, a*	**gùmmous** *gommòso-i a e, a*
gummy *grosso-i a e, a*	**gùmmy** *gròsso-i a e, a*
gumption *prontezza-e, nf*	**gùmption** *prontèzza-e, nf*
gun *fucile-i, nm*	**gùn** *fucìle-i, nm*
gunless *senza fucile, a*	**gùnless** *sènza fucìle, a*
gunned *munito di cannoni, a*	**gùnned** *munìto di kannòni, a*
gunner *artigliere-i, nm*	**gùnner** *artiyère-i, nm*
gunnery *artiglieria-e, nf*	**gùnnery** *artiyerìa-e, nf*
gunsmith *armaiuolo-i, nm*	**gùnsmith** *armaiuòlo-i, nm*
gunny *telone-i, nm*	**gùnny** *telòne-i, nm*
gurgitation *rigurgito-i, nm*	**gùrgitation** *rigùrjito-i, nm*
gurgle *gorgoglio-i, nm*	**gùrgle** *gorgòyo-i, nm*
to gurgle *gorgogliare*	**to gùrgle** *gorgoyàre*
guru *guru, nm*	**gùrù** *gurù, nm*
gush *zampillo-i, nm*	**gùsh** *zampìllo-i, nm*
to gush *zampillare*	**to gùsh** *zampillàre*
gusher *sorgente-i, nf*	**gùsher** *sorjènte-i, nf*
gushing *zampillante-i, a*	**gùshing** *zampillànte-i, a*
gushy *sentimentale-i, a*	**gùshy** *sentimentàle-i, a*
gusset *gherone-i, nm*	**gùsset** *geròne-i, nm*
gust *colpo-i, nm*	**gùst** *kòlpo-i, nm*
gusto *gusto, nm*	**gùsto** *gùsto, nm*
gusty *tempestoso-i a e, a*	**gùsty** *tempestòso-i a e, a*
gut *budello-i, nm*	**gùt** *budèllo-i, nm*
to gut *sbudellare*	**to gùt** *sbudellàre*
gutter *grondaia-e, nf*	**gùtter** *grondàia-e, nf*
to gutter *scanalare*	**to gùtter** *skanalàre*
to guttle *trangugiare*	**to gùttle** *trangujàre*
guttural *gutturale-i, a*	**gùttural** *gutturàle-i, a*
to gutturalize *rendere gutturale*	**to gùttùralize** *rèndere gutturàle*
gutturally *gutturalmente, ad*	**gùttùrally** *gutturalmènte, ad*
Guy *Guido, nm*	**Gùy** *Guìdo, nm*
guy *cavo-i, nm*	**gùy** *kàvo-i, nm*
to guy *assicurare con cavo*	**to gùy** *assikuràre kòn kàvo*
to guy *mettere in ridicolo*	**to gùy** *mèttere in ridìkolo*
to guzzle *trangugiare*	**to gùzzle** *trangujàre*
guzzler *divoratore*	**gùzzler** *divoratòre*
gym *palestra-e, nf*	**gỳm** *palèstra-e, nf*
gymnasial *ginnasiale-i, a*	**gymnàsial** *jinnasiàle-i, a*

gymnasium *palestra-e, nf*
gymnast *ginnasta-i, nm*
gymnastic *ginnastico-i a he, a*
gymnastics *ginnastica. nf*
gynecological *ginecologico-i a he, a*
gynecologist *ginecologo-i, nm*
gynecology *ginecologia-e, nf*
gypsy *zingaro-i a e, nmf*
gyration *vortice-i, nm*
gyratory *vorticoso-i a e, a*
gyroscope *giroscopio-i, nm*
to gyve *mettere in ceppi*
gyves *ceppi, nm*

H

haberdasher *merciaio-i, nm*
habit *abitudine-i, nf*
to habit *vestire*
habitability *abitabilità, nf*
habitable *abitabile-i, a*
habitation *abitazione-i, nm*
habitual *abituale-i, a*
to habituate *abituare*
habitually *abitualmente, ad*
habituation *abitudine-i, nf*
hacienda *azienda-e, nf*
hack *taglio-i, nm*
to hack *tagliuzzare*
hacking *triturazione-i, nf*
hackle *pettine-i, nm*
to hackle *pettinare*
to hackle *maciullare*
hackly *ruvido-i a e, a*
hackney *cavallo-i, nm*
haddock *merluzzo-i, nm*
haemoglobin *emoglobina-e, nf*
haemorrhage *emorragia-e, nf*
haemorrhoids *emorroidi, nm*
haemostatic *emostatico-i a he, a*
haft *manico-i, nm*
hag *strega-he, nf*
haggard *magro-i a e, a*

gymnàsium *palèstra-e, nf*
gỳmnàst *jinnàsta-i, nm*
gymnàstik *jinnàstiko-i a e, a*
gymnàstiks *jinnàstika. nf*
gynekològikal *jinekolòjiko-i a e, a*
gynekòlogist *jinekòlogo-i, nm*
gynekòlogy *jinekolojìa-e, nf*
gỳpsy *zìngaro-i a e, nmf*
gyràtion *vòrtice-i, nm*
gyratòry *vortikòso-i a e, a*
gyroskòpe *jiroskòpio-i, nm*
to gỳve *mèttere in cèppi*
gỳves *cèppi, nm*

H

hàberdàsher *mercàio-i, nm*
hàbit *abitùdine-i, nf*
to hàbit *vestìre*
habitabìlity *abitabilità, nf*
hàbitable *abitàbile-i, a*
habitàtion *abitaziòne-i, nm*
habìtual *abituàle-i, a*
to habìtuate *abituàre*
habìtually *abitualmènte, ad*
habituàtion *abitùdine-i, nf*
hacièndà *azièndà-e, nf*
hàk *tàyo-i, nm*
to hàk *tayuzzàre*
hàking *triturazione-i, nf*
hàkle *pèttine-i, nm*
to hàkle *pettinàre*
to hàkle *macullàre*
hàkly *rùvido-i a e, a*
hàkney *kàvallo-i, nm*
hàddok *merlùzzo-i, nm*
haemoglòbin *emoglobìna-e, nf*
haemorrhàge *emorrajìa-e, nf*
haèmorrhòids *emorròidi, nm*
haemostàtik *emostàtiko-i a e, a*
hàft *màniko-i, nm*
hàg *strèga-e, nf*
hàggard *màgro-i a e, a*

	to hand

haggardness *sparutezza-e, nf*	**hàggardness** *sparutèzza-e, nf*
to haggle *discutere*	**to hàggle** *diskùtere*
hagiographer *agiografo-i, nm*	**hagìographer** *ajògrafo-i, nm*
hagiogaphic *agiografico-i a he, a*	**hagiogràphik** *ajogràfiko-i a e, a*
hagiography *agiografia-e, nf*	**hagiògraphy** *ajografia-e, nf*
Hague *l'Aia, nf*	**Hàgue** *l'Aia, nf*
hail *grandine-i, nf*	**hàil** *gràndine-i, nf*
to hail *salutare*	**to hàil** *salutàre*
hair *capelli, nm*	**hàir** *kapèlli, nm*
hairdresser *parrucchiere-i, nm*	**hàirdresser** *parrukkière-i, nm*
hairless *calvo-i, nm*	**hàirless** *kàlvo-i, nm*
hairy *peloso-i, nm*	**hàiry** *pelòso-i, nm*
hake *varietà, nf*	**hàke** *varietà, nf*
halberd *alabarda-e, nf*	**hàlberd** *alabàrda-e, nf*
half *metà, nf*	**hàlf** *metà, nf*
halibut *pianuzza-e, nf*	**hàlibut** *pianùzza-e, nf*
hall *aula-e, nf*	**hàll** *àula-e, nf*
hallelujah *alleluia, nm*	**hallelùjah** *allelùia, nm*
hallo *pronto, inter*	**hallò** *prònto, inter*
hallow *santo-i, nm*	**hàllow** *sànto-i, nm*
to hallow *santificare*	**to hàllow** *santifikàre*
to hallucinate *allucinare*	**to hàllucinàte** *allucinàre*
hallucination *allucinazione-i, nf*	**hàllucinàtion** *allucinaziòne-i, nf*
halo *alone-i, nm*	**hàlo** *alòne-i, nm*
halt *fermata-e, nf*	**hàlt** *fermàta-e, nf*
to halt *fermare*	**to hàlt** *fermàre*
to halt *zoppicare*	**to hàlt** *zoppikàre*
halter *cavezza-e, nf*	**hàlter** *kavèzza-e, nf*
to halter *impiccare*	**to hàlter** *impikkàre*
to halve *dimezzare*	**to hàlve** *dimezzàre*
ham *prosciutto-i, nm*	**hàm** *proshùtto-i, nm*
ham *tifoso-i a e, nmf*	**hàm** *tifòso-i a e, nmf*
hamlet *villaggio-i, nm*	**hàmlet** *villàjjo-i, nm*
Hamlet *Amleto, nm*	**Hàmlet** *Amlèto, nm*
hammer *martello-i, nm*	**hàmmer** *martèllo-i, nm*
to hammer *martellare*	**to hàmmer** *martellàre*
hammock *amaca, nm*	**hàmmok** *àmaka, nm*
hamper *impedimento-i, nm*	**hàmper** *impedimènto-i, nm*
to hamper *impedire*	**to hàmper** *impedìre*
to hamshackle *impedire*	**to hàmshakle** *impedìre*
hand *mano-i, nf*	**hànd** *màno-i, nf*
to hand *aiutare*	**to hànd** *aiutàre*

handful *manata-e, nf*
handicap *svantaggio-i, nm*
to handicap *assegnare pesi*
handicapper *periziatore-i, nm*
handicraft *lavoro a mano, nm*
handily *destramente, ad*
handiness *destrezza-e, nf*
handkerchief *fazzoletto-i, nm*
handle *maniglia-e, nf*
to handle *maneggiare*
handless *goffo-i a e, a*
handsel *caparra-e, nf*
to handsel *inaugurare*
handsome *bello-i a e, a*
handsomely *nobilmente, ad*
handwriting *scrittura-e, nf*
handy *abile-i, a*
hangar *aviorimessa-e, nf*
hanger *gancio-i, nm*
hangdog *mascalzone-i, nm*
hanging *panneggio-i, nm*
hangman *boia, nm*
hank *matassa-e, nf*
to hanker *desiderare*
hanky *fazzoletto-i, nm*
hanky-panky *frode-i, nf*
hap *fortuna-e, nf*
to hap *accadere*
hap-hazard *accidente-i, nm*
hapless *sfortunato-i a e, a*
haply *forse, ad*
to happen *accadere*
happening *avvenimento-i, nm*
happily *fortunatamente, ad*
happiness *felicità, nf*
happy *felice-i, a*
harangue *arringa-he, nf*
to harangue *arringare*
to harass *infastidire*
harassment *fastidio-i, nm*
harbinger *precursore-i, nm*
to harbinger *precorrere*

hàndful *manàta-e, nf*
hàndikap *svantàjjo-i, nm*
to hàndikap *asseqàre pèsi*
hàndikapper *periziatòre-i, nm*
hàndikraft *lavòro a màno, nm*
hàndily *destramènte, ad*
hàndiness *destrèzza-e, nf*
hàndkèrchief *fazzolètto-i, nm*
hàndle *manìya-e, nf*
to hàndle *manejjàre*
hàndless *gòffo-i a e, a*
hàndsel *kapàrra-e, nf*
to hàndsel *inauguràre*
hàndsòme *bèllo-i,a e, a*
hàndsòmely *nobilmènte, ad*
hàndwrìting *skrittùra-e, nf*
hàndy *àbile-i, a*
hàngar *aviorimèssa-e, nf*
hànger *gànco-i, nm*
hàngdog *maskalzòne-i, nm*
hànging *pannèjjo-i, nm*
hàngman *bòia, nm*
hànk *matàssa-e, nf*
to hànker *desideràre*
hànky *fazzolètto-i, nm*
hànky-pànky *fròde-i, nf*
hàp *fortùna-e, nf*
to hàp *akkadère*
hàp-hàzard *accìdente-i, nm*
hàpless *sfortunàto-i a e, a*
hàply *fòrse, ad*
to hàppen *akkadère*
hàppening *avvenimènto-i, nm*
hàppily *fortunamènte, ad*
hàppiness *felicità, nf*
hàppy *felìce-i, a*
haràngue *arrìnga-e, nf*
to haràngue *arringàre*
to haràss *infastidìre*
hàrassment *fastìdio-i, nm*
hàrbinger *prekursòre-i, nm*
to hàrbinger *prekòrrere*

ci ce ca co cu ki ke ka ko ku ji je ja jo ju gi ge ga go gu
sci sce sca sco scu=shi she sha sho shu gn=q gl=y

harbor *porto-i, nm*	**hàrbor** *pòrto-i, nm*
to harbor *accogliere*	**to hàrbor** *akkòyere*
hard *duro-i a e, a*	**hàrd** *dùro-i a e, a*
to harden *indurire*	**to hàrden** *indurìre*
hardihood *arditezza-e, nf*	**hàrdihòod** *arditèzza-e, nf*
hardily *arditamente, ad*	**hàrdily** *arditamènte, ad*
hardly *appena, ad*	**hàrdly** *appèna, ad*
hardness *durezza-e, nf*	**hàrdness** *durèzza-e, nf*
hardship *privazione-i, nf*	**hàrdship** *privaziòne-i, nf*
hardware *ferramenta, nf*	**hàrdware** *ferramènta, nf*
hardy *ardito-i, a*	**hàrdy** *ardìto-i, a*
hare *lepre-i, nm*	**hàre** *lèpre-i, nm*
harem *arem, nf*	**hàrem** *àrem, nf*
haricot *fagiolino-i, nm*	**hàrikot** *fajolìno-i, nm*
to hark *ascoltare*	**to hàrk** *askoltàre*
harlequin *arlecchino-i, nm*	**hàrlequin** *arlekkìno-i, nm*
harlot *prostituta-e, nf*	**hàrlot** *prostitùta-e, nf*
harlotry *prostituzione-i, nf*	**hàrlotry** *prostituziòne-i, nf*
harm *danno-i, nm*	**hàrm** *dànno-i, nm*
to harm *danneggiare*	**to hàrm** *dannejjàre*
harmful *dannoso-i a e, a*	**hàrmful** *dannòso-i a e, a*
harmfully *dannosamente, ad*	**hàrmfully** *dannosamènte, ad*
harmless *innocuo-i a e, a*	**hàrmless** *innòkuo-i a e, a*
harmlessly *inoffesivamente, ad*	**hàrmlessly** *inoffesivamènte, ad*
harmonic *armonico-i a ehe, a*	**harmònik** *armòniko-i a e, a*
harmonica *armonica-he, nf*	**harmònika** *armònika-e, nf*
harmonically *armonicamente, ad*	**harmònikally** *armonikamènte, ad*
harmonius *armonioso-i a e, a*	**harmònius** *armoniòso-i a e, a*
harmoniously *armoniosamente, ad*	**harmòniously** *armoniosamènte, ad*
harmonist *armonista-i, nm*	**hàrmonist** *armonìsta-i, nm*
harmonium *armonio-i, nm*	**harmoniùm** *armònio-i, nm*
harmonization *armonizzazione-i, nf*	**harmonizàtion** *armonizzaziòne-i, nf*
to harmonize *armonizzare*	**to hàrmonize** *armonizzàre*
harmonizer *armonizzatore-i, nm*	**hàrmonizer** *armonizzatòre-i, nm*
harmony *armonia-e, nf*	**hàrmony** *armonìa-e, nf*
harness *bardatura-e, nf*	**hàrness** *bardatùra-e, nf*
to harness *bardare*	**to hàrness** *bardàre*
harp *arpa-e, nf*	**hàrp** *àrpa-e, nf*
to harp *insistere*	**to hàrp** *insìstere*
harper *arpista-i, nm*	**hàrper** *arpìsta-i, nm*
harpoon *rampone-i, nm*	**harpòon** *rampòne-i, nm*
harpy *arpia-e, nf*	**hàrpy** *arpìa-e, nf*

hatter

harquebus *archibugio-i, nm*
harridan *bisbetica-he, nf*
harrier *cane-i, nm*
harrow *erpice-i, nm*
to harrow *erpicare*
Harry *Arrigo, nm*
to harry *saccheggiare*
harsh *aspro-i a e, a*
harshly *aspramente, ad*
harshness *asprezza-e, nf*
hart *cervo-i, nm*
harum-scarum *sconsiderato-i a e, a*
haruspex *aruspice-i, nm*
harvest *raccolto-i a e, nmf*
to harvest *raccogliere*
harvester *mietitore-i, nm*
hash *carne triturata, nf*
to hash *triturare*
hasp *fermaglio-i, nm*
to hasp *assicurare*
hassock *cuscinone-i, nm*
haste *fretta, nf*
to haste *affrettare*
to hasten *affrettare*
hastily *frettolosamente, ad*
hastiness *impetuosità, nf*
hasty *frettoloso-i a e, a*
hat *cappello-i, nm*
hatable *odiabile-i, a*
hatch *covata-e, nf*
hatch *portello-i, nm*
to hatch *covare*
to hatch *chiudere*
hatchet *accetta-e, nf*
hate *odio-i, nm*
to hate *odiare*
hateful *odioso-i a e, a*
hatefully *odiosamente, ad*
hatefulness *odiosità, nf*
hater *odiatore-i, nm*
hatred *odio-i, nm*
hatter *cappellaio-i, nm*

hàrquebùs *arkibùjo-i, nm*
hàrridan *bisbètika-e, nf*
hàrrier *kàne-i, nm*
hàrrow *èrpice-i, nm*
to hàrrow *erpicàre*
Hàrry *Arrìgo, nm*
to hàrry *sakkejjàre*
hàrsh *àspro-i a e, a*
hàrshly *aspramènte, ad*
hàrshness *asprèzza-e, nf*
hàrt *cèrvo-i, nm*
hàrum-skàrum *skonsideràto-i a e, a*
harùspex *arùspice-i, nm*
hàrvest *rakkòlto-i a e, nmf*
to hàrvest *rakkòyere*
hàrvester *mietitòre-i, nm*
hàsh *kàrne triturata, nf*
to hàsh *trituràre*
hàsp *fermàyo-i, nm*
to hàsp *assikuràre*
hàssock *kushinòne-i, nm*
hàste *frètta, nf*
to hàste *affrettàre*
to hàsten *affrettàre*
hàstily *frettolosamènte, ad*
hàstiness *impetuosità, nf*
hàsty *frettolòso-i a e, a*
hàt *kappèllo-i, nm*
hàtable *odiàbile-i, a*
hàtch *kovàta-e, nf*
hàtch *portèllo-i, nm*
to hàtch *kovàre*
to hàtch *kiùdere*
hàtchet *accètta-e, nf*
hàte *òdio-i, nm*
to hàte *odiàre*
hàteful *odiòso-i a e, a*
hàtefully *odiosamènte, ad*
hàtefulness *odiosità, nf*
hàter *odiatòre-i, nm*
hàtred *òdio-i, nm*
hàtter *kappellàio-i, nm*

to hatter *disturare*	to hàtter *disturàre*
haughtily *sprezzamente, ad*	hàughtily *sprezzamènte, ad*
haughtiness *arroganza-e, nf*	hàughtiness *arrogànza-e, nf*
haughty *arrogante-i, nm*	hàughty *arrogànte-i, nm*
haul *tirata-e, nf*	hàul *tiràta-e, nf*
to haul *tirare*	to hàul *tiràre*
haulage *tiramento-i, nm*	hàulage *tiramènto-i, nm*
haulier *tiratore-i, nm*	hàulier *tiratòre-i, nm*
haunch *coscia-e, nf*	hàunch *kòsha-e, nf*
haunt *rifugio-i, nm*	hàunt *rifùjo-i, nm*
to haunt *frequentare*	to hàunt *frekuentàre*
haunted *frequentato-i a e, a*	hàunted *frekuentàto-i a e, a*
haunter *frequentatore-i, nm*	hàunter *frekuentatòre-i, nm*
Havana *Avana, nf*	Havàna *Avàna, nf*
Havana *sigaro-i, nm*	Havàna *sìgaro-i, nm*
to have *avere*	to hàve *avère*
haven *rifugio-i, nm*	hàven *rifùjo,i, nm*
haversack *tascapane-i, nm*	hàvèrsak *taskapàne-i, nm*
havoc *devastazione-i, nf*	hàvok *devastaziòne-i, nf*
to havoc *devastare*	to hàvok *devastàre*
haw *bacca-he, nf*	hàw *bàkka-e, nf*
hawk *raschio-i, nm*	hàwk *ràskio-i, nm*
hawk *falco-hi, nm*	hàwk *fàlko-i, nm*
to hawk *cacciare*	to hàwk *kaccàre*
hawker *venditore-i, nm*	hàwker *venditòre-i, nm*
hawthorn *biancospino-i, nm*	hàwthorn *biankospìno-i, nm*
hay *fieno-i, nm*	hày *fièno-i, nm*
to hay *rivoltare*	to hày *rivoltàre*
hazard *azzardo-i, nm*	hàzard *azzàrdo-i, nm*
to hazard *azzardare*	to hàzard *azzardàre*
hazardous *rischioso-i a e, a*	hàzardous *riskiòso-i a e, a*
hazardously *rischiosamente, ad*	hàzardously *riskiosamènte, ad*
haze *nebbia-e, nf*	hàze *nèbbia-e, nf*
to haze *tormentare*	to hàze *tormentàre*
hazel *nocciuolo-i, nm*	hàzel *noccuòlo-i, nm*
hazely *nebbiosamente, ad*	hàzely *nebbiosamènte, ad*
haziness *nebbiosità, nf*	hàziness *nebbiosità, nf*
hazy *nebbioso-i a e, a*	hàzy *nebbiòso-i a e, a*
he *egli, pr*	hè *èyi, pr*
head *testa-e, nf*	hèad *tèsta-e, nf*
to head *capeggiare*	to hèad *kapejjàre*
headache *micrania-e, nf*	hèadak *mikrània-e, nf*

heater

headily *violentemente, ad*
headiness *impetuosità, nf*
heading *intestazione-i, nf*
headland *promontorio-i, nm*
headlong *impetuoso-i a e, a*
headmost *primo-i a e, a*
headquarters *quartiere generale, nm*
headstrong *testardo-i a e, a*
headway *velocità, nf*
heady *impetuoso-i a e, a*
to heal *guarire*
healable *curabile-i, a*
healer *risanatore-i, nm*
healing *guarigione-i, nf*
health *salute, nf*
healthful *sano-i a e, a*
healthfully *salubremente, ad*
healthfulness *sanità, nf*
healthily *salubremente, ad*
healthiness *sanià, nf*
healthy *sano-i a e, a*
heap *cumulo-i, nm*
to heap *accumulare*
to hear *ascoltare*
hearable *udibile-i, a*
hearer *ascoltatore-i, nm*
hearing *udito, nm*
to hearken *ascoltare*
hearsay *diceria-e, nf*
hearse *carro funebre, nm*
heart *cuore-i, nm*
heartbroken *straziato-i a e, a*
heartburn *bruciore-i, nm*
hearth *focolare-i, nm*
to hearten *incoraggiare*
heartiness *cordialità, nf*
heartless *crudele-i, a*
heartlessly *crudelmente, ad*
hearty *vigoroso-i a e, a*
heat *calore-i, nm*
to heat *riscaldare*
heater *stufetta-e, nf*

hèadily *violentemènte, ad*
hèadiness *impetuosità, nf*
hèading *intestaziòne-i, nf*
hèadland *promontòrio-i, nm*
hèadlong *impetuòso-i a e, a*
hèadmost *prìmo-i a e, a*
hèadquàrters *kuartière jeneràle, nm*
hèadstrong *testàrdo-i a e, a*
hèadway *velocità, nf*
hèady *impetuòso-i a e, a*
to hèal *guarìre*
hèalable *kuràbile-i, a*
hèaler *risanatòre-i, nm*
hèaling *guarijòne-i, nf*
hèalth *salùte, nf*
hèalthful *sàno-i a e, a*
hèalthfully *salubremènte, ad*
hèalthfulness *sanità, nf*
hèalthìly *salubremènte, ad*
hèalthìness *sanità, nf*
hèalthy *sàno-i a e, a*
hèap *kùmulo-i, nm*
to hèap *akkumulàre*
to hèar *askoltàre*
hèarable *udìbile-i, a*
hèarer *askoltatòre-i, nm*
hèaring *udìto, nm*
to hèarken *askoltàre*
hèarsay *dicerìa-e, nf*
hèarse *kàrro funèbre, nm*
hèart *kuòre-i, nm*
hèartbròken *straziàto-i a e, a*
hèartbùrn *brucòre-i, nm*
hèarth *fokolàre-i, nm*
to hèarten *inkorajjàre*
hèartiness *kordialità, nf*
hèartless *krudèle-i, a*
hèartlessly *krudelmènte, ad*
hèarty *vigoròso-i a e, a*
hèat *kalòre-i, nm*
to hèat *riskaldàre*
hèater *stufètta-e, nf*

ci ce ca co cu ki ke ka ko ku ji je ja jo ju gi ge ga go gu
sci sce sca sco scu=shi she sha sho shu gn=q gl=y

heating *riscaldamento-i, nm*
heave *sollevamento-i, nm*
to heave *spingere*
heaven *paradiso-i, nm*
heavenly *celeste-i, a*
heavensward *verso il cielo, ad*
heavily *pesantemente, ad*
heaviness *pesantezza-e, nf*
heavy *pesante-i, a*
Hebraic *ebraico-i a he, a*
Hebraism *ebraismo-i, nm*
Hebrew *ebreo-i a e, nmf*
hecatomb *ecatombe-i, nf*
to heckle *intimidire*
hectic *tisico-i a he, a*
hectogram *ettogramma-i, nm*
hectoliter *ettolitro-i, nm*
hectometer *ettometro-i, nm*
Hector *Ettore, nm*
hector *attaccabrighe-i, nm*
to hector *insolentire*
Hecuba *Ecuba, nf*
hedge *siepe-i, nf*
to hedge *cintare*
hedgehog *riccio-i, nm*
hedging *recinto-i, nm*
hedonistic *edonistico-i a he, a*
hedonism *edonismo-i, nm*
hedonist *edonista-i, nm*
heed *attenzione-i, nf*
to heed *osservare*
heedful *attento-i a e, a*
heedfully *attentamente, ad*
heedy *premuroso-i a e, a*
hee-haw *raglio-i, nm*
heel *sbandamento-i, nm*
heel *calcagno-i, nm*
to heel *seguire*
hefty *pesante-i, a*
hegemonik *egemonico-i a he, a*
hegemony *egemonia-e, nf*
heifer *giovenca-he, nf*

hèating *riskaldamènto-i, nm*
hèave *sollevamènto-i, nm*
to hèave *spìnjere*
hèaven *paradìso-i, nm*
hèavenly *celèste-i, a*
hèavenswàrd *vèrso il cèlo, ad*
hèavily *pesantemènte, ad*
hèaviness *pesantèzza-e, nf*
hèavy *pesànte-i, a*
Hèbraik *ebràiko-i a e, a*
Hèbraism *ebraìsmo-i, nm*
Hèbrèw *ebrèo-i a e, nmf*
hèkatòmb *ekatòmbe-i, nf*
to hèkle *intimidìre*
hèktik *tìsiko-i a e, a*
hèktogram *ettogràmma-i, nm*
hèktolìter *ettòlitro-i, nm*
hèktomèter *ettòmetro-i, nm*
Hèktor *Ettore, nm*
hèktor *attakkabrìge-i, nm*
to hèktor *insolentìre*
Hèkuba *Ekuba, nf*
hèdge *sièpe-i, nf*
to hèdge *cintàre*
hèdgehòg *rìcco-i, nm*
hèdging *recìnto-i, nm*
hèdonìstik *edonìstiko-i a e, a*
hèdonism *edonìsmo-i, nm*
hèdonist *edonìsta-i, nm*
hèed *attenziòne-i, nf*
to hèed *osservàre*
hèedful *attènto-i a e, a*
hèedfully *attentamènte, ad*
hèedy *premuròso-i a e, a*
hèe-hàw *ràyo-i, nm*
hèel *sbandamènto-i, nm*
hèel *kalkàqo-i, nm*
to hèel *seguìre*
hèfty *pesànte-i, a*
hègemònik *ejemòniko-i a e, a*
hegèmony *ejemonìa-e, nf*
hèifer *jovènka-e, nf*

height *altezza-e, nf*
to heighten *intensificare*
heinous *odioso-i a e, a*
heinously *odiosamente, ad*
heinousness *odiosità, nf*
heir *erede-i, nm*
heiress *erede-i, nm*
heirloom *eredità, nf*
Helen *Elena, nf*
helical *elicale-i, a*
helicopter *elicottero-i, nm*
heliometer *eliometro-i, nm*
helioscope *elioscopo-i, nm*
heliotherapy *elioterapia-e, nf*
heliotrope *eliotropio-i, nm*
heliotropism *eliotropismo-i, nm*
heliotypy *eliotipia-e, nf*
helium *elio-i, nm*
hell *inferno-i, nm*
hellebore *elleboro-i, nm*
Hellene *elleno-i a e, nmf*
Hellenik *ellenico-i a he, a*
Hellenism *ellenismo-i, nm*
Hellenist *ellenista-i, nm*
hellish *infernale-i, a*
hellishly *diabolicamente, ad*
hellishness *perversità, nf*
helm *timone-i, nm*
to helm *governare*
helmet *elmetto-i, nm*
helmless *senza timone, a*
helmsman *timoniere-i, nm*
help *aiuto-i, nm*
to help *aiutare*
helper *aiutante-i, nm*
helpful *utile-i, a*
helpfully *utilmente, ad*
helpfulness *utilità, nf*
helping *porzione-i, nf*
helpless *impotente-i, a*
helplessly *disperatamente, ad*
helplessness *impotenza, nf*

hèight *altèzza-e, nf*
to hèighten *intensifikàre*
heìnous *odiòso-i a e, a*
heìnously *odiosamènte, ad*
heìnousness *odiosità, nf*
hèir *erède-i, nm*
hèiress *erède-i, nm*
hèirloom *eredità, nf*
Hèlen *Elena, nf*
hèlikal *elikàle-i, a*
hèlikòpter *elikòttero-i, nm*
hèliòmeter *eliòmetro-i, nm*
hèlioskòpe *eliòscopo-i, nm*
hèliothèrapy *elioterapìa-e, nf*
hèliotròpe *eliotròpio-i, nm*
hèliòtròpism *eliotropìsmo-i, nm*
hèliotỳpy *eliotipìa-e, nf*
hèlium *èlio-i, nm*
hèll *infèrno-i, nm*
hèllebore *ellèboro-i, nm*
Hèllene *èlleno-i a e, nmf*
Hellènik *ellèniko-i a e, a*
Hèllenism *ellenìsmo-i, nm*
Hèllenist *ellenìsta-i, nm*
hèllish *infernàle-i, a*
hèllishly *diabolikamènte, ad*
hèllishness *perversità, nf*
hèlm *timòne-i, nm*
to hèlm *governàre*
hèlmet *elmètto-i, nm*
hèlmless *sènza timòne, a*
hèlmsman *timonière-i, nm*
hèlp *aiùto-i, nm*
to hèlp *aiutàre*
hèlper *aiutànte-i, nm*
hèlpful *ùtile-i, a*
hèlpfully *utilmènte, ad*
hèlpfulness *utilità, nf*
hèlping *porziòne-i, nf*
hèlpless *impotènte-i, a*
hèlplessly *disperamènte, ad*
hèlplessness *impotènza, nf*

helpmate *compagno-i a e, nmf*
helter-skelter *pazzamente, ad*
helve *manico-i, nm*
to helve *mettere manico*
Helvetian *elvetico-i a e, a*
hem *orlo-i, nm*
to hem *orlare*
hemicrania *emicrania-e, nf*
hemicycle *emiciclo-i, nm*
hemisphere *emisfero-i, nm*
hemispheric *emisferico-i a he, a*
hemistich *emistichio-i, nm*
hemlock *abete-i, nm*
hemorrhage *emoraggia-e, nf*
hemp *canapa-e, nf*
hen *gallina-e, nf*
hence *perciò, ad*
henceforth *d'ora avanti, ad*
hendecasyllable *endecasillabo-i, nm*
henny *gallinella-e, a*
Henrietta *Enrichetta, nf*
Henry *Enrico, nm*
hepatic *epatico-i a eh, a*
heptagon *ettagono-i, nm*
heptagonal *ettagonale-i, a*
heptarchy *eptarchia-e, nf*
heptasyllabic *eptasillabo-i, nm*
her *sua, pron*
herald *araldo-i, nm*
heraldic *araldico-i a he, a*
heraldry *araldica-he, nf*
herb *erba-e, nf*
herbaceous *erbaceo-i, a*
herbage *erbe-i, nf*
herbalist *erborista-i, nm*
herbarium *erbario-i, nm*
herbivorous *erbivoro-i a e, a*
herby *erboso-i a e, a*
Herculean *erculeo-i, a*
Hercules *Ercole, nm*
herd *branco-hi, nm*
to herd *custodire*

hèlpmate *kompàqo-i a e, nmf*
hèlter-skèlter *pazzamènte, ad*
hèlve *màniko-i, nm*
to hèlve *mèttere màniko*
Helvètian *elvètiko-i a e, a*
hèm *òrlo-i, nm*
to hèm *orlàre*
hemikrània *emikrània-e, nf*
hèmicycle *emicìklo-i, nm*
hèmisphere *emisfèro-i, nm*
hèmisphèrik *emisfèriko-i a e, a*
hèmistìk *emistìkio-i, nm*
hèmlòk *abète-i, nm*
hèmorrhàge *emorajjìa-e, nf*
hèmp *kànapa-e, nf*
hèn *gallìna-e, nf*
hènce *perciò, ad*
hènceforth *d'òra avànti, ad*
hèndekasỳllable *endekasìllabo-i, nm*
hènny *gallinella-e, a*
Hènrietta *Enrikètta, nf*
Hènry *Enrìko, nm*
hepàtik *epàtiko-i a e, a*
hèptagon *ettàgono-i, nm*
heptàgonal *ettagonàle-i, a*
hèptàrky *eptarkìa-e, nf*
heptasyllàbik *eptasìllabo-i, nm*
hèr *sùa, pron*
hèrald *aràldo-i, nm*
heràldik *aràldiko-i a e, a*
hèraldry *aràldika-e, nf*
hèrb *èrba-e, nf*
herbàceous *erbàceo-i, a*
hèrbage *èrbe-i, nf*
hèrbalist *erborìsta-i, nm*
herbàrium *erbàrio-i, nm*
herbìvorous *erbìvoro-i a e, a*
hèrby *erbòso-i a e, a*
Herkulèan *erkulèo-i, a*
Hèrkules *Erkole, nm*
hèrd *brànko-i, nm*
to hèrd *kustodìre*

to hesitate

herdsman *pastore-i, nm*	**hèrdsman** *pastòre-i, nm*
here *qui, ad*	**hère** *kuì, ad*
hereabouts *qui vicino, ad*	**hèreabouts** *kuì vicìno, ad*
hereafter *avvenire, nm*	**hèreafter** *avvenìre, nm*
hereby *qui vicino, ad*	**hèreby** *kuì vicìno, ad*
hereditability *ereditabilità, nf*	**hèrèditabìlity** *ereditabilità, nf*
hereditable *ereditabile-i, a*	**hèrèditable** *ereditàbile-i, a*
hereditarily *ereditariamente, ad*	**hèrèditarily** *ereditariamènte, ad*
hereditary *ereditario-i a e, a*	**hèrèditary** *ereditàrio-i a e, a*
heredity *eredità, nf*	**hèrèdity** *eredità, nf*
herein *in questo, ad*	**hèrein** *in kuèsto, ad*
heresy *eresia-e, nf*	**hèresy** *eresìa-e, nf*
heretical *eresia-e, nf*	**herètikal** *eresìa-e, nf*
heretically *ereticamente, ad*	**herètikally** *eretikamènte, ad*
heretofore *prima d'ora, ad*	**hèretòfore** *prìma d'òra, ad*
hereupon *su questo, ad*	**hèreupòn** *sù kuèsto, ad*
herewith *con questo, ad*	**hèrewith** *kòn kuèsto, ad*
hereditable *ereditabile-i, a*	**hèrèditable** *ereditàbile-i, a*
heritage *eredità, nf*	**hèritage** *eredità, nf*
hermaphrodite *ermafrodito-i a e, nmf*	**hermàphrodìte** *ermafrodìto-i a e, nmf*
hermaphroditic *ermafrodito-i a e, a*	**hermaphrodìtik** *ermafrodìto-i a e, a*
hermeneutic *ermeneutico-i a he, a*	**hermenèutik** *ermenèutiko-i a e, a*
hermetic *ermetico-i a he, a*	**hermètik** *ermètiko-i a e, a*
hermetically *ermeticamente, ad*	**hermètikally** *ermetikamènte, ad*
hermit *eremite-i, nm*	**hèrmit** *eremìte-i, nm*
hermitage *eremitaggio-i, nm*	**hèrmitage** *eremitàjjo-i, nm*
hernia *ernia-e, nf*	**hèrnia** *èrnia-e, nf*
hernial *erniario-i, a*	**hèrnial** *erniàrio-i, a*
hero *eroe-i, nm*	**hèro** *eròe-i, nm*
Herod *Erode, nm*	**Hèrod** *Erode, nm*
heroic *eroico-i a he, a*	**heròik** *eròiko-i a e, a*
heroically *eroicamnete, ad*	**heròikally** *eroikamènte, ad*
heroine *eroina*	**hèroine** *eroìna*
heroism *eroismo-i, nm*	**hèroism** *eroìsmo-i, nm*
heron *airone-i, nm*	**hèron** *airòne-i, nm*
herpes *erpete-i, nm*	**hèrpes** *èrpete-i, nm*
herring *aringa-he, nf*	**hèrring** *arìnga-e, nf*
hers *sua, pron*	**hèrs** *sùa, pron*
herself *se stessa, pron*	**hèrself** *se stèssa, pron*
hesitancy *esitazione-i, nf*	**hèsitancy** *esitaziòne-i, nf*
hesitant *esitante-i, a*	**hèsitant** *esitànte-i, a*
to hesitate *esitare*	**to hèsitate** *esitàre*

hesitatingly *con esitazione, ad*
hesitation *esitazione-i, nf*
hesitatory *esitante-i, a*
hetaera *etera-e, nf*
heteroclite *eteroclito-i, a*
heterodyne *eterodina-e, nf*
heterodox *eterodosso-i a e, a*
heterodoxy *eterodossia-e, nf*
heterogeneity *eterogeneità, nf*
heterogeneous *eterogeneo-i a e, a*
to hew *tagliare*
hewer *spaccalegna, nm*
hexagon *esagono-i, nm*
hexagonal *esagonale-i, a*
hexahedron *esaedro-i, nm*
hexameter *esametro-i, nm*
hey-day *rigoglio-i, nm*
hiatus *iato-i, nm*
Hibernian *irlandese-i, nm*
hiccup *singhiozzo-i, nm*
to hiccup *singhiozzare*
hick *contadino-i a e, nmf*
hide *pelle-i, nf*
to hide *nascondere*
hide-and-seek *rimpiattino-i, nm*
hide-bound *di mente ristretta, a*
hideous *mostruoso-i a e, a*
hideously *spaventosamente, ad*
hideousness *spaventosità, nf*
hiding *nascondiglio-i, nm*
hierarch *gerarca-hi, nm*
hierarchik *gerarchico-i a he, a*
hierarchically *gerarchicamente, ad*
hierarchy *gerarchia-e, nf*
hieratic *ieratico-ia he, a*
hieroglyph *geroglifico-i, nm*
hieroglyphic *geroglifico-i a he, a*
to higgle *discutere*
higgledy-piggledy *frastuonamente, ad*
high *alto-i a e, a*
highland *altipiano-i, nm*
highly *altamente, ad*

hèsitatingly *kòn esitaziòne, ad*
hesitàtion *esitaziòne-i, nf*
hèsitatory *esitànte-i, a*
hètaera *ètera-e, nf*
hèteroklìte *eteròklito-i, a*
hèterodỳne *eterodìna-e, nf*
hèterodox *eterodòsso-i a e, a*
hèterodòxy *eterodossìa-e, nf*
heterogenèity *eterojeneità, nf*
heterogèneous *eterojèneo-i a e, a*
to hèw *tayàre*
hèwer *spakkalèqa, nm*
hèxagon *esagòno-i, nm*
hexàgonal *esagonàle-i, a*
hexahèdron *esàedro-i, nm*
hexàmeter *esàmetro-i, nm*
hèy-dày *rigòyo-i, nm*
hiàtus *iàto-i, nm*
Hìbèrnian *irlandèse-i, nm*
hìkkùp *singiòzzo-i, nm*
to hìkkùp *singiozzàre*
hìk *kontadìno-i a e, nmf*
hìde *pèlle-i, nf*
to hìde *naskòndere*
hìde-and-sèek *rimpiattìno-i, nm*
hìde-bòund *di mènte ristrètta, a*
hìdeous *mostruòso-i a e, a*
hìdeously *spaventosamènte, ad*
hìdeousness *spaventosità, nf*
hìding *naskondìyo-i, nm*
hieràrk *jeràrka-i, nm*
hieràrkik *jeràrkiko-i a e, a*
hieràrkikally *jerarkikamènte, ad*
hieràrky *jerarkìa-e, nf*
hieràtik *ieràtiko-ia e, a*
hièroglyph *jeroglìfiko-i, nm*
hìeroglỳphik *jeroglìfiko-i a e, a*
to hìggle *diskùtere*
hìggledy-pìggledy *frastuonamènte, ad*
hìgh *àlto-i a e, a*
hìghlànd *altipiàno-i, nm*
hìghly *altamènte, ad*

highness *altezza-e, nf*
highway *autostrada-e, nf*
hike *gita-e, nf*
to hike *camminare*
hiking *escursionismo-i, nm*
hilarious *ilare-i, a*
hilarity *ilarità, nf*
hill *colle-i, nm*
hill iness *posto collinoso, nm*
hillock *collinetta-e, nf*
hilly *collinoso-i a e, a*
hilt *impegnatura-e, nf*
him *lui, pron*
Himalaya *Imalaia, nf*
himself *se stesso, pron*
hind *garzone-i, nm*
hind *daina-e, nf*
hind *posteriore-i, nm*
to hinder *impedire*
hindmost *ultimo-i a e, a*
hindrance *impedimento-i, nm*
Hindustani *indostano-i a e, nmf*
hinge *cardine-i, nm*
to hinge *incardinare*
hinny *mulo-i, nm*
hint *allusione-i, nf*
to hint *accennare*
hinterland *retroterra-e, nm*
hip *fianco-hi, nm*
hip *in moda, ad*
hip-hip-hurrah *evviva, inter*
hippish *malinconico-i a he, a*
hippocmapus *ippocampo-i, nm*
hippodrome *ippodromo-i, nm*
hippogriff *ippogrifo-i, nm*
hippopotamus *ippopotamo-i, nm*
hire *nolo-i, nm*
to hire *impiegare*
hirable *da noleggio, a*
hireling *mercenario-i, nm*
hirer *noleggiatore-i, nm*
hiring *noleggio-i, nm*

hìghness *altèzza-e, nf*
hìghway *autostràda-e, nf*
hìke *jìta-e, nf*
to hìke *kamminàre*
hìkìng *eskursionìsmo-i, nm*
hilàrious *ilàre-i, a*
hilàrity *ilarità, nf*
hìll *kòlle-i, nm*
hìlliness *pòsto kollinòso, nm*
hìllok *kollinètta-e, nf*
hìlly *kollinòso-i a e, a*
hìlt *impeqatùra-e, nf*
hìm *lùi, pron*
Himalàya *Imalàia, nf*
hìmself *se stèsso, pron*
hìnd *garzòne-i, nm*
hìnd *dàina-e, nf*
hìnd *posteriòre-i, nm*
to hìnder *impedìre*
hìndmost *ùltimo-i a e, a*
hìndrance *impedimènto-i, nm*
Hìndustàni *indostàno-i a e, nmf*
hìnge *kàrdine-i, nm*
to hìnge *inkardinàre*
hìnny *mùlo-i, nm*
hìnt *allusiòne-i, nf*
to hìnt *accennàre*
hìnterlànd *retrotèrra-e, nm*
hìp *fiànko-i, nm*
hìp *in mòda, ad*
hìp-hìp-hùrràh *evvìva, inter*
hìppish *malinkòniko-i a e, a*
hippokàmpus *ippokàmpo-i, nm*
hìppodrome *ippòdromo-i, nm*
hìppogriff *ippògrifo-i, nm*
hippopòtamus *ippopòtamo-i, nm*
hìre *nòlo-i, nm*
to hìre *impiegàre*
hìrable *da nolèjjo, a*
hìreling *mercenàrio-i, nm*
hìrer *nolejjatòre-i, nm*
hìring *nolèjjo-i, nm*

hirsute *irsuto-i a e, a*	hìrsute *irsùto-i a e, a*
his *suo, pron*	hìs *sùo, pron*
hiss *fischio-i, nm*	hìss *fiskio-i, nm*
to hiss *sibilare*	to hìss *sibilàre*
histology *istologia-e, nf*	històlogy *istolojìa-e, nf*
historian *storico-i, nm*	històrian *stòriko-i, nm*
historic *storico-i a he, a*	històrik *stòriko-i a e, a*
historicity *storicità, nf*	historìcity *storicità, nf*
historiographer *storiografo-i, nm*	historiògrapher *storiògrafo-i, nm*
historiography *storiografia-e, nf*	historiògraphy *storiografia-e, nf*
history *storia-e, nf*	hìstory *stòria-e, nf*
histrionic *istrionico-i a he, a*	histriònik *istriòniko-i a e, a*
histrionics *istrionismo, nm*	histriòniks *istrionìsmo, nm*
hit *colpo-i, nm*	hìt *kòlpo-i, nm*
to hit *colpire*	to hìt *kolpìre*
hitch *strattone, nm*	hìtch *strattòne, nm*
to hitch *agganciare*	to hìtch *aggancàre*
hither *qui, ad*	hìther *kuì, ad*
hitherto *fin qui, ad*	hìthertò *fin kuì, ad*
hive *alveare-i, nm*	hìve *alveàre-i, nm*
to hive *ammassare*	to hìve *ammassàre*
hives *laringite-i, nf*	hìves *larinjìte-i, nf*
hoar *grigio-i a e, a*	hòar *grìjo-i a e, a*
hoard *ammasso-i, nm*	hòard *ammàsso-i, nm*
to hoard *ammassare*	to hòard *ammassàre*
hoarder *incettatore-i, nm*	hòarder *incettatòre-i, nm*
hoarding *impalcatura-e, nm*	hòarding *impalkatùra-e, nm*
hoarse *rauco-i a he, a*	hòarse *ràuko-i a e, a*
hoarsely *raucamente, ad*	hòarsely *raukamènte, ad*
hoax *inganno-i, nm*	hòax *ingànno-i, nm*
to hoax *ingannare*	to hòax *ingannàre*
hoaxer *ingannatore-i, nm*	hòaxer *ingannatòre-i, nm*
hob *sporgenza-e, nf*	hòb *sporjènza-e, nf*
hobble *zoppicamento-i, nm*	hòbble *zoppikamènto-i, nm*
to hobble *zoppicare*	to hòbble *zoppikàre*
hobby *occupazione-i, nf*	hòbby *okkupaziòne-i, nf*
hobby *falco-hi, nm*	hòbby *fàlko-i, nm*
hobby-horse *giocattolo-i, nm*	hòbby-hòrse *jokàttolo-i, nm*
hobgoblin *folletto-i, nm*	hobgòblin *follètto-i, nm*
hobnail *chiodo-i, nm*	hòbnail *kiòdo-i, nm*
to hobnob *frequentare*	to hòbnob *frekuentàre*
hobo *vagabondo-i a e, nmf*	hòbo *vagabòndo-i a e, nmf*

hock *garretto-i, nm*
to hock *impegnare*
hockey *hockey, nm*
to hocus *ingannare*
hocus-pocus *prestigiatore-i, nm*
to hocus-pocus *ingannare*
hod *secchia-e, nf*
hodden *tessuto-i, nm*
hodge-podge *mescolanza-e, nf*
hoe *zappa-e, nf*
hog *maiale-i, nm*
to hog *prendere il meglio*
hogget *pecorina-e, nf*
hoggish *maialesco-hi a he, a*
hoggishly *bestialmente, ad*
hogshead *botte-i, nf*
to hoik *impennare*
hoist *montacarico-hi, nm*
hoity-toity *volubile-i, a*
to hoist *innalzare*
hold *stiva-e, nf*
hold *presa-e, nf*
to hold *tenere*
holdall *valigiona-e, nf*
holder *detentore-i, nm*
holdfast *gancio-i, nm*
holding *possesso-i, nm*
hole *buco-hi, nm*
to hole *bucare*
holey *bucato-i, nm*
holiday *vacanza-e, nf*
holily *santamente, ad*
holiness *santità, nf*
holing *perforazione-i, nf*
to holla *gridare*
Holland *Olanda, nf*
Hollander *olandese-i, nmf*
hollow *vuoto-i a e, a*
to hollow *scavare*
holly *agrifoglio-i, nm*
holm *isoletta-e, nf*
holocaust *olocausto-i, nm*

hòk *garrètto-i, nm*
to hòk *impeqàre*
hòkey *hokèy, nm*
to hòkus *ingannàre*
hòkus-pòkus *prestijatòre-i, nm*
to hòkus-pòkus *ingannàre*
hòd *sèkkia-e, nf*
hòdden *tessùto-i, nm*
hòdge-pòdge *meskolànza-e, nf*
hòe *zàppa-e, nf*
hòg *maiàle-i, nm*
to hòg *prèndere il mèyo*
hògget *pekorìna-e, nf*
hòggìsh *maialèsko-i a e, a*
hòggìshly *bestialmènte, ad*
hògshèad *bòtte-i, nf*
to hòik *impennàre*
hòist *montakàriko-i, nm*
hòity-tòity *volùbile-i, a*
to hòist *innalzàre*
hòld *stìva-e, nf*
hòld *prèsa-e, nf*
to hòld *tenère*
hòldàll *valijòna-e, nf*
hòlder *detentòre-i, nm*
hòldfast *gànco-i, nm*
hòlding *possèsso-i, nm*
hòle *bùko-i, nm*
to hòle *bucàre*
hòley *bukàto-i, nm*
hòlidày *vakànza-e, nf*
hòlily *santamènte, ad*
hòliness *santità, nf*
hòling *perforaziòne-i, nf*
to hòlla *gridàre*
Hòlland *Olànda, nf*
Hòllander *olandèse-i, nmf*
hòllow *vuòto-i a e, a*
to hòllow *skavàre*
hòlly *agrifòyo-i, nm*
hòlm *isolètta-e, nf*
hòlokaust *olokàusto-i, nm*

holograph *olografo-i, nm*	**hòlograph** *ològrafo-i, nm*
holdster *fondina-e, nf*	**hòldster** *fondìna-e, nf*
holt *bosco-hi, nm*	**hòlt** *bòsko-i, nm*
holy *sacro i, a e, a*	**hòly** *sàkro i, a e, a*
homage *omaggio-i, nm*	**hòmage** *omàjjo-i, nm*
home *casa-e, nf*	**hòme** *kàsa-e, nf*
homeland *patria-e, nf*	**hòmeland** *pàtria-e, nf*
homeless *senza casa, a*	**hòmeless** *sènza kàsa, a*
homely *bruttino-i a e, a*	**hòmely** *bruttìno-i a e, a*
homeopathic *omeopatico-i a he, a*	**homeopàthik** *omeopàtiko-i a e, a*
homeopathy *omeopatia-e, nf*	**homeòathy** *omeopatìa-e, nf*
Homer *Omero, nm*	**Hòmer** *Omèro, nm*
homeric *omerico-i a he, a*	**homèrik** *omèriko-i a e, a*
homespun *casalingo-hi a eh, a*	**hòmespùn** *kasalìngo-i a eh, a*
homestead *fattoria-e, nf*	**hòmestèad** *fattorìa-e, nf*
homeward *di ritorno, a*	**hòmeward** *di ritòrno, a*
homewards *verso casa, ad*	**hòmewards** *vèrso kàsa, ad*
homicidal *omicida, a*	**homicìdal** *omicìda, a*
homicide *omicidio-i, nm*	**hòmicide** *omicìdio-i, nm*
homely *omelia-e, nf*	**hòmily** *omelìa-e, nf*
homing *cercatore-i, nm*	**hòming** *cerkatòre-i, nm*
homogenous *omogeneo-i, a*	**homogènous** *omojèneo-i, a*
homogeneously *omogeneamente, ad*	**homogèneously** *omojeneamènte, ad*
homogeneity *omogeneità, nf*	**homogenèity** *omojeneità, nf*
to homologate *omologare*	**to homòlogate** *omologàre*
homologation *omologazione-i, nf*	**homologàtion** *omologazìone-i, nf*
homologous *omologo-hi a he, a*	**homòlogous** *omòlogo-i a e, a*
homology *omologia-e, nf*	**homòlogy** *omolojìa-e, nf*
homonymous *omonimo-i, a*	**homònymous** *omònimo-i, a*
homuncule *omiciattolo-i, nm*	**homùnkule** *omicàttolo-i, nm*
homy *domestico-i a he, a*	**hòmy** *domèstiko-i a e, a*
hone *cote-i, nf*	**hòne** *kòte-i, nf*
to hone *affilare*	**to hòne** *affilàre*
honest *onesto-i a e, a*	**hònest** *onèsto-i a e, a*
honestly *onestamente, ad*	**hònestly** *onestamènte, ad*
honesty *onestà, nf*	**hònesty** *onestà, nf*
honey *miele-i, nm*	**hòney** *mièle-i, nm*
honeyed *melato-i a e, a*	**hòneyed** *melàto-i a e, a*
honeymoon *luna di miele, nf*	**hòneymòon** *lùna di mièle, nf*
to honeymoon *fare viaggio di nozze*	**to hòneymòon** *fàre viàjjo di nòzze*
honorarium *onorario-i, nm*	**honoràrium** *onoràrio-i, nm*
honorary *onorario-i a e, a*	**honoràry** *onoràrio-i a e, a*

honorifc *onorifico-i a he, a*
honor *onore-i, nm*
to honor *onorare*
honorable *onorabile-i, a*
honorably *onorevolmente, ad*
hood *cappuccio-i, nm*
to hood *incappucciare*
to hoodwink *ingannare*
hoof *zoccolo-i, nm*
to hoof *calciare*
hook *amo-i, nm*
to hook *agganciare*
hooker *puttana-e, nf*
hook-up *collegamento-i, nm*
hooligan *giovinastro-i a e, nmf*
hoop *cerchio-i, nm*
to hoop *cerchiare*
to hoop *tossire*
hooping-cough *pertosse-i, nf*
hoopoe *upupa-e, nf*
hoot *grido-i, nm*
to hoot *gridare*
hooter *fischiatore-i, nm*
hop *salto-i, nm*
to hop *saltare*
hope *speranza-e, nf*
to hope *sperare*
hopeful *ottimista i e, a*
hopefully *con speranza, ad*
hopeless *disperato-i a e, a*
hopelessly *senza speranza, ad*
hopper *saltatore-i, nm*
Horace *Orazio, nm*
horde *orda-e, nf*
horizon *orizzonte-i, nm*
horizontally *orizontalmente, ad*
hormone *ormone-i, nm*
horn *tromba-e, nf*
to horn *cornare*
hornbeam *carpine-i, nf*
horner *suonatore-i, nm*
hornet *calabrone-i, nm*

honorìfik *onorìfiko-i a e, a*
hònor *onòre-i, nm*
to hònor *onoràre*
hònorable *onoràbile-i, a*
hònorably *onorevolmènte, ad*
hòod *kappùcco-i, nm*
to hòod *inkappuccàre*
to hòodwink *ingannàre*
hòof *zòkkolo-i, nm*
to hòof *kalcàre*
hòok *àmo-i, nm*
to hòok *aggancàre*
hòoker *puttàna-e, nf*
hòok-ùp *kollegamènto-i, nm*
hòoligan *jovinàstro-i a e, nmf*
hòop *cèrkio-i, nm*
to hòop *cerkiàre*
to hòop *tossìre*
hòoping-kòugh *pertòsse-i, nf*
hòopoe *ùpupa-e, nf*
hòot *grìdo-i, nm*
to hòot *gridàre*
hòoter *fiskiatòre-i, nm*
hòp *sàlto-i, nm*
to hòp *saltàre*
hòpe *sperànza-e, nf*
to hòpe *speràre*
hòpeful *ottimìsta i e, a*
hòpefully *kòn speràn za, ad*
hòpeless *disperàto-i a e, a*
hòpelessly *sènza speràn za, ad*
hòpper *saltatòre-i, nm*
Hòrace *Oràzio, nm*
hòrde *òrda-e, nf*
horìzòn *orizzònte-i, nm*
horizòntally *orizontalmènte, ad*
hormòne *ormòne-i, nm*
hòrn *tròmba-e, nf*
to hòrn *kornàre*
hòrnbeam *kàrpine-i, nf*
hòrner *suonatòre-i, nm*
hòrnet *kalabròne-i, nm*

hornish *corneo-i a*
hornless *senza corna, a*
hornpipe *zampogna-e, nf*
horny *erotico-i a he, a*
horogy *orologeria-e, nf*
horoscope *oroscopo-i, nm*
horoscopy *oroskopia-e, nf*
horrible *orribile-i, a*
horribly *orribilmente, ad*
horrid *odioso-i a e, a*
horridly *orridamente, ad*
horridness *orridezza-e, nf*
horrific *orribile-i, a*
to horrify *inorridire*
horror *orrore-i, nm*
hors-d'oeuvre *antipasto-i, nm*
horse *cavallo-i, nm*
horseback *groppa-e, nf*
horseless *senza cavallo, a*
horseman *cavaliere-i, nm*
horsy *ippico-i a he, a*
horticultural *orticultura-e, a*
horticulture *orticultura-e, nf*
horticulturist *orticultore-i, nm*
hosanna *osanna, nf*
hose *tubo-i, nm*
to hose *inaffiare*
hosier *calzettaio-i, nm*
hosiery *maglieria-e, nf*
hospice *ospizio-i, nm*
hospitable *ospitale-i, a*
hospitableness *ospitalità, nf*
hospitably *ospitalmente, ad*
hospital *ospedale-i, nm*
hospitality *ospitalità, nf*
host *ostia-e, nf*
host *oste-i, nm*
host *moltitudine-i, nf*
hostage *ostaggio-i, nm*
hostel *ostello-i, nm*
hostess *ostessa-e, nf*
hostile *ostile-i, a*

hòrnish *kòrneo-i a*
hòrnless *sènza kòrna, a*
hòrnpipe *zampòqa-e, nf*
hòrny *eròtiko-i a e, a*
horòlogy *orolojerìa-e, nf*
hòroskope *oròskopo-i, nm*
horòskopy *oroskopìa-e, nf*
hòrrible *orrìbile-i, a*
hòrribly *orribilmènte, ad*
hòrrid *odiòso-i a e, a*
hòrridly *orridamènte, ad*
hòrridness *orridèzza-e, nf*
horrìfik *orrìbile-i, a*
to hòrrify *inorridìre*
hòrror *orròre-i, nm*
hòrs-d'òeuvre *antipàsto-i, nm*
hòrse *kavàllo-i, nm*
hòrsebak *gròppa-e, nf*
hòrseless *sènza kavàllo, a*
hòrseman *kavalière-i, nm*
hòrsy *ìppiko-i a e, a*
hortikùltural *ortikultùra-e, a*
hortikùlture *ortikultùra-e, nf*
hortikùlturist *ortikultòre-i, nm*
hosànna *osànna, nf*
hòse *tùbo-i, nm*
to hòse *inaffiàre*
hòsier *kalzettàio-i, nm*
hòsiery *mayerìa-e, nf*
hòspice *ospìzio-i, nm*
hòspitable *ospitàle-i, a*
hòspitableness *ospitalità, nf*
hòspitably *ospitalmènte, ad*
hòspital *ospedàle-i, nm*
hospitàlity *ospitalità, nf*
hòst *òstia-e, nf*
hòst *òste-i, nm*
hòst *moltitùdine-i, nf*
hòstage *ostàjjo-i, nm*
hòstel *ostèllo-i, nm*
hòstess *ostèssa-e, nf*
hòstile *ostìle-i, a*

hostilely *ostilmente, ad*	**hòstilely** *ostilmènte, ad*
hostility *ostilità, nf*	**hostìlity** *ostilità, nf*
hostler *stalliere-i, nm*	**hòstler** *stallière-i, nm*
hot *caldo i a e, a*	**hòt** *kàldo i a e, a*
hotbed *terreno riscaldato, nm*	**hòtbed** *terrèno riskaldàto, nm*
hotel *albergo-hi, nm*	**hòtel** *albèrgo-i, nm*
hotly *caldamente, ad*	**hòtly** *kaldamènte, ad*
hotness *caldezza-e, nf*	**hòtness** *kaldèzza-e, nf*
hough *garretto-i, nm*	**hòugh** *garrètto-i, nm*
to hough *azzoppare*	**to hòugh** *azzoppàre*
hound *cane-i, nm*	**hòund** *kàne-i, nm*
to hound *inseguire*	**to hòund** *inseguìre*
hour *ora-e, nf*	**hòur** *òra-e, nf*
hourly *ogni ora, ad*	**hòurly** *òqi òra, ad*
house *casa-e, nf*	**hòuse** *kàsa-e, nf*
to house *ricoverare*	**to hòuse** *rikoveràre*
household *famiglia-e, nf*	**hòusehold** *famìya-e, nf*
housekeeper *massaia-e, nf*	**hòusekeeper** *massàia-e, nf*
housekeeping *lavori domestici, nm*	**hòusekeeping** *lavòri domèstici, nm*
houseless *senza casa, a*	**hòuseless** *sènza kàsa, a*
housemaid *domestica-he, nf*	**hòusemaid** *domèstika-e, nf*
housewife *massaia-e, nf*	**hòusewife** *massàia-e, nf*
housing *alloggiamento-i, nm*	**hòusing** *allojjamènto-i, nm*
hovel *tugurio-i, nm*	**hòvel** *tugùrio-i, nm*
to hover *volteggiare*	**to hòver** *voltejjàre*
how *come, ad*	**hòw** *kòme, ad*
howbeit *tuttavia, conj*	**hòwbeit** *tuttavìa, conj*
however *comunque, ad*	**howèver** *komùnkue, ad*
howitzer *obice-i, nm*	**hòwitzer** *òbice-i, nm*
howel *ululato-i, nm*	**hòwel** *ululàto-i, nm*
to howl *ululare*	**to hòwl** *ululàre*
howlet *gufo-i, nm*	**hòwlet** *gùfo-i, nm*
howling *spaventoso-i a e, a*	**hòwling** *spaventòso-i a e, a*
howsoever *comunque, ad*	**howsoèver** *komùnkue, ad*
hoy *battellino-i, nm*	**hòy** *battellìno-i, nm*
hoyden *ragazzona-e, nf*	**hòyden** *ragazzòna-e, nf*
hub *centro-i, nm*	**hùb** *cèntro-i, nm*
hubby *marito-i, nm*	**hùbby** *marìto-i, nm*
huckle *fianco-hi, nm*	**hùkle** *fianko-i, nm*
huckster *venditore-i, nm*	**hùkster** *venditòre-i, nm*
to huckster *rivendere*	**to hùkster** *rivèndere*
huddle *tumulto-i, nm*	**hùddle** *tumùlto-i, nm*

to huddle *ammucchiare*	to hùddle *ammukkiàre*
hue *tinta-e, nf*	hùe *tìnta-e, nf*
hued *colorato-i a e, a*	hùed *koloràto-i a e, a*
heless *incolore-i, a*	hùeless *inkolòre-i, a*
huff *rabbia-e, nf*	hùff *ràbbia-e, nf*
to huff *offendere*	to hùff *offèndere*
huffish *permaloso-i a e, a*	hùffish *permalòso-i a e, a*
hug *abbraccio-i, nm*	hùg *abbràcco-i, nm*
to hug *abbracciare*	to hùg *abbraccàre*
huge *enorme-i, a*	hùge *enòrme-i, a*
hugely *enormemente, ad*	hùgely *enormemènte, ad*
hugger-mugger *segretezza-e, nf*	hùgger-mùgger *segretèzza-e, nf*
to hugger-mugger *nascondere*	to hùgger-mùgger *naskòndere*
huguenot *ugonotto-i a e, nmf*	hùguenot *ugonòtto-i a e, nmf*
hulk *carcassa-e, nf*	hùlk *karkàssa-e, nf*
hulking *malfatto-i a e, a*	hùlking *malfàtto-i a e, a*
hull *scafo-i, nm*	hùll *skàfo-i, nm*
hull *buccia-e, nf*	hùll *bùcca-e, nf*
to hull *sbucciare*	to hùll *sbuccàre*
hum *ronzio-i, nm*	hùm *ronzìo-i, nm*
to hum *ronzare*	to hùm *ronzàre*
human *umano-i a e, a*	hùman *umàno-i a e, a*
humane *umanitario-i a e, a*	hùmane *umanitàrio-i a e, a*
humanely *umanamente, ad*	hùmanely *umanamènte, ad*
humanism *umanesimo, nm*	hùmanism *umanèsimo, nm*
humanist *umanista-i, nm*	hùmanist *umanìsta-i, nm*
humanitarian *umanitario-i a e, a*	humànitarian *umanitàrio-i a e, a*
humanitarianism *umnanitarismo-i, nm*	humanitàrianism *umanitarìsmo-i, nm*
humanity *umanità, nf*	humànity *umanità, nf*
humanization *umanizzazione-i, nf*	humanizàtion *umanizzaziòne-i, nf*
to humanize *umanizzare*	to hùmanize *umanizzàre*
humankind *umanità, nf*	hùmankind *umanità, nf*
humanly *umanamente, ad*	hùmanly *umanamènte, ad*
Humbert *Umberto, nm*	Hùmbert *Umbèrto, nm*
humble *umile-i, a*	hùmble *ùmile-i, a*
to humble *umiliare*	to hùmble *umiliàre*
humble-bee *calabrone-i, nm*	hùmble-bèe *kalabròne-i, nm*
humbleness *umiltà, nf*	hùmbleness *umiltà, nf*
humbly *umilmente, ad*	hùmbly *umilmènte, ad*
humbug *inganno-i, nm*	hùmbug *ingànno-i, nm*
to humbug *ingannare*	to hùmbug *ingannàre*
humbuggery *impostura-e, nf*	humbùggery *impostùra-e, nf*

humdrum *noioso-i a e, a*
humid *umido-i a e, a*
humidity *umidità, nf*
to humiliate *umiliare*
humiliation *umiliazione-i, nf*
humility *umiltà, nf*
humming *ronzio-i, nm*
hummock *collinetta-e, nf*
humor *umore-i, nm*
to humor *compiacere*
humoral *umorale-i, a*
humorist *umorista-e, nm*
humoristic *umoristico-i a he, a*
humorless *senza umorismo, a*
humorous *umoristico-i a he, a*
hump *gobba-e, nf*
to hump *annoiare*
humpty-dumpty *tozzo-i a e, nmf*
humus *humus, nm*
humpy *capanna-e, nf*
Hun *Unno, nm*
hunch *sospetto-i, nm*
hunch *gobba-e, nf*
to hunch *aggobbire*
hunchback *gobbo-i, nm*
hundred *cento, a*
hundredfold *centuplicato-i a e, a*
hundredth *centesimo-i a e, a*
Hungarian *ungherese-i, nm*
Hungary *Ungheria, nf*
hunger *fame, nf*
to hunger *affamare*
hungrily *famelicamente, ad*
hungriness *fame, nf*
hungry *affamato-i a e, a*
hunk *pezzo-i, nm*
hunks *spilorcio-i, nm*
hunt *caccia-e, nf*
to hunt *cacciare*
hunter *cacciatore-i, nm*
hunting *caccia-e, nf*
huntress *cacciatrice-i, nf*

hùmdrum *noiòso-i a e, a*
hùmid *ùmido-i a e, a*
humìdity *umidità, nf*
to humìliate *umiliàre*
hùmiliation *umiliaziòne-i, nf*
humìlity *umiltà, nf*
hùmming *ronzìo-i, nm*
hùmmok *kollinètta-e, nf*
hùmor *umòre-i, nm*
to hùmor *kompiacère*
hùmoral *umoràle-i, a*
hùmorist *umorìsta-e, nm*
humorìstik *umorìstiko-i a e, a*
hùmorless *sènza umòre, a*
hùmorous *umorìstiko-i a e, a*
hùmp *gòbba-e, nf*
to hùmp *annoiàre*
hùmpty-dùmpty *tòzzo-i a e, nmf*
hùmus *hùmus, nm*
hùmpy *kapànna-e, nf*
Hùn *Unno, nm*
hùnch *sospètto-i, nm*
hùnch *gòbba-e, nf*
to hùnch *aggobbìre*
hùnchbak *gòbbo-i, nm*
hùndred *cènto, a*
hùndredfold *centuplikàto-i a e, a*
hùndredth *centèsimo-i a e, a*
Hungàrian *ungerèse-i, nm*
Hùngary *Ungerìa, nf*
hùnger *fàme, nf*
to hùnger *affamàre*
hùngrily *famelikamènte, ad*
hùngriness *fàme, nf*
hùngry *affamàto-i a e, a*
hùnk *pèzzo-i, nm*
hùnks *spilòrco-i, nm*
hùnt *kàcca-e, nf*
to hùnt *kaccàre*
hùnter *kaccatòre-i, nm*
hùnting *kàcca-e, nf*
hùntress *kaccatrìce-i, nf*

hyena

huntsman *cacciatore-i, nm*	hùntsman *kaccatòre-i, nm*
hurdle *graticcio-i, nm*	hùrdle *gratìcco-i, nm*
to hurdle *ingraticciare*	to hùrdle *ingraticcàre*
hurdler *saltatore-i, nm*	hùrdler *saltatòre-i, nm*
hurdy-gurdy *orgnanetto-i, nm*	hùrdy-gùrdy *organètto-i, nm*
hurl *lancio-i, nm*	hùrl *lànco-i, nm*
to hurl *scagliare*	to hùrl *skayàre*
hurly-burly *confusione-i, nf*	hùrly-bùrly *konfusiòne-i, nf*
to hurrah *gridare hurra*	to hùrrah *gridàre hurrà*
hurricane *uragano-i, nm*	hùrrikane *uragàno-i, nm*
hurried *affrettato-i a e, a*	hùrried *affrettàto-i a e, a*
hurriedly *precipitosamente, ad*	hùrriedly *precipitosamènte, ad*
hurriedness *precipitazione-i, nf*	hùrriedness *precipitaziòne-i, nf*
hurry *fretta, nf*	hùrry *frètta, nf*
to hurry *affrettare*	to hùrry *affrettàre*
hurst *bosco-hi, nm*	hùrst *bòsko-i, nm*
hurt *danno-i, nm*	hùrt *dànno-i, nm*
to hurt *nuocere*	to hùrt *nuòcere*
hurtful *nocivo-i a e, a*	hùrtful *nocìvo-i a e, a*
hurtfully *dannosamente, ad*	hùrtfully *dannosamènte, ad*
to hurtle *urtare*	to hùrtle *urtàre*
hurtless *innocuo-i a e, a*	hùrtless *innòkuo-i a e, a*
husband *marito-i, nm*	hùsband *marìto-i, nm*
to husband *maritare*	to hùsband *maritàre*
husbandman *agricoltore-i, nm*	hùsbandman *agrikoltòre-i, nm*
husbandry *agricoltura-e, nf*	hùsbandry *agrikoltùra-e, nf*
hush *silenzio-i, nm*	hùsh *silènzio-i, nm*
to hush *sopprimere*	to hùsh *sopprìmere*
husk *buccia-e, nf*	hùsk *bùcca-e, nf*
to husk *sbucciare*	to hùsk *sbuccàre*
huskily *seccamente, ad*	hùskily *sekkamènte, ad*
huskiness *secchezza-e, nf*	hùskiness *sekkèzza-e, nf*
husky *robusto-i a e, a*	hùsky *robùsto-i a e, a*
hussar *ussaro-i, nm*	hùssar *ùssaro-i, nm*
hussy *fraschetta-e, nf*	hùssy *fraskètta-e, nf*
hustle *spinta-e, nf*	hùstle *spìnta-e, nf*
to hustle *spingere*	to hùstle *spìnjere*
hut *capanna-e, nf*	hùt *kapànna-e, nf*
to hut *alloggiare*	to hùt *allojjàre*
hutch *conigliera-e, nf*	hùtch *koniyèra-e, nf*
hyacinth *giacinto-i, nm*	hỳacìnth *jacìnto-i, nm*
hyena *iena-e, nf*	hyèna *ièna-e, nf*

hybrid *ibrido-i, nm*
hybridism *ibridismo-i, nm*
hybridization *ibridazione-i, nf*
to hybridize *ibridare*
hydra *idra-e, nf*
hydrangea *idrangea-e, nm*
hydrant *idrante-i, nm*
hydrate *idrato-i, nm*
hydraulic *idraulico-i a he, a*
hydraulically *con mezzi draulici, ad*
hydraulics *idraulica, nf*
hydrocarbon *idrocarburo-i, nm*
hydrodynamics *idrodinamica, nf*
hydroelectric *idroelettrico-i a hem a*
hydrogen *idrogeno-i, nm*
to hydrogenate *idrogenare*
hydrogenous *idrogenato-i, a*
hydrographic *idrografico-i a he, a*
hydrography *idrografia-e, nf*
hydrologic *idrologico-i a he, a*
hydrologist *idrologo-hi a he, nmf*
hydrology *idrologia-e, nf*
hydromel *idromele-i, nm*
hydrometer *idrometro-i, nm*
hydrophobia *idrofobia-e, nf*
hydrophobic *idrofobo-i a e, nmf*
hydropic *idropico-i a he, a*
hydroplane *idrovolante-i, nm*
hydropsy *idropsia-e, nf*
hydrostatics *idrostatica-he, nf*
hydrotherapeutic *idroterapico-i a he, a*
hydrous *idrico-i a he, a*
hyena *iena-e, nf*
Hygeia *Igea, nf*
hygene *igiene-i, nmf*
hygienic *igienico-i a he, a*
hygienically *igienicamente, ad*
hygienics *igiene-i, nf*
hygienist *igienista-i, nm*
hygrometer *igrometro-i, nm*
hygrometry *igrometria-e, nf*
hygroscope *igroscopio-i, nm*

hỳbrid *ìbrido-i, nm*
hỳbridism *ibridìsmo-i, nm*
hybridizàtion *ibridaziòne-i, nf*
to hỳbridize *ibridàre*
hỳdra *ìdra-e, nf*
hydràngea *idrànjea-e, nm*
hỳdrant *idrànte-i, nm*
hỳdrate *idràto-i, nm*
hydràulik *idràuliko-i a e, a*
hydràulikally *kòn mèzzi idràulici, ad*
hydràuliks *idràulika, nf*
hydrokàrbon *idrokàrburo-i, nm*
hydrodynàmiks *idrodinàmika, nf*
hydroelèktrik *idroelèttriko-i a em a*
hỳdrogen *idròjeno-i, nm*
to hỳdrogenate *idrojenàre*
hydrògenous *idrojenàto-i, a*
hydrògraphik *idogràfiko-i a e, a*
hydrògraphy *idrografìa-e, nf*
hydrològìk *idrolòjiko-i a e, a*
hydròlogìst *idròlogo-i a e, nmf*
hydròlogy *idrolojìa-e, nf*
hỳdromel *idromèle-i, nm*
hydròmeter *idròmetro-i, nm*
hydrophòbia *idrofòbia-e, nf*
hydrophòbik *idròfobo-i a e, nmf*
hỳdropik *idròpiko-i a e, a*
hydroplàne *idrovolànte-i, nm*
hỳdropsy *idropsìa-e, nf*
hydrostàtiks *idrostàtika-e, nf*
hydrotherapèutik *idroteràpiko-i a e, a*
hỳdrous *ìdriko-i a e, a*
hỳena *ièna-e, nf*
Hygèia *Ijèa, nf*
hỳgene *ijiène-i, nmf*
hygiènik *ijièniko-i a e, a*
hygiènikally *ijienikamènte, ad*
hygièniks *ijiène-i, nf*
hygiènist *ijienìsta-i, nm*
hygròmeter *igròmetro-i, nm*
hygròmetry *igrometrìa-e, nf*
hỳgroskope *igroskòpio-i, nm*

Hymen *Imeneo, nm*	Hỳmen *Imenèo, nm*
hymn *inno-i, nm*	hỳmn *ìnno-i, nm*
to hymn *lodare*	to hỳmn *lodàre*
hymnal *innario-i, nm*	hỳmnal *innàrio-i, nm*
hymnody *innodia-e, nf*	hỳmnody *innodìa-e, nf*
hymnologist *innologo-i a he, nmf*	hymnòlogist *innòlogo-i a e, nmf*
hymnology *innologia-e, nf*	hymnòlogy *innolojìa-e, nf*
hypallage *ipallage-i, nf*	hypallàge *ipàllaje-i, nf*
hyperbola *iperbola-e, nf*	hypèrbola *ipèrbole-e, nf*
hyperbole *iperbole-i, nf*	hypèrbole *ipèrbole-i, nf*
hyperbolically *iperbolico-i a he, a*	hyperbòlikally *iperbòliko-i a e, a*
hyperbolically *iperbolicamente, ad*	hyperbòlikally *iperbolikamènte, ad*
hyperborean *iperborio-i, a*	hyperbòrean *iperbòrio-i, a*
hypercritic *ipercritico-i a he, a*	hyperkrìtik *iperkrìtiko-i a e, a*
hpercriticism *ipercriticismo-i, nm*	hyerkrìticism *iperkriticismo-i, nm*
hypertrophy *ipertorfia-e, nf*	hypèrtrophy *ipertorfia-e, nf*
hyphen *trattino-i, nm*	hỳphen *trattìno-i, nm*
to hyphen *unire con trattino*	to hỳphen *unìre kòn trattìno*
hypnosis *ipnosi, nf*	hypnòsis *ipnòsi, nf*
hypnotic *ipnotico-i a he, a*	hypnòtik *ipnòtiko-i a e, a*
hypnotism *ipnotismo-i, nm*	hỳpnotism *ipnotìsmo-i, nm*
hypnotist *ipnotizzatore-i, nm*	hỳpnotist *ipnotizzatòre-i, nm*
to hypnotize *ipnotizzare*	to hỳpnotize *ipnotizzàre*
hypnotizer *ipnotizzatore-i, nm*	hỳpnotizer *ipnotizzatòre-i, nm*
hypochondria *ipocondria-e, nf*	hypokòndria *ipokondrìa-e, nf*
hypochondriac *ipocondriaco-i a he, a*	hypokòndriak *ipokondrìako-i a e, a*
hypocrisy *ipocrisia-e, nf*	hỳpokrisy *ipokrisìa-e, nf*
hypocrite *ipocrita-e, nm*	hỳpokrite *ipòkrita-e, nm*
hypocritical *ipocrito-i a he, a*	hypokrìtikal *ipòkrito-i a e, a*
hypocritically *ipocritamente, ad*	hypokrìtikally *ipokritamènte, ad*
hypodermic *ipodermico-i a he, a*	hypodèrmik *ipodèrmiko-i a e, a*
hyposulphite *iposolfito-i, nm*	hyposùlphite *iposolfito-i, nm*
to hypothecate *ipotecare*	to hypòthekate *ipotecàre*
hypothesis *ipotesi, nf*	hypòthesis *ipòtesi, nf*
to hypothesize *ipotizzare*	to hypòthesize *ipotizzàre*
hypothetically *ipoteticamenrte, ad*	hypothètikally *ipotetikamènrte, ad*
hyson *te, nm*	hỳson *tè, nm*
hyssop *issopo-i, nm*	hỳssop *issòpo-i, nm*
hysteria *isterismo-i, nm*	hystèria *isterìsmo-i, nm*
hysteric *isterico-i a he, a*	hystèrik *istèriko-i a e, a*
hysterical *isterico-i a he, a*	hỳsterikal *istèriko-i a e, a*
hysterically *istericamente, ad*	hystèrikally *isterikamènte, ad*

hysterics *isterismo-i, nm*

I
I io, pron
iambic *giambico-i, a*
iberian *ibero-i a e, nmf*
ice *ghiaccio-i, nm*
ice-cream *gelato-i, nm*
Iceland *Islanda, nf*
icicle *ghiacciolo-i, nm*
icily *gelidamente, ad*
icon *icona-e, nf*
iconoclast *iconoclasta-i, nm*
inconography *iconografia-e, nf*
idea *idea-e, nf*
ideal *ideale-i, a*
idealism *idealismo-i, nm*
ideality *idealità, nf*
to idealize *idealizzare*
ideally *idealmente, ad*
identical *identico-i, a*
identifiable *identificabile, ad*
to identify *identificare*
identity *identità, nf*
ideologic *ideologico-i, a*
idealogy *ideologia-e, nf*
idiocy *idiozia-e, nf*
idiom *idioma-i, nm*
idiomatically *idiomaticamente, ad*
idiosyncrasy *idiosincrasia-e, nf*
idiot *idiota-i, nm*
idle *indolente-i, a*
idol *idolo-i, nm*
idolatry *idolatria-e, nf*
idyll *idillio-i, nm*
if *se, con*
igneous *igneo-i, a*
to ignite *accendere*
ignition *accensione-i nf*
ignominious *ignominioso-i, a*
ignorance *ignoranza-e, nf*
ignorant *ignorante-i, nm*

hystèriks *istersìmo-i, nm*

I
I ìo, pron
iàmbik *jàmbiko-i, a*
ibèrian *ìberiko-i a e, nmf*
ìce *giàcco-i, nm*
ìce-krèam *jelàto-i, nm*
Iceland *Islànda, nf*
icìkle *giaccòlo-i, nm*
ìcily *jelidamènte, ad*
ìkon *ìkona-e, nf*
ikònoklast *ikonoklàsta-i, nm*
ikonògraphy *ikonografìa-e, nf*
idèa *idèa-e, nf*
idèal *ideàle-i, a*
idèalism *idealìsmo-i, nm*
ideàlity *idealità, nf*
to idealìze *idealizzàre*
idèally *idealmènte, ad*
idèntikal *idèntiko-i, a*
idèntifiable *identifikàbile-i, a*
to idèntify *identificàre*
idèntity *identità, nf*
ideològik *ideolòjiko-i, a*
ideòlogy *ideolojìa-e, nf*
ìdiocy *idiozìa-e, nf*
ìdiom *idiòma-i, nm*
idiomàtikally *idiomatikamènte, ad*
idiosỳncrasy *idiosinkrasìa-e, nf*
ìdiot *idiòta-i, nm*
ìdle *indolènte-i, a*
ìdol *ìdolo-i, nm*
idòlatry *idolatrìa-e, nf*
ìdyll *idìllio-i, nm*
ìf *sè, con*
ìgneous *ìqeo-i, a*
to ignìte *accèndere*
ignìtion *accènsione-i, nf*
ignomìnious *iqominiòso-i, a*
ìgnorance *iqorànza-e, nf*
ìgnorant *iqorànte-i, nm*

to ignore *ignorare*	to ìgnore *iqoràre*
ill *male-i, nm*	ìll *màle-i, nm*
illegal *illegale-i, nf*	illègal *illegàle-i, nf*
illegality *illegalità, nf*	illegàlity *illegalità, nf*
illegible *illegibile-i, a*	illegìble *illejìbile-i, a*
illegitimate *illegittimo-i a e, a*	illegìtimate *illejìttimo-i a e, a*
Iliad *Iliade, nm*	Iliad *Iliàde, nm*
illicit *illecito-i a e, a*	illìcit *illècito-i a e, a*
illiterate *analfabeta-i e, a*	illìterate *analfabèta-i e, a*
illness *malattia-e, nf*	ìllness *malattìa-e, nf*
illogical *illogico-i a he, a*	illògikal *illòjiko-i a e, a*
to illuminate *illuminare*	to illùminate *illuminàre*
illuminati *illuminati, nm*	illuminàti *illuminàti, nm*
illusion *illusione-i, nf*	illùsion *illusiòne-i, nf*
to illustrate *illustrare*	to illustràte *illustràre*
illustration *illustrazione-i, nf*	illustràtion *illustraziòne-i, nf*
illustrator *illustratore-i, nm*	illustràtor *illustràtore-i, nm*
image *immagine-i, nf*	ìmage *immajine-i, nf*
imaginable *immaginabile-i, a*	imàginable *immajinàbile-i, a*
imaginary *immaginario-i a e, a*	imàginary *immajinàrio-i a e, a*
imagination *immaginazione-i, nf*	imaginàtion *immajinàzione-i, nf*
to imagine *immaginare*	to imàgine *immajinàre*
imbecile *imbecille-i, a*	imbecìle *imbecìlle-i, a*
to imitate *imitare*	to ìmitate *imitàre*
imitation *imitazione-i, nf*	imitàtion *imitaziòne-i, nf*
immaculate *immacolata-e, a*	immàkulàte *immakolàta-e, a*
immature *immaturo-i a e, a*	ìmmature *immatùro-i a e, a*
immediate *immediato-i a e, a*	immèdiate *immediàto-i a e, a*
immense *immenso-i a e, a*	immènse *immènso-i a e, a*
immensity *immensità, nf*	immènsity *immensità, nf*
to immerse *immergere*	to immèrse *immèrjere*
immersion *immersione-i, nf*	immèrsion *immersiòne-i, nf*
immigrant *immigrante-i, nm*	immigrànt *immigrànte-i, nm*
immigration *immigrazione-i, nf*	immigràtion *immigraziòne-i, nf*
imminent *imminente-i, a*	ìmminent *imminènte-i, a*
to immobilize *immobilizzare*	to immòbìlize *immobilizzàre*
immoral *immorale-i, a*	immòral *immoràle-i, a*
immortal *immortale-i, a*	immòrtal *immortàle-i, a*
immortality *immortalità, nf*	immortàlity *immortalità, nf*
to immortalize *immortalizzare*	to immòrtalize *immortalizzàre*
immune *immune-i, a*	immùne *immùne-i, a*
immunity *immunità, nf*	immùnity *immunità, nf*

immutable *immutabile-i, a*
impact *collisione-i, nf*
to impair *danneggiare*
impalpable *impalpabile-i, a*
to impart *impartire*
impartial *imparziale-i, a*
impartiality *imparzialità, nf*
impassible *impassibile-i, a*
impatience *impazienza-e, nf*
impatient *impaziente-i, nm*
to impeach *accusare*
impeccable *impeccabile-i, a*
impediment *impedimento-i, nm*
impenetrable *impenetrabile-i, a*
imperfect *imperfetto-i a e, a*
imperfection *imperfezione-i, nf*
imperial *imperiale-i, a*
imperialism *imperialismo-i, nm*
imperious *imperioso-i a e, a*
impermrable *impermeabile-i, a*
impertinence *impertinenza-e, nf*
impertinent *impertinente-i, a*
impervious *impervio-i a e, a*
impetuous *impetuoso-i a e, a*
impetus *impeto-i, nm*
impious *empio-i a e, a*
implacable *implacabile-i, a*
to implant *impiantare*
implement *strumento-i, nm*
to implicate *implicare*
implicit *implicito-i a e, a*
to implore *implorare*
to imply *implicare*
impolite *scortese-i, a*
to import *importare*
importance *importanza-e, nf*
important *importante-i, a*
importation *importazione-i, nf*
to importune *importunare*
to impose *imporre*
imoisition *imposizione-i, nf*
impossibility *impossibilità, nf*

immùtable *immutàbile-i, a*
impàkt *kollisiòne-i, nf*
to impàir *dannejjàre*
impàlpable *impalpàbile-i, a*
to impàrt *impartìre*
impàrtial *imparziàle-i, a*
impartiàlity *imparzialità, nf*
impàssible *impassìbile-i, a*
impàtience *impaziènza-e, nf*
impàtient *impaziènte-i, nm*
to impèach *akkusàre*
impèkkable *impekkàbile-i, a*
impèdiment *impedimènto-i, nm*
impènetrable *impenetràbile-i, a*
impèrfekt *impèrfetto-i a e, a*
imperfèktion *imperfeziòne-i, nf*
impèrial *imperiàle-i, a*
impèrialism *imperialìsmo-i, nm*
impèrious *imperiòso-i a e, a*
impèrmeable *impermeàbile-i, a*
impèrtinence *impertinènza-e, nf*
impèrtinent *impertinènte-i, a*
impèrvious *impèrvio-i a e, a*
impètuous *impetuòso-i a e, a*
ìmpetus *ìmpeto-i, nm*
ìmpious *èmpio-i a e, a*
implàkable *implakàbile-i, a*
to implànt *impiantàre*
implemènt *strumènto-i, nm*
to ìmplikàte *implikàre*
implìcit *implìcito-i a e, a*
to implòre *implioràre*
to implỳ *implikàre*
impolìte *skòrtese-i, a*
to impòrt *importàre*
impòrtance *importànza-e, nf*
impòrtant *importànte-i, a*
impòrtation *importaziòne-i, nf*
to impòrtune *importunàre*
to impòse *impòrre*
imposìtion *imposiziòne-i, nf*
impossibìlity *impossibilità, nf*

impossible *impossibile-i, a*	**impòssible** *impossìbile-i, a*
impostor *impostore-i, nm*	**impòstor** *impostòre-i, nm*
impotence *impotenza-e, nf*	**ìmpotence** *impotènza-e, nf*
to impound *confiscare*	**to impòund** *konfiscàre*
to impoverish *impoverire*	**to impòverish** *impoverìre*
impractible *impraticabile-i, a*	**impràktible** *impratikàbile-i, a*
impregnable *inespugnabile-i, a*	**imprègnable** *inespuqàbile-i, a*
to impress *imprimere*	**to imprèss** *imprìmere*
impression *impressione-i, nf*	**imprèssion** *impressiòne-i, nf*
impressive *impressivo-i a e, a*	**imprèssive** *impressìvo-i a e, a*
to imprison *imprigionare*	**to imprìson** *imprijonàre*
imprisonment *prigionia-e, nf*	**imprìsonment** *prijonìa-e, nf*
improbable *improbabile-i, a*	**impròbable** *improbàbile-i, a*
improper *improprio-i a e, a*	**impròper** *impròprio-i a e, a*
to improve *migliorare*	**to impròve** *miyoràre*
improvement *miglioramento-i, nm*	**impròvement** *miyoramènto-i, nm*
improvident *improvidente-i, a*	**impròvident** *improvidènte-i, a*
to improvise *improvvisare*	**to improvìse** *improvvisàre*
imprudence *imprudenza-e, nf*	**imprùdence** *imprudènza-e, nf*
imprudent *imprudente-i, a*	**imprùdent** *imprudènte-i, a*
impudence *impudenza-e, nf*	**ìmpudence** *impudènza-e, nf*
impulse *impulso-i, nm*	**impùlse** *impùlso-i, nm*
impulsive *impulsivo-i a e, a*	**impùlsive** *impulsìvo-i a e, a*
impunity *impunità, nf*	**impùnity** *impunità, nf*
impurity *impurità, nf*	**impùrity** *impurità, nf*
to impute *imputare*	**to impùte** *imputàre*
in *dentro, prep*	**in** *dèntro, prep*
inability *inabilità, nf*	**inabìlity** *inabilità, nf*
inaccessible *inaccessabile-i, a*	**inakcèssible** *inaccessàbile-i, a*
inaccuracy *inaccuratezza-e, nf*	**inàkkuracy** *inakkuratèzza-e, nf*
inaccurate *inaccurato-i a e, a*	**inàkkurate** *inakkuràto-i a e, a*
inaction *inattività, nf*	**inàktion** *inattività, nf*
inactive *inattivo-i a e, a*	**inàktive** *inattìvo-i a e, a*
inadequate *inadequato-i a e, a*	**inàdequate** *inadekuàto-i a e, a*
inadmissible *inammissibile-i, a*	**inadmìssible** *inammissìbile-i, a*
inanimate *inanimato-i a e, a*	**inànimate** *inanimàto-i a e, a*
inappropriate *inappropriato i a e, a*	**inappròpriate** *inappropriàto i a e, a*
inapt *inadatto-i a e, a*	**inàpt** *inadàtto-i a e, a*
inarticulate *inarticolato-i a e, a*	**inartìkulate** *inartikolàto- i a e, a*
inattention *inattenzione-i, nf*	**inattèntion** *inattenziòne-i, nf*
inattentive *distratto-i a e, a*	**inattèntive** *distràtto-i a e, a*
inaudible *inaudibile-i, a*	**inàudible** *inaudìbile-i, a*

to inaugurate *inaugurare*
inborn *innato-i a e, a*
incantation *incantesimo-i, nf*
incapable *incapace-i, a*
incapacity *incapacità, nf*
incarcerate *incarcerare*
incarnate *incarnato-i a e, a*
incautious *incauto-i a e, a*
incendiary *incendiario-i, a e, a*
incense *incenso-i, nm*
incentive *incentivo-i a e, a*
incessant *incessante-i, a*
incidence *incidenza-e, nf*
incident *incidente-i, nm*
incidental *casuale-i, a*
incision *incisione-i, nf*
incisive *incisivo-i a e, a*
to incite *incitare*
incitement *incitamento-i, nm*
inclement *inclemente-i, a*
inclination *inclinazione-i, nf*
incline *pendio-i, nm*
to incline *inclinare*
to include *includere*
inclusion *inclusione-i, nm*
inclusive *inclusivo-i a e, a*
incoherence *incoerenza-e, nf*
incoherent *incoerente-i, a*
income *reddito-i, nm*
incomparable *incomparabile-i, a*
incompetence *incompetenza-e, nf*
incompetent *incompetente-i, a*
incomplete *incompleto-i a e, a*
incomprehensible *incomprensibile-i, a*
inconceivable *inconcepibile-i, a*
inconclusive *inconcluente-i, a*
incongruous *incongruo-i a e, a*
inconsequent *iconseguente-i, a*
inconsiderable *inconsiderevole-i, a*
inconsistent *inconsistente-i, a*
inconsolable *inconsolabile-i, a*
inconspicuous *incospicuo-i, a*

to inàugùràte *inauguràre*
ìnborn *innàto-i a e, a*
inkantàtion *inkantèsimo-i, nf*
inkàpable *inkapàce-i, a*
inkapàcity *inkapacità, nf*
inkàrcerate *inkarceràre*
inkàrnate *inkarnàto-i,a,e,a*
inkàutious *inkàuto-i a e, a*
incèndiary *incendiàrio-i a e, a*
ìncense *incènso-i, nm*
incèntive *incentìvo-i a e, a*
incèssant *incessànte-i, a*
ìncidence *incidènza-e, nf*
ìncident *incidènte-i, nm*
incidèntal *kasuàle-i, a*
incìsion *incisiòne-i, nf*
incìsive *incisìvo-i a e, a*
to incìte *incitàre*
incìtement *incitamènto-i, nm*
inklèment *inklemènte-i, a*
inklinàtion *inklinaziòne-i, nf*
inklìne *pendìo-i, nm*
to inklìne *inklinàre*
to inklùde *inklùdere*
inklùsion *inklusiòne-i, nm*
inklùsive *inklusìvo-i a e, a*
inkohèrence *inkoerènza-e, nf*
inkohèrent *inkoerènte-i, a*
inkòme *rèddito-i, nm*
inkompàrable *inkomparàbile-i, a*
inkòmpetence *inkompetènza-e, nf*
inkòmpetent *inkompetènte-i, a*
inkomplète *inkomplèto-i a e, a*
inkomprehènsible *inkomprensìbile-i, a*
inkoncèivable *inkoncepìbile-i, a*
inkonklùsive *inkonkludènte-i, a*
inkòngruous *inkòngruo-i a e, a*
inkònsequent *inkonseguènte-i, a*
inkonsìderable *inkonsiderèvole-i, a*
inkonsìstent *inkonsistènte-i, a*
inkonsòlable *inkonsolàbile-i, a*
inkonspìkuous *inkospìkuo-i, a*

inconstancy *incostanza-e, nf*	**inkònstancy** *inkostànza-e, nf*
inconstant *incostante-i, a*	**inkònstant** *inkostànte-i, a*
inconvenience *disturbo-i, nm*	**inkonvènience** *distùrbo-i, nm*
inconvenient *incomodo-i a e, ai*	**inkonvènient** *inkòmodo-i a e, ai*
to incorporate *incorporare*	**to inkòrporàte** *inkorporàre*
incorrect *inesatto-i, a*	**inkorrèkt** *inesàtto-i, a*
incorrectness *scorrettezza-e, nf*	**inkorrèktness** *skorrettèzza-e, nf*
incorruptible *incorrutibile-i, a*	**inkorrùptible** *inkorruttìbile-i, a*
increase *aumento-i, nm*	**inkrèase** *aumènto-i, nm*
to increase *aumentare*	**to inkrèase** *aumentàre*
incredible *incredibile-i, a*	**inkrèdible** *inkredìbile-i, a*
incredulity *incredulità, nf*	**inkredùlity** *inkredulità, nf*
incredulous *incredulo-i a e, a*	**inkrèdulous** *inkrèdulo-i a e, a*
increment *incremento-i, nm*	**ìnkrement** *inkremènto-i, nm*
to incubate *incubare*	**to inkubàte** *inkubàre*
to inculcate *inculcare*	**to inkùlkate** *inkulkàre*
to inculpate *incolpare*	**to inkùlpate** *inkolpàre*
incumbent *incombente-i, a*	**inkùmbent** *inkombènte-i, a*
incurable *incurabile-i, a*	**inkùrable** *inkuràbile-i, a*
incursion *incursione-i, nf*	**inkùrsion** *inkursiòne-i, nf*
indebted *indebitato-i a e, a*	**indèbted** *indebitàto-i a e, a*
indecency *indecenza-e, nf*	**indècency** *indecènza-e, nf*
indecent *indecente-i, a*	**indècent** *indecènte-i, a*
indecision *indecisione-i, nf*	**indecìsion** *indecisiòne-i, nf*
indecisive *indecisivo-i a e, a*	**indecìsive** *indecisìvo-i a e, a*
indecorous *indecoroso-i a e, a*	**indèkorous** *indekoròso-i a e, a*
indecoru *indecoro-i, nm*	**indèkorum** *indekòro-i, nm*
indeed *davvero, ad*	**indèed** *davvèro, ad*
indefensible *indifendibile-i, a*	**indefènsible** *indifendìbile-i, a*
indefinite *indefinito-i a e, a*	**indèfinite** *indefinìto-i a e, a*
indelible *indelibile-i, a*	**indèlible** *indelìbile-i, a*
indelicate *indelicato-i a e, a*	**indèlikate** *indelikàto-i a e, a*
to indemnify *indennizzare*	**to indèmnify** *indennizzàre*
indemnity *indennità, nf*	**indèmnity** *indennità, nf*
independence *indipendenza-e, nf*	**indepèndence** *indipendènza-e, nf*
independent *indipendente-i, a*	**indepèndent** *indipendènte-i, a*
indescribable *indescrivibile-i, a*	**indeskrìbable** *indeskrivìbile-i, a*
indestructible *indistruttibile-i, a*	**indestrùktible** *indistruttìbile-i, a*
indeterminate *indeterminato-i, a*	**indetèrminate** *indeterminàto-i, a*
index *indice-i, nm*	**ìndex** *ìndice-i, nm*
to indicate *indicare*	**to indikàte** *indicàre*
indication *indicazione-i, nf*	**indikàtion** *indikaziòne-i, nf*

to indict *accusare*
indictment *accusa-e, nf*
indifference *indifferenza-e, nf*
indifferent *indifferente-i, a*
indigence *indigenza-e, nf*
indigenous *indigeno-i a e, a*
indigent *indigente-i, a*
indigestible *indigestibile-i, a*
indigestion *indigestione-i, nf*
indignant *indignato-i a e, a*
indignation *indignazione-i, nf*
indignity *indegno-i a e, a*
indirect *indiretto-i a e, a*
indescreete *indiscreto-i a e, a*
indiscretion *indiscrezione-i, nf*
indispensable *indispensabile-i, a*
indisposition *indisposizione-i, nf*
indisputable *indiscutibile-i, a*
individual *individuo-i, nm*
indivisible *indivisibile-i, a*
indolence *indolenza-e, nf*
indolent *indolente-i, a*
indubitable *indubitabile-i, a*
to induce *indurre*
induction *induzione-i, nf*
to indulge *indulgere*
indulgence *indulgenza-e, nf*
industrial *industriale-i, a*
industrious *attivo-i a e, a*
industry *industria-e, nf*
ineffable *ineffabile-i, a*
ineffective *inefficace-i, a*
inefficacy *inefficacia-e, nf*
inefficient *inefficiente-i, a*
inept *inetto-i a e, a*
inequality *inuguaglianza-e, nf*
inevitable *inevitabile-i, a*
inexact *inesatto-i a e, a*
infallibility *infallibilità, nf*
infallible *infallibile-i, a*
infamous *infame-i, a*
infamy *infamia-e, nf*

to indìkt *akkusàre*
indìktment *akkùsa-e, nf*
indìfference *indifferènza-e, nf*
indìfferent *indifferènte-i, a*
ìndigence *indijènza-e, nf*
indìgenous *indìjeno-i a e, a*
ìndigent *indijènte-i, a*
indigèstible *indijestìbile-i, a*
indigèstion *indijestiòne-i, nf*
indìgnant *indiqàto-i a e, a*
indignàtion *indiqaziòne-i, nf*
indìgnity *indèqo-i a e, a*
indirèkt *indirètto-i a e, a*
indeskrèete *indiskrèto-i a e, a*
indiskrètion *indiskreziòne-i, nf*
indispènsable *indispensàbile-i, a*
indisposìtion *indisposiziòne-i, nf*
indispùtable *indisputàbile-i, a*
indivìdual *indivìduo-i, nm*
indivìsible *indivisìbile-i, a*
ìndolence *indolènza-e, nf*
ìndolent *indolènte-i, a*
indùbitable *indubitàbile-i, a*
to indùce *indùrre*
indùktion *induziòne-i, nf*
to indùlge *indùljere*
indùlgence *induljènza-e, nf*
indùstrial *industriàle-i, a*
indùstrious *attìvo-i a e, a*
ìndustry *indùstria-e, nf*
inèffable *ineffàbile-i, a*
ineffèktive *inefikàce-i, a*
inèffikacy *inefikacìa-e, nf*
inefìcient *inefìcènte-i, a*
inèpt *inètto-i a e, a*
inequàlity *inuguayànza-e, nf*
inèvitable *inevitàbile-i, a*
inexàkt *inesàtto-i a e, a*
infallibìlity *infallibilità, nf*
infàllible *infallìbile-i, a*
ìnfamous *infàme-i, a*
ìnfamy *infàmia-e, nf*

ci ce ca co cu   ki ke ka ko ku   ji je ja jo ju   gi ge ga go gu
sci sce sca sco scu=shi she sha sho shu   gn=q   gl=y

	information
infancy *infanzia-e, nf*	**ìnfancy** *infànzia-e, nf*
infant *bimbo-i a e, nmf*	**ìnfant** *bìmbo-i a e, nmf*
infantile *infantile-i, a*	**ìnfantile** *infantìle-i, a*
infantry *fanteria-e, nf*	**ìnfantry** *fanterìa-e, nf*
infatuate *infatuare*	**infatuàte** *infatuàre*
infatuation *infatuazione-i, nf*	**infatuàtion** *infatuazìòne-i, nf*
to infect *infettare*	**to infèkt** *infettàre*
infection *infezione-i, nf*	**infèktion** *infeziòne-i, nf*
infectious *infettivo-i a e, a*	**infèktious** *infettìvo-i a e, a*
to infer *accennare*	**to infèr** *accennàre*
inference *deduzione-i, nf*	**ìnference** *deduziòne-i, nf*
inferior *inferiore-i, a*	**infèrior** *inferiòre-i, a*
inferiority *inferiorità, nf*	**inferiòrity** *inferiorità, nf*
infernal *infernale-i, a*	**infèrnal** *infernàle-i, a*
to infest *infestare*	**to infèst** *infestàre*
infidel *infedele-i, nm*	**ìnfidel** *infedèle-i, nm*
infidelity *infedeltà, nf*	**infidèlity** *infedeltà, nf*
to infiltrate *infiltrare*	**to ìnfiltrate** *infiltràre*
infinite *infinito-i, a*	**ìnfinite** *infìnito-i, a*
infinitive *infinitivo-i, nm*	**infinitive** *infinitìvo-i, nm*
infinity *infinità, nf*	**infìnity** *infinità, nf*
infirm *infermo-i a e, a*	**infirm** *infèrmo-i a e, a*
infirmary *infermeria-e, nf*	**infirmary** *infermerìa-e, nf*
infirmity *infermità, nf*	**infirmity** *infermità, nf*
to inflame *infiammare*	**to inflàme** *infiammàre*
inflammation *inflammazione-i, nf*	**inflàmmation** *inflammaziòne-i, nf*
inflammatory *inflammatorio-i a e, a*	**inflàmmatory** *inflammatòrio-i a e, a*
to inflate *gonfiare*	**to inflàte** *gonfiàre*
inflation *gonfiamento-i, nm*	**inflàtion** *gonfiamènto-i, nm*
to inflect *inflettere*	**to inflèkt** *inflèttere*
inflexion *inflessione-i, nf*	**inflèktion** *inflessiòne-i, nf*
to inflict *inflettere*	**to inflìkt** *inflèttere*
infliction *inflizione-i, nf*	**inflìktion** *infliziòne-i, nf*
influence *influenza-e, nf*	**ìnfluence** *influènza-e, nf*
to influence *influenzare*	**to ìnfluence** *influenzàre*
influential *influente-i, a*	**influèntial** *influènte-i, a*
influenza *influenza-e, nf*	**influènza** *influènza-e, nf*
influx *influsso-i, nm*	**inflùx** *inflùsso-i, nm*
to inform *informare*	**to infòrm** *informàre*
informal *informale-i, a*	**infòrmal** *informàle-i, a*
informant *informatore-i, nm*	**infòrmant** *informatòre-i, nm*
information *informazione-i, nf*	**informàtion** *informaziòne-i, nf*

infrequent *infrequente-i, a*
to infringe *trasgredire*
infringement *infrazione-i, nf*
to infuse *infondere*
infusion *infusione-i, nf*
ingrate *ingrato-i a e, nmf*
to ingratitude *ingratitudine-i, nf*
ingredient *ingrediente-i, nm*
to inhabit *abitare*
inhabitable *inabitabile-i, a*
inhabitant *abitante-i, nm*
to inhale *aspirare*
inherent *inerente-i, a*
inherit *ereditare*
inheritance *eredità, nf*
to inhibit *impedire*
inhospitable *inospitale-i, a*
inhuman *inumano-ia e, a*
inhumanity *inumanità, nf*
inimical *ostile-i, a*
inimitable *inimitabile-i, a*
iniquity *inequità, nf*
initial *iniziale-i, nf*
to initiate *iniziare*
iniziative *iniziativa-e, nf*
to inject *inserire*
injection *iniezione-i, nf*
injunction *ingiunzione-i, nf*
to injure *ferire*
injury *ferita-e, nf*
injustice *ingiustizia-e, nf*
ink *inchiostro-i, nm*
inkling *accenno-i, nm*
inland *interno-i, nm*
inn *locanda-e, nf*
innate *innato-i a e, a*
inner *interiore-i, a*
innocence *innocenza-e, nf*
innocent *innocente-i, nm*
innocuous *innocuo-i a e, a*
to innovate *innovare*
innovation *innovazione-i, nf*

infrèquent *infrekuènte-i, a*
to infrìnge *trasgredìre*
infrìngement *infraziòne-i, nf*
to infùse *infòndere*
infùsion *infusiòne-i, nf*
ingràte *ingràto-i a e, nmf*
ingràtitude *ingratitùdine-i, nf*
ingrèdient *ingrediènte-i, nm*
to inhàbit *abitàre*
inhàbitable *inabitàbile-i, a*
inhàbitant *abitànte-i, nm*
to inhàle *aspiràre*
inhèrent *inerènte-i, a*
inhèrit *ereditàre*
inhèritance *eredità, nf*
to inhìbit *impedìre*
inhòspitable *inospitàbile-i, a*
inhùman *inumàno-ia e, a*
inhumànity *inumanità, nf*
inìmikal *ostìle-i, a*
inìmitable *inimitàbile-i, a*
inìquity *inekuità, nf*
inìtial *iniziàle-i, nf*
to inìtiate *iniziàre*
inìtiative *iniziatìva-e, nf*
to injèkt *inserìre*
injèktion *iniziòne-i, nf*
injùnktion *injunziòne-i, nf*
to ìnjure *ferìre*
ìnjury *ferìta-e, nf*
injùstice *injustìzia-e, nf*
ìnk *inkiòstro-i, nm*
ìnkling *accènno-i, nm*
ìnland *intèrno-i, nm*
ìnn *lokànda-e, nf*
innàte *innàto-i a e, a*
ìnner *interiòre-i, a*
ìnnocence *innocènza-e, nf*
ìnnocent *innocènte-i, nm*
innòkuous *innòkuo-i a e, a*
to ìnnovate *innovàre*
innovàtion *innovaziòne-i, nf*

innuendo *innuendo-i, nm*	**innuèndo** *innuèndo-i, nm*
inoculate *inoculare*	**inòkulate** *inokulàre*
inoculation *inoculazione-i, nf*	**inokulàtion** *inokulazióne-i, nf*
inoffensive *inoffensivo-i a e, a*	**inoffènsive** *inoffensìvo-i a e, a*
inquest *inchiesta-e, nf*	**inquèst** *inkièsta-e, nf*
to inquire *indagare*	**to inquìre** *indagàre*
inquiry *investigazione-i, nf*	**ìnquiry** *investigazióne-i, nf*
inquisition *inquisizione-i, nf*	**inquisìtion** *inkuisizióne-i, nf*
inquisitive *curioso-i a e, a*	**inquìsitive** *kurióso-i a e, a*
inquisitor *inquisitore-i, nm*	**inquìsitor** *inkuisitóre-i, nm*
incursion *incursione-i, nf*	**inkùrsion** *inkursióne-i, nf*
insane *pazzo-i a e, a*	**insàne** *pàzzo-i a e, a*
insanity *pazzia-e, nf*	**insànity** *pazzìa-e, nf*
insatiable *insaziabile-i, a*	**insàtiable** *insaziàbile-i, a*
inscrutable *inscrutabile-i, a*	**inskrùtable** *inskrutàbile-i, a*
insect *insetto-i, nm*	**ìnsekt** *insètto-i, nm*
insecure *malsicuro-i, a e, a*	**insekùre** *malsikùro-i, a e, a*
insensible *insensibile-i, a*	**insènsible** *insensìbile-i, a*
inseparable *inseparabile-i, a*	**insèparable** *inseparàbile-i, a*
to insert *inserire*	**to insèrt** *inserìre*
inside *dentro, prep*	**insìde** *dèntro, prep*
insidious *insidioso-i a e, a*	**insìdious** *insidióso-i a e, a*
insignificant *insignificante-i, a*	**insignìfikant** *insiqifikànte-i, a*
insincere *insincero-i, a e, a*	**insincère** *insincèro-i, a e, a*
insincerity *falsità, nf*	**insincèrity** *falsità, nf*
to insinuate *insinuare*	**to insìnuate** *insinuàre*
insinuation *insinuazione-i, nf*	**insinuàtion** *insinuazióne-i, nf*
insipid *insipido-i a e, a*	**insìpid** *insìpido-i a e, a*
to insist *insistere*	**to insìst** *insìstere*
insistence *insistenza-e, nf*	**insìstence** *insistènza-e, nf*
insolent *insolente-i, a*	**ìnsolent** *insolènte-i, a*
insoluble *insolubile-i, a*	**insòluble** *insolùbile-i, a*
insolvable *insolubile-i, a*	**insòlvable** *insolvìbile-i, a*
insolvency *insolvenza-e, nf*	**insòlvency** *insolvènza-e, nf*
insolvent *insolvente-i, a*	**insòlvent** *insolvènte-i, a*
to inspect *ispezionare*	**to inspèkt** *ispezionàre*
inspection *ispezione-i, nf*	**inspèktion** *ispezióne-i, nf*
inspiration *ispirazione-i, nf*	**inspiràtion** *ispirazióne-i, nf*
to inspire *ispirare*	**to inspìre** *ispiràre*
instability *instabilità, nf*	**instabìlity** *instabilità, nf*
to install *installare*	**to instàll** *installàre*
installment *rata-e, nf*	**instàllment** *ràta-e, nf*

interdiction

instance *istanza-e, mf*
instant *istante-i, nm*
instantaneous *istantaneo-i a e, a*
instantly *immediatamente, ad*
instead *invece, ad*
to instigate *istigare*
instigation *istigazione-i, nf*
to instill *instillare*
instinct *istinto-i, nm*
instinctive *istintivo-i a e, a*
institute *istituto-i nm*
to institute *istituire*
to instruct *istruire*
instruction *istruzione-i, nf*
instructor *istruttore-i, nm*
instrument *strumento-i, nm*
insufficient *insufficiente-i, a*
insular *insulare-i, a*
insult *insulto-i, nm*
insurance *assicurazione-i, nf*
to insure *assicurare*
insurgent *ribelle-i a e, nmf*
insurrection *insurrezione-i, nf*
integral *integrale-i, a*
integrity *integrità, nf*
intellect *intelletto-i, nm*
intellectual *intellettuale-i, nm*
intelligence *intelligenza-e, nf*
intelligent *intelligente-i, a*
intemperance *intemperanza-e, nf*
to intend *intendere*
intensity *intensità, nf*
intensive *intensivo-i a e, a*
intent *intento-i, nm*
intention *intenzione-i, nf*
to inter *seppellire*
to intercede *intercedere*
to intercept *intercettare*
interchange *scambio-i, nm*
interchangeable *scambievole-i, a*
to interdict *interdire*
interdiction *interdizione-i, nf*

ìnstance *istànza-e, mf*
ìnstant *istànte-i, nm*
instantàneous *istantàneo-i a e, a*
ìnstantly *immediatamènte, ad*
instèad *invèce, ad*
to instìgate *istigàre*
instigàtion *istigaziòne-i, nf*
to instìll *instillàre*
ìnstinkt *istìnto-i, nm*
instìnktive *istintìvo-i a e, a*
institùte *istitùto-i nm*
to institùte *istituìre*
to instrùkt *istruìre*
instrùktion *istruziòne-i, nf*
instrùktor *istruttòre-i, nm*
ìnstrument *strumènto-i, nm*
insufficient *insufficènte-i, a*
ìnsular *insulàre-i, a*
insùlt *insùlto-i, nm*
insùrance *assikuraziòne-i, nf*
to insùre *assikuràre*
insùrgent *ribèlle-i a e, nmf*
insurrèktion *insurreziòne-i, nf*
ìntegral *integràle-i, a*
intègrity *integrità, nf*
ìntellekt *intellètto-i, nm*
intellèktual *intellettuàle-i, nm*
intèlligence *intellijènza-e, nf*
intèlligent *intellijènte-i, a*
intèmperance *intemperànza-e, nf*
to intènd *intèndere*
intènsity *intensità, nf*
intènsive *intensìvo-i a e, a*
intènt *intènto-i, nm*
intèntion *intenziòne-i, nf*
to intèr *seppellìre*
to intèrcede *intercèdere*
to intercèpt *intercettàre*
interchànge *skàmbio-i, nm*
interchàngeable *skambièvole-i, a*
to intèrdìkt *interdìre*
interdìktion *interdiziòne-i, nf*

ci ce ca co cu   ki ke ka ko ku   ji je ja jo ju   gi ge ga go gu
sci sce sca sco scu=shi she sha sho shu   gn=q   gl=y

intonation

interest *interesse-i, nm*
to interest *interessare*
interesting *interessante-i, a*
to interfere *intervenire*
interference *interferenza-e, nf*
interior *interiore-i, nm*
to interject *interporre*
interjection *intereiezione-i, nf*
to interlace *intrecciare*
interlude *intermezzo-i, nm*
intermediate *intermedio-i a e, a*
intermingle *mischiare*
intermission *intervallo-i, nm*
to intern *internare*
internal *interno-i a e, a*
international *internazionale-i, a*
to interpolate *interpolare*
to interpret *interpretare*
interpreter *interprete-i, nm*
to interrogate *interrogare*
interrogation *interrogazione-i, nf*
interrogatory *interrogatorio-i, nm*
to interrupt *interrompere*
interruption *interruzione-i, nf*
to intersect *intersecare*
intersection *intersecazione-i, nf*
to intersperse *inframmezzare*
interwine *intrecciare*
interval *intervallo-i, nm*
to intervene *intervenire*
intervention *intervento-i, nm*
interview *intervista-e, nf*
intestine *intestino-i, nm*
intimacy *intimità, nf*
intimate *intimo-i a e, a*
intimation *accenno-i, nm*
intimidate *intimidire*
intimidation *intimidazione-i, nf*
into *in, prep*
intolerable *intolerabile-i, a*
intolerance *intolleranza-e, nf*
intonation *intonazione-i, nf*

interèst *interèsse-i, nm*
to interèst *interessàre*
interèsting *interessànte-i, a*
to interfère *intervenìre*
interfèrence *interferènza-e, nf*
intèrior *interiòre-i, nm*
to interjèkt *interpòrre*
interjèktion *intereiezióne-i, nf*
to interlàce *intreccàre*
interlùde *intermèzzo-i, nm*
intermèdiate *intermèdio-i a e, a*
intermìngle *miskiàre*
intermìssion *intervàllo-i, nm*
to intèrn *internàre*
intèrnal *intèrno-i a e, a*
internàtional *internazionàle-i, a*
to intèrpolate *interpolàre*
to intèrpret *interpretàre*
intèrpreter *intèrprete-i, nm*
to intèrrogàte *interrogàre*
interrogàtion *interrogazióne-i, nf*
interrògatory *interrogatòrio-i, nm*
to interrùpt *interròmpere*
interrùption *interruzióne-i, nf*
to intersèkt *intersekàre*
intersèktion *intersekazióne-i, nf*
to interspèrse *inframmezzàre*
interwìne *intreccàre*
ìnterval *intervàllo-i, nm*
to intervène *intervenìre*
intervèntion *intervènto-i, nm*
intervìew *intervìsta-e, nf*
intèstine *intestìno-i, nm*
ìntimacy *intimità, nf*
ìntimàte *ìntimo-i a e, a*
intimàtion *accènno-i, nm*
intimidàte *intimidìre*
intimidàtion *intimidazióne-i, nf*
ìnto *in, prep*
intòlerable *intoleràbile-i, a*
intòlerance *intolleràanza-e, nf*
intonàtion *intonazióne-i, nf*

to intoxicate *inebriare*
intoxication *ubriachezza-e, nf*
intrasigent *intransigente-i, a*
intrepid *intrepido-i a e, a*
intrepidity *intrepidità, nf*
intricacy *complicazione-i, nf*
intricate *intricato-i a e, a*
intrigue *intrigo-hi, nm*
intrinsic *intrinseco-hi a he, a*
to introduce *presentare*
introduction *introduzione-i, nf*
to intrude *intromettere*
intruder *intruso-i a e, nmf*
intrusion *intromissione-i, nf*
intuition *intuizione-i, nf*
intuitive *intuitivo-i a e, a*
to invade *invadere*
invader *invasore-i, nm*
invalid *malato-i a e, nmf*
to invalidate *invalidare*
invalidity *invalidità, nf*
invaluable *prezioso-i a e, a*
invariable *invariabile-i, a*
invasion *invasione-i, nf*
invective *invettiva e, nf*
to inveigh *inveire*
to invent *inventare*
inventive *inventivo-i a e, a*
inventor *inventore-i, nm*
inventory *inventàrio-i, nm*
inversion *inversione-i, nf*
to invert *invertire*
to invest *investire*
to investigate *investigare*
investigation *investigazione-i, nf*
investiture *investitura-e, nf*
inveterate *inveterato-i a e, a*
invidious *invidioso-i a e, a*
to invigorate *invigorare*
invincible *invincibile-i, a*
inviolate *inviolato-i a e, a*
invisible *invisibile-i, a*

to intòxikate *inebriàre*
intoxikàtion *ubriakèzza-e, nf*
intràsigent *intransijènte-i, a*
intrèpid *intrèpido-i a e, a*
intrepìdity *intrepidità, nf*
intrìkacy *komplikazióne-i, nf*
ìntrikàte *intrikàto-i a e, a*
intrìgue *intrìgo-i, nm*
intrìnsik *intrìnseko-i a e, a*
to introdùce *presentàre*
introdùktion *introduzióne-i, nf*
to intrùde *intromèttere*
intrùder *intrùso-i a e, nmf*
intrùsion *intromissióne-i, nf*
intuìtion *intuizióne-i, nf*
intùitive *intuitìvo-i a e, a*
to invàde *invàdere*
invàder *invasòre-i, nm*
invàlid *malàto-i a e, nmf*
to invàlidate *invalidàre*
invalìdity *invalidità, nf*
invàluable *prezióso-i a e, a*
invàriable *invariàbile-i, a*
invàsion *invasióne-i, nf*
invèktive *invettìva e, nf*
to invèigh *inveìre*
to invènt *inventàre*
invèntive *inventìvo-i a e, a*
invèntor *inventòre-i, nm*
ìnventory *inventàrio-i, nm*
invèrsion *inversióne-i, nf*
to invèrt *invertìre*
to invèst *investìre*
to invèstigàte *investigàre*
investigatiòn *investigazióne-i, nf*
invèstiture *investitùra-e, nf*
invèterate *inveteràto-i a e, a*
invìdious *invidiòso-i a e, a*
to invigòrate *invigoràre*
invìncible *invincìbile-i, a*
inviolàte *inviolàto-i a e, a*
invìsible *invisìbile-i, a*

invisible

invitation *invito-i, nm*	**invitàtion** *invìto-i, nm*
to invite *invitare*	**to invìte** *invitàre*
inviting *invitante-i, a*	**invìting** *invitànte-i, a*
invocation *invocazione-i, nf*	**invokàtion** *invokaziòne-i, nf*
invoice *fattura-e, nf*	**ìnvoice** *fattùra-e, nf*
to invoke *invocare*	**to invòke** *invokàre*
involuntary *involontario-i a e, a*	**invòlùntary** *involontàrio-i a e, a*
to involve *involgere*	**to invòlve** *invòljere*
inward *interno-i a e, a*	**inwàrd** *intèrno-i a e, a*
to irk *disturbare*	**to ìrk** *disturbàre*
irksome *tedioso-i a e, a*	**ìrksome** *tediòso-i a e, a*
iron *ferro-i, nm*	**ìron** *fèrro-i, nm*
ironical *ironico-i a he, a*	**irònikal** *iròniko-i a e, a*
irony *iroina-e, nf*	**ìrony** *ironìa-e, nf*
to irradiate *irradiare*	**to irràdiate** *iradiàre*
irrational *irrazionale-i, a*	**irràtional** *irrazionàle-i, a*
irregular *irregolare-i, a*	**irrègular** *irregolàre-i, a*
irremovable *irremovibile-i, a*	**irremòvable** *irremovìbile-i, a*
irreparable *irreparabile-i, a*	**irrepàrable** *irreparàbile-i, a*
irresistible *irresistibile-i, a*	**irresìstible** *irresistìbile-i, a*
irresolute *irresoluto-i a e, a*	**irrèsolute** *irresolùto-i a e, a*
irresolution *irressolutezza-e, nf*	**irresolùtion** *irresolutèzza-e, nf*
irresponsable *irresponsabile-i, a*	**irrespònsable** *irresponsàbile-i, a*
irreverent *irreverente-i, a*	**irrèverent** *irreverènte-i, a*
to irrigate *irrigare*	**to ìrrigate** *irrigàre*
irrigation *irrigazione-i, nf*	**irrigàtion** *irrigaziòne-i, nf*
irritable *irritabile-i, a*	**ìrritable** *irritàbile-i, a*
to irritate *irritare*	**to ìrritate** *irritàre*
irritation *irritazione-i, nf*	**irritàtion** *irritaziòne-i, nf*
irruption *irruzione-i, nf*	**irrùption** *irruziòne-i, nf*
island *isola-e, nf*	**islànd** *ìsola-e, nf*
to isolate *isolare*	**to ìsolàte** *isolàre*
to issue *emergere*	**to ìssue** *emèrjere*
isthmus *istmo-i, nm*	**isthmùs** *ìstmo-i, nm*
it *esso, pron*	**it** *èsso, pron*
Italian *italiano i, e a, nmf*	**Itàlian** *italiàno i, e a, nmf*
itch *prurito-i, nm*	**ìtch** *prurìto-i, nm*
item *articolo-i, nm*	**ìtem** *artìkolo-i, nm*
itinerant *ambulante-i, nm*	**ìtinerant** *ambulànte-i, nm*
itinerary *itinerario-i, nm*	**ìtinerary** *itineràrio-i, nm*
ivory *avorio-i, nm*	**ìvory** *avòrio-i, nm*
ivy *edera-e, nf*	**ìvy** *èdera-e, nf*

J

to jab *colpire*
to jabber *ciarlare*
to jack *sollevare*
jackass *asino-i, nm*
jacket *giacca-he, nf*
Jacob *Giacobbe, nm*
jade *giada-e, nf*
to jade *sfinire*
jagged *dentellato-i a e, a*
jaguar *giaguaro-i, nm*
jail *prigione-i, nf*
jam *marmellata-e, nf*
James *Giacomo, nm*
Jane *Giovanna, nf*
Janet *Giannetta, nf*
janitor *bidello-i, nm*
January *gennaio, nm*
Japan *Giappone, nm*
Japanese *giapponese-i, nmf*
jar *barattolo-i, nm*
jargon *gergo-hi, nm*
jasmine *giacinto-i, nm*
jaw *mascella-e, nf*
jealous *geloso-i a e, a*
jealousy *gelosia-e, nf*
jeer *derisione-i, nf*
to jeer *deridere*
Jehovah *Geova, nm*
jelly *gelatina-e, nf*
jeopardy *pericolo-i, nm*
Jericho *Gerico, nm*
jerk *stupido-i a e, a*
to jerk *tirare*
Jerome *Gerolamo, nm*
jersey *maglia-e, nf*
jest *scherzo-i, nm*
jester *buffone-i, nm*
jesuit *gesuita-i, nm*
Jesus *Gesù, nm*
jet *zampillo-i, nm*
Jew *ebreo-i a e, nmf*

J

to jàb *kolpìre*
to jàbber *carlàre*
to jàk *sollevàre*
jàkass *àsino-i, nm*
jàket *jàkka-e, nf*
Jàkob *Jacobbe, nm*
jàde *jàda-e, nf*
to jàde *sfinìre*
jàgged *dentellàto-i a e, a*
jàguar *jaguàro-i, nm*
jàil *prijòne-e, nf*
jàm *marmellàta-e, nf*
Jàmes *Jàkomo, nm*
Jàne *Jovànna, nf*
Jànet *Jannètta, nf*
jànitor *bidèllo-i, nm*
Jànuary *jennàio, nm*
Japàn *Jappòne, nm*
Jàpanese *jappònese-i, nmf*
jàr *baràttolo-i, nm*
jàrgon *jèrgo-i, nm*
jàsmine *jacìnto-i, nm*
jàw *mashèlla-e, nf*
jèalous *jelòso-i a e, a*
jèalousy *jelosìa-e, nf*
jèer *derisiòne-i, nf*
to jèer *derìdere*
Jehòvah *Jèova-i, nm*
jèlly *jelatìna-e, nf*
jèopardy *perìkolo-i, nm*
Jèriko *Jèriko, nm*
jèrk *stùpido-i a e, a*
to jèrk *tiràre*
Jeròme *Jeròlamo, nm*
jèrsey *màya-e, nf*
jèst *skèrzo-i, nm*
jèster *buffòne-i, nm*
jèsuit *jesuìta-i, nm*
Jèsus *Jesù, nm*
jèt *zampìllo-i, nm*
Jèw *ebrèo-i a e, nmf*

ci ce ca co cu   ki ke ka ko ku   ji je ja jo ju   gi ge ga go gu
sci sce sca sco scu=shi she sha sho shu   gn=q   gl=y

Jupiter

jewel *gioiello-i, nm*	jèwel *joièllo-i, nm*
jeweller *gioielliere-i, nm*	jèweller *joiellière-i, nm*
to jilt *respingere*	to jìlt *respìnjere*
jingle *tintinnio-i, nm*	jìngle *tintinnìo-i, nm*
Joan *Giovanna, nf*	Joan *Jovànna, nf*
job *lavoro-i, nm*	jòb *lavòro-i, nm*
jockey *fantino-i, nm*	jòkey *fantìno-i, nm*
to jog *correre*	to jòg *kòrrere*
John *Giovanni, nm*	Jòhn *Jovànni, nm*
to join *unire*	to jòin *ùnire*
to joke *scherzare*	to jòke *skèrzare*
Jonathan *Gionata, nm*	Jònathan *Jònata, nm*
Joseph *Giuseppe, nm*	Jòseph *Jusèppe, nm*
Josephine *Giuseppina, nf*	Jòsephine *Juseppìna, nf*
Joshua *Giosuè, nm*	Jòshua *Josuè, nm*
journal *giornale-i, nm*	jòurnal *jòrnale-i, nm*
journey *viaggio-i, nm*	jòurney *viàjjo-i, nm*
jovial *gioviale-i, a*	jòvial *jòviale-i, a*
joy *gioia-e, nf*	jòy *jòia-e, nf*
jubilation *esultazione-i, nf*	jubilàtion *esultazióne-i, nf*
Judaic *giudaico-i, a*	Judàik *judàiko-i, a*
judge *giudice-i, nm*	jùdge *jùdice-i, nm*
to judge *giudicare*	to jùdge *judikàre*
judgement *giudizio-i, nm*	jùdgèment *judìzio-i, nm*
judicial *imparziale-i, a*	judìcial *imparziàle-i, a*
judicious *giudizioso-i a e, a*	judìcious *judiziòso-i a e, a*
jug *anfora-e, nf*	jùg *ànfora-e, nf*
juggler *inganno-i, nm*	juggler *ingànno-i, nm*
juice *succo-hi, nm*	jùice *sùkko-i, nm*
juicy *succoso-i a e, a*	jùicy *sukkòso-i a e, a*
July *luglio, nm*	Jùly *lùyo, nm*
jump *salto-i, nm*	jùmp *sàlto-i, nm*
to jump *saltare*	to jùmp *saltàre*
junction *congiunzione-i, nf*	jùnktion *konjunzióne-i, nf*
June *giugno, nm*	Jùne *jùqo, nm*
jungle *giungla, nf*	jùngle *jùngla, nf*
junior *giovane-i, nmf*	jùnior *jòvane-i, nmf*
juniper *ginestra-e, nf*	jùniper *jinèstra-e, nf*
junk *scarto-i, nm*	jùnk *skàrto-i, nm*
Juno *Giunone, nm*	Jùno *Junòne, nm*
junta *giunta-e, nf*	jùnta *jùnta-e, nf*
Jupiter *Giove, nm*	Jùpiter *Giòve, nm*

jurisdiction *giurisdizione-i, nf*
juror *giurato-i a e, nmf*
jury *giuria-e, nf*
just *giusto i a e, a*
justice *giustizia-e, nf*
justifiable *giustificabile-i, a*
to justify *giustificare*
juvenile *giovane-i, nmf*
juxtaposition *giustapposizione-i, nf*

K
kaleidoscope *caleidoscopio-i, nm*
kangaroo *canguro-i, nm*
keel *chiglia-e, nf*
keen *acuto-i a e, a*
keenness *acutezza-e, nf*
keep *mantenimento-i, nm*
to keep *tenere*
keeper *custode-i, nm*
keepsake *ricordo-i, nm*
keg *bariletto-i, nm*
key *chiave-i, nf*
kick *calcio-i, nm*
to kick *calciare*
kid *capretto-i a e, nmf*
to kidnap *rapire*
kidney *rene-i, nf*
to kill *ammazzare*
kiln *furnace-i, nf*
kilometer *chilometro-i, nm*
klowatt *chilowatt, nm*
kin *parentela-e, nf*
kind *buono-i a e, a*
to kindle *accendere*
kindly *gentile-i, a*
kindness *gentilezza-e, nf*
king *re, nm*
kingdom *regno-i, nm*
kingly *reale-i, a*
kink *nodo-i, nm*
kiosk *chiosco-hi, nm*
kiss *bacio-i, nm*

kiss

jurisdìktion *jurisdiziòne-i, nf*
jùror *juràto-i a e, nmf*
jùry *jurìa-e, nf*
jùst *jùsto i a e, a*
jùstice *justìzia-e, nf*
justifiable *justifikàbile-i, a*
to jùstify *justifikàre*
jùvenile *jòvane-i, nmf*
juxtaposìtion *justapposiziòne-i, nf*

K
kaleidoskòpe *kaleidoscòpio-, nm*
kangàroo *kangùro-i, nm*
kèel *kìya-e, nf*
kèen *akùto-i a e, a*
kèenness *akutèzza-e, nf*
kèep *mantenimènto-i, nm*
to kèep *tenère*
kèeper *kustòde-i, nm*
keepsàke *rikòrdo-i, nm*
kèg *barilètto-i, nm*
kèy *kiàve-i, nf*
kìk *kàlco-i, nm*
to kìk *kalcàre*
kìd *kaprètto-i a e, nmf*
to kìdnap *rapìre*
kìdney *rène-i, nf*
to kìll *ammazzàre*
kìln *furnàce-i, nf*
kilòmeter *kilòmetro-i, nm*
kìlowatt *kilowàtt, nm*
kìn *parentèla-e, nf*
kìnd *buòno-i a e, a*
to kìndle *accèndere*
kìndly *jèntile-i, a*
kìndness *jentilèzza-e, nf*
kìng *rè, nm*
kìngdom *règo-i, nm*
kìngly *reàle-i, a*
kìnk *nòdo-i, nm*
kìosk *kiòsko-i, nm*
kìss *bàco-i, nm*

ci ce ca co cu ki ke ka ko ku ji je ja jo ju gi ge ga go gu
sci sce sca sco scu=shi she sha sho shu gn=q gl=y

lagoon

kitchen *cucina-e, nf*
kite *aquilone-i, nf*
kitten *gattino-i a e, nmf*
knack *abilità, nf*
knapsack *zaino-i, nm*
knave *briccone-i, nm*
to knead *impastare*
knee *ginocchio-ia, nmf*
to kneel *inginocchiare*
kell *rintocco-hi, nm*
knife *coltello-i, nm*
knight *cavaliere-i, nm*
knob *maniglia-e, nf*
to knock *bussare*
knoll *collinetta-e, nf*
knot *nodo-i, nm*
to know *conoscere*
knowledge *conoscenza-e, nf*
knuckle *nocca-he, nf*
Koran *Corano, nm*
Koranic *coranico-i a he, a*
Korea *Corèa, nf*

L
label *cartellino-i, nm*
laboratory *laboratorio-i, nm*
labor *lavoro-i, nm*
laborer *lavoratore-i, nm*
labyrinth *labirinto-i, nm*
lace *merletto-i, nm*
to lacerate *lacerare*
laceration *lacerazione-i, nf*
lack *mancanza-e, nf*
laconic *laconico-i a he, a*
lacquer *lacca-he, nf*
lad *giovanetto-i, nm*
ladder *scala-e, nf*
laden *carico-hi a he, a*
ladle *ramaiolo-i, nm*
lady *signora-e, nf*
to lag *ritardare*
lagoon *laguna-e, nf*

kìtchen *kucìna-e, nf*
kìte *akuilòne-i, nf*
kìtten *gattìno-i a e, nmf*
knàk *abilità, nf*
knàpsak *zàino-i, nm*
knàve *brikkòne-i, nm*
to knèad *impastàre*
knèe *jinòkkio-ia, nmf*
to knèel *injinokkiàre*
knèll *rintòkko-i, nm*
knìfe *koltèllo-i, nm*
knìght *kavalière-i, nm*
knòb *manìya-e, nf*
to knòk *bussàre*
knòll *kollinètta-e, nf*
knòt *nòdo-i, nm*
to knòw *konòshere*
knowlèdge *konoshènza-e, nf*
knùkle *nòkka-e, nf*
Koràn *Koràno, nm*
Korànik *koràniko-i a e, a*
Korèa *Korèa, nf*

L
làbel *kartellìno-i, nm*
làboratory *laboratòrio-i, nm*
làbor *lavoro-i, nm*
làborer *lavoratòre-i, nm*
làbyrinth *labirìnto-i, nm*
làce *merlètto-i, nm*
to làcerate *laceràre*
laceràtion *lacerazìone-i, nf*
làk *mankànza-e, nf*
làkonik *lakòniko-i a e, a*
làcquer *làkka-e, nf*
làd *jovanètto-i, nm*
làdder *skàla-e, nf*
làden *kàriko-i a e, a*
làdle *ramaiòlo-i, nm*
làdy *siqòra-e, nf*
to làg *ritardàre*
lagòon *lagùna-e, nf*

lair *tana-e, nf*
laity *laicato-i, nm*
lake *lago-hi, nm*
lamb *agnello-i, nm*
lame *zoppo i a e, nmf*
lament *lamento-i, nm*
to lament *lamentare*
lamentation *lamentazione-i, nf*
lamp *lampada-e, nf*
lance *lancia-e, nf*
lancer *lanciere-i, nm*
land *terra-e, nf*
landing *approdo-i, nm*
landlord *padrone-i, nm*
landmark *riferimento-i, nm*
landowner *propietario-i, nm*
landscape *paesaggio-i, nm*
lane *corsia-e, nf*
language *lingua-e, nf*
languid *languido-i a e, a*
languidly *languidamente, ad*
to languish *languire*
languor *languore-i, nm*
lantern *lanterna-e, nf*
lap *grembo-i, nm*
lapdog *cagnolino-i a e, nmf*
lapel *risvolto-i, nm*
lapse *lasso-i, nm*
to lapse *mancare*
larceny *furto-i, nm*
large *grande-i, a*
largeness *grandezza-e, nf*
largesse *elargizione-i, nf*
largo *largo*
lark *allodola-e, nf*
larynx *laringe-i, nf*
lascivious *lascivo-i a e, a*
lash *ciglio-i, nm*
lass *fanciulla-e, nf*
last *ultimo-i a e, a*
to last *durare*
lasting *durevole-i, a*

làir *tàna-e, nf*
làity *laikàto-i, nm*
làke *làgo-i, nm*
làmb *aqèllo-i, nm*
làme *zòppo i a e, nmf*
lamènt *lamènto-i, nm*
to lamènt *lamentàre*
lamentàtion *lamentaziòne-i, nf*
làmp *làmpada-e, nf*
lànce *lànca-e, nf*
làncer *lancière-i, nm*
lànd *tèrra-e, nf*
lànding *appròdo-i, nm*
làndlord *padròne-i, nm*
làndmàrk *riferimènto-i, nm*
làndowner *propietàrio-i, nm*
làndskàpe *paesàjjo-i, nm*
làne *korsìa-e, nf*
lànguàge *lìngua-e, nf*
lànguid *lànguido-i a e, a*
lànguidly *languidamènte, ad*
to lànguish *languìre*
lànguor *languòre-i, nm*
làntern *lantèrna-e, nf*
làp *grèmbo-i, nm*
làpdog *kaqolìno-i a e, nmf*
lapèl *risvòlto-i, nm*
làpse *làsso-i, nm*
to làpse *mankàre*
làrceny *fùrto-i, nm*
làrge *grànde-i, a*
làrgeness *grandèzza-e, nf*
làrgesse *elarjiziòne-i, nf*
làrgo *làrgo*
làrk *allòdola-e, nf*
làrynx *larìnje-i, nf*
lascìvious *lashìvo-i a e, a*
làsh *cìyo-i, nm*
làss *fancùlla-e, nf*
làst *ùltimo-i a e,*
to làst *duràre*
làsting *durèvole-i, a*

late *tardi*, ad	**làte** *tàrdi*, ad
lately *recentemente*, ad	**làtely** *recentemènte*, ad
latent *latente-i*, a	**làtent** *latènte-i*, a
lateral *laterale-i*, a	**làteral** *lateràle-i*, a
latest *ultimo-i a e*, a	**làtest** *ùltimo-i a e*, a
lather *schiuma-e*, nf	**làther** *skiùma-e*, nf
Latin *latino*, nm	**Làtin** *latìno*, nm
latitude *latitudine-i*, nf	**làtitude** *latitùdine-i*, nf
latter *ultimo-i a e*, a	**làtter** *ùltimo-i a e*, a
lattice *inferriata-e*, nf	**làttice** *inferriàta-e*, nf
laudable *lodevole-i*, a	**làudable** *lodèvole-i*, a
laughter *risata-e*, nf	**làughter** *risàta-e*, nf
to laugh *ridere*	**to làugh** *rìdere*
to launch *lanciare*	**to làunch** *lancàre*
laundry *lavanderia-e*, nf	**làundry** *lavanderìa-e*, nf
laureate *laureato-i a e*, nmf	**làureate** *laureàto-i a e*, nmf
laurel *lauro-i*, nm	**làurel** *làuro-i*, nm
lavatory *gabinetto-i*, nm	**làvatory** *gabinètto-i*, nm
lavish *generoso-i a e*, a	**làvish** *jeneròso-i a e*, a
to lavish *prodigare*	**to làvish** *prodigàre*
law *legge-i*, nf	**làw** *lèjje-i*, nf
lawful *legale-i*, a	**làwful** *legàle-i*, a
lawfulness *legalità*, nf	**làwfulness** *legalità*, nf
lawgiver *legislatore-i*, nm	**lawgìver** *lejislatòre-i*, nm
lawless *illegale-i*, a	**làwless** *illegàle-i*, a
lawn *prato-i*, nm	**làwn** *pràto-i*, nm
lawsuit *causa-e*, nf	**làwsuit** *kàusa-e*, nf
lawyer *avvocato-i*, nm	**làwyer** *avvokàto-i*, nm
lax *negligente-i*, a	**làx** *neglijènte-i*, a
layer *strato-i*, nm	**làyer** *stràto-i*, nm
layman *laico-i a e*, a	**làyman** *làiko-i a e*, a
laziness *pigrizia-e*, nf	**làziness** *pigrìzia-e*, nf
lazy *pigro-i a e*, a	**làzy** *pìgro-i a e*, a
to lead *guidare*	**to lèad** *guidàre*
leader *capo-i*, nm	**lèader** *kàpo-i*, nm
leaf *foglia-e*, nf	**lèaf** *fòya-e*, nf
leaflet *fogliettino-i*, nm	**lèaflet** *foyettìno-i*, nm
league *lega-he*, nf	**lèague** *lèga-e*, nf
leacage *perdita-e*, nf	**lèakage** *pèrdita-e*, nf
lean *magro-i a e*, a	**lèan** *màgro-i a e*, a
leap *balzo-i*, nm	**lèap** *bàlzo-i*, nm
to leap *saltare*	**to lèap** *saltàre*

to learn *imparare*
learned *dotto-i, a*
lease *contratto-i, nm*
to lease *affittare*
leash *guinzaglio-i, nm*
least *meno, ad*
leather *cuoio-i, nm*
leave *licenza-e, nf*
to leave *partire*
leaven *lievito-i, nm*
lecherous *lascivo-i a e, a*
lecture *conferenza-e, nf*
lecturer *conferenziere-i, nm*
ledge *ripiano-i, nm*
left *sinistra, ad*
leg *gamba-e, nf*
legacy *lascito-i, nm*
legal *legale-i, a*
legality *legalità, nf*
legalization *legalizzazione-i, nf*
to legalize *legalizzare*
legation *legazione-i, nf*
legato *legato*
legend *leggenda-e, nf*
legendary *leggendario-i, nm*
legible *legibile-i, a*
legion *legione-i nf*
legionary *legionario-i a e ,a*
legislation *legislazione-i, nf*
legislative *legislativo-i a e, a*
legislator *legislatore-i, nm*
legitimacy *legittimità, nf*
legitimate *legittimo-i a e, a*
leisure *agio-i, nm*
lemon *limone-i, nm*
lemonade *limonata-e, nf*
to lend *prestare*
length *lunghezza-e, nf*
to lenghten *allungare*
lenient *indulgente-i, a*
lens *lente-i, nf*
lentil *lenticchia, nf*

to lèarn *imparàre*
lèarned *dòtto-i, a*
lèase *kontràtto-i, nm*
to lèase *affittàre*
lèash *guinzàyo-i, nm*
lèast *mèno, ad*
lèather *kuòio-i, nm*
lèave *licènza-e, nf*
to lèave *partìre*
lèaven *lièvito-i, nm*
lècherous *lashìvo-i a e, a*
lèkture *konferènza-e, nf*
lèkturer *konferenzière-i, nm*
lèdge *ripiàno-i, nm*
lèft *sinìstra, ad*
lèg *gàmba-e, nf*
lègacy *làshito-i, nm*
lègal *legàle-i, a*
lègàlity *legalità, nf*
lègalizàtion *legalizzaziòne-i, nf*
to lègalìze *legalizzàre*
legàtion *legaziòne-i, nf*
legàto *legàto*
lègend *lejjènda-e, nf*
lègendary *lejjèndario-i, nm*
lègible *lejjìbile-i, a*
lègion *lejòne-i nf*
lègionary *lejonàrio-i a e ,a*
legislàtion *lejislaziòne-i, nf*
lègislative *lejislatìvo-i a e, a*
lègislator *lejislatòre-i, nm*
legìtimacy *lejittimità, nf*
legìtimate *lejìttimo-i a e, a*
lèisure *àjo-i, nm*
lèmon *limòne-i, nm*
lemonàde *limonàta-e, nf*
to lènd *prestàre*
lèngth *lungèzza-e, nf*
to lènghten *allungàre*
lènient *induljènte-i, a*
lèns *lènte-i, nf*
lèntil *lentìkkia, nf*

ci ce ca co cu   ki ke ka ko ku   ji je ja jo ju   gi ge ga go gu
sci sce sca sco scu=shi she sha sho shu   gn=q   gl=y

light

lento *lento*
leopard *leopardo-i, nm*
lesion *lesione-i, nf*
to lessen *diminuire*
lesson *lezione-i, nf*
to let *lasciare*
lethargy *letargo-hi, nm*
letter *lettera-e, nf*
lettuce *lattuga-he, nf*
level *livello-i, nm*
lever *leva-e, nf*
levity *leggerezza-e, nf*
levy *leva-e, nf*
lewd *lascivo-i a e, a*
lexicographer *lessicografo-i, nm*
lexicon *lessico, nm*
liability *responsabilità, nf*
liable *soggetto-i a e, a*
liar *bugiardo-i a e, nmf*
libel *libello-i, nm*
libellous *diffamatorio-i a e, a*
liberal *liberale-i, a*
liberality *liberalità, nf*
to liberate *liberare*
liberation *liberazione-i, nf*
libertine *libertino-i a e, a*
liberty *libertà, nf*
librarian *bibliotecario-i a e, nmf*
library *biblioteca-he, nf*
libretto *libretto*
license *licenza-e, nf*
to leak *leccare*
lid *coperchio-i, nm*
lie *bugia-e, nf*
lieutenant *tenente-i, nm*
life *vita-e, nf*
lifeless *inanimato-i a e, a*
lift *ascensore-i, nm*
to lift *alzare*
ligament *ligamento-i, nm*
ligature *ligatura-e, nf*
light *luce-i, nf*

lènto *lènto*
lèopard *leopàrdo-i, nm*
lèsion *lesiòne-i, nf*
to lèssen *diminuìre*
lèsson *leziòne-i, nf*
to lèt *lashàre*
lèthargy *letàrgo-i, nm*
lètter *lèttera-e, nf*
lèttuce *lattùga-e, nf*
lèvel *livèllo-i, nm*
lèver *lèva-e, nf*
lèvity *lejjerèzza-e, nf*
lèvy *lèva-e, nf*
lèwd *lashìvo-i a e, a*
lexikògrapher *lessikògrafo-i, nm*
lèxikon *lèssiko, nm*
liabìlity *responsabilità, nf*
lìable *sojjètto-i a e, a*
lìar *bujàrdo-i a e, nmf*
lìbel *libèllo-i, nm*
libèllous *diffamatòrio-i a e, a*
lìberal *liberàle-i, a*
liberàlity *liberalità, nf*
to lìberate *liberàre*
liberàtion *liberaziòne-i, nf*
lìbertine *libertìno-i a e, a*
lìberty *libertà, nf*
libràrian *bibliotekàrio-i a e, nmf*
lìbrary *bibliotèka-e, nf*
librètto *librètto*
lìcense *licènza-e, nf*
to lèak *lekkàre*
lìd *kopèrkio-i, nm*
lìe *bujìa-e, nf*
lieutènant *tenènte-i, nm*
lìfe *vìta-e, nf*
lìfeless *inanimàto-i a e, a*
lìft *ashensòre-i, nm*
to lìft *alzàre*
lìgament *ligamènto-i, nm*
lìgature *ligatùra-e, nf*
lìght *lùce-i, nf*

lighthouse *faro-i, nm*	lighthòuse *fàro-i, nm*
lightning *lampo-i, nm*	lìghtning *làmpo-i, nm*
like *simile-i, a*	lìke *sìmile-i, a*
to like *amare*	to lìke *piacère*
likelihood *probalità, nf*	likelihòod *probalità, nf*
likely *probabilmente, ad*	lìkely *probabilmènte, ad*
to liken *assomigliare*	to lìken *assomiyàre*
likeness *somiglianza-e, nf*	lìkeness *somiyànza-e, nf*
likewise *parimenti, ad*	lìkewìse *parimènti, ad*
liking *inclinazione-i, nf*	lìking *inklinaziòne-i, nf*
lilac *lilla-e, nf*	lìlak *lìlla-e, nf*
lily *giglio-i, nm*	lìly *jìyo-i, nm*
limb *ramo-i, nm*	lìmb *ràmo-i, nm*
lime *tiglio-i, nm*	lìme *tìyo-i, nm*
limit *limite-i, nm*	lìmit *lìmite-i, nm*
to limit *limitare*	to lìmit *limitàre*
limitation *limitazione-i, nf*	limitàtion *limitaziòne-i, nf*
limp *zoppicante-i, nm*	lìmp *zoppikànte-i, nm*
limpid *limpido-i a e, a*	lìmpid *lìmpido-i a e, a*
linden *tiglio-i, nm*	lìnden *tìyo-i, nm*
line *linea-e, nf*	lìne *lìnea-e, nf*
to line *rigare*	to lìne *rigàre*
lineage *lignaggio-i, nm*	lìneage *liqàjjo-i, nm*
linear *lineare-i, a*	lìnear *lineàre-i, a*
linen *biancheria-e, nf*	lìnen *biankerìa-e, nf*
lining *fodera-e, nf*	lìning *fòdera-e, nf*
link *anello-i, nm*	lìnk *anèllo-i, nm*
lion *leone-i, nm*	lìon *leòne-i, nm*
lioness *leonessa-e, nf*	lìoness *leonèssa-e, nf*
lip *labbro-a, nmf*	lìp *làbbro-a, nmf*
to liquefy *liquefare*	to lìquefy *likuefàre*
liquid *liquido-i, nm*	lìquid *lìkuido-i, nm*
to liquidate *liquidare*	to lìquidate *likuidàre*
liquidation *liquidazione-i, nf*	liquidàtion *likuidaziòne-i, nf*
liquor *liquore-i, nm*	lìquor *likuòre-i, nm*
Lisbon *Lisbona, nf*	Lìsbon *Lisbòna, nf*
to lisp *balbettare*	to lìsp *balbettàre*
lisp *elenco-hi, nm*	lìsp *elènko-i, nm*
list *lista-e, nf*	lìst *lìsta-e, nf*
to list *elencare*	to lìst *elènkare*
to listen *ascoltare*	to lìsten *ascoltàre*
litany *litania-e, nf*	lìtany *litanìa-e, nf*

logical

literal *letterale-i, a*
literary *letterario-i, a*
literature *letteratura-e, nf*
litigant *litigante-i, nm*
to litigate *litigare*
litigation *causa-e, nf*
liter *litro-i, nm*
litter *lettiera-e, nf*
to litter *spargere*
little *piccolo-i-a e, a*
live *vivo-i a e, a*
to live *vivere*
lively *vivace-i, a*
liver *fegato-i, nm*
livid *livido-i a e, a*
lizard *lucertola-e, nf*
load *carico-hi, nm*
loaf *pagnotta-e, nf*
loam *argilla-e, nf*
loan *prestito-i, nm*
to loathe *detestare*
loathing *ripugnanza-e, nf*
loathsome *nauseante-i, a*
lobby *sala-e, nf*
locality *località, nf*
to localize *localizzare*
to locate *scoprire*
lock *serratura-e, nf*
locker *armadietto-i, nm*
locomotion *locomozione-i, nf*
locomotive *locomotiva-e, nf*
locust *locusta-e, nf*
lodge *casetta-e, nf*
lodging *alloggio-i, nm*
loft *solaio-i, nm*
loftiness *altezza-e, nf*
lofty *elevato-i a e, a*
log *ceppo-i, nm*
logarithm *logaritmo-i, nm*
loggerhead *testardo-i a e, nmf*
logic *logica, nf*
logical *logico-i a he, a*

lìteral *letteràle-i, a*
lìterary *letteràrio-i, a*
lìteràture *letteratùra-e, nf*
lìtigant *litigànte-i, nm*
to litigàte *litigàre*
litigàtion *kàusa-e, nf*
lìter *lìtro-i, nm*
lìtter *lettièra-e, nf*
to lìtter *spàrjere*
lìttle *pìkkolo-i-a e, a*
lìve *vìvo-i a e, a*
to lìve *vìvere*
lìvely *vivàce-i, a*
lìver *fègato-i, nm*
lìvid *lìvido-i a e, a*
lìzard *lucèrtola-e, nf*
lòad *kàriko-i, nm*
lòaf *paqòtta-e, nf*
lòam *arjìlla-e, nf*
lòan *prèstito-i, nm*
to lòathe *detestàre*
lòathing *ripuqànza-e, nf*
loathsòme *nauseànte-i, a*
lòbby *sàla-e, nf*
lokàlity *lokalità, nf*
to lòkalize *lokalizzàre*
to lokàte *skoprìre*
lòk *serratùra-e, nf*
lòker *armadiètto-i, nm*
lokomòtion *lokomozióne-i, nf*
lokomòtive *lokomotìva-e, nf*
lòkust *lokùsta-e, nf*
lòdge *kasètta-e, nf*
lòdging *allòjjo-i, nm*
lòft *solàio-i, nm*
lòftiness *altèzza-e, nf*
lòfty *elevàto-i a e, a*
lòg *cèppo-i, nm*
logarìthm *logarìtmo-i, nm*
lòggerhèad *testàrdo-i a e, nmf*
lògìk *lòjika, nf*
lògikal *lòjiko-i a e, a*

loin *lombo-i, nm*
to loiter *indugiare*
lollipop *zuccherino-i, nm*
Lombard *lombardo-i a e, nmf*
London *Londra, nf*
loneliness *solitudine-i, nf*
lonely *solitario-i a e, a*
long *lungo-hi a he, a*
longing *desiderio-i, nm*
longitude *longitudine-i, nf*
look *aspetto-i, nm*
to look *guardare*
loop *nodo-i, nm*
loose *sciolto-i a e, a*
to loosen *allentare*
loot *bottino-i, nm*
to loot *saccheggiare*
to lop off *potare*
loquacious *loquace-i, a*
loquacity *loquacità, nf*
lord *signore-i, nm*
lordship *signoria, e, nf*
lore *tradizione-i, nf*
to lose *perdere*
loss *perdita-e, nf*
lot *lotto-i, nm*
lotion *lozione-i, nf*
lottery *lotteria-e, nf*
lotus *loto-i, nm*
loud *rumoroso-i a e, a*
loudness *rumorosità, nf*
lounge *salone-i, nm*
louse *pidocchio-i, nm*
lout *zoticone-i, nm*
lovable *amabile-i, a*
love *amore-i, nm*
loveliness *bellezza-e, nf*
lovely *bellissimo-i a e, a*
lover *amante-i, nm*
loving *affettuoso-i a e, a*
low *basso-i a e, a*
to lower *abbassare*

lòin *lòmbo-i, nm*
to lòiter *indujàre*
lollipòp *zukkèrino-i, nm*
Lòmbard *lombàrdo-i a e, nmf*
Lòndon *Lòndra, nf*
lòneliness *solitùdine-i, nf*
lònely *solitàrio-i a e, a*
lòng *lùngo-i a e, a*
longìng *desidèrio-i, nm*
lòngìtude *lonjitùdine-i, nf*
lòok *aspètto-i, nm*
to lòok *guardàre*
lòop *nòdo-i, nm*
lòose *shòlto-i a e, a*
to lòosen *allentàre*
lòot *bottìno-i, nm*
to lòot *sakkejjàre*
to lòp òff *potàre*
loquàcious *lokuàce-i, a*
loquàcity *lokuacità, nf*
lòrd *siqòre-i, nm*
lòrdshìp *siqorìa, e, nf*
lòre *tradiziòne-i, nf*
to lòse *pèrdere*
lòss *pèrdita-e, nf*
lòt *lòtto-i, nm*
lòtion *loziòne-i, nf*
lòttery *lotterìa-e, nf*
lòtus *lòto-i, nm*
lòud *rumoròso-i a e, a*
lòudness *rumorosità, nf*
lòunge *salòne-i, nm*
lòuse *pidòkkio-i, nm*
lòut *zotikòne-i, nm*
lòvable *amàbile-i, a*
lòve *amòre-i, nm*
lòveliness *bellèzza-e, nf*
lòvely *bellìssimo-i a e, a*
lòver *amànte-i, nm*
lòving *affettuòso-i a e, a*
lòw *bàsso-i a e, a*
to lòwer *abbassàre*

loyal *leale-i, a*	**lòyal** *leàle-i, a*
loyalty *lealtà, nf*	**lòyalty** *lealtà, nf*
lozenge *pasticca-he, nf*	**lòzenge** *pastìkka-e, nf*
to lubricate *lubricare*	**to lùbrikate** *lubricàre*
lucent *lucente-i, a*	**lùcent** *lucènte-i, a*
lucid *lucido-i a e, a*	**lùcid** *lùcido-i a e, a*
lucidity *lucidità, nf*	**lucìdity** *lucidità, nf*
luck *fortuna-e, nf*	**lùk** *fortùna-e, nf*
lucky *fortunato-i a e, a*	**lùky** *fortunàto-i a e, a*
lucrative *lucrativo i a e, a*	**lùkrative** *lukratìvo i a e, a*
lucre *lucro-i, nm*	**lùkre** *lùkro-i, nm*
ludicrous *comico-i a he, a*	**lùdikrous** *kòmiko-i a e, a*
to lug *trascinare*	**to lùg** *trashinàre*
luggage *bagaglio-i, nm*	**lùggage** *bagàyo-i, nm*
lukewarm *tiepido-i a e, a*	**lùkewarm** *tièpido-i a e, a*
lull *tregua-e, nf*	**lùll** *trègua-e, nf*
to lull *cullare*	**to lùll** *kullàre*
lullaby *ninnananna-e, nf*	**lùllaby** *nìnnanànna-e, nf*
lumber *legname-i, nm*	**lùmber** *leqàme-i, nm*
luminous *luminoso i a e, a*	**lùminous** *luminòso i a e, a*
lump *gonfiore-i, nm*	**lùmp** *gonfiòre-i, nm*
lunacy *pazzia-e, nf*	**lùnacy** *pazzìa-e, nf*
lunatic *lunatico i a he, a*	**lùnatik** *lunàtiko i a e, a*
lunch *colazione-i, nf*	**lùnch** *kolaziòne-i, nf*
lung *polmone-i, nm*	**lùng** *polmòne-i, nm*
to lure *adescare*	**to lùre** *adeskàre*
lurid *livido-i a e, a*	**lùrid** *lìvido-i a e, a*
to lurk *appiattare*	**to lùrk** *appiattàre*
luscious *saporoso-i a e, a*	**lùscious** *saporòso-i a e, a*
to lust *bramare*	**to lùst** *bramàre*
lustful *bramoso-i a e, a*	**lùstful** *bramòso-i a e, a*
lustral *lustrale-i, a*	**lùstral** *lustràle-i, a*
lustre *lucentezza-e, nf*	**lùstre** *lucentèzza-e, nf*
lustrous *rilucente-i, a*	**lùstrous** *rilucènte-i, a*
lute *lauto-i, nm*	**lùte** *làuto-i, nm*
Lutheran *luterano-i a e, nmf*	**Lùtheran** *luteràno-i a e, nmf*
luxuriance *esuberanza-e, nf*	**luxùriance** *esuberànza-e, nf*
luxuriant *lussureggiante-i, a*	**luxùriant** *lussurejjànte-i, a*
luxurious *lussuoso i a e, a*	**luxùrious** *lussuòso i a e, a*
luxury *lusso-i, nm*	**lùxury** *lùsso-i, nm*
lyceum *liceo-i, nm*	**lycèum** *licèo-i, nm*
to lynch *linciare*	**to lỳnch** *linciàre*

lynx *lince-i, nf*
lyre *lira-e, nf*
lyrik *lirica-he, nf*
lyrical *liricale-i, a*
lyricism *lirismo-i, nm*

M
macabre *macabro-i a e, a*
macaroni *maccheroni, nm*
mace *mazza-e, nf*
to macerate *macerare*
Machiavelli *Machiavelli, nm*
machine *macchina-e, nf*
machinery *macchinario-i, nm*
mad *arrabbiato-i a e, a*
madam *signora-e, nf*
Madeira *Madera, nf*
madman *pazzo-i a e, nmf*
madness *pazzia-e, nf*
madigral *madrigale-i, nf*
madrigrale *madrigale*
maestoso *maestoso*
magazine *rivista-e, nf*
magic *magia-e, nf*
magical *magico-i a he, a*
magician *mago-hi a he, nmf*
maggiore *maggiore*
magistrate *magistrato-i, nm*
magnanimous *magnanimo-i a e, a*
magnate *magnate-i, nm*
magnet *calamita-e, nf*
magnetic *magnetico-i a e, a*
magnetism *magnetismo-i, nm*
to magnetize *magnetizzare*
magnificence *magnificenza-e, nf*
magnificent *magnifico i a he, a*
to magnify *ingrandire*
magnitude *grandezza-e, nf*
magpie *gazza-e, nf*
mahogany *mogano-i, nm*
maid *domestica-he, nf*
maiden *fanciulla-e, nf*

lỳnx *lìnce-i, nf*
lỳre *lìra-e, nf*
lỳrik *lìrika-e, nf*
lỳrikal *lirikàle-i, a*
lyricìsm *lirìsmo-i, nm*

M
màkabre *màkabro-i a e, a*
màkaroni *makkeròni, nm*
màce *màzza-e, nf*
to màcerate *maceràre*
Makiavèlli *Makiavèlli, nm*
machìne *màkkina-e, nf*
machìnery *makkinàrio-i, nm*
màd *arrabbiàto-i a e, a*
màdam *siqòra-e, nf*
Madèira *Madèra, nf*
màdman *pàzzo-i a e, nmf*
màdness *pazzìa-e, nf*
màdigral *madrigàle-i, nf*
madigràle *madigràle*
maestòso *maestòso*
màgazine *rivìsta-e, nf*
màgik *majìa-e, nf*
màgikal *màjiko-i a e, a*
magìcian *màgo-i a e, nmf*
maggiòre *majjòre*
màgistràte *majistràto-i, nm*
magnànimous *maqànimo-i a e, a*
màgnate *màqate-i, nm*
màgnet *kalamìta-e, nf*
magnètik *maqètiko-i a e, a*
màgnetism *maqètismo-i, nm*
to màgnetize *maqetizzàre*
magnìficence *maqificènza-e, nf*
magnìficent *maqìfiko i a e, a*
to màgnify *ingrandìre*
màgnitude *grandèzza-e, nf*
màgpie *gàzza-e, nf*
mahògany *mògano-i, nm*
màid *domèstika-e, nf*
màiden *fancùlla-e, nf*

mail *posta, nf*	màil *pòsta, nf*
to mail *impostare*	to màil *impostàre*
to maim *mutilare*	to màim *mutilàre*
mainland *continente-i, nm*	màinland *kontìnente-i, nm*
mainly *principalmente, ad*	màinly *principalmènte, ad*
to maintain *mantenere*	to maintàin *mantenère*
maintenance *mantenimento-i, nm*	màintenànce *mantenimènto-i, nm*
maize *granturco, nm*	màize *grantùrko, nm*
majestic *maestoso-i a e, a*	majèstik *maestòso-i a e, a*
majesty *maestà, nf*	màjesty *maestà, nf*
major *maggiore-i, nm*	màjor *majjòre-i, nm*
majority *maggioranza-e, nf*	majòrity *majjorànza-e, nf*
make *fabbricazione-i, nf*	màke *fabbrikaziòne-i, nf*
to make *fabbricare*	to màke *fabbrikàre*
maker *creatore-i, nm*	màker *kreatòre-i, nm*
makeshift *espediente-i, nm*	màkeshìft *espediènte-i, nm*
malady *malattia-e, nf*	màlady *malattìa-e, nf*
malaria *malaria-e, nf*	malària *malària-e, nf*
male *maschio-i, nm*	màle *màskio-i, nm*
malediction *maledizione-i, nf*	maledìktion *malediziòne-i, nf*
malefactor *malfattore-i, nm*	malefàktor *malfattòre-i, nm*
malevolence *malevolenza-e, nf*	malèvolence *malevolènza-e, nf*
malevolent *malevolo-i a e, a*	malèvolent *malèvolo-i a e, a*
malice *cattiveria-e, nf*	màlice *kattivèria-e, nf*
malicious *cattivo-i a e, a*	malìcious *kattìvo-i a e, a*
to malign *calunniare*	to malìgn *kalunnìàre*
malignant *maligno-i a e, a*	malìgnant *malìqo-i a e, a*
mall *mercato-i, nm*	màll *merkàto-i, nm*
malleable *malleabile-i, a*	màlleable *malleàbile-i, a*
mallet *mazzuola-e, nf*	màllet *mazzuòla-e, nf*
malpractice *trascuratezza-e, nf*	malpràktice *traskuratèzza-e, nf*
malt *malto-i, nm*	màlt *màlto-i, nm*
Malta *Malta, nf*	Màlta *Màlta, nf*
to malteat *maltrattare*	to maltrèat *maltrattàre*
mamma *mamma-e, nf*	màmma *màmma-e, nf*
man *uomo-ni, nm*	màn *uòmo-ni, nm*
to manage *maneggiare*	to mànage *manejjàre*
management *gestione-i, nf*	mànagement *jestiòne-i, nf*
manager *direttore-i, nm*	mànager *dìrettòre-i, nm*
mandate *mandato-i, nm*	mandàte *mandàto-i, nm*
mane *criniera-e, nf*	màne *krinièra-e, nf*
manful *maschio-i, a*	mànful *màskio-i, a*

manger *mangiatoia-e, nf*
to mangle *maciullare*
mangy *rognoso-i a e, a*
manhood *virilità, nf*
mania *mania-e, nf*
maniac *maniaco-i a he, nmf*
manicure *manicure, nm*
manifest *manifesto-i, nm*
manifold *molteplice-i, a*
manikin *nano-i a e, nmf*
to manipulate *manipolare*
mankind *umanità, nf*
manliness *virilità, nf*
manly *virile-i, a*
mannequin *indossatrice-i, nf*
manner *maniera-e, nf*
mannerly *cortese-i, a*
manoevre *manovra-e, nf*
to manoeuvre *manovrare*
mansion *palazzo-i, nm*
mantelpiece *mensola-e, nf*
mantle *mantello-i, nm*
Mantua *Mantova, nf*
manual *manuale-i, nm*
manufacture *manifattura-e, nf*
manufacturer *fabbricante-i, nm*
manure *concime-i, nm*
manuscript *manoscritto-i, nm*
many *molti-e, pron*
map *carta-e, nf*
maple *acero-i, nm*
marauder *predone-i, nm*
marble *marmo-i, nm*
March *marzo, nm*
marchioness *marchesa-e, nf*
mare *cavalla-e, nf*
margarine *margarina-e, nf*
margin *bordo-i, nm*
marigold *calendula-e, nf*
marine *marina-e, nf*
mariner *marinaio-i, nm*
maritime *marittimo-i a e, a*

mànger *manjatòia-e, nf*
to màngle *macullàre*
màngy *roqòso-i a e, a*
mànhòod *virilità, nf*
mània *manìa-e, nf*
manìak *manìako-i a e, nmf*
mànikure *manikùre, nm*
mànifest *manifèsto-i, nm*
manifòld *moltèplice-i, a*
mànikin *nàno-i a e, nmf*
to manìpulate *manipolàre*
mànkind *umanità, nf*
mànliness *virilità, nf*
mànly *virìle-i, a*
mànnequìn *indossatrìce-i, nf*
mànner *manièra-e, nf*
mànnerly *kortèse-i, a*
manòeuvre *manòvra,e, nf*
to manòeuvre *manovràre*
mànsion *palàzzo-i, nm*
mantelpièce *mènsola-e, nf*
màntle *mantèllo-i, nm*
Màntua *Màntova, nf*
mànual *manuàle-i, nm*
manufàkture *manifattùra-e, nf*
manufàkturer *fabbrikànte-i, nm*
manùre *konchme-i, nm*
manuskrìpt *manoskrìtto-i, nm*
many *molti-e, pron*
màp *kàrta-e, nf*
màple *àcero-i, nm*
maràuder *predòne-i, nm*
màrble *màrmo-i, nm*
Màrch *màrzo, nm*
màrkhionèss *markèsa-e, nf*
màre *kavàlla-e, nf*
màrgarine *margarìna-e, nf*
màrgin *bòrdo-i, nm*
màrigold *calèndula-e, nf*
marìne *màrina-e, nf*
màriner *marinàio-i, nm*
màritime *marìttimo-i a e, a*

marjoram *maggiorana-e, nf*	**màrjoram** *majjoràna-e, nf*
mark *segno-i, nm*	**màrk** *sèqo-i, nm*
to mark *marcare*	**to màrk** *markàre*
market *merkato-i, nm*	**màrket** *merkàto-i, nm*
marketable *vendibile-i, a*	**màrketable** *vendìbile-i, a*
marksman *tiratore-i, nm*	**màrksmàn** *tiratòre-i, nm*
marmalade *marmellata-e, nf*	**màrmàlade** *marmellàta-e, nf*
marmot *marmotta-e, nf*	**màrmot** *marmòtta-e, nf*
marooned *abbandonato-i a e, a*	**maròoned** *abbandonàto-i a e, a*
marquis *marchese-i, nm*	**màrquis** *markèse-i, nm*
marriage *matrimonio-i, nm*	**màrriage** *matrimònio-i, nm*
marriageable *maritabile-i, a*	**màrriageable** *maritàbile-i, a*
marrow *midollo-i, nm*	**màrrow** *midòllo-i, nm*
to marry *sposare*	**to màrry** *sposàre*
marsh *palude-i, nf*	**màrsh** *palùde-i, nf*
marshal *maresciallo-i, nm*	**màrshal** *mareshàllo-i, nm*
to marshal *ordinare*	**to màrshal** *ordinàre*
marshy *paludoso-i a e, a*	**marshỳ** *paludòso-i a e, a*
mart *mercato-i, nm*	**màrt** *merkàto-i, nm*
martial *marziale-i, a*	**màrtial** *marziàle-i, a*
martyr *martire-i, nm*	**màrtyr** *màrtire-i, nm*
martyrdom *martirio-i, nm*	**màrtyrdom** *martìrio-i, nm*
marvel *meraviglia-e, nf*	**màrvel** *meravìya-e, nf*
to marvel *meravigliare*	**to màrvel** *meraviyàre*
marvellous *meraviglioso-i a e, a*	**màrvellous** *meraviyòso-i a e, a*
mascot *portafortuna-e, nf*	**màskot** *portafortùna-e, nf*
masculine *maschile-i, a*	**màskuline** *maskìle-i, a*
mask *maschera-e, nf*	**màsk** *màskera-e, nf*
mason *muratore-i, nm*	**màson** *muratòre-i, nm*
Mason *massone-i, nm*	**Màson** *massòne-i, nm*
masonic *massonico-i a he, a*	**masònik** *massòniko-i a e, a*
masque *rappresentazione-i, nf*	**màsque** *rappresentaziòne-i, nf*
masquerade *mascherata-e, nf*	**masquèrade** *maskeràta-e, nf*
mass *messa-e, nf*	**màss** *mèssa-e, nf*
massacre *massacro-i, nm*	**màssakre** *massàkro-i, nm*
massage *massaggio-i, nm*	**massàge** *massàjjo-i, nm*
massive *massiccio-i a e, a*	**màssive** *massìcco-i a e, a*
mast *albero-i, nm*	**màst** *àlbero-i, nm*
master *maestro-i, nm*	**màster** *maèstro-i, nm*
masterful *magistrale-i, a*	**màsterful** *majistràle-i, a*
masterly *magistrabile-i, a*	**màsterly** *majistràbile-i, a*
masterpiece *capolavoro-i, nm*	**màsterpiece** *kapolàvoro-i, nm*

mastery *padronanza-e, nf*	**màstery** *padronànza-e, nf*
to masticate *masticare*	**to màstikate** *masticàre*
mastiff *mastino-i, nm*	**màstiff** *mastìno-i, nm*
mat *sottopiatto-i, nm*	**màt** *sottopiàtto-i, nm*
match *fiammifero-i, nm*	**màtch** *fiammìfero-i, nm*
matchless *incomparabile-i, a*	**màtchless** *inkomparàbile-i, a*
mate *compagno-i a e, nmf*	**màte** *kompàgo-i a e, nmf*
material *materiale-i, nm*	**matèrial** *materiàle-i, nm*
materialism *materialismo-i, nm*	**matèrialism** *materialìsmo-i, nm*
maternal *materno-i a e, a*	**matèrnal** *matèrno-i a e, a*
maternity *maternità, nf*	**matèrnity** *maternità, nf*
mathematical *matematico-i a he, a*	**mathemàtikal** *matemàtiko-i a e, a*
mathematics *matematica-he, nf*	**mathemàtics** *matemàtika-e, nf*
matricide *matricidio-i, nm*	**màtricide** *matricìdio-i, nm*
matriculation *matricolazione-i, nf*	**matrikulàtion** *matrikolaziòne-i, nf*
to matriculate *immatricolare*	**to matrìkulate** *immatrikolàre*
matrimony *matrimonio-i, nm*	**màtrimony** *matrimònio-i, nm*
matron *matrona-e, nf*	**màtron** *matròna-e, nf*
matter *materia-e, nf*	**màtter** *matèria-e, nf*
Matthew *Matteo, nm*	**Màtthew** *Mattèo, nm*
mattock *piccone-i, nm*	**màttok** *pikkòne-i, nm*
mature *maturo-i a e, a*	**matùre** *matùro-i a e, a*
maturity *maturità, nf*	**matùrity** *maturità, nf*
maudlin *piagnucoloso-i a e, a*	**màudlin** *piaqukolòso-i a e, a*
to maul *malmenare*	**to màul** *malmenàre*
Marurice *Maurizio, nm*	**Maurìce** *Maurìzio, nm*
Max *Massimo, nm*	**Màx** *Màssimo, nm*
maxim *massima-e, nf*	**màxim** *màssima-e, nf*
maximum *massimo-i, nm*	**màxìmùm** *màssimo-i, nm*
Maximilian *Massimiliano, nm*	**Maximìlian** *Massimiliàno, nm*
May *maggio, nm*	**Mày** *màjjo, nm*
mayor *sindaco-i, nm*	**màyor** *sìndako-i, nm*
maze *imbroglio-i, nm*	**màze** *imbròyo-i, nm*
mazurka *mazurka-he, nf*	**mazùrka** *mazùrka-e, nf*
me *me, pron*	**mè** *mè, pron*
meadow *prato-i, nm*	**mèadow** *pràto-i, nm*
meager *povero-i a e, a*	**mèager** *pòvero-i a e, a*
meal *pasto-i, nm*	**mèal** *pàsto-i, nm*
mean *media-e, nf*	**mèan** *mèdia-e, nf*
to meander *serpeggiare*	**to meànder** *serpejjàre*
meaning *significato-i, nm*	**mèaning** *siqifikàto-i, nm*
meanness *bassezza-e, nf*	**mèanness** *bassèzza-e, nf*

ci ce ca co cu   ki ke ka ko ku   ji je ja jo ju   gi ge ga go gu
sci sce sca sco scu=shi she sha sho shu   gn=q   gl=y

memory

meantime *frattempo, av*
measles *morbillo-i, nm*
measure *misura-e, nf*
measured *misurato-i a e, a*
measurment *misura-e, nf*
meat *carne-i, nf*
Mecca *Mecca, nf*
mechanic *meccanico-i a e, nmf*
mechanics *meccanica-he, nf*
mechanism *meccanismo-i, nm*
medal *medaglia-e, nf*
medallion *medaglione-i, nf*
to meddle *immischiare*
meddlesome *inframettente-i, a*
medieval *medioevale-i, a*
to mediate *intercedere*
to medicate *medicare*
medicinal *medicinale-i, a*
medicine *medicina-e, nf*
mediocre *mediocre-i, a*
to medidate *meditare*
meditation *meditazione-i, nf*
Mediterranean *Mediterraneo, nm*
medium *mezzo-i, nm*
medley *miscellanea-e, nf*
meek *mite-i,a*
meet *riunione-i, nf*
to meet *incontrare*
meeting *riunione-i, nf*
melancholy *melanconia-e, nf*
to mellow *intenerire*
melodious *melodioso-i a e, a*
melodrama *melodramma-i, nm*
melody *melodia-e, nf*
melon *melone-i, nm*
to molt *fondere*
member *membro-i a e, nmf*
membrane *menbrana-e, nf*
memoir *ricordo-i, nm*
memorable *memorabile-i, a*
memorial *memoriale-i, nm*
memory *memoria-e, nf*

mèantime *frattèmpo, av*
mèasles *morbìllo-i, nm*
mèasure *misùra-e, nf*
mèasured *misuràto-i a e, a*
mèasurment *misùra-e, nf*
mèat *kàrne-i, nf*
Mèkka *Mèkka, nf*
mekànik *mekkàniko-i a e, nmf*
mekàniks *mekkànika-e, nf*
mèkanism *mekkanìsmo-i, nm*
mèdal *medàya-e, nf*
medàllion *medayòne-i, nf*
to mèddle *immiskiàre*
meddlesòme *inframettènte-i, a*
mediéval *medioevàle-i, a*
to mediàte *intercèdere*
to mèdikate *medikàre*
medìcinal *medicinàle-i, a*
mèdicine *medicìna-e, nf*
mediòkre *mediòkre-i, a*
to mèdidate *meditàre*
meditàtion *meditaziòne-i, nf*
Mediterrànean *Mediterràneo, nm*
mediùm *mèzzo-i, nm*
mèdley *mishellànea-e, nf*
mèek *mìte-i,a*
mèet *riuniòne-i, nf*
to mèet *inkontràre*
mèeting *riuniòne-i, nf*
melànkoly *melankonìa-e, nf*
to mèllow *intenèrire*
melòdious *melodiòso-i a e, a*
melodràma *melodràmma-i, nm*
mèlody *melodìa-e, nf*
mèlon *melòne-i, nm*
to mòlt *fòndere*
mèmber *mèmbro-i a e, nmf*
membràne *menbràna-e, nf*
mèmoir *rikòrdo-i, nm*
mèmorable *memoràbile-i, a*
memòrial *memoriàle-i, nm*
mèmory *memòria-e, nf*

menace *minaccia-e, nf*
to menace *minacciare*
mend *riparazione-i, nf*
to mend *riparare*
mendacious *mendace-i, a*
mendicant *mendicante-i, nm*
menial *servile-i, a*
meno *meno*
mental *mentale-i, a*
mentality *mentalità, nf*
mention *accenno-i, nm*
to mention *accennare*
mercantile *mercantile-i, a*
mercenary *mercenario-i, nm*
merchandise *merce-i, nf*
merchant *mercante-i, nm*
merciful *pietoso-i a e, a*
merciless *spietato-i a e, a*
mercury *mercurio, nm*
mercy *pietà, nf*
mere *semplice-i, a*
to merge *mischiare*
meridian *meridiano-i nm*
merit *merito-i, nm*
meritorious *meritevole-i, a*
mermaid *sirena-e, nf*
merriment *allegria-e, nf*
merry *allegro-i a e, a*
to mesh *ingranare*
mesmerism *ipnotismo-i, nm*
to mesmerize *ipnotizzare*
mess *pasticcio-i, nm*
message *messaggio-i, nm*
messenger *messaggero-i, nm*
metal *metallo-i, nm*
metamorphosis *metamorfosi, nf*
metaphor *metafora-e, nf*
metaphysic *metafisica, nf*
meteor *meteora-e, nf*
meter *metro-i, nm*
method *metodo-i, nm*
methodical *metodico-i a e, a*

methodical

mènace *minàcca-e, nf*
to mènace *minaccàre*
mènd *riparaziòne-i, nf*
to mènd *riparàre*
mendàcious *mendàce-i, a*
mèndikant *mendikànte-i, nm*
mènial *servìle-i, a*
mèno *mèno*
mèntal *mentàle-i, a*
mentàlity *mentalità, nf*
mèntion *accènno-i, nm*
to mèntion *accennàre*
merkàntile *merkantìle-i, a*
mercenàry *mercenàrio-i, nm*
merchàndise *mèrce-i, nf*
merchànt *merkànte-i, nm*
mèrciful *pietòso-i a e, a*
mèrciless *spietàto-i a e, a*
mèrkury *merkùrio, nm*
mèrcy *pietà, nf*
mère *sèmplice-i, a*
to mèrge *miskiàre*
merìdian *meridiàno-i nm*
mèrit *mèrito-i, nm*
meritòrious *meritèvole-i, a*
mermàid *sìrena-e, nf*
mèrriment *allegrìa-e, nf*
mèrry *allègro-i a e, a*
to mèsh *ingranàre*
mèsmerism *ipnotìsmo-i, nm*
to mèsmerìze *ipnotizzàre*
mèss *pastìcco-i, nm*
mèssage *messàjjo-i, nm*
mèssenger *messajjèro-i, nm*
mètal *metàllo-i, nm*
metamòrphosis *metamòrfosi, nf*
mètaphor *metàfora-e, nf*
metaphỳsik *metafìsika, nf*
mèteor *metèora-e, nf*
mèter *mètro-i, nm*
mèthod *mètodo-i, nm*
methòdikal *metòdiko-i a e, a*

Methodist *Metodista, nmf*
metropolis *motropoli, nf*
metropolitan *metropolitano-i a e, a*
to mew *piagolare*
mezzo forte *mezzo forte*
mezzo piano *mezzo piano*
miasma *miasma-e, nf*
microscope *microscopio-i, nm*
mid *mezzo, a*
midday *mezzogiorno-i, nm*
middle *mezzo, a*
midnight *mezzanotte-i, nf*
midshipman *cadetto-i, nm*
midst *mezzo, nm*
midway *metà, ad*
midwife *levatrice-i, nf*
mien *aspetto-i, nm*
might *forza-e, nf*
mighty *potente-i, a*
to migrate *migrare*
migration *migrazione-i, nf*
migratory *migratorio-i a e, a*
mild *blando-i a e, a*
mildness *dolcezza-e, nf*
mile *miglia-e, nm*
military *militare-i, a*
militia *milizia-e, nf*
milk *latte-i, nm*
milkmaid *mungitrice-i, nf*
milkman *lattaio-i, nm*
milky *latteo-i a e, a*
mill *mulino-i, nm*
miller *mugnaio-i a e, nmf*
million *milione-i, nm*
to mimic *imitare*
mimicry *mimica-he, nf*
to mince *triturare*
mincing *affettato-i a e, a*
mind *mente-i, nf*
mindful *attento-i a e, a*
mine *mina-e, nf*
mine *mio, pron*

Mèthodist *Metodìsta, nmf*
metròpolis *metròpoli, nf*
metropòlitan *metropolitàno-i a e, a*
to mèw *piagolàre*
mèzzo forte *mezzo fòrte*
mèzzo piàno *mezzo piàno*
miàsma *miàsma-e, nf*
mikroskòpe *mikroskòpio-i, nm*
mìd *mèzzo, a*
mìdday *mezzojòrno-i, nm*
mìddle *mèzzo, a*
midnìght *mezzanòtte-i, nf*
midshìpman *kadètto-i, nm*
mìdst *mèzzo, nm*
mìdway *metà, ad*
mìdwife *levatrìce-i, nf*
mìen *aspètto-i, nm*
mìght *fòrza-e, nf*
mìghty *potènte-i, a*
to migràte *migràre*
migràtion *migraziòne-i, nf*
mìgratory *migratòrio-i a e, a*
mìld *blàndo-i a e, a*
mìldness *dolcèzza-e, nf*
mìle *mìya-e, nm*
mìlitary *militàre-i, a*
milìtia *milìzia-e, nf*
mìlk *làtte-i, nm*
milkmàid *munjitrìce-i, nf*
milkmàn *lattàio-i, nm*
milkỳ *lattèo-i a e, a*
mìll *mulìno-i, nm*
mìller *muqàio-i a e, nmf*
mìllion *miliòne-i, nm*
to mìmik *imitàre*
mìmikry *mìmika-e, nf*
to mìnce *trituràre*
mìncing *affettàto-i a e, a*
mìnd *mènte-i, nf*
mìndful *attènto-i a e, a*
mìne *mìna-e, nf*
mìne *mìo, pron*

to mislay

miner *minatore-i, nm*	mìner *minatòre-i, nm*
mineral *minerale-i, nm*	mìneral *mineràle-i, nm*
to mingle *mescolare*	to mìngle *meskolàre*
miniature *miniatura-e, nf*	mìniature *miniatùra-e, nf*
minion *favorito-i a e, nmf*	mìnion *favorìto-i a e, nmf*
minister *ministro-i, nm*	mìnister *minìstro-i, nm*
ministration *somministrazione-i, nf*	ministràtion *somministraziòne-i, nf*
ministry *ministero-i, nm*	mìnistry *ministèro-i, nm*
mink *visone-i, nm*	mìnk *visòne-i, nm*
minnow *pesciolino-i, nm*	mìnnow *pesholìno-i, nm*
minor *minorenne-i, nm*	mìnor *minorènne-i, nm*
minority *minorità, nf*	minòrity *minorità, nf*
minstrel *menestrello-i, nm*	mìnstrel *menestrèllo-i, nm*
mint *zecca-he, nf*	mìnt *zèkka-e, nf*
minuet *minuetto-i, nm*	mìnùet *minuètto-i, nm*
minut *minuto-i, nm*	mìnute *minùto-i, nm*
minuteness *piccolezza-e, nf*	minùteness *pikkolèzza-e, nf*
miracle *miracolo-i, nm*	mìrakle *miràkolo-i, nm*
miraculous *miracoloso-i a e, a*	miràkulous *mirakolòso-i a e, a*
mirage *miraggio-i, nm*	miràge *miràjjo-i, nm*
mire *fango-hi, nm*	mìre *fàngo-i, nm*
mirror *specchio-i, nm*	mìrror *spèkkio-i, nm*
mirth *allegria-e, nf*	mìrth *allegrìa-e, nf*
miry *fangoso-i a e, a*	mìry *fangòso-i a e, a*
misadventure *disgrazia-e, nf*	misadvènture *disgràzia-e, nf*
misanthrope *misantropo-i, nm*	misànthrope *misàntropo-i, nm*
misbehavior *maleducato-i a e, a*	mìsbehàvior *maledukàto-i a e, a*
miscarriage *aborto-i, nm*	miskàrriage *abòrto-i, nm*
miscarry *abortire*	miskàrry *abortìre*
miscellaneous *miscellanea, nf*	miscellàneous *mishellànea, nf*
mischief *malizia-e, nf*	mìskìef *malìzia-e, nf*
mischievous *malizioso-i a e, a*	mìskìevòus *maliziòso-i a e, a*
misdeed *misfatto-i, nm*	misdèed *misfàtto-i, nm*
misdemeanour *infrazione-i, nf*	misdemèanour *infraziòne-i, nf*
miser *avaro-i a e, nmf*	mìser *avàro-i a e, nmf*
miserly *tirchio-i a e, a*	mìserly *tìrkio-i a e, a*
misery *miseria-e, nf*	mìsery *misèria-e, nf*
misfit *strambo-i a e, nmf*	mìsfit *stràmbo-i a e, nmf*
misfortune *sfortuna-e, nf*	misfòrtune *sfortùna-e, nf*
misgiving *apprensione-i, nf*	misgìving *apprensiòne-i, nf*
mishap *disgrazia-e, nf*	mishàp *disgràzia-e, nf*
to mislay *smarrire*	to mislày *smarrìre*

misogyny *misoginia-e, nf*	misògyny *misojinìa-e, nf*
to misrepresent *svisare*	to misreprèsent *svisàre*
Miss *signorina, nf*	Miss *signorìna, nf*
to miss *sbagliare*	to miss *sbayàre*
missal *messale-i, nm*	mìssal *messàle-i, nm*
missile *missile-i, nm*	mìssile *missìle-i, nm*
missing *disperso-i a e, a*	mìssing *dispèrso-i a e, a*
mission *missione-i, nf*	mìssion *missiòne-i, nf*
missionary *missionario-i a e, nmf*	missionàry *missionàrio-i a e, nmf*
mist *nebbia-e, nf*	mìst *nèbbia-e, nf*
mistake *errore-i, nm*	mistàke *erròre-i, nm*
mistaken *sbagliato-i a e, a*	mistàken *sbayàto-i a e, a*
Mister *signore-i, nm*	Mìster *siqòre-i, nm*
mistletoe *vischio, nm*	mistletòe *vìskio, nm*
mistress *padrona-e, nf*	mistrèss *padròna-e, nf*
mistrust *sfiducia-e, nf*	mistrùst *sfidùca-e, nf*
mistrustful *diffidente-i, a*	mistrùstful *diffidènte-i, a*
misty *nebbioso-i a e, a*	mistỳ *nebbiòso-i a e, a*
to misunderstand *fraintendere*	to misunderstànd *fraintèndere*
misunderstanding *malinteso-i, nm*	misunderstànding *malintèso-i, nm*
misuse *abuso-i, nm*	misùse *abùso-i, nm*
to mitigate *mitigare*	to mìtigate *mitigàre*
mitigation *mitigazione-i, nf*	mitigàtion *mitigaziòne-i, nf*
mitre *mitra-i, nm*	mìtre *mìtra-i, nm*
mitten *guanto-i, nm*	mìtten *guànto-i, nm*
to mix *mescolare*	to mìx *meskolàre*
mixture *miscela-e, nf*	mixtùre *mishèla-e, nf*
moan *gemito-i, nm*	mòan *jèmito-i, nm*
to moan *gemere*	to mòan *jemère*
moat *fossa-e, nf*	mòat *fòssa-e, nf*
mob *plebaglia-e, nf*	mòb *plebàya-e, nf*
to mob *assalire*	to mòb *assalìre*
mobile *mobile-i, a*	mòbile *mòbile-i, a*
mobilization *mobilitazione-i, nf*	mobilizàtion *mobilitaziòne-i, nf*
to mobilize *mobiltare*	to mòbilìze *mobiltàre*
mock *beffa-e, nf*	mòk *bèffa-e, nf*
to mock *beffare*	to mòk *beffàre*
mockery *derisione-i, nf*	mòkery *derisiòne-i, nf*
mode *modo-i, nm*	mòde *mòdo-i, nm*
model *modello-i a e, nmf*	mòdel *modèllo-i a e, nmf*
moderate *moderato-i a e, a*	mòderate *moderàto-i a e, a*
moderation *moderazione-i, nf*	moderàtion *moderaziòne-i, nf*

moderato *moderato*
modern *moderno-i, a*
to modernize *rimodernare*
modest *modesto-i a e, a*
modesty *modestia-e, nf*
to modify *modificare*
modulation *modulazione-i, nf*
moist *umido-i a e, a*
to moisten *inumidire*
molar *molare-i, nm*
mole *talpa-e, nf*
to molest *molestare*
to mollify *ammollire*
mollusck *mollusco-hi, nm*
molto *molto*
moment *momento-i, nm*
momentary *momentaneo-i a e, a*
momentous *importante-i, a*
monarch *monarca-hi, nm*
monarchy *monarchia-e, nf*
monastery *monastero-i, nm*
monastic *monastico-i a e, a*
Monday *lunedì, nm*
monetary *monetario-i a e, a*
money *denaro-i, nm*
monogamous *monogamo-i a e, a*
mongoose *mangosta-e, nf*
mongrel *bastardo-i a e, nmf*
monk *monaco-i, nm*
monkey *scimmia-e, nf*
monogram *monogramma-i, nm*
monologue *monologo-hi, nm*
to monopolize *monopolizzare*
monopoly *monopolio-i, nm*
monotomous *monotono-i a e, a*
monotony *monotonia-e, nf*
monsoon *monsone-i, nm*
monster *mostro-i a e, nmf*
monstruous *mostruoso-i a e, a*
month *mese-i, nm*
monthly *mensile-i, nm*
monument *monumento-i, nm*

moderàto *moderàto*
mòdern *modèrno-i, a*
to mòdernize *rimodernàre*
mòdest *modèsto-i a e, a*
mòdesty *modestìa-e, nf*
to mòdify *modifikàre*
modulàtion *modulaziòne-i, nf*
mòist *ùmido-i a e, a*
to mòisten *inumidìre*
mòlar *molàre-i, nm*
mòle *tàlpa-e, nf*
to molèst *molestàre*
to mòllify *ammollìre*
mòllusk *mollùsko-i, nm*
mòlto *mòlto*
mòment *momènto-i, nm*
mòmentary *momentàneo-i a e, a*
mòmentous *importànte-i, a*
monark *monàrka-i, nm*
mònarky *monarkìa-e, nf*
mònastery *monastèro-i, nm*
monàstik *monàstiko-i a e, a*
Mondày *lunedì, nm*
monetàry *monetàrio-i a e, a*
mòney *denàro-i, nm*
monògamous *monògamo-i a e, a*
mòngòose *mangùsta-e, nf*
mòngrel *bastàrdo-i a e, nmf*
mònk *mònako-i, nm*
mònkey *shìmmia-e, nf*
mònogram *monogràmma-i, nm*
monològue *monòlogo-i, nm*
to monòpolize *monopolizzàre*
monòpoly *monopòlio-i, nm*
monòtomous *monòtono-i a e, a*
monòtony *monotonìa-e, nf*
monsòon *monsòne-i, nm*
mònster *mòstro-i a e, nmf*
mònstruous *mostruòso-i a e, a*
mònth *mèse-i, nm*
mònthly *mensìle-i, nm*
mònument *monumènto-i, nm*

		motion

monumental *monumentale-i, a*
mood *umore-i, nm*
moody *malumore-i, a*
moon *luna-e, nf*
moor *brughiera-e, nf*
mooring *ormeggio-i, nm*
mop *scopa-e, nf*
to mop *strofinare*
mope *depresso-i a e, a*
morality *moralità, nf*
to moralize *moralizzare*
morass *palude-i, nf*
morbid *morboso-i a e, a*
morbidness *morbosità, nf*
mordant *mordente-i, a*
more *più, ad*
moreover *inoltre, ad*
Mormon *mormone-i, nm*
morning *mattino-i a e, nmf*
Morocco *Morocco, nm*
morose *tristo-i a e, a*
morrow *indomani, nm*
morsel *bocchone-i, nf*
mortal *mortale-i, a*
mortality *mortalità, nf*
mortar *mortaio-i, nm*
mortgage *ipoteca-he, nf*
to mortgage *ipotecare*
to mortify *mortificare*
mortuary *mortuario-i nm*
mosaic *mosaico-i, nm*
mosque *moschea-e, nf*
mosquito *zanzara-e, nf*
moss *muschio-i, nm*
most *maggiormente, ad*
mostly *maggiormente, ad*
mote *bruscolo-i, nm*
moth *tarma-e, nf*
mother *madre-i, nf*
motherhood *maternità, nf*
motherly *materno-i a e, a*
motion *moto-i, nm*

monumèntal *monumentàle-i, a*
mòod *umòre-i, nm*
mòody *malumòre-i, a*
mòon *lùna-e, nf*
mòor *brugièra-e, nf*
mòoring *ormèjjo-i, nm*
mòp *skòpa-e, nf*
to mòp *strofinàre*
mòpe *deprèsso-i a e, a*
moràlity *moralità, nf*
to mòralize *moralizzàre*
moràss *palùde-i, nf*
mòrbid *morbòso-i a e, a*
mòrbidness *morbosità, nf*
mòrdant *mordènte-i, a*
mòre *più, ad*
moreòver *inòltre, ad*
Mòrmon *mormòne-i, nm*
mòrning *mattìno-i a e, nmf*
Moròkko *Moròkko, nm*
moròse *trìsto-i a e, a*
mòrrow *indomàni, nm*
mòrsel *bokkòne-i, nf*
mòrtal *mortàle-i, a*
mortàlity *mortalità, nf*
mòrtar *mortàio-i, nm*
mòrtgage *ipotèka-e, nf*
to mòrtgage *ipotekàre*
to mòrtify *mortifikàre*
mòrtuary *mortuàrio-i nm*
mosàik *mosàiko-i, nm*
mòsque *moskèa-e, nf*
mosquìto *zanzàra-e, nf*
mòss *mùskio-i, nm*
mòst *majjormènte, ad*
mòstly *majjormènte, ad*
mòte *brùskolo-i, nm*
mòth *tàrma-e, nf*
mòther *màdre-i, nf*
mòtherhòod *maternità, nf*
mòtherly *matèrno-i a e, a*
mòtion *mòto-i, nm*

	to multiply
motive *motivo-i, nm*	mòtive *motìvo-i, nm*
motley *eterogeneo-i a e, a*	mòtley *eterojèneo-i a e, a*
moto *macchina-e, nf*	mòto *màkkina-e, nf*
to mottle *macchiare*	to mòttle *makkiàre*
mold *muffa-e, nf*	mòld *mùffa-e, nf*
to mould *modellare*	to mòuld *modellàre*
mound *tumulo-i, nm*	mòund *tùmulo-i, nm*
mount *colle-i, nm*	mòunt *kòlle-i, nm*
mountain *montagna-e, nf*	mòuntain *montàqa-e, nf*
mountaineer *montanaro-i a e, nmf*	mòuntainèer *montanàro-i a e, nmf*
mountaneous *montagnoso-i a e, a*	mòuntanèous *montaqòso-i a e, a*
to mourn *piangere*	to mòurn *piànjere*
mournful *doloroso-i a e, a*	mòurnful *doloròso-i a e, a*
mourning *lutto-i, nm*	mòurning *lùtto-i, nm*
mouse *topo-i, nm*	mòuse *tòpo-i, nm*
moustache *baffo-i, nm*	mòustàche *bàffo-i, nm*
mouth *bocca-he, nf*	mòuth *bòkka-e, nf*
mouthful *boccone-i, nm*	mòuthful *bokkòne-i, nm*
movable *mobile-i, a*	mòvable *mobìle-i, a*
to move *muovere*	to mòve *muòvere*
movement *movimento-i, nm*	mòvement *movimènto-i, nm*
movies *pellicola-e, nf*	mòvies *pellìkola-e, nf*
moving *mobile-i, a*	mòving *mòbile-i, a*
to mow *falciare*	to mòw *falcàre*
much *molto, ad*	mùch *mòlto, ad*
muck *sudiciume-i, nm*	mùk *sudicùme-i, nm*
mud *fango-hi, nm*	mùd *fàngo-i, nm*
muddle *confusione-i, nf*	mùddle *konfusiòne-i, nf*
to muddle *confondere*	to mùddle *konfòndere*
muddy *fangoso-i a e, a*	mùddy *fangòso-i a e, a*
muff *manicotto-i, nm*	mùff *manikòtto-i, nm*
muffin *focaccia-e, nf*	mùffin *fokàcca-e, nf*
to muffle *avvolgere*	to mùffle *avvòljere*
muffler *sciarpa-e, nf*	mùffler *shàrpa-e, nf*
mug *coppa-e, nf*	mùg *kòppa-e, nf*
mulberry *gelso-i, nm*	mùlberry *jèlso-i, nm*
mule *mulo-i, nm*	mùle *mùlo-i, nm*
multiform *multiforme-i, a*	mùltiform *multifòrme-i, a*
multiple *multiplo-i, a*	mùltiple *mùltiplo-i, a*
multiplication *moltiplicazione-i, nf*	multipikàtion *moltiplikaziòne-i, nf*
multiplicity *moltiplicità, nf*	multiplìcity *moltiplicità, nf*
to multiply *moltiplicare*	to mùltiply *moltiplikàre*

ci ce ca co cu   ki ke ka ko ku   ji je ja jo ju   gi ge ga go gu
sci sce sca sco scu=shi she sha sho shu   gn=q   gl=y

mutton

multitude *moltitudine-i, nf*	**mùltitude** *moltitùdine-i, nf*
to mumble *borbottare*	**to mùmble** *borbottàre*
mummy *mummia-e, nf*	**mùmmy** *mùmmia-e, nf*
mums *orecchioni, nm*	**mùms** *òrekkioni, nm*
to munch *masticare*	**to mùnch** *mastikàre*
mundane *mondano-i a e, a*	**mùndàne** *mondàno-i a e, a*
municipal *municipale-i, a*	**munìcipal** *municìpio-i, a*
municipality *municipalità, nf*	**municipàlity** *municipalità, nf*
munificent *munificente-i a*	**munìficent** *munificènte-i a*
munition *munizione-i, nf*	**munìtion** *munizióne-i, nf*
mural *murale-i, nm*	**mùral** *muràle-i, nm*
to murder *assassinare*	**to mùrder** *assassinàre*
murderer *assassino-i a e, nmf*	**mùrderer** *assassìno-i a e, nmf*
murderous *micidiale-i, a*	**mùrderous** *micidiàle-i, a*
murky *tenebroso-i a e, a*	**mùrky** *tenebròso-i a e, a*
murmur *mormorio-i, nm*	**mùrmur** *mormòrio-i, nm*
muscle *muscolo-i, nm*	**mùskle** *mùskolo-i, nm*
muscular *muscolare-i, a*	**mùskular** *muskolàre-i, a*
muse *musa-e, nf*	**mùse** *mùsa-e, nf*
museum *museo-i, nm*	**mùseum** *musèo-i, nm*
mushroom *fungo-hi, nm*	**mùshroom** *fùngo-i, nm*
music *musica-he, nf*	**mùsik** *mùsika-e, nf*
musical *musicale-i, a*	**mùsikal** *musikàle-i, a*
musician *musicista-i a e, nmf*	**musìcian** *musicìsta-i a e, nmf*
musk *muschio-i, nm*	**mùsk** *mùskio-i, nm*
musket *moschetto-i, nm*	**mùsket** *moskètto-i, nm*
musketeer *moschettiere-i, nm*	**mùsketèer** *moskettière-i, nm*
Muslin *mussulmano-i a e, nmf*	**Mùslin** *mussulmàno-i a e, nmf*
mussel *arsella, e, nf*	**mùssel** *arsèlla, e, nf*
must *mosto-i, nm*	**mùst** *mòsto-i, nm*
to must *dovere*	**to mùst** *dovère*
mustard *mostarda-e, nf*	**mùstard** *mostàrda-e, nf*
to muster *radunare*	**to mùster** *radunàre*
mustiness *muffa-e, nf*	**mùstiness** *mùffa-e, nf*
muffy *ammuffito-i a e, a*	**mùffy** *ammuffìto-i a e, a*
mute *muto-i a e, a*	**mùte** *mùto-i a e, a*
to mutilate *mutilare*	**to mùtilate** *mutilàre*
mutilation *mutilazione-i, nf*	**mutilàtion** *mutilazióne-i, nf*
muteneer *ammutinato-i a e, nmf*	**mùteneer** *ammutinàto-i a e, nmf*
mutiny *ammutinamento-i, nm*	**mùtiny** *ammutinamènto-i, nm*
mutter *borbottio-i, nm*	**mùtter** *borbottìo-i, nm*
mutton *carne-i, nf*	**mùtton** *kàrne-i, nf*

mutual *mutuo-i a e, a*
muzzle *muso-i, nm*
my *mio-ei a e, pro*
myopia *miopia-e, nf*
myrrh *mirra-e, nf*
myrtle *mirto-i, nm*
mysterious *misterioso-i a e, a*
mystery *mistero-i, nm*
mystify *mistificare*
myth *mito-i, nm*
mythological *mitologico-i a e, a*
mythology *mitologia-e, nf*

N
nag *cavallino-i a e, nmf*
to nag *brontolare*
nail *chiodo-i, nm*
to nail *inchiodare*
naive *ingenuo-i a e, a*
naked *nudo-i a e, a*
nakedness *nudità, nf*
name *nome-i, nm*
to name *nominare*
nameless *anonimo-i a e, a*
namely *cioè, ad*
namesake *omonimo-i a e, nmf*
Nancy *Nina, nf*
nanny *tata-e, nf*
nap *pisolino-i, nm*
nape *nuca-he, nf*
naphtha *nafta-e, nf*
napkin *tovagliolino-i, nm*
Naples *Napoli, nm*
Napoleon *Napoleone, nm*
narcissus *narciso-i a e, nmf*
narcotic *narcotico-i a e, a*
to narrate *narrare*
narration *narrazione-i, nf*
narrative *narrazione-i, nf*
narrow *stretto-i, nm*
narrowily *accuratamente, ad*
narrowness *strettezza-e, nf*

mùtual *mùtuo-i a e, a*
mùzzle *mùso-i, nm*
mỳ *mìo-ei a e, pro*
myòpia *miòpia-e, nf*
mỳrrh *mìrra-e, nf*
mỳrtle *mìrto-i, nm*
mystèrious *misteriòso-i a e, a*
mỳstery *mistèro-i, nm*
mỳstify *mistifikàre*
mỳth *mìto-i, nm*
mytholò gìkal *mitolòjiko-i a e, a*
mythòlogy *mitolojìa-e, nf*

N
nàg *kavallìno-i a e, nmf*
to nàg *brontolàre*
nàil *kiòdo-i, nm*
to nàil *inkiodàre*
nàive *injènuo-i a e, a*
nakèd *nùdo-i a e, a*
nakèdness *nudità, nf*
nàme *nòme-i, nm*
to nàme *nominàre*
nàmeless *anònimo-i a e, a*
nàmely *coè, ad*
nàmesàke *omònimo-i a e, nmf*
Nàncy *Nìna, nf*
nànny *tàta-e, nf*
nàp *pisolìno-i, nm*
nàpe *nùka-e, nf*
nàphtha *nàfta-e, nf*
nàpkin *tovayolìno-i, nm*
Nàples *Nàpoli, nm*
Napòleon *Napoleòne, nm*
nàrcìssus *narcìso-i a e, nmf*
narkòtik *narkòtiko-i a e, a*
to narràte *narràre*
narràtion *narraziòne-i, nf*
nàrrative *narraziòne-i, nf*
nàrrow *strètto-i, nm*
nàrrowily *akkuratamènte, ad*
nàrrowness *strettèzza-e, nf*

nasal *nasale-i, a*	**nàsal** *nasàle-i, a*
nastiness *indecenza-e, nf*	**nàstiness** *indecènza-e, nf*
nasty *disgustoso-i a e, a*	**nàsty** *disgustòso-i a e, a*
nation *nazione-i, nf*	**nàtion** *naziòne-i, nf*
national *nazionale-i, a*	**nàtional** *nazionàle-i, a*
nationality *nazionalità, nf*	**nationàlity** *nazionalità, nf*
to nationalize *nazionalizzare*	**to nàtionalìze** *nazionalizzàre*
native *indigeno-i a e, nmf*	**nàtive** *indìjeno-i a e, nmf*
nativity *natività, nf*	**natìvity** *natività, nf*
natural *naturale-i, a*	**nàtural** *naturàle-i, a*
maturalist *naturalista-i a e, nmf*	**nàturalist** *naturalìsta-i a e, nmf*
naturalization *naturalizzazione-i, nf*	**naturalizàtion** *naturalizzaziòne-i, nf*
to naturalize *naturalizzare*	**to nàturalìze** *naturalizzàre*
nature *natura, nf*	**nàture** *natùra, nf*
naughtiness *cattiveria-e, nf*	**nàughtiness** *kattivèria-e, nf*
naughty *cattivo-i a e, a*	**nàughty** *kattìvo-i a e, a*
to nauseate *nauseare*	**to nàuseate** *nauseàre*
nauseous *nauseante-i, a*	**nàuseous** *nauseànte-i, a*
nautical *nautico-i a e, a*	**nàutikal** *nàutiko-i a e, a*
naval *navale-i, a*	**nàval** *navàle-i, a*
nave *navata-e, nf*	**nàve** *navàta-e, nf*
navel *ombelico-i, nm*	**nàvel** *ombelìko-i, nm*
to navigate *navigare*	**to nàvigate** *navigàre*
navigation *navigazione-i, nf*	**navigàtion** *navigaziòne-i, nf*
navy *marina-e, nf*	**nàvy** *marìna-e, nf*
near *vicino-i a e, a*	**nèar** *vicìno-i a e, a*
nearly *quasi, ad*	**nèarly** *kuàsi, ad*
nearness *prossimità, nf*	**nèarness** *prossimità, nf*
neat *accurato-i a e, a*	**nèat** *akkuràto-i a e, a*
neatness *accuratezza-e, nf*	**nèatness** *akkuratèzza-e, nf*
necessary *necessario-i a e, a*	**nècessary** *necessàrio-i a e, a*
to necessitate *richiedere*	**to necèssitate** *rikièdere*
necessity *necessità, nf*	**necèssity** *necessità, nf*
neck *collo-i, nm*	**nèk** *kòllo-i, nm*
neckerchief *fazzoletto-i, nm*	**nèkèrchìef** *fazzolètto-i, nm*
necklace *collana-e, nf*	**nèklàce** *kollàna-e, nf*
necromancy *necromanzia-e, nf*	**nèkromàncy** *nekromanzìa-e, nf*
nectar *nettare-i, nm*	**nèktar** *nèttare-i, nm*
need *bisogno-i, nm*	**nèed** *bisòqo-i, nm*
to need *occorrere*	**to nèed** *okkòrrere*
needful *necessario-i a e, a*	**nèedful** *necessàrio-i a e, a*
needle *ago-hi, nm*	**nèedle** *àgo-i, nm*

nefarious *abominevole-i, a*
negation *negazione-i, nf*
negative *negativo-i a e, a*
neglect *negligenza-e, nf*
to neglect *trascurare*
neglectful *negligente-i, a*
negligent *negligente-i, a*
to negotiate *contrattare*
negotiation *trattativa-e, nf*
negro *negro-i a e, nmf*
neighbour *vicino-i a e, nmf*
neighborhood *vicinanza-e, nf*
neighbourly *amichevole-i, a*
neither *nè..., pron*
nephew *nipote-i, nm*
nerve *nervo-i, nm*
nervous *nervoso-i a e, a*
nervousness *nervosità, nf*
nervy *nervoso-i a e, a*
nest *nido-i, nm*
to nestle *accoccolare*
net *rete-i, nf*
to net *pescare*
Netherlands *Paesi Bassi, nm*
netting *rete-i, nf*
network *rete-i, nf*
neuter *neutro-i a e, nmf*
neutral *neutrale-i, a*
neutrality *neutralità, nf*
to neutralize *neutralizzare*
never *mai, ad*
nevertheless *tuttavia, ad*
new *nuovo-i a e, a*
newly *recente, ad*
news *notizia-e, nf*
newspaper *giornale-i, nm*
next *prossimo-i a e, a*
to nibble *mangiare*
Nice *Nizza, nf*
nice *carino-i a e, a*
nicety *sottigliezza-e, nf*
nickname *nomignolo-i, nm*

nickname

nèfarious *abominèvole-i, a*
negàtion *negaziòne-i, nf*
nègatìve *negatìvo-i a e, a*
neglèkt *neglijènza-e, nf*
to neglèkt *traskuràre*
neglèktful *neglijènte-i, a*
nègligent *neglijènte-i, a*
to negòtiàte *kontrattàre*
negotiàtion *trattatìva-e, nf*
nègrò *nègro-i a e, nmf*
neighbòur *vicìno-i a e, nmf*
neighbòrhòod *vicinànza-e, nf*
neighbòurly *amikèvole-i, a*
nèither *nè..., pron*
nèphew *nipòte-i, nm*
nèrve *nèrvo-i, nm*
nèrvous *nervòso-i a e, a*
nèrvousness *nervosità, nf*
nèrvy *nervòso-i a e, a*
nèst *nìdo-i, nm*
to nèstle *akkokkolàre*
nèt *rète-i, nf*
to nèt *peskàre*
Nèthèrlànds *Paèsi Bàssi, nm*
nètting *rète-i, nf*
nètwork *rète-i, nf*
nèuter *nèutro-i a e, nmf*
nèutral *neutràle-i, a*
neutràlity *neutralità, nf*
to neutràlìze *neutralizzàre*
nèver *mài, ad*
nèverthèlèss *tuttavìa, ad*
nèw *nuòvo-i a e, a*
nèwly *recènte, ad*
nèws *notìzia-e, nf*
newspàper *jornàle-i, nm*
nèxt *pròssimo-i a e, a*
to nìbble *manjàre*
Nìce *Nìzza, nf*
nìce *karìno-i a e, a*
nìcety *sottiyèzza-e, nf*
nìknàme *nomìqolo-i, nm*

niece *nipote-i, nmf*	**nìece** *nipòte-i, nmf*
night *notte-i, nf*	**nìght** *nòtte-i, nf*
nightingale *usignolo-i, nm*	**nìghtingàle** *usiqòlo-i, nm*
nightly *notturno-i a e, a*	**nìghtly** *nottùrno-i a e, a*
nightmare *incubo-i, nm*	**nìghtmàre** *ìnkubo-i, nm*
nihilist *nichilista-i e, nmf*	**nihìlist** *nikilìsta-i e, nmf*
Nile *Nilo, nm*	**Nìle** *Nìlo, nm*
nimble *svelto-i a e, a*	**nìmble** *svèlto-i a e, a*
nine *nove, nm*	**nìne** *nòve, nm*
nineteen *diciannove, nm*	**nìnetèen** *dicannòve, nm*
ninety *novanta, nm*	**nìnety** *novànta, nm*
ninetieth *novantesimo-i a e, a*	**nìnetieth** *novantèsimo-i a e, a*
nip *pizzicotto-i, nm*	**nìp** *pizzikòtto-i, nm*
to nip *pizzicare*	**to nìp** *pizzikàre*
nipple *capezzolo-i, nm*	**nìpple** *kapèzzolo-i, nm*
nitrate *nitrato-i, nm*	**nìtrate** *nitràto-i, nm*
nitre *nitro-i, nm*	**nìtre** *nìtro-i, nm*
Noah *Noe, nm*	**Noàh** *Noè, nm*
nobility *nobiltà, nf*	**nobìlity** *nobiltà, nf*
noble *nobile-i, nm*	**nòble** *nòbile-i, nm*
nobleman *nobiluomo, nm*	**nòblemàn** *nobiluòmo, nm*
noblewoman *nobildonna-e, nf*	**nòblewòman** *nobildònna-e, nf*
nobody *nessuno, pro*	**nòbody** *nessùno, pro*
nocturnal *notturno-i a e, a*	**noktùrnal** *nottùrno-i a e, a*
nocturne *notturno-i, nm*	**nòkturne** *nottùrno-i, nm*
nod *cenno-i, nm*	**nòd** *cènno-i, nm*
node *nodo-i, nm*	**nòde** *nòdo-i, nm*
noise *rumore-i, nm*	**nòise** *rumòre-i, nm*
noiseless *silenzioso-i a e, a*	**nòiseless** *silenziòso-i a e, a*
noiseness *rumorisità*	**nòiseness** *rumorisità, nf*
noisy *rumoroso-i a e, a*	**nòisy** *rumoròso-i a e, a*
nomad *nomade-i a e, nmf*	**nòmàd** *nòmade-i a e, nmf*
nominal *nominale-i, a*	**nòminal** *nominàle-i, a*
to nominate *nominare*	**to nòminate** *nominàre*
nomination *nominazione-i nf*	**nominàtion** *nominazióne-i nf*
nominative *nominativo-i a e,a*	**nòminative** *nominatìvo-i a e,a*
nonchalant *indifferente-i, nm*	**nònchalant** *indifferènte-i, nm*
noncomformist *noncomformista-i e, nmf*	**nònkomfòrmist** *nonkomformìsta-i e, nmf*
nondescript *strano-i a e, a*	**nòndeskrìpt** *stràno-i a e, a*
none *nessuno, pron*	**nòne** *nessùno, pron*
nonsense *nonsenso-i, nm*	**nònsense** *nonsènso-i, nm*
nonsensical *assurdo-i a e, a*	**nonsènsikal** *assùrdo-i a e, a*

noodle *linguina-e, nf*
nook *cantuccio-i, nm*
noon *mezzogiorno-i, nm*
no one *nessuno, pro*
noose *nodo-i, nm*
nor *neppure, con*
normal *normale-i, a*
north *nord, nm*
Norway *Norvegia, nf*
nose *naso-i, nm*
nostril *narice-i, nf*
not *non, ad*
notable *notabile-i, a*
notary *notaio-i a e, nmf*
notation *notazione-i, nf*
notch *incisione-i, nf*
to notch *dentellare*
note *appunto-i, nm*
to note *notare*
noted *rinomato-i a e, a*
noteworthy *degno-i a e, a*
nothing *niente, pro*
nothingness *nulla, nm*
notice *avviso-i, nm*
to notice *avvisare*
noticeable *notevole-i, a*
notification *notifica-he, nf*
to notify *notificare*
notion *nozione-i, nf*
notoriety *notorietà, nf*
notorious *notorio-i a e, a*
notwithstanding *malgrado, ad*
nought *niente, nm*
noun *nome-i, nm*
to nourish *nutrire*
nourishment *nutrimento-i, nm*
novel *romanzo-i, nm*
novelist *romanziere-i, nm*
novelty *novità, nf*
November *novembre, nm*
novice *novizio-i a e, nmf*
novitiate *noviziato-i a e, nmf*

nòodle *linguìna-e, nf*
nòok *kantùcco-i, nm*
nòon *mezzojòrno-i, nm*
nò òne *nessùno, pro*
nòose *nòdo-i, nm*
nòr *neppùre, con*
nòrmal *normàle-i, a*
nòrth *nòrd, nm*
Norwày *Norvèja, nf*
nòse *nàso-i, nm*
nòstril *narìce-i, nf*
nòt *nòn, ad*
nòtable *notàbile-i, a*
nòtary *notàio-i a e, nmf*
notàtion *notaziòne-i, nf*
nòtch *incisiòne-i, nf*
to nòtch *dentellàre*
nòte *appùnto-i, nm*
to nòte *notàre*
nòted *rinomàto-i a e, a*
notewòrthy *dèqo-i a e, a*
nòthìng *nièntе, pro*
nòthingness *nùlla, nm*
nòtice *avvìso-i, nm*
to nòtice *avvisàre*
nòticeable *notèvole-i, a*
nòtifikàtion *notìfika-e, nf*
to nòtify *notifikàre*
nòtion *noziòne-i, nf*
notorièty *notorietà, nf*
notòrious *notòrio-i a e, a*
nòtwithstànding *malgràdo, ad*
nòught *nièntе, nm*
nòun *nòme-i, nm*
to nòurish *nutrìre*
nòurishment *nutrimènto-i, nm*
nòvel *romànzo-i, nm*
nòvelist *romanzière-i, nm*
nòvelty *novità, nf*
Novèmber *novèmbre, nm*
nòvice *novìzio-i a e, nmf*
novìtiate *noviziàto-i a e, nmf*

now *ora, ad*
noxious *dannoso-i a e, a*
nozzl *becco-hi, nm*
nuance *sfumatura-e, nf*
nucleus *nucleo-i, nm*
nude *nudo-i a e, a*
nudge *tocco-hi, nm*
to nudge *toccare*
nudity *nudità, nf*
nuisance *seccatura-e, nf*
null *zero, nm*
to nullify *annullare*
nullity *nullità, nf*
numb *intorpidito-i a e, a*
number *numero-i, nm*
nymbness *torpore-i, nm*
numeral *numerale-i, a*
numerous *numeroso-i a e, a*
nun *suora-e, nf*
nunnery *convento-i, nm*
nuptial *nuziale-i, a*
nurse *infermiera-e, nf*
nursery *asilo-i, nm*
nurture *allevamento-i, nm*
to nurture *allevare*
nut *nocciola-e, nf*
nutmeg *noce-i, nf*
nutrition *nutrizione-i, nf*
nutritious *nutriente-i, a*
nutshell *guscio-i, nm*
nymph *ninfa-e, nf*

O

oak *quercia-e, nf*
oakum *stoppa-e, nf*
oar *remo-i, nm*
oasis *oasi, nm*
oat *avena, nf*
oath *giuramenti-i, nm*
oatmeal *farina-e, nf*
obbligato *obbligato*
obduracy *ostinazione-i, nf*

nòw *òra, ad*
nòxious *dannòso-i a e, a*
nòzzle *bèkko-i, nm*
nùance *sfumatùra-e, nf*
nùkleus *nùkleo-i, nm*
nùde *nùdo-i a e, a*
nùdge *tòkko-i, nm*
to nùdge *tokkàre*
nùdity *nudità, nf*
nùisance *sekkatùra-e, nf*
nùll *zèro, nm*
to nùllify *annullàre*
nùllity *nullità, nf*
nùmb *intorpidìto-i a e, a*
nùmber *nùmero-i, nm*
nùmbness *torpòre-i, nm*
nùmeral *numeràle-i, a*
nùmerous *numeròso-i a e, a*
nùn *suòra-e, nf*
nùnnery *konvènto-i, nm*
nùptial *nuziàle-i, a*
nùrse *infermièra-e, nf*
nùrsery *asìlo-i, nm*
nùrture *allevamènto-i, nm*
to nùrture *allevàre*
nùt *noccòla-e, nf*
nùtmeg *nòce-i, nf*
nutrìtion *nutriziòne-i, nf*
nutrìtious *nutrièntè-i, a*
nùtshell *gùsho-i, nm*
nỳmph *nìnfa-e, nf*

O

òak *kuèrca-e, nf*
òakum *stòppa-e, nf*
òar *rèmo-i, nm*
òasis *òasi, nm*
òat *avèna, nf*
òath *juramènto-i, nm*
òatmeal *farìna-e, nf*
obbligàto *obbligàto*
òbduracy *ostinaziòne-i, nf*

obdurate *ostinato-i a e, a*
obedience *ubidienza-e, nf*
obidient *ubidiente-i, a*
obeisance *omaggio-i, nm*
obelisk *obelisco-hi, nm*
to obey *ubidire*
obituary *obituario, nm*
object *oggetto-i, nm*
objection *obiezione-i, nf*
objectionable *offensivo-i a e, a*
objective *obbiettivo-i, nm*
oblation *oblazione-i, nf*
obligation *obligazione-i, nf*
obligatory *obligatorio-i a e, a*
to oblige *obbligare*
obliging *gentile-i, a*
oblique *obliquo-i a e, a*
to obliterate *obliterare*
obliteration *obliterazione-i, nf*
oblivion *oblio-i, nm*
oblivious *immemore-i a e, a*
oblong *oblungo-hi a e, a*
obloquy *ingiuria-e, nf*
obnoxious *detestabile-i, a*
obscene *osceno-i a e, a*
obscenity *oscenità, nf*
obscure *oscuro-i a e, a*
obscurity *oscurità, nf*
obsequies *ossequie, nf*
obsequious *servile-i, a*
observance *osservanza, e, nf*
observant *osservante-i, a*
observation *osservazione-i, nf*
observatory *osservatorio-i, nm*
to observe *osservare*
observer *osservatore-i, nm*
obsolete *inusabile-i, a*
obstacle *ostacolo-i, nm*
obstetrics *ostetricia-e, nf*
obstinancy *ostinazione-i, nf*
obstinate *ostinato-i a e, a*
obstreporous *indisciplinato-i a e, a*

òbdurate *ostinàto-i a e, a*
obèdience *ubidiènza-e, nf*
obèdient *ubidiènte-i, a*
obèisance *omàjjo-i, nm*
òbelisk *obelìsko-i, nm*
to obèy *ubidìre*
obituàry *obituàrio-i, nm*
òbjekt *ojjètto-i, nm*
objèktion *obieziòne-i, nf*
objèkionable *offensìvo-i a e, a*
objèktive *obbiettìvo-i, nm*
oblàtion *oblaziòne-i, nf*
obligàtion *obligàzione-i, nf*
òbligatory *obligatòrio-i a e, a*
to oblìge *obbligàre*
oblìging *jentìle-i, a*
òblique *oblìkuo-i a e, a*
to oblìterate *obliteràre*
obliteràtion *obliteraziòne-i, nf*
oblìvion *oblìo-i, nm*
oblìvious *immèmore-i a e, a*
òblong *oblùngo-i a e, a*
òbloquy *injùria-e, nf*
obnòxious *detestàbile-i, a*
obscène *oshèno-i a e, a*
obscènity *oshenità, nf*
obskùre *oskùro-i a e, a*
obskùrity *oskurità, nf*
òbsequìes *ossèkuie, nf*
obsèquious *servìle-i, a*
obsèrvance *osservànza, e, nf*
obsèrvant *osservànte-i, a*
obsèrvation *osservaziòne-i, nf*
obsèrvatory *osservatòrio-i, nm*
to obsèrve *osservàre*
obsèrver *osservatòre-i, nm*
òbsolete *inusàbile-i, a*
òbstakle *ostàkolo-i, nm*
obstètriks *ostetricìa-e, nf*
òbstinancy *ostinaziòne-i, nf*
òbstinate *ostinàto-i a e, a*
obstrèporous *indishiplinàto-i a e, a*

to obstruct *ostacolare*	to obstrùkt *ostakolàre*
obstruction *ostacolo-i, nm*	obstrùktion *ostàkolo-i, nm*
to obtain *ottenere*	to obtàin *ottenère*
to obtrude *intromettere*	to obtrùde *intromèttere*
obtuse *ottuso-i a e, a*	obtùse *ottùso-i a e, a*
to obviate *ovviare*	to obviàte *ovviàre*
obvious *ovvio-i a e, a*	òbvious *òvvio-i a e, a*
occasion *occasione-i, nf*	okkàsion *okkasiòne-i, nf*
occasional *occasionale-i, a*	okkàsional *okkasionàle-i, a*
occasionally *occasionalmente, ad*	okkàsionally *okkasionalmènte, ad*
occident *occidente-i, nm*	òxident *occidènte-i, nm*
occult *occulto-i a e, a*	òkkult *okkùlto-i a e, a*
occupancy *occupazione-i, nf*	òkkupàncy *okkupaziòne-i, nf*
occupant *occupante-i, nm*	òkkupant *okkupànte-i, nm*
occupation *occupazione-i, nf*	okkupàtion *okkupaziòne-i, nf*
to occupy *occupare*	to òkkupỳ *okkupàre*
to occur *accadere*	to okkùr *akkadère*
occurrence *avvenimento-i, nm*	okkùrrence *avvenimènto-i, nm*
ocean *oceano-i, nm*	òcean *ocèano-i, nm*
ochre *ocra, nf*	òkhre *òkra, nf*
octave *ottava-e, nf*	oktàve *ottàva-e, nf*
octopus *piovra-e, nf*	òktopus *piòvra-e, nf*
ocular *oculare-i, a*	òkular *okulàre-i, a*
oculist *oculista-i e, nmf*	òkulist *okulìsta-i e, nmf*
odd *dispari, a*	òdd *dìspari, a*
oddity *oddità, nf*	òddity *oddità, nf*
oddness *disparità, nf*	òddness *disparità, nf*
odds *vantaggio-i, nm*	òdds *vantàjjo-i, nm*
ode *ode-i, nf*	òde *ode-i, nf*
odious *odioso-i a e, a*	òdious *odiòso-i a e, a*
odium *odiosità*	òdium *odiosità*
odorous *odoroso-i a e, a*	òdorous *odoròso-i a e, a*
odor *odore-i, nm*	òdor *odòre-i, nm*
odyssy *odissea-e, nf*	òdyssy *odissèa-e, nf*
of *di, prep*	of *dì, prep*
off *via, ad*	òff *vìa, ad*
offence *offesa-e, nf*	òffence *offèsa-e, nf*
to offend *offendere*	to offènd *offèndere*
offensive *offensiva-e, nf*	offènsive *offensìva-e, nf*
to offer *offrire*	to òffer *offrìre*
offering *offerta-e, nf*	òffering *offèrta-e, nf*
offertory *offertorio-i, nm*	òffertory *offertòrio-i, nm*

	to ooze
office *ufficio-i, nm*	òffice *uffìco-i, nm*
officer *ufficiale-i, nm*	òfficer *uffìcàle-i, nm*
to officiate *officiare*	to offìciàte *offìciàre*
officious *intromettente-i, a*	offìcious *intromettènte-i, a*
officiousness *premura-e, nf*	officiousness *premùra-e, nf*
offset *compenso-i, nm*	òffset *kompènso-i, nm*
offshtoot *derivato-i a e, nmf*	offshòot *derivàto-i a e, nmf*
offspring *discendente-i, nm*	òffspring *dishendènte-i, nm*
often *spesso, ad*	òften *spèsso, ad*
to ogle *sperare*	to ògle *speràre*
ogre *orco-hi a he, nm*	ògre *òrko-i a e, nm*
oil *olio-i, nm*	òil *òlio-i, nm*
oilness *oleosità, nf*	òilness *oleosità, nf*
oily *untuoso-i a e, a*	òily *untuòso-i a e, a*
ointment *pomata-e, nf*	òintment *pomàta-e, nf*
old *vecchio-i a e, a*	òld *vèkkio-i a e, a*
oleander *oleandro-i, nm*	oleànder *oleàndro-i, nm*
oligarchy *oligarchia-e, nf*	oligàrky *oligarkìa-e, nf*
olive *oliva-e, nf*	òlive *olìva-e, nf*
Oliver *Oliviero, nm*	Oliver *Olivièro, nm*
Olympian *olimpio-i, a*	Olỳmpian *olìmpio-i, a*
omelet *frittata-e, nf*	òmelet *frittàta-e, nf*
omen *presagio-i, nm*	òmen *presàjo-i, nm*
ominous *minaccioso-i a e, a*	òminous *minacciòso-i a e, a*
omission *omissione-i, nf*	omìssion *omissiòne-i, nf*
to omit *omettere*	to omìt *omèttere*
omnibus *bus, nm*	omnibùs *bùs, nm*
omnipotence *onnipotenza-e, nf*	omnìpotence *onnipotènza-e, nf*
omnipotent *onnipotente-i, a*	omnìpotent *onnipotènte-i, a*
on *su, prep*	òn *sù, prep*
once *una volta, ad*	ònce *ùna vòlta, ad*
one *un uno una, a*	òne *ùn ùno ùna, a*
one *uno, nm*	òne *ùno, nm*
onerous *oneroso-i a e, a*	ònerous *oneròso-i a e, a*
onion *cipolla-e, nf*	ònion *cipòlla-e, nf*
only *solamente, ad*	ònly *solamènte, ad*
onset *inizio-i, nm*	ònset *inìzio-i, nm*
onto *sopra, prep*	òntò *sòpra, prep*
onward *avanti, ad*	onwàrd *avànti, ad*
onyx *onice-i, nm*	ònyx *ònice-i, nm*
ooze *melma-e, nf*	òoze *mèlma-e, nf*
to ooze *colare*	to òoze *kolàre*

ci ce ca co cu   ki ke ka ko ku   ji je ja jo ju   gi ge ga go gu
sci sce sca sco scu=shi she sha sho shu   gn=q   gl=y

oral

oozy *melmoso-i a e, a*	**òozy** *melmòso-i a e, a*
opal *opale-i, nm*	**òpal** *opàle-i, nm*
opaque *opaco-hi a he, a*	**opàque** *opàko-i a e, a*
open *aperto-i a e, a*	**òpen** *apèrto-i a e, a*
openhanded *generoso-i a e, a*	**openhànded** *jeneròso-i a e, a*
openhearted *cordiale-i, a*	**openhèarted** *kordiàle-i, a*
opening *apertura-e, nf*	**òpening** *apertùra-e, nf*
openness *franchezza-e, nf*	**òpenness** *frankèzza-e, nf*
opera *opera*	**òpera** *òpera*
to operate *operare*	**to operàte** *operàre*
operation *operazione-i, nm*	**operàtion** *operaziòne-i, nm*
operative *operativo-i a e a*	**òperative** *operatìvo-i a e a*
operator *operatore-i, nm*	**òperator** *operatòre-i, nm*
operetta *operetta*	**operètta** *operètta*
Ophelia *Ofelia, nf*	**Ophèlia** *Ofèlia, nf*
ophthalmik *oftalmico-hi a e, a*	**ophthàlmik** *oftàlmiko-i a e, a*
opiate *oppiato-i a e, a*	**òpiate** *oppiàto-i a e, a*
to opine *opinare*	**to opìne** *opinàre*
opinion *opinione-i, nf*	**opìnion** *opiniòne-i, nf*
opinionated *ostinato-i a e, a*	**opinionàted** *ostinàto-i a e, a*
opium *oppio-i, nm*	**òpium** *òppio-i, nm*
opponent *rivale-i, nm*	**oppònent** *rivàle-i, nm*
opportune *opportuno-i a e, a*	**òpportune** *opportùno-i a e, a*
opportunity *opportunità, nf*	**opportùnity** *opportunità, nf*
to oppose *contrapporre*	**to oppòse** *kontrappòrre*
opposite *dirimpetto, prep*	**òpposìte** *dirimpètto, prep*
opposition *opposizione-i, nf*	**oppositìon** *opposiziòne-i, nf*
to oppress *opprimere*	**to opprèss** *opprìmere*
oppression *oppressione-i, nf*	**opprèssion** *oppressiòne-i, nf*
oppressive *oppressivo-i a e, a*	**opprèssive** *oppressìvo-i a e, a*
opprobrious *opprobrioso-i a e, a*	**oppròbrious** *opprobriòso-i a e, a*
optic *ottico-i a he, a*	**òptik** *ottìko-i e ,a*
optician *ottico-i a he, nmf*	**optician** *òttiko-i a e, nmf*
optics *ottica, nf*	**òptiks** *òttika, nf*
optimism *ottimismo-i, nm*	**òptimism** *ottimìsmo-i, nm*
option *opzione-i, nf*	**òption** *opziòne-i, nf*
optional *opzionale-i, a*	**òptional** *opzionàle-i, a*
opulence *opulenza-e, nf*	**òpulence** *opulènza-e, nf*
opulent *opulente-i, a*	**òpulent** *opulènte-i, a*
or *o, conj*	**òr** *o, conj*
oracle *oracolo-i, nm*	**òrakle** *oràkolo-i, nm*
oral *orale-i, a*	**òral** *oràle-i, a*

orange *arancia-e, nf*
oration *orazione-i, nf*
orator *oratore-i, nm*
oratorio *oratorio*
oratory *oratorio-i, nm*
orbit *orbita, nf*
to orbit *orbitare*
orchard *frutteto-i, nm*
orchid *orchidea-e, nf*
to ordain *ordinare*
ordea *prova-e, nf*
order *ordine-i, nf*
to order *ordinare*
orderliness *ordine-i, nf*
orderly *ordinanza-e, nf*
ordinal *ordinale-i, a*
ordinance *ordinanza-e, nf*
ordinary *ordinario-i a e, a*
ordination *ordinazione-i, nf*
ordnance *artiglieria-e, nf*
ore *minerale-i, nm*
organ *organo-i, nm*
organic *organico-i a he, a*
organist *organista-i a e, nmf*
organization *organizzazione-i, nf*
to organize *organizzare*
orgy *orgia-e, nf*
orient *oriente-i, nm*
oriental *orientale-i, a*
origin *origine-i, nf*
original *originale-i, a*
originality *originalità, nf*
to originate *originare*
ornament *ornamento-i, nm*
to ornament *adornare*
ornamental *ornamentale-i, a*
ornate *ornato-i a e, a*
ornitology *ornitologia-e, nf*
orphan *orfano-i a e, nmf*
orphanage *orfanatorio-i, nm*
Orpheus *Orfeo, nm*
Orphic *orfico-ci a he, a*

òrange *arànca-e, nf*
òràtion *orazìòne-i, nf*
òrator *oratòre-i, nm*
oratòrio *oratòrio*
òratòry *oratòrio-i, nm*
òrbit *òrbita, nf*
to òrbit *orbitàre*
òrchard *fruttèto-i, nm*
òrchid *orkidèa-e, nf*
to ordàin *ordinàre*
ordèal *pròva-e, nf*
òrder *òrdine-i, nf*
to òrder *ordinàre*
òrderliness *òrdine-i, nf*
òrderly *ordinànza-e, nf*
òrdinal *ordinàle-i, a*
òrdinance *ordinànza-e, nf*
òrdinary *ordinàrio-i a e, a*
ordinàtion *ordinazìòne-i, nf*
òrdnance *artiyerìa-e, nf*
òre *mineràle-i, nm*
òrgan *òrgano-i, nm*
orgànik *orgàniko-i a e, a*
òrganist *organìsta-i a e, nmf*
organizàtion *organizzazìòne-i, nf*
to òrganìze *organizzàre*
òrgy *òrja-e, nf*
òrient *orìènte-i, nm*
orièntal *orientàle-i, a*
òrigin *orijine-i, nf*
orìginal *orijinàle-i, a*
originàlity *orijinalità, nf*
to orìginate *orijinàre*
òrnament *ornamènto-i, nm*
to òrnamènt *adornàre*
òrnamèntal *ornamentàle-i, a*
ornàte *ornàto-i a e, a*
ornitòlogy *ornitolojìa-e, nf*
òrphan *òrfano-i a e, nmf*
òrphanage *orfanatòrio-i, nm*
Orpheus *Orfèo, nm*
Orphik *òrfiko-ci a e, a*

orthodox *ortodosso-i a e, a*	òrthodox *ortodòsso-i a e, a*
orthodoxy *ortodossia-e, nf*	òrthodoxy *ortodossìa-e, nf*
orthographik *ortografico-i a-e, a*	òrthogràphìc *ortogràfiko-i a-e, a*
orthography *ortografia-e, nf*	orthògraphy *ortografia-e, nf*
to oscillate *oscillare*	to oscillàte *oshillàre*
oscillation *oscillazione-i, nf*	oscillàtion *oshillaziòne-i, nf*
ostensible *apparente-i, a*	ostènsible *appàrente-i, a*
ostentation *ostentazione-i, nf*	ostentàtion *ostentaziòne-i, nf*
ostentatious *sfarzoso-i a e, a*	ostentàtious *sfarzòso-i a e, a*
ostinato *ostinato*	ostinàto *ostinàto*
ostracism *ostracismo-i, nm*	òstracism *ostracìsmo-i, nm*
to ostracize *condannare*	to òstracize *kondannàre*
ostrich *struzzo-i, nm*	òstrich *strùzzo-i, nm*
Othello *Otello, nm*	Othèllo *Otèllo, nm*
other *altro, pron*	òther *àltro, pron*
otherwise *altrimenti, ad*	òtherwìse *altrimènti, ad*
otter *lontra-e, nf*	òtter *lòntra-e, nf*
to ought to *dovere*	to òught to *dovère*
ounce *oncia-e, nf*	òunce *ònca-e, nf*
our *nostro-i a e, a*	òur *nòstro-i a e, a*
to oust *espellere*	to òust *espèllere*
out *fuori, ad*	òut *fuòri, ad*
to outbid *aggiungere*	to outbìd *ajjùnjere*
outbreak *eruzione-i, nf*	outbrèak *eruziòne-i, nf*
outcast *reietto-i a e, nmf*	outkàst *reiètto-i a e, nmf*
outcome *esito-i, nm*	outkòme *èsito-i, nm*
outcry *grido-i, nm*	outkrỳ *grìdo-i, nm*
to outdo *superare*	to outdò *superàre*
outdoor *fuori, ad*	outdòor *fuòri, ad*
outer *esterno-i a e, a*	òuter *estèrno-i a e, a*
outfit *corredo-i, nm*	outfit *korrèdo-i, nm*
outfitter *fornitore-i, nm*	outfitter *fornitòre-i, nm*
outgoing *uscente-i, a*	outgòing *ushènte-i, a*
to outgrow *sorpassare*	to outgròw *sorpassàre*
outing *gita-e, nf*	òuting *jìta-e, nf*
outlandish *inconsueto-i, a e, a*	outlàndish *inkonsuèto-i, a e, a*
outlaw *bandito-i a e, nmf*	outlàw *bandìto-i a e, nmf*
outlay *spesa-e, nf*	outlày *spèsa-e, nf*
outlet *sbocco-hi, nm*	òutlet *sbòkko-i, nm*
outline *schizzo-i, nm*	òutline *skìzzo-i, nm*
to outline *tracciare*	to outlìne *tracciàre*
to outlive *sopravvivere*	to outlìve *sopravvìvere*

outlook *prospettiva-e, nf*
outlying *fuorimano-i, a*
outpatient *paziente-i, nmf*
outpost *avamposto-i, nm*
outporing *sfogo-hi, nm*
output *produzione-i, nf*
outrage *oltraggio-i, nm*
outrageous *oltraggioso-i a e, a*
outright *immediatamente, ad*
outset *inizio-i, nm*
outside *fuori, ad*
outsider *malvisto-i a e, nmf*
outskirts *periferia-e, nf*
outspoken *brusco-hi a he, a*
outstanding *benissimo, ad*
outward *esteriore-i, a*
to outweigh *superare*
to outwit *superare*
oval *ovale-i, a*
ovary *ovaia-e, nf*
ovation *ovazione-i, nf*
oven *forno-i, nm*
over *attraverso, prep*
overall *tuta-e, nf*
overbalance *superare*
overbearing *prepotente-i, a*
overboard *fuoribordo, ad*
to overburden *sovraccaricare*
overcast *nebbiosità, nf*
to overcharge *caricare prezzo*
overcoat *soprabito-i, nm*
to overcome *sopraffare*
to overdo *strafare*
to overestimate *sopravalutare*
overflow *traboccamento-i, nm*
to overflow *straripare*
to overhang *incombere*
overhead *di sopra, ad*
to overload *sovraccaricare*
to overlook *perdonare*
to overpay *strapagare*
to overpower *sopraffare*

outlòok *prospettìva-e, nf*
outlỳing *fuorimàno-i, a*
outpàtient *paziènte-i, nmf*
outpòst *avampòsto-i, nm*
outpòring *sfògo-i, nm*
outpùt *produziòne-i, nf*
outràge *oltràjjo-i, nm*
outràgeous *oltrajjòso-i a e, a*
outrìght *immediatamènte, ad*
outsèt *inìzio-i, nm*
outsìde *fuòri, ad*
outsìder *malvìsto-i a e, nmf*
outskìrts *perifèria-e, nf*
outspòken *brùsko-i a e, a*
outstànding *benìssimo, ad*
outwàrd *esteriòre-i, a*
to outwèigh *superàre*
to outwìt *superàre*
òval *ovàle-i, a*
òvary *ovàia-e, nf*
ovàtion *ovaziòne-i, nf*
òven *fòrno-i, nm*
òver *attravèrso, prep*
overàll *tùta-e, nf*
overbàlance *superàre*
overbèaring *prepotènte-i, a*
overbòard *fuoribòrdo, ad*
to overbùrden *sovrakkarikàre*
overkàst *nebbiosità, nf*
to òvercharge *karikàre prèzzo*
overkòat *sopràbito-i, nm*
to overkòme *sopraffàre*
to overdò *strafàre*
to overèstimate *sopravalutàre*
overflòw *trabokkamènto-i, nm*
to overflòw *straripàre*
to overhàng *inkòmbere*
overhèad *di sòpra, ad*
to overlòad *sovrakkarikàre*
to overlòok *perdonàre*
to overpày *strapagàre*
to overpòwer *sopraffàre*

to overrate *sopravalutare*
to overreach *ingannare*
to overrun *invadere*
to oversee *sorvegliare*
to overshadow *minacciare*
overshoe *soprascarpa-e, nf*
oversight *errore-i, nm*
to oversleep *stradormire*
to overstate *esagerare*
to overstrain *sforzare*
overt *aperto-i a e, a*
to overtake *raggiungere*
overtax *gravare*
to overthrow *rovesciare*
overtime *straordinaria-e, nf*
to overtop *sovrastare*
overture *preludio-i, nm*
to overturn *capovolgere*
overweight *grasso-i, a e, a*
to overwhelm *sopraffare*
to overwork *stralavorare*
to owe *dovere*
owing *dovuto-i a e, a*
owl *civetta-e, nf*
own *proprio-i a e, a*
to own *possedere*
owner *proprietario-i a e, nmf*
ownership *diritto-i, nm*
ox *bue-oi, nm*
oxide *ossido-i, nm*
oxygen *ossigeno-i, nm*
oyster *ostrica-he, nf*
ozone *ozono-i, nm*

P

pabulum *cibo-i, nm*
pace *andatura, nf*
to pace *misurare*
Pacific *Pacifico, nm*
pacific *pacifico-i a he, a*
pacifism *pacifismo-i, nm*
to pacify *pacificare*

to overràte *sopravalutàre*
to overrèach *ingannàre*
to overrùn *invàdere*
to oversèe *sorveyàre*
to overshàdow *minacciàre*
overshòe *sopraskàrpa-e, nf*
oversìght *erròre-i, nm*
to overslèep *stradormìre*
to overstàte *esajeràre*
to overstràin *sforzàre*
ovèrt *apèrto-i a e, a*
to overtàke *rajjùnjere*
overtàx *gravàre*
to overthròw *roveshàre*
overtìme *straordinària-e, nf*
to overtòp *sovrastàre*
overtùre *prelùdio-i, nm*
to overtùrn *kapovòljere*
overwèight *gràsso-i, a e, a*
to overwhèlm *sopraffàre*
to overwòrk *stralavoràre*
to òwe *dovère*
òwing *dovùto-i a e, a*
òwl *civètta-e, nf*
òwn *pròprio-i a e, a*
to òwn *possedère*
òwner *proprietàrio-i a e, nmf*
ownershìp *dirìtto-i, nm*
òx *bùe-oi, nm*
oxìde *òssido-i, nm*
oxygèn *ossìjeno-i, nm*
òyster *òstrika-e, nf*
òzone *ozòno-i, nm*

P

pàbulum *cìbo-i, nm*
pàce *andatùra, nf*
to pàce *misuràre*
Pàcìfik *Pacìfiko, nm*
pacìfik *pacìfiko-i a e, a*
pàcifism *pacifismo-i, nm*
to pàcify *pacifikàre*

pack *banda-e, nf*
package *pacco-hi, nm*
packet *pacchetto-i, nm*
packing *imballaggio-i, nm*
pact *patto-i, nm*
pad *imbottitura, e, nf*
to pad *imbottire*
padding *imbottitura-e, nf*
paddle *remo-i, nm*
to paddle *remare*
paddock *recinto-i, nm*
padlock *lucchetto-i, nm*
pagan *pagano-i a e, nmf*
page *pagina-e, nf*
pageant *corteo-i, nm*
pageantry *sfarzo-i, nm*
pail *secchio-i a e, nmf*
pain *dolore-i, nm*
painful *doloroso-i a e, a*
painless *indolore-i, a*
paint *vernice-i, nf*
to paint *dipingere*
painter *pittore-i, nm*
painting *pittura-e, nf*
pair *coppia-e, nf*
palace *palazzo-i, nm*
paladin *paladino-i, nm*
palatable *gustoso-i a e, a*
palate *palato-i, nm*
pale *pallido-i a e, a*
Palestine *Palestina, nf*
paleness *pallore-i, nm*
palette *tavolozza-e, nf*
palfrey *palafreno-i, nm*
palisade *palizzata-e, nf*
pall *coltre-i, a*
to pall *insipidire*
pallet *giaciglio-i, nm*
palliative *palliativo-i a e, a*
pallid *pallido-i a e, a*
palm *palmo-i a e, nmf*
palpable *palpabile-i, a*

pàk *bànda-e, nf*
pàkage *pàkko-i, nm*
pàket *pakkètto-i, nm*
pàking *imballàjjo-i, nm*
pàkt *pàtto-i, nm*
pàd *imbottùra, e, nf*
to pàd *imbottìre*
pàdding *imbottitùra-e, nf*
pàddle *rèmo-i, nm*
to pàddle *remàre*
pàddok *recìnto-i, nm*
pàdlok *lukkètto-i, nm*
pàgan *pagàno-i a e, nmf*
pàge *pàjina-e, nf*
pàgeant *kortèo-i, nm*
pàgeantry *sfàrzo-i, nm*
pàil *sèkkio-i a e, nmf*
pàin *dolòre-i, nm*
pàinful *doloròso-i a e, a*
pàinless *indolòre-i, a*
pàint *vernìce-i, nf*
to pàint *dipìnjere*
pàinter *pittòre-i, nm*
pàinting *pittùra-e, nf*
pàir *kòppia-e, nf*
pàlace *palàzzo-i, nm*
pàladin *paladìno-i, nm*
pàlatable *gustòso-i a e, a*
pàlate *palàto-i, nm*
pàle *pàllido-i a e, a*
Palestìne *Palestìna, nf*
pàlness *pallòre-i, nm*
palètte *tavolòzza-e, nf*
pàlfrey *palafrèno-i, nm*
palisàde *palizzàta-e, nf*
pàll *kòltre-i, a*
to pàll *insipidìre*
pàllet *jacìyo-i, nm*
pàlliative *palliatìvo-i a e, a*
pàllid *pàllido-i a e, a*
pàlm *pàlmo-i a e, nmf*
pàlpable *palpàbile-i, a*

to palpitate *palpitare*
palpitation *palpitazione-i, nf*
palsied *paralitico-i a he, a*
palsy *paralisi, nf*
to palter *tergiversare*
paltry *meschino-i a e, a*
to pamper *indulgere*
pamphlet *trattatello-i, nm*
pan *padella-e, nf*
pane *vetro-i, nm*
panegyric *panegirico-i a e, a*
panel *pannello-i, nm*
pang *spasimo-i, nm*
panic *panico-i, nm*
pant *affanno-i, nm*
to pant *ansimare*
Pantaloon *Pantalone, nm*
pantaloons *pantaloni, nm*
pantheism *panteismo-i, nm*
panther *pantera-e, nf*
pantomime *pantomima-e, nf*
pantry *dispensa-e, nf*
pap *pappa-e, nf*
papacy *papato, nm*
papal *papale, a*
paper *carta-e, nf*
papermill *cartiera-e, nf*
par *parità, nf*
parable *parabola-e, nf*
parachute *paracaduto-i, nm*
Paraclete *Paracleto, nm*
parade *parata-e, nf*
paradise *paradiso-i, nm*
paradox *paradosso-i, nm*
paraffin *paraffina, nf*
paragon *paragone-i, nm*
paragraph *paragrafo-i, nm*
parallel *parallello-i, nm*
to paralyze *paralizzare*
paralysis *paralisi, nf*
paralytic *paralitico-i a e, a*
paramount *supremo-i a e, a*

to pàlpitate *palpitàre*
palpitàtion *palpitaziòne-i, nf*
pàlsied *paralìtiko-i a e, a*
pàlsy *paràlisi, nf*
to pàlter *terjiversàre*
pàltry *meskìno-i a e, a*
to pàmper *indùljere*
pàmphlet *trattatèllo-i, nm*
pàn *padèlla-e, nf*
pàne *vètro-i, nm*
pànegỳrik *panejìriko-i a e, a*
pànel *pannèllo-i, nm*
pàng *spàsimo-i, nm*
pànik *pàniko-i, nm*
pànt *affànno-i, nm*
to pànt *ansimàre*
Pantalòon *Pantalòne, nm*
pàntalòons *pantalòni, nm*
pàntheism *panteìsmo-i, nm*
pànther *pantèra-e, nf*
pàntomìme *pantomìma-e, nf*
pàntry *dispènsa-e, nf*
pàp *pàppa-e, nf*
pàpacy *papàto, nm*
pàpal *papàle, a*
pàper *kàrta-e, nf*
pàpermìll *kartièra-e, nf*
pàr *parità, nf*
pàrable *paràbola-e, nf*
pàrachùte *parakadùto-i, nm*
Pàraklete *Paraklèto, nm*
paràde *paràta-e, nf*
pàradise *paradìso-i, nm*
pàradox *paradòsso-i, nm*
pàraffin *paraffìna, nf*
pàragon *paragòne-i, nm*
pàragraph *paràgrafo-i, nm*
pàrallel *parallèllo-i, nm*
to pàralyze *paralizzàre*
paràlysis *paràlisi, nf*
paralỳtik *paralìtiko-i a e, a*
pàramount *suprèmo-i a e, a*

parapet *parapetto-i, nm*
paraphernalia *effetti, nm*
paraphrase *parafrasi, nf*
parasite *parasita-i, nm*
parasol *parasole-i, nm*
parcel *pacco-hi, nm*
to parch *bruciare*
parchment *pergamena-e, nf*
pardon *perdono-i, nm*
to pardon *perdonare*
pardonable *perdonabile-i, a*
to pare *sbucciare*
parent *genitore-i, nm*
parenthesis *parentesi, nf*
Paris *Parigi, nf*
parish *parrocchia-e, nf*
parishioner *parrocchiano-i a e, nmf*
park *parco-hi, nm*
parley *discussione-i, nf*
to parley *discutere*
parliament *parlamento-i, nm*
parliamentary *parliamentare, a*
parlor *salotto-i, nm*
parochial *parrocchiale-i, a*
parody *parodia-e, nf*
paroxism *parossismo-i, nm*
Parmesan *Parmigiano-i, nm*
Parnassus *Parnaso, nm*
parricide *parricidio-i, nm*
parrot *pappagallo-i, nm*
parsimonious *parsimonioso-i a e, a*
parsimony *parsimonia-e, nf*
parsley *prezzemolo-i, nm*
parsnip *pastinaca-he, nf*
parson *parroco-hi, nm*
part *parte-i, nf*
to part *separare*
to partake *partecipare*
partial *parziale-i, a*
to participate *partecipare*
participle *participio-i, nm*
particle *particella-e, nf*

pàrapet *parapètto-i, nm*
paraphèrnàlia *effètti, nm*
pàraphràse *paràfrasi, nf*
pàrasite *parasìta-i, nm*
parasòl *parasòle-i, nm*
pàrcel *pàkko-i, nm*
to pàrch *bruciàre*
pàrchment *pergamèna-e, nf*
pàrdon *perdòno-i, nm*
to pàrdon *perdonàre*
pàrdonable *perdonàbile-i, a*
to pàre *sbucciàre*
pàrent *jenitòre-i, nm*
parènthesis *parèntesi, nf*
Pàris *Parìji, nf*
pàrish *parròkkia-e, nf*
parìshioner *parrokkiàno-i a e, nmf*
pàrk *pàrko-i, nm*
pàrley *diskussiòne-i, nf*
to pàrley *diskùtere*
pàrliament *parlamènto-i, nm*
parliamèntary *parliamentàre, a*
pàrlor *salòtto-i, nm*
paròkial *pàrrokkiàle-i, a*
pàrody *parodìa-e, nf*
paroxỳsm *parossìsmo-i, nm*
Pàrmesan *Parmijàno-i, nm*
Parnàssus *Parnàso, nm*
pàrricide *parricìdio-i, nm*
pàrrot *pappagàllo-i, nm*
parsimònious *parsimoniòso-i a e, a*
pàrsimony *parsimonìa-e, nf*
pàrsley *prezzèmolo-i, nm*
pàrsnip *pastinàka-e, nf*
pàrson *pàrroko-i, nm*
pàrt *pàrte-i, nf*
to pàrt *separàre*
to partàke *partecipàre*
pàrtial *parziàle-i, a*
to partìcipate *partecipàre*
pàrticiple *partìcipio-i, nm*
pàrtikle *particèlla-e, nf*

particular *particolare-i, nf*	**partìkular** *partikolàre-i, nf*
parting *separazione-i, nf*	**pàrting** *separaziòne-i, nf*
partisan *partigiano-i, nm*	**pàrtisan** *partijàno-i, nm*
partita *partita*	**partìta** *partìta*
partition *partizione-i, nf*	**partìtion** *partiziòne-i, nf*
partner *compagno-i a e, nmf*	**pàrtner** *kompàqo-i a e, nmf*
partridge *pernice-i, nf*	**pàrtridge** *pernìce-i, nf*
party *partito-i, nm*	**pàrty** *partìto-i, nm*
pasha *pascià, nm*	**pashà** *pashà, nm*
pass *valico-hi, nm*	**pàss** *vàliko-i, nm*
to pass *passare*	**to pàss** *passàre*
passable *passabile-i, a*	**pàssable** *passàbile-i, a*
passage *passaggio-i, nm*	**pàssage** *passàjjo-i, nm*
passenger *passeggero-i a e, nmf*	**pàssenger** *passejjèro-i a e, nmf*
passerby *passante-i, nm*	**pàsserby** *passànte-i, nm*
passion *passione-i, nf*	**pàssion** *passiòne-i, nf*
passionate *appassionato-i a e, a*	**pàssionate** *appassionàto-i a e, a*
passive *passivo-i a e, a*	**pàssive** *passìvo-i a e, a*
passport *passaporto-i, nm*	**pàsspòrt** *passàporto-i, nm*
past *passato, nm*	**pàst** *passàto, nm*
paste *colla-e, nf*	**pàste** *kòlla-e, nf*
pasteboard *cartone-i, nm*	**pàstebòard** *kartòne-i, nm*
pastime *passatempo-i, nm*	**pàstime** *passatèmpo-i, nm*
pastor *pastore-i, nm*	**pàstor** *pastòre-i, nm*
pastoral *pastorale-i, a*	**pàstoral** *pastoràle-i, a*
pastry *pasticceria-e, nf*	**pàstry** *pasticcerìa-e, nf*
pasture *pascolo-i, nm*	**pàsture** *pàskolo-i, nm*
pat *tocco-hi, nm*	**pàt** *tòkko-i, nm*
to pat *toccare*	**to pàt** *tokkàre*
patch *toppa-e, nf*	**pàtch** *tòppa-e, nf*
to patch *rattoppare*	**to pàtch** *rattoppàre*
patent *brevetto-i, nm*	**pàtent** *brevètto-i, nm*
paternal *paterno-i a e, a*	**patèrnal** *patèrno-i a e, a*
paternity *paternità, nf*	**patèrnity** *paternità, nf*
path *sentiero-i nm*	**pàth** *sentièro-i nm*
pathetic *commovente-i, a*	**pathètik** *kommovènte-i, a*
pathology *patologia-e, nf*	**pàthòlogy** *patolojìa-e, nf*
pathos *patos, nm*	**pathòs** *pàtos, nm*
patientce *pazienza, nf*	**pàtience** *paziènza, nf*
patient *paziente-i, nm*	**pàtient** *paziènte-i, nm*
patriarch *patriarca-hi, nm*	**pàtriark** *patriàrka-i, nm*
patrician *patrizio-i a e, a*	**patrìcian** *patrìzio-i a e, a*

patrimony *patrimonio-i, nm*
patriot *patriota-i, nm*
patriotism *patriottismo-i, nm*
patrol *pattuglia-e, nf*
to patrol *pattugliare*
patron *patrono-i a e, nmf*
patronage *patronato-i nm*
to patronize *patrocinare*
patter *picchiettio-i, nm*
to patter *picchiettare*
pattern *modello-i a e, nmf*
paunch *pacione-i a e, nmf*
pauper *povero-i a e, nmf*
paupersim *indigenza-e, nf*
pause *pausa-e, nf*
to pause *fermare*
to pave *pavimentare*
pavement *pavimento-i, nm*
pavilion *padiglione-i, nm*
paw *zampa-e, nf*
pawn *pedina-e, nf*
pay *paga-he, nf*
to pay *pagare*
payment *pagamento-i, nm*
pea *pisello-i, nm*
peace *pace-i, nf*
peaceful *pacifico-i a he, a*
peach *pesca-he, nf*
peacock *pavone-i, nm*
peak *cima-e, nf*
peal *scampanio-i, nm*
to peal *scampanare*
pear *pera-e, nf*
pearl *perla-e, nf*
peasant *contadino-i a e, nmf*
peat *torba, nm*
pebble *ciottolo-i, nm*
to peck *beccare*
peculiar *particolare-i, a*
peculiarity *particolarità, nf*
pecuniary *pecuniario-i a e, a*
pedagogue *pedagogo-hi a e, nmf*

pàtrimony *patrimònio-i, nm*
pàtriot *patriòta-i, nm*
pàtriotism *patriottìsmo-i, nm*
patròl *pattùya-e, nf*
to patròl *pattuyàre*
pàtron *patròno-i a e, nmf*
pàtronage *patronàto-i nm*
to pàtronize *patrocinàre*
pàtter *pikkiettìo-i, nm*
to pàtter *pikkiettàre*
pàttern *modèllo-i a e, nmf*
pàunch *paciòne-i a e, nmf*
pàuper *pòvero-i a e, nmf*
pàupersim *indijènza-e, nf*
pàuse *pàusa-e, nf*
to pàuse *fermàre*
to pàve *pavimentàre*
pàvement *pavimènto-i, nm*
pavìlion *padiyòne-i, nm*
pàw *zàmpa-e, nf*
pàwn *pedìna-e, nf*
pày *pàga-e, nf*
to pày *pagàre*
pàyment *pagamènto-i, nm*
pèa *pisèllo-i, nm*
pèace *pàce-i, nf*
pèaceful *pacìfiko-i a e, a*
pèach *pèska-e, nf*
pèakòk *pavòne-i, nm*
pèak *cìma-e, nf*
pèal *skampanìo-i, nm*
to pèal *skampanàre*
pèar *pèra-e, nf*
pèarl *pèrla-e, nf*
pèasant *kontadìno-i a e, nmf*
pèat *tòrba, nm*
pèbble *còttolo-i, nm*
to pèk *bekkàre*
pekùliar *partikolàre-i, a*
pekuliàrity *partikolarità, nf*
pekùniary *pekuniàrio-i a e, a*
pedagògue *pedagògo-i a e, nmf*

pedal *pedale-i, nm*
pedant *pedante-i, nm*
pedantry *pedanteria-e, nf*
to peddle *vendere*
pedestal *piedistallo-i, nm*
pedestrian *pedone-i, nm*
pedigree *genealojia e, nf*
pedlar *venditore-i, nm*
peel *buccia-e, nf*
peep *occhiata-e, nf*
to peep *guardare*
to peer *guardare*
peerage *nobiltà, nf*
peevish *brontolone-i, nm*
peg *piulo-i, nm*
Peggy *Margherita, nf*
pelican *pellicano-i, nm*
pellet *pallottola-e, nf*
pellmell *confuso-i a e, a*
pelt *pelle-i, nf*
pen *penna-e, nf*
penal *penale-i, a*
penalty *penalità, nf*
penance *penitenza-e, nf*
pencil *matita-e, nf*
pendant *pendente-i, nm*
pendulum *pendolo-i, nm*
Penelope *Penelope, nf*
to penetrate *penetrare*
penetration *penetrazione-i, nf*
penguin *penguino-i, nm*
penicillin *penicillina-e, nf*
peninsula *penisola-e, nf*
penitence *penitenza-e, nf*
penitent *penitente-i, nm*
penknife *temperino-i, nm*
penniless *povero-i a e, a*
penny *soldo-i, nm*
pension *pensione-i, nf*
pensive *pensivo-i a e, a*
pensiveness *malinconia-e, nf*
Pentecost *Pentecoste, nf*

pèdal *pedàle-i, nm*
pèdant *pedànte-i, nm*
pèdantry *pedanterìa-e, nf*
to pèddle *vèndere*
pèdestal *piedistàllo-i, nm*
pedèstrian *pedòne-i, nm*
pèdigree *jenealojìa e, nf*
pèdlar *venditòre-i, nm*
pèel *bùcca-e, nf*
pèep *okkiàta-e, nf*
to pèep *guardàre*
to pèer *guardàre*
pèerage *nobiltà, nf*
pèevish *brontolòne-i, nm*
pèg *piùlo-i, nm*
Pèggy *Margerìta, nf*
pèlikan *pellikàno-i, nm*
pèllet *pallòttola-e, nf*
pèllmèll *kònfuso-i a e, a*
pèlt *pèlle-i, nf*
pèn *pènna-e, nf*
pènal *penàle-i, a*
pènalty *penalità, nf*
pènance *penitènza-e, nf*
pèncil *matìta-e, nf*
pèndant *pendènte-i, nm*
pèndulùm *pèndolo-i, nm*
Penèlope *Penèlope, nf*
to pènètrate *penetràre*
penetràtion *penetraziòne-i, nf*
pènguin *penguìno-i, nm*
penicìllin *penicillìna-e, nf*
penìnsula *penìsola-e, nf*
pènitence *penitènza-e, nf*
pènitent *penitènte-i, nm*
pènknìfe *temperìno-i, nm*
pènniless *pòvero-i a e, a*
pènny *sòldo-i, nm*
pènsion *pensiòne-i, nf*
pènsive *pensìvo-i a e, a*
pènsiveness *malinkonìa-e, nf*
Pèntekost *Pentekòste, nf*

penurious *bisognoso-i a e, a*
penury *penuria-e, nf*
peony *peonia-e, nf*
people *popolo-i, nm*
pep *spirito-i, nm*
pepper *pepe-i, nm*
to perambulate *passeggiare*
to perceive *percepire*
percentage *percentuale-i, nf*
perceptible *percepibile-i, a*
perception *percezione-i, nf*
perch *pertica-he, nf*
to perch *posare*
perchance *forse, ad*
to percolate *filtrare*
percussion *percussione-i, nf*
perdition *perdizione-i, nf*
peremptory *perentorio-i a e, a*
perennial *perenne-i, a*
perfect *perfetto-i a e, a*
perfection *perfezione-i, nf*
perfidy *perfidia-e, nf*
to perform *compiere*
performance *adempimento-i, nm*
performer *attore-i, nm*
perfume *profumo-i, nm*
perfunctory *superficiale-i, a*
perhaps *forse, ad*
peril *pericolo-i, nm*
perilous *pericoloso-i a e, a*
period *periodo-i, nm*
periodic *periodico-i, a*
periphery *periferia-e, nf*
to perish *perire*
perishable *deperibile-i, a*
periwinkle *pervinca-he, nf*
perjure *falsare*
perjury *pergiurio-i, nm*
perky *impertinente-i, nm*
permanent *permanente-i, a*
to permeate *permeare*
permissible *lecito-i, a*

penùrious *bisoqòso-i a e, a*
pènury *penùria-e, nf*
pèony *peònia-e, nf*
pèople *pòpolo-i, nm*
pèp *spìrito-i, nm*
pèpper *pèpe-i, nm*
to peràmbulàte *passejjàre*
to percèive *percepìre*
percèntage *percentuàle-i, nf*
percèptible *percepìbile-i, a*
percèption *perceziòne-i, nf*
pèrch *pèrtika-e, nf*
to pèrch *posàre*
perchànce *fòrse, ad*
to perkolàte *filtràre*
perkùssion *perkussiòne-i, nf*
perdìtion *perdiziòne-i, nf*
pèremptory *perentòrio-i a e, a*
perènnial *perènne-i, a*
pèrfekt *perfètto-i a e, a*
perfèktion *perfeziòne-i, nf*
pèrfidy *perfìdia-e, nf*
to perfòrm *kòmpiere*
perfòrmance *adempimènto-i, nm*
perfòrmer *attòre-i, nm*
pèrfume *profùmo-i, nm*
perfùnktory *superficàle-i, a*
perhàps *fòrse, ad*
pèril *perìkolo-i, nm*
pèrilous *perikolòso-i a e, a*
pèriod *perìodo-i, nm*
perìòdik *perìòdiko-i, a*
perìphery *periferìa-e, nf*
to pèrish *perìre*
pèrishable *deperìbile-i, a*
pèriwìnkle *pervìnka-e, nf*
pèrjure *falsàre*
pèrjury *perjùrio-i, nm*
pèrky *impertinènte-i, nm*
pèrmanent *permanènte-i, a*
to pèrmeate *permeàre*
permìssible *lècito-i, a*

permissible

ci ce ca co cu　ki ke ka ko ku　ji je ja jo ju　gi ge ga go gu
sci sce sca sco scu=shi she sha sho shu　gn=q　gl=y

to pervade

permission *permesso-i, nm*
permit *licenza-e, nf*
to permit *permettere*
pernicious *pernicioso-i a e, a*
peroration *perorazione-i, nf*
perpendicular *perpendicolare-i, a*
to perpetrate *perpetrare*
perpetual *perpetuo-i a e, a*
to perpetuate *perpetuare*
to perplex *imbarazzare*
perplexity *perplessità, nf*
perquisite *guadagno-i, nm*
perquisition *perquisizione-i, nm*
to persecute *perseguitare*
persecution *persecuzione-i, nf*
perseverance *perseveranza-e, nf*
to persevere *perseverare*
Persia *Persia, nf*
to persist *persistere*
persistence *persistenza-e, nf*
persistent *persistente-i, a*
person *persona-e, nf*
personage *personaggio-i, nm*
personal *personale-i, a*
personality *personalità, nf*
personification *personifcazione-i, nf*
to personify *personificare*
perspective *perspettiva-e, nf*
perspicacious *perspicace-i, a*
perspicacity *perspicacia-e, nf*
to perspire *sudare*
to persuade *persuadere*
persuation *persuasione-i, nf*
pert *impertinente-i, a*
to pertain *appartenere*
pertinacious *pertinace-i, a*
pertness *impertinenza-e, nf*
to perturb *perturbare*
perturbation *perturbazione-i, nf*
perusal *lettura*
to peruse *leggere*
to pervade *pervadere*

permìssion *permèsso-i, nm*
pèrmit *licènza-e, nf*
to pèrmit *permèttere*
pernìcious *pernicìoso-i a e, a*
perorátion *perorazióne-i, nf*
perpendìkular *perpendikolàre-i, a*
to pèrpetràte *perpetràre*
perpètual *perpètuo-i a e, a*
to perpètuate *perpetuàre*
to perplèx *imbarazzàre*
perplèxity *perplessità, nf*
pèrquisite *guadàqo-i, nm*
pèrquisìtion *perkuisizióne-i, nm*
to pèrsekute *perseguitàre*
pèrsekùtion *persekuzióne-i, nf*
persevèrance *perseverànza-e, nf*
to persevère *perseveràre*
Pèrsia *Pèrsia, nf*
to persìst *persìstere*
persìstence *persistènza-e, nf*
persìstent *persistènte-i, a*
pèrson *persòna-e, nf*
pèrsonage *personàjjo-i, nm*
pèrsonal *personàle-i, a*
personàlity *personalità, nf*
personifikàtion *personikazióne-i, nf*
to persònify *personifikàre*
perspèktive *perspettìva-e, nf*
perspikàcious *perspikàce-i, a*
perspikàcity *perspikacìa-e, nf*
to pèrspire *sudàre*
to pèrsuade *persuàdere*
pèrsuation *persuasióne-i, nf*
pèrt *impertinènte-i, a*
to pertàin *appartenère*
pertinàcious *pertinàce-i, a*
pèrtness *impertinènza-e, nf*
to pertùrb *perturbàre*
perturbàtion *perturbazióne-i, nf*
perùsal *lettùra*
to perùse *lèjjere*
to pèrvade *pervàdere*

perverse *perverso-i a e, a*
perversity *perversità, nf*
to pervert *pervertire*
pessimist *pessimista-i e, nmf*
pest *peste-i, nm*
to pester *annoiare*
pestilence *pestilenza-e, nf*
pestilent *pestilente-i, a*
pet *animaluccio-i nm*
petal *petalo-i, nm*
Peter *Pietro, nm*
petition *petizione-i, nf*
petitioner *richiedente-i, nm*
Petrarch *Petrarca, nm*
to petrify *pietrificare*
petroleum *petrolio-i, nm*
petticoat *sottabito-i, nm*
petty *meschino-i a e, a*
pew *banco-hi, nm*
pewter *peltro-i, nm*
phantom *fantasma-i, nm*
pharmacy *farmacia-e, nf*
phase *fase-i, nf*
pheasant *faggiano-i, nm*
phenomenom *fenomeno-i, nm*
phia *fiala-e, nf*
philandere *donnaiolo-i, nf*
philantrophy *filantropia-e, nf*
philosopher *filosofo-i, nm*
philosophical *filosofico-i a he, a*
philosophy *filosofia-e, nf*
phlegm *flemma-e, nf*
phlegmatic *flemmatico-i a he, a*
phoenix *fenice-i, nf*
phonetics *fonetica-he, nf*
phonograph *fonografo-i, nm*
phosphate *fostato-i, nm*
phosphorous *fosforo-i a e, a*
photograph *fotografia-e, nf*
photographer *fotografo-i a e, nmf*
phrase *frase-i, nf*
phthisis *tisi, nf*

pervèrse *pervèrso-i a e, a*
pervèrsity *perversità, nf*
to pervèrt *pervertìre*
pèssimist *pessimìsta-i e, nmf*
pèst *pèste-i, nm*
to pèster *annoiàre*
pèstilence *pestilènza-e, nf*
pèstilent *pestilènte-i, a*
pèt *animalùcco-i nm*
pètal *pètalo-i, nm*
Pèter *Pièrto, nm*
petìtion *petiziòne-i, nf*
petìtioner *rikiedènte-i, nm*
Pètrark *Petràrka, nm*
to pètrify *pietrifikàre*
petròleum *petròlio-i, nm*
pèttikòat *sottàbito-i, nm*
pètty *meskìno-i a e, a*
pèw *bànko-i, nm*
pèwter *pèltro-i, nm*
phàntom *fantàsma-i, nm*
phàrmacy *farmacìa-e, nf*
phàse *fàse-i, nf*
phèasant *fajjàno-i, nm*
phenòmenom *fenòmeno-i, nm*
phìa *fiàla-e, nf*
philànderer *donnaiòlo-i, nf*
philàntrophy *filantropìa-e, nf*
philòsopher *filòsofo-i, nm*
philosòphikal *filosòfiko-i a e, a*
philòsophy *filosofìa-e, nf*
phlègm *flèmma-e, nf*
phlegmàtik *flemmàtiko-i a e, a*
phòenix *fenìce-i, nf*
phonètiks *fonètika-e, nf*
phònograph *fonògrafo-i, nm*
phòsphàte *fostàto-i, nm*
phòsphorous *fòsforo-i a e, a*
phòtograph *fotografìa-e, nf*
photògrapher *fotògrafo-i a e, nmf*
phràse *fràse-i, nf*
phthìsis *tìsi, nf*

physical *fisico-i a e, a*	**phỳsikal** *fisiko-i a e, a*
physician *medico-i, nm*	**physìcian** *mèdiko-i, nm*
physics *fisica-he, nf*	**phỳsiks** *fisika-e, nf*
physiognomy *fisionomia-e, nf*	**physiògnomy** *fisionomìa-e, nf*
physique *costituzione-i, nm*	**physìque** *kostituziòne-i, nm*
pianissimo *pianissimo*	**pianìssimo** *pianìssimo*
pianist *pianista-i, nm*	**piànist** *pianìsta-i, nm*
piano *piano*	**piàno** *piàno*
piano *piano-i, nm*	**piàno** *piàno-i, nm*
pick *piccone-i, nm*	**pìk** *pikkòne-i, nm*
to pick *scegliere*	**to pìk** *shèyere*
picket *picchetto-i, nm*	**pìket** *pikkètto-i, nm*
pickle *salamoia-e, nf*	**pìkle** *salamòia-e, nf*
pickpocket *borsaiolo-i a e, nmf*	**pìkpòket** *borsaiòlo-i a e, nmf*
picnic *gita-e, nf*	**pìknik** *jìta-e, nf*
picture *dipinto-i, nm*	**pìkture** *dipinto-i, nm*
picturesque *pittoresco-hi a he, a*	**pìkturèsque** *pittòresko-i a e, a*
pie *torta-e, nf*	**pìe** *tòrta-e, nf*
piece *pezzo-i, nm*	**pìece** *pèzzo-i, nm*
pier *banchina-e, nf*	**pìer** *bankìna-e, nf*
to pierce *penetrare*	**to pìerce** *penetràre*
piety *religiosità, nf*	**pìety** *relijosità, nf*
pig *maiale-i, nm*	**pìg** *maiàle-i, nm*
pigeon *piccione-i, nm*	**pìgeon** *piccòne-i, nm*
pigtail *treccina-e, nf*	**pìgtail** *treccìna-e, nf*
pike *luccio-i, nm*	**pìke** *lùccio-i, nm*
pile *mucchio-i, nm*	**pìle** *mùkkio-i, nm*
to pile *accumulare*	**to pìle** *akkumulàre*
to pilfer *rubacchiare*	**to pìlfer** *rubakkiàre*
pilgrimage *pellegrinazione-i, nf*	**pìlgrimage** *pellegrinaziòne-i, nf*
pill *pillola-e, nf*	**pìll** *pìllola-e, nf*
to pillage *saccheggiare*	**to pìllage** *sakkejjàre*
pillar *colonna-e, nf*	**pìllar** *kolònna-e, nf*
pillory *berlina-e, nf*	**pìllory** *bèrlina-e, nf*
pillow *cuscino-i, nm*	**pìllow** *kushìno-i, nm*
pilot *pilota-i, nm*	**pìlot** *pilòta-i, nm*
pimple *foruncolo-i, nm*	**pìmple** *forùnkolo-i, nm*
pin *spilla-e, nf*	**pìn** *spìlla-e, nf*
pincers *pinze-i, nf*	**pìncers** *pìnze-i, nf*
pinch *pizzicotto-i, nm*	**pìnch** *pizzikòtto-i, nm*
pincushion *portaspilli, nm*	**pinkùshion** *portaspìlli, nm*
pine *pino-i, nm*	**pìne** *pìno-i, nm*

plantation

to pine *languire*
pineapple *ananasso-i, nm*
pink *rosa-e, nf*
pinnacle *pinnacolo-i, nm*
pint *pinta-e, nf*
pioneer *pioniere-i, nm*
pipe *tubo-i, nm*
piquant *piccante-i, a*
pique *risentimento-i, nm*
to pique *offendere*
piracy *pirateria-e, nf*
pirate *pirata-i, nm*
pistol *pistola-e, nf*
pit *fosso-i a e, nmf*
to pit *fermare*
pitch *pece-i, nf*
to pitch *lanciare*
pitcher *brocca-he, nf*
pith *midollo-i, nm*
pitiable *compassionevole-i, a*
pitiful *pietoso-i a e, a*
pitiless *spietato-i a e, a*
pittance *elemosina-e, nf*
pizza *pizza-e, nf*
pity *pietà, nf*
pivot *pernio-i, nm*
placard *affisso-i, nm*
place *luogo-hi, nm*
placid *placido-i a e, a*
to plagiarize *plagiare*
plague *peste-i, nf*
plain *piano-i, nm*
plainness *chiarezza-e, nf*
plaintiff *querelante-i, nm*
plaintive *lamentoso-i a e, a*
plait *piega-he, nf*
plan *piano-i, nm*
plane *pialla-e, nf*
planet *pianeta-e, nf*
plank *tavola-e, nf*
plant *pianta-e, nf*
plantation *piantagione-i, nf*

to pìne *languìre*
pineàpple *ananàsso-i, nm*
pìnk *ròsa-e, nf*
pìnnakle *pinnàkolo-i, nm*
pìnt *pìnta-e, nf*
pionèer *pionière-i, nm*
pìpe *tùbo-i, nm*
pìquant *pikkànte-i, a*
pìque *risentimènto-i, nm*
to pìque *offèndere*
pìracy *pirateria-e, nf*
pìrate *piràta-i, nm*
pìstol *pistòla-e, nf*
pìt *fòsso-i a e, nmf*
to pìt *fermàre*
pìtch *pèce-i, nf*
to pìtch *lanciàre*
pìtcher *bròkka-e, nf*
pìth *midòllo-i, nm*
pìtiable *kompassionèvole-i, a*
pìtiful *pietòso-i a e, a*
pìtiless *spietàto-i a e, a*
pìttance *elemòsina-e, nf*
pìzza *pìzza-e, nf*
pìty *pietà, nf*
pìvot *pèrnio-i, nm*
plàkard *affìsso-i, nm*
plàce *luògo-i, nm*
plàcid *plàcido-i a e, a*
to plàgiarìze *plajàre*
plàgue *pèste-i, nf*
plàin *piàno-i, nm*
plàinness *kiarèzza-e, nf*
plàintiff *kuerelànte-i, nm*
plàintive *lamentòso-i a e, a*
plàit *pièga-e, nf*
plàn *piàno-i, nm*
plàne *piàlla-e, nf*
plànet *pianèta-e, nf*
plànk *tàvola-e, nf*
plànt *piànta-e, nf*
plantàtion *piantajòne-i, nf*

plaster *gesso-i, nm*	**plàster** *jèsso-i, nm*
plasterer *gessaio-i, nm*	**plàsterer** *jessàio-i, nm*
plate *piatto-i, nm*	**plàte** *piàtto-i, nm*
platform *piattaforma-e, nf*	**plàtform** *piattafòrma-e, nf*
platinum *platino-i, nm*	**plàtinum** *plàtino-i, nm*
platitude *banalità, nf*	**plàtitude** *banalità, nf*
platonic *platonico-i a he, a*	**platònik** *platòniko-i a e, a*
platoon *plotone-i, nm*	**platòon** *plotòne-i, nm*
plausible *plausibile-i, a*	**plàusible** *plausìbile-i, a*
play *giuoco-hi, nm*	**plày** *juòko-i, nm*
to play *giocare*	**to plày** *jokàre*
player *giocatore-i, nm*	**plàyer** *jokatòre-i, nm*
playful *scherzoso-i a e, a*	**plàyful** *skerzòso-i a e, a*
plea *difesa-e, nf*	**plèa** *difèsa-e, nf*
to plead *dichiarare*	**to plèad** *dikiaràre*
pleading *discussione-i, nf*	**plèading** *diskussiòne-i, nf*
pleasant *piacevole-i, a*	**plèasant** *piacèvole-i, a*
to please *piacere*	**to plèase** *piacère*
pleasing *piacevole-i, a*	**plèasing** *piacèvole-i, a*
pleasure *piacere-i, nm*	**plèasure** *piacère-i, nm*
plebeian *plebeo-i a e, nmf*	**plebèian** *plebèo-i a e, nmf*
plebescite *pebliscito-i, nm*	**plèbescite** *peblishìto-i, nm*
pledge *pegno-i, nm*	**plèdge** *pèqo-i, nm*
to pledge *impegnare*	**to plèdge** *impeqàre*
plenipotentiary *plenipotenziario-i a e, nmf*	**plenipotèntiary** *plenipotenziàrio-i a e, nmf*
plentiful *abbondante-i, a*	**plèntiful** *abbondànte-i, a*
plenty *abbondanza-e, nf*	**plènty** *abbondànza-e, nf*
pleurisy *pleurite-i, nf*	**plèurisy** *pleurìte-i, nf*
pliable *flessibile-i, a*	**plìable** *flessìbile-i, a*
plight *condizione-i, nf*	**plìght** *kondiziòne-i, nf*
to plod *sgobbare*	**to plòd** *sgobbàre*
plodder *sgobbone-i, nm*	**plòdder** *sgobbòne-i, nm*
plot *complotto-i, nm*	**plòt** *komplòtto-i, nm*
to plot *complottare*	**to plòt** *komplottàre*
plotter *cospiratore-i, nm*	**plòtter** *kospiratòre-i, nm*
plough *aratro-i, nm*	**plòugh** *àratro-i, nm*
to pluck *pelare*	**to plùk** *pelàre*
plug *tappo-i, nm*	**plùg** *tàppo-i, nm*
plum *prugna-e, nf*	**plùm** *prùqa-e, nf*
plumage *penne-i, nf*	**plùmage** *pènne-i, nf*
to plumb *sondare*	**to plùmb** *sondàre*
plumber *idraulico-i, nm*	**plùmber** *idràuliko-i, nm*

politics

plume *pennacchio-i, nm*
plump *grassoccio-i a e, a*
plumpness *rotondità, nf*
plunder *bottino-i, nm*
to plunder *saccheggiare*
plunge *immersione-i, nf*
to plunge *immergere*
plural *plurale-i, nm*
to ply *assalire*
pneumonia *polmonite-i, nf*
to poach *bollire*
poacher *cacciatore-i, nm*
pocket *tasca-he, nf*
pod *baccello-i, nm*
poem *poesia-e, nf*
poet *poeta-i, nm*
poetic *poetico-i a he, a*
poignancy *acutezza-e, nf*
poignant *acuto-i a e, a*
point *punto-i, nm*
pointed *penetrante-i, a*
pointer *indicatore-i, nm*
poise *equilibro-i, nm*
to poise *controbilanciare*
poison *veleno-i, nm*
poisonous *velenoso-i a e, a*
poke *spinta-e, nf*
to poke *spingere*
poker *attizzatoio-i a e, nmf*
pole *palo-i, nm*
polemics *polemica-he, nf*
polemic *polemico-i a he, a*
police *polizia-e, nf*
policeman *poliziotto-i, nm*
policy *politica-he, nf*
polish *polacco-hi a he, a*
to polish *lucidare*
polite *cortese-i, a*
politeness *cortesia-e, nf*
political *politico-i a he, a*
politician *politicante-i, nm*
politics *politica-he, nf*

plùme *pennàkkio-i, nm*
plùmp *grassòcco-i a e, a*
plùmpness *rotondità, nf*
plùnder *bottìno-i, nm*
to plùnder *sakkejjàre*
plùnge *immersiòne-i, nf*
to plùnge *immèrjere*
plùral *pluràle-i, nm*
to plỳ *assalìre*
pneumònia *polmonìte-i, nf*
to pòach *bollìre*
pòacher *kaccatòre-i, nm*
pòket *tàska-e, nf*
pòd *baccèllo-i, nm*
pòem *poesìa-e, nf*
pòet *poèta-i, nm*
poètik *poètiko-i a e, a*
pòignancy *akutèzza-e, nf*
pòignant *akùto-i a e, a*
pòint *pùnto-i, nm*
pòinted *penetrànte-i, a*
pòinter *indikatòre-i, nm*
pòise *ekuilìbro-i, nm*
to pòise *kontrobilancàre*
pòison *velèno-i, nm*
pòisonous *velenòso-i a e, a*
pòke *spìnta-e, nf*
to pòke *spìnjere*
pòker *attizzatòio-i a e, nmf*
pòle *pàlo-i, nm*
polèmiks *polèmika-e, nf*
polèmik *polèmiko-i a e, a*
pòlice *polizìa-e, nf*
polìcemàn *poliziòtto-i, nm*
pòlicy *polìtika-e, nf*
pòlish *polàkko-i a e, nmf*
to pòlish *lucidàre*
polìte *kortèse-i, a nf*
polìteness *kortesìa-e, nf*
polìtikal *polìtiko-i a e, a*
politìcian *politikànte-i, nm*
pòlitiks *polìtika-e, nf*

poll *elezione-i, nf*	pòll *eleziòne-i, nf*
pollin *polline-i, nf*	pòllin *pòlline-i, nf*
to pollute *contaminare*	to pollùte *kontaminàre*
pollution *contaminazione-i, nf*	pollùtion *kontaminaziòne-i, nf*
polyclinic *policlinico-i, nm*	polyklìnik *poliklìniko, nm*
polygamy *poligamia-e, nf*	polỳgamy *poligamìa-e, nf*
pomade *pomata-e, nf*	pòmade *pomàta-e, nf*
pomegranate *melagrana-e, nf*	pomegrànate *melagràna-e, nf*
pomp *ostentazione-i, nf*	pòmp *ostentaziòne-i, nf*
pompous *pomposo-i a e, a*	pòmpous *pompòso-i a e, a*
pompousness *pomposità, nf*	pòmpousness *pomposità, nf*
pond *laghetto-i, nm*	pònd *lagètto-i, nm*
to ponder *meditare*	to pònder *meditàre*
ponderous *pesante-i, a*	pònderous *pesànte-i, a*
pontiff *papa-i, nm*	pòntiff *pàpa-i, nm*
pontoon *pontone-i, nm*	pontòon *pontòne-i, nm*
pony *cavallino-i a e, nmf*	pòny *kavallìno-i a e, nmf*
poodle *barbone-i, nm*	pòodle *barbòne-i, nm*
pool *piscina-e, nf*	pòol *pishìna-e, nf*
poop *poppa-e, nf*	pòop *pòppa-e, nf*
poor *povero-i a e, a*	pòor *pòvero-i a e, a*
poorly *poveramente, ad*	pòorly *poveramènte, ad*
pope *papa-i, nm*	pòpe *pàpa-i, nm*
popery *papismo-i, nm*	pòpery *papìsmo-i, nm*
poplar *pioppo-i, nm*	pòplar *piòppo-i, nm*
poppy *papavero-i, nm*	pòppy *papàvero-i, nm*
populace *popolo-i, nm*	pòpulace *pòpolo-i, nm*
popular *popolare-i, a*	pòpular *popolàre-i, a*
popularity *popolarità, nf*	populàrity *popolarità, nf*
to pupulate *popolare*	to populàte *popolàre*
population *popolazione-i, nf*	pòpulàtion *popolaziòne-i, nf*
populous *popoloso-i a e, a*	pòpulous *popolòso-i a e, a*
porcelain *porcellana-e, nf*	pòrcelain *porcellàna-e, nf*
porch *portico-i, nm*	pòrch *pòrtiko-i, nm*
porcupine *porcospino-i, nm*	pòrkupìne *porkospìno-i, nm*
pore *poro-i, nm*	pòre *pòro-i, nm*
to pore *studiare*	to pòre *studiàre*
pork *carne-i, nf*	pòrk *kàrne-i, nf*
porous *poroso-i a e, a*	pòrous *poròso-i a e, a*
porpoise *focena-e, nf*	pòrpoise *focèna-e, nf*
porridge *pappa-e, nf*	pòrridge *pàppa-e, nf*
port *porto-i, nm*	pòrt *pòrto-i, nm*

portable *portatile-i, a*	pòrtable *portàtile-i, a*
to portend *presagire*	to pòrtend *presajìre*
portent *portento-i, nm*	pòrtent *portènto-i, nm*
porter *facchino-i, nm*	pòrter *fakkìno-i, nm*
porterage *facchinaggio-i, nm*	pòrterage *fakkinàjjo-i, nm*
portfolio *portafoglio-i, nm*	portfòlio *portafòyo-i, nm*
portion *porzione-i, nf*	pòrtion *porziòne-i, nf*
portly *corpulento-i a e, a*	pòrtly *korpulènto-i a e, a*
portrait *ritratto-i, nm*	pòrtrait *ritràtto-i, nm*
Portuguese *portoghese-i a e, nmf*	Pòrtuguese *portogèse-i a e, nmf*
position *posizione-i, nf*	posìtion *posiziòne-i, nf*
positive *positivo-i a e, a*	pòsitive *positìvo-i a e, a*
to possess *possedere*	to pòssess *possedère*
possession *possesso-i, nm*	possèssion *possèsso-i, nm*
possibility *possibilità, nf*	possibìlity *possibilità, nf*
possible *possibile-i, a*	pòssible *possìbile-i, a*
post *palo-i, nm*	pòst *pàlo-i, nm*
to post *registrare*	to pòst *rejistràre*
postage *affrancatura-e, nf*	pòstage *affrankatùra-e, nf*
postal *postale-i, a*	pòstal *postàle-i, a*
poster *manifesto-i, nm*	pòster *manifèsto-i, nm*
posterior *posteriore-i, a*	postèrior *posteriòre-i, a*
posterity *posterità, nf*	postèrity *posterità, nf*
posthumous *postumo-i, a*	pòsthumous *postùmo-i, a*
postman *postino-i, nm*	pòstman *postìno-i, nm*
to postpone *rimandare*	to postpòne *rimandàre*
postponement *rinvio-i, nm*	postpònement *rinvìo-i, nm*
postscript *poscritto-i, nm*	pòstskript *poskrìtto-i, nm*
to postulate *richiedere*	to pòstulate *rikièdere*
posture *posizione-i, nf*	pòsture *posiziòne-i, nf*
pot *pentola-e, nf*	pòt *pèntola-e, nf*
potash *potasso-i, nm*	pòtash *potàsso-i, nm*
potato *patata-e, nf*	potàto *patàta-e, nf*
potency *potenza-e, nf*	pòtency *potènza-e, nf*
potent *potente-i, a*	pòtent *potènte-i, a*
potentate *potentato-i, nm*	pòtentate *potentàto-i, nm*
potential *potenziale-i, a*	potèntial *potenziàle-i, a*
pother *pandemonio-i, nm*	pòther *pandemònio-i, nm*
potion *pozione-i, nf*	pòtion *poziòne-i, nf*
potter *vasaio-i, nm*	pòtter *vasàio-i, nm*
pottery *vasi, nm*	pòttery *vàsi, nm*
pouch *borsa-e, nf*	pòuch *bòrsa-e, nf*

predecessor

poulterer *pollaiolo-i, nm*	**pòulterer** *pollaiòlo-i, nm*
poultice *cataplasma-i, nm*	**pòultice** *kataplàsma-i, nm*
poultry *pollame-i, nm*	**pòultry** *pollàme-i, nm*
pound *libbra-e, nf*	**pòund** *lìbbra-e, nf*
to pour *versare*	**to pòur** *versàre*
to pout *crucciare*	**to pòut** *krucciàre*
poverty *povertà, nf*	**pòverty** *povertà, nf*
powder *polvere-i, nf*	**pòwder** *pòlvere-i, nf*
power *potere-i, nm*	**pòwer** *potère-i, nm*
powerful *potente-i, a*	**pòwerful** *potènte-i, a*
powerless *impotente-i, a*	**pòwerless** *impotènte-i, a*
practical *pratico-i a he, a*	**pràktikal** *pràtiko-i a e, a*
practice *pratica-he, nf*	**pràktice** *pràtika-e, nf*
to practice *praticare*	**to pràktice** *pratikàre*
practitioner *professionista-i, nm*	**praktìtioner** *professionìsta-i, nm*
praise *elogio-i nm*	**pràise** *elòjo-i nm*
to praise *elogiare*	**to pràise** *elojàre*
praiseworthy *lodevole-i, a*	**praisewòrthy** *lodèvole-i, a*
to prance *impennare*	**to prànce** *impennàre*
prank *scherzo-i, nm*	**prànk** *skèrzo-i, nm*
prattle *ciarle-i, nf*	**pràttle** *càrle-i, nf*
to prattle *cianciare*	**to pràttle** *cancàre*
to pray *pregare*	**to pràу** *pregàre*
prayer *preghiera-e, nf*	**pràyer** *pregièra-e, nf*
to preach *predicare*	**to prèach** *predikàre*
preacher *predicatore-i nm*	**prèacher** *predikatòre-i nm*
precarious *precario-i a e, a*	**prekàrious** *prekàrio-i a e, a*
precaution *precauzione-i, nf*	**prekàution** *prekauzióne-i, nf*
to preceede *precedere*	**to precède** *precèdere*
precedence *precedenza-e, nf*	**prècedence** *precèdenza-e, nf*
precedent *precedente-i, nm*	**prècedent** *precedènte-i, nm*
precept *precetto-i, nm*	**prècept** *precètto-i, nm*
precinct *precinto-i, nm*	**prècinkt** *precìnto-i, nm*
precious *prezioso-i a e, a*	**prècious** *preziòso-i a e, a*
precipice *precipizio-i, nm*	**prècipice** *precipìzio-i, nm*
to precipitate *precipitare*	**to precìpitate** *precipitàre*
precipitous *precipitoso-i a e, a*	**precìpitous** *precipitòso-i a e, a*
prcise *preciso-i a e, a*	**precìse** *precìso-i a e, a*
precision *precisione-i, nf*	**precìsion** *precisiòne-i, nf*
precocious *precoce-i, a*	**prekòcious** *prekòce-i, a*
precursor *precursore-i, nm*	**prekùrsor** *prekursòre-i, nm*
predecessor *predecessore-i, nm*	**prèdecessor** *predecessòre-i, nm*

predicament *problematica-he, nf*
to predict *predire*
predominance *predominio-i, nm*
to predominate *predominare*
preeminent *preminente-i, a*
preface *prefazione-i, nf*
perfect *perfetto-i a e, nmf*
to prefer *preferire*
preferable *preferibile-i, a*
preference *preferenza-e, nf*
preferment *avanzamento-i, nm*
prefix *prefisso-i, nm*
pregnancy *gravidanza-e, nf*
pregnant *gravida-e, nf*
prejudice *pregiudizio-i, nm*
prejudicial *pregiudizievole-i, a*
prelate *prelato-i, nm*
preliminary *preliminare-i, a*
prelude *preludio-i, nm*
premature *prematuro-i a e, a*
premier *ministro-i, nm*
premise *premessa-e, nf*
to premise *premettere*
premises *locali, nm*
premium *premio-i, nm*
to preoccupy *preoccupare*
preparation *preparazione-i, nf*
preparative *preparatorio-i, a*
to prepare *preparare*
prepay *prepagare*
preponderant *preponderante-i, a*
to preponderate *preponderare*
preposition *preposizione-i, nf*
prepossessed *ossessionato-i a e, a*
preposterous *assurdo-i a e, a*
prerogative *prerogativa, e, nf*
presage *presagio-i, nm*
Presbyterian *presbite-i, nm*
to prescribe *prescrivere*
prescription *ricetta-e, nf*
presence *presenza-e, nf*
present *dono-i, nm*

predìkament *problemàtika-e, nf*
to predìkt *predìre*
predòminance *predomìnio-i, nm*
to predòminate *predominàre*
prè-èminent *preminènte-i, a*
prèface *prefaziòne-i, nf*
prefèkt *prefètto-i a e, nmf*
to prefèr *preferìre*
prèferable *preferìbile-i, a*
prèference *preferènza-e, nf*
prefèrment *avanzamènto-i, nm*
prèfix *prefisso-i, nm*
prègnancy *gravidànza-e, nf*
prègnant *gràvida-e, nf*
prèjudice *prejudìzio-i, nm*
prejudìcial *prejudizièvole-i, a*
prèlate *prelàto-i, nm*
prelìminary *preliminàre-i, a*
prèlude *prelùdio-i, nm*
prèmature *prematùro-i a e, a*
prèmier *minìstro-i, nm*
prèmise *premèssa-e, nf*
to prèmise *prèmettere*
prèmises *lokàli, nm*
prèmium *prèmio-i, nm*
to preòkkupy *preokkupàre*
prèparàtion *preparaziòne-i, nf*
prèparative *preparatòrio-i, a*
to prepàre *preparàre*
prèpay *prepagàre*
prepònderant *preponderànte-i, a*
to prepònderate *preponderàre*
preposìtion *preposiziòne-i, nf*
prèpossèssed *ossessionàto-i a e, a*
prepòsterous *assùrdo-i a e, a*
prerògative *prerogatìva, e, nf*
prèsage *presàjo-i, nm*
Prèsbytèrian *prèsbite-i, nm*
to preskrìbe *preskrìvere*
preskrìption *ricètta-e, nf*
prèsence *presènza-e, nf*
prèsent *dòno-i, nm*

to present *presentare*	to presènt *presentàre*
presentation *presentazione-i, nf*	presentàtion *presentaziòne-i, nf*
presentment *presentimento-i, nf*	presèntment *presentimènto-i, nf*
preservation *conservazione-i, nf*	preservàtion *konservaziòne-i, nf*
preservative *preservativo-i, a*	presèrvative *preservatìvo-i, a*
preserve *conserva-e, nf*	presèrve *konsèrva-e, nf*
to preserve *conservare*	to presèrve *konservàre*
to preside *presiedere*	to presìde *presièdere*
presidency *presidenza-e, nm*	prèsidency *presidènza-e, nm*
president *presidente-i, nm*	prèsident *presidènte-i, nm*
press *stampa, nf*	prèss *stàmpa, nf*
press *torchio-i, nm*	prèss *tòrkio-i, nm*
to press *premere*	to prèss *prèmere*
pressing *urgente-i, a*	prèssing *urjènte-i, a*
pressure *pressione-i, nf*	prèssure *pressiòne-i, nf*
to presume *presumere*	to presùme *presùmere*
presumption *presunzione-i, nf*	presùmption *presunziòne-i, nf*
presumptive *presuntivo-i a e, a*	presùmptive *presuntìvo-i a e, a*
presumptuous *presuntuoso-i a e, a*	presùmptuous *presuntuòso-i a e, a*
presto *presto*	prèsto *prèsto*
to presuppose *presupporre*	to presuppòse *presuppòrre*
pretence *pretesa-e, nf*	prètence *pretèsa-e, nf*
to pretend *fingere*	to pretènd *finjere*
pretension *pretesa-e, nf*	pretènsion *pretèsa-e, nf*
pretentious *pretensioso-i a e, a*	pretèntious *pretensiòso-i a e, a*
pretext *pretesto-i, nm*	prètext *pretèsto-i, nm*
pretty *carino-i a e, a*	prètty *karìno-i a e, a*
to prevail *prevalere*	to prevàil *prevalère*
prevalent *prevalente-i, a*	prèvalent *prevalènza-e, nf*
to prevaricate *prevaricare*	to prevàrikate *prevarikàre*
prevarication *tergiversazione-i, nf*	prevarikàtion *terjiversaziòne-i, nf*
to prevent *impedire*	to prevènt *impedìre*
prevention *impedimento-i, nm*	prevèntion *impedimènto-i, nm*
previous *precedente-i a*	prèvious *precedènte-i a*
prevision *previsione-i, nf*	prevìsion *previsiòne-i, nf*
prey *preda-e, nf*	prèy *prèda-e, nf*
price *prezzo-i, nm*	prìce *prèzzo-i, nm*
priceless *inestimabile-i, a*	prìceless *inestimàbile-i, a*
prick *puntura-e, nf*	prìk *puntùra-e, nf*
to prick *pungere*	to prìk *pùnjere*
pride *orgoglio-i, nm*	prìde *orgòyo-i, nm*
priest *prete-i, nm*	prìest *prète-i, nm*

priesthood *sacerdozio-i, nm*
prig *pedante-i, nm*
prim *cerimonioso-i a e, a*
primary *primario-i a e, a*
primate *arcivescovo-i, nm*
prime *fondamentale-i, a*
primates *primati, nm*
to prime *avviare*
primeval *primordiale-i, a*
primitive *primitivo-i a e, a*
primordial *primordiale-i, a*
primrose *primula-e, nf*
prince *principe-i, nm*
princedom *principato-i, nm*
princely *principescamente, ad*
princess *principessa-e, nf*
principal *principale-i, nm*
principality *principato-i, nm*
principle *principio-i, nm*
print *impronta-e, nf*
printer *stampatore-i, nm*
printing *tiratura-e, nf*
prior *priore-i, nm*
priority *priorità, nf*
prism *prisma-i, nm*
prison *prigione-i, nf*
pristine *pristino-i a e, a*
privacy *intimità, nf*
private *privato-i a e, a*
privateer *naviglio-i, nm*
privation *privazione-i, nf*
privet *ligustro-i, nm*
privilege *privilegio-i, nm*
prize *premio-i, nm*
to prize *apprezzare*
probability *probabilità, nf*
probable *probabile-i, a*
probate *verifica-he, nf*
probation *probazione-i, nf*
probe *sonda-e, nf*
to probe *sondare*
probity *probità, nf*

probity

prìesthòod *sacerdòzio-i, nm*
prìg *pedànte-i, nm*
prìm *cerimonióso-i a e, a*
prìmary *primàrio-i a e, a*
prìmate *arcivèskovo-i, nm*
prìme *fondamentàle-i, a*
prìmates *primàti, nm*
to prìme *avviàre*
prìmèval *primòrdiàle-i, a*
prìmitive *primitìvo-i a e, a*
prìmòrdial *primordiàle-i, a*
prìmrose *prìmula-e, nf*
prìnce *prìncipe-i, nm*
prìncedom *principàto-i, nm*
prìncely *principeskamènte, ad*
prìncess *principèssa-e, nf*
prìncipal *principàle-i, nm*
prìncipàlity *principàto-i, nm*
prìnciple *princìpio-i, nm*
prìnt *imprònta-e, nf*
prìnter *stampatòre-i, nm*
prìnting *tiratùra-e, nf*
prìor *priòre-i, nm*
prìòrity *priorità, nf*
prìsm *prìsma-i, nm*
prìson *prijòne-i, nf*
prìstine *pristìno-i a e, a*
prìvacy *intimità, nf*
prìvate *privàto-i a e, a*
prìvatèer *navìyo-i, nm*
prìvàtion *privaziòne-i, nf*
prìvet *ligùstro-i, nm*
prìvilège *privilèjo-i, nm*
prìze *prèmio-i, nm*
to prìze *apprezzàre*
pròbabìlity *probabilità, nf*
pròbable *probàbile-i, a*
pròbàte *verìfika-e, nf*
pròbàtion *probaziòne-i, nf*
pròbe *sònda-e, nf*
to pròbe *sondàre*
pròbity *probità, nf*

problem *problema-i, nm*	**pròblem** *problèma-i, nm*
problematic *problematico-i a he, a*	**pròblemàtik** *problemàtiko-i a e, a*
procedure *procedura-e, nf*	**procèdure** *procedùra-e, nf*
to proceed *procedere*	**to procèed** *procèdere*
proceeding *procedimento-i, nm*	**procèeding** *procedimènto-i, nm*
proceeds *ricavo-i, nm*	**procèeds** *rikàvo-i, nm*
process *processo-i, nm*	**pròcess** *procèsso-i, nm*
to process *compiere*	**to pròcess** *kòmpiere*
procession *processione-i, nf*	**procèssion** *processiòne-i, nf*
to proclaim *proclamare*	**to proklàim** *proklamàre*
proclamation *proclama-i, nf*	**proklamàtion** *proklàma-i, nf*
proclivity *inclinazione-i, nf*	**proklìvity** *inklinaziòne-i, nf*
to procrastinate *procrastinare*	**to prokràstinate** *prokrastinàre*
procrastination *rinvio-i, nm*	**prokrastinàtion** *rinvìo-i, nm*
to procreate *procreare*	**to pròkreate** *prokreàre*
procreation *procreazione-i, nf*	**prokreàtion** *prokreaziòne-i, nf*
to procure *procurare*	**to pròkure** *prokuràre*
prodigal *prodigioso-i a e, a*	**pròdigal** *prodijòso-i a e, a*
prodigy *prodigio-i, nm*	**pròdigy** *prodìjo-i, nm*
produce *prodotti, nm*	**pròduce** *prodòtti, nm*
to produce *produrre*	**to prodùce** *prodùrre*
producer *produttore-i, nm*	**pròducer** *produttòre-i, nm*
product *prodotto-i, nm*	**pròdukt** *prodòtto-i, nm*
production *produzione-i, nf*	**prodùktion** *produziòne-i, nf*
productive *produttivo-i a e, a*	**prodùktive** *produttìvo-i a e, a*
profanation *profanazione-i, nf*	**profanàtion** *profanaziòne-i, nf*
profane *profano-i a e, a*	**profàne** *profàno-i a e, a*
to profess *professare*	**to profèss** *professàre*
profession *professione-i, nf*	**profèssion** *professiòne-i, nf*
professional *professionista-i e, nmf*	**profèssional** *professionìsta-i e, nmf*
professor *professore-i, nm*	**profèssor** *professòre-i, nm*
to proffer *offrire*	**to pròffer** *offrìre*
proficiency *esperienza-e, nf*	**proficiency** *esperiènza-e, nf*
proficient *esperto-i a e, a*	**proficient** *espèrto-i a e, a*
profile *profilo-i, nm*	**pròfile** *profilo-i, nm*
profit *guadagno-i, nm*	**pròfit** *guadàqo-i, nm*
to profit *profittare*	**to pròfit** *profittàre*
profitable *vantaggioso-i a e, a*	**pròfitable** *vantajjòso-i a e, a*
profiteer *profittatore-i, nm*	**profitèer** *profittatòre-i, nm*
profligacy *dissolutezza-e, nf*	**pròfligacy** *dissolutèzza-e, nf*
profligate *dissoluto-i a e, a*	**pròfligate** *dissolùto-i a e, a*
profound *profondo-i a e, a*	**profòund** *profòndo-i a e, a*

profuse *prodigo-hi a he, a*
profusion *profusione-i, nf*
progeny *progenie-i, nf*
to prognosticate *pronosticare*
program *programma-i, nm*
programmer *programmatore-i, nm*
progress *progresso-i, nm*
to progress *avanzare*
progressive *progressivo-i a e, a*
to prohibit *proibire*
prohibiton *proibizione-i, nf*
prohibitive *proibitivo-i a e, a*
project *progetto-i, nm*
to project *progettare*
projectile *proiettile-i, nm*
projection *sporgenza-e, nf*
prolific *prolifico-i a he, a*
prolix *prolisso-i, a*
prologue *prologo-hi, nm*
promenade *passeggiata-e, nf*
prominence *prominenza-e, nf*
prominent *prominente-i, a*
promiscuous *promiscuo-i a e, a*
promise *promessa-e, nf*
to promise *promettere*
promising *promettente-i, a*
promissory *cambiale-i, nf*
promontory *promontorio-i, nm*
to promote *promuovere*
promotion *promozione-i, nm*
prompt *puntuale-i, a*
prompter *suggeritore-i, nm*
promptness *prontezza-e, nf*
to promulgate *promulgare*
promulgation *promulgazione-i, nf*
prone *incline-i, a*
proneness *inclinazione-i, nf*
prong *punta-e, nf*
pronoun *pronome-i, nm*
to prounounce *pronunciare*
pronunciation *pronuncia-e, nf*
proof *prova-e, nf*

profùse *pròdigo-i, a e, a*
profùsion *profusiòne-i, nf*
prògeny *projènie-i, nf*
to prognòstikàte *pronostikàre*
pròg ram *progràmma-i, nm*
progràmmer *programmàtore-i*
prògress *progrèsso-i, nm*
to progrèss *avanzàre*
progrèssive *progressìvo-i a e, a*
to prohìbit *proibìre*
prohibìtion *proibiziòne-i, nf*
prohìbitive *proibitìvo-i a e, a*
pròjekt *projètto-i, nm*
to projèkt *projettàre*
projèktile *proièttile-i, nm*
projèktion *sporjènza-e, nf*
prolìfik *prolìfiko-i a e, a*
pròlix *prolìsso-i, a*
pròlogue *pròlogo-i, nm*
promenàde *passejjàta-e, nf*
pròminence *prominènza-e, nf*
pròminent *prominènte-i, a*
promìskuous *promìskuo-i, a e, a*
pròmise *promèssa-e, nf*
to pròmise *promèttere*
pròmising *promettènte-i, a*
promissòry *kambiàle-i, nf*
pròmontory *promontòrio-i, nm*
to promòte *promuòvere*
promòtion *promoziòne-i, nm*
pròmpt *puntuàle-i, a*
pròmpter *suggeritòre-i, nm*
pròmptness *prontèzza-e, nf*
to pròmulgàte *promulgàre*
promulgàtion *promulgaziòne-i, nf*
pròne *inklìne-i, a*
pròneness *inklinaziòne-i, nf*
pròng *pùnta-e, nf*
prònoun *pronòme-i, nm*
to prounòunce *pronunciàre*
pronunciàtion *pronùnca-e, nf*
pròof *pròva-e, nf*

ci ce ca co cu   ki ke ka ko ku   ji je ja jo ju   gi ge ga go gu
sci sce sca sco scu=shi she sha sho shu   gn=q   gl=y

prosperity

prop *appoggio-i, nm*	**pròp** *appòjjo-i, nm*
propaganda *propaganda-e, nf*	**propagànda** *propagànda-e, nf*
to propagate *propagare*	**to propagàte** *propagàre*
propagation *propagazione-i, nf*	**propagàtion** *propagaziòne-i, nf*
to propel *spingere*	**to propèl** *spìnjere*
propeller *elica-he, nf*	**propèller** *èlika-e, nf*
propensity *propensità, f*	**propènsity** *propensità, f*
proper *adatto-i a e, a*	**pròper** *adàtto-i a e, a*
property *proprietà, nf*	**pròperty** *proprietà, nf*
prophecy *profezia-e, nf*	**pròphecy** *profèzia-e, nf*
to prophesy *profetizzare*	**to prophèsy** *profetizzàre*
prophet *profeta-i, nm*	**pròphet** *profèta-i, nm*
prophetic *profetico-i a he, a*	**prophètik** *profètiko-i a e, a*
propinquity *vicinanza-e, nf*	**propìnquity** *vicinànza-e, nf*
to propitiate *propiziare*	**to propìtiate** *propiziàre*
propitious *propizio-i, a*	**propìtious** *propìzio-i, a*
porportion *proporzione-i, nf*	**porpòrtion** *proporziòne-i, nf*
proportional *proporzionale-i, a*	**propòrtional** *proporzionàle-i, a*
proportionate *proporzionato-i a e, a*	**propòrtionate** *proporzionàto-i a e, a*
proposal *proposta-e, nf*	**propòsal** *propòsta-e, nf*
to propose *proporre*	**to propòse** *propòrre*
to propound *proporre*	**to propòund** *propòrre*
propietor *proprietario-i a e, nmf*	**propìetor** *proprietàrio-i a e, nmf*
propriety *correttezza-e, nf*	**proprìety** *korrettèzza-e, nf*
prorogation *proroga-he, nf*	**prorogàtion** *pròroga-e, nf*
to prorogue *prorogare*	**to prorògue** *prorogàre*
prosaic *prosaico-i a he, a*	**prosàik** *prosàiko-i a e, a*
proscribe *proscrivere*	**proskrìbe** *proskrìvere*
proscription *proscrizione-i, nf*	**proskrìption** *proskriziòne-i, nf*
prose *prosa-e, nf*	**pròse** *pròsa-e, nf*
to prosecute *perseguire*	**to pròsekute** *perseguìre*
prosecution *processo-i, nm*	**prosekùtion** *procèsso-i, nm*
prosecutor *accusatore-i, nm*	**pròsekutor** *akkusatòre-i, nm*
proselyte *proselito-i a e, nmf*	**pròselỳte** *prosèlito-i, a e, nmf*
to proselytize *convertire*	**to pròselytize** *konvertìre*
prosody *prosodia-e, nf*	**pròsody** *prosodìa-e, nf*
prospect *prospetto-i, nm*	**pròspekt** *prospètto-i, nm*
to prospect *esplorare*	**to pròspekt** *esploràre*
prospective *previsto-i, nm*	**prospèktive** *prevìsto-i, nm*
prospectus *prospetto-i, nm*	**prospèktus** *prospètto-i, nm*
to prosper *prosperare*	**to pròsper** *prosperàre*
prosperity *prosperità, nf*	**prospèrity** *prosperità, nf*

prosperous *prospero-i a e, a*
prostitute *prostituta-e, nf*
prostrate *prostrato-i a e, a*
to prostrate *prostrare*
prostation *prostrazione-i, nf*
to protect *proteggere*
protection *protezione-i, nf*
protective *protettivo-i a e, a*
protector *protettore-i, nm*
protest *protesta-e, nf*
Protestant *protestante-i, nm*
Protestantism *protestantisimo-i, nm*
protocol *protocollo-i, nm*
prototype *prototipo-i, nm*
to protract *protrarre*
protraction *allungamento-i, nm*
to protrude *sporgere*
protuberance *protuberanza-e, nf*
proud *fiero-i a e, a*
to prove *dimostrare*
provender *foraggio-i, nm*
proverb *proverbio-i, nm*
proverbial *proverbiale-i, a*
to provide *provvedere*
provided *purchè, conj*
providence *provvidenza-e, nf*
provident *previdente-i, a*
providential *provvidenziale-i, a*
provinc *provincia-e, nf*
provincial *provinciale-i, a*
provision *provvista-e, nf*
provisional *provvisorio-i a e, a*
provocation *provocazione-i, nf*
provocative *provocante-i, a*
to provoke *provocare*
provoking *provocante-i, a*
prow *poppa-e, nf*
prowess *prodezza-e, nf*
to prowl *inseguire*
proximity *prossimità, nf*
proxy *procura-e, nf*
prude *puritano-i a e, a*

pròsperous *pròspero-i a e, a*
pròstitute *prostitùta-e, nf*
pròstràte *prostràto-i a e, a*
to prostràte *prostràre*
prostàtion *prostraziòne-i, nf*
to protèkt *protèjjere*
protèktion *proteziòne-i, nf*
protèktive *protettìvo-i a e, a*
protèktor *protettòre-i, nm*
pròtest *protèsta-e, nf*
Pròtestant *protestànte-i, nm*
Pròtestantism *protestantèsimo-i, nm*
pròtokol *protokòllo-i, nm*
prototỳpe *protòtipo-i, nm*
to protràkt *protràrre*
protràktion *allungamènto-i, nm*
to protrùde *spòrjere*
protùberance *protuberànza-e, nf*
pròud *fièro-i a e, a*
to pròve *dimostràre*
pròvender *foràjjo-i, nm*
pròverb *provèrbio-i, nm*
provèrbial *proverbiàle-i, a*
to provìde *provvedère*
provìded *purkè, konj*
pròvidence *provvidènza-e, nf*
pròvident *previdènte-i, a*
providèntial *provvidenziàle-i, a*
pròvince *provìnca-e, nf*
provìncial *provincàle-i, a*
provìsion *provvìsta-e, nf*
provìsional *provvisòrio-i a e, a*
provokàtion *provokaziòne-i, nf*
provòkative *provokànte-i, a*
to provòke *provokàre*
provòkìng *provokànte-i, a*
pròw *pòppa-e, nf*
pròwess *prodèzza-e, nf*
to pròwl *inseguìre*
proxìmity *prossimità, nf*
pròxy *prokùra-e, nf*
prùde *puritàno-i a e, a*

prudence prudenza-e, nf	**prùdence** prudènza-e, nf
prudent prudente-i, a	**prùdent** prudènte-i, a
prudery pudicizia-e, nf	**prùdery** pudicìzia-e, nf
prune prugna-e, nf	**prùne** prùqa-e, nf
to prune potare	**to prùne** potàre
prurient lascivo-i a e, a	**prùrient** lashìvo-i a e, a
to pry curiosare	**to prỳ** kuriosàre
psalm salmo-i, nm	**psàlm** sàlmo-i, nm
pseudonym pseudonimo-i, nm	**pseùdonym** psèudònimo-i, nm
psychology psicologia-e, nf	**psykòlogy** psikolojìa-e, nf
puberty pubertà, nf	**pùberty** pubertà, nf
public publico-i, nm	**pùblik** pùbliko-i, nm
publication pubblicazione-i, nf	**publikàtion** pubblikaziòne-i, nf
publicity pubblicità, nf	**publìcity** pubblicità, nf
to publish pubblicare	**to pùblish** pubblikàre
publisher editore-i, nm	**pùblisher** editòre-i, nm
pucker crespa-e, nf	**pùker** krèspa-e, nf
to pucker increspare	**to pùker** inkrespàre
pudding budino-i, nm	**pùdding** budìno-i, nm
puddle pozzanghera-e, nf	**pùddle** pozzàngera-e, nf
puerile puerile-i, a	**pùerile** puerìle-i, a
puerility puerilità, nf	**pùerìlity** puerilità, nf
puff sbuffo-i, nm	**pùff** sbùffo-i, nm
to puff gonfiare	**to pùff** gonfiàre
pugilist pugile-i, nm	**pùgilist** pùjile-i, nm
pugnacious battagliero-i a e, a	**pugnàcious** battàyero-i a e, a
pugnacity combattente-i, a	**pugnàcity** kombattènte-i, a
puissance possanza-e, nf	**puìssance** possànza-e, nf
pull tirata-e, nf	**pùll** tiràta-e, nf
to pull tirare	**to pùll** tiràre
pullet pollastrella-e, nf	**pùllet** pollastrèlla-e, nf
pulley puleggia-e, nf	**pùlley** pulèjja-e, nf
pulmonary polmonare-i, a	**pùlmonary** polmonàre-i, a
pulp polpa-e, nf	**pùlp** pòlpa-e, nf
to pulp macellare	**to pùlp** macellàre
pulpit pulpito-i, nm	**pùlpit** pùlpito-i, nm
to pulsate pulsare	**to pulsàte** pulsàre
pulsation pulsazione-i, nf	**pulsàtion** pulsaziòne-i, nf
pulse polso-i, nm	**pùlse** pòlso-i, nm
to pulverize polverizzare	**to pùlverize** polverizzàre
pumice pomice-i, nf	**pùmice** pòmice-i, nf
pump pompa-e, nf	**pùmp** pòmpa-e, nf

to pump *pompare*
pun *giuoco-hi, nm*
punch *colpo-i, nm*
to punch *colpire*
punctual *puntuale-i, a*
punctuality *puntualità, nf*
to puncuate *punteggiare*
punctuation *punteggiatura-e, nf*
puncture *puntura-e, nf*
to puncture *bucare*
pungent *pungente-i, a*
to punish *punire*
punishable *punibile-i, a*
punishment *punizione-i, nf*
punt *chiatta-e, nf*
to punt *calciare*
puny *piccolo-i a e, a*
pup *cucciolo-i, nm*
pupil *studente-i, nm*
puppet *marionetta, e, nf*
purchase *acquisto-i, nm*
to purchase *acquistare*
purchaser *compratore-i, nm*
pure *puro-i a e, a*
pureness *purezza-e, nf*
purgation *purga-he, nf*
purgative *purgativo-i a e, a*
purgatory *purgatorio-i, nm*
to purge *purificare*
purification *purificazione-i, nf*
to purify *purificare*
Puritan *puritano-i a e, a*
Puritanism *puritanesimo-i, nm*
purity *purezza-e, nf*
purl *mormorio-i, nm*
purloin *rubare*
purple *purpureo-i a e, a*
purport *significato-i, nm*
to purport *significare*
purpose *proposito-i, nm*
to purr *ronfare*
purser *ufficiale-i, nm*

to pùmp *pompàre*
pùn *juòko-i, nm*
pùnch *kòlpo-i, nm*
to pùnch *kolpìre*
pùnktual *puntuàle-i, a*
punktuàlity *puntualità, nf*
to pùnkuàte *puntejjàre*
pùnktuàtion *puntejjatùra-e, nf*
pùnktùre *pùntura-e, nf*
to pùnkture *bukàre*
pùngent *punjènte-i, a*
to pùnish *punìre*
pùnishable *punìbile-i, a*
pùnishment *puniziòne-i, nf*
pùnt *kiàtta-e, nf*
to pùnt *kalcàre*
pùny *pìkkolo-i a e, a*
pùp *kùccolo-i, nm*
pùpil *studènte-i, nm*
pùppet *marionètta, e, nf*
pùrchase *akuìsto-i, nm*
to pùrchase *akuistàre*
pùrchaser *kompratòre-i, nm*
pùre *pùro-i a e, a*
pùreness *purèzza-e, nf*
purgàtion *pùrga-e, nf*
pùrgative *purgatìvo-i a e, a*
pùrgatory *purgatòrio-i, nm*
to pùrge *purifikàre*
purifikàtion *purifikaziòne-i, nf*
to pùrify *purifikàre*
Pùritan *puritàno-i a e, a*
Pùritanism *puritanèsimo-i, nm*
pùrity *purèzza-e, nf*
pùrl *mormorìo-i, nm*
pùrloin *rubàre*
pùrple *purpùreo-i a e, a*
pùrport *siqifikàto-i, nm*
to purpòrt *siqifikàre*
pùrpose *propòsito-i, nm*
to pùrr *ronfàre*
pùrser *ufficàle-i, nm*

ci ce ca co cu   ki ke ka ko ku   ji je ja jo ju   gi ge ga go gu
sci sce sca sco scu=shi she sha sho shu   gn=q   gl=y

pursuance *continuazione-i, nf*
to pursue *seguire*
pursuer *inseguitore-i, nm*
pursuit *inseguimento-i, nm*
pursy *corpulento-i, a*
to purvey *provvedere*
purveyor *fornitore*
pus *pus, nm*
push *spinta-e, nf*
to push *spingere*
pushing *invadente-i, a*
pusillanimous *pusillamine-i, a*
puss *micio-i a e, nmf*
to put *mettere*
putrefaction *putrefazione-i, nf*
to putrify *putrefare*
putrid *putrido-i a e, a*
puttee *mollettatura-e, nf*
putty *stucco-hi, nm*
puzzle *enigma-e, nf*
pygmy *pigneo-i, nm*
pygiamas *pigiama-i, nm*
pyramid *piramide-i, m*
pyre *pira-e, nf*
pyrotechnic *pirotecnico-i, a*
Pythagoras *Pitagora, nm*
python *pitòne-i, nm*

Q

quack *ciarlatano-i a e, nmf*
quackery *ciarlatanerìa-e, nf*
quadrangle *quadrangolo-i, nm*
quadrant *quadrante-i, nm*
quadrate *quadrato-i, a*
quadrille *quadriglia-e, nf*
quadruped *quadrupede-i, nm*
quadruple *quadruplo-i, nm*
to quaff *tracannare*
quagmire *palude-i, nf*
quail *quaglia-e, nf*
quaint *attraente-i, a*
quaintness *piacevolezza-e, nf*

pursuànce *kontinuazìòne-i, nf*
to pursùe *seguìre*
pursùer *inseguitòre-i, nm*
pursùit *inseguimènto-i, nm*
pùrsy *korpulènto-i, a*
to pùrvey *provvedère*
purvèyor *fornitòre*
pùs *pùs, nm*
pùsh *spìnta-e, nf*
to pùsh *spìnjere*
pùshing *invadènte-i, a*
pùsillànimous *pusillànime-i, a*
pùss *mìco-i a e, nmf*
to pùt *mèttere*
putrefàktion *putrefazìòne-i, nf*
to pùtrify *putrefàre*
pùtrid *pùtrido-i a e, a*
pùttee *mollettatùra-e, nf*
pùtty *stùkko-i, nm*
pùzzle *enìgma-e, nf*
pỳgmy *pìqeo-i, nm*
pygiàmas *pijàma-i, nm*
pỳramid *piràmide-i, m*
pỳre *pìra-e, nf*
pyrotèknik *pirotèkniko-i, a*
Pythàgoras *Pitàgora, nm*
pỳthon *pitòne-i, nm*

Q

quàk *carlatàno-i a e, nmf*
quàkery *carlatanerìa-e, nf*
quàdrangle *kuadràngolo-i, nm*
quàdrant *kuadrànte-i, nm*
quàdrate *kuadràto-i, a*
quàdrille *kuadrìya-e, nf*
quàdrùped *kuadrùpede-i, nm*
quàdrùple *kuadrùplo-i, nm*
to quàff *trakannàre*
quàgmire *palùde-i, nf*
quàil *kuàya-e, nf*
quàint *attraènte-i, a*
quàintness *piacevolèzza-e, nf*

quake *scossa-e, nf*
to quake *tremare*
Quaker *quacchero-i a e, nmf*
qualification *qualifica-he, nf*
to qualify *qualificare*
quality *qualità, nf*
qualm *scrupolo-i, nm*
quandary *incertezza-e, nf*
quantity *quantità, nf*
quarantine *quarantena-e, nf*
quarrel *alterco-hi, nm*
to quarrel *litigare*
quarrelsome *litigioso-i a e, a*
quarry *cava-e, nf*
quarryman *cavatore-i, nm*
quart *quarto-i, nm*
quarter *quartiere-i, nm*
quarterly *trimestrale-i, nm*
quartermaster *quartiermastro-i a e, nmf*
quartz *quarzo-i, nm*
to quash *annullare*
quatrain *quartina-e, nf*
quaver *trillo-i, nm*
quay *banchina-e, nf*
queasy *delicato-i a e, a*
queen *regina-e, nf*
queenly *regale, a*
queer *strano-i a e, a*
quell *reprimere*
to quench *calmare*
querulous *querulo-i a e, a*
query *domanda-e, nf*
to query *interrogare*
quest *ricerca-he, nf*
question *domanda-e, nf*
to question *interrogare*
questionable *discutibile-i, a*
queue *coda-e, nf*
quibble *cavillo-im ,m*
to quibble *cavillare*
quick *svelto-i a e, a*
to quicken *affrettare*

quàke *skòssa-e, nf*
to quàke *tremàre*
Quàker *kuàkero-i a e, nmf*
quàlifikàtion *kualìfika-e, nf*
to quàlify *kualifikàre*
quàlity *kualità, nf*
quàlm *skrùpolo-i, nm*
quandàry *incertèzza-e, nf*
quàntity *kuantità, nf*
quàrantine *kuarantèna-e, nf*
quàrrel *altèrko-i, nm*
to quàrrel *litigàre*
quàrrelsòme *litijòso-i a e, a*
quàrry *kàva-e, nf*
quàrrymàn *kavatòre-i, nm*
quàrt *kuàrto-i, nm*
quàrter *kuartière-i, nm*
quàrterly *trimestràle-i, nm*
quàrtermàster *kuartiermàstro-i a e, nmf*
quàrtz *kuàrzo-i, nm*
to quàsh *annullàre*
quàtrain *kuartìna-e, nf*
quàver *trìllo-i, nm*
quày *bankìna-e, nf*
quèasy *delikàto-i a e, a*
quèen *rejìna-e, nf*
quèenly *regàle, a*
quèer *stràno-i a e, a*
quèll *reprìmere*
to quènch *kalmàre*
quèrulous *kuèrulo-i a e, a*
quèry *domànda-e, nf*
to quèry *interrogàre*
quèst *ricèrka-e, nf*
quèstion *domànda-e, nf*
to quèstion *interrogàre*
quèstionable *diskutìbile-i, a*
quèue *kòda-e, nf*
quìbble *kavìllo-im ,m*
to quìbble *kavillàre*
quìk *svèlto-i a e, a*
to quìken *affrettàre*

ci ce ca co cu   ki ke ka ko ku   ji je ja jo ju   gi ge ga go gu
sci sce sca sco scu=shi she sha sho shu   gn=q   gl=y

radius

quickness *prontezza-e, nf*
quiet *quiete-i, nf*
quietness *silenzio-i, nm*
quilt *coperta-e, nf*
quince *cotogna-e, nf*
quinine *chinino-i a e, nmf*
quintal *quintale-i, nm*
quip *battuta-e, nf*
quirk *svolazzo-i, nm*
to quit *abbandonare*
quite *completamente, ad*
quiver *brivido-in nm*
quiz *interrogatorio-i, nm*
quizzical *canzonatorio-i, a*
Quixote *Chisciotte, nm*
quoit *piatto-i, nm*
quota *quota-e, nf*
quotation *citazione-i, nf*
to quote *citare*
quotidian *quotidiano-i, a*
quotient *quoziente-i, nm*

R
rabbet *scanalatura-e, nf*
to rabbet *scanalare*
Rabbi *rabbino-i, nm*
rabbit *coniglio-i, nm*
rabble *plebaglia-e, nf*
rabid *rabbioso- a e, a*
rabies *rabbia-e, nf*
race *razza-e, nf*
rack *rete-i, nf*
racket *racchetta-e, nf*
racy *vivace-i, a*
radiance *splendore-i, nm*
radiant *raggiante-i, a,*
to radiate *diffondere*
radiation *irradiazione-i, nf*
radiator *radiatore-i, nm*
radical *radicale-i, a*
radish *ravanello-i, nm*
radius *raggio-i, nm*

quìkness *prontèzza-e, nf*
quìet *kuiète-i, nf*
quìetness *silènzio-i, nm*
quìlt *kopèrta-e, nf*
quìnce *kotòqa-e, nf*
quìnine *kinìno-i a e, nmf*
quìntal *kuintàle-i, nm*
quìp *battùta-e, nf*
quìrk *svolàzzo-i, nm*
to quìt *abbandonàre*
quìte *kompletamènte, ad*
quìver *brìvido-i, nm*
quìz *interrogatòrio-i, nm*
quìzzikal *kanzonatòrio-i, a*
Quìxòte *Kishòtte, nm*
quòit *piàtto-i, nm*
quòta *kuòta-e, nf*
quotàtion *citaziòne-i, nf*
to quòte *citàre*
quotìdian *kuotidiàno-i, a*
quòtient *kuoziènte-i, nm*

R
ràbbet *skalanatùra-e, nf*
to ràbbet *skànalare*
Ràbbi *rabbìno-i, nm*
ràbbit *konìyo-i, nm*
ràbble *plebàya-e, nf*
ràbid *rabbiòso- a e, a*
ràbies *ràbbia-e, nf*
ràce *ràzza-e, nf*
ràk *rète-i, nf*
ràket *rakkètta-e, nf*
ràcy *vivàce-i, a*
ràdiance *splendòre-i, nm*
ràdiant *rajjànte-i, a,*
to ràdiate *diffòndere*
ràdiation *irradiaziòne-i, nf*
ràdiator *radiatòre-i, nm*
ràdikal *radikàle-i, a*
ràdish *ravanèllo-i, nm*
ràdius *ràjjo-i, nm*

raffish *cafone-i, a*
raffle *lotteria-e, nf*
to raffle *vendere*
raft *zattera-e, nf*
rafter *travicello-i, nm*
rag *straccio-i, nm*
ragamuffin *straccione-i, nm*
rage *collera-e, nf*
ragged *cencioso-i a e, a*
raid *incursione-i, nf*
rail *rotaia-e, nf*
railing *ringhiera-e, nf*
railroad *ferrovia-e, nf*
rain *pioggia-e, nf*
rainbow *arcobaleno-i, nm*
rainy *piovoso, a*
to raise *alzare*
raisin *uvetta-e, nf*
rake *rastrello-i, nm*
to rake *rastrellare*
rally *adunata-e, nf*
ram *montone-i, nm*
to ram *speronare*
to ramble *vagare*
rambling *errante-i, a*
ramification *ramificazione-i, nf*
to ramify *ramificare*
ramp *inclinazione-i, nf*
rampage *furia-e, nf*
rampant *violento-i a e, a*
rampart *bastione-i, nm*
ramrod *calcatoio-i, nm*
ramshackle *sgangherato-i, a e, a*
ranci *rancido-i a e, a*
rancidity *rancidezza-e, nd*
rancor *rancore-i, nm*
random *casaccio-i, nm*
range *distanza-e, nf*
rank *grado-i, nm*
to rank *classificare*
to rank *assillare*
rankness *esuberanza-e, nf*

ràffish *kafòne-i, a*
ràffle *lotterìa-e, nf*
to ràffle *vèndere*
ràft *zàttera-e, nf*
ràfter *travicèllo-i, nm*
ràg *stràcco-i, nm*
ràgamùffin *stracciòne-i, nm*
ràge *kòllera-e, nf*
ràgged *cencòso-i a e, a*
ràid *inkursiòne-i, nf*
ràil *rotàia-e, nf*
ràiling *ringièra-e, nf*
ràilroad *ferrovìa-e, nf*
ràin *piòjja-e, nf*
ràinbòw *arkobalèno-i, nm*
ràiny *piovòso, a*
to ràise *alzàre*
ràisin *uvètta-e, nf*
ràke *rastrèllo-i, nm*
to ràke *rastrellàre*
ràlly *adunàta-e, nf*
ràm *montòne-i, nm*
to ràm *speronàre*
to ràmble *vagàre*
ràmbling *erràante-i, a*
ràmifikàtion *ramifikaziòne-i, nf*
to ràmify *ramifikàre*
ràmp *inklinaziòne-i, nf*
ràmpage *fùria-e, nf*
ràmpant *violènto-i a e, a*
ràmpart *bastiòne-i, nm*
ràmrod *kalkatòio-i, nm*
ràmshàkle *sgangeràto-i, a e, a*
ràncid *ràncido-i a e, a*
rànciidity *rancidèzza-e, nd*
rànkor *rankòre-i, nm*
ràndom *kasàcco-i, nm*
rànge *distànza-e, nf*
rànk *gràdo-i, nm*
to rànk *klassifikàre*
to rànk *assillàre*
rànkness *esuberànza-e, nf*

		raw
to ransack *perquisire*	to rànsak *perkuisìre*	
ransom *riscatto-i, nm*	rànsom *riskàtto-i, nm*	
to rant *declamare*	to rànt *deklamàre*	
rap *colpo-i, nm*	ràp *kòlpo-i, nm*	
to rap *battere*	to ràp *bàttere*	
rapacious *rapace-i, a*	rapàcious *rapàce-i, a*	
rape *ratto-i, nm*	ràpe *ràtto-i, nm*	
to rape *rapire*	to ràpe *rapìre*	
rapid *veloce-i, a*	ràpid *velòce-i, a*	
rapidity *rapidità, nf*	rapìdity *rapidità, nf*	
rupier *spada-e, nf*	ràpier *spàda-e, nf*	
rapture *estasi, nf*	ràpture *èstasi, nf*	
rapturous *estatico-i a he, a*	ràpturous *estàtiko-i a e, a*	
rare *raro-i a e, a*	ràre *ràro-i a e, a*	
rarity *rarità, nf*	ràrity *rarità, nf*	
rascal *briccone-i, nm*	ràskal *brikkòne-i, nm*	
rascality *furfanteria-e, nf*	raskàlity *furfanterìa-e, nf*	
rash *imprudente-i, a*	ràsh *imprudènte-i, a*	
rashness *imprudente-i, a*	ràshness *imprudènte-i, a*	
rasp *raspa-e, nf*	ràsp *ràspa-e, nf*	
raspberry *lampone-i, nm*	ràspberry *lampòne-i, nm*	
rat *pantegano-i, nm*	ràt *pantegàno-i, nm*	
rate *aliquota-e, nf*	ràte *alikuòta-e, nf*	
to rate *classificare*	to ràte *klassifikàre*	
rather *piuttosto, ad*	ràther *piuttòsto, ad*	
ratification *ratifica-he, nf*	ràtifikàtion *ratìfika-e, nf*	
to ratify *ratificare*	to ràtify *ratifikàre*	
ration *razione-i, nf*	ràtion *raziòne-i, nf*	
rational *razionale-i, a*	ràtional *razionàle-i, a*	
rattle *sonaglio-i, nm*	ràttle *sonàyo-i, nm*	
to rattle *agitare*	to ràttle *ajitàre*	
ravage *devastazione-i, nf*	ràvage *devastaziòne-i, nf*	
to ravage *devastare*	to ràvage *devastàre*	
to rave *elogiare*	to ràve *elojàre*	
to ravel *ingarbugliare*	to ràvel *ingarbuyàre*	
raven *corvo-i, nm*	ràven *kòrvo-i, nm*	
ravenous *affamato-i a e, a*	ràvenous *affamàto-i a e, a*	
ravine *burrone-i, nm*	ravìne *burròne-i, nm*	
raving *delirio-i, nm*	ràving *delìrio-i, nm*	
to ravish *estasiare*	to ràvish *estasiàre*	
ravishing *incantevole-i, a*	ràvishìng *inkantèvole-i, a*	
raw *crudo-i a e, a*	ràw *krùdo-i a e, a*	

rawness *crudezza-e, nf*
ray *raggio-i, nm*
to raze *distruggere*
razor *rasoio-i, nm*
reach *portata-e, a*
to reach *raggiungere*
to react *reagire*
reaction *reazione-i, nf*
to read *leggere*
readable *leggibile-i, a*
reader *lettore-i, nm*
readiness *prontezza-e, nf*
reading *lettura-e, nf*
ready *pronto-i a e, a*
real *reale-i, a*
realism *realismo-i, nm*
realit *realtà, nf*
realization *realizzazione-i, nf*
to realize *realizzare*
really *davvero, ad*
realm *reame-i, nm*
to reap *mietere*
rear *retro-i, nm*
to rear *allevare*
reason *ragione-i, nf*
reasonable *ragionevole-i, a*
reasoning *ragionamento-i, nm*
to reassure *rassicurare*
rebate *sconto-i, nm*
rebel *ribelle-i, nm*
to rebel *ribellare*
rebellion *ribellione-i, nf*
rebellious *ribelle-i, nm*
rebound *rimbalzo-i, nm*
to rebound *rimbalzare*
rebuff *rifiuto-i, nm*
to rebuff *rifiutare*
rebuke *rimprovero-i, nm*
to rebuke *rimproverare*
recall *richiamo-i, nm*
to recall *richiamare*
to recant *abiurare*

ràwness *krudèzza-e, nf*
rày *ràjjo-i, nm*
to ràze *distrùjjere*
ràzor *rasòio-i, nm*
rèach *portàta-e, a*
to rèach *rajjùnjere*
to rèakt *reajìre*
reàktion *reaziòne-i, nf*
to rèad *lèjjere*
rèadable *lejjìbile-i, a*
rèader *lettòre-i, nm*
rèadiness *prontèzza-e, nf*
rèading *lettùra-e, nf*
rèady *prònto-i a e, a*
rèal *reàle-i, a*
rèalism *realìsmo-i, nm*
reàlity *realtà, nf*
rèalizàtion *realizzaziòne-i, nf*
to reàlize *realizzàre*
reàlly *davvèro, ad*
rèalm *reàme-i, nm*
to rèap *mìetere*
rèar *rètro-i, nm*
to rèar *allevàre*
rèason *rajòne-i, nf*
rèasonable *rajonèvole-i, a*
rèasoning *rajonamènto-i, nm*
to reàssure *rassikuràre*
rebàte *skònto-i, nm*
rèbel *ribèlle-i, nm*
to rèbel *ribellàre*
rebèllion *ribelliòne-i, nf*
rebèllious *ribèlle-i, nm*
rèbound *rimbàlzo-i, nm*
to rèbound *rimbalzàre*
rebùff *rifiùto-i, nm*
to rebùff *rifiutàre*
rebùke *rimpròvero-i, nm*
to rebùke *rimproveràre*
rekàll *rikiàmo-i, nm*
to rekàll *rikiamàre*
to rekànt *abiuràre*

recantation *abiura-e, nf*
to recapitulate *riassumere*
recapitulation *ricapitolazione-i, nf*
to recede *recedere*
receipt *ricevuta-e, nf*
to receive *ricevere*
receiver *ricevitore-i, nm*
recent *recente-i, a*
receptacle *recipiente-i, nm*
reception *ricevimento-i, nm*
recess *recesso-i, nm*
recipe *ricetta-e, nf*
recipient *ricevente-i, nm*
reciprocal *reciproco-i a he, a*
to reciprocate *contraccambiare*
reciprocity *reciprocità, nf*
recitation *recitazione-i, nf*
to recite *recitare*
reckless *temerario-i a e, a*
reckoning *calcolo-i, nm*
to reclaim *redimere*
reclamation *bonifica-he, nf*
to recline *inclinare*
recluse *solitario-i a e, nmf*
recognition *riconoscimento-i, nm*
to recognize *riconoscere*
recoil *indietreggiamento-i, nm*
to recoil *indietreggiare*
to recollect *richiamare*
recollection *ricordo-i, nm*
to recommend *raccomandare*
recommendation *raccomandazione-i, nf*
recompense *ricompensa-e, nf*
to recompense *ricompensare*
to reconcile *conciliare*
recondite *recondito-i, a e, a*
reconnaissance *ricognizione-i, nf*
to reconstruct *ricostruire*
reconstruction *ricostruzione-i, nf*
record *registrazione-i, nf*
to record *registrare*
recorder *registratore-i, nm*

rekantàtion *abiùra-e, nf*
to rekapìtulàte *riassùmere*
rekapitulàtion *rikapitolaziòne-i, nf*
to recède *recèdere*
recèipt *ricevùta-e, nf*
to recèive *ricèvere*
recèiver *ricevitòre-i, nm*
rècent *recènte-i, a*
recèptakle *recipiènte-i, nm*
recèption *ricevimènto-i, nm*
recèss *recèsso-i, nm*
rècipe *ricètta-e, nf*
recìpient *ricevènte-i, nm*
recìprokal *recìproko-i a e, a*
to recìprokàte *kontrakkambiàre*
reciprócity *reciprocità, nf*
recitàtion *recitaziòne-i, nf*
to recìte *recitàre*
rèkless *temeràrio-i a e, a*
rèkoning *kàlkolo-i, nm*
to reklàim *redìmere*
reklamàtion *bonìfika-e, nf*
to reklìne *inklinàre*
rèkluse *solitàrio-i a e, nmf*
rekognìtion *rikonoshimènto-i, nm*
to rèkognize *rikonòshere*
rèkoil *indietrejjamènto-i, nm*
to rèkoil *indietrejjàre*
to rèkollèkt *rikiamàre*
rèkollèktion *rikòrdo-i, nm*
to rekommènd *rakkomandàre*
rekommendàtion *rakkomandaziòne-i, nf*
rèkompense *rikompènsa-e, nf*
to rèkompense *rikompensàre*
to rèkoncìle *konciliàre*
rèkondìte *rekondìto-i, a e, a*
rekònnaìssance *rikoqiziòne, nf*
to rekonstrùkt *rikostruìre*
rekonstrùktion *rikostruziòne-i, nf*
rèkord *rejistraziòne-i, nf*
to rekòrd *rejistràre*
rekòrder *rejistratòre-i, nm*

to recount *raccontare*
recourse *ricorso-i, nm*
recover *ricuperare*
recovery *ricupero-i, nm*
to recreate *ricreare*
recreation *ricreazione*
recruit *recluta-i e, nm*
to recruit *reclutare*
rectangle *rettangolo-i, nm*
rectification *rettificazione-i, nf*
to rectify *rettificare*
rectitude *rettitudine-i, nf*
rector *rettore-i, nm*
rectory *canonica-he, nf*
recumbent *appoggiato-i a e, a*
to recuperate *ricuperare*
to recur *ricorrere*
recurrence *ricorrenza-e, nf*
recurrent *ricorrente-i, a*
red *rosso-i a e, a*
to redden *arrossire*
reddish *rossastro-i a e, a*
to redeem *redimere*
redeemer *redentore-i, nm*
redemption *redenzione-i, nf*
redness *rossore-i, nm*
redolent *fragrante-i, a*
to redouble *raddoppiare*
redoubt *ridotta-e, nf*
redoubtable *formidabile-i, a*
to rebound *ridondare*
redress *riparazione-i, nf*
to redress *riparare*
to reduce *ridurre*
reduction *riduzione-i, nf*
redundent *ridontante-i, a*
reed *canna-e, nf*
reef *scoglio-i, nm*
reek *fetore-i, nm*
to reek *fumare*
reel *rocchetto-i, nm*
to reel *avvolgere*

to reel

to rèkount *rakkontàre*
rekòurse *rikòrso-i, nm*
rekòver *rikuperàre*
rekòvery *rikùpero-i, nm*
to rèkreàte *rikreàre*
rèkreàtion *rikreazióne,*
rekrùit *rèkluta-i e, nm*
to rekrùit *reklutàre*
rèktangle *rettàngolo-i, nm*
rektifikàtion *rettifikazióne-i, nf*
to rèktify *rettifikàre*
rèktitùde *rettitùdine-i, nf*
rèktor *rettòre-i, nm*
rèktory *kanònika-e, nf*
rekùmbent *appojjàto-i a e, a*
to rekùperate *rikuperàre*
to rekùr *rikòrrere*
rekùrrence *rikorrènza-e, nf*
rekùrrent *rikorrènte-i, a*
rèd *ròsso-i a e, a*
to rèdden *arrossìre*
rèddish *rossàstro-i a e, a*
to redèem *redìmere*
redèemer *redentòre-i, nm*
redèmption *redenzióne-i, nf*
rèdness *rossòre-i, nm*
rèdolent *fragrànte-i, a*
to rèdouble *raddoppiàre*
rèdoubt *ridòtta-e, nf*
redòubtable *formidàbile-i, a*
to rèdound *ridondàre*
redrèss *riparazióne-i, nf*
to redrèss *riparàre*
to redùce *ridùrre*
redùktion *riduzióne-i, nf*
redùndent *ridontànte-i, a*
rèed *kànna-e, nf*
rèef *skòyo-i, nm*
rèek *fetòre-i, nm*
to rèek *fumàre*
rèel *rokkètto-i, nm*
to rèel *avvòljere*

refectory *refettorio-i, nm*	**refèktory** *refettòrio-i, nm*
to refer *riferire*	**to refèr** *riferìre*
referee *arbitro-i, nm*	**rèferèe** *àrbitro-i, nm*
refernce *referenza-e, nf*	**rèference** *referènza-e, nf*
to refine *raffinare*	**to refine** *raffinàre*
refinment *raffinatezza-e, nf*	**refìnment** *raffinatèzza-e, nf*
to reflect *riflettere*	**to reflèkt** *riflèttere*
reflection *riflessione-i, nf*	**reflèktion** *riflessiòne-i, nf*
reflective *riflessivo-i a e, a*	**reflèktive** *riflessìvo-i a e, a*
reflector *riflettore-i, nm*	**reflèktor** *riflettòre-i, nm*
reflex *riflesso-i, a*	**rèflex** *riflèsso-i, a*
reflexive *riflessivo-i a e, a*	**reflèxive** *riflessìvo-i a e, a*
reform *riforma-e, nf*	**refòrm** *rifòrma-e, nf*
to reform *riformare*	**to refòrm** *riformàre*
reformation *riforma-e, nf*	**reformàtion** *rifòrma-e, nf*
reformer *riformatore-i, nm*	**refòrmer** *riformatòre-i, nm*
to refract *rifrangere*	**to refràkt** *rifrànjere*
refractory *refrattario-i a e, a*	**refràktory** *refrattàrio-i a e, a*
refrain *ritornello-i, nm*	**refràin** *ritornèllo-i, nm*
to refresh *rinfrescare*	**to refrèsh** *rinfreskàre*
refreshment *rinfresco-hi, nm*	**refrèshment** *rinfrèsko-i, nm*
refrigerator *frigorifero-i, nm*	**refrìgeràtor** *frigorifero-i, nm*
refuge *rifugio-i, nm*	**rèfuge** *rifùjo-i, nm*
refugee *esule-i, nm*	**rèfugèe** *èsule-i, nm*
refund *rimborso-i, nm*	**refùnd** *rimbòrso-i, nm*
to refund *rimborsare*	**to refùnd** *rimborsàre*
refusal *rifiuto-i, nm*	**refùsal** *rifiùto-i, nm*
refuse *rifiuti, nm*	**refùse** *rifiùti, nm*
to refuse *rifiutare*	**to refùse** *rifiutàre*
to refute *confutare*	**to refùte** *konfutàre*
to regain *ricuperare*	**to regàin** *rikuperàre*
regal *regale-i, a*	**regàl** *regàle-i ,a*
to regale *intrattenere*	**to regàle** *intrattenère*
regality *regalità, nf*	**regàlity** *regalità, nf*
regard *considerazione-i, nf*	**regàrd** *konsiderazióne-i, nf*
to regard *considerare*	**to regàrd** *konsideràre*
regarding *riguardo, prep*	**regàrding** *riguàrdo, prep*
regardless *incurante, a*	**regàrdless** *inkurànte, a*
regency *regenza-e, nf*	**règency** *rejènza-e, nf*
regenerate *rigenerato-i a e, a*	**regènerate** *rijeneràto-i a e, a*
to regenerate *rigenerare*	**to regèneràte** *rijeneràre*
regent *reggente-i, nm*	**règent** *rejjènte-i, nm*

	to remain
regicide *regicidio-i, nm*	**règicide** *rejicìdio-i, nm*
regime *regime-i, nm*	**regìme** *rejìme-i, nm*
regiment *regimento-i, nm*	**règiment** *rejimènto-i, nm*
regimental *regimentale-i*	**regimèntal** *rejimentàle-i*
region *regione-i, nf*	**règion** *rejòne-i, nf*
register *registro-i, nm*	**règister** *rejìstro-i, nm*
to register *registrare*	**to règister** *rejistràre*
registrar *archivista-i, nm*	**registràr** *arkivìsta-i, nm*
registration *registrazione-i, nf*	**registràtion** *rejistraziòne-i, nf*
registry *ufficio-i, nm*	**règistry** *uffìco-i, nm*
regression *regresso-i, nm*	**regrèssion** *regrèsso-i, nm*
regret *dispiacere-i, nm*	**regrèt** *dispiacère-i, nm*
to regret *rimpiangere*	**to regrèt** *rimpiànjere*
regular *regolare-i, a*	**regular** *regolàre-i, a*
regularity *regolarità, nf*	**regulàrity** *regolarità, nf*
to regulate *regolare*	**to règulate** *regolàre*
regulation *regola-e, nf*	**regulàtion** *règola-e, nf*
regulator *regolatore-i, nm*	**regulàtor** *regolatòre-i, nm*
rehearsal *prova-e, nf*	**rehèarsal** *pròva-e, nf*
to rehearse *preparare*	**to rehèarse** *preparàre*
reign *regno-i, nm*	**règn** *règo-i, nm*
to reign *regnare*	**to règn** *reqàre*
to reimburse *rimborsare*	**to reimbùrse** *rimborsàre*
rein *redine-i, nf*	**rèin** *rèdine-i, nf*
reindeer *renna-e, nf*	**reindèer** *rènna-e, nf*
to reinforce *rafforzare*	**to reinfòrce** *rafforzàre*
to reinstate *ricollocare*	**to reinstàte** *rikollokàre*
to reiterate *reiterare*	**to reìterate** *reiteràre*
to reject *rifiutare*	**to rejèkt** *rifiutàre*
rejection *rifiuto-i, nm*	**rejèktion** *rifiùto-i, nm*
to rejoice *rallegrare*	**to rejòice** *rallegràre*
relic *reliquia-e, nf*	**rèlik** *relìkuia-e, nf*
relief *soccorso-i, nm*	**relìef** *sokkòrso-i, nm*
to relieve *aiutare*	**to relìeve** *aiutàre*
religion *religione-i*	**relìgion** *relijòne-i*
religious *religioso-i a e, a*	**relìgious** *relijòso-i a e, a*
to relinquish *rinunciare*	**to relìnquish** *rinuncàre*
relish *condimento-i, nm*	**rèlish** *kondimènto-i, nm*
to relish *gustare*	**to rèlish** *gustàre*
reluctance *riluttanza-e, nf*	**relùktance** *riluttànza-e, nf*
to rely *confidare*	**to relỳ** *konfidàre*
to remain *restare*	**to remàin** *restàre*

remainder *resto-i, nm*	remàinder *rèsto-i, nm*
remains *avanzi, nf*	remàins *avànzi, nf*
to remand *rimandare*	to remànd *rimandàre*
remark *commento-i, nm*	remàrk *kommènto-i, nm*
remarkable *notevole-i, a*	remàrkable *notèvole-i, a*
remedy *rimedio-i, nm*	rèmedy *rimèdio-i, nm*
to remember *ricordare*	to remèmber *rikordàre*
remembrance *memoria-e, nf*	remèmbrance *memòria-e, nf*
to remind *ricordare*	to remìnd *rikordàre*
reminder *ricordo-i, nm*	remìnder *rikòrdo-i, nm*
reminiscence *reminiscenza-e, nf*	remonìscence *reminishènza-e, nf*
reminiscent *reminiscente-i, a*	remonìscent *reminishènte-i, a*
remiss *negligente-i, a*	remìss *neglijènte-i, a*
remission *remissione-i, a*	remìssion *remissiòne-i, a*
to remit *rimettere*	to remìt *rimèttere*
remittance *pagamento-i, nm*	remìttance *pagamènto-i, nm*
remnant *resto-i, nm*	rèmnant *rèsto-i, nm*
remonstrance *protesta-e, nf*	remònstrance *protèsta-e, nf*
to remonstrate *protestare*	to remònstrate *protestàre*
remorse *rimorso-i, nm*	remòrse *rimòrso-i, nm*
remorseful *dispiaciuto-i a e,a*	remòrseful *dispiacùto-i a e,a*
remote *lontano-i a e, a*	remòte *lontàno-i a e, a*
removal *trasloco-hi, nm*	remòval *traslòko-i, nm*
to remove *sgomberare*	to remòve *sgomberàre*
to remunirate *rimunerare*	to remùnerate *rimuneràre*
remuneration *rimunerazione-i, nf*	remuneràtion *rimuneraziòne-i, nf*
remunerative *rimunerativo-i a e, a*	remùnerative *rimunerativo-i a e, a*
Renaissance *Rinascimento, nm*	Renaissànce *Rinashimènto, nm*
to rend *lacerare*	to rènd *laceràre*
to render *sciogliere*	to rènder *shòyere*
rendering *traduzione-i, nf*	rèndering *traduziòne-i, nf*
renegade *rinnegato-i a e, nmf*	renegàde *rinnegàto-i a e, nmf*
to renew *rinnovare*	to renèw *rinnovàre*
renewal *rinnovamento-i, nm*	renèwal *rinnovamènto-i, nm*
to renounce *rinunciare*	to renòunce *rinuncàre*
renouncement *rinunzia-e, nf*	renòuncement *rinùnzia-e, nf*
to renovate *rimodernare*	to rènovate *rimodernàre*
renown *rinomanza, nf*	renòwn *rinomànza, nf*
renowned *rinomato-i a e, a*	renòwned *rinomàto-i a e, a*
rent *affitto-i, nm*	rènt *affìtto-i, nm*
renunciation *rinunzia-e, nf*	renunciàtion *rinùnzia-e, nf*
to reopen *riaprire*	to reòpen *riaprìre*

to repair *riparare*
repartee *prontezza-e, nf*
repast *pasto-i, nm*
to repay *ripagare*
to repeal *evocare*
to repeat *ripetere*
to repel *respingere*
to repent *pentire*
repentance *pentimento-i, nm*
repentant *penitente-i, a*
repetition *ripetizione-i, nf*
to replace *sostituire*
replant *ripiantare*
to replenish *riempire*
replenisment *rifornimento-i, nm*
replete *pieno-i a i, a*
repleteness *pienezza-e, nf*
repletion *pienezza-e, nf*
replica *copia-e, nf*
replication *replica-he, nf*
to reply *rispondere*
reply *risposta-e, nf*
to repolish *rilucidare*
to repopulate *ripopolare*
repopulation *ripopulazione-i, nf*
report *riferimento-i nm*
to report *riferire*
reportable *riferibile-i, a*
reportage *pettegolezzo-i, nm*
reporter *cronista-i, nm*
to repose *riposare*
repose *riposo*
reposeful *riposante-i, a*
to reposit *riporre*
reposition *riposizione-i, nf*
repository *magazzino-i, nm*
to repot *ripiantare*
to reprehend *rimproverare*
reprehensible *riprensibile-i, a*
reprehension *riprensione-i, nn*
reprehensive *riprensivo-i a e, a*
reprehensively *riprensivamente, ad*

to repàir *riparàre*
repàrtee *prontèzza-e, nf*
repàst *pàsto-i, nm*
to repày *ripagàre*
to repèal *evokàre*
to repèat *ripètere*
to repèl *respìnjere*
to repènt *pentìre*
repèntance *pentimènto-i, nm*
repèntant *penitènte-i, a*
repetìtion *ripetiziòne-i, nf*
to replàce *sostituìre*
replànt *ripiantàre*
to replènish *riempìre*
replènisment *rifornimènto-i, nm*
replète *pièno-i a i, a*
replèteness *pienèzza-e, nf*
replètion *pienèzza-e, nf*
rèplìka *kòpia-e, nf*
replìkàtion *rèplika-e, nf*
to replỳ *rispòndere*
replỳ *rispòsta-e, nf*
to repòlish *rilucidàre*
to repòpulàte *ripopolàre*
repopulàtion *ripopulaziòne-i, nf*
repòrt *riferimènto-i nm*
to repòrt *riferìre*
repòrtable *riferìbile-i, a*
repòrtage *pettegolèzzo-i, nm*
repòrter *kronìsta-i, nm*
to repòse *riposàre*
repòse *ripòso-i, nm*
repòseful *riposànte-i, a*
to repòsit *ripòrre*
reposìtion *riposiziòne-i, nf*
repòsitory *magazzìno-i, nm*
to repòt *ripiantàre*
to reprehènd *rimproveràre*
reprehènsible *riprensìbile-i, a*
reprehènsion *riprensiòne-i, nn*
reprehènsive *riprensìvo-i a e, a*
reprehènsively *riprensivamènte, ad*

to represent *rappresetare*	to represènt *rappresentàre*
representation *rappresentazione-i, nf*	representàtion *rappresentaziòne-i, nf*
representative *rappresentativo-i a e, a*	represèntative *rappresentatìvo-i a e, a*
to repress *remprimere*	to reprèss *remprìmere*
repressible *reprimibile-i, a*	reprèssible *reprimìbile-i, a*
repression *repressione-i, nf*	reprèssion *repressiòne-i, nf*
repressive *repressivo-i, a*	reprèssive *repressìvo-i, a*
repressor *repressore-i, nm*	reprèssor *repressòre-i, nm*
reprieve *sospenzione-i, nf*	reprìeve *sospenziòne-i, nf*
to reprieve *sospendere*	to reprìeve *sospèndere*
reprimand *rimprovero-i, nm*	rèprimand *rimpròvero-i, nm*
to reprimand *rimproverare*	to rèprimand *rimproveràre*
to reprint *ristampare*	to reprìnt *ristampàre*
reprisal *rappresaglia, nf*	reprìsal *rappresàya, nf*
reproach *rimprovero-i, nm*	repròach *rimpròvero-i, nm*
to reproach *rimproverare*	to repròach *rimproveràre*
reproachable *riprovevole-i, a*	repròachable *riprovèvole-i, a*
reproachful *vergognoso-i a e, a*	repròachful *vergoqòso-i a e, a*
reproachfully *riprovevolmente, ad*	repròachfully *riprovevolmènte, ad*
reproachingly *rimprovero, ad*	repròachingly *rimpròvero, ad*
reproachless *irreprensibile-i, a*	repròachless *irreprensìbile-i, a*
reprobate *reprobo-i a e, a*	rèprobàte *rèprobo-i a e, a*
to reprobate *riprovare*	to rèprobate *biasìmare*
reprobation *riprovazione-i, nf*	rèprobàtion *riprovaziòne-i, nf*
to reproduce *riprodurre*	to repròdùce *riprodùrre*
reproducible *riproducibile-i, a*	repròdùcible *riproducìbile-i, a*
reproduction *riproduzione-i, nm*	repròdùktion *riproduziòne-i, nm*
reproductive *riproduttivo-i a e, a*	repròdùktive *riproduttìvo-i a e, a*
reproductiveness *riproduttività, nf*	repròdùktiveness *riproduttività, nf*
reproof *rimprovero-i, nm*	repròof *rimpròvero-i, nm*
reprovable *riprovevole-i, a*	repròvable *riprovèvole-i, a*
reproval *riprovazione-i, nf*	repròval *riprovaziòne-i, nf*
to reprove *riprovare*	to repròve *riprovàre*
reptile *rettile-i, nm*	rèptile *rèttile-i, nm*
republic *repubblica-he, nf*	repùblik *repùbblika-e, nf*
republican *repubblicano-i a e, nmf*	repùblikan *repubblikàno-i a e, nmf*
republication *ripubblicazione-i nf*	republikàtion *ripubblikaziòne-i nf*
to republish *ripubblicare*	to repùblish *ripubblikàre*
repudiable *ripudiabile-i, a*	repùdiable *ripudiàbile-i, a*
repudiation *ripudio-i, nm*	repudiàtion *ripùdio-i, nm*
to repugn *resistere*	to repùgn *resìstere*
repugnance *ripugnanza-e, nf*	repùgnance *ripuqànza-e, nf*

repugnant *ripugnante-i, a*
to repulse *respingere*
repulsion *repulsione-i, nm*
repulsive *repulsivo-i a e, a*
repurchase *riacquisto-i, nm*
reputability *rispettabilità, nf*
reputable *rispettabile-i, a*
reputation *riputazione-i, nf*
repute *riputazione-i, nf*
request *domanda-e, nf*
to request *richiedere*
requiem *requiem, nm*
to require *chiedere*
requirement *esigenza-e, nf*
requisite *requisito-i, nm*
requisition *requisizione-i, nf*
to requisition *requisire*
requital *ricompensa-e, nf*
to requite *ricompensare*
to re-read *rileggere*
to rescind *rescindere*
rescission *rescissione-i, nf*
rescuable *salvabile-i, a*
to rescue *salvare*
rescue *soccorso-i, nm*
research *ricerca-he, nf*
to research *ricercare*
to resell *rivendere*
resemblance *somiglanza-e, nf*
resemblant *somigliante-i, a*
to resemble *assomigliare*
to resent *risentire*
resentful *sdegnato-i a e, a*
resentfully *sdegnamente, ad*
resentment *risentimento-i, nm*
reservation *riserva-e, nf*
to reserve *riservare*
reserve *riserva-e, nf*
reserved *riservato-i a e, a*
reservedness *riservatezza-e, nf*
reservist *riservista-i, nm*
reservoir *serbatoio-i, nm*

repùgnant *ripuqànte-i, a*
to repùlse *respìnjere*
repùlsion *repulsiòne-i, nm*
repùlsive *repulsìvo-i a e, a*
repùrchàse *riakuìsto-i, nm*
reputabìlity *rispettabilità, nf*
rèputable *rispettàbile-i, a*
reputàtion *riputaziòne-i, nf*
repùte *riputaziòne-i, nf*
requèst *domànda-e, nf*
to requèst *rikièdere*
rèquiem *rèkuiem, nm*
to requìre *kièdere*
requìrement *esijènza-e, nf*
rèquisite *rekuisìto-i, nm*
requisìtion *rekuiziòne-i, nf*
to requisìtion *rekuisìre*
requìtal *rikompènsa-e, nf*
to requìte *rikompensàre*
to re-rèad *rilèjjere*
to rescìnd *reshìndere*
rescìssion *reshissiòne-i, nf*
rèskuable *salvàbile-i, a*
to rèskue *salvàre*
rèskue *sokkòrso-i, nm*
rèsearch *ricèrka-e, nf*
to rèsearch *ricerkàre*
to resèll *rivèndere*
resèmblànce *somiyànza-e, nf*
resèmblant *somiyànte-i, a*
to resèmble *assomiyàre*
to resènt *risentìre*
resèntful *sdeqàto-i a e, a*
resèntfully *sdeqamènte, ad*
resèntment *risentimènto-i, nm*
reservàtion *risèrva-e, nf*
to resèrve *riservàre*
resèrve *risèrva-e, nf*
resèrved *riservàto-i a e, a*
resèrvednèss *riservatèzza-e, nf*
resèrvist *riservìsta-i, nm*
reservòir *serbatòio-i, nm*

to reset *ricollocare*
to resettle *rioccupare*
to reshape *rifoggiare*
to reship *rispedire*
reshipment *reimbarco-hi, nm*
to reside *risiedere*
residence *residenza-e, nf*
residency *residenza-e, nf*
resident *residente-i, nm*
residential *quartiere-i, nm*
residual *residuo-i, nm*
residuary *restante-i, nm*
residue *resto-i, nm*
residuum *avanzo-i, nm*
to resign *rinunziare*
resignation *dimissione-i, nf*
resigned *rassegnato-i a e, a*
resilience *elasticità, nf*
resilient *elastico-i a he, a*
resin *resina-e, nf*
to resist *resistere*
resistance *resistenza-e, nf*
resistent *resitente-i, a*
resoluble *risolvibile-i, a*
resolute *risoluto-i a e, a*
resolutely *risolutamente, ad*
resoluteness *risolutezza-e, nf*
resolution *risoluzione-i, nf*
resolvability *risolvibilità, nf*
resolvble *risolvibile-i, a*
resolve *decisione-i, nf*
to resolve *risolvere*
resolved *risoluto-i a e, a*
resolvedly *risolutamente, ad*
resolvedness *risolutezza-e, nf*
resonance *risonanza-e, nf*
resonant *risonante-i, a*
resort *ricorso-i , nm*
to resort *ricorrere*
resource *risorsa-e, nf*
resourceful *industrioso-i a e, a*
respect *rispetto-i, nm*

to resèt *rikollokàre*
to resèttle *riokkupàre*
to reshàpe *rifojjàre*
to reshìp *rispedìre*
reshìpment *reimbàrko-i, nm*
to resìde *risièdere*
rèsidence *residènza-e, nf*
rèsidency *residènza-e, nf*
rèsident *residènte-i, nm*
residèntial *kuartière-i, nm*
resìdual *resìduo-i, nm*
resìduary *restànte-i, nm*
rèsidue *rèsto-i, nm*
resìduùm *avànzo-i, nm*
to resìgn *rinunzìàre*
resignàtion *dimissiòne-i, nf*
resìgned *rasseqàto-i a e, a*
resìlience *elasticità, nf*
resìlient *elàstiko-i a e, a*
rèsin *rèsina-e, nf*
to resìst *resìstere*
resìstance *resistènza-e, nf*
resìstent *resistènte-i, a*
resòluble *risolvìbile-i, a*
rèsolute *risolùto-i a e, a*
rèsolutely *risolutamènte, ad*
rèsolùteness *risolutèzza-e, nf*
resolùtion *risoluziòne-i, nf*
resolvabìlity *risolvibilità, nf*
resòlvable *risolvìbile-i, a*
resòlve *decisiòne-i, nf*
to resòlve *risòlvere*
resòlved *risolùto-i a e, a*
resòlvedly *risolutamènte, ad*
resòlvedness *risolutèzza-e, nf*
rèsonance *risonànza-e, nf*
rèsonant *risonànte-i, a*
resòrt *espediènte-i , nm*
to resòrt *rikòrrere*
rèsource *risòrsa-e, nf*
resòurceful *industriòso-i a e, a*
respèkt *rispètto-i, nm*

to respect *rispettare*
respectability *rispettabilità, nf*
respectable *rispettabile-i, a*
respectful *rispettoso-i a e, a*
respectfully *rispettosamente, ad*
respectfulness *deferenza-e, nf*
respecting *riguardo, prep*
respective *rispettivo-i a e, a*
respectively *rispettivamente, ad*
respirability *respirabilità, nf*
respirable *respirabile-i, a*
respiration *respirazione-i, nf*
respirator *respiratore-i, nm*
respiratory *respiratorio-i, a*
respite *tregua-e, nf*
resplendence *splendore-i, nm*
resplendent *risplendente-i, a*
to respond *rispondere*
respondence *rispondenza-e, nf*
respondent *rispondente-i, a*
response *risposta-e, nf*
responsibility *responsabilità, nf*
responsible *responsabile-i, a*
responsive *responsivo-i a e, a*
rest *riposo-i, nm*
to rest *riposare*
to restate *riaffermare*
restatement *riaffermazione-i, nf*
restaurant *ristorante-i, nm*
restful *riposante-i, a*
restfulness *tranquillità, nf*
restitution *restituzione-i, nf*
restive *restio-i, a*
restiveness *ostinatezza-e, nf*
restless *irrequieto-i a e, nmf*
to restock *rifornire*
restorable *restaurabile-i, a*
restoration *restaurazione-i, nf*
restorative *ristorativo-i a e, a*
to restore *restaurare*
restorer *restauratore-i, nm*
to restrain *contenere*

to respèkt *rispettàre*
respektabìlity *rispettabilità, nf*
respèktable *rispettàbile-i, a*
respèktful *rispettòso-i a e, a*
respèktfully *rispettosamènte, ad*
respèktfulness *deferènza-e, nf*
respèkting *riguàrdo, prep*
respèktive *rispettìvo-i a e, a*
respèktively *rispettivamènte, ad*
respirabìlity *respirabilità, nf*
rèspirable *respiràbile-i, a*
respiràtion *respiraziòne-i, nf*
rèspiràtor *respiratòre-i, nm*
rèspiràtory *respiratòrio-i, a*
rèspite *trègua-e, nf*
resplèndence *splendòre-i, nm*
resplèndent *risplendènte-i, a*
to respònd *rispòndere*
respòndence *rispondènza-e, nf*
respòndent *rispondènte-i, a*
respònse *rispòsta-e, nf*
responsibìlity *responsabilità, nf*
respònsible *responsàbile-i, a*
respònsive *responsìvo-i a e, a*
rèst *ripòso-i, nm*
to rèst *riposàre*
to restàte *riaffermàre*
restàtement *riaffermaziòne-i, nf*
rèstaurant *ristorànte-i, nm*
rèstful *riposànte-i, a*
rèstfulness *trankuillità, nf*
restitùtion *restituziòne-i, nf*
rèstive *restìo-i, a*
rèstiveness *ostinatèzza-e, nf*
rèstless *irrekuièto-i a e, nmf*
to restòk *rifornìre*
rèstorable *restauràbile-i, a*
restoràtion *restauraziòne-i, nf*
restòrative *ristoratìvo-i a e, a*
to restòre *restauràre*
restòrer *restauratòre-i, nm*
to restràin *kontenère*

restrainable *contenibile-i, a*	restràinable *kontenìbile-i, a*
restraint *restrizione-i, na*	restràint *restrizióne-i, na*
to restrict *restringere*	to restrìkt *restrìnjere*
restrictedly *limitatamente, ad*	restrìktedly *limitataménte, ad*
restriction *restrizione-i, nf*	restrìktion *restrizióne-i, nf*
restrictive *restrittivamente, ad*	restrìktive *restrittivamènte, ad*
result *risulatato-i, nm*	resùlt *risulatàto-i, nm*
resultant *risultante-i, a*	resùltant *risultànte-i, a*
to resume *riprendere*	to resùme *riprèndere*
rèsumè *riassunto-i, nm*	rèsumè *riassùnto-i, nm*
resumption *ripresa-e, nf*	resùmption *riprèsa-e, nf*
resurgent *risorgente-i, a*	resùrgent *risorjènte-i, a*
to resurrect *risorgere*	to resurrèkt *risòrjere*
resurrection *risurrezione-i, nf*	resurrèktion *risurrezióne-i, nf*
to resuscitate *risuscitare*	to resùscitate *risushitàre*
resuscitation *rinnovamento-i, nm*	resùscitàtion *rinnovaménto-i, nm*
resuscitator *risuscitatore-i, nm*	resùscitator *risushitatòre-i, nm*
retail *vendita-e, nf*	rètail *vèndita-e, nf*
to retail *vendere*	to retàil *vèndere*
retailer *negoziante-i, nm*	rètailer *negoziànte-i, nm*
to retain *trattenere*	to retàin *trattenère*
retainable *trattenevole-i, a*	retàinable *trattenèvole-i, a*
retainer *trattenente-i, nm*	retàiner *trattenènte-i, nm*
to retake *riprendere*	to retàke *riprèndere*
to retaliate *ricambiare*	to retàliate *rikambiàre*
retaliation *rappresaglia-e, nf*	retaliàtion *rappresàya-e, nf*
to retard *ritardare*	to retàrd *ritardàre*
retardation *ritardo-i, nm*	retardàtion *ritàrdo-i, nm*
retention *ritenzione-i, nf*	retèntion *ritenzióne-i, nf*
retentive *tenace-i, a*	retèntive *tenàce-i, a*
reticence *reticenza-e, nf*	rèticence *reticènza-e, nf*
reticent *reticente-i, a*	rèticent *reticènte-i, a*
reticently *reticentemente, ad*	rèticently *reticenteménte, ad*
reticular *reticolare-i, a*	retikular *retikolàre-i, a*
to reticulate *reticolare*	to retikulàte *retikolàre*
reticulate *reticolato-i a e, a*	retikulàte *retikolàto-i a e, a*
reticulation *reticolazione-i, nf*	retikulàtion *retikolazióne-i, nf*
retina *retina-e, nf*	rètina *rètina-e, nf*
retinue *seguito-i, nm*	rètinue *sèguito-i, nm*
to retire *ritirare*	to retire *ritiràre*
retired *ritirato-i a e, a*	retired *ritiràto-i a e, a*
retirement *ritiro-i, nm*	retirement *ritìro-i, nm*

retiring *riservato-i a e, a*
retorn *ritorsione-i, nf*
retorted *ritorto-i, a*
retortion *ritorsione-i, nf*
retouch *ritocco-hi, nm*
to retouch *ritoccare*
retractable *ritirabile-i, a*
retractation *ritiro-i, nm*
retractile *ritrattabile-i, a*
retraction *revoca-he, nf*
to retransfer *trasferire*
to retreat *ritirare*
retreat *ritirata-e, nf*
retrenchment *soppressione-i, nf*
retribution *retribuzione-i, nf*
retrievable *ricuperabile-i, a*
retrieval *ricupero-i, nm*
to retrieve *ricuperare*
retrieve *ricupero-i, nm*
retriever *cane-i, nm*
retroaction *retroattività, nf*
retroactive *retroattivo-i a e, a*
retroactively *retroattivamente, ad*
retroactivity *retroattività*
retrograde *retogrado-i a e, a*
to retrograde *ritirare*
retrospect *sguardo-i, nm*
retrosptective *retrospettivo-i a e, a*
return *ritorno-i, nm*
to return *ritornare*
returnable *restituibile-i, a*
reunion *riunione-i, nm*
to reunite *riunire*
to rev *girare*
to revaccinate *rivaccinare*
to revalue *valutare*
revanche *rivincita-e, nf*
to reveal *rivelare*
reveille *sveglia-e, nf*
to revel *festeggiare*
revelation *rivelazione-i, nf*
revelry *baldoria-e, nf*

retìring *riservàto-i a e, a*
retòrt *ritorsiòne-i, nf*
retòrted *ritòrto-i, a*
retòrtion *ritorsiòne-i, nf*
retòuch *ritòkko-i, nm*
to retòuch *ritokkàre*
retràktable *ritiràbile-i, a*
retràktation *ritìro-i, nm*
retràktile *ritrattàbile-i, a*
retràktion *rèvoka-e, nf*
to rètransfèr *trasferìre*
to retrèat *ritiràre*
retrèat *ritiràta-e, nf*
retrènchment *soppressiòne-i, nf*
retribùtion *retribuziòne-i, nf*
retrìevable *rikuperàbile-i, a*
retrìeval *rikùpero-i, nm*
to retrìeve *rikuperàre*
retrìeve *rikùpero-i, nm*
retrìever *kàne-i, nm*
retroàktion *retroattività, nf*
retroàktive *retroattìvo-i a e, a*
retroàktively *retroattivamènte, ad*
retroàktivìty *retroattività*
retrogràde *retògrado-i a e, a*
to retrogràde *ritiràre*
retrospèkt *sguàrdo-i, nm*
retrosptèktive *retrospettìvo-i a e, a*
retùrn *ritòrno-i, nm*
to retùrn *ritornàre*
retùrnable *restituìbile-i, a*
reùnion *riuniòne-i, nm*
to rèunìte *riunìre*
to rèv *jiràre*
to revàkcinàte *rivaccinàre*
to revàlue *valutàre*
revànche *rivìncita-e, nf*
to revèal *rivelàre*
rèveillè *svèya-e, nf*
to rèvel *festejjàre*
revelàtion *rivelaziòne-i, nf*
rèvelry *baldòria-e, nf*

revenge vendetta-e, nf	**revènge** vendètta-e, nf
to revenge vendicare	**to revènge** vendikàre
revengeful vendicativo-i a e, a	**revèngeful** vendikatìvo-i a e, a
revengefully vendicativamente, ad	**revèngefully** vendikativamènte, ad
revenger vendicatore-i, nm	**revènger** vendikatòre-i, nm
revenue reddito-i, nm	**rèvenue** rèddito-i, nm
to reverberate riverberare	**to revèrberàte** riverberàre
reverberation riverbero-i, nm	**reverberàtion** rivèrbero-i, nm
to revere riverire	**to revère** riverìre
reverence riverenza-e, nf	**rèverence** riverènza-e, nf
reverend reverendo-i, nm	**rèverend** reverèndo-i, nm
reverent riverente-i, a	**rèverent** riverènte-i, a
reverential rispettevolo-i a e, a	**reverèntial** rispettèvolo-i a e, a
reverie sogno-i, nm	**rèverie** sòqo-i, nm
revers risvolta-e, nf	**rèvers** risvòlta-e, nf
reversal rovesciamento-i, nm	**revèrsal** roveshamènto-i, nm
reverse inverso-i, a	**revèrse** invèrso-i, a
reverse rovescio-i, nm	**revèrse** rovèsho-i, nm
to reverse rovesciare	**to revèrse** roveshàre
reversible rovesciabile-i, a	**revèrsible** roveshàbile-i, a
reversion riversione-i, nm	**revèrsion** riversiòne-i, nm
to revert ritornare	**to revèrt** ritornàre
revetment rivestimento-i, nm	**revètment** rivestimènto-i, nm
review recensione-i, nf	**revièw** recensiòne-i, nf
to review rivedere	**to revièw** rivedère
reviewer recensore-i, nm	**revièwer** recensòre-i, nm
to revile insultare	**to revìle** insultàre
reviler oltraggiatore-i, nm	**revìler** oltrajjatòre-i, nm
revilingly oltraggiosamente, ad	**revìlingly** oltrajjosamènte, ad
revisal revisione-i, nf	**revìsal** revisiòne-i, nf
to revise rivedere	**to revìse** rivedère
reviser revisore-i, nm	**revìser** revisòre-i, nm
revision revisione-i, nf	**revìsion** revisiòne-i, nf
revival ravvivamento-i, nm	**revìval** ravvivamènto-i, nm
to revive ravvivare	**to revìve** ravvivàre
revivification rinnovamento-i, nm	**revivifikàtion** rinnovamènto-i, nm
to revivify rivivificare	**to revìvify** rivivifikàre
revocability revocabilità, nf	**revokabìlity** revokabilità, nf
revocable revocabile-i, a	**rèvokable** revokàbile-i, a
revocation revoca-he, nf	**revokàtion** rèvoka-e, nf
revoke rifiuto-i, nm	**revòke** rifiùto-i, nm
to revoke revocare	**to revòke** revokàre

rickety

revolt *ribellione-i, n*
to revolt *ribellare*
revolting *disgustante-i, a*
revolution *rivoluzione-i, nf*
revolutionary *rivoluzionario-i a e, nmf*
to revolutionize *rivoluzionare*
to revolve *rivolgere*
revolver *rivoltella-e, nf*
revue *rivista-e, nf*
revulsion *revulsione-i, nf*
revulsive *revulsivo-i a e, a*
reward *ricompensa-e, nf*
to reward *ricompensare*
to rewrite *riscrivere*
rhapsody *rapsodia-e, nf*
rhetoric *retorica-he, nf*
rhetorical *retorico-i a he, a*
rhetorician *retore-i, nm*
rheumatic *reumatico-i a he, a*
rheumatism *reumatismo-i, nm*
rhino *rinoceronte-i, nm*
rhododendron *rododendro-i, nm*
rhomb *rombo-i, nm*
rhomboid *romboidale-i, a*
rhomus *rombo-i, nm*
rhubarb *rabarbaro-i, nm*
rhyme *rima-e, nf*
to rhyme *rimare*
rhythm *ritmo-i, nm*
rhythmical *ritmico-i, a he, a*
rhythmically *ritmicamente, ad*
rib *costola-e, nf*
ribbing *rigatura-e, nf*
ribbon *nastro-i, nm*
rice *riso-i, nm*
rich *ricco-hi, a he, a*
Richard *Riccardo, nm*
riches *ricchezze, nf*
richly *riccamente, ad*
rick *cumulo-i nm*
rickets *rachitismo-i, nm*
rickety *rachitico-hi a e, a*

revòlt *ribelliòne-i, n*
to revòlt *ribellàre*
revòlting *disgustànte-i, a*
revolùtion *rivoluziòne-i, nf*
revolutionàry *rivoluzionàrio-i a e, nmf*
to revolùtionìze *rivoluzionàre*
to revòlve *rivòljere*
revòlver *rivoltèlla-e, nf*
revùe *rivìsta-e, nf*
revùlsion *revulsiòne-i, nf*
revùlsive *revulsìvo-i a e, a*
rewàrd *rikompènsa-e, nf*
to rewàrd *rikompensàre*
to rewrìte *riskrìvere*
rhàpsody *rapsodìa-e, nf*
rhètorik *retòrika-e, nf*
rhetòrikal *retòriko-i a e, a*
rhetorìcian *rètore-i, nm*
rheumàtik *reumàtiko-i a e, a*
rheùmatism *reumatìsmo-i, nm*
rhìno *rinoceronte-i, nm*
rhòdodèndron *rododèndro-i, nm*
rhòmb *ròmbo-i, nm*
rhòmboid *rombòidàle-i, a*
rhòmus *ròmbo-i, nm*
rhùbarb *rabàrbaro-i, nm*
rhỳme *rìma-e, nf*
to rhỳme *rimàre*
rhỳthm *rìtmo-i, nm*
rhỳthmikal *rìtmiko-i, a e, a*
rhỳthmikally *ritmikamènte, ad*
rìb *kòstola-e, nf*
rìbbing *rigatùra-e, nf*
rìbbon *nàstro-i, nm*
rìce *rìso-i, nm*
rìch *rikko-i, a e, a*
Richàrd *Rikkàrdo, nm*
rìches *rikkezze, nf*
rìchly *rikkamènte, ad*
rìk *kùmulo-i nm*
rìkets *rakitìsmo-i, nm*
rìkety *rakìtiko-i a e, a*

rickshaw *risciò, nm*	rikshàw *rishò, nm*
ricochet *rimbalzo-i, nm*	rìkochet *rimbàlzo-i, nm*
to ricochet *rimbalzare*	to rìkochet *rimbalzàre*
to rid *liberare*	to rìd *liberàre*
riddance *liberazione-i, nf*	rìddànce *liberaziòne-i, nf*
riddle *indovinello-i, nm*	rìddle *indovinèllo-i, nm*
riddle *crivello-i, nm*	rìddle *krivèllo-i, nm*
to riddle *crivellare*	to rìddle *krivellàre*
ride *cavalcata-e, nf*	rìde *kavalkàta-e, nf*
to ride *cavalcare*	to rìde *kavalkàre*
rider *cavaliere-i, nm*	rìder *kavalière-i, nm*
ridge *cresta-e, nf*	rìdge *kresta-e, nf*
ridicule *ridicolo-i a e, nmf*	rìdikule *ridìkolo-i a e, nmf*
to ridicule *deridere*	to ridikùle *derìdere*
ridiculous *ridicolo-i a e, a*	ridìkulous *ridìkolo-i a e, a*
ridicolously *ridicolmente, ad*	ridìkolously *ridikolmènte, ad*
rife *corrente-i, a*	rìfe *korrènte-i, a*
riff-raff *plebaglia-e, nf*	rìff-ràff *plebàya-e, nf*
rifle *fucile-i, nm*	rìfle *fucìle-i, nm*
to rifle *predare*	to rìfle *predàre*
to rifle *sparare*	to rìfle *sparàre*
refleman *fuciliere-i, nm*	rìfleman *fucilière-i, nm*
rift *spaccatura*	rìft *spakkatùra*
to rift *spaccare*	to rìft *spakkàre*
rig *attrezzatura-e, nf*	rìg *attrezzatùra-e, nf*
to rig *falsare*	to rìg *falsàre*
right *diritto-i, nm*	rìght *dirìtto-i, nm*
right *destra-e, nf*	rìght *dèstra-e, nf*
right *giusto-i a e, a*	rìght *jùsto-i a e, a*
to right *drizzare*	to rìght *drizzàre*
righteous *virtuoso-i a e, a*	rìghteous *virtuòso-i a e, a*
righteously *giustamente, ad*	rìghteously *justamènte, ad*
righteousness *giustizia-e, nf*	rìghteousness *justìzia-e, nf*
rightful *equo-i a e, a*	rìghtful *èkuo-i a e, a*
rightfully *giustamente, ad*	rìghtfully *justamènte, ad*
rightly *rettamente, ad*	rìghtly *rettamènte, ad*
rigid *rigido-i a e, a*	rìgid *rìjido-i a e, a*
rigidity *rigidezza-e, nf*	rigìdity *rijidèzza-e, nf*
rigmarole *filastrocca-he, nf*	rìgmaròle *filastròkka-e, nf*
rigorous *rigoroso-i a e, a*	rìgorous *rigoròso-i a e, a*
rigour *rigore-i, nm*	rìgour *rigòre-i, nm*
rill *ruscello-i, nm*	rìll *rushèllo-i, nm*

to rill *scorrere*
rim *bordo-i, nm*
to rim *orlare*
rime *brina-e, nf*
to rime *coprire*
to rimple *arricciare*
rind *corteccia-e, nf*
to rind *togliere*
ring *anello-i, nm*
ring *suono-i, nm*
to ring *accerchiare*
to ring *suonare*
ring-finger *anulare-i, nm*
ringed *cerchiato-i a e, a*
ringing *scampanio-i, nm*
ringlet *anellino-i, nm*
rink *recinto-i, nm*
to rink *pattinare*
rinse *sciacquata-e, nf*
to rinse *risciacquare*
rinsing *risciacquatura-e, nf*
riot *tumulto-i, nm*
to riot *tumultuare*
rioter *rivoltoso-i a e, nmf*
riotous *sedizioso-i a e, a*
rip *strappo-i, nm*
to rip *strappare*
riparian *rivierasco-hi, nm*
ripe *maturo-i a e, a*
to ripen *maturare*
ripeness *maturità, nf*
ripple *ondulazione-i, nf*
to ripple *mormorare*
ripply *increspato-i a e, a*
rise *salita-e, nf*
to rise *alzare*
risibility *risibilità, nf*
risible *risibile-i, a*
rising *sorgente-i, nf*
risk *rischio-i, nm*
to risk *rischiare*
riskful *rischioso-i a e, a*

to rìll *skòrrere*
rìm *bòrdo-i, nm*
to rìm *orlàre*
rìme *brìna-e, nf*
to rìme *koprìre*
to rìmple *arriccàre*
rìnd *kortecca-e, nf*
to rìnd *tòyere*
rìng *anèllo-i, nm*
rìng *suòno-i, nm*
to rìng *accerkiàre*
to rìng *suonàre*
rìng-fingèr *anulàre-i, nm*
rìnged *cerkiàto-i a e, a*
rìnging *skampanìo-i, nm*
rìnglet *anellìno-i, nm*
rìnk *recìnto-i, nm*
to rìnk *pattinàre*
rìnse *shakuàta-e, nf*
to rìnse *rishakuàre*
rìnsing *rishakuatùra-e, nf*
rìot *tumùlto-i, nm*
to rìot *tumultuàre*
rìoter *rivoltòso-i a e, nmf*
rìotous *sedizìoso-i a e, a*
rìp *stràppo-i, nm*
to rìp *strappàre*
ripàrian *rivieràsko-i, nm*
rìpe *matùro-i a e, a*
to rìpen *maturàre*
rìpeness *maturità, nf*
rìpple *ondulazìone-i, nf*
to rìpple *mormoràre*
rìpply *inkrespàto-i a e, a*
rìse *salìta-e, nf*
to rìse *alzàre*
risibìlity *risibilità, nf*
rìsible *risìbile-i, a*
rìsing *sorjènte-i, nf*
rìsk *rìskio-i, nm*
to rìsk *riskiàre*
rìskful *riskiòso-i a e, a*

ci ce ca co cu   ki ke ka ko ku   ji je ja jo ju   gi ge ga go gu
sci sce sca sco scu=shi she sha sho shu   gn=q   gl=y

rock

risky *rischioso-i a e, a*
ritardando *ritardando*
rite *rito-i, nm*
ritual *rituale-i, nm*
ritualism *ritualismo-i, nm*
ritzy *lussuoso-i a e, a*
rival *rivale-i, a*
to rival *rivaleggiare*
rivalry *rivalità, nf*
to rive *lacerare*
river *fiume-i, nm*
rivet *chiodo-i, nm*
to rivet *fissare*
riveting *ribadimento-i, nm*
rivulet *fiumicello-i, nm*
roach *pesce-i, nm*
road *strada-e, nf*
roadster *vettura-e, nf*
roadway *carreggiata-e, nf*
to roam *vagare*
roamer *vagabondo-i a e, nmf*
roan *roano-i, nm*
roar *ruggito-i, nm*
to roar *ruggire*
roaring *rumoroso-i a e, a*
roaringly *ruggendo, ad*
roast *arrosto-i, nm*
to roast *arrostire*
roaster *forno-i, nm*
roasting *arrostitura-e, nf*
to rob *derubare*
robber *ladro-i a e, nmf*
robbery *furto-i, nm*
robe *toga-he, nf*
to robe *vestire*
Robert *Roberto, nm*
robin *pettirosso-i, nm*
robot *robot, nm*
robust *robusto-i a e, a*
robustness *robustezza-e, nf*
rocket *rocchetto-i, nm*
rock *roccia-e, nf*

rìsky *riskiòso-i a e, a*
ritardàndo *ritardàndo*
rìte *rìto-i, nm*
rìtual *rituàle-i, nm*
rìtualism *ritualìsmo-i, nm*
rìtzy *lussuòso-i a e, a*
rìval *rivàle-i, a*
to rìval *rivalejjàre*
rìvalry *rivalità, nf*
to rìve *laceràre*
rìver *fiùme-i, nm*
rìvet *kiòdo-i, nm*
to rìvet *fissàre*
rìveting *ribadimènto-i, nm*
rìvulet *fiumicèllo-i, nm*
ròach *pèshe-i, nm*
ròad *stràda-e, nf*
ròadster *vettùra-e, nf*
ròadwày *karrejjàta-e, nf*
to ròam *vagàre*
ròamer *vagabòndo-i a e, nmf*
ròan *roàno-i, nm*
ròar *rujjìto-i, nm*
to ròar *rujjìre*
ròaring *rumoròso-i a e, a*
ròaringly *rujjèndo, ad*
ròast *arròsto-i, nm*
to ròast *arrostìre*
ròaster *fòrno-i, nm*
ròasting *arrostitùra-e, nf*
to ròb *derubàre*
ròbber *làdro-i a e, nmf*
ròbbery *fùrto-i, nm*
ròbe *tòga-e, nf*
to ròbe *vestìre*
Ròbert *Robèrto, nm*
ròbin *pettiròsso-i, nm*
ròbot *ròbot, nm*
ròbust *robùsto-i a e, a*
robùstness *robustèzza-e, nf*
ròket *rokkètto-i, nm*
ròk *ròcca-e, nf*

	to rook
to rock *scuotere*	**to ròk** *skuòtere*
to rock *dondolare*	**to ròk** *dondolàre*
rocker *dondolo-i, nm*	**ròker** *dòndolo-i, nm*
rocket *razzo-i, nm*	**ròket** *ràzzo-i, nm*
rocky *roccioso-i a e, a*	**ròky** *roccòso-i a e, a*
rococo *rococò, nm*	**rokokò** *rokokò, nm*
rod *bacchetta-e, nf*	**ròd** *bakkètta-e, nf*
rodent *roditore-i, nm*	**ròdent** *roditòre-i, nm*
rodeo *rodeo, nm*	**rodèo** *ròdeo, nm*
roe *capriolo-i, nm*	**ròe** *kapriòlo-i, nm*
Roger *Ruggero, nm*	**Ròger** *Rujjèro, nm*
rgue *briccone-i, nm*	**rògue** *brikkòne-i, nm*
roguery *bricconata-e, nf*	**ròguery** *brikkonàta-e, nf*
roguish *bricconesco-hi a he, a*	**ròguish** *brikkònesko-i a e, a*
roguishness *bricconeria-e, nf*	**ròguishness** *brikkonerìa-e, nf*
to roister *vantare*	**to ròister** *vantàre*
roisterer *millantatore-i, nm*	**ròisterer** *millantatòre-i, nm*
Roland *Orlando, nm*	**Ròland** *Orlàndo, nm*
role *ruolo-i, nm*	**ròle** *ruòlo-i, nm*
to role *rotolare*	**to ròle** *rotolàre*
roll *ruotolo-i, nm*	**ròll** *ruòtolo-i, nm*
roller *rullo-i, nm*	**ròller** *rùllo-i, nm*
rollick *allegria-e, nf*	**ròllik** *allegrìa-e, nf*
rollicking *allegro-i a e, a*	**ròlliking** *allègro-i a e, a*
rolling *rotante-i, a*	**ròlling** *rotànte-i a*
roly-poly *pacioccone-i, nm*	**ròly-pòly** *pacokkòne-i, nm*
Roman *romano-i a e, nmf*	**Ròman** *romàno-i a e, nmf*
romance *innammoramento-i, nm*	**romànce** *innammoramènto-i, nm*
to romanize *romanizzare*	**to ròmanize** *romanizzàre*
romantic *romantico-i a he, a*	**romàntik** *romàntiko-i a e, a*
romantically *romanticamente, ad*	**romàntikally** *romantikamènte, ad*
romanticism *romanticismo, nm*	**romànticism** *romanticìsmo, nm*
to romanticize *romanticizzare*	**to romànticize** *romanticizzàre*
Rome *Roma, nf*	**Ròme** *Ròma, nf*
Romeo *Romeo, nm*	**Ròmeo** *Romèo, nm*
romp *gioco-hi, nm*	**ròmp** *jòko-i, nm*
to romp *giocare*	**to ròmp** *jokàre*
rompish *chiassoso- i a e, a*	**ròmpish** *kiassòso- i a e, a*
rompishness *chiassosità, nf*	**ròmpishness** *kiassosità, nf*
roof *tetto-i, nm*	**ròof** *tètto-i, nm*
rook *cornacchia-e, nf*	**ròok** *kornàkkia-e, nf*
to rook *vincere*	**to ròok** *vìncere*

	to roughen
rookery *colonia-e, nf*	**ròokery** *kolònia-e, nf*
rookie *recluta, nm*	**ròokie** *rèkluta, nm*
room *camera-e, nf*	**ròom** *kàmera-e, nf*
roominess *spaziosità, nf*	**ròominess** *spaziosità, nf*
roomy *spazioso-i a e, a*	**ròomy** *spaziòso-i a e, a*
roost *bastone-i, nm*	**ròost** *bastòne-i, nm*
to roost *alloggiare*	**to ròost** *allojjàre*
rooster *gallo-i, nm*	**ròoster** *gàllo-i, nm*
root *radice-i, nf*	**ròot** *radìce-i, nf*
to root *radicare*	**to ròot** *radikàre*
rootlet *radicina-e, nf*	**ròotlet** *radicìna-e, nf*
rope *fune-i, nf*	**ròpe** *fùne-i, nf*
to rope *legare*	**to ròpe** *legàre*
rosary *rosario-i, nm*	**ròsary** *rosàrio-i, nm*
rose *rosa-e, nf*	**ròse** *ròsa-e, nf*
roseate *rosato-i a e, a*	**ròseate** *rosàto-i a e, a*
rosemary *rosmarino-i, nm*	**ròsemàry** *rosmàrino-i, nm*
roseola *rosolia-e, nf*	**roseòla** *rosòlia-e, nf*
rosette *rosetta-e, nf*	**rosètte** *rosètta-e, nf*
rosin *resina-e, nf*	**ròsin** *rèsina-e, nf*
rostrum *rostro-i, nm*	**ròstrum** *ròstro-i, nm*
rosy *roseo-i a e, a*	**ròsy** *ròseo-i a e, a*
rot *marciume-i, nm*	**ròt** *marcùme-i, nm*
to rot *marcire*	**to ròt** *marcìre*
Rotary *Rotary, nf*	**Ròtary** *Ròtary, nf*
ro rotate *rotare*	**to ròtate** *rotàre*
rotation *rotazione-i, nf*	**rotàtion** *rotaziòne-i, nf*
rotative *rotativo-i a e, a*	**ròtative** *rotatìvo-i a e, a*
rotator *rotatore-i, nm*	**rotàtor** *rotatòre-i, nm*
rote *abitudine-i, nf*	**ròte** *abitùdine-i, nf*
rotor *rotante-i, nm*	**ròtor** *rotànte-i, nm*
rotten *putrido-i a e, a*	**ròtten** *pùtrido-i a e, a*
rotteness *putridità, nf*	**ròtteness** *putridità, nf*
rotund *rotondo-i a e, a*	**ròtund** *rotòndo-i a e, a*
rotunda *rotonda, nf*	**rotùnda** *rotònda, nf*
rotundity *rotondità, nf*	**rotùndity** *rotondità, nf*
rouble *rublo-i, nm*	**ròuble** *rùblo-i, nm*
rouge *rossetto-i, nm*	**ròuge** *rossètto-i, nm*
rough *ruvido-i a e, a*	**ròugh** *rùvido-i a e, a*
to rough up *arruffare*	**to ròugh up** *arruffàre*
roughage *crusca-he, nf*	**ròughage** *krùska-e, nf*
to roughen *irruvidire*	**to ròughen** *irruvidìre*

roughish *grossolano-i a e, nmf*
roughly *ruvidamente, ad*
roughneck *rozzo-i a e, nmf*
roughness *grossolanità, nf*
roulette *roulette, nf*
round *rotondo-i a e, a*
round *globo-i, nm*
to round *arrontondare*
roundabout *giro-i, nm*
roundel *medaglione-i, nm*
roundish *tondeggiante-i, a*
roundlet *cerchietto-i, nm*
roundly *circolarmente, ad*
roundness *rotondità, nf*
roundsman *vigile-i, nm*
to rouse *svegliare*
rouser *incitatore-i, nm*
rousing *incitativo-i a e, a*
rout *sommossa-e, nf*
to rout *sbaragliare*
route *percorso-i, nm*
to route *instradare*
routine *ripetizione-i, nf*
rove *vagabondo-i, nm*
to rove *vagare*
rover *vagabondo-i a e, nmf*
roving *vagabondaggio-i, nm*
rovingly *vagando, ad*
row *fila-e, nf*
to row *remare*
rowdiness *litigiosità, nf*
rowdy *sgarbato-i a e, a*
rower *rematore-i, nm*
royal *reale-i, a*
royally *regalmente, ad*
royalty *regalità, nf*
ru *fregata-e, nf*
to rub *strofinare*
rubato *rubato*
rubber *gomma-e, nf*
rubbish *rifiuti, nm*
rubble *rottami, nm*

ròughish *grossolàno-i a e, nmf*
ròughly *ruvidamènte, ad*
ròughnèk *ròzzo-i a e, nmf*
ròughness *grossolanità, nf*
roulètte *roulètte, nf*
ròund *rotòndo-i a e, a*
ròund *glòbo-i, nm*
to ròund *arrontondàre*
ròundàbout *jìro-i, nm*
ròundel *medayòne-i, nm*
ròundish *tondejjànte-i, a*
ròundlet *cerkiètto-i, nm*
ròundly *cirkolarmènte, ad*
ròundness *rotondità, nf*
ròundsmàn *vìjile-i, nm*
to ròuse *sveyàre*
ròuser *incitatòre-i, nm*
ròusing *incitatìvo-i a e, a*
ròut *sommòssa-e, nf*
to ròut *sbarayàre*
ròute *perkòrso-i, nm*
to ròute *instradàre*
ròutine *ripetiziòne-i, nf*
ròve *vagabòndo-i, nm*
to ròve *vagàre*
ròver *vagabòndo-i a e, nmf*
ròving *vagabondàjjo-i, nm*
ròvingly *vagàndo, ad*
ròw *fila-e, nf*
to ròw *remàre*
ròwdiness *litijosità, nf*
ròwdy *sgarbàto-i a e, a*
ròwer *rematòre-i, nm*
ròyal *reàle-i, a*
ròyally *regalmènte, ad*
ròyalty *regalità, nf*
rùb *fregàta-e, nf*
to rùb *strofinàre*
rubàto *rubàto*
rùbber *gòmma-e, nf*
rùbbish *rifiùti, nm*
rùbble *rottàmi, nm*

ruling

rubric *rubrica-he, nf*	rùbrik *rubrìka-e, nf*
to rubricate *rubricare*	to rùbrikate *rubrikàre*
ruby *rubino-i, nm*	rùby *rubìno-i, nm*
ruck *folla-e, nf*	rùk *fòlla-e, nf*
to ruckle *rantolare*	to rùkle *rantolàre*
ruction *confusione-i, nf*	rùktion *konfusiòne-i, nf*
rudder *timone-i, nm*	rùdder *timòne-i, nm*
to ruddle *marcare*	to rùddle *markàre*
ruddy *vermiglio-i a e, a*	rùddy *vermìyo-i a e, a*
rude *rude, a*	rùde *rùde, a*
rudely *rudemente, ad*	rùdely *rudemènte, ad*
rudeness *rudezza-e, nf*	rùdeness *rudèzza-e, nf*
rudiment *rudimento-i, nm*	rùdiment *rudimènto-i, nm*
rudimental *rudimentale-i, a*	rùdimèntal *rudimentàle-i, a*
Rudolf *Rodolfo, nm*	Rùdolf *Rodòlfo, nm*
rue *ruta-e, nf*	rùe *rùta-e, nf*
to rue *pentire*	to rùe *pentìre*
rueful *doloroso-i a e, a*	rùeful *doloròso-i a e, a*
ruefully *dolorosamente, ad*	rùefully *dolorosamènte, ad*
ruelfulness *tristezza-e, nf*	rùelfulness *tristèzza-e, nf*
ruff *collarino-i, nm*	rùff *kollarìno-i, nm*
ruffian *scellerato-i a e, nmf*	rùffian *shelleràto-i a e, nmf*
ruffianism *scellerataggine-i, nf*	rùffianism *shellerataìjne-i, nf*
ruffianly *brutale-i, a*	rùffianly *brutàle-i, a*
ruffle *increspatura-e, nf*	rùffle *inkrespatùra-e, nf*
to ruffle *arruffare*	to rùffle *arruffàre*
ruffler *attaccabrighe-i, nm*	rùffler *attakkabrìge-i, nm*
rug *tappeto-i, nm*	rùg *tappèto-i, nm*
rugby *rugby, nm*	rùgby *rùgby, nm*
rugged *scabroso-i a e, a*	rùgged *skabròso-i a e, a*
ruggedly *rudemente, ad*	rùggedly *rudemènte, ad*
ruggedness *scabrosità, nf*	rùggedness *skabrosità, nf*
rugosity *rugosità, nf*	rugòsity *rugosità, nf*
ruin *rovina-e, nf*	rùin *rovìna-e, nf*
to ruin *rovinare*	to rùin *rovinàre*
ruination *rovina-e, nf*	rùination *rovìna-e, nf*
ruinous *rovinoso-i a e, a*	rùinous *rovinòso-i a e, a*
ruinously *rovinosamente, ad*	rùinously *rovinosamènte, ad*
rule *regola-e, nf*	rùle *règola-e, nf*
to rule *regolare*	to rùle *regolàre*
ruler *riga-he, nf*	rùler *rìga-e, nf*
ruling *dominante-i, a*	rùling *dominànte-i, a*

rum *liquore-i, nm*
rumble *brontolio-i, nm*
to rumble *brontolare*
rumbling *rumore-i, nm*
rumblingly *rumoreggiante, ad*
ruminant *ruminante-i, a*
to ruminate *ruminare*
rumination *meditazione-i, n*
rummage *perquisizione-i, nf*
to rummage *perquisire*
rummer *bicchierone-i, nm*
rumness *stranezza-e, nf*
rumor *diceria-e, nf*
rump *posteriore-i, nm*
to rumple *gualcire*
run *corsa-e, nf*
to run *correre*
runabout *randaglio-i, nm*
runaway *fuggiasco-hi a he, a*
rundle *piulo-i, nm*
rundlet *barile-i, nm*
rune *runa-e, nf*
runic *runico-hi, a*
runlet *ruscelletto-i, nm*
runner *corridore-i, nm*
running *scorrevole-i, a*
runt *nanerottolo-i, nm*
runaway *pista-e, nf*
rupee *rupia-e, nm*
rupture *rottura-e, nf*
to rupture *rompere*
rural *rurale-i, a*
ruse *astuzia-e, nf*
rush *giunco-hi, nm*
rush *assalto-i, nm*
to rush *lanciare*
rusk *biscotto-i, nm*
russet *rossobruno-i a e, a*
Russia *Russia, nf*
Russian *russo-i a e, nmf*
ro russify *russificare*
rust *rugine-i, nf*

rùm *likuòre-i, nm*
rùmble *brontolìo-i, nm*
to rùmble *brontolàre*
rùmbling *rumòre-i, nm*
rùmblingly *rumorejjànte, ad*
rùminant *ruminànte-i, a*
to rùminàte *ruminàre*
ruminàtion *meditaziòne-i, n*
rùmmage *perkuisiziòne-i, nf*
to rùmmage *perkuisìre*
rùmmer *bikkieròne-i, nm*
rùmness *stranèzza-e, nf*
rùmor *dicerìa-e, nf*
rùmp *posteriòre-i, nm*
to rùmple *gualcìre*
rùn *kòrsa-e, nf*
to rùn *kòrrere*
rùnabout *randàyo-i, nm*
rùnaway *fujjàsko-i a e, a*
rùndle *piùlo-i, nm*
rùndlet *barìle-i, nm*
rùne *rùna-e, nf*
rùnik *rùniko-i, a*
rùnlet *rushellètto-i, nm*
rùnner *korridòre-i, nm*
rùnning *skorrèvole-i, a*
rùnt *naneròttolo-i, nm*
rùnaway *pìsta-e, nf*
rùpee *rupìa-e, nm*
rùpture *rottùra-e, nf*
to rùpture *rompère*
rùral *ruràle-i, a*
rùse *astùzia-e, nf*
rùsh *jùnko-i, nm*
rùsh *assàlto-i, nm*
to rùsh *lancàre*
rùsk *biskòtto-i, nm*
rùsset *rossobrùno-i a e, a*
Rùssia *Rùssia, nf*
Rùssian *rùsso-i a e, nmf*
ro rùssify *russifikàre*
rùst *rùjjine-i, nf*

ci ce ca co cu   ki ke ka ko ku   ji je ja jo ju   gi ge ga go gu
sci sce sca sco scu=shi she sha sho shu   gn=q   gl=y

to sail

to rust *arruginire*
rustic *rustico-hi, a he, a*
rustically *rusticamente, ad*
rustication *rusticità, nf*
rustiness *rugginosità, nf*
rustle *fruscìo-i, nm*
to rustle *stormire*
rut *solco-hi, nm*
to rut *scavare*
ruthless *spietato-i a e, a*
ruthlessly *spietatamente, ad*
rye *sègala-e, nf*

S
Sabbath *domenica-he, nf*
sable *zibellino-i, nm*
sabotage *sabotaggio-i, nm*
saber *sciabola-e, nf*
saccharine *saccarina-e, nf*
sack *sacco-hi, nm*
sacrament *sacramento-i, nm*
sacred *sacro-i a e, a*
sacrifice *sacrificio-i, nm*
to sacrifice *sacrificare*
sacrilege *sacrilegio-i, nm*
sacristy *sagrestia-e, nf*
sad *triste-i, a*
to sadden *rattristare*
saddle *sella-e, nf*
sadness *tristezza-e, nf*
safe *cassaforte-i, nf*
safe *salvo-i a e, a*
safe-conduct *salvacondotto-i, nm*
safeguard *salvaguardia-e, nf*
safety *sicurezza-e, nf*
saffron *zafferano-i, nm*
to sag *avvallare*
sagacious *sagace-i, a*
sagacity *saggezza-e, nf*
sage *saggio-i a e, a*
sail *vela-e, nf*
to sail *salpare*

to rùst *arrujinìre*
rùstik *rùstiko-i, a e, a*
rùstikally *rustikamènte, ad*
rustikàtion *rusticità, nf*
rùstiness *rujjnosità, nf*
rùstle *frushìo-i, nm*
to rùstle *stormìre*
rùt *sòlko-i, nm*
to rùt *skavàre*
rùthless *spietàto-i a e, a*
rùthlessly *spietatamènte, ad*
rỳe *sègala-e, nf*

S
Sabbath *domènika-e, nf*
sàble *zibellìno-i, nm*
sàbotage *sabotàjjo-i, nm*
sàber *shàbola-e, nf*
sàkkarine *sakkarìna-e, nf*
sàk *sàkko-i, nm*
sàkrament *sakramènto-i, nm*
sàkred *sàkro-i a e, a*
sàkrifice *sakrifico-i, nm*
to sàkrifice *sakrifikàre*
sàkrilege *sakrilèjo-i, nm*
sàkristy *sagrestìa-e, nf*
sàd *trìste-i, a*
to sàdden *rattristàre*
sàddle *sèlla-e, nf*
sàdness *tristèzza-e, nf*
sàfe *kassafòrte-i, nf*
sàfe *sàlvo-i a e, a*
sàfe-kòndukt *salvakondòtto-i, nm*
sàfeguàrd *salvaguàrdia-e, nf*
sàfety *sikurèzza-e, nf*
sàffron *zafferàno-i, nm*
to sàg *avvallàre*
sagàcious *sagàce-i, a*
sagàcity *sajjèzza-e, nf*
sàge *sàjjo-i a e, a*
sàil *vèla-e, nf*
to sàil *salpàre*

sailor *marinaio-i, nm*
saint *santo-i a e, nmf*
saintly *santo-i a e, a*
sake *causa-e, nf*
salad *insalata-e, nf*
salamander *salamandra-e, nf*
salary *stipendio-i, nm*
saleable *vendibile-i, a*
salesman *venditore-i, nm*
salient *saliente-i, a*
sallow *olivastro-i a e, a*
salmon *salmone-i, nm*
saloon *salone-i, nm*
salt *sale-i, nm*
saltpeter *salnitro-i, nm*
salutary *salutare-i, a*
salutation *saluto-i, nm*
to salute *salutare*
salvage *salvataggio-i, nm*
to salvage *salvare*
salvation *salvezza-e, nf*
salve *balsamo-i, nm*
salvo *salvo-i, nm*
same *stesso-i a e, a*
sameness *monotonia-e, nf*
sample *campione-i, nm*
to sanctify *santificare*
sanctimonious *bigotto-i a e, a*
sanctimony *ipocrisia-e, nf*
sanction *sanzione-i, nf*
to sanction *autorizzare*
sanctity *santità, nf*
sanctuary *santuario-i, nm*
sand *sabbia-e, nf*
sandal *sandalo-i, nm*
sandwich *panino-i, nmf*
sandy *sabbioso-i a e, a*
sane *sano-i a e, a*
saneness *sanità, nf*
sanguinary *sanguinario-i a e, a*
sanguine *sanguinario-i a e, a*
sanitary *sanitario-i, a e, a*

sàilor *marinàio-i, nm*
sàint *sànto-i a e, nmf*
sàintly *sànto-i a e, a*
sàke *kàusa-e, nf*
sàlad *insalàta-e, nf*
salamànder *salamàndra-e, nf*
sàlary *stipèndio-i, nm*
sàle *vèndita-e, nf*
sàlesman *venditòre-i, nm*
sàlient *saliènte-i, a*
sàllow *olivàstro-i a e, a*
sàlmon *salmòne-i, nm*
salòon *salòne-i, nm*
sàlt *sàle-i, nm*
sàltpeter *salnìtro-i, nm*
salutàry *salutàre-i, a*
salutàtion *salùto-i, nm*
to salùte *salutàre*
sàlvage *salvatàjjo-i, nm*
to sàlvage *salvàre*
salvàtion *salvèzza-e, nf*
sàlve *bàlsamo-i, nm*
sàlvo *sàlvo-i, nm*
sàme *stèsso-i a e, a*
sàmeness *uniformità, nf*
sàmple *kampiòne-i, nm*
to sànktify *santifikàre*
sanktimònious *bigòtto-i a e, a*
sànktimony *ipokrisìa-e, nf*
sànktion *sanziòne-i, nf*
to sànktion *autorizzàre*
sànktity *santità, nf*
sànktuary *santuàrio-i, nm*
sànd *sàbbia-e, nf*
sàndal *sàndalo-i, nm*
sàndwich *panìno-i, nmf*
sàndy *sabbiòso-i a e, a*
sàne *sàno-i a e, a*
sàneness *sanità, nf*
sànguinàry *sanguinàrio-i a e, a*
sànguìne *sanguinàrio-i a e, a*
sànitary *sanitàrio-i, a e, a*

sanitation *igiene, nf*	**sanitàtion** *ijiène, nf*
sanity *sanità, nf*	**sànity** *sanità, nf*
sap *succo-hi, nm*	**sàp** *sùkko-i, nm*
to sap *minare*	**to sàp** *minàre*
sapience *saggezza-e, nf*	**sàpience** *sajjèzza-e, nf*
sapient *saggio-i a e, a*	**sàpient** *sàjjo-i a e, a*
sapling *alberello-i, nm*	**sàpling** *alberèllo-i, nm*
sapphire *zaffiro-i, nm*	**sàpphire** *zàffiro-i, nm*
sappy *succoso-i a e, a*	**sàppy** *sukkòso-i a e, a*
Saracen *saraceno-i a e, nmf*	**Sàracen** *saracèno-i a e, nmf*
sarcasm *sarcasmo-i, nm*	**sàrkasm** *sarkàsmo-i, nm*
sarcastic *sarcastico-i a he, a*	**sarkàstik** *sarkàstiko-i a e, a*
sardine *sardina-e, nf*	**sàrdine** *sardìna-e, nf*
sardonic *sardonico-i a he, a*	**sardònik** *sardòniko-i a e, a*
sash *cintura-e, nf*	**sàsh** *cintùra-e, nf*
satchel *cartella-e, nf*	**sàtchel** *kartèlla-e, nf*
to sate *saziare*	**to sàte** *saziàre*
satellite *satellite-i, nf*	**sàtellite** *satèllite-i, nf*
to satiate *saziare*	**to sàtiate** *saziàre*
satiety *sazietà, nf*	**satièty** *sazietà, nf*
satin *raso-i, nm*	**sàtin** *ràso-i, nm*
satire *satira-e, nf*	**sàtire** *sàtira-e, nf*
satiric *satirico-i a he, a*	**satìrik** *satìriko-i a e, a*
satirist *scrittore-i, nm*	**sàtirist** *skrittòre-i, nm*
to satirize *satireggiare*	**to sàtirize** *satìrejjàre*
satisfaction *soddisfazione-i, nf*	**satisfàktion** *soddisfaziòne-i, nf*
satisfaction *soddisfacente-i, a*	**satisfàktory** *soddisfacènte-i, a*
to satisfy *soddisfare*	**to sàtisfy** *soddisfàre*
to saturate *saturare*	**to sàturate** *saturàre*
saturation *saturazione-i, nf*	**saturàtion** *saturaziòne-i, nf*
Saturday *sabato, nm*	**Sàturday** *sàbato, nm*
saturnine *taciturno-i a e, nmf*	**sàturnine** *tacitùrno-i a e, nmf*
sauce *intingolo-i, nm*	**sàuce** *intìngolo-i, nm*
saucepan *casseruola-e, nf*	**sàucepan** *kasseruòla-e, nf*
saucer *piattino-i, nm*	**sàucer** *piattìno-i, nm*
sauciness *impertinenza-e, nf*	**sàuciness** *impertinènza-e, nf*
saucy *impertinente-i, a*	**sàucy** *impertinènte-i, a*
to saunter *passeggiare*	**to sàunter** *passejjàre*
sausage *salsiccia-e, nf*	**sàusage** *salsìcca-e, nf*
savage *selvaggio-i a e, nmf*	**sàvage** *selvàjjo-i a e, nmf*
savageness *brutalità, nf*	**sàvageness** *brutalità, nf*
save *tranne, prep*	**sàve** *trànne, prep*

to save *salvare*
saving *risparmio-i, nm*
Savior *Redentore-i, nm*
savor *gusto-i, nm*
savory *gustoso-i a e, a,*
saw *sega-he, nf*
to saw *segare*
sawdust *segatura-e, nf*
sawmill *segheria-e, nf*
sawyer *segatore-i, nm*
Saxon *sassone-i a e, a*
to say *dire*
saying *proverbio-i, nm*
scab *crosta-e, nf*
scabbard *guaina-e, nf*
scabby *scabbioso-i a e, a*
scaffold *patibolo-i. nm*
scaffolding *impalcatura-e, nf*
scald *scottatura-e, nf*
to scald *scottare*
scale *scala-e, nf*
to scale *bilanciare*
scalp *cranio-i, nm*
to scalp *tagliare*
scalpel *scalpello-i, nm*
scaly *squamoso-i a e, a*
scamp *mascalzone-i, nm*
to scamper *correre*
to scan *scandire*
scandal *scandalo-i, nm*
to scandalize *scandalizzare*
scandalous *scandaloso-i a e, a*
scansion *scansione-i, nf*
scant *scarso-i a e, a*
scantiness *scarsezza-e, nf*
scanty *scarso-i a e, a*
scapegoat *spiatore-i, nm*
scapegrace *scapestrato-i a e, nmf*
scar *cicatrice-i, nf*
to scar *segnare*
scarce *raro-i a e, a*
scarcely *appena, ad*

to sàve *salvàre*
sàving *risparmio-i, nm*
Sàvior *Redentòre-i, nm*
sàvor *gùsto-i nm*
sàvory *gustòso-i a e, a,*
sàw *sèga-e, nf*
to sàw *segàre*
sàwdust *segatùra-e, nf*
sàwmill *segerìa-e, nf*
sàwyer *segatòre-i, nm*
Sàxon *sàssone-i a e, a*
to sày *dìre*
sàying *provèrbio-i, nm*
skàb *kròsta-e, nf*
skàbbard *guaìna-e, nf*
skàbby *skabbiòso-i a e, a*
skàffòld *patìbolo-i. nm*
skàffòlding *impalkatùra-e, nf*
skàld *skottatùra-e, nf*
to skàld *skottàre*
skàle *skàla-e, nf*
to skàle *bilancàre*
skàlp *krànio-i, nm*
to skàlp *tayàre*
skàlpel *skàlpello-i, nm*
skàly *skuamòso-i a e, a*
skàmp *maskalzòne-i, nm*
to skàmper *kòrrere*
to skàn *skandìre*
skàndal *skàndalo-i, nm*
to skàndalìze *skandalizzàre*
skàndalous *skandalòso-i a e, a*
skànsion *skansiòne-i, nf*
skànt *skàrso-i a e, a*
skàntiness *skarsèzza-e, nf*
skànty *skàrso-i a e, a*
skàpegòat *spiatòre-i, nm*
skàpegràce *skapestràto-i a e, nmf*
skàr *cikatrìce-i, nf*
to skàr *seqàre*
skàrce *ràro-i a e, a*
skàrcely *appèna, ad*

ci ce ca co cu ki ke ka ko ku ji je ja jo ju gi ge ga go gu
sci sce sca sco scu=shi she sha sho shu gn=q gl=y

to score

scarcity *scarsezza-e, nf*	**skàrcity** *skarsèzza-e, nf*
scare *spavento-i, nm*	**skàre** *spavènto-i, nm*
to scare *spaventare*	**to skàre** *spaventàre*
scarecrow *spaventapassero-i, nm*	**skàrekròw** *spaventapàssero-i, nm*
scarf *sciarpa-e, nf*	**skàrf** *shàrpa-e, nf*
scarlet *scarlatto-i, a*	**skàrlet** *skarlàtto-i, a*
scathe *danno-i, nm*	**skàthe** *dànno-i, nm*
to scatter *spargere*	**to skàtter** *spàrjere*
scavenger *spazzino-i a e, nmf*	**skàvenger** *spazzìno-i a e, nmf*
scene *scena-e, nf*	**scène** *shèna-e, nf*
scenery *scenario-i, nm*	**scènery** *shenàrio-i, nm*
scent *odore-i, nm*	**scènt** *odòre-i, nm*
skeptic *scettico-i a e, nmf*	**skèptik** *shèttiko-i a e, nmf*
skepticism *scetticismo-i, nm*	**skèpticism** *shetticìsmo-i, nm*
scepter *scettro-i, nm*	**scèpter** *shèttro-i, nm*
schedule *tabella-e, nf*	**skèdule** *tabèlla-e, nf*
scheme *piano-i, nm*	**skème** *piàno-i, nm*
scherzo *scherzo*	**skèrzo** *skèrzo*
schism *scisma-i, nm*	**skìsm** *shìsma-i, nm*
schismatic *scismatico-i a he, a*	**skìsmatik** *shismàtiko-i a e, a*
scholar *erudito-i a e, nmf*	**skòlar** *erudìto-i a e, nmf*
scholarship *erudizione-i, nf*	**skòlarshìp** *erudiziòne-i, nf*
scholastic *scolastico-i a e, a*	**skolàstik** *skolàstiko-i a e, a*
school *scuola-e, nf*	**skòol** *skuòla-e, nf*
schooling *insegnamento-i, nm*	**skòoling** *inseqamènto-i, nm*
schooner *goletta-e, nf*	**skòoner** *golètta-e, nf*
science *scienza-e, nf*	**scìence** *shiènza-e, nf*
scientific *scientifico-i a he, a*	**scientìfik** *shientìfiko-i a e, a*
scimitar *scimitarra-e, nf*	**scìmitar** *shimitàrra-e, nf*
scion *erede-i, nm*	**scìon** *erède-i, nm*
scissors *forbici, nf*	**scìssors** *fòrbici, nf*
scoff *scherno-i, nm*	**skòff** *skèrno-i, nm*
to scoff *ribellare*	**to skòff** *ribellàre*
scold *rimprovero-i, nm*	**skòld** *rimpròvero-i, nm*
to scold *rimproverare*	**to skòld** *rimproveràre*
scoop *paletta-e, nf*	**skòop** *palètta-e, nf*
to scoop *travasare*	**to skòop** *travasàre*
scope *distesa-e, nf*	**skòpe** *distèsa-e, nf*
scorch *scottatura-e, nf*	**skòrch** *skottatùra-e, nf*
to scorch *scottare*	**to skòrch** *skottàre*
score *segno-i, nm*	**skòre** *sèqo-i, nm*
to score *segnare*	**to skòre** *seqàre*

scorn *sdegno-i, nmf*   skòrn *sdèqo-i, nmf*
to scorn *sdegnare*   to skòrn *sdeqàre*
scornful *sdegnoso-i a e, a*   skòrnful *sdeqòso-i a e, a*
scorpion *scorpione-i, nm*   skòrpion *skorpiòne-i, nm*
Scot *scozzese-i a e, nmf*   Skòt *skozzèse-i a e, nmf*
scotch *scotch, nm*   skòtch *skòtch, nm*
scoundrel *farabutto-i a e, nmf*   skòundrel *farabùtto-i a e, nmf*
to scour *perlustrare*   to skòur *perlustràre*
scourge *frusta-e, nf*   skòurge *frùsta-e, nf*
to scourge *sferzare*   to skòurge *sferzàre*
scout *esploratore-i, nm*   skòut *esploratòre-i, nm*
to scout *esplorare*   to skòut *esploràre*
scowl *torvido-i a e, a*   skòwl *tòrvido-i a e, a*
scrabble *scarabocchio-i, nm*   skràbble *skarabòkkio-i, nm*
to scrabble *scarabocchiare*   to skrabble *skarabokkiàre*
scraggy *ossuto-i a e, a*   skraggy *ossùto-i a e, a*
scramble *parapiglia-e, nf*   skràmble *parapìya-e, nf*
to scramble *strapazzare*   to skràmble *strapazzàre*
scrap *frammento-i, nm*   skràp *frammènto-i, nm*
to scrap *scartare*   to skràp *skartàre*
scrape *raschiatura-e, nf*   skràpe *raskiatùra-e, nf*
to scrape *raschiare*   to skràpe *raskiàre*
scraper *raschietto-i, nm*   skràper *raskiètto-i, nm*
scratch *graffito-i, nm*   skràtch *graffìto-i, nm*
to scratch *graffiare*   to skràtch *graffiàre*
scrawl *scarabocchio-hi, nm*   skràwl *skarabòkkio-i, nm*
to scrawl *scarabocchiare*   to skràwl *skarabokkiàre*
scream *urlo-i, nm*   skrèam *ùrlo-i, nm*
to scream *urlare*   to skrèam *urlàre*
screen *parafuoco-hi, nm*   skrèen *parafuòko-i, nm*
to screen *proteggere*   to skrèen *protèjjere*
screw *vite-i, nf*   skrèw *vìte-i, nf*
to screw *avvitare*   to skrèw *avvitàre*
screw-driver *cacciavite-i, nm*   skrèw-drìver *kaccavìte-i, nm*
scribble *scarabocchio-hi, nm*   skrìble *skarabòkkio-i, nm*
to scribble *scarabocchiare*   to skrìble *skarabokkiàre*
scribbler *imbrattacarte-i, nm*   skrìbler *imbrattakàrte-i, nm*
scribe *copista-i, nm*   skrìbe *kopìsta-i, nm*
scrimmage *schermaglia-e, nf*   skrìmmage *skermàya-e, nf*
scripture *scrittura-e, nf*   skrìpture *skrittùra-e, nf*
scroll *rotolo-i, nm*   skròll *ròtolo-i, nm*
scrounge *scroccone-i, nm*   skròunger *skrokkòne-i, nm*

to scrounge *scroccare*	to skròunge *skrokkàre*
scrub *boscaglia-e, nf*	skrùb *strofinamènto-i, nm*
to scrub *strofinare*	to skrùb *strofinàre*
scruff *nuca-he, nf*	skrùff *nùka-e, nf*
scruple *scrupolo-i, nm*	skrùple *skrùpolo-i, nm*
scrupulosity *scrupolosità, nf*	skrupulòsity *skrupolosità, nf*
scrupulous *scrupoloso-i a e, a*	skrùpulous *skrupolòso-i a e, a*
to scrutinize *scrutinare*	to skrùtinize *skrutinàre*
scrutiny *scrutinio-i, nm*	skrùtiny *skrutinìo-i, nm*
scud *fuga-he, nf*	skùd *fùga-e, nf*
scuffle *baruffa-e, nf*	skùffle *barùffa-e, nf*
to scuffle *baruffare*	to skùffle *baruffàre*
to scull *vogare*	to skùll *vogàre*
scullery *retrocucina-e, nf*	skùllery *retrokucìna-e, nf*
scullion *sguattero-i, nm*	skùllion *sguàttero-i, nm*
sculptor *scultore-i, nm*	skùlptor *skultòre-i, nm*
sculptural *scultorio-i, a*	skùlptural *skultòrio-i, a*
sculpture *scultura-e, nf*	skùlpture *skultùra-e, nf*
scum *feccia-e, nf*	skùm *fècca-e, nf*
scurf *forfora-e, nf*	skurf *forfora-e, nf*
scurrility *scurrilità, nf*	skurrìlity *skurrilità, nf*
scurrilous *scurrile-i, a*	skùrrilous *skurrìle-i, a*
scurvy *scorbuto-i a e i, nmf*	skùrvy *skorbùto-i a e i, nmf*
scuttle *recipiente-i, nm*	skùttle *recipiènte-i, nm*
to scuttle *affondare*	to skùttle *affondàre*
scythe *falce-i, nf*	scỳthe *fàlce-i, nf*
sea *mare-i, nm*	sèa *màre-i, nm*
seal *foca-he, nf*	sèal *fòka-e, nf*
seal *sigillo-i, nm*	sèal *sijìllo-i, nm*
to seal *sigillare*	to sèal *sijillàre*
sealing-wax *ceralacca-he, nf*	sèaling-wàx *ceralàkka-e, nf*
seam *cucitura-e, nf*	sèam *kucitùra-e, nf*
seaman *marinaio-i, nm*	sèaman *marinàio-i, nm*
seamstress *cucitrice-i, nf*	sèamstress *kucitrìce-i, nf*
seaport *porto-i, nm*	sèaport *pòrto-i, nm*
to sear *bruciare*	to sèar *bruciàre*
search *indagine-i, nf*	sèarch *indàjine-i, nf*
to search *indagare*	to sèarch *indagàre*
searching *penetrante-i, a*	sèarching *penetrànte-i, a*
season *stagione-i, nf*	sèason *stajòne-i, nf*
seasonable *stagionale-i, a*	sèasonable *stajonàle-i, a*
seat *sedia-e, nf*	sèat *sèdia-e, nf*

to seat *sedere*	to sèat *sedère*
seaweed *alga-he, nf*	sèawèed *àlga-e, nf*
to secede *separare*	to secède *separàre*
secession *secessione-i, nf*	secèssion *secessiòne-i, nf*
to seclude *relegare*	to seklùde *relegàre*
seclusion *reclusione-i nf*	seklùsion *reklusiòne-i nf*
second *secondo-i, nm*	sèkond *sekòndo-i, nm*
to second *assecondare*	to sèkond *assekondàre*
secondary *secondario-i a e, a*	sekondàry *sekòndario-i a e, a*
secrecy *segretezza-e, nf*	sèkrecy *segretèzza-e, nf*
secret *segreto-i, nm*	sèkret *segrèto-i, nm*
secretary *segretaria-e, nf*	sekretàry *segretària-e, nf*
to secrete *nascondere*	to sekrète *naskòndere*
secretion *secrezione-i, nf*	sekrètion *sekreziòne-i, nf*
secretive *riservato-i a e, a*	sèkretive *riservàto-i a e, a*
sect *setta-e, nf*	sèkt *sètta-e, nf*
sectarian *settario-i, nm*	sektàrian *settàrio-i, nm*
section *sezione-i, nf*	sèktion *seziòne-i, nf*
secular *secolare-i, a*	sèkular *sekolàre-i, a*
secularization *secolarizzazione-i, nf*	sekularizàtion *sekolarizzaziòne-i, nf*
to secularize *secolarizzare*	to sèkularize *sekolarizzàre*
secure *sicuro-i a e, a*	sekùre *sikùro-i a e, a*
to secure *assicurare*	to sekùre *assikuràre*
security *sicurezza-e, nf*	sekùrity *sikurèzza-e, nf*
sedan *automobile-i, nf*	sedàn *automòbile-i, nf*
sedate *calmo-i a e, a*	sedàte *kàlmo-i a e, a*
sedateness *pacatezza-e, nf*	sedàteness *pakatèzza-e, nf*
sedative *sedativo-i, nm*	sèdative *sedatìvo-i, nm*
sedentary *sedentario-i a e, a*	sedentàry *sedèntario-i a e, a*
sedge *carice-i, nf*	sèdge *kàrice-i, nf*
sediment *sedimento-i, nm*	sèdiment *sedimènto-i, nm*
sedition *sedizione-i, nf*	sedìtion *sediziòne-i, nf*
seditious *sedizioso-i a e, a*	sedìtious *sediziòso-i a e, a*
to seduce *sedurre*	to sedùce *sedùrre*
seduction *seduzione-i, nf*	sedùktion *seduziòne-i, nf*
sedulous *assiduo-i a e, a*	sèdulous *assìduo-i a e, a*
See *diocesi, nf*	Sèe *diòcesi, nf*
to see *vedere*	to sèe *vedère*
seed *seme-i, nm*	sèed *sème-i, nm*
to seed *seminare*	to sèed *seminàre*
seedy *logoro-i a e, a*	sèedy *lògoro-i a e, a*
to seek *cercare*	to sèek *cerkàre*

to seem *sembrare*	to sèem *sembràre*
seeming *apparente-i, a*	sèeming *appàrente-i, a*
seemingly *decoroso-i a e, a*	sèemingly *dekoròso-i a e, a*
seer *profeta-i, nm*	sèer *profèta-i, nm*
seesaw *altalena-e, nf*	sèesàw *altalèna-e, nf*
segment *segmento-i, nm*	sègment *segmènto-i, nm*
to segregate *segregare*	to sègregàte *segregàre*
segregation *segregazione-i, nf*	segregàtion *segregaziòne-i, nf*
to seize *confiscare*	to sèize *konfiskàre*
seizure *attacco-hi, nm*	sèizure *attàkko-i, nm*
seldom *raro-i a e, a*	sèldom *ràro-i a e, a*
select *scelto-i a e, a*	selèkt *shèlto-i a e, a*
to select *scegliere*	to selèkt *shèyere*
selection *assortimento-i, nm*	selèktion *assortimènto-i, nm*
self *stesso-i a e, nmf*	sèlf *stèsso-i a e, nmf*
self-command *padronanza-e, nf*	sèlf-kommànd *padronànza-e, nf*
self-conceipt *presunzione-i, nf*	sèlf-koncèipt *presunziòne-i, nf*
self-confidence *sicurezza-e, nf*	sèlf-kònfidence *sikurèzza-e, nf*
self-denial *abnegazione-i, nf*	sèlf-denìal *abnegaziòne-i, nf*
self-government *autonomia-e, nf*	sèlf-gòvernment *autonomìa-e, nf*
selfish *egoista-i, a*	sèlfish *egoìsta-i, a*
selfishness *egoismo-i, nm*	sèlfishness *egoìsmo-i, nm*
selfless *altruista-e i, a*	sèlfless *altruìsta-e i, a*
self-made *accanito-i a e, a*	sèlf-màde *akkanìto-i a e, a*
self-reliance *fiducia-e, nf*	sèlf-reliànce *fidùca-e, nf*
self-supporting *independente-i, a*	sèlf-suppòrting *independènte-i, a*
self-taught *autodidatta- e i, a*	sèlf-tàught *autodidàtta- e i, a*
to sell *vendere*	to sèll *vèndere*
semaphore *semaforo-i, nm*	semaphòre *semàforo-i, nm*
semblance *apparenza-e, nf*	sèmblànce *apparènza-e, nf*
seminary *seminario-i, nm*	seminàry *seminàrio-i, nm*
senate *senato-i, nm*	sènate *senàto-i, nm*
senator *senatore-i, nm*	sènator *senatòre-i, nm*
to send *mandare*	to sènd *mandàre*
seneschal *siniscalco-hi, nm*	seneskàl *siniskàlko-i, nm*
senile *senile-i, a*	senìle *senìle-i, a*
senior *maggiore-i, a*	sènior *majjòre-i, a*
seniority *anzianità, nf*	seniòrity *anzianità, nf*
sensation *senzazione-i, nf*	sensàtion *senzaziòne-i, nf*
sensational *sensazionale-i, a*	sensàtional *sensazionàle-i, a*
sense *senso-i, nm*	sènse *sènso-i, nm*
senseless *assurdo-i a e, a*	sènseless *assùrdo-i a e, a*

sensibility *sensibilità, nf*
sensible *sensato-i a e, a*
sensitive *sensibile-i, a*
sensitiveness *sensibilità, nf*
sensuality *sensualità, nf*
sensuous *sensuale-i, a*
sentence *frase-i, nf*
to sentence *condannare*
sentiment *sentimento-i, nm*
sentimental *sentimentale-i, a*
sentinel *sentinella-e, nf*
sentry-box *garitta-e, nf*
to separate *separare*
separation *separazione-i, nf*
September *settembre, nm*
septic *settico-i, a*
sepulchral *sepolcrale-i, a*
sepulcher *sepolcro-i, nm*
sequel *seguito-i, nm*
sequence *serie-i, nf*
to sequester *sequestrare*
sequestered *sequestrato-i a e, a*
sequestration *sequestro-i, nm*
seraph *serafino-i, nm*
serenade *serenata-e, nf*
serene *sereno-i a e, a*
serenity *serenità, nf*
serf *servo-i a e, nmf*
serge *saia-e, nm*
sergeant *sergente-i, nm*
series *serie-i, nf*
serious *serio-i a e, a*
seriousness *serietà, nf*
sermon *sermone-i, nm*
serpent *serpente-i, nm*
serried *serrato-i a e, a*
servant *domestico-i a he, nmf*
to serve *servire*
service *servizio-i, nm*
serviceable *utilizzabile-i, a*
servile *servile-i, a*
servility *servilismo-i, nm*

sensìbility *sensibilità, nf*
sènsible *sensàto-i a e, a*
sènsitive *sensìbile-i, a*
sènsitiveness *sensibilità, nf*
sensuàlity *sensualità, nf*
sènsuous *sensuàle-i, a*
sèntence *fràse-i, nf*
to sèntence *kondannàre*
sèntiment *sentimènto-i, nm*
sentimèntal *sentimentàle-i, a*
sèntinel *sentinèlla-e, nf*
sèntry-bòx *garìtta-e, nf*
to sèparate *separàre*
separàtion *separaziòne-i, nf*
Septèmber *settèmbre, nm*
sèptik *sèttiko-i, a*
sepùlkral *sepolkràle-i, a*
sèpulker *sepòlkro-i, nm*
sèquel *sèguito-i, nm*
sèquence *sèrie-i, nf*
to sequèster *sekuestràre*
sequèstered *sekuestràto-i a e, a*
sequestràtion *sekuèstro-i, nm*
sèraph *serafino-i, nm*
serenàde *serenàta-e, nf*
serène *serèno-i a e, a*
serènity *serenità, nf*
sèrf *sèrvo-i a e, nmf*
sèrge *sàia-e, nf*
sèrgeant *serjènte-i, nm*
sèries *sèrie-i, nf*
sèrious *sèrio-i a e, a*
sèriousness *serietà, nf*
sèrmon *sermòne-i, nm*
sèrpent *serpènte-i, nm*
sèrried *serràto-i a e, a*
sèrvant *domèstiko-i a e, nmf*
to sèrve *servìre*
sèrvice *servìzio-i, nm*
sèrviceable *utilizzàbile-i, a*
sèrvile *servìle-i, a*
servìlity *servilìsmo-i, nm*

ci ce ca co cu   ki ke ka ko ku   ji je ja jo ju   gi ge ga go gu
sci sce sca sco scu=shi she sha sho shu   gn=q   gl=y

shallowness

servitude *schiavitù, nf*	**sèrvitude** *skiavitù, nf*
session *sessione-i, nf*	**sèssion** *sessiòne-i, nf*
set *serie, nf*	**sèt** *sèrie, nf*
to set *fissare*	**to sèt** *fissàre*
settee *divano-i, nm*	**settèe** *divàno-i, nm*
setter *cane-i, nm*	**sètter** *kàne-i, nm*
setting *ambiente-i, nm*	**sètting** *ambiènte-i, nm*
to settle *sistemare*	**to sèttle** *sistemàre*
settlement *colonia-e, nf*	**sèttlement** *kolònia-e, nf*
settler *colonizzatore-i, nm*	**sèttler** *kolonizzatòre-i, nm*
seven *sette, nm*	**sèven** *sètte, nm*
seventeen *diciassette, nm*	**sèventeen** *dicassètte, nm*
seventy *settanta, nm*	**sèventy** *settànta, nm*
to sever *staccare*	**to sèver** *stakkàre*
several *parecchi-e, a*	**sèveral** *parèkki-e, a*
severance *separazione-i, nf*	**sèverance** *separaziòne-i, nf*
severe *severo-i a e, a*	**sevère** *sevèro-i a e, a*
severity *severità, nf*	**sevèrity** *severità, nf*
to sew *cucire*	**to sèw** *kucìre*
sewage *immondizie, nf*	**sèwage** *immondìzie, nf*
sewer *fogna-e, nf*	**sèwer** *fòqa-e, nf*
sex *sesso-i, nm*	**sèx** *sèsso-i, nm*
sexton *sagrestano-i, nm*	**sèxton** *sagrestàno-i, nm*
sexual *sessuale-i, a*	**sèxual** *sessuàle-i, a*
sofrzando *sforzando*	**sforzàndo** *sforzàndo*
shabbiness *grettezza-e, nf*	**shàbbiness** *grettèzza-e, nf*
shabby *gretto-i a e, a*	**shàbby** *grètto-i a e, a*
shackle *manette, nf*	**shàkle** *manètte, nf*
to shackle *ammanettare*	**to shàkle** *ammanettàre*
shade *ombra-e, nf*	**shàde** *òmbra-e, nf*
shadow *ombra-e, nf*	**shàdow** *òmbra-e, nf*
to shadow *adombrare*	**to shàdow** *adombràre*
shadowy *ombroso-i a e. a*	**shàdowy** *ombròso-i a e. a*
shady *fresco-hi a e, a*	**shàdy** *frèsko-i a e, a*
shaft *asta-e, nf*	**shàft** *àsta-e, nf*
shag *pelo-i, nm*	**shàg** *pèlo-i, nm*
shaggy *irsuto-i a e, a*	**shàggy** *irsùto-i a e, a*
shake *scossa-e, nf*	**shàke** *skòssa-e, nf*
to shake *scuotere*	**to shàke** *skuòtere*
shale *pietra-e, nf*	**shàllop** *shalùppa-e, nf*
shallow *bassofondo-i, nm*	**shàllow** *bassofòndo-i, nm*
shallowness *superficialità, nf*	**shàllowness** *superficialità, nf*

sham *inganno-i, nm*
to shamble *strascinare*
shambles *macello-i, nm*
shame *vergogna-e, nf*
shamefaced *timido-i a e, a*
shameful *spudorato-i a e, a*
to shampoo *lavare*
shamrock *trifoglio-i, nm*
shank *gamba-e, nf*
shape *forma-e, nf*
shapeless *informe-i, a*
shapely *proporzionato-i a e, a*
share *porzione-i, nm*
shareholder *azionista-i, nm*
shark *pescecane-i, nm*
sharp *affilato-i a e, a*
to sharpen *affilare*
sharpness *astuzia-e, nf*
to shatter *frantumare*
to shave *radere*
shaving *tosatura-e, nf*
shawl *scialle-i, nm*
she *lei, pron*
sheaf *fascio-i, nm*
to shear *pelare*
shears *cesoie, nf*
sheath *astuccio-i, nm*
to sheathe *inguainare*
shed *capannone-i, nm*
to shed *spargere*
sheen *lustro-i, nm*
sheep *pecora-e, nf*
sheepish *goffo-i a e, a*
sheer *semplice-i, a*
sheet *foglio-i, nm*
shelf *scaffale-i, nm*
shell *conchiglia-e, nf*
shelter *rifugio-i, nm*
to shelter *rifugiare*
to shelve *rimandare*
shepherd *pastore-i, nm*
shepherdess *pastorella-e, nf*

shàm *ingànno-i, nm*
to shàmble *strashinàre*
shàmbles *macèllo-i, nm*
shàme *vergòqa-e, nf*
shàmefàced *tìmido-i a e, a*
shàmeful *vergoqòso-i a e, a*
to shampòo *lavàre*
shàmrok *trifòyo-i, nm*
shànk *gàmba-e, nf*
shàpe *fòrma-e, nf*
shàpeless *infòrme-i, a*
shàpely *proporzionàto-i a e, a*
shàre *porziòne-i, nm*
shàrehòlder *azionìsta-i, nm*
shàrk *peshekàne-i, nm*
shàrp *affilàto-i a e, a*
to shàrpen *affilàre*
shàrpness *astùzia-e, nf*
to shàtter *frantumàre*
to shàve *ràdere*
shàving *tosatùra-e, nf*
shàwl *shàlle-i, nm*
shè *lèi, pron*
shèaf *fàsho-i, nm*
to shèar *pelàre*
shèars *cesòie, nf*
shèath *astùcco-i, nm*
to shèathe *inguainàre*
shèd *kapannòne-i, nm*
to shèd *spàrjere*
shèen *lùstro-i, nm*
shèep *pèkora-e, nf*
shèepish *gòffo-i a e, a*
shèer *sèmplice-i, a*
shèet *fòyo-i, nm*
shèlf *skaffàle-i, nm*
shèll *konkìya-e, nf*
shèlter *rifùjo-i, nm*
to shèlter *rifujàre*
to shèlve *rimandàre*
shèpherd *pastòre-i, nm*
shèpherdess *pastòrella-e, nf*

sheriff *sceriffo-i, nm*
sherry *vino-i, nm*
shield *scudo-i, nm*
to shield *difendere*
shift *cambiamento-i, nm*
to shift *cambiare*
shifty *disonesto-i a e, a*
shilling *scellino-i, nm*
shilly-shally *esitazione-i, nf*
to shilly-shally *esitare*
shin *stinco-hi, nm*
shine *lucidezza-e, a*
to shine *brillare*
shingle *tegola-e, nf*
ship *nave-i, nf*
ship-broker *sensale-i, nm*
ship-chandler *fornitore-i, nm*
ship-mate *compagno-i a e, nmf*
shipment *spedizione-i, nf*
shipping *imbarco-hi, nm*
shipwreck *naufragio-i, nm*
shipwright *capo-i, nm*
shipyard *cantiere-i, nm*
shire *contea-e, nf*
to shirk *schivare*
shirt *camicia-e, nf*
shiver *brivido-i, nm*
to shiver *tremare*
shoal *banco-hi, nm*
shock *colpo-i, nm*
to shock *urtare*
shocker *brivido-i, a*
shocking *scandaloso-i a e, a*
shoe *scarpa-e, nf*
shoemaker *calzolaio-i, nm*
shoot *germoglio-i, nm*
to shoot *sparare*
shop *bottega-he, nf*
shore *costa-e, nf*
short *breve-i, a*
shortage *scarsezza-e, nf*
to shorten *accorciare*

shèriff *sherìffo-i, nm*
shèrry *vìno-i, nm*
shìeld *skùdo-i, nm*
to shìeld *difèndere*
shìft *kambiamènto-i, nm*
to shìft *kambiàre*
shìfty *disonèsto-i a e, a*
shìlling *shellìno-i, nm*
shìlly-shàlly *esitaziòne-i, nf*
to shìlly-shàlly *esitàre*
shìn *stìnko-i, nm*
shìne *lucidèzza-e, a*
to shìne *brillàre*
shìngle *tègola-e, nf*
shìp *nàve-i, nf*
shìp-bròker *sensàle-i, nm*
shìp-chàndler *fornitòre-i, nm*
shìp-màte *kompàqo-i a e, nmf*
shìpment *spediziòne-i, nf*
shìpping *imbàrko-i, nm*
shìpwrèk *naufràjo-i, nm*
shìpwrìght *kàpo-i, nm*
shìpyàrd *kantière-i, nm*
shìre *kontèa-e, nf*
to shìrk *skivàre*
shìrt *kamìca-e, nf*
shìver *brìvido-i, nm*
to shìver *tremàre*
shòal *bànko-i, nm*
shòk *kòlpo-i, nm*
to shòk *urtàre*
shòker *brìvido-i, a*
shòking *skandalòso-i a e, a*
shòe *skàrpa-e, nf*
shòemàker *kalzolàio-i, nm*
shòot *jèrmoyo-i, nm*
to shòot *sparàre*
shòp *bottèga-e, nf*
shòre *kòsta-e, nf*
shòrt *brève-i, a*
shòrtage *skarsèzza-e, nf*
to shòrten *akkorcàre*

shortly *tra poco, ad*
shot *colpo-i, nm*
shoulder *spalla-e, nf*
shout *grido-i, nm*
shove *spinta-e, nf*
to shove *spingere*
shovel *pala-e, nf*
to shovel *spalare*
show *mostra-e, nf*
shower *doccia-e, nf*
showery *temporalesco, a*
showy *vistoso-i a e, a*
shrapnel *shrapnel, nm*
shred *sbrandello-i, nm*
to shred *tagliuzzare*
shrew *bisbetica-he, nf*
shrewd *scaltro-i a e, a*
shrewdness *accortezza-e, nf*
shriek *grido-i, nm*
to shriek *strillare*
shrill *stridulo-i a e, a*
shrimp *gamberetto-i, nm*
shrine *santuario-i, nm*
to shrink *restringere*
to shrive *assolvere*
to shrivel *raggrinzare*
shroud *velo-i, nm*
to shroud *velare*
shrub *cespuglio-i, nm*
shrug *alzata-e, nm*
to shrug *stringere*
shudder *brivido-i, nm*
to shudder *rabbrividire*
shuffle *mescolo-i a e, nmf*
to shuffle *mescolare*
to shun *scansare*
to shunt *smistare*
to shut *chiudere*
shutter *imposta-e, nf*
shuttle *spoletta-e, nf*
shy *timido-i a e, a*
shyness *timidezza-e, nf*

shòrtly *trà pòko, ad*
shòt *kòlpo-i, nm*
shòulder *spàlla-e, nf*
shòut *grìdo-i, nm*
shòve *spìnta-e, nf*
to shòve *spìnjere*
shòvel *pàla-e, nf*
to shòvel *spalàre*
shòw *mòstra-e, nf*
shòwer *dòcca-e, nf*
shòwery *temporalèsko, a*
shòwy *vistòso-i a e, a*
shràpnel *shràpnel, nm*
shrèd *sbrandèllo-i, nm*
to shrèd *tayuzzàre*
shrèw *bisbètika-e, nf*
shrèwd *skàltro-i a e, a*
shrèwdness *akkortèzza-e, nf*
shrìek *grìdo-i, nm*
to shrìek *strillàre*
shrìll *strìdulo-i a e, a*
shrìmp *gamberètto-i, nm*
shrìne *santuàrio-i, nm*
to shrìnk *restrìnjere*
to shrìve *assòlvere*
to shrìvel *raggrinzàre*
shròud *vèlo-i, nm*
to shròud *velàre*
shrùb *cespùyo-i, nm*
shrùg *alzàta-e, nm*
to shrùg *strìnjere*
shùdder *brìvido-i, nm*
to shùdder *rabbrividìre*
shùffle *mèskolo-i a e, nmf*
to shùffle *meskolàre*
to shùn *skansàre*
to shùnt *smistàre*
to shùt *kiùdere*
shùtter *impòsta-e, nf*
shùttle *spolètta-e, nf*
shỳ *tìmido-i a e, a*
shỳness *timidèzza-e, nf*

sibilant *sibilante-i a*	sìbilant *sibilànte-i a*
sibyl *sibilia-e, nf*	sìbyl *sibìlia-e, nf*
sick *malato-i a e, nmf*	sìk *malàto-i a e, nmf*
to sicken *disgustare*	to sìken *disgustàre*
sickle *falcia-e, nf*	sìkle *fàlca-e, nf*
sickly *malatuccio-i e a e, a*	sìkly *malatùcco-i e a e, a*
sickness *malattia-e, nf*	sìkness *malattìa-e, nf*
side *fianco-hi, nm*	sìde *fiànko-i, nm*
side-arms *armi, nf*	sìde-àrms *àrmi, nf*
sideboard *credenza-e, nf*	sìdebòard *kredènza-e, nf*
sidelong *obliquamente, ad*	sìdelòng *oblikuamènte, ad*
sideways *lateralmente, ad*	sìdewàys *lateralmènte, ad*
siding *tegola-e, nf*	sìding *tègola-e, nf*
siege *assedio-i, nm*	sìege *assèdio-i, nm*
sieve *crivello-i, nm*	sìeve *krivèllo-i, nm*
to sieve *stacciare*	to sìeve *staccàre*
to sift *vagliare*	to sìft *vayàre*
sigh *sospiro-i, nm*	sìgh *sospìro-i, nm*
to sigh *sospirare*	to sìgh *sospiràre*
sight *vista, nf*	sìght *vìsta, nf*
to sight *avvistare*	to sìght *avvistàre*
sightless *cieco-hi a he, a*	sìghtless *cèko-i a e, a*
sign *cenno-i, nm*	sìgn *cènno-i, nm*
to sign *firmare*	to sìgn *firmàre*
signal *segnale-i, nm*	sìgnal *seqàle-i, nm*
to signal *segnalare*	to sìgnal *seqalàre*
signatory *firmatario-i a e, nmf*	sìgnatòry *firmatàrio-i a e, nmf*
signature *firma-e, nf*	sìgnature *firma-e, nf*
signet *sigillo-i, nm*	sìgnet *sijìllo-i, nm*
significance *significato-i, nm*	sìgnìfikance *siqifikàto-i, nm*
significant *importante-i, a*	sìgnìfikant *importànte-i, a*
to signify *significare*	to sìgnify *siqifikàre*
silence *silenzio-i, nm*	sìlence *silènzio-i, nm*
silent *silenzioso-i a e, a*	sìlent *silenziòso-i a e, a*
silk *seta-e, nf*	sìlk *sèta-e, nf*
silken *setaceo-i, a*	sìlken *setàceo-i, a*
sill *davanzale-i, nm*	sìll *davanzàle-i, nm*
silliness *sciocchezza-e, nf*	sìlliness *shokkèzza-e, nf*
silly *cretino-i a e, a*	sìlly *kretìno-i a e, a*
silt *fango-hi, nm*	sìlt *fàngo-i, nm*
silver *argento-i, nm*	sìlver *arjènto-i, nm*
silversmith *argentiere-i, nm*	sìlversmith *arjentière-i, nm*

silvery *argentato-i a e, a*
similar *simile-i, a*
similarity *somiglianza-e, nf*
simile *similitudine-i, nf*
to simmer *cuocere*
simony *simonia-e, nf*
to simper *sorridere*
simple *semplice-i, a*
simpleton *sempliciotto-i a e, nmf*
simplicity *semplicità, nf*
simplification *simplificazione-i, nf*
to simplify *semplificare*
to simulate *simulare*
simulation *simulazione-i, nf*
simultaneous *simultaneo-i a e, a*
sin *peccato-i, nm*
since *poichè, ad*
sincere *sincero-i a e, a*
sincerity *sincerità, nf*
sinew *nervo-i, nmf*
sinful *colpevole-i, a*
to sing *cantare*
to singe *bruciare*
singer *cantante-i, nm*
singing *canto-i, nm*
single *singolo-i, nm*
singular *singolare-i, a*
singularity *singolarità, nf*
sinister *sinistro-i, a*
sink *acquaio-i, nm*
to sink *affondare*
sinless *puro-i a e, a*
sinner *peccatore-i, nm*
sinuous *sinuoso-i, nm*
sip *sorso-i, nm*
siphon *sifone-i, nm*
Sir *signore-i, nm*
sire *antenato-i, nm*
siren *sirena-e, nf*
sirloin *lombata-e, nf*
sister *sorella-e, nf*
sisterhood *comunità, nf*

sìlvery *arjentàto-i a e, a*
sìmilar *sìmile-i, a*
sìmilàrity *somiyànza-e, nf*
sìmile *similitùdine-i, nf*
to sìmmer *kuòcere*
sìmony *simonìa-e, nf*
to sìmper *sorrìdere*
sìmple *sèmplice-i, a*
sìmpleton *semplicòtto-i a e, nmf*
simplìcity *semplicità, nf*
simplifikàtion *simplifikaziòne-i, nf*
to sìmplify *semplifikàre*
to simulàte *simulàre*
simulàtion *simulaziòne-i, nf*
simultàneous *simultàneo-i a e, a*
sìn *pekkàto-i, nm*
sìnce *poikè, ad*
sincère *sincèro-i a e, a*
sincèrity *sincerità, nf*
sìnew *nèrvo-i, nmf*
sìnful *kolpèvole-i, a*
to sìng *kantàre*
to sìnge *bruciàre*
sìnger *kantànte-i, nm*
sìnging *kànto-i, nm*
sìngle *sìngolo-i, nm*
sìngular *singolàre-i, a*
singulàrity *singolarità, nf*
sìnister *sinìstro-i, a*
sìnk *akuàio-i, nm*
to sìnk *affondàre*
sìnless *pùro-i a e, a*
sìnner *pekkatòre-i, nm*
sìnuous *sinuòso-i, nm*
sìp *sòrso-i, nm*
sìphon *sifòne-i, nm*
Sìr *siqòre-i, nm*
sìre *antenàto-i, nm*
sìren *sirèna-e, nf*
sìrloin *lombàta-e, nf*
sìster *sòrella-e, nf*
sìsterhòod *komunità, nf*

ci ce ca co cu   ki ke ka ko ku   ji je ja jo ju   gi ge ga go gu
sci sce sca sco scu=shi she sha sho shu   gn=q   gl=y

skyscraper

to sit *sedere*
site *sito-i, nm*
sitting *seduta-e, nf*
situated *situato-i a e, a*
situation *situazione-i, nf*
six *sei, nm*
sixteen *sedici, nm*
sixty *sessanta, nm*
size *grandezza-e, nf*
scate *pattino-i, nm*
to scate *pattinare*
skein *matassa-e, nf*
skeleton *scheletro-i, nm*
sketch *abbozzo-i, nm*
to sketch *abbozzare*
skew *sbieco-a, a*
skewer *arnese-i, nm*
to ski *sciare*
skid *sbandamento-i, nm*
to skid *sbandare*
skiff *schifo-i, nm*
skilful *abile-i, a*
skill *abilità, nf*
skilled *esperto-i a e, a*
to skim *schiumare*
skimmer *schiumatoio-i, nm*
skin *pelle-i, nf*
skip *balzo-i, nm*
to skip *saltare*
skipper *capitano-i, nm*
skirmish *scaramuccia-e, nf*
to skirmish *scaramucciare*
skirt *sottana-e, nf*
skit *parodia-e, nf*
skittle *birillo-i, nm*
to skulk *celare*
skull *cranio-i, nm*
skunk *puzzola-e, nf*
sky *cielo-i, nm*
skylark *allodola-e, nf*
skylight *lucernario-i, nm*
skyscraper *grattacielo-i, nm*

to sìt *sedère*
sìte *sìto-i, nm*
sìtting *sedùta-e, nf*
sìtuated *situàto-i a e, a*
sìtuàtion *situaziòne-i, nf*
sìx *sèi, nm*
sìxteen *sèdici, nm*
sìxty *sessànta, nm*
sìze *grandèzza-e, nf*
skàte *pàttino-i, nm*
to skàte *pattinàre*
skèin *matàssa-e, nf*
skèleton *skèletro-i, nm*
skètch *abbòzzo-i, nm*
to skètch *abbozzàre*
skèw *sbièko-a, a*
skèwer *arnèse-i, nm*
to skì *shiàre*
skìd *sbandamènto-i, nm*
to skìd *sbandàre*
skìff *barkètta-e, nf*
skìlful *àbile-i, a*
skìll *abilità, nf*
skìlled *espèrto-i a e, a*
to skìm *skiumàre*
skìmmer *skiumatòio-i, nm*
skìn *pèlle-i, nf*
skìp *bàlzo-i, nm*
to skìp *saltàre*
skìpper *kapitàno-i, nm*
skìrmish *skaramùcca-e, nf*
to skìrmish *skaramuccàre*
skìrt *sottàna-e, nf*
skìt *parodìa-e, nf*
skìttle *birìllo-i, nm*
to skùlk *celàre*
skùll *krànio-i, nm*
skùnk *pùzzola-e, nf*
skỳ *cèlo-i, nm*
skỳlàrk *allòdola-e, nf*
skỳlìght *lucèrnario-i, nm*
skỳskràper *grattacèlo-i, nm*

to slide

slab *lastra-e, nf*
slack *fiacco-hi a he, a*
to slacken *allentare*
slackness *fiacchezza-he, nf*
slag *scoria-e, nf*
to slake *estinguere*
slander *calumnia-e, nf*
to slander *diffamare*
slanderous *calumnioso-i a e, a*
slang *gergo-hi, nm*
slant *declivo-i, nm*
to slant *inclinare*
slap *schiaffo-i, nm*
to slap *schiaffeggiare*
slapdash *impetuoso-i a e, a*
slash *squarcio-i, nm*
slate *tegola-e, nf*
slaughter *carneficina-e, nf*
slave *schiavo-i a e, nmf*
slaver *negriero-i, nm*
slavery *schiavitù, nf*
slavish *servile-i, a*
slavishness *servilismo-i, nm*
to slay *ammazzare*
sledge *slitta-e, nf*
sleek *liscio-i a e, a*
to sleek *lisciare*
sleep *sonno-i, nm*
to sleep *dormire*
sleeper *cuccetta-e, nf*
sleepiness *sonnolenza-e, nf*
sleepless *insonne-i, a*
sleeplessness *insomnia-e, nf*
sleepy *assonnato-i a e, a*
sleet *nevischio-i, nm*
sleeve *manica-he, nf*
slender *snello-i a e, a*
slenderness *snellezza-e, nf*
slice *fetta-e, nf*
to slice *affettare*
slide *scivolata-e, nf*
to slide *scivolare*

slàb *làstra-e, nf*
slàk *fiàkko-i a e, a*
to slàken *allentàre*
slàkness *fiakkèzza-e, nf*
slàg *skòria-e, nf*
to slàke *estìnguere*
slànder *kalùmnia-e, nf*
to slànder *diffamàre*
slànderous *kalumniòso-i a e, a*
slàng *jèrgo-i, nm*
slànt *deklìvo-i, nm*
to slànt *inklinàre*
slàp *skiàffo-i, nm*
to slàp *skiaffejjàre*
slàpdàsh *impetuòso-i a e, a*
slàsh *skuàrco-i, nm*
slàte *tègola-e, nf*
slàughter *karneficìna-e, nf*
slàve *skiàvo-i a e, nmf*
slàver *negrièro-i, nm*
slàvery *skiavitù, nf*
slàvish *servìle-i, a*
slàvishness *servilìsmo-i, nm*
to slày *ammazzàre*
slèdge *slìtta-e, nf*
slèek *lìsho-i a e, a*
to slèek *lishàre*
slèep *sònno-i, nm*
to slèep *dormìre*
slèeper *kuccètta-e, nf*
slèepiness *sonnolènza-e, nf*
slèepless *insònne-i, a*
slèeplessness *insòmnia-e, nf*
slèepy *assonnàto-i a e, a*
slèet *nevìskio-i, nm*
slèeve *mànika-e, nf*
slènder *snèllo-i a e, a*
slènderness *snellèzza-e, nf*
slìce *fètta-e, nf*
to slìce *affettàre*
slìde *shivolàta-e, nf*
to slìde *shivolàre*

slight *insulto-i, nm*	slìght *insùlto-i, nm*
to slight *insultare*	to slìght *insultàre*
slim *sottile-i, a*	slìm *sottìle-i, a*
to slim *dimagrire*	to slìm *dimagrìre*
slime *melma-e, nf*	slìme *mèlma-e, nf*
slimness *esilità, nf*	slìmness *esilità, nf*
slimy *melmoso-i a e, a*	slìmy *melmòso-i a e, a*
sling *fionda-e, nf*	slìng *fiònda-e, nf*
to sling *scagliare*	to slìng *skayàre*
slip *scivolone-i, nm*	slìp *shivolòne-i, nm*
to slip *scivolare*	to slìp *shivolàre*
slipper *pantofola-e, nf*	slìpper *pantòfola-e, nf*
slippery *sdruccevole-i, a*	slìppery *sdruccèvole-i, a*
slit *fessura-e, nf*	slìt *fessùra-e, nf*
to slit *tagliare*	to slìt *tayàre*
sloe *prugnola-e, nf*	slòe *prùqola-e, nf*
slogan *publicità, nf*	slògan *publicità, nf*
sloop *scialuppa-e, nf*	slòop *shalùppa-e, nf*
slop *sporcizia-e, nf*	slòp *sporcìzia-e, nf*
slope *pendenza-e, nf*	slòpe *pendènza-e, nf*
slot *buco-hi, nm*	slòt *bùko-i, nm*
sloth *pigrizia-e, nf*	slòth *pigrìzia-e, nf*
slothful *pigro-i a e, a*	slòthful *pìgro-i a e, a*
slouch *piegato-i a e, nmf*	slòuch *piegàto-i a e, nmf*
slough *pantano-i, nm*	slòugh *pantàno-i, nm*
slovenliness *sciatteria-e, nf*	slòvenliness *shatterìa-e, nf*
slovenly *trasandato-i a e, a*	slòvenly *trasandàto-i a e, a*
slow *lento-i a e, a*	slòw *lènto-i a e, a*
slowness *lentezza, nf*	slòwness *lentèzza-e, nf*
to slow *rallentare*	to slòw *rallentàre*
slug *lumaca-he, nf*	slùg *lumàka-e, nf*
sluggard *poltrone-i, nm*	slùggard *poltròne-i, nm*
sluggish *indolente-i, a*	slùggìsh *indolènte-i, a*
sluggishness *indolenza-e, nf*	slùggishness *indolènza-e, nf*
sluice *cateratta-e, nf*	slùice *kateràtta-e, nf*
slum *ghetto-i, nm*	slùm *kuartière-i, nm*
slumber *sonnolino-i, nm*	slùmber *sonnolìno-i, nm*
slump *tracollo-i, nm*	slùmp *trakòllo-i, nm*
to slump *cadere*	to slùmp *kadère*
slur *calumnia-e, nf*	slùr *kalùnnia-e, nf*
to slur *pronunciare*	to slùr *pronunciàre*
slush *fanghiglia-e, nf*	slùsh *fangìya-e, nf*

slut *donnaccia-e, nf*
sly *astuto-i a e, a*
slyness *astuzia-e, nf*
smack *schiaffone-i, nm*
to smack *schiaffeggiare*
small *piccolo-i a e, a*
smallness *piccolezza-e, nf*
smallpox *vaiolo, nm*
smart *bruciore-i, nm*
smartness *eleganza-e, nf*
smash *crollo-i, nm*
to smash *crollare*
smattering *infarinatura-e, nf*
smear *macchia-e, n*
to smear *macchiare*
smell *ofore-i, nm*
to smell *odorare*
to smelt *fondere*
smelting *fusione-i, nf*
smile *sorriso-i, nm*
to smile *sorridere*
smirk *sorriso-i, nm*
to smite *sconfiggere*
smith *fabbro-i, nm*
smock *grembiule-i, nm*
smoke *fumo-i, nm*
to smoke *fumare*
smoky *fumoso-i a e, a*
smooth *liscio-i a e, a*
smoothness *levigatezza-e, nf*
to smother *asfissiare*
smolder *bruciare*
smudge *chiazza-e, nf*
to smudge *chiazzare*
smug *compiaciuto-i a e, a*
smuggle *contrabbando-i, nm*
smuggler *contrabbandiere-i, nm*
smut *pornografia-e, nf*
smutty *osceno-i a e, a*
snack *spuntino-i, nm*
snag *nodo-i, nm*
to snag *inceppare*

to snag

slùt *donnàcca-e, nf*
slỳ *astùto-i a e, a*
slỳness *astùzia-e, nf*
smàk *skiaffòne-i, nm*
to smàk *skiaffejjàre*
smàll *pìkkolo-i a e, a*
smàllness *pikkolèzza-e, nf*
smàllpox *vaiòlo, nm*
smàrt *brucòre-i, nm*
smàrtness *elegànza-e, nf*
smàsh *kròllo-i, nm*
to smàsh *krollàre*
smàttering *infarinatùra-e, nf*
smèar *màkkia-e, n*
to smèar *makkiàre*
smèll *odòre-i, nm*
to smèll *odoràre*
to smèlt *fòndere*
smèlting *fusiòne-i, nf*
smìle *sorrìso-i, nm*
to smìle *sorrìdere*
smìrk *sorrìso-i, nm*
to smìte *skonfijjere*
smìth *fàbbro-i, nm*
smòk *grembiùle-i, nm*
smòke *fùmo-i, nm*
to smòke *fumàre*
smòky *fumòso-i a e, a*
smòoth *lìsho-i a e, a*
smòothness *levigatèzza-e, nf*
to smòther *asfissiàre*
smòlder *bruciàre*
smùdge *kiàzza-e, nf*
to smùdge *kiazzàre*
smùg *compiacùto-i a e, a*
smùggle *kontrabbàndo-i, nm*
smùggler *kontrabbandière-i, nm*
smùt *pornografìa-e, nf*
smùtty *oshèno-i a e, a*
snàk *spuntìno-i, nm*
snàg *nòdo-i, nm*
to snàg *inceppàre*

snail *lumaca-he, nf*	snàil *lumàka-e, nf*
snake *serpente-i, nm*	snàke *serpènte-i, nm*
snap *schianto-i, nm*	snàp *skiànto-i, nm*
to snap *rompere*	to snàp *ròmpere*
snare *insidia-e, nf*	snàre *insìdia-e, nf*
to snare *intrappolare*	to snàre *intrappolàre*
snarl *groviglio-i, nm*	snàrl *grovìyo-i, nm*
to snarl *aggrovigliare*	to snàrl *aggroviyàre*
to snatch *afferrare*	to snàtch *afferràre*
sneak *vile-i, nm*	snèak *vìle-i, nm*
to sneak *nascondere*	to snèak *naskòndere*
sneaking *servile-i, a*	snèakìng *servìle-i, a*
sneer *sarcasmo-i, nm*	snèer *sarkàsmo-i, nm*
to sneer *deridere*	to snèer *derìdere*
sneeze *starnuto-i, nm*	snèeze *starnùto-i, nm*
to sneeze *starnutire*	to snèeze *starnutìre*
to sniff *annusare*	to snìff *annusàre*
snigger *sorriso-i, nm*	snìgger *sorrìso-i, nm*
snip *forbiciata-e, nf*	snìp *forbicàta-e, nf*
to snip *mozzare*	to snìp *mozzàre*
snipe *beccaccino-i, nm*	snìpe *bekkaccìno-i, nm*
snippet *ritaglio-i, nm*	snìppet *ritàyo-i, nm*
snob *snob, nmf*	snòb *snòb, nmf*
snooze *pisolino-i, nm*	snòoze *pisolìno-i, nm*
to snooze *dormire*	to snòoze *dormìre*
to snore *russare*	to snòre *russàre*
snort *sbuffo-i, nm*	snòrt *sbùffo-i, nm*
to snort *sbuffare*	to snòrt *sbuffàre*
snout *muso-i, nm*	snòut *mùso-i, nm*
snow *neve-i, nf*	snòw *nève-i, nf*
to snow *nevicare*	to snòw *nevikàre*
snowdrop *bucaneve-i, nm*	snòwdròp *bukanève-i, nm*
snow-plough *spazzaneve-i, nm*	snòw-plòugh *spazzanève-i, nm*
snow-storm *tormenta, nf*	snòw-stòrm *tormènta, nf*
snowy *nevoso-i a e, a*	snòwy *nevòso-i a e, a*
snub *smusata-e, nf*	snùb *smusàta-e, nf*
to snub *umiliare*	to snùb *umiliàre*
snuff *tabacco-hi, nm*	snùff *tabàkko-i, nm*
to snub *smoccolare*	to snùb *smokkolàre*
snuffers *smoccolatoio-i, nm*	snùffers *smokkolatòio-i, nm*
to snuffle *fiutare*	to snùffle *fiutàre*
snug *comodo-i a e, a*	snùg *kòmodo-i a e, a*

to snuggle *rannicchiare*
so *così, ad*
to soak *assorbire*
soap *sapone-i, nm*
sob *singhiozzo-i, nm*
to sob *singhiozzare*
sober *equilibrato-i a e, a*
soberness *temperanza-e, nf*
sociable *socevole-i, a*
social *sociale-i, a*
socialism *socialismo-i, nm*
socialist *socialista-i, a*
society *società, nf*
sock *calzino-i, nm*
socket *bocciolo-i, nm*
sod *zolla-e, nf*
soda *soda, nf*
sodden *impregnato-i a e, a*
sofa *sofa, nm*
soft *morbido-i a e, a*
to soften *ammollire*
softness *morbidezza-e, nf*
soil *suolo-i, nm*
to soil *sporcare*
sojourn *soggiorno-i, nm*
sojourner *abitante-i, nm*
solace *consolazione-i, nf*
solar *solare-i, a*
solder *saldatura-e, nf*
to solder *saldare*
soldier *soldato-i, nm*
sole *suola-e, nf*
to sole *risolare*
solecism *solecismo-i, nm*
solemn *solenne-i, a*
solemnity *solennità, nf*
to solemnize *solennizzare*
to solicit *chiedere*
solicitor *procuratore-i, nm*
solicitous *premurosa-i a e, a*
solid *solido-i a e, a*
soliloquy *soliloquio-i nm*

to snùggle *rannikkiàre*
sò *kosì, ad*
to sòak *assorbìre*
sòap *sapòne-i, nm*
sòb *singiòzzo-i, nm*
to sòb *singiozzàre*
sòber *ekuilibràto-i a e, a*
sòberness *temperànza-e, nf*
sòciable *socèvole-i, a*
sòcial *socàle-i, a*
sòcialism *socalìsmo-i, nm*
sòcialist *socalìsta-i, a*
sòciety *socetà, nf*
sòk *kàlzino-i, nm*
sòket *bòccolo-i, nm*
sòd *zòlla-e, nf*
sòda *sòda, nf*
sòdden *impreqàto-i a e, a*
sòfa *sofà, nm*
sòft *mòrbido-i a e, a*
to sòften *ammollìre*
sòftness *morbidèzza-e, nf*
sòil *suòlo-i, nm*
to sòil *sporkàre*
sòjourn *sojjòrno-i, nm*
sòjourner *abitànte-i, nm*
sòlace *konsolaziòne-i, nf*
sòlar *solàre-i, a*
sòlder *saldatùra-e, nf*
to sòlder *saldàre*
sòldier *soldàto-i, nm*
sòle *suòla-e, nf*
to sòle *risolàre*
sòlecism *solecìsmo-i, nm*
sòlemn *solènne-i, a*
sòlemnity *solennità, nf*
to sòlemnìze *solennizzàre*
to solìcit *kièdere*
sòlicitor *prokuratòre-i, nm*
sòlicitous *premuròsa-i a e, a*
sòlid *sòlido-i a e, a*
solìloquy *solilòkuio-i nm*

solitary *solitario-i a e, a*	sòlitary *solitàrio-i a e, a*
solitude *solitudine-i, nf*	sòlitude *solitùdine-i, nf*
solstice *solstizio-i, nm*	sòlstice *solstìzio-i, nm*
soluble *solubile-i, a*	sòluble *sòlubile-i, a*
solution *soluzione-i, nf*	solùtion *soluziòne-i, nf*
to solve *risolvere*	to sòlve *risòlvere*
solvent *solvente-i, a*	sòlvent *solvènte-i, a*
some *qualche, pr*	sòme *kuàlke, pr*
somebody *qualcuno, pr*	sòmebòdy *kualkùno, pr*
somehow *in qualche modo, ad*	sòmehòw *in kuàlko mòdo, ad*
someone *qualcuno, pr*	sòmeòne *kualkùno, pr*
somersault *capriola-e, nf*	sòmersàult *kapriòla-e, nf*
something *qualche cosa, pr*	sòmethìng *kualke kòsa, pr*
sometimes *talvolta, ad*	sòmetìmes *talvòlta, ad*
somewhat *piuttosto, ad*	sòmewhàt *piuttòsto, ad*
somewhere *in qualche parte, ad*	sòmewhère *in kuàlke pàrte, ad*
somnambulism *sonambulismo-i, nm*	somnàmbulism *sonnambulìsmo-i, nm*
somniferous *sonnifero-i a e, a*	somnìferous *sonnìfero-i a e, a*
somnolent *sonnolento-i a e, nmf*	sòmnolent *sonnolènto-i a e, nmf*
son *figlio-i, nm*	sòn *fiyo-i, nm*
sonata *sonata*	sonàta *sonàta*
song *canzone-i, nf*	sòng *kanzòne-i, nf*
songster *canterino-i, nm*	sòngster *kanterìno-i, nm*
sonnet *sonetto-i, nm*	sònnet *sonnètto-i, nm*
sonorous *sonoro-i a e, a*	sònorous *sonòro-i a e, a*
soon *presto, ad*	sòon *prèsto, ad*
soot *fuliggine-i nf*	sòot *fulìjjne-i nf*
to soothe *calmare*	to sòothe *kalmàre*
soothsayer *indovino-i, nm*	sòothsàyer *indovìno-i, nm*
sooty *fuligginoso-i a e, a*	sòoty *fulijjnòso-i a e, a*
sop *asino-i a e, nmf*	sòp *àsino-i a e, nmf*
sophism *sofisma-i, nm*	sòphìsm *sofisma-i, nm*
sophist *sofista-i, nm*	sòphist *sofìsta-i, nm*
to sophisticate *sofisticare*	to sophìstikate *sofistikàre*
sophistry *sofisticheria-e, nf*	sòphistry *sofistikerìa-e, nf*
soprano *soprano*	sopràno *sopràno*
sorcerer *mago-hi,*	sòrcerer *màgo-i,*
sorcery *stregoneria-e, nf*	sòrcery *stregònerìa-e, nf*
sordid *sordido-i a e, a*	sòrdid *sòrdido-i a e, a*
sordidness *sordidezza-e, nf*	sòrdidness *sordidèzza-e, nf*
sore *piaga-he, nf*	sòre *piàga-e, nf*
sorenesss *dolore-i, nm*	sòrenesss *dolòre-i, nm*

sorrel *cavallo-i, nm*
sorrow *afflizione-i, nf*
sorrowful *doloroso-i a e, a*
sorry *dispiacere-i, nm*
sort *sorta-e, nf*
to sort *selezionare*
sortie *sortita-e, nf*
so-so *così così, ad*
sostenuto *sostenuto*
sot *inveterato-i a e, nmf*
sottish *abbrutito-i a e, nmf*
to sough *gemere*
soul *anima-e, nf*
sound *suono-i, nm*
to sound *sondare*
sounding *sondaggio-i, nm*
soundness *solidità, nf*
soup *brodo-i, nm*
sour *acerbo-i a e, a*
source *fonte-i, nf*
sourish *acidulo-i a e, a*
sourness *acerbezza-e, nf*
to souse *ubriacare*
south *sud, nm*
southerly *a sud, ad*
southern *del sud, ad*
southerner *meridionale-i, nm*
southward *verso sud*
sovereign *sovrano-i a e, nmf*
sovereignty *sovranità, nf*
sow *scrofa-e, nf*
space *spazio-i, nm*
spaciousness *ampiezza-e, nf*
spade *vanga-he, nf*
span *spanna-e, nf*
spangle *lustrino-i, nm*
Spaniard *spagnolo-i a e, nmf*
spaniel *cane-i, nm*
to spank *sculacciare*
spanner *chiave-i, nf*
spar *pugilato, nm*
to spar *allenare*

sòrrel *kavàllo-i, nm*
sòrrow *afflizióne-i, nf*
sòrrowful *doloròso-i a e, a*
sòrry *dispiacère-i, nm*
sòrt *sòrta-e, nf*
to sòrt *selezionàre*
sòrtie *sortìta-e, nf*
sò-sò *kosì kosì, ad*
sostenùto *sostenùto*
sòt *inveràto-i a e, nmf*
sòttish *abbruttìto-i a e, nmf*
to sòugh *jemère*
sòul *ànima-e, nf*
sòund *suòno-i, nm*
to sòund *sondàre*
sòunding *sondàjjo-i, nm*
sòundness *solidità, nf*
sòup *bròdo-i, nm*
sòur *acèrbo-i a e, a*
sòurce *fònte-i, nf*
sòurish *àcidulo-i a e, a*
sòurness *acerbèzza-e, nf*
to sòuse *ubriakàre*
sòuth *sùd, nm*
sòutherly *a sùd, ad*
sòuthern *del sùd, ad*
sòutherner *meridionàle-i, nm*
sòuthward *vèrso sùd, ad*
sòvereign *sovràno-i a e, nmf*
sòvereignty *sovranità, nf*
sòw *skròfa-e, nf*
spàce *spàzio-i, nm*
spàciousness *ampièzza-e, nf*
spàde *vànga-e, nf*
spàn *spànna-e, nf*
spàngle *lustrìno-i, nm*
Spàniard *spaqòlo-i a e, nmf*
spàniel *kàne-i, nm*
to spànk *skulaccàre*
spànner *kiàve-i, nf*
spàr *pujilàto, nm*
to spàr *allenàre*

spell

spare *ricambio-i, nm*	spàre *rikàmbio-i, nm*
sparing *economico-i a he, a*	spàring *ekonòmiko-i a e, a*
spark *favilla-e, nf*	spàrk *favìlla-e, nf*
to spark *scintillare*	to spàrk *shintillàre*
sparkle *bagliore-i, nm*	spàrkle *bayòre-i, nm*
sparrow *passero-i, nm*	spàrrow *pàssero-i, nm*
sparse *rado-i, a*	spàrse *ràdo-i, a*
spasm *spasimo-i, nm*	spàsm *spàsimo-i, nm*
spasmodic *spasmodico-i, a he, a*	spasmòdik *spasmòdiko-i, a e, a*
spat *ghetta-e, nf*	spàt *gètta-e, nf*
spate *piena-e, nf*	spàte *pièna-e, nf*
to spatter *spruzzare*	to spàtter *spruzzàre*
spawn *seme-i, nm*	spàwn *sème-i, nm*
to spawn *generare*	to spàwn *jeneràre*
to speak *parlare*	to spèak *parlàre*
speaker *oratore-i, nm*	spèaker *oratòre-i, nm*
speaker *altoparlante-i, nm*	spèaker *altoparlànte-i, nm*
spear *arpione-i,*	spèar *arpiòne-i, nm*
special *speciale-i, a*	spècial *specàle-i, a*
specialist *specialista-i, nm*	spècialist *specalìsta-i, nm*
specialty *specialità*	spècialty *specalità, nf*
to specialize *specializzare*	to spècialize *specalizzàre*
species *specie-i, nf*	spècies *spèce-i, nf*
specific *specifico-i a he, a*	spècifik *specìfiko-i a e, a*
specification *specificazione-i, nf*	spècifikàtion *specifikaziòne-i, nf*
to specify *specificare*	to spècify *specifikàre*
specimen *campione-i, nm*	spècimen *kampiòne-i, nm*
specious *specioso-i a e, a*	spècious *speciòso-i a e, a*
speck *macchiolina-e, nf*	spèk *makkiolìna-e, nf*
to speckle *variegare*	to spèkle *variegàre*
spectacle *spettacolo-i, nm*	spèktakle *spettàkolo-i, nm*
spectacular *spettacolare-i, a*	spektàkular *spettakolàre-i, a*
spectator *spettatore-i, nm*	spektàtor *spettatòre-i, nm*
spectral *spettrale-i, a*	spèktral *spettràle-i, a*
specter *spettro-i, nm*	spèkter *spèttro-i, nm*
speculate *speculare*	spèkulàte *spekulàre*
speculator *speculatore-i, nm*	spèkulator *spekulatòre-i, nm*
speech *discorso-i, nm*	spèech *diskòrso-i, nm*
speechless *muto-i a e, a*	spèechless *mùto-i a e, a*
speed *velocità, nf*	spèed *velocità, nf*
speedy *rapido-i a e, a*	spèedy *ràpido-i a e, a*
spell *incantesimo-i, nm*	spèll *inkantèsimo-i, nm*

splendid

spelling *ortografia-e, nf*
to spend *spendere*
spendthrift *prodigo-hi a he, a*
sperm *sperma-i, nm*
to spew *vomitare*
sphere *sfera-e, nf*
spherical *sferico-i a he, a*
sphinx *sfinge-i, nf*
spice *spezie-i, nf*
spicy *piccante-i, a*
spider *ragno-i, nm*
spigot *tappo-i, nm*
spike *chiodo-i, nm*
to spike *aggiungere*
spill *rovesciamento-i, nf*
to spill *rovesciare*
spin *giretto-i, nm*
to spin *filare*
spinach *spinaci, nm*
spindle *fuso-i, nm*
spine *spina-e, nf*
spinet *spinetta-e, nf*
spinning *filatura-e, nf*
spinster *zitella-e, nf*
spiral *spirale-i, nf*
spire *spira-e, nf*
spirit *spirito-i, nm*
spiritless *avvilito-i a e, a*
spirito *spirito*
spiritual *spirituale-i, a*
spiritualism *spiritismo-i, nm*
spirituous *spiritoso-i, a*
spit *spiedo-i, nm*
spite *dispetto-i, nm*
spiteful *dispettoso-i a e, a*
sptefulness *dispetto-i, nm*
spittle *saliva-e, nf*
spittoon *sputacchiera-e, nf*
splash *spruzzo-i, nm*
slashboard *parafango-hi, nm*
spleen *milza-e, nf*
splendid *splendido-i a e, a*

spèlling *ortografìa-e, nf*
to spènd *spèndere*
spèndthrìft *pròdigo-i a e, a*
spèrm *spèrma-i, nm*
to spèw *vomitàre*
sphère *sfèra-e, nf*
sphèrikal *sfèriko-i a e, a*
sphìnx *sfìnje-i, nf*
spìce *spèzie-i, nf*
spìcy *pikkànte-i, a*
spìder *ràqo-i, nm*
spìgot *tàppo-i, nm*
spìke *kiòdo-i, nm*
to spìke *ajjùnjere*
spìll *roveshamènto-i, nf*
to spìll *roveshàre*
spìn *jìretto-i, nm*
to spìn *filàre*
spìnach *spinàci, nm*
spìndle *fùso-i, nm*
spìne *spìna-e, nf*
spìnet *spinètta-e, nf*
spìnning *filatùra-e, nf*
spìnster *zitèlla-e, nf*
spìral *spiràle-i, nf*
spìre *spìra-e, nf*
spìrit *spìrito-i, nm*
spìritless *avvilìto-i a e, a*
spìrito *spìrito*
spìritual *spirituàle-i, a*
spìritualism *spiritismo-i, nm*
spìrituous *spiritòso-i a e, a*
spìt *spièdo-i, nm*
spìte *dispètto-i, nm*
spìteful *dispettòso-i a e, a*
spìtefulness *dispètto-i, nm*
spìttle *salìva-e, nf*
spittòon *sputakkièra-e, nf*
splàsh *sprùzzo-i, nm*
slàshbòard *parafàngo-i, nm*
splèen *mìlza-e, nf*
splèndid *splèndido-i a e, a*

splendor *splendore-i, nm*
splice *unione-i, nf*
to splice *congiungere*
splint *stecca-he, nf*
splinter *scheggia-e, nf*
split *fenditura-e, nf*
to split *spaccare*
spoil *bottino-i, nm*
to spoil *guastare*
spoke *raggio-i, nm*
spokesman *portavoce-i, nm*
spoliation *spoliazione-i, nf*
sponge *spugna-e, nf*
to sponge *cancellare*
sponsor *garante-i, nm*
to sponsor *garantire*
spontaneity *spontaneità, nf*
spontaneous *spontaneo-i, a*
spool *bobina-e, nf*
spoonful *cucchiaiata-e, nf*
sporadic *sporadico-i a he, a*
spore *spora-e, nf*
sport *sport, nm*
sporting *sportivo-i a e, a*
sportive *allegro-i a e, a*
sportsman *sportivo-i, nm*
sportwoman *sportiva-e, nf*
spot *macchia-e, nf*
to spot *individuare*
spotless *immacolato-i a e, a*
spouse *marito-i, nm*
spout *getto-i, nm*
to spout *gettare*
sprain *storta-e, nf*
sprat *bimbetto-i, nm*
to sprawl *sdraiare*
spray *schiuma-e, nf*
to spray *spruzzare*
spread *distesa-e, nf*
to spread *diffondere*
spree *baldoria-e, nf*
sprig *rametto-i, nm*

splèndor *splendòre-i, nm*
splìce *uniòne-i, nf*
to splìce *konjùnjere*
splìnt *stèkka-e, nf*
splìnter *skèjja-e, nf*
splìt *fenditùra-e, nf*
to splìt *spakkàre*
spòil *bottìno-i, nm*
to spòil *guastàre*
spòke *ràjjo-i, nm*
spòkesmàn *portavòce-i, nm*
spoliàtion *spoliaziòne-i, nf*
spònge *spùqa-e, nf*
to spònge *kancellàre*
spònsor *garànte-i, nm*
to spònsor *garantìre*
spontanèity *spontaneità, nf*
spontàneous *spontàneo-i, a*
spòol *bobìna-e, nf*
spòonful *kukkiaiàta-e, nf*
sporàdik *sporàdiko-i a e, a*
spòre *spòra-e, nf*
spòrt *spòrt, nm*
spòrting *sportìvo-i a e, a*
spòrtive *allègro-i a e, a*
spòrtsmàn *sportìvo-i, nm*
spòrtwòman *spòrtiva-e, nf*
spòt *màkkia-e, nf*
to spòt *individuàre*
spòtless *immakolàto-i a e, a*
spòuse *marìto-i, nm*
spòut *jètto-i, nm*
to spòut *jettàre*
spràin *stòrta-e, nf*
spràt *bimbètto-i, nm*
to spràwl *sdraiàre*
spràv *skiùma-e, nf*
to spràv *spruzzàre*
sprèad *distèsa-e, nf*
to sprèad *diffòndere*
sprèe *baldòria-e, nf*
sprìg *ramètto-i, nm*

sprightfulness *vivacità, nf*	sprìghtfulness *vivacità, nf*
sprightly *spiritoso-i a e, a*	sprìghtly *spiritòso-i a e, a*
spring *molla-e, nf*	sprìng *mòlla-e, nf*
Spring *primavera-e, nf*	Sprìng *primavèra-e, nf*
to spring *balzare*	to sprìng *balzàre*
springy *elastico-i a he, a*	sprìngy *elàstiko-i a e, a*
sprinkle *spruzzatina-e, nf*	sprìnkle *spruzzatìna-e, nf*
to sprinkle *spruzzare*	to sprìnkle *spruzzàre*
sprint *corsa-e, nf*	sprìnt *kòrsa-e, nf*
to sprint *correre*	to sprìnt *kòrrere*
sprite *folletto-i, nm*	sprìte *follètto-i, nm*
sprout *germoglio-i, nm*	sproùt *jermòyo-i, nm*
spruce *abete-i, nm*	sprùce *abète-i, nm*
spry *arzillo-i a e, a*	sprỳ *arzìllo-i a e, a*
spur *sperone-i, nm*	spùr *speròne-i, nm*
to spur *incitare*	to spùr *incitàre*
spurious *falso-i a e, a*	spùrious *fàlso-i a e, a*
spuriousness *falsità, nf*	spùriousness *falsità, nf*
to spurn *respingere*	to spùrn *respìnjere*
spurt *lancio-i, nm*	spùrt *lànco-i, nm*
to spurt *lanciare*	to spùrt *lancàre*
to sputter *barbugliare*	to spùtter *barbuyàre*
spy *spia-e, nf*	spỳ *spìa-e, nf*
squab *piccioncino-i, nm*	squàb *picconcìno-i, nm*
squabble *bisticcio-i, nm*	squàbble *bistìcco-i, nm*
to squabble *bisticciare*	to squàbble *bisticciàre*
squad *squadra-e, nf*	squàd *skuàdra-e, nf*
squadron *squadrone-i, nm*	squàdron *skuadròne-i, nm*
squalid *squallido-i a e, a*	squàlid *skuàllido-i a e, a*
squall *ventata-e, nf*	squàll *ventàta-e, nf*
squalor *miseria-e, nf*	squàlor *misèria-e, nf*
to squander *scialacquare*	to squànder *shalakuàre*
square *piazza-e, nf*	squàre *piàzza-e, nf*
square *quadrato-i a e, a*	squàre *kuadràto-i a e, a*
to square *quadrare*	to squàre *kuadràre*
squash *spremuta-e, nf*	squàsh *spremùta-e, nf*
to squash *spremere*	to squàsh *sprèmere*
squat *tarchiato-i a e, a*	squàt *tarkiàto-i a e, a*
to squat *rannicchiare*	to squàt *rannikkiàre*
squeak *cigolio-i, nm*	squèak *cigolìo-i, nm*
to squeak *cigolare*	to squèak *cigolàre*
squeal *strillo-i, nm*	squèal *strìllo-i, nm*

to squeal *squillare*	to squèal *skuillàre*
squeamish *schizzinoso-i a e, a*	squèamish *skizzinòso-i a e, a*
squeamishness *schizzinosità, nf*	squèamishness *skizzinosità, nf*
squeeze *compressione-i, nf*	squèeze *kompressiòne-i, nf*
to squeeze *comprimere*	to squèeze *komprìmere*
to squelch *strisciare*	to squèlch *strishàre*
squib *petardo-i, nm*	squìb *petàrdo-i, nm*
squid *seppia-e, nf*	squìd *sèppia-e, nf*
squint *strabismo-i, nm*	squìnt *strabìsmo-i, nm*
to squint *guardare*	to squìnt *guardàre*
squire *scudiero-i, nm*	squìre *skudièro-i, nm*
to squirm *contorcere*	to squìrm *kontòrcere*
squirrel *scoiattolo-i, nm*	squìrrel *skoiàttolo-i, nm*
squirt *schizzetto-i, nm*	squìrt *skizzètto-i, nm*
to squirt *schizzare*	to squìrt *skizzàre*
stab *pugnalata-e, nf*	stàb *puqalàta-e, nf*
stability *stabilità, nf*	stabìlity *stabilità, nf*
stable *scuderia-e, nf*	stàble *skuderìa-e, nf*
staccato *staccato*	stakkàto *stakkàto*
stack *mucchio-i, nm*	stàk *mùkkio-i, nm*
staff *personale-i, nm*	stàff *pèrson-i, nm*
to staff *fornire*	to stàff *fornìre*
stage *impalcatura-e, nf*	stàge *impalkatùra-e, nf*
stage *palcoscenico-i, nm*	stàge *palkoshèniko-i, nm*
to stage *presentare*	to stàge *presentàre*
stagger *barcollamento-i, nm*	stàgger *barkollamènto-i, nm*
to stagger *barcollare*	to stàgger *barkollàre*
stagnant *stagnante-i, a*	stàgnant *staqànte-i, a*
to stagnate *stagnare*	to stàgnate *staqàre*
stagnation *ristagno-i, nm*	stàgnation *ristàqo-i, nm*
staid *posato-i a e, a*	stàid *posàto-i a e, a*
stain *macchia-e, nf*	stàin *màkkia-e, nf*
to stain *macchiare*	to stàin *makkiàre*
stainless *inossidabile-i, a*	stàinless *inossidàbile-i, a*
stair *scalino-i, nm*	stàir *skalìno-i, nm*
stake *palo-i, nm*	stàke *pàlo-i, nm*
to stake *delimitare*	to stàke *delimitàre*
stale *insipido-i a e, a*	stàle *insìpido-i a e, a*
stalk *gambo-i, nm*	stàlk *gàmbo-i, nm*
to stalk *inseguire*	to stàlk *inseguìre*
stall *banco-hi, nm*	stàll *bànko-i, nmf*
to stall *fermare*	to stàll *fermàre*

stallion *stallone-i, nm*
stalwart *robusto-i a e, a*
stammer *balbettio-i, nm*
to stammer *balbettare*
stamp *francobollo-i, nm*
to stamp *affrancare*
to stampede *calpestare*
stanchion *puntello-i, nm*
stand *posteggio-i, nm*
to stand *appoggiare*
standard *stendardo-i, nm*
standing *riputatzione-i, nf*
standpoint *parere-i, nm*
standstill *ristagno-i, nm*
staple *prodotto-i, nm*
star *stella-e, nf*
starboard *tribordo-i, nm*
starch *amido-i, nm*
stare *sguardo-i, nm*
to stare *guardare*
stark *rigido-i a e, a*
starling *stornello-i, nm*
starry *stellato-i a e, a*
start *partenza-e, nf*
to start *iniziare*
to startle *trasalire*
starvation *fame-i, nf*
to starve *agognare*
state *stato-i, nm*
to state *affermare*
stateliness *maestosità, nf*
stately *maestoso-i a e, a*
statement *affermazione-i, nf*
statesman *statista-i, nm*
station *stazione-i, nf*
stationary *stazionario-i a e, a*
stationer *cartolaio-i, nm*
stationery *cartoleria-e, nf*
statistics *statistica-he, nf*
statuary *statuario-i, a*
statue *statua-e, nf*
stature *statura-e, nf*

stature

stàllion *stallòne-i, nm*
stàlwart *robùsto-i a e, a*
stàmmer *balbettìo-i, nm*
to stàmmer *balbettàre*
stàmp *frankobòllo-i, nm*
to stàmp *affrankàre*
to stàmpede *kalpestàre*
stànchion *puntèllo-i, nm*
stànd *postèjjo-i, nm*
to stànd *appojjàre*
stàndard *stendàrdo-i, nm*
stànding *riputatziòne-i, nf*
stàndpòint *pàrere-i, nm*
stàndstìll *ristàqo-i, nm*
stàple *prodòtto-i, nm*
stàr *stèlla-e, nf*
stàrbòard *tribòrdo-i, nm*
stàrch *àmido-i, nm*
stàre *sguàrdo-i, nm*
to stàre *guardàre*
stàrk *rìjido-i a e, a*
stàrling *stornèllo-i, nm*
stàrry *stellàto-i a e, a*
stàrt *partènza-e, nf*
to stàrt *iniziàre*
to stàrtle *trasalìre*
stàrvation *fàme-i, nf*
to stàrve *agoqàre*
stàte *stàto-i, nm*
to stàte *affermàre*
stàteliness *maestosità, nf*
stàtely *maestòso-i a e, a*
stàtement *affermaziòne-i, nf*
stàtesmàn *statìsta-i, nm*
stàtion *staziòne-i, nf*
stàtionary *stazionàrio-i a e, a*
stàtioner *kartolàio-i, nm*
stàtionery *kartolerìa-e, nf*
statìstiks *statìstika-e, nf*
stàtuary *statuàrio-i, a*
stàtue *stàtua-e, nf*
stàture *statùra-e, nf*

ci ce ca co cu   ki ke ka ko ku   ji je ja jo ju   gi ge ga go gu
sci sce sca sco scu=shi she sha sho shu   gn=q   gl=y

statute *legge-i, nf*	**stàtute** *lèjje-i, nf*
statutory *statuario-i, a*	**stàtutory** *statuàrio-i, a*
staunch *fedele-i, a*	**stàunch** *fedèle-i, a*
to staunch *tamponare*	**to stàunch** *tamponàre*
stave *strofa-e, nf*	**stàve** *stròfa-e, nf*
stay *soggiorno-i, nm*	**stày** *sojjòrno-i, nm*
to stay *stare*	**to stày** *stàre*
stead *luogo-hi, nm*	**stèad** *luògo-i, nm*
steadfast *costante-i, a*	**stèadfast** *kostànte-i, a*
steadiness *fermezza-e, nf*	**stèadiness** *fermèzza-e, nf*
steady *costante-i, a*	**stèady** *kostànte-i, a*
steak *braciola-e, nf*	**stèak** *bracòla-e, nf*
to steal *rubare*	**to stèal** *rubàre*
stealth *furtivo-i a e, a*	**stèalth** *furtìvo-i a e, a*
stealthy *clandestino-i a e, a*	**stèalthy** *klandestìno-i a e, a*
steam *vapore-i, nm*	**stèam** *vapòre-i, nm*
steamer *piroscafo-i, nm*	**stèamer** *piròskafo-i, nm*
steed *destriero-i, nm*	**stèed** *destrièro-i, nm*
steel *acciaio-i, nm*	**stèel** *accàio-i, nm*
steep *ripido-i a e, a*	**stèep** *rìpido-i a e, a*
steeple *campanile-i, nm*	**stèeple** *kampanìle-i, nm*
steeplechase *corsa-e, nf*	**stèeplechàse** *kòrsa-e, nf*
steepness *ripidezza-e, nf*	**stèepness** *ripidèzza-e, nf*
to steer *dirigire*	**to stèer** *dirìjere*
steerage *stivaggio-i, nm*	**stèerage** *stivàjjo-i, nm*
steerman *timoniere-i, nm*	**stèermàn** *timonière-i, nm*
stem *gancio-i, nm*	**stèm** *gànco-i, nm*
to stem *arginare*	**to stèm** *arjinàre*
stench *fetore-i, nm*	**stènch** *fetòre-i, nm*
stencil *stampino-i, nm*	**stèncil** *stampìno-i, nm*
stenographer *stenografa-e, nf*	**stenògrapher** *stenògrafa-e, nf*
stenography *stenografia-e, nf*	**stenògraphy** *stenografia-e, nf*
step *gradino-i, nm*	**stèp** *gradìno-i, nm*
to step *camminare*	**to stèp** *kamminàre*
stepbrother *fratellastro-i, nm*	**stèpbròther** *fratellàstro-i, nm*
stereoscope *steroscopio-i, nm*	**stèreoskòpe** *steroskòpio-i, nm*
sterile *sterile-i, a*	**stèrile** *stèrile-i, a*
sterility *sterilità, nf*	**sterìlity** *sterilità, nf*
sterling *genuino-i a e, a*	**stèrling** *jenuìno-i a e, a*
stern *severo-i a e, a*	**stèrn** *sevèro-i a e, a*
sternness *severità, nf*	**stèrnness** *severità, nf*
stew *ragù, nm*	**stèw** *ragù, nm*

stew

steward *cameriere-i, nm*
stick *bacchetta-e, nf*
to stick *aderire*
sticky *appiccicoso-i a e, a*
stiff *duro-i a e, a*
to stiffen *inamidare*
stiffness *rigidezza-e, nf*
to stifle *soffocare*
stigma *stigma-e, nf*
to stigmatize *stigmatizzare*
still *calmo-i a e, a*
stillness *tranquillità, nf*
stilt *trampolo-i, nm*
stimulant *stimolante-i, nm*
to stimulate *stimolare*
stimulation *stimolo-i, nm*
sting *pungiglione-i, nm*
to sting *pungere*
stinginess *spilorceria-e, nf*
stingy *spilorcio-i a e, a*
stink *fetore-i, nf*
to stink *puzzare*
stint *limitazione-i, nf*
to stint *lesinare*
stipend *stipendio-i, nm*
to stipulate *stipolare*
stipulation *stipolazione-i, nf*
stir *agitazione-i, nf*
to stir *agitare*
stirrup *staffa-e, nf*
stitch *punto-i, nm*
to stitch *cucire*
stoat *ermellino-i, nm*
stock *riserva-e, nf*
to stock *rifornire*
stock-broker *agente-i, nm*
stockfish *stoccafisso-i, nm*
stocking *calza-e, nf*
stocky *tozzo-i a e, a*
stodgy *pesante-i, a*
stoic *stoico-i a he, a*
to stoke *accudire*

stèward *kamerière-i, nm*
stìk *bakkètta-e, nf*
to stìk *aderìre*
stìky *appiccikòso-i a e, a*
stìff *duro-i a e, a*
to stìffen *inamidàre*
stìfness *rijidèzza-e, nf*
to stìfle *soffokàre*
stìgma *stìgma-e, nf*
to stìgmatize *stigmatizzàre*
stìll *kàlmo-i a e, a*
stìllness *trankuillità, nf*
stìlt *tràmpolo-i, nm*
stìmulant *stimolànte-i, nm*
to stìmulate *stimolàre*
stìmulation *stìmolo-i, nm*
stìng *punjiyòne-i, nm*
to stìng *pùnjere*
stingìness *spilorcerìa-e, nf*
stìngy *spilòrco-i a e, a*
stìnk *fetòre-i, nf*
to stìnk *puzzàre*
stìnt *limitaziòne-i, nf*
to stìnt *lesinàre*
stìpend *stipèndio-i, nm*
to stìpulate *stipolàre*
stipulàtion *stipoloziòne-i, nf*
stìr *ajitaziòne-i, nf*
to stìr *ajitàre*
stìrrup *stàffa-e, nf*
stìtch *pùnto-i, nm*
to stìtch *kucìre*
stòat *ermellìno-i, nm*
stòk *risèrva-e, nf*
to stòk *rifornìre*
stòk-bròker *ajènte-i, nm*
stòkfish *stokkafìsso-i, nm*
stòkìng *kàlza-e, nf*
stòky *tòzzo-i a e, a*
stòdgy *pesànte-i, a*
stòik *stòiko-i a e, a*
to stòke *akkudìre*

stocker *fochista-i, nm*	**stòker** *fokìsta-i, nm*
stole *stola-e, nf*	**stòle** *stòla-e, nf*
stomach *stomaco-hi, nm*	**stòmak** *stòmako-i, nm*
stone *pietra-e, nf*	**stòne** *piètra-e, nf*
stony *pietroso-i a e, a*	**stòny** *pietròso-i a e, a*
stool *sgabello-i, nm*	**stòol** *sgabèllo-i, nm*
stoop *inclinazione-i, nf*	**stòop** *inklinaziòne-i, nf*
to stoop *inclinare*	**to stòop** *inklinàre*
stop *arresto-i, nm*	**stòp** *arrèsto-i, nm*
to stop *fermare*	**to stòp** *fermàre*
stoppage *arresto-i, nm*	**stòppage** *arrèsto-i, nm*
stopper *tampone-i, nm*	**stòpper** *tampòne-i, nm*
storage *magazzinaggio-i, nm*	**stòrage** *magazzinàjjo-i, nm*
to store *immagazzinare*	**to stòre** *immagazzinàre*
stork *cicogna-e, nf*	**stòrk** *cikòqa-e, nf*
storm *burrasca-he, nf*	**stòrm** *burràska-e, nf*
to storm *infuriare*	**to stòrm** *infuriàre*
stormy *tempestoso-i a e, a*	**stòrmy** *tempestòso-i a e, a*
story *storia-e, nf*	**stòry** *stòria-e, nf*
stout *robusto-i a e, a*	**stòut** *robùsto-i a e, a*
stoutness *robustezza-e, nf*	**stòutness** *robustèzza-e, nf*
stove *fornello-i, nm*	**stòve** *fornèllo-i, nm*
to stow *collocare*	**to stòw** *kollokàre*
stowage *stivaggio-i, nm*	**stòwage** *stivàjjo-i, nm*
stowaway *passeggero-i, nm*	**stòwawày** *passejjèro-i, nm*
straddle *cavalcione-i, a*	**stràddle** *kavalcòne-i, a*
to straggle *disperdere*	**to stràggle** *dispèrdere*
straggler *disperso-i a e, a*	**stràggler** *dispèrso-i a e, a*
straight *diritto-i a e, a*	**stràight** *dirìtto-i a e, a*
to straighten *raddrizzare*	**to stràighten** *raddrizzàre*
straightforward *franco-hi a he, a*	**stràightfòrward** *frànko-i a e, a*
straightforwardness *franchezza-e, nf*	**stràightfòrwardness** *frankèzza-e, nf*
straightness *dirittura-e, nf*	**stràightness** *dirittùra-e, nf*
strain *sforzo-i, nm*	**stràin** *sfòrzo-i, nm*
to strain *sforzare*	**to stràin** *sforzàre*
strainer *colino-i, nm*	**stràiner** *kolìno-i, nm*
strait *stretto-i, nm*	**stràit** *strètto-i, nm*
to straiten *restringere*	**to stràiten** *restrìnjere*
strand *filo-i, nm*	**strànd** *fìlo-i, nm*
to strand *arenare*	**to strànd** *arenàre*
strange *strano-i a e, a*	**strànge** *stràno-i a e, a*
strangeness *stranezza-e, nf*	**stràngeness** *stranèzza-e, nf*

stranger *straniero-i a e, nmf*
to strangle *strangolare*
strap *cinghia-e, nf*
strapping *robusto-i a e, a*
stratagem *stratagemma-i, nm*
strategic *strategico-i, a*
strategist *stratega-hi, nm*
strategy *strategia-e, nf*
straw *paglia-e, nf*
strawberry *fragola-e, nf*
stray *sporadico-i a he, a*
to stray *smarrire*
streak *striscia-e, nf*
to streak *stirare*
streaky *striato-i a e, a*
stream *corrente-i, nf*
street *strada-e, nf*
strength *forza-e, nf*
to strengthen *rafforzare*
strenuous *strenuo-i a e, a*
strenuousness *vigore-i, nm*
stress *sforzo-i, nm*
stretch *distesa-e, nf*
to stretch *stendere*
stretcher *barella-e, nf*
to strew *cospargere*
strict *severo-i a e, a*
strictness *severità, nf*
stricture *censura-e, nf*
stride *passo-i, nm*
to strike *cavalcare*
strife *conflitto-i, nm*
strike *sciopero-i, nm*
to strike *colpire*
striker *scioperante-i, nm*
string *corda-e, nf*
to string *infilare*
stringent *rigoroso-i a e, a*
strip *striscia-e, nf*
to strip *spogliare*
stripe *striscia-e, nf*
to strive *lottare*

strànger *stranièro-i a e, nmf*
to stràngle *strangolàre*
stràp *cìngia-e, nf*
stràpping *robùsto-i a e, a*
stràtagem *stratajèmma-i, nm*
stràtegìk *stratèjiko-i, a*
stràtegist *stratèga-i, nm*
stràtegy *stratejìa-e, nf*
stràw *pàya-e, nf*
stràwbèrry *fràgola-e, nf*
stràcy *sporàdiko-i a e, a*
to stràcy *smarrìre*
strèak *strìsha-e, nf*
to strèak *stiràre*
strèaky *striàto-i a e, a*
strèam *korrènte-i, nf*
strèet *stràda-e, nf*
strèngth *fòrza-e, nf*
to strèngthen *rafforzàre*
strènuous *strènuo-i a e, a*
strènuousness *vigòre-i, nm*
strèss *sfòrzo-i, nm*
strètch *distèsa-e, nf*
to strètch *stèndere*
strètcher *barèlla-e, nf*
to strèw *kospàrjere*
strìkt *sevèro-i a e, a*
strìktness *severità, nf*
strìkture *censùra-e, nf*
strìde *pàsso-i, nm*
to strìke *kavalkàre*
strìfe *konflìtto-i, nm*
strìke *shòpero-i, nm*
to strìke *kolpìre*
strìker *shoperànte-i, nm*
strìng *kòrda-e, nf*
to strìng *infilàre*
strìngènt *rigoròso-i a e, a*
strìp *strìsha-e, nf*
to strìp *spoyàre*
strìpe *strìsha-e, nf*
to strìve *lottàre*

ci ce ca co cu　ki ke ka ko ku　ji je ja jo ju　gi ge ga go gu
sci sce sca sco scu=shi she sha sho shu　gn=q　gl=y

stutter

stroke *colpo-i, nm*	**stròke** *kòlpo-i, nm*
to stroke *accarezzare*	**to stròke** *akkarezzàre*
stroll *giretto-i, nm*	**stròll** *jìretto-i, nm*
to stroll *bighellonare*	**to stròll** *bigellonàre*
strong *forte-i, a*	**stròng** *fòrte-i, a*
strop *coramella-e, nf*	**stròp** *koramèlla-e, nf*
to strop *affilare*	**to stròp** *affilàre*
strophe *strofa-e, nf*	**stròphe** *stròfa-e, nf*
structure *struttura-e, nf*	**strùkture** *struttùra-e, nf*
struggle *lotta-e, nf*	**strùggle** *lòtta-e, nf*
to struggle *lottare*	**to strùggle** *lottàre*
to strut *pavoneggiare*	**to strùt** *pavonejjàre*
stub *mozzicone-i, nm*	**stùb** *mozzikòne-i, nm*
stubble *barba-e, nf*	**stùbble** *bàrba-e, nf*
stubborn *testardo-i a e, a*	**stùbborn** *testàrdo-i a e, a*
stubbornness *testardaggine-i, nf*	**stùbbornness** *testardàjjne-i, nf*
stucco *stucco-hi, nm*	**stùkko** *stùkko-i, nm*
stud *borchia-e, nf*	**stùd** *bòrkia-e, nf*
student *studente-i, nm*	**stùdent** *studènte-i, nm*
studio *studio-i, nm*	**stùdio** *stùdio-i, nm*
studious *studioso-i a e, a*	**stùdious** *studiòso-i a e, a*
study *studio-i, nm*	**stùdy** *stùdio-i, nm*
to study *studiare*	**to stùdy** *studiàre*
stuff *materia-e, nf*	**stùff** *matèria-e, nf*
to stuff *imbottire*	**to stùff** *imbottìre*
stuffy *pesante-i, a*	**stùffy** *pesànte-i, a*
to stultify *neutralizzare*	**to stùltify** *neutralizzàre*
stumble *errore-i, nm*	**stùmble** *erròre-i, nm*
to stumble *incespicare*	**to stùmble** *incespikàre*
stump *ceppo-i, nm*	**stùmp** *cèppo-i, nm*
to stump *confondere*	**to stùmp** *konfòndere*
to stun *assordare*	**to stùn** *assordàre*
to stunt *arrestare*	**to stùnt** *arrestàre*
to stupefy *istupidire*	**to stùpefy** *istupidìre*
stupendous *stupendo-i a e, a*	**stùpendous** *stupèndo-i a e, a*
stupid *stupido-i a e, a*	**stùpid** *stùpido-i a e, a*
stupidity *stupidità, nf*	**stupìdity** *stupidità, nf*
stupor *stupore-i, nm*	**stùpor** *stupòre-i, nm*
sturdiness *gagliardia-e, nf*	**stùrdiness** *gayardìa-e, nf*
sturdy *gagliardo-i a e, a*	**stùrdy** *gayàrdo-i a e, a*
sturgeon *storione-i, nm*	**stùrgeon** *storiòne-i, nm*
stutter *balbuzie, nf*	**stùtter** *balbùzie, nf*

sty *porcile-i, nm*
style *stile-i, nm*
stylish *elegante-i, a*
suave *mellifluo-i a e, a*
subaltern *subalterno-i, nm*
to subdue *domare*
subject *soggetto-i, nm*
to subject *sottoporre*
subjection *sottomissione-i, nd*
to subjugate *soggiogare*
subjunctive *congiuntivo-i, nm*
sublime *sublime, a*
submarine *sottomarino-i, nm*
to submerge *sommergere*
submersion *sommersione-i, nf*
submission *sottomissione-i, nf*
submissive *remissivo-i a e, a*
to submit *sottoporre*
subordinate *subordinato-i a e, a*
to subordinate *subordinare*
to suborn *subornare*
to subscribe *sottoscrivere*
subscriber *abbonato-i a e, nmf*
subscription *abbonamento-i, nm*
subsequent *successivo-i a e, a*
subservient *servile-i, a*
to subside *decrescere*
subsidence *cedimento-i, nm*
subsidiary *sussidiario-i, nm*
to subsidize *sussidiare*
subsidy *sussidio-i, nm*
to subsist *sussistere*
subsistence *sussistenza-e, nf*
substance *sostanza-e, nf*
substantial *sostanziale-i, a*
to substantiate *confermare*
substitute *sostituito-i a e, a*
to substitute *sostituire*
substitution *sostituzione-i, nf*
subterfuge *sotterfugio-i, nm*
subterranean *sotterraneo-i, a*
subtle *sottile-i, a*

stỳ *porcìle-i, nm*
stỳle *stìle-i, nm*
stỳlish *elegànte-i, a*
suàve *mellifluo-i a e, a*
sùbaltern *subaltèrno-i, nm*
to sùbdue *domàre*
sùbjekt *sojjètto-i, nm*
to sùbjekt *sottopòrre*
sùbjektion *sottomissiòne-i, nd*
to sùbjugate *sojjogàre*
subjùnktive *konjuntìvo-i, nm*
sublìme *sublìme, a*
sùbmarine *sottomàrino-i, nm*
to submèrge *sommèrjere*
submèrsion *sommersiòne-i, nf*
submìssion *sottomissiòne-i, nf*
submìssive *remissìvo-i a e, a*
to submìt *sottopòrre*
subòrdinate *subordinàto-i a e, a*
to subòrdinate *subordinàre*
to sùborn *subornàre*
to subskrìbe *sottoskrìvere*
subskrìber *abbonàto-i a e, nmf*
subskrìption *abbonamènto-i, nm*
sùbsequent *successìvo-i a e, a*
subsèrvient *servìle-i, a*
to subsìde *dekrèshere*
sùbsidence *cedimènto-i, nm*
subsìdiary *sussidiàrio-i, nm*
to sùbsidize *sussidiàre*
sùbsidy *sussìdio-i, nm*
to subsìst *sussìstere*
subsìstence *sussistènza-e, nf*
sùbstance *sostànza-e, nf*
substàntial *sostanziàle-i, a*
to substàntiate *konfermàre*
sùbstitute *sostituìto-i a e, a*
to sùbstitute *sostituìre*
substitùtion *sostituziòne-i, nf*
sùbterfuge *sotterfùjo-i, nm*
subterrànean *sotterràneo-i, a*
sùbtle *sottìle-i, a*

to subtract *sottrarre*	to subtràkt *sottràrre*
subtraction *sottrazione-i, nf*	subtràktion *sottraziòne-i, nf*
suburb *sobborgo-hi, nm*	sùburb *sobbòrgo-i, nm*
subversive *sovversivo-i a e, a*	subvèrsive *sovversìvo-i a e, a*
to subvert *sovvertire*	to subvèrt *sovvertìre*
subway *sotterranea, nf*	sùbway *sotterrànea, nf*
to succeed *riuscire*	to sukcèed *riushìre*
success *successo-i, nm*	sukcèss *succèsso-i, nm*
successful *fortunato-i a e, a*	sukcèssful *fortunàto-i a e, a*
succession *successione-i, nf*	sukcèssion *successiòne-i, nf*
successive *successivo-i a e, a*	sukcèssive *successìvo-i a e, a*
successor *successore-i, nm*	sukcèssor *successòre-i, nm*
succinct *succinto-i a e, a*	sukcìnkt *succìnto-i a e, a*
succor *soccorso-i, nm*	sùkkor *sokkòrso-i, nm*
succulent *succulento-i a e, a*	sùkkulent *sukkulènto-i a e, a*
to succumb *soccombere*	to sukkùmb *sokkòmbere*
such *tale, pron*	sùch *tàle, pron*
to suck *succhiare*	to sùk *sukkiàre*
sucker *parassita-i, nm*	sùker *parassìta-i, nm*
to suckle *allattare*	to sùkle *allattàre*
suckling *lattante-i, nm*	sùkling *lattànte-i, nm*
suction *aspirazione-i, nf*	sùktion *aspiraziòne-i, nf*
sudden *imprevisto-i a e, a*	sùdden *imprevìsto-i a e, a*
suddenly *improvvisamente, ad*	sùddenly *improvvisamènte, ad*
suddenness *subitaneità, nf*	sùddenness *subitaneità, nf*
to sue *citare*	to sùe *citàre*
suet *grasso-i, nm*	sùet *gràsso-i, nm*
to suffer *soffrire*	to sùffer *soffrìre*
sufferance *tolleranza-e, nf*	sùfferance *tollerànza-e, nf*
to suffice *bastare*	to sùffice *bastàre*
sufficient *sufficiente-i, a*	sufficient *sufficènte-i, a*
suffix *suffisso-i, nm*	sùffix *suffìsso-i, nm*
to suffocate *soffocare*	to sùffokate *soffokàre*
suffocation *asfissia-e, nf*	suffokàtion *asfissìa-e, nf*
suffrage *suffragio-i, nm*	sùffrage *suffràjo-i, nm*
to suffuse *diffondere*	to suffùse *diffòndere*
sugar *zucchero-i, nm*	sùgar *zùkkero-i, nm*
to suggest *suggerire*	to suggèst *sujjerìre*
suggestion *suggerimento-i, nm*	suggèstion *sujjerimènto-i, nm*
suicide *suicidio-i, nm*	sùicide *suicìdio-i, nm*
suit *abito-i, nm*	sùit *àbito-i, nm*
to suit *convenire*	to sùit *konvenìre*

superstition

suitable *adatto-i a e, a*
suite *seguito-i, nm*
suitor *aspirante-i, nm*
to sulk *imbronciare*
sulky *scontroso-i a e, a*
sullen *cupo-i a e, a*
sullenness *intrattabilità, nf*
to sully *disonorare*
sulfur *zolfo-i, nm*
sultan *sultano-i, nm*
sultry *afoso-i a e, a*
sum *addizzione-i, nf*
to sum *addizionare*
summary *sommario-i, nm*
summer *estate-i, nf*
summit *apice-i, nf*
to summon *convocare*
summons *citazione-i, nf*
sumptuous *sontuoso-i a e, a*
sun *sole-i, nm*
sunbeam *raggio-i, nm*
sunburnt *abbronzatura-e, nf*
Sunday *domenica, nf*
to sunder *scindere*
sundry *differente-i, a*
sunny *assolato-i a e, a*
sunrise *alba-e, nf*
sunset *tramonto-i, nm*
sunshine *luce, nf*
sup *sorso-i, nm*
to sup *sorseggiare*
superb *splendido-i a e, a*
supercilious *arrogante-i, a*
superficial *superficiale-i, a*
superfluous *superfluo-i a e, a*
to superintend *sovrintendere*
superindendent *sovrintendente-i, nm*
superior *superiore-i, a*
superiority *superiorità, nf*
supernatural *sovrannaturale-i, a*
to supersede *sostituire*
superstition *superstizione-i, nf*

sùitable *adàtto-i a e, a*
sùite *sèguito-i, nm*
sùitor *aspirànte-i, nm*
to sùlk *imbroncàre*
sùlky *skontròso-i a e, a*
sùllen *kùpo-i a e, a*
sùllenness *intrattabilità, nf*
to sùlly *disonoràre*
sùlfur *zòlfo-i, nm*
sùltan *sultàno-i, nm*
sùltry *afòso-i a e, a*
sùm *addizziòne-i, nf*
to sùm *addizionàre*
sùmmary *sommàrio-i, nm*
sùmmer *estàte-i, nf*
sùmmit *àpice-i, nf*
to sùmmon *konvokàre*
sùmmons *citaziòne-i, nf*
sùmptuous *sontuòso-i a e, a*
sùn *sòle-i, nm*
sùnbeam *ràjjo-i, nm*
sùnburnt *abbronzatùra-e, nf*
Sùnday *domènika, nf*
to sùnder *shìndere*
sùndry *differènte-i, a*
sùnny *assolàto-i a e, a*
sùnrise *àlba-e, nf*
sùnset *tramònto-i, nm*
sùnshine *lùce, nf*
sùp *sòrso-i, nm*
to sùp *sorsejjàre*
supèrb *splèndido-i a e, a*
supercìlious *arrogànte-i, a*
superficial *superficàle-i, a*
supèrfluous *supèrfluo-i a e, a*
to superintènd *sovrintèndere*
superindèndent *sovrintendènte-i, nm*
supèrior *superiòre-i, a*
superiòrity *superiorità, nf*
supernàtural *sovrannaturàle-i, a*
to supersède *sostituìre*
superstìtion *superstiziòne-i, nf*

superstitious *superstizioso-i a e, a*	superstìtious *superstiziòso-i a e, a*
to supervene *sopravvenire*	to supervène *sopravvenìre*
to supervise *sorvegliare*	to supervìse *sorveyàre*
supine *supino-i a e, a*	supìne *sùpino-i a e, a*
supper *cena-e, nf*	sùpper *cèna-e, nf*
to supplant *soppiantare*	to supplànt *soppiantàre*
supple *docile-i, a*	sùpple *dòcile-i, a*
supplement *supplemente-i, nf*	sùpplement *supplemènte-i, nf*
to supplement *aggiungere*	to sùpplement *ajjùnjere*
suppleness *flessibilità, nf*	sùppleness *flessibilità, nf*
supplicant *supplicante-i, nm*	sùpplikant *supplikànte-i, nm*
to supplicate *supplicare*	to sùpplikate *supplikàre*
supplication *supplica-he, nf*	supplikàtion *sùpplika-e, nf*
supply *fornitura*	supplỳ *fornitùra*
to supply *fornire*	to supplỳ *fornìre*
support *aiuto-i, nm*	suppòrt *aiùto-i, nm*
to support *aiutare*	to suppòrt *aiutàre*
supporter *sostenitore-i, nm*	suppòrter *sostenitòre-i, nm*
to suppose *supporre*	to suppòse *suppòrre*
supposition *supposizione-i, nf*	suppposìtion *supposiziòne-i, nf*
to suppress *sopprimere*	to supprèss *sopprìmere*
suppression *repressione-i, nf*	supprèssion *repressiòne-i, nf*
to suppurate *suppurare*	to sùppuràte *suppuràre*
supremacy *supremazia-e*	suprèmacy *supremazìa-e*
supreme *supremo-i a e, a*	suprème *suprèmo-i a e, a*
sure *sicuro-i a e, a*	sùre *sikùro-i a e, a*
sureness *certezza-e, nf*	sùreness *certèzza-e, nf*
surity *garante-i, nm*	sùrity *garànte-i, nm*
to surf *serpeggiare*	to sùrf *serpejjàre*
surface *superficie, nf*	sùrface *superfìce, nf*
to surge *ondeggiare*	to sùrge *ondejjàre*
surgeon *chirurgo-hi, nm*	sùrgeon *kirùrgo-i, nm*
surgery *chirurgia-e, nf*	sùrgery *kirurjìa-e, nf*
surgical *chirurgico-i a he, a*	sùrgikal *kirurjìko-i a e, a*
surliness *villania-e, nf*	sùrliness *villanìa-e, nf*
surly *scontroso-i a e, a*	sùrly *skontròso-i a e, a*
surmise *congettura-e, nf*	sùrmise *konjettùra-e, nf*
to surmise *congetturare*	to surmìse *konjetturàre*
to surmount *sormontare*	to surmòunt *sormontàre*
surname *cognome-i, nm*	surnàme *koqòme-i, nm*
to surpass *sorpassare*	to surpàss *sorpassàre*
surplus *superfluo-i, a*	sùrplus *supèrfluo-i, a*

to sway

surprise *sorpresa-e, nf*	**sùrprise** *sorprèsa-e, nf*
to surprise *sorprendere*	**to sùrprise** *sorprèndere*
surrender *concessione-i, nf*	**surrènder** *koncessiòne-i, nf*
to surrender *cedere*	**to surrènder** *cèdere*
surreptitious *clandestino-i a e, a*	**surreptìtious** *klandestìno-i a e, a*
to surround *circondare*	**to surròund** *cirkondàre*
surroundings *ambiente-i, nm*	**surròundings** *ambiènte-i, nm*
survey *rilievamento-i, nm*	**sùrvey** *rilievamènto-i, nm*
to survey *rilevare*	**to sùrvey** *rilevàre*
surveyor *geometra, nm*	**sùrveyor** *jeòmetra, nm*
survival *sopravvivenza-e, nf*	**sùrvival** *sovravvivènza-e, nf*
to survive *sopravvivere*	**to sùrvive** *sovravvìvere*
survivor *superstite-i, nm*	**survìvor** *supèrstite-i, nm*
susceptibility *suscettibilità, nf*	**susceptibìlity** *sushettibilità, nf*
susceptible *suscettibile-i, a*	**suscèptible** *sushettìbile-i, a*
suspect *sospetta-e, nf*	**sùspèkt** *sospettàto-i a e, nmf*
to suspect *sospettare*	**to sùspèkt** *sospettàre*
to suspend *sospendere*	**to suspènd** *sospèndere*
suspender *giarrettiera-e, nf*	**suspènder** *jarrettièra-e, nf*
suspense *sospensione-i, nf*	**suspènse** *sospensiòne-i, nf*
sospension *sospensione-i, nf*	**sospènsion** *sospensiòne-i, nf*
suspicion *sospetto-i, nm*	**suspìcion** *sospètto-i, nm*
suspicious *sospettoso-i a e, a*	**suspìcious** *sospettòso-i a e, a*
to sustain *sostenere*	**to sustàin** *sostenère*
sustenance *nutrimento-i, nm*	**sùstenance** *nutrimènto-i, nm*
swab *spazzolone-i, nm*	**swàb** *spazzolòne-i, nm*
to swab *pulire*	**to swàb** *pulìre*
to swaddle *fasciare*	**to swàddle** *fashàre*
swagger *fanfaronata-e, nf*	**swàgger** *fanfaronàta-e, nf*
to swagger *dimostrare*	**to swàgger** *dimostràre*
swaggerer *fanfarone-i, nm*	**swàggerer** *fanfaròne-i, nm*
swallow *rondine-i, nf*	**swàllow** *ròndine-i, nf*
swamp *palude-i, nf*	**swàmp** *palùde-i, nf*
swampy *paludoso-i a e, a*	**swàmpy** *paludòso-i a e, a*
swan *cigno-i, nm*	**swàn** *cìqo-i, nm*
swank *presunzione-i, nf*	**swànk** *presunziòne-i, nf*
sward *zolla-e, nf*	**swàrd** *zòlla-e, nf*
swarm *sciame-i, nm*	**swàrm** *shàme-i, nm*
to swarm *sciamare*	**to swàrm** *shamàre*
swarthy *bruno-i a e, a*	**swàrthy** *brùno-i a e, a*
sway *oscillazione-i, nf*	**swày** *oshillaziòne-i, nf*
to sway *oscillare*	**to swày** *oshillàre*

ci ce ca co cu   ki ke ka ko ku   ji je ja jo ju   gi ge ga go gu
sci sce sca sco scu=shi she sha sho shu   gn=q   gl=y

symbolic

to swear *bestemmiare*	to swèar *bestemmiàre*
sweat *sudore-i, nm*	swèat *sudòre-i, nm*
to sweat *sudare*	to swèat *sudàre*
Swedish *svedese-i, nmf*	Swèdish *svedèse-i, nmf*
sweep *spazzata-e, nf*	swèep *spazzàta-e, nf*
to sweep *spazzare*	to swèep *spazzàre*
sweeper *spazzino-i a e, nmf*	swèeper *spazzìno-i a e, nmf*
sweeping *impetuoso-i a e, a*	swèeping *impetuòso-i a e, a*
sweet *dolce-i, nm*	swèet *dòlce-i, nm*
sweetbread *animella-e, nf*	swèetbrèad *animèlla-e, nf*
to sweeten *addolcire*	to swèeten *addolcìre*
sweetheart *innamorato-i a e, nmf*	swèethèart *innamoràto-i a e, nmf*
sweetness *dolcezza-e, nf*	swèetness *dolcèzza-e, nf*
swell *gonfiore-i, nm*	swèll *gonfiòre-i, nm*
to swell *ingrossare*	to swèll *ingrossàre*
swelling *gonfiore-i, nm*	swèlling *gonfiòre-i, nm*
to swelter *opprimere*	to swèlter *opprìmere*
to swerve *deviare*	to swèrve *deviàre*
swift *agile-i, a*	swìft *àjile-i, a*
swiftness *agilità, nf*	swìftness *ajilità, nf*
to swill *risciaquare*	to swìll *rishakuàre*
swim *nuotata-e, nf*	swìm *nuotàta-e, nf*
to swim *nuotare*	to swìm *nuotàre*
swimmer *nuotatore-i, nm*	swìmmer *nuotatòre-i, nm*
swindle *truffa-e, nf*	swìndle *trùffa-e, nf*
to swindle *truffare*	to swìndle *truffàre*
swing *altalena-e, nf*	swìng *altalèna-e, nf*
to swing *dondolare*	to swìng *dondolàre*
Swiss *svizzero-i a e, nmf*	Swìss *svìzzero-i a e, nmf*
switch *interruttore-i, nm*	swìtch *interruttòre-i, nm*
to switch *scambiare*	to swìtch *skambiàre*
swivel *perno-i, nm*	swìvel *pèrno-i, nm*
swoon *svenimento-i, nm*	swòon *svenimènto-i, nm*
sword *spada-e, nf*	swòrd *spàda-e, nf*
swordman *spadaccino-i. nm*	swòrdmàn *spadaccìno-i. nm*
sycamore *sicomoro-i, nm*	sỳkamore *sikòmoro-i, nm*
syllable *sillaba-e, nf*	sỳllable *sìllaba-e, nf*
syllabus *prospetto-i, nm*	sỳllabus *prospètto-i, nm*
syllogism *sillogismo-i, nm*	sỳllogism *sillojìsmo-i, nm*
sylvan *silvano-i a e, a*	sỳlvan *silvàno-i a e, a*
symbol *simbolo-i, nm*	sỳmbol *sìmbolo-i, nm*
symbolic *simbolico-i a he,*	symbòlik *simbòliko-i a e,*

to symbolize *simbolizzare*
symmetrical *simmetrico-i, a he, a*
symmetry *simmetria-e, nf*
sympathetic *comprensivo-i a e, a*
to sympathize *condividere*
sympathy *compassione-i, nf*
sympton *sintomo-i, nm*
synagogue *sinagoga-he, nf*
to synchronize *sincronizzare*
syndicate *sindacato-i, nm*
syonot *sinodo-i, nm*
synonym *sinonimo-i, nm*
synonymous *sinonimo-i a e, a*
syntax *sintassi, nf*
synthesis *sintesi, nf*
synthetic *sintetico-i a he, a*
syphilis *sifilde-i, nf*
syringe *siringa-he, nf*
syrup *sciroppo-i, nm*
system *sistema-i, nm*
systematic *sistematico-i a he, a*
sytematically *sistematicamente, ad*
systole *sistole-i, nf*

T
tab *linguetta-e, nf*
tabard *tabarro-i, nm*
tabby *gattone-i, nm*
tabernacle *tabernacolo-i, nm*
table *tavola-e, nf*
table-cloth *tovaglia-e, nf*
table-linen *biancheria-e, nf*
table-talk *chiaccheria-e, nf*
to table *intavolare*
tablet *tavoletta-e, nf*
tabloid *giornale-i, nm*
taboo *tabu, nm*
tabor *tamburello-i, nm*
tabouret *sgabello-i, nm*
tabular *disposizione-i, nf*
to tabulate *disporre*
tabulation *disposizione-i, nf*

tabulation

to sỳmbolize *simbolizzàre*
symmètrikal *simmètriko-i, a e, a*
sỳmmetry *simmetrìa-e, nf*
sympathètik *komprensìvo-i a e, a*
to sỳmpathìze *kondivìdere*
sỳmpathy *kompassiòne-i, nf*
sỳmpton *sìntomo-i, nm*
sỳnagogue *sinagòga-e, nf*
to sỳnkronize *sinkronizzàre*
sỳndikate *sindakàto-i, nm*
sỳnod *sìnodo-i, nm*
sỳnonym *sinònimo-i, nm*
synònymous *sinònimo-i a e, a*
sỳntax *sintàssi, nf*
sỳnthesis *sìntesi, nf*
synthètik *sintètiko-i a e, a*
sỳphilis *sifilde-i, nf*
sỳringe *sirìnga-e, nf*
sỳrup *shiroppo-i, nm*
sỳstem *sistèma-i, nm*
systemàtik *sistemàtiko-i a e, a*
sytemàtikally *sistematikamènte, ad*
sỳstole *sìstole-i, nf*

T
tàb *linguètta-e, nf*
tàbard *tabàrro-i, nm*
tàbby *gattòne-i, nm*
tàbernakle *tabernàkolo-i, nm*
tàble *tàvola-e, nf*
tàble-klòth *tovàya-e, nf*
tàble-lìnen *biankerìa-e, nf*
tàble-tàlk *kiakkerìa-e, nf*
to tàble *intavolàre*
tàblet *tavolètta-e, nf*
tàbloid *jornàle-i, nm*
tabòo *tabù, nm*
tàbor *tamburèllo-i, nm*
tàbourèt *sgabèllo-i, nm*
tàbular *disposiziòne-i, nf*
to tabulàte *dispòrre*
tabulàtion *disposiziòne-i, nf*

tachometer *tachimetro-i, nm*	**takòmeter** *takìmetro-i, nm*
tacit *tacito-i a e, a*	**tàcit** *tàcito-i a e, a*
tacitly *tacitamente, ad*	**tàcitly** *tacitamènte, ad*
taciturn *taciturono-i a e, a*	**tàciturn** *tacitùrono-i a e, a*
taciturnity *taciturnità, nf*	**tacitùrnity** *taciturnità, nf*
tack *bulletta-e nf*	**tàk** *bullètta-e nf*
to tack *attaccare*	**to tàk** *attakkàre*
tackiness *viscosità, nf*	**tàkiness** *viskosità, nf*
tackle *paranco-hi, nm*	**tàkle** *parànko-i, nm*
to tackle *attaccare*	**to tàkle** *attakkàre*
tacky *attaccaticcio-i a e, a*	**tàky** *attakkatìcco-i a e, a*
tact *tatto-i, nm*	**tàkt** *tàtto-i, nm*
tactical *tattico-i a he, a*	**tàktikal** *tàttiko-i a e, a*
tactics *tattica-he, nf*	**tàktiks** *tàttika-e, nf*
tactile *tattile-i, a*	**tàktile** *tàttile-i, a*
tactility *sensibilità, nf*	**taktìlity** *sensibilità, nf*
tad *monello-i a e, nmf*	**tàd** *mònello-i a e, nmf*
tadpole *girino-i, nm*	**tàdpole** *jirìno-i, nm*
taffeta *taffeta, nm*	**tàffeta** *taffetà, nm*
tag *puntale-i, nf*	**tàg** *pùnta-e, nf*
to tag *ferrare*	**to tàg** *ferràre*
tail *coda-e, nf*	**tàil** *kòda-e, nf*
to tail *munire*	**to tàil** *munìre*
tailor *sarto-i a e, nmf*	**tàilor** *sàrto-i a e, nmf*
taint *macchia-e, nf*	**tàint** *màkkia-e, nf*
to taint *corrompere*	**to tàint** *korròmpere*
take *presa-e, nf*	**tàke** *prèsa-e, nf*
to take *prendere*	**to tàke** *prèndere*
talc *talco-hi, nm*	**tàlk** *tàlko-i, nm*
tale *racconto-i, nm*	**tàle** *rakkònto-i, nm*
talent *talento-i, nm*	**tàlent** *talènto-i, nm*
talented *intelligente-i, a*	**tàlented** *intellijènte-i, a*
talisman *talismano-i, nm*	**tàlisman** *talismàno-i, nm*
talk *conversazione-i, nf*	**tàlk** *konversaziòne-i, nf*
to talk *parlare*	**to tàlk** *parlàre*
talcative *loquace-i, a*	**tàlkative** *lokuàce-i, a*
talcativeness *loquacità, nf*	**tàlkativeness** *lokuacità, nf*
talker *chiaccherone-i, nm*	**tàlker** *kiakkeròne-i, nm*
talkies *cinema, nm*	**tàlkìes** *cìnema, nm*
tall *alto-i a e, a*	**tàll** *àlto-i a e, a*
tallboy *cassettone-i, nm*	**tàllbòy** *kassettòne-i, nm*
tallness *altezza-e, nf*	**tàllness** *altèzza-e, nf*

to tantalize

tally *tacca-he, nf*
to tally *registrare*
talon *artiglio-i, nm*
tamability *domabilità, nf*
tamable *domabile-i, a*
tamarind *tamarindo-i, nm*
tamarisk *tamarisco-hi, nm*
tambourine *tamburello-i, nm*
tame *docile-i, a*
to tame *domare*
tameless *indomabile-i, a*
tamely *dolcimente, ad*
tamer *domatore-i, nm*
to tamp *tamponare*
to tamper *immischiare*
tamperer *corruttore-i, nm*
tamping *tamponamento-i, nm*
tampion *tappo-i, nm*
tan *abbronzatura-e, nf*
to tan *abbronzare*
tandem *tandem, nm*
tang *sapore-i, nm*
to tang *risonare*
tangent *tangente-i, nf*
tangential *tangenziale-i, a*
tangerine *mandarino-i, nm*
tangibility *tangibilità, nf*
tangible *tangibile-i, a*
Tangier *Tangeri, nm*
tangle *garbuglio-i, nm*
to tangle *ingarbugliare*
tanglesome *intricato-i a e, a*
tango *tango-hi, nm*
tank *serbatoio-i, nm*
tanker *petroliera-e, nf*
tannage *concia-e, nf*
tanner *conciatore-i, nm*
tannery *conceria-e, nf*
tannic *tannico-i a he, a*
tannin *tannino-i, nm*
tantalization *tentazione-i, nf*
to tantalize *tormentare*

tàlly *tàkka-e, nf*
to tàlly *rejistràre*
tàlon *artìyo-i, nm*
tamabìlity *domabilità, nf*
tàmable *domàbile-i, a*
tàmarind *tamarìndo-i, nm*
tàmarisk *tamarìsko-i, nm*
tàmbourine *tamburèllo-i, nm*
tàme *dòcile-i, a*
to tàme *domàre*
tàmeless *indomàbile-i, a*
tàmely *docilmènte, ad*
tàmer *domatòre-i, nm*
to tàmp *tamponàre*
to tàmper *immiskiàre*
tàmperer *korruttòre-i, nm*
tàmping *tamponamènto-i, nm*
tàmpion *tàppo-i, nm*
tàn *abbronzatùra-e, nf*
to tàn *abbronzàre*
tàndem *tàndem, nm*
tàng *sapòre-i, nm*
to tàng *risonàre*
tàngent *tanjènte-i, nf*
tangèntial *tanjenziàle-i, a*
tàngerine *mandarìno-i, nm*
tangibìlity *tanjibilità, nf*
tàngible *tanjìbile-i, a*
Tàngìer *Tanjèri, nm*
tàngle *garbùyo-i, nm*
to tàngle *ingarbuyàre*
tànglesòme *intrikàto-i a e, a*
tàngo *tàngo-i, nm*
tànk *serbatòio-i, nm*
tànker *petrolièra-e, nf*
tànnage *kònca-e, nf*
tànner *koncatòre-i, nm*
tànnery *koncerìa-e, nf*
tànnik *tànniko-i a e, a*
tànnin *tannìno-i, nm*
tantalizàtion *tentaziòne-i, nf*
to tàntalize *tormentàre*

tantalizer *tormentatore-i, nm*
tantalizingly *tormentosamente, ad*
tantalum *tantalo-i, nm*
tantamount *equivalente-i, a*
tantivy *galoppata-e, nf*
tantrum *collera-e, nf*
tap *colpetto-i, nm*
tap *spina-e, nf*
to tap *spillare*
tape *nastro-i, nm*
to tape *legare*
taper *candela-e, nf*
to taper *restringere*
tapering *affusolato-i a e, a*
tapestried *tappezzato-i a e, a*
tapestry *tappezzeria-e, nf*
tapeworm *tenia-e, nf*
tapioca *tapioca-he, nf*
tapis *tappeto-i, nm*
tapster *cameriere-i, nm*
tar *catrame-i, nm*
to tar *incatramare*
taradiddle *bugia-e, nf*
tarantella *tarantella-e, nf*
tarantula *tarantula-e, nf*
taratantara *trombatura-e, nf*
tardigrade *tardigrado-i a e, a*
tardiness *ritardo-i, nm*
tardy *tardivo-i a e, a*
tare *veccia-e, nf*
to tare *stracciare*
target *bersaglio-i, nm*
targeted *bersagliato-i a e, a*
tariff *tariffa-e, nf*
tarn *laghetto-i, nm*
tarnish *macchia-e, nf*
to tarnish *macchiare*
tarpaulin *copertone-i, nm*
tarry *catramato-i a e, a*
to tarry *indugiare*
tarrying *indugio-i, nm*
tarsus *tarso-i a e, nmf*

tantalìzer *tormentatòre-i, nm*
tantalìzingly *tormèntosamènte, ad*
tàntalum *tàntalo-i, nm*
tàntamount *ekuivàlente-i, a*
tantìvy *galoppàta-e, nf*
tàntrum *kòllera-e, nf*
tàp *kolpètto-i, nm*
tàp *spìna-e, nf*
to tàp *spillàre*
tàpe *nàstro-i, nm*
to tàpe *legàre*
tàper *kandèla-e, nf*
to tàper *restrìnjere*
tàpering *affusolàto-i a e, a*
tàpestried *tappezzàto-i a e, a*
tàpestry *tappezzerìa-e, nf*
tàpewòrm *tènia-e, nf*
tàpioka *tapiòka-e, nf*
tàpis *tappèto-i, nm*
tàpster *kamerière-i, nm*
tàr *katràme-i, nm*
to tàr *inkatramàre*
tàradìddle *bujìa-e, nf*
tarantèlla *tarantèlla-e, nf*
taràntula *taràntula-e, nf*
taratàntara *trombatùra-e, nf*
tardigràde *tardìgrado-i a e, a*
tàrdiness *ritàrdo-i, nm*
tàrdy *tardìvo-i a e, a*
tàre *vècca-e, nf*
to tàre *straccàre*
tàrget *bersàyo-i, nm*
tàrgeted *bersayàto-i a e, a*
tàriff *tarìffa-e, nf*
tàrn *lagètto-i, nm*
tàrnish *màkkia-e, nf*
to tàrnish *makkiàre*
tàrpaulin *kopertòne-i, nm*
tàrry *katramàto-i a e, a*
to tàrry *indujàre*
tàrrying *indùjo-i, nm*
tàrsus *tàrso-i a e, nmf*

tart *torta-e, nf*
tart *pungente-i, a*
tartan *tessuto-i, nm*
tartar *tartaro-i a e, nmf*
tartish *mordace-i, a*
tartly *pungentemente, ad*
tartness *acredine-i, a*
task *compito-i, nm*
to task *assegnare*
tasksetter *capo-i, nm*
tassel *fiocco-hi, nm*
taste *gusto-i, nm*
to taste *gustare*
tasteful *gustoso-i a e, a*
tastefulness *gustosità, nf*
tasteless *insipido-i a e, a*
tastelessness *scipitezza-e, nf*
taster *assaggiatore-i, nm*
tastily *gustosamente, ad*
tasty *saporito-i a e, a*
tatters *stracci, nm*
tattered *lacero-i a e, a*
tattle *ciarle-i, nf*
to tattle *chiaccherare*
tattler *chiaccherone-i a e, nmf*
tattoo *tatuaggio-i, nm*
to tattoo *tatuare*
taunt *rimprovero-i, nm*
to taunt *rmproverare*
tauntingly *sarcasticamente, ad*
taut *teso-i a e, a*
to tauten *irrigidire*
tautness *tensione-i, nf*
tautology *tautologia-e, nf*
tavern *locanda-e, nf*
taw *pallina-e, nf*
tawdriness *sfarzo-i, nm*
tawdry *sfarzoso-i a e, a*
tawniness *rossiccio-i a e, a*
tax *tassa-e, nf*
to tax *tassare*
taxability *tassabilità, nf*

tàrt *tòrta-e, nf*
tàrt *punjènte-i, a*
tàrtan *tessùto-i, nm*
tàrtar *tàrtaro-i a e, nmf*
tàrtish *mordàce-i, a*
tàrtly *punjentemènte, ad*
tàrtness *akrèdine-i, a*
tàsk *kòmpito-i, nm*
to tàsk *asseqàre*
tàsksètter *kàpo-i, nm*
tàssel *fiòkko-i, nm*
tàste *gùsto-i, nm*
to tàste *gustàre*
tàsteful *gustòso-i a e, a*
tàstefulness *gustosità, nf*
tàsteless *insìpido-i a e, a*
tàstelessness *shipitèzza-e, nf*
tàster *assajjatòre-i, nm*
tàstily *gustosamènte, ad*
tàsty *saporìto-i a e, a*
tàtters *stràcci, nm*
tàttered *làcero-i a e, a*
tàttle *càrle-i, nf*
to tàttle *kiakkeràre*
tàttler *kiakkeròne-i a e, nmf*
tattòo *tatuàjjo-i, nm*
to tattòo *tatuàre*
tàunt *rimpròvero-i, nm*
to tàunt *rmproveràre*
tàuntingly *sarkastikamènte, ad*
tàut *tèso-i a e, a*
to tàuten *irrijidìre*
tàutness *tensiòne-i, nf*
tautòlogy *tautolojìa-e, nf*
tàvern *lokànda-e, nf*
tàw *pallìna-e, nf*
tàwdriness *sfàrzo-i, nm*
tàwdry *sfarzòso-i a e, a*
tàwniness *rossìcco-i a e, a*
tàx *tàssa-e, nf*
to tàx *tassàre*
taxabìlity *tassabilità, nf*

ci ce ca co cu   ki ke ka ko ku   ji je ja jo ju   gi ge ga go gu
sci sce sca sco scu=shi she sha sho shu   gn=q   gl=y

teething

tax *tassabile-i, a*
taxation *tassazione-i, nf*
taxi *tassì, nm*
taximeter *tassimetro-i, nm*
tea *tè, nm*
to teach *insegnare*
teachable *insegnabile-i, a*
teachability *accessibilità, nf*
teacher *maestro-i a e, nmf*
teaching *insegnamento-i, nm*
teak *legno-i, nm*
team *squadra-e, nf*
teamster *guidatore-i, nm*
tear *lacrima-e, nf*
tear *strappo-i, nm*
to tear *strappare*
tearaway *impetuoso-i a e, a*
tearful *lagrimoso-i a e, a*
tearing *violento-i a e, a*
tease *seccatore-i, nm*
to tease *indispettire*
teasingly *importunando, ad*
teat *capezzolo-i, nm*
technical *tecnico-i a he, a*
technicality *tecnicismo-i, nm*
technician *tecnico-i a e, nmf*
technics *tecnica-he, nf*
technology *tecnologia-e, nf*
techy *irascibile-i, a*
to ted *spargere*
Teddy *Teodoro, nm*
tedious *tedioso-i a e, a*
tediousness *noia-e, nf*
tedium *tedio-i, nm*
tee *segno-i, nm*
to tee *iniziare*
to teem *formicolare*
teeming *fecondo-i a e, a*
teen-aged *giovane-i a e, nmf*
teeny *piccolo-i a e, a*
teeth *denti, nm*
teething *dentizione-i, nf*

tàx *tassàbile-i, a*
taxàtion *tassaziòne-i, nf*
tàxi *tassì, nm*
tàximeter *tassìmetro-i, nm*
tèa *tè, nm*
to tèach *inseqàre*
tèachable *inseqabile-i, a*
tèachabìlity *accessibilità, nf*
tèacher *maèstro-i a e, nmf*
tèaching *inseqamènto-i, nm*
tèak *lèqo-i, nm*
tèam *skuàdra-e, nf*
tèamster *guidatòre-i, nm*
tèar *làkrima-e, nf*
tèar *stràppo-i, nm*
to tèar *strappàre*
tèarawày *impetuòso-i a e, a*
tèarful *lagrimòso-i a e, a*
tèaring *violènto-i a e, a*
tèase *sekkatòre-i, nm*
to tèase *indispettìre*
tèasingly *importunàndo, ad*
tèat *kapèzzolo-i, nm*
tèkhnikal *tèkniko-i a e, a*
teknikàlity *teknicìsmo-i, nm*
teknìcian *tèkniko-i a e, nmf*
tèkniks *tèknika-e, nf*
teknòlogy *teknolojìa-e, nf*
tekỳ *irashìbile-i, a*
to tèd *spàrjere*
Tèddy *Teodòro, nm*
tèdious *tediòso-i a e, a*
tèdiousness *nòia-e, nf*
tèdium *tèdio-i, nm*
tèe *sèqo-i, nm*
to tèe *iniziàre*
to tèem *formikolàre*
tèeming *fekòndo-i a e, a*
tèen-àged *jòvane-i a e, nmf*
tèeny *pìkkolo-i a e, a*
tèeth *dènti, nm*
tèethìng *dentiziòne-i, nf*

teetotal *astemio-i, a e, a*
tegument *tegumento-i, nm*
telegram *telegramma-i, nm*
telegraph *telegrafo-i, nm*
to telegraph *telegrafare*
telegrapher *telegrafista-i, nm*
telegraphic *telegrafico-i a e, a*
telegraphy *telegrafia-e, nf*
telephatic *telepatico-i a he, a*
telepathy *telepatia-e, nf*
telephone *telefono-i, nm*
to telephone *telefonare*
telephony *telefonia-e, nf*
telephoto *telefoto, nf*
telephotograph *telefotografia-e, nf*
to telephotograph *telefotografare*
teleprinter *telescrivente-i, nf*
telescope *telescopio-i, nm*
to telescope *spingere*
telescopical *telescopico-i a e, a*
telescopy *telescopia-e, nf*
to televise *trasmettere*
television *televisione-i, nf*
to tell *dire*
tellable *raccontabile-i, a*
teller *scrutinatore-i, nm*
tellingly *efficacemente, ad*
telltale *informatore-i, nm*
tellurian *tellurico-i a he, a*
telpher *teleferico-i a he, a*
temerarious *temerario-i a e, a*
temerity *temerità, nf*
temper *temperamento-i, nm*
to temper *temperare*
temperament *temperamento-i, nm*
temperance *temperanza-e, nf*
temperate *moderato-i, a e, a*
temperateness *moderazione-i, nf*
temperature *temperatura-e, nf*
tempered *temprato-i a e, a*
tempest *tempesta-e, nf*
tempestuous *tempestoso-i a e, a*

teetòtal *astèmio-i, a e, a*
tègument *tegumènto-i, nm*
tèlegram *telegràmma-i, nm*
tèlegraph *telègrafo-i, nm*
to tèlegraph *telegrafàre*
telègrapher *telegrafista-i, nm*
telegràphik *telegràfiko-i a e, a*
telègraphy *telegrafia-e, nf*
telephàtik *telepàtiko-i a e, a*
telèpathy *telepatìa-e, nf*
telephòne *telèfono-i, nm*
to tèlephone *telefonàre*
telèphony *telefonìa-e, nf*
tèlephòto *telefòto, nf*
telephòtograph *telefotografia-e, nf*
to telephòtograph *telefotografàre*
tèleprìnter *teleskrivènte-i, nf*
tèleskòpe *teleskòpio-i, nm*
to tèleskòpe *spìnjere*
teleskòpikal *teleskòpiko-i a e, a*
tèlèskopy *teleskopìa-e, nf*
to tèlevise *trasmèttere*
televìsion *televisiòne-i, nf*
to tèll *dìre*
tèllable *rakkontàbile-i, a*
tèller *skrutinatòre-i, nm*
tèllingly *effikacemènte, ad*
tèlltàle *informatòre-i, nm*
tellùrian *tellùriko-i a e, a*
tèlpher *telefèriko-i a e, a*
temeràrious *temeràrio-i a e, a*
temèrity *temerità, nf*
tèmper *temperamènto-i, nm*
to tèmper *temperàre*
tèmperament *temperamènto-i, nm*
tèmperance *temperànza-e, nf*
tèmperate *moderàto-i, a e, a*
tèmperateness *moderaziòne-i, nf*
tèmperature *temperatùra-e, nf*
tèmpered *tempràto-i a e, a*
tèmpest *tempèsta-e, nf*
tempèstuous *tempestòso-i a e, a*

templar *templare-i, nm*	tèmplar *templàre-i, nm*
temple *tempio-i, nm*	tèmple *tèmpio-i, nm*
temple *tempia-e, nf*	tèmple *tèmpia-e, nf*
tempo *tempo*	tèmpo *tèmpo*
temporal *temporale-i, a*	tèmporal *temporàle-i, a*
temporality *temporalità, nf*	temporàlity *temporalità, nf*
temporarily *temporaneamente, ad*	temporàrily *temporaneamènte, ad*
temporariness *temporaneità, nf*	temporàriness *temporaneità, nf*
temporary *temporaneo-i, a*	tèmporary *temporàneo-i, a*
temporization *temporeggiamento-i, nm*	temporizàtion *temporejjamènto-i, nm*
to temporize *temporeggiare*	to tèmporize *temporejjàre*
temporizer *temporeggiatore-i, nm*	tèmporizer *tempòrejjatòre-i, nm*
to tempt *tentare*	to tèmpt *tentàre*
temptation *tentazione-i, nf*	temptàtion *tentaziòne-i, nf*
tempter *tentatore-i, nm*	tèmpter *tentatòre-i, nm*
temptingly *allettativamente, ad*	tèmptingly *allettativamènte, ad*
temptress *tentatrice-i, nf*	tèmptress *tentatrìce-i, nf*
ten *dieci, nm*	tèn *dièci, nm*
tenability *difendibilità, nf*	tenabìlity *difendibilità, nf*
tenable *difendibile-i, a*	tènable *difendìbile-i, a*
tenacious *tenace-i, a*	tenàcious *tenàce-i, a*
tenacity *tenacità, nf*	tenàcity *tenacità, nf*
tenancy *affitto-i, nm*	tènancy *affitto-i, nm*
tenant *inquilino-i a e, nmf*	tènant *inkuilìno-i a e, nmf*
tenantable *affittabile-i, a*	tènantable *affittàbile-i, a*
tenantless *sfitto-i a e, a*	tènantless *sfitto-i a e, a*
tench *tinca-he, nf*	tènch *tìnka-e, nf*
to tend *curare*	to tènd *kuràre*
tendance *cura-e, nf*	tèndance *kùra-e, nf*
tendency *tendenza-e, nf*	tèndency *tendènza-e, nf*
tendentious *tendenzioso-i a e, a*	tendèntious *tendenziòso-i a e, a*
tender *offerta-e, nf*	tènder *offèrta-e, nf*
tender *tenero-i a e, a*	tènder *tènero-i a e, a*
to tender *offrire*	to tènder *offrìre*
tenderfoot *novellino-i a e, a*	tènderfòot *novellìno-i a e, a*
tenderloin *filetto-i nm*	tènderloin *filètto-i nm*
tenderly *teneramente, ad*	tènderly *teneramènte, ad*
tederness *tenerezza-e, nf*	tènderness *tenerèzza-e, nf*
tendon *tendine-i, nf*	tèndon *tèndine-i, nf*
tendril *viticcio-i, nm*	tèndril *vitìcco-i, nm*
tenement *podere-i, nm*	tènement *podère-i, nm*
tenet *dogma-e, nf*	tènet *dògma-e, nf*

tenfold *decuplo, ad*	**tènfold** *dekùplo, ad*
tennis *tennis, nm*	**tènnis** *tènnis, nm*
tenor *tenore-i, nm*	**tènor** *tenòre-i, nm*
tenore *tenore*	**tenòre** *tenòre*
tense *tempo, nm*	**tènse** *tèmpo, nm*
tense *teso-i a e, a*	**tènse** *tèso-i a e, a*
tenseness *tensione-i, nf*	**tènseness** *tensiòne-i, nf*
tension *tensione-i, nf*	**tènsion** *tensiòne-i, nf*
tent *tenta-e, nf*	**tènt** *tènta-e, nf*
tentacle *tentacolo-i, nm*	**tèntakle** *tentàkolo-i, nm*
tentacular *tentacolare-i, a*	**tèntàkular** *tentakolàre-i, a*
tentative *prova-e, nf*	**tèntative** *pròva-e, nf*
tentatively *tentativamente, ad*	**tèntatively** *tentativamènte, ad*
tenter *telaio-i, nm*	**tènter** *telàio-i, nm*
tenth *decimo-i a e, a*	**tènth** *dècimo-i a e, a*
tenuity *tenuità, nf*	**tenùity** *tenuità, nf*
tenuous *tenue-i, a*	**tènuous** *tènue-i, a*
tenure *diritto-i, nm*	**tènure** *dirìtto-i, nm*
tepee *tenda-e, nf*	**tèpee** *tènda-e, nf*
tepid *tiepido-i a e, a*	**tèpid** *tièpido-i a e, a*
tepidity *tiepidezza-e, nf*	**tepìdity** *tiepidèzza-e, nf*
tepidly *tepidamente, ad*	**tèpidly** *tepidamènte, ad*
tepor *tepore-i, nm*	**tèpor** *tepòre-i, nm*
teratological *teratologico-i a e, a*	**teratològikal** *teratolòjiko-i a e, a*
teratology *teratologia-e, nf*	**teratòlogy** *teratolojìa-e, nf*
tercenary *tercenario-i. nm*	**tercenàry** *tercenàrio-i. nm*
terebinth *terebinto-i, nm*	**tèrebinth** *terebìnto-i, nm*
teredo *teredine-i, nm*	**terèdo** *terèdine-i, nm*
to tergiversate *mutare*	**to tèrgiversate** *mutàre*
tergiversation *mutamento-i, nm*	**tergiversàtion** *mutamènto-i, nm*
term *termine-i, nm*	**tèrm** *tèrmine-i, nm*
to term *denominare*	**to tèrm** *denominàre*
termagant *bisbetica-he, nf*	**tèrmagant** *bisbètika-e, nf*
terminable *terminabile-i, a*	**tèrminable** *terminàbile-i, a*
terminal *finale-i, a*	**tèrminal** *finàle-i, a*
terminally *estremità, nf*	**tèrminally** *estremità, nf*
to terminate *terminare*	**to tèrminate** *terminàre*
termination *fine-i, nf*	**terminàtion** *fine-i, nf*
terminator *terminatore-i, nm*	**tèrminator** *terminatòre-i, nm*
terminology *terminologia-e, nf*	**terminòlogy** *terminolojìa-e, nf*
terminus *termine-i, nm*	**tèrminus** *tèrmine-i, nm*
termite *termite-i, nf*	**tèrmite** *tèrmite-i, nf*

ternary *ternario-i, a*
terra *terra-e, nf*
terrace *terrazzo-i, nm*
terrain *terreno-i, nm*
terraqueous *terracqueo-i, a*
terrestrial *terrestre-i, a*
terrible *terribile-i, a*
terribleness *terribilità, nf*
terribly *terribilmente, ad*
terrier *bassotto-i a e, nmf*
terrific *terrifico-i a he, a*
terrific *terrificante-i, a*
to terrify *terrificare*
territorial *terrritoriale-i, a*
territory *territorio-i, nm*
terror *terrore-i, nm*
terrorism *terrorismo-i, nm*
terrorist *terrorista-i, nm*
terroristic *terroristico-i a e, a*
to terrorize *terrorizzare*
terse *terso-i a e, a*
terseness *concisione-i, nf*
tertian *terzana-e, nf*
tertiary *terziario-i a e, a*
tessera *tessera-e, nf*
test *prova-e, nf*
to test *provare*
testament *testamento-i, nm*
testamentary *testamentario-i, a*
testamur *certificato-i, nm*
testate *testamentario-i a e, a*
testaro *testatore-i, nm*
testatrix *testatrice-i, nf*
tester *saggiatore-i, nm*
testicle *testicolo-i, nm*
to testify *attestare*
testily *irosamente, ad*
testimonial *attestazione-i, nf*
testimony *testimonianza-e, nf*
testiness *irritabilità, nf*
tetanus *tetano, nm*
tether *fune-i, nf*

tèrnary *ternàrio-i, a*
tèrra *tèrra-e, nf*
tèrrace *terràzzo-i, nm*
tèrràin *terrèno-i, nm*
tèrràqueous *terràkueo-i, a*
tèrrèstrial *terrèstre-i, a*
tèrrible *terrìbile-i, a*
tèrribleness *terribilità, nf*
tèrribly *terribilmènte, ad*
tèrrier *bassòtto-i a e, nmf*
tèrrìfik *terrìfiko-i a e, a*
tèrrìfik *terrifikànte-i, a*
to tèrrify *terrifikàre*
territòrial *territoriàle-i, a*
tèrritory *territòrio-i, nm*
tèrror *terròre-i, nm*
tèrrorism *terrorìsmo-i, nm*
tèrrorist *terrorìsta-i, nm*
tèrroristik *terrorìstiko-i a e, a*
to tèrrorize *terrorizzàre*
tèrse *tèrso-i a e, a*
tèrseness *koncisiòne-i, nf*
tèrtian *terzàna-e, nf*
tèrtiary *terziàrio-i a e, a*
tèssera *tèssera-e, nf*
tèst *pròva-e, nf*
to tèst *provàre*
tèstament *testamènto-i, nm*
testamèntary *testamentàrio-i, a*
testàmur *certifikàto-i, nm*
tèstate *testamentàrio-i a e, a*
testàtor *testatòre-i, nm*
testàtrix *testatrìce-i, nf*
tèster *sajjatòre-i, nm*
tèstikle *testìkolo-i, nm*
to tèstify *attestàre*
tèstily *irosamènte, ad*
testimònial *attestaziòne-i, nf*
tèstimony *testimoniànza-e, nf*
tèstiness *irritabilità, nf*
tètanus *tètano, nm*
tèther *fùne-i, nf*

to tether *legare*
tetrachord *tetracordo-i, nm*
tetrahedron *tetraedro-i nm*
tetralogy *tetralogia-e, nf*
tetrameter *tetrametro-i, nm*
tetrarch *tetrarca-hi, nm*
Teuton *teutone-i, nm*
Teutonic *teutonico-i a he, nmf*
text *testo-i, nm*
textile *tessuto-i, nm*
textual *testuale-i, a*
texture *intreccio-i, nm*
thaler *tallero-i, nm*
Thames *Tamigi, nm*
than *che, con*
thank *ringraziamento-i, nm*
to thank *ringraziare*
thankful *riconoscente-i, a*
thankfully *con riconoscenza, ad*
thankfulness *gratitudine-i, nf*
thankless *ingrate-i a e, a*
that *quello-i a e, pro*
that *così, ad*
that *che, pro*
that *che, conj*
thatch *tetto-i, nm*
to thatch *coprire*
thatching *paglia-e, nf*
thaumaturgic *taumaturgico-i a e, a*
thaumaturgy *taumaturgia-e, nf*
thaw *disgelo-i, nm*
to thaw *disgelare*
the *il lo gli la le, art*
theater *teatro-i, nm*
theatrical *teatrale-i, a*
theatricals *rappresentazioni, nf*
Theban *tebano-i a e, a*
Thebes *Tebe, nm*
theft *furto-i, nm*
their *il la i le loro, poss*
theirs *il la e le l oro, pron poss*
theism *teismo, nm*

theism

to tèther *legàre*
tètrakord *tetrakòrdo-i, nm*
tetrahèdron *tetraèdro-i nm*
tetràlogy *tetralojìa-e, nf*
tetràmeter *tetramètro-i, nm*
tètrark *tetràrka-i, nm*
Tèuton *teutòne-i, nm*
Teutònik *teutòniko-i a e, nmf*
tèxt *tèsto-i, nm*
tèxtile *tessùto-i, nm*
tèxtual *testuàle-i, a*
tèxture *intrècco-i, nm*
thàler *tàllero-i, nm*
Thàmes *Tamìji, nm*
thàn *ke, con*
thànk *ringraziamènto-i, nm*
to thànk *ringraziàre*
thànkful *rikonoshènte-i, a*
thànkfully *kòn rikonoshènza, ad*
thànkfulness *gratitùdine-i, nf*
thànkless *ingràte-i a e, a*
thàt *kuèllo-i a e, pron*
thàt *kosì, ad*
thàt *kè, pron*
thàt *kè, konj*
thàtch *tètto-i, nm*
to thàtch *koprìre*
thàtchìng *pàya-e, nf*
thaumatùrgìk *taumatùrjiko-i a e, a*
thaumatùrgy *taumaturjìa-e, nf*
thàw *disjèlo-i, nm*
to thàw *disjelàre*
thè *il lo l' yì la le, art*
theàter *teàtro-i, nm*
theàtrikal *teatràle-i, a*
theàtrikals *rappresentàzioni, nf*
Thèban *tèbano-i a e, a*
Thèbes *Tèbe, nm*
thèft *fùrto-i, nm*
thèir *il la i le lòro, a*
thèirs *il la i le lòro, pron poss*
thèism *teìsmo, nm*

them *essi esse loro, pron*
thematic *tematico-i a he, a*
theme *argomento-i, nm*
themselves *essi stessi, rifl pron*
then *allora, ad*
thence *di là, ad*
thenceforth *da allora in poi, ad*
theocracy *teocrazia-e, nf*
theocratical *teocratico-i a he, a*
Theodore *Teodoro, nm*
theologian *teologo-hi, a he, nmf*
to theologize *teologizzare*
theology *theologia-e, nf*
theorem *teorema, nm*
theoretics *teorica, nf*
theorist *teorico-i a he, nmf*
theory *teoria-e, nf*
theosophical *teosofico-i a he, a*
theosophist *teosofo-i a e, nmf*
theosophy *teosofia-e, nf*
therapeutic *terapeutico-i a e, a*
therapeutics *terapeutica, nf*
there *là, ad*
Theresa *Teresa, nf*
therm *caloria-e, nf*
thermae *terme, nf*
thermal *termale-i, a*
thermic *termico-i a he, a*
thermodynamics *termodinamica, nf*
thermometer *termometro-i, nm*
thermos *termos, nm*
thesaurus *tesauro-i, nm*
these *questi-e, pron*
thesis *tesi, nf*
Thessaly *Tessalia, nf*
they *essi-e, pron*
thick *fitto-i a e, a*
to thicken *infoltire*
thicket *boschetto-i, nm*
thickly *densamente, ad*
thickness *spessore-i, nm*
thief *ladro-i a e, nmf*

thèm *èssi èsse lòro, pron*
themàtik *temàtiko-i a e, a*
thème *argomènto-i, nm*
thèmselves *èssi stèssi, rifl pron*
thèn *allòra, ad*
thènce *di là, ad*
thencefòrth *da allòra in pòi, ad*
theòkracy *teokrazìa-e, nf*
theòkràtikal *teokràtiko-i a e, a*
Theòdore *Teodòro, nm*
theòlogian *teòlogo-i, a e, nmf*
to theòlogìze *teolojizzàre*
theòlogy *teolojìa-e, nf*
theòrem *teorèma, nm*
theorètiks *teòrika, nf*
thèorist *teòriko-i a e, nmf*
thèory *teorìa-e, nf*
theosòphikal *teosòfiko-i a e, a*
theòsophìst *teòsofo-i a e, nmf*
theòsophy *teosofìa-e, nf*
therapèutik *terapèutiko-i a e, a*
therapèutiks *terapèutika, nf*
thère *là, ad*
Thèresa *Terèsa, nf*
thèrm *kalorìa-e, nf*
thèrmae *tèrme, nf*
thèrmal *termàle-i, a*
thèrmik *tèrmiko-i a e, a*
thèrmodynàmiks *termodinàmika, nf*
thermòmeter *termòmetro-i, nm*
thèrmos *tèrmos, nm*
thesàurus *tesàuro-i, nm*
thèse *kuèsti-e, pron*
thèsis *tèsi, nf*
Thèssaly *Tessàlia, nf*
thèy *èssi-e, pron*
thìk *fìtto-i a e, a*
to thìken *infoltìre*
thìket *boskètto-i, nm*
thìkly *densamènte, ad*
thìkness *spessòre-i, nm*
thìef *làdro-i a e, nmf*

thievery *ruberia-e, nf*
thievish *ladresco-hi, a he, a*
thigh *coscia-e, nf*
thimble *ditale-i, nm*
thin *sottile-i, a*
to thin *assottigliare*
thine *tuo oi a e, pron*
thing *cosa-e, nf*
to think *pensare*
thinkable *pensabile-i, a*
thinker *pensatore-i, nm*
thinking *pensante-i a*
thinly *sparsamente, ad*
thinness *sottigliezza-e, nf*
thinning *assottigliamento-i, nm*
third *terzo-a, nmf*
thirdly *in terzo luogo, ad*
thirst *sete-i, nf*
to thirst *bramare*
thirstily *avidamente, ad*
thirsty *assetato-i a e, a*
thirteen *tredici, nm*
thirteenth *tredicesimo-i a e, a*
thirtieth *trentesimo-i a e, a*
thirty *trenta, nm*
this *questo-a, pron*
thistle *cardo-i, nm*
thither *là, ad*
Thomas *Tommaso, nm*
thong *cinghia-e, nf*
to thong *staffilare*
thorax *torace-i, nm*
thorn *spina-e, nf*
thorny *spinoso-i a e, a*
thorough *perfetto-i a e, a*
thoroughfare *arteria-e, nf*
thoroughly *completamente, ad*
thoroughness *completezza-e, nf*
thorp *villaggio-i, nm*
those *questi-e, pron*
thou *tu, pron*
though *sebbene, conj*

thìevery *rubrerìa-e, nf*
thìevish *ladrèsko-i, a e, a*
thìgh *kòsha-e, nf*
thìmble *ditàle-i, nm*
thìn *sottìle-i, a*
to thìn *assottiyàre*
thìne *tùo-oi a e, pron*
thìng *kòsa-e, nf*
to thìnk *pensàre*
thìnkable *pensàbile-i, a*
thìnker *pensatòre-i, nm*
thìnking *pensànte-i a*
thìnly *sparsamènte, ad*
thìnness *sottiyèzza-e, nf*
thìnning *assottiyamènto-i, nm*
thìrd *tèrzo-a, nmf*
thìrdly *in tèrzo luògo, ad*
thìrst *sète-i, nf*
to thìrst *bramàre*
thìrstily *avidamènte, ad*
thìrsty *assetàto-i a e, a*
thìrteen *trèdici, nm*
thìrteenth *tredicèsimo-i a e, a*
thìrtieth *trentèsimo-i a e, a*
thìrty *trènta, nm*
thìs *kuèsto-a, pron*
thìstle *kàrdo-i, nm*
thìther *là, ad*
Thòmas *Tommàso, nm*
thòng *cìngia-e, nf*
to thòng *staffilàre*
thòrax *toràce-i, nm*
thòrn *spìna-e, nf*
thòrny *spinòso-i a e, a*
thòrough *perfètto-i a e, a*
thòroughfàre *artèria-e, nf*
thòroughly *kompletamènte, ad*
thòroughness *kompletèzza-e, nf*
thòrp *villàjjo-i, nm*
thòse *kuèlli-e, pron*
thòu *tu, pron*
thòugh *sebbène, conj*

thought *pensiero-i, nm*
thoughtful *pensoso-i a e, a*
thoughtfully *pensosamente, ad*
thoughtfulness *meditazione-i, nf*
thoughtless *spensierato-i a e, a*
thoughtlessly *spensieratamente, ad*
thoughtlessness *spenzieratezza-e, nf*
thousand *mille, nm*
thousandth *millesimo-i a e, nmf*
thralldom *schiavitù, nf*
thrall *schiavo-i a e, nmf*
to thrash *battere*
thrasher *trebbiatrice-i, nf*
thrashing *battitura-e, nf*
thrasonical *vanaglorioso-i a e, a*
thread *filo-i, nm*
to thread *infilare*
threadbare *logoro-i a e, a*
threat *minaccia-e, nf*
to threaten *minacciare*
threatening *minaccioso-i a e, a*
threateningly *minacciosamente, ad*
three *tre, nm*
three-fold *triplo-i, a*
threnody *trenodia-e, nf*
threshold *soglia-e, nf*
thrice *tre volte, ad*
thrift *frugalità, nf*
thriftiness *parsimonia-e, nf*
thriftlessness *prodigalità, nf*
thrifty *frugale-i, a*
thrill *fremito-i, nm*
to thrill *elettrizzare*
thriller *dramma-i, nm*
thrilling *emozionante-i, a*
to thrive *properare*
thriving *florente-i, a*
throat *gola-e, nf*
throatiness *gutturalità, nf*
throaty *gutturale-i, a*
throb *battito-i, nm*
to throb *palpitare*

thòught *pensièro-i, nm*
thòughtful *pensòso-i a e, a*
thòughtfully *pensosamènte, ad*
thòughtfulness *meditaziòne-i, nf*
thòughtless *spensieràto-i a e, a*
thòughtlessly *spensieratamènte, ad*
thòughtlessness *spenzieratèzza-e, nf*
thòusand *mìlle, nm*
thòusandth *millèsimo-i a e, nmf*
thràlldom *skiavitù, nf*
thràll *skiàvo-i a e, nmf*
to thràsh *bàttere*
thràsher *trebbiatrìce-i, nf*
thràshìng *battitùra-e, nf*
thrasònikal *vanagloriòso-i a e, a*
thrèad *fìlo-i, nm*
to thrèad *infilàre*
thrèadbare *lògoro-i a e, a*
thrèat *minàcca-e, nf*
to thrèaten *minaccàre*
thrèatening *minaccòso-i a e, a*
thrèateningly *minaccosamènte, ad*
thrèe *trè, nm*
thrèe-fòld *trìplo-i, a*
thrènody *trenodìa-e, nf*
thrèshold *sòya-e, nf*
thrìce *trè vòlte, ad*
thrìft *frugalìtà, nf*
thrìftiness *parsimonìa-e, nf*
thrìftlessness *prodigalìtà, nf*
thrìfty *frugàle-i, a*
thrìll *frèmito-i, nm*
to thrìll *elettrizzàre*
thrìller *dràmma-i, nm*
thrìlling *emozionànte-i, a*
to thrìve *prosperàre*
thrìving *flòrente-i, a*
thròat *gòla-e, nf*
thròatiness *gutturalìtà, nf*
thròaty *gutturàle-i, a*
thròb *bàttito-i, nm*
to thròb *palpitàre*

thyroid

throbbingly *con palpiti, ad*
throe *sofferenza-e, nf*
thrombosis *trombosi, nf*
throne *trono-i, nm*
throng *folla-e, nf*
to throng *affollare*
throsle *tordo-i, nm*
throttle *valvola-e, nf*
to throttle *soffocare*
through *attraverso, prep*
throughout *dappertutto, ad*
throw *lancio-i, nm*
to throw *lanciare*
thrower *lanciatore-i, nm*
thrum *frangia-e, nf*
to thrum *tamburellare*
thrummer *strimpellatore-i, nm*
thrush *tordo-i, nm*
thrust *spinta-e, nf*
to thrust *spingere*
thud *colpo-i, nm*
thumb *police-i, nm*
to thumb *sciupare*
thump *botta-e, nm*
to thump *colpire*
thumping *grosso-i, a*
thunder *tuono-i, nm*
to thunder *tuonare*
thunderbolt *fulmine-i, nm*
thundering *terribile-i, a*
thunderous *tonante-i, a*
thundery *tempestoso-i a e, a*
Thursday *giovedì, nm*
thus *così, ad*
thwack *percossa-e, nf*
to thwack *percuotere*
thwart *sedile-i, nm*
to thwart *frustare*
thwarter *frustatore-i, nm*
thyme *timo-i, nm*
thymol *timolo-i, nm*
thyroid *tiroide-i, nm*

thròbbingly *kòn pàlpiti, ad*
thròe *sofferènza-e, nf*
thrombòsis *trombòsi, nf*
thròne *tròno-i, nm*
thròng *fòlla-e, nf*
to thròng *affollàre*
thròsle *tòrdo-i, nm*
thròttle *vàlvola-e, nf*
to thròttle *soffokàre*
thròugh *attravèrso, prep*
thròughòut *dappertùtto, ad*
thròw *lànco-i, nm*
to thròw *lancàre*
thròwer *lancatòre-i, nm*
thrùm *frànja-e, nf*
to thrùm *tamburellàre*
thrùmmer *strimpellatòre-i, nm*
thrùsh *tòrdo-i, nm*
thrùst *spìnta-e, nf*
to thrùst *spìnjere*
thùd *kòlpo-i, nm*
thùmb *pòllice-i, nm*
to thùmb *shupàre*
thùmp *bòtta-e, nm*
to thùmp *kolpìre*
thùmping *gròsso-i, a*
thùnder *tuòno-i, nm*
to thùnder *tuonàre*
thùnderbolt *fùlmine-i, nm*
thùndering *terrìbile-i, a*
thùnderous *tonànte-i, a*
thùndery *tempestòso-i a e, a*
Thùrsdày *jovedì, nm*
thùs *kosì, ad*
thwàk *perkòssa-e, nf*
to thwàk *perkuòtere*
thwàrt *sedìle-i, nm*
to thwàrt *frustàre*
thwàrter *frustatòre-i, nm*
thỳme *tìmo-i, nm*
thỳmol *timòlo-i, nm*
thyròid *tiròide-i, nm*

ci ce ca co cu   ki ke ka ko ku   ji je ja jo ju   gi ge ga go gu
sci sce sca sco scu=shi she sha sho shu   gn=q   gl=y

till

thyrsus *tirso-i, nm*
tiara *tiara, nm*
Tiber *Tevere, nm*
tibia *tibia-e, nf*
tik *ticchio-i, nm*
tick *pidocchio-i, nm*
tick *battito-i, nm*
to tick *battere*
ticker *orologio-i, nm*
ticket *biglietto-i, nm*
to ticket *applicare*
ticking *traliccio-i, nm*
to tickle *eccitare*
tickle *solletico-i, nm*
ticklish *permaloso-i a e, a*
ticklishness *permalosità, nf*
tick-tack *tic-tac, nm*
tidal *marea-e, a*
tide *marea-e, nf*
tidily *accuratamente, ad*
tidiness *ordine-i, nm*
tidings *notizie, nf*
tidy *ordinato-i a e, a*
to tidy *rassettare*
tie *cravatta-e, nf*
to tie *legare*
tier *fila-e, nf*
to tier *disporre*
tiff *diverbio-i, nm*
tiger *tigre-i, nf*
tigerish *tigresco-hi a he, a*
tight *stretto-i, a*
tight *strettamente, ad*
to tighten *stringere*
tightly *strettamente, ad*
tightness *strettezza-e, nf*
tilbury *carrozza-e, nf*
tile *tegola-e, nf*
to tile *pavimentare*
tiler *conciatetti, nm*
till *fino a, prep*
till *casseto-i, nm*

thỳrsus *tìrso-i, nm*
tiàra *tiàra, nm*
Tìber *Tèvere, nm*
tìbia *tìbia-e, nf*
tìk *tìkkio-i, nm*
tìk *pidòkkio-i, nm*
tìk *bàttito-i, nm*
to tìk *bàttere*
tìker *orolòjo-i, nm*
tìket *biyètto-i, nm*
to tìket *applikàre*
tìking *tralìcco-i, nm*
to tìkle *eccitàre*
tìkle *sollètiko-i, nm*
tìklish *permalòso-i a e, a*
tìklishness *permalosità, nf*
tìk-tàk *tìk-tàk, nm*
tìdal *marèa-e, a*
tìde *marèa-e, nf*
tìdily *akkuratamènte, ad*
tìdiness *òrdine-i, nm*
tìdings *notìzie, nf*
tìdy *ordinàto-i a e, a*
to tìdy *rassettàre*
tìe *kravàtta-e, nf*
to tìe *legàre*
tìer *fìla-e, nf*
to tìer *dispòrre*
tìff *divèrbio-i, nm*
tìger *tìgre-i, nf*
tìgerish *tigrèsko-i a e, a*
tìght *strètto-i, a*
tìght *strettamènte, ad*
to tìghten *strìnjere*
tìghtly *strettamènte, ad*
tìghtness *strettèzza-e, nf*
tìlbury *karròzza-e, nf*
tìle *tègola-e, nf*
to tìle *pavimentàre*
tìler *koncatètti, nm*
tìll *fino à, prep*
tìll *kassètto-i, nm*

to till *coltivare*
tillable *coltivabile-i, a*
tillage *coltivazione-i, nf*
tiller *coltivatore-i, nm*
tilt *inclinazione-i, nf*
to tilt *inclinare*
timbal *timpano-i, nm*
timber *trave-i, nm*
timbrel *tamburello-i, nm*
time *tempo-i, nm*
to time *regolare*
timed *regolato-i a e, a*
timely *opportunamente, ad*
timepiece *orologio-i, nm*
timer *cronometrista-i, nm*
timid *timido-i a e, a*
timidity *timidezza-e, nf*
timorous *timoroso-i a e, a*
tin *stagno-i, nm*
to tin *stagnare*
tincture *tintura-e, nf*
to tincture *tingere*
tinder *esca-he, nf*
tindery *infiammabile-i, a*
ting *tintinnio-i, nm*
to ting *tintinnare*
tinge *sfumatura-e, nf*
to tinge *tingere*
tingle *puntura-e, nf*
to tingle *sentire*
tinker *stagnino-i, nm*
tinkle *tintinnio-i, nm*
tinkler *campanello-i, nm*
tinman *lattoniere-i, nm*
tinny *scarso-i a e, a*
tinsel *orpello-i, nm*
tinselled *inorpellato-i a e, a*
tint *tinta-e, nf*
to tint *colorare*
tinware *oggetti, nm*
tiny *piccolo-i a e, a*
tip *punta-e, nf*

to tìll *koltivàre*
tìllable *koltivàbile-i, a*
tìllage *koltivaziòne-i, nf*
tìller *koltivatòre-i, nm*
tìlt *inklinaziòne-i, nf*
to tìlt *inklinàre*
tìmbal *tìmpano-i, nm*
tìmber *tràve-i, nm*
tìmbrel *tamburèllo-i, nm*
tìme *tèmpo-i, nm*
to tìme *regolàre*
tìmed *regolàto-i a e, a*
tìmely *opportunamènte, ad*
tìmepiece *orolòjo-i, nm*
tìmer *kronometrìsta-i, nm*
tìmid *tìmido-i a e, a*
tìmìdity *timidèzza-e, nf*
tìmorous *timoròso-i a e, a*
tìn *stàqo-i, nm*
to tìn *staqàre*
tìnkture *tintùra-e, nf*
to tìnkture *tìnjere*
tìnder *èska-e, nf*
tìndery *infiammàbile-i, a*
tìng *tintinnìo-i, nm*
to tìng *tintinnàre*
tìnge *sfumatùra-e, nf*
to tìnge *tìnjere*
tìngle *puntùra-e, nf*
to tìngle *sentìre*
tìnker *staqìno-i, nm*
tìnkle *tintinnìo-i, nm*
tìnkler *kampanèllo-i, nm*
tìnman *lattonière-i, nm*
tìnny *skàrso-i a e, a*
tìnsel *orpèllo-i, nm*
tìnselled *inorpellàto-i a e, a*
tìnt *tìnta-e, nf*
to tìnt *koloràre*
tìnware *ojjètti, nm*
tìny *pìkkolo-i a e, a*
tìp *pùnta-e, nf*

tip *mancia-e, nf*	tìp *mància-e, nf*
to tip *scaricare*	to tìp *skarikàre*
tippet *mantellina-e, nf*	tìppet *mantellìna-e, nf*
tipple *bevanda-e, nf*	tìpple *bevànda-e, nf*
to tipple *bere*	to tìpple *bère*
to tipsify *ubriacare*	to tìpsify *ubriakàre*
tipster *informatore-i, nm*	tìpster *informatòre-i, nm*
tipsy *brillo-i a e, a*	tìpsy *brìllo-i a e, a*
to tiptoe *camminare*	to tìptoe *kamminàre*
tiptop *eccellente-i, a*	tìptop *eccellènte-i, a*
tirade *invettiva-e, nf*	tìrade *invettìva-e, nf*
tire *pneumatico-i, nm*	tìre *pneumàtiko-i, nm*
to tire *stancare*	to tìre *stankàre*
tired *stanco-hi a he, a*	tìred *stànko-i a e, a*
tiredness *stanchezza-e, nf*	tìredness *stankèzza-e, nf*
tireless *instancabile-i, nm*	tìreless *instankàbile-i, nm*
tiresome *stanchevole-i, a*	tìresome *stankèvole-i, a*
tissue *carta-e, nf*	tìssue *kàrta-e, nf*
tit for tat *pan per focaccia, nm*	tìt for tàt *pàn pèr fokàcca, nm*
titan *titano-i, nm*	tìtan *titàno-i, nm*
titbit *bocconcino-i, nm*	tìtbit *bokkoncìno-i, nm*
Titian *Tiziano, nm*	Tìtian *Tiziàno, nm*
to titilate *titillare*	to tìtillate *titillàre*
titillation *titillamento-i, nm*	titillàtion *titillamènto-i, nm*
title *titolo-i, nm*	tìtle *tìtolo-i, nm*
to title *intitolare*	to tìtle *intitolàre*
titled *nobile-i nm*	tìtled *nòbile-i nm*
titmouse *cincia-e, nf*	tìtmouse *cìnca-e, nf*
titler *sogghigno-i, nm*	tìtler *soggìqo-i, nm*
to titter *sogghignare*	to tìtter *soggiqàre*
tittle *particella-e, nf*	tìttle *particèlla-e, nf*
tittle-tattle *pettegolozzo-i, nm*	tìttle-tàttle *pettegolòzzo-i, nm*
to tittle-tattle *chiaccherare*	to tìttle-tàttle *kiakkeràre*
tittup *balzo-i, nm*	tìttup *bàlzo-i, nm*
to tittup *saltellare*	to tìttup *saltellàre*
titular *titolare-i, nm*	tìtular *titolàre-i, nm*
to *a, prep*	tò *à, prep*
to *a posto, ad*	tò *à pòsto, ad*
toad *rospo-i, nm*	tòad *ròspo-i, nm*
toady *parassita-i, nm*	tòady *parassìta-i, nm*
to toady *adulare*	to tòady *adulàre*
toadyism *servilismo-i, nm*	tòadysm *servilìsmo-i, nm*

toast *brindisi, nm*
to toast *brindare*
toasted *abbrustolito-i a e, a*
toaster *graticola-e, nf*
tobacco *tobacco-hi, nm*
tobacconist *tabaccaio-i, nm*
toboggan *toboga-he, nf*
toby *boccale-i, nm*
tocsin *allarme-i, nm*
tod *volpe-i, nf*
today *oggi, ad*
to toddle *passeggiare*
toddler *bambino-i a e, nmf*
toddy *bevanda-e, nf*
to-do *confusione-i, nf*
toe *ditone-i, nm*
to toe *ubidire*
toffee *caramella-e, nf*
to tog *vestire*
toga *toga-he, nf*
together *insieme, ad*
toil *fatica-he, nf*
to toil *faticare*
toilet *toletta-e, nf*
toils *intrighi, nm*
toilsome *faticoso-i a e, a*
token *gettone-i, nm*
tolerability *tollerabilità, nf*
tolerable *tollerabile-i, a*
tolerance *tolleranza-e, nf*
tolerant *tollerante-i, a*
to tolerate *tollerare*
toll *pedaggio-i, nm*
to toll *rintoccare*
tollage *pedaggio-i, nm*
tom *maschio-i, nm*
Tom *Tommaso, nm*
tomahawk *accetta-e, nf*
tomato *pomodoro-i, nm*
tomb *tomba-e, nf*
tomboy *monella-e, nf*
tombstone *pietra-e, nf*

tòast *brìndisi, nm*
to tòast *brindàre*
tòasted *abbrustolìto-i a e, a*
tòaster *gratìkola-e, nf*
tòbàkko *tobàkko-i, nm*
tobàkkonist *tabakkàio-i, nm*
tobòggan *tobòga-e, nf*
tòby *bokkàle-i, nm*
tòksin *allàrme-i, nm*
tòd *vòlpe-i, nf*
todày *òjji, ad*
to tòddle *passejjàre*
tòddler *bàmbino-i a e, nmf*
tòddy *bevànda-e, nf*
tò-dò *konfusiòne-i, nf*
tòe *ditòne-i, nm*
to tòe *ubidìre*
tòffee *karamèlla-e, nf*
to tòg *vestìre*
tòga *tòga-e, nf*
togèther *insième, ad*
tòil *fatìka-e, nf*
to tòil *fatikàre*
tòilet *tolètta-e, nf*
tòils *intrìgi, nm*
tòilsome *fatikòso-i a e, a*
tòken *jettòne-i, nm*
tolerabìlity *tollerabilità, nf*
tòlerable *tolleràbile-i, a*
tòlerance *tolleànza-e, nf*
tòlerant *tolleànte-i, a*
to tòlerate *tolleràre*
tòll *pedàjjo-i, nm*
to tòll *rintokkàre*
tòllage *pedàjjo-i, nm*
tòm *màskio-i, nm*
Tòm *Tommàso, nm*
tòmahawk *accètta-e, nf*
tomàto *pomodòro-i, nm*
tòmb *tòmba-e, nf*
tòmboy *mònella-e, nf*
tombstòne *piètra-e, nf*

tome *volume-i, nm*	tòme *volùme-i, nm*
tomfool *sciocco-hi a e, nmf*	tòmfool *shòkko-i a e, nmf*
tomfoolery *sciocchezza-e, nf*	tomfòolery *shokkèzza-e, nf*
Tommy *Tomasino, nm*	Tòmmy *Tomasìno, nm*
tommy *pagnotta-e, nf*	tòmmy *paqòtta-e, nf*
tomorrow *domani, ad*	tomòrrow *domàni, ad*
tomtit *cinciallegra-e, nf*	tòmtit *cincallègra-e, nf*
tomton *tamburo-i, nm*	tòmtòn *tambùro-i, nm*
ton *tonnellata-e, nf*	tòn *tonnellàta-e, nf*
tonality *tonalità, nf*	tonàlity *tonalità, nf*
tone *tono-i, nm*	tòne *tòno-i, nm*
to tone *intonare*	to tòne *intonàre*
tongs *molle-i, nf*	tòngs *mòlle-i, nf*
tongue *lingua-e, nf*	tòngue *lìngua-e, nf*
tonic *tonico-i a e, a*	tònik *tòniko-i a e, a*
tonicity *tonicità, nf*	tonìcity *tonicità, nf*
tonight *stasera, ad*	tonìght *stasèra, ad*
tonka *tonca-he, nf*	tònka *tònka-e, nf*
tonnage *tonnellaggio-i, nm*	tònnage *tonnellàjjo-i, nm*
tonsil *tonsilla, nf*	tònsil *tonsìlla, nf*
tonsillar *tonsillare-i, a*	tònsillar *tonsillàre-i, a*
tonsilitis *tonsilite-i, nf*	tonsilìtis *tonsilìte-i, nf*
tonsorial *arte del barbiere*	tonsòrial *àrte dèl barbière*
tonsure *tonsura-e, nf*	tònsure *tonsùra-e, nf*
to tonsure *tonsurare*	to tònsure *tonsuràre*
tontine *tontina-e, nf*	tòntine *tontìna-e, nf*
Tony *Tonio, nm*	Tòny *Tònio, nm*
too *troppo, ad*	tòo *tròppo, ad*
too *anche, conj*	tòo *ànke, conj*
tool *strumento-i, nm*	tòol *strumènto-i, nm*
to tool *lavorare*	to tòol *lavoràre*
tooth *dente-i, nm*	tòoth *dènte-i, nm*
tootache *mal di denti, nm*	tòotàke *màl di dènti, nm*
toothless *sdentato-i a e, a*	tòothlèss *sdentàto-i a e, a*
toothsome *gradevole-i, a*	tòothsòme *gradèvole-i, a*
to tootle *suonare*	to tòotle *suonàre*
tootsy-wootsy *piedino-i, nm*	tòotsy-wòotsy *piedìno-i, nm*
top *cima-e, nf*	tòp *cìma-e, nf*
top *trottola-e, nf*	tòp *tròttola-e, nf*
to top *coprire*	to tòp *koprìre*
topaz *topazio-i, nm*	tòpaz *topàzio-i, nm*
to tope *ubriacare*	to tòpe *ubriakàre*

toper *ubriacone-i, nm*
topic *soggetto-i, nm*
topical *locale-i, a*
topicality *attualità, nf*
topmost *migliore-i, a*
topographical *topografico-i a e, a*
topography *topografia-e, nf*
topper *cappello-i, nm*
topping *copertura-e, a*
to topple *traballare*
topsyturvy *sossopra, ad*
toque *tocco-hi, nm*
tor *vetta-e, nf*
torch *torcia-e, nf*
toreador *toreador, nm*
torment *tormento-i, nm*
to torment *tormentare*
tormenting *tormentoso-i a e, a*
tormentress *tormentatrice-i, nf*
tornado *tornado, nm*
torpedo *torpedine-i, nm*
to torpedo *torpedinare*
torpid *torpido-i a e, a*
torpidity *torpidezza-e, nf*
torpor *torpore-i, nm*
to torrefy *torrefare*
torrent *torrente-i, nm*
torrential *torrenziale-i, a*
torrid *torrido-i, a*
torsion *torsione-i, nm*
torso *torso-i, nm*
tortoise *tartaruga-he, nf*
tortuosity *tortuosità, nf*
tortuous *tortuoso-i a e, a*
torture *tortura-e, nf*
to torture *torturare*
tosh *sciocchezza-e, nf*
toss *lancio-i, nm*
to toss *gettare*
tot *bambino-i a e, nmf*
total *totale-i, nm*
to total *sommare*

tòper *ubriakòne-i, nm*
tòpik *sojjètto-i, nm*
tòpikal *lokàle-i, a*
topikàlity *attualità, nf*
tòpmost *miyòre-i, a*
topogràphikal *topogràfiko-i a e, a*
topògraphy *topografia-e, nf*
tòpper *kappèllo-i, nm*
tòpping *kopertùra-e, a*
to tòpple *traballàre*
tòpsytùrvy *sossòpra, ad*
tòque *tòkko-i, nm*
tòr *vètta-e, nf*
tòrch *tòrca-e, nf*
torèador *torèador, nm*
tòrment *tormènto-i, nm*
to tòrment *tormentàre*
tormènting *tormentòso-i a e, a*
tormèntress *tormentatrìce-i, nf*
tornàdo *tornàdo, nm*
torpèdo *torpèdine-i, nm*
to torpèdo *torpedinàre*
tòrpid *tòrpido-i a e, a*
torpìdity *torpidèzza-e, nf*
tòrpor *torpòre-i, nm*
to tòrrefy *torrefàre*
tòrrent *torrènte-i, nm*
torrèntial *torrenziàle-i, a*
tòrrid *tòrrido-i, a*
tòrsion *torsiòne-i, nm*
tòrso *tòrso-i, nm*
tòrtoise *tartarùga-e, nf*
tortuòsity *tortuosità, nf*
tòrtuous *tortuòso-i a e, a*
tòrture *tortùra-e, nf*
to tòrture *torturàre*
tòsh *shokkèzza-e, nf*
tòss *lànco-i, nm*
to tòss *jettàre*
tòt *bàmbino-i a e, nmf*
tòtal *totàle-i, nm*
to tòtal *sommàre*

ci ce ca co cu   ki ke ka ko ku   ji je ja jo ju   gi ge ga go gu
sci sce sca sco scu=shi she sha sho shu   gn=q   gl=y

---

totalitarian *totalitario-i a e, a*   totalitàrian *totalitàrio-i a e, a*
totality *totalità, nf*   totàlity *totalità, nf*
to totalize *totalizzare*   to tòtalize *totalizzàre*
totally *totalmente, ad*   tòtally *totalmènte, ad*
to tote *portare*   to tòte *portàre*
to totter *barcollare*   to tòtter *barkollàre*
totteringly *barcollando, ad*   tòtteringly *barkollàndo, ad*
tottery *traballante-i a*   tòttery *traballànte-i a*
touch *tocco-hi, nm*   tòuch *tòkko-i, nm*
to touch *toccare*   to tòuch *tokkàre*
touchiness *permalosità, nf*   tòuchiness *permalosità, nf*
touching *commovente-i, a*   tòuching *kommovènte-i, a*
touchingly *commoventemente, ad*   tòuchingly *kommoventemènte, ad*
touchstone *pietra-e, nf*   tòuchstone *piètra-e, nf*
touchwood *esca-he, nf*   tòuchwòod *èska-e, nf*
touchy *permaloso-i a e, a*   tòuchy *permalòso-i a e, a*
tough *tenace-i, a*   tòugh *tenàce-i, a*
toughish *duro-i a e, a*   tòughish *dùro-i a e, a*
toughly *tenacemente, ad*   tòughly *tenacemènte, ad*
toughness *durezza-e, nf*   tòughness *durèzza-e, nf*
tour *giro-i, nm*   tòur *gìro-i, nm*
to tour *viaggiare*   to tòur *viajjàre*
touring *turistico-i a he, a*   tòuring *turìstiko-i a e, a*
tourism *turismo, nm*   tòurism *turìsmo, nm*
tourist *turista-i, nm*   tòurist *turìsta-i, nm*
tourmaline *tormalina-e, nf*   tòurmaline *tormalìna-e, nf*
tournament *torneo-i, nm*   tòurnament *tornèo-i, nm*
tourniquet *tornichetto-i, nm*   tòurniquet *tornikètto-i, nm*
to tousle *scompigliare*   to tòusle *skompiyàre*
tout *sollecitatore-i, nm*   tòut *sollecitatòre-i, nm*
to tout *sollecitare*   to tòut *sollecitàre*
tow *rimorchio-i, nm*   tòw *rimòrkio-i, nm*
to tow *rimorchiare*   tò tòw *rimorkiàre*
towage *rimorchio-i, nm*   tòwage *rimòrkio-i, nm*
toward *verso, prep*   tòward *vèrso, prep*
towel *asciugamano-i, nm*   tòwel *ashugamàno-i, nm*
to towel *asciugare*   to tòwel *ashugàre*
tower *torre-i, nf*   tòwer *tòrre-i, nf*
to tower *torreggiare*   to tòwer *torrejjàre*
towered *torrito-i a e, a*   tòwered *torrìto-i a e, a*
towering *torreggiante-i, a*   tòwering *torrejjànte-i, a*
towing *rimorchio-i, nm*   tòwing *rimòrkio-i, nm*

town *città, nf*	**tòwn** *città, nf*
townee *abitante-i, nm*	**tòwnee** *abitànte-i, nm*
townsfolk *cittadini, nm*	**tòwnsfòlk** *cittadìni, nm*
townsman *cittadino-i, nm*	**tòwnsmàn** *cittadìno-i, nm*
towy *stopposo-i a e, a*	**tòwy** *stoppòso-i a e, a*
toxic *tossico-i a he, a*	**tòxik** *tòssiko-i a e, a*
toxicologial *tossicologico-i a he, a*	**tòxikològikal** *tossikolòjiko-i a e, a*
toxicologist *tossicologico-i, nm*	**toxikòlogist** *tossikòlogo-i, nm*
toxicology *tossicologia-e, nf*	**toxikòlogy** *tossikolojìa-e, nf*
toxin *tossina-e, nf*	**tòxin** *tossìna-e, nf*
toy *giocattolo-i, nm*	**tòy** *jokàttolo-i, nm*
to toy *giocare*	**to tòy** *jokàre*
trace *tirella-e, nf*	**tràce** *tirèlla-e, nf*
trace *traccia-e, nf*	**tràce** *tràcca-e, nf*
to trace *tracciare*	**to tràce** *tracciàre*
traceability *rintracciabilità, nf*	**traceabìlity** *rintraccabilità, nf*
traceable *rintracciabile-i, a*	**tràceable** *rintraccàbile-i, a*
tracer *rintracciatore-i, nm*	**tràcer** *rintraccatòre-i, nm*
tracery *decorazione-i, nf*	**tràcery** *dekorazìone-i, nf*
trachea *trachea-e, nf*	**tràkea** *trakèa-e, nf*
tracheotomy *tracheotomia-e, nf*	**trakeòtomy** *trakeotomìa-e, nf*
trachoma *tracoma, nm*	**tracòma** *trakòma, nm*
tracing *ricalco-hi, nm*	**tràcing** *rikàlko-i, nm*
track *traccia-e, nf*	**tràk** *tràcca-e, nf*
to track *seguire*	**to tràk** *seguìre*
trackless *senza traccia, a*	**tràkless** *sènza tràcca, a*
tract *tratto-i, nm*	**tràkt** *tràtto-i, nm*
tract *trattatello-i, nm*	**tràkt** *trattatèllo-i, nm*
tractability *trattabilità, nf*	**tràktabìlity** *trattabilità, nf*
tractable *trattabile-i, a*	**tràktable** *trattàbile-i, a*
traction *trazione-i, nf*	**tràktion** *traziòne-i, nf*
tractor *trattore-i, nm*	**tràktor** *trattòre-i, nm*
trade *mestiere-i, nm*	**tràde** *mestière-i, nm*
to trade *commerciare*	**to tràde** *kommerciàre*
tradesfolk *commercianti, nm*	**tràdesfòlk** *kommercànti, nm*
tradesman *commenrciante-i, nm*	**tràdesmàn** *kommenrcànte-i, nm*
trading *commerciale-i, a*	**tràding** *kommercàle-i, a*
tradition *tradizione-i, nf*	**tràdition** *tradiziòne-i, nf*
traditional *tradizionale-i, a*	**tràditional** *tradizionàle-i, a*
traditionalism *tradizionalismo-i, nm*	**tradìtionalism** *tradizionalìsmo-i, nm*
to traduce *calunniare*	**to tradùce** *kalunniàre*
traducement *diffamazione-i, nf*	**tradùcement** *diffamaziòne-i, nf*

traducer *diffamatore-i, bn*	**tradùcer** *diffamatòre-i, bn*
traffic *traffico-hi, nf*	**tràffik** *tràffiko-i, nf*
to traffic *trafficare*	**to tràffik** *traffikàre*
trafficker *trafficante-i, nm*	**tràffiker** *trafikànte-i, nm*
tragedy *tragedia-e, nf*	**tràgedy** *trajedia-e, nf*
tragic *tragico-i a he, a*	**tràgìk** *tràjiko-i a e, a*
tragically *tragicamente, ad*	**tràgìkally** *trajikamènte, ad*
tragicalness *tragicità, nf*	**tràgìkalness** *trajicità, nf*
tragicomedy *tragicommedia-e, nf*	**tràgìkòmedy** *trajikommedia-e, nf*
trail *strascico-i, nm*	**tràil** *stràshiko-i, nm*
to trail *trascinare*	**to traìl** *trashinàre*
trailer *vettura-e, nf*	**tràiler** *vettùra-e, nf*
train *strascico-i, nm*	**tràin** *stràshiko-i, nm*
to train *allenare*	**to tràin** *allenàre*
trainee *allenante-i, nm*	**trainèe** *allenànte-i, nm*
trainer *allenatore-i, nm*	**tràiner** *allenatòre-i, nm*
training *esercitazione-i, nf*	**tràining** *esercitaziòne-i, nf*
trait *tratto-i, nm*	**tràit** *tràtto-i, nm*
traitor *traditore-i, nm*	**tràitor** *traditòre-i, nm*
traitorous *proditorio-i, a*	**tràitorous** *proditòrio-i, a*
trajectory *traiettoria-e, nf*	**trajèktory** *traiettòria-e, nf*
tram *tram, nm*	**tràm** *tràm, nm*
trammel *tramiglio-i, nf*	**tràmmel** *tramìyo-i, nf*
to trammel *impedire*	**to tràmmel** *impedìre*
trammelled *balzano-i, a*	**tràmmelled** *bàlzano-i, a*
tramp *calpestio-i, nm*	**tràmp** *kalpestìo-i, nm*
to tramp *calpestare*	**to tràmp** *kalpestàre*
trample *calpestio-i, nm*	**tràmple** *kalpestìo-i, nm*
to trample *calpestare*	**to tràmple** *kalpestàre*
trance *estasi, nf*	**trànce** *èstasi, nf*
tranquil *tranquillo-i a e, a*	**trànquil** *trankuìllo-i a e, a*
tranquillity *tranquillità, nf*	**tranquìllity** *trankuillità, nf*
to tranquillize *tranquillizzare*	**to trànquillize** *trankuillizzàre*
to transact *eseguire*	**to transàkt** *eseguìre*
transaction *affare-i, nm*	**transàktion** *affàre-i, nm*
transactor *negoziante-i, nm*	**transàktor** *negoziànte-i, nm*
transalpine *transalpino-i a e, a*	**transàlpine** *transalpìno-i a e, a*
transatlantic *transatlantico-i a he, a*	**transatlàntik** *transatlàntiko-i a e, a*
to transcend *trascendere*	**to transcènd** *trashèndere*
transcendence *trascendenza-e, nf*	**transcèndence** *trashèndenza-e, nf*
transcendental *trascendentale-i, a*	**transcendèntal** *trashendentàle-i, a*
transcendentalism *trascendentalismo-i, nmf*	**transcendèntalism** *trashendentalìsmo-i, nmf*

transcontinental *transcontinentale-i, a*
to transcribe *trascrivere*
transcript *copia-e, nf*
transcription *trascrizione-i, nf*
transept *transetto-i, nm*
transfer *trasferimento-i, nm*
to transfer *trasferire*
transferable *trasferibile-i, a*
transferee *cessionario-i, nm*
transference *trasferimento-i, nm*
transferor *cedente-i, nm*
transfiguration *trasfigurazione-i, nf*
to transfigure *trasfigurare*
to transfix *trafiggere*
to transform *trasformare*
transformable *trasformabile-i, a*
transformation *trasformazione-i, nm*
transformer *trasformatore-i, nm*
to transfuse *trasfondere*
transfusible *trasfondibile-i, a*
transfusion *trasfusione-i, nf*
to transgress *trasgredire*
transgression *trasgressione-i, nf*
transgressor *trasgressore-i, nm*
to tranship *trasbordare*
transhpiment *trasbordo-i, nm*
transcience *transitorietà, nf*
transient *transitorio-i a e, a*
transit *transito-i, nm*
transition *transizione-i, nf*
transitive *transitivo-i a e, a*
transitively *transitivamente, ad*
transitoriness *transitorietà, nf*
transitory *transitorio-i a e, a*
translatable *traducibile-i, a*
to translate *tradurre*
translation *traduzione-i, nf*
translator *traduttore-i, nm*
translator *traduttrice-i, nf*
to transliterate *rappresentare*
transmigrant *trasmigrante-i, nm*
to transmigrate *trasmigrare*

transkontinèntal *transkontinentàle-i, a*
to trànskrìbe *traskrìvere*
trànskrìpt *kòpia-e, nf*
transkrìption *traskrizìòne-i, nf*
trànsept *transètto-i, nm*
trànsfer *trasferimènto-i, nm*
to trànsfer *trasferìre*
trànsferable *trasferìbile-i, a*
trànsferèe *cessionàrio-i, nm*
trànsference *trasferimènto-i, nm*
trànsferor *cedènte-i, nm*
transfiguràtion *trasfigurazìòne-i, nf*
to trànsfigure *trasfiguràre*
to trànsfix *trafìjjere*
to trànsfòrm *trasformàre*
trànsfòrmable *trasformàbile-i, a*
trànsfòrmation *trasformazìòne-i, nm*
trànsfòrmer *trasformatòre-i, nm*
to trànsfùse *trasfòndere*
trànsfùsible *trasfondibile-i, a*
trànsfùsion *trasfusìòne-i, nf*
to trànsgrèss *trasgredìre*
trànsgrèssion *trasgressìòne-i, nf*
trànsgrèssor *trasgressòre-i, nm*
to trànshìp *trasbordàre*
trànshìpment *trasbòrdo-i, nm*
trànscience *transitorietà, nf*
trànsient *transitòrio-i a e, a*
trànsit *trànsito-i, nm*
transìtion *transizìòne-i, nf*
trànsitive *transitìvo-i a e, a*
trànsitively *transitivamènte, ad*
trànsitoriness *transitorietà, nf*
trànsitory *transitòrio-i a e, a*
trànslàtable *traducìbile-i, a*
to trànslàte *tradùrre*
trànslàtion *traduzìòne-i, nf*
trànslàtor *traduttòre-i, nm*
trànslàtor *traduttrìce-i, nf*
to trànslìterate *rappresentàre*
trànsmigrànt *trasmigrànte-i, nm*
to trànsmigràte *trasmigràre*

ci ce ca co cu   ki ke ka ko ku   ji je ja jo ju   gi ge ga go gu
sci sce sca sco scu=shi she sha sho shu   gn=q   gl=y

trapezoid

transmigration *trasmigrazione-i, nf*
transmissibility *transmissibilità, nf*
transmissible *trasmissibile-i, a*
transmission *trasmissione-i, nf*
to transmit *trasmettere*
transmitter *trasmettitore-i, nm*
transmutability *trasmutabilità, nf*
transmutable *trasmutabile-i, a*
transmutation *trasmutazione-i, nf*
to transmute *trasmutare*
transmuter *trasmutatore-i, nm*
transoceanic *transoceanico-i a he, a*
transpadane *transpadano-i a e, a*
transparence *trasparenza-e, nf*
transparent *trasparente-i, a*
transpiration *traspirazione-i, nf*
to transpire *traspirare*
to transplant *trapiantare*
transplantable *trapiantabile-i, a*
transplantation *trapiantamento-i, nm*
transpalnter *trapiantatore-i, nm*
transpontine *senzazionale-i, a*
transport *trasporto-i, nm*
to transport *trasportare*
transportation *trasportazione-i, nf*
transporting *emozionante-i, a*
to transpose *trasportare*
transposition *trasposizione-i, nf*
to tranship *trasbordare*
trans-shipment *trasbordo-i, nm*
to transubstantiate *transustanziare*
transubstantiation *transustanzione-i, nf*
transversal *trasversale-i, nf*
transverse *trasverso-i a e, a*
tranter *corriere-i, nm*
trap *trappola-e, nf*
to trap *intrappolare*
trapdoor *botola-e, nf*
to trapes *strisciare*
trapeze *trapezio-i, nm*
trapezium *trapezio-i, nm*
trapezoid *trapezoide-i, nm*

trànsmigràtion *trasmigrazióne-i, nf*
transmissibìlity *transmissibilità, nf*
transmìssible *trasmissìbile-i, a*
transmìssion *trasmissióne-i, nf*
to transmìt *trasmèttere*
transmìtter *trasmettitóre-i, nm*
transmutabìlity *trasmutabilità, nf*
transmùtable *trasmutabile-i, a*
transmutàtion *trasmutazióne-i, nf*
to transmùte *trasmutàre*
transmùter *trasmutatóre-i, nm*
transoceànik *transoceàniko-i a e, a*
trànspadàne *transpadàno-i a e, a*
transpàrence *traspàrenza-e, nf*
transpàrent *traspàrente-i, a*
transpiràtion *traspirazióne-i, nf*
to transpìre *traspiràre*
to transplànt *trapiantàre*
transplàntable *trapiantàbile-i, a*
transplantàtion *trapiantamènto-i, nm*
transplànter *trapiantatóre-i, nm*
transpòntine *senzazionàle-i, a*
transpòrt *traspòrto-i, nm*
to transpòrt *trasportàre*
transportàtion *trasportazióne-i, nf*
transpòrting *emozionànte-i, a*
to transpòse *trasportàre*
transposìtion *trasposizióne-i, nf*
to tràns-shìp *trasbordàre*
trans-shìpment *trasbòrdo-i, nm*
to transubstàntiate *transustanziàre*
transubstàntiation *transustanzióne-i, nf*
transvèrsal *trasversàle-i, nf*
transvèrse *trasvèrso-i a e, a*
trànter *korrière-i, nm*
tràp *tràppola-e, nf*
to tràp *intrappolàre*
tràpdòor *bòtola-e, nf*
to tràpes *strishàre*
trapèze *trapèzio-i, nm*
trapèzium *trapèzio-i, nm*
tràpezoid *trapezoìde-i, nm*

treatise

trappings *adornamenti, nm*	**tràppings** *adornamènti, nm*
Trappist *trappista-i, nm*	**Tràppist** *trappìsta-i, nm*
traps *bagaglio-i, nm*	**tràps** *bagàyo-i, nm*
trash *rifiuto-i, nm*	**tràsh** *rifiùto-i, nm*
trashery *robaccia-e, nf*	**tràshery** *robàcca-e, nf*
trashy *spregevole-i, a*	**tràshy** *sprejèvole-i, a*
travail *sforzo-i, nm*	**tràvail** *sfòrzo-i, nm*
to travail *sforzare*	**to tràvail** *sforzàre*
travel *viaggio-i, nm*	**tràvel** *viàjjo-i, nm*
to travel *viaggiare*	**to tràvel** *viajjàre*
travelled *viaggiato-i a e, a*	**tràvelled** *viajjàto-i a e, a*
traveller *viaggiatore-i, nm*	**tràveller** *viajjatòre-i, nm*
travelling *viaggiante-i, a*	**tràvelling** *viajjànte-i, a*
travelogue *filmato-i, nm*	**tràvelogue** *filmàto-i, nm*
traversable *attraversabile-i, a*	**travèrsable** *attraversàbile-i, a*
traverse *traversa-e, nf*	**travèrse** *travèrsa-e, nf*
to traverse *attraversare*	**to travèrse** *attraversàre*
travertine *travertino-i, nm*	**tràvertine** *travertìno-i, nm*
travesty *parodia-e, nf*	**tràvesty** *parodìa-e, nf*
to travesty *parodiare*	**to tràvesty** *parodiàre*
trawl *rete-i, nf*	**tràwl** *rète-i, nf*
to trawl *pescare*	**to tràwl** *peskàre*
trawler *pescatore-i, nm*	**tràwler** *peskatòre-i, nm*
tray *vassoio-i, nm*	**trày** *vassòio-i, nm*
treacherous *proditorio-i a e, a.*	**trèacherous** *proditòrio-i a e, a.*
treacherously *proditoriamente, ad*	**trèacherously** *proditoriamènte, ad*
treachery *tradimento-i, nm*	**trèachery** *tradimènto-i, nm*
treacle *melassa-e, nm*	**trèakle** *melàssa-e, nm*
tread *passo-i, nm*	**trèad** *pàsso-i, nm*
to tread *pestare*	**to trèad** *pestàre*
treadle *pedale-i, nm*	**trèadle** *pedàle-i, nm*
to treadmill *mulino-i, nm*	**to trèadmìll** *mulìno-i, nm*
treason *tradimento-i, nm*	**trèason** *tradimènto-i, nm*
treasonable *proditorio-i, a*	**trèasonable** *proditòrio-i, a*
treasure *tesoro-i, nm*	**trèasure** *tesòro-i, nm*
to treasure *tesoreggiare*	**to trèasure** *tesorejjàre*
treasurer *tesoriere-i, nm*	**trèasurer** *tesorière-i, nm*
treasury *tesoro-i, nm*	**trèasury** *tesòro-i, nm*
treat *offerta-e, nf*	**trèat** *offèrta-e, nf*
to treat *trattare*	**to trèat** *trattàre*
treating *trattamento-i, nm*	**trèating** *trattamènto-i, nm*
treatise *trattato-i, nm*	**trèatise** *trattàto-i, nm*

treatment *trattamento-i, nm*	trèatment *trattamènto-i, nm*
treaty *trattato-i, nm*	trèaty *trattàto-i, nm*
treble *triplo-i, nm*	trèble *trìplo-i, nm*
to treble *triplicare*	to trèble *triplikàre*
tree *albero-i, nm*	trèe *àlbero-i, nm*
tree-less *senz'albero-i, a*	trèe-lèss *sènz'àlberi, a*
trefoil *trifoglio-i, nm*	trèfòil *trifòyo-i, nm*
trek *viaggio-i, nm*	trèk *viàjjo-i, nm*
to trek *viaggiare*	to trèk *viajjàre*
trellis *ingraticciata-e, nf*	trèllis *ingraticcàta-e, nf*
tremble *tremore-i, nm*	trèmble *tremòre-i, nm*
to tremble *tremare*	to trèmble *tremàre*
trembling *tremito-i, nm*	trèmbling *trèmito-i, nm*
tremblingly *tremando, ad*	trèmblingly *tremàndo, ad*
tremendous *tremendo-i a e,a*	tremèndous *tremèndo-i a e,a*
tremor *tremore-i, nm*	trèmor *tremòre-i, nm*
tremulous *tremolante-i, a*	trèmulous *tremolànte-i, a*
trench *trincea-e, nf*	trènch *trincèa-e, nf*
to trench *scavare*	to trènch *skavàre*
trenchancy *modo-i, nm*	trènchancy *mòdo-i, nm*
trenchant *tagliente-i, nm*	trènchant *tayènte-i, nm*
trencher *tagliere-i, nm*	trèncher *tayière-i, nm*
trend *tendenza-e, nf*	trènd *tendènza-e, nf*
to trend *volgere*	to trènd *vòljere*
to trepan *trapanare*	to trepàn *trapanàre*
trepidation *trepidazione-i, nf*	trepidàtion *trepidaziòne-i, nf*
trespass *infrazione-i, nf*	trèspass *infraziòne-i, nf*
to trespass *trasgredire*	to trèspass *trasgredìre*
trespasser *contravventore-i, nm*	trèspasser *kontravventòre-i, nm*
tress *treccia-e, nf*	trèss *trècca-e, nf*
tresle *cavalletto-i, nm*	trèsle *kavallètto-i, nm*
triad *triade-i, nf*	trìad *trìade-i, nf*
trial *prova-e, nf*	trìal *pròva-e, nf*
triangle *triangolo-i, nm*	trìangle *triàngolo-i, nm*
triangular *triangolare-i, a*	triàngular *triangolàre-i, a*
to triangulate *triangolare*	to triàngulàte *triangolàre*
triarchy *triarchia-e, nf*	trìarky *triarkìa-e, nf*
triarian *triario-i, nm*	trìarian *triàrio-i, nm*
triassic *triassico-i, a*	trìassik *triàssiko-i, a*
tribal *di tribù, a*	trìbal *di tribù, a*
tribally *in tribù, ad*	trìbally *in tribù, ad*
tribe *tribù, nf*	trìbe *tribù, nf*

tribrach *tribarco-hi, nm*
tribulation *tribolazione-i, nf*
tribunal *tribunale-i, nm*
tribunate *tribunato-i, nm*
tribune *tribuno-i, nm*
tributary *tributario-i a e, a*
tribute *tributo-i, nm*
trice *istante-i, nm*
to trice *sollevare*
tricentenary *trecentenario-i, nm*
triceps *tricipite-i, nm*
trick *tiro-i, nm*
to trick *ingannare*
trickery *bricconeria-e, nf*
trickle *gocciolio-i, nm*
to trickle *gocciolare*
trickster *furfante-i, nm*
tricksy *giocoso-i a e, a*
tricky *furbo-i a e, a*
tricolor *tricolore-i, nm*
tricuspid *tricuspide-i, a*
tricycle *triciclo-i, nm*
trident *tridente-in nm*
triennial *triennale-i, a*
Trieste *Trieste, nf*
trifid *trifido-i a e, a*
trifle *schiocchezza-e, nf*
to trifle *perdere*
trifling *insignificante-i, a*
triflingly *leggermente, ad*
trifoliate *trifogliato-i a e, a*
triform *triforme-i, a*
trig *elegante-i, a*
to trig *azzimare*
to trig *fermare*
trigeminous *trigemino-i, a*
trigger *grilletto-i, nm*
triglyph *triglifo-i, nm*
trigonometric *trigonometrico-i, a*
trigonometry *trigonometria-e, nf*
trihedron *triedro-i, nm*
trilby *cappello-i, nm*

trìbrak *trìbarko-i, nm*
tribulàtion *tribolazìòne-i, nf*
tribùnal *tribunàle-i, nm*
trìbunate *tribunàto-i, nm*
trìbune *tribùno-i, nm*
trìbutary *tributàrio-i a e, a*
trìbute *tribùto-i, nm*
trìce *istànte-i, nm*
to trìce *sollevàre*
tricèntenary *trecentenàrio-i, nm*
trìceps *tricìpite-i, nm*
trìk *tìro-i, nm*
to trìk *ingannàre*
trìkery *brikkonerìa-e, nf*
trìkle *goccolìo-i, nm*
to trìkle *goccolàre*
trìkster *furfànte-i, nm*
trìksy *jokòso-i a e, a*
trìky *fùrbo-i a e, a*
trìkolor *trikolòre-i, nm*
trìkuspid *trikùspide-i, a*
trìcykle *tricìklo-i, nm*
trìdent *tridènte-in nm*
trìènnial *triennàle-i, a*
Trièste *Trièste, nf*
trìfid *trifìdo-i a e, a*
trìfle *shokkèzza-e, nf*
to trìfle *pèrdere*
trìfling *insiqifikànte-i, a*
trìflingly *lejjermènte, ad*
trifòliate *trifoyàto-i a e, a*
trìform *trifòrme-i, a*
trìg *elegànte-i, a*
to trìg *azzimàre*
to trìg *fermàre*
trigèminous *trijèmino-i, a*
trìgger *grillètto-i, nm*
trìglyph *trìglifo-i, nm*
trigonomètrik *trigonomètriko-i, a*
trigonòmetry *trigonometrìa-e, nf*
trihèdron *trièdro-i, nm*
trìlby *kappèllo-i, nm*

trilingual *trilingue-i, a*	trilìngual *trilìngue-i, a*
trill *trillo-i, nm,*	trìll *trìllo-i, nm,*
to trill *trillare*	to trìll *trillàre*
trillion *trillione-i, nm*	trìllion *trilliòne-i, nm*
trilogy *trilogia-e, nf*	trìlogy *trilojìa-e, nf*
trim *accurato-i a e, a*	trìm *akkuràto-i a e, a*
to trim *aggiustare*	to trìm *ajjustàre*
trimly *accuratamente, ad*	trìmly *akkuratamènte, ad*
trimmer *aggiustatore-i, nm*	trìmmer *ajjustatòre-i, nm*
trimming *guarnizione-i, nf*	trìmming *guarniziòne-i, nf*
trimness *ordine-i, nm*	trìmness *òrdine-i, nm*
trinal *trino-i, a*	trìnal *trìno-i, a*
trinket *ninnolo-i, nm*	trìnket *nìnnolo-i, nm*
trinketry *ninnoli, nm*	trìnketry *nìnnoli, nm*
trinomial *trinomio-i, nm*	trinòmial *trinòmio-i, nm*
trio *trio, nm*	trìo *trìo, nm*
trip *gita-e, nf*	trìp *jìta-e, nf*
to trip *inciampare*	to trìp *inkampàre*
tripartite *tripartito-i, a*	tripàrtite *tripartìto-i, a*
tripe *trippa-e, nf*	trìpe *trìppa-e, nf*
tripery *tripperia-e, nf*	trìpery *tripperìa-e, nf*
tripetalous *tripetalo-i, a*	tripètalous *tripètalo-i, a*
triphthong *trittongo-hi, mm*	trìphthong *trittòngo-i, mm*
triple *triplice-i, nm*	trìple *trìplice-i, nm*
to triple *triplicare*	to trìple *triplikàre*
triplet *terzina-e, nf*	trìplet *terzìna-e, nf*
triplicate *triplice-i, a*	trìplikate *trìplice-i, a*
to triplicate *triplicare*	to trìplìkate *triplikàre*
tripod *tripode-i, nm*	trìpod *trìpode-i, nm*
trippingly *agilmente, ad*	trìppingly *ajilmènte, ad*
triptych *trittico-i, nm*	trìptỳch *trìttiko-i, nm*
trireme *trireme-i, nm*	trìreme *trirème-i, nm*
trisyllabic *trisillabico-i, a*	trisyllàbik *trisillàbiko-i, a*
trisyllable *trisillabo-i, nm*	trisỳllable *trisìllabo-i, nm*
trite *comune-i, a*	trìte *komùne-i, a*
triton *tritone-i, nm*	trìton *tritòne-i, nm*
to triturate *triturare*	to trìturate *trituràre*
triumph *trionfo-i, nm*	trìumph *triònfo-i, nm*
to triumph *trionfare*	to trìumph *trionfàre*
triumphal *trionfale-i, a*	trìumphal *trionfàle-i, a*
triumphant *trionfante-i, a*	trìumphant *trionfànte-i, a*
triumphantly *trionfalmente, ad*	trìumphantly *trionfalmènte, ad*

triumpher *trionfatore-i, nm*	**trìumpher** *trionfatòre-i, nm*
triumvir *triumviro-i, nm*	**triùmvir** *triùmviro-i, nm*
triumvirate *triumvirato-i, nm*	**triùmvirate** *triumviràto-i, nm*
triune *trino-i nm*	**trìune** *trìno-i nm*
trivet *treppiede-i, nm*	**trìvet** *treppiède-i, nm*
trivial *triviale-i. a*	**trìvial** *triviàle-i. a*
triviality *trivialità, nf*	**triviàlity** *trivialità, nf*
trochaic *trocaico-i, a*	**trokàik** *trokaìko-i, a*
trochee *trocheo-i, nm*	**tròkee** *trokèo-i, nm*
troglodyte *trogolodita-i, nm*	**troglòdyte** *trogolodìta-i, nm*
troglodytism *trogoloditismo-i, nm*	**tròglodỳtism** *trogoloditìsmo-i, nm*
Trojan *troiano-i a e, nmf*	**Tròjan** *troiàno-i a e, nmf*
to troll *cantare*	**to tròll** *kantàre*
trolley *carrello-i, nm*	**tròlley** *karrèllo-i, nm*
trollop *sudiciona-e, nf*	**tròllop** *sudicòna-e, nf*
troop *truppa-e, nf*	**tròop** *trùppa-e, nf*
to troop *raggruppare*	**to tròop** *raggruppàre*
trooper *soldato-i, nm*	**tròoper** *soldàto-i, nm*
trope *tropo-i, nm*	**tròpe** *tròpo-i, nm*
trophy *trofeo-i, nm*	**tròphy** *trofèo-i, nm*
tropic *tropico-i, nm*	**tròpik** *tròpiko-i, nm*
tropical *tropicale-i, a*	**tròpikal** *tropikàle-i, a*
trot *trottata-e, nf*	**tròt** *trottàta-e, nf*
to trot *trottare*	**to tròt** *trottàre*
trotter *trottatore-i, nm*	**tròtter** *trottatòre-i, nm*
troubadour *trovatore-i, nm*	**tròubadour** *trovatòre-i, nm*
trouble *disturbo-i, nm*	**tròuble** *distùrbo-i, nm*
to trouble *distubare*	**to tròuble** *distubàre*
troubler *disturbatore-i, nm*	**tròubler** *disturbatòre-i, nm*
troublesome *fastidioso-i a e, a*	**tròublesome** *fastidiòso-i a e, a*
trough *trogolo-i, nm*	**tròugh** *trògolo-i, nm*
to trounce *picchiare*	**to tròunce** *pikkiàre*
trouncing *castigo-hi, nm*	**tròuncing** *kastìgo-i, nm*
troupe *compagnia-e, nf*	**tròupe** *kompaqìa-e, nf*
trousers *calzoni, nm*	**tròusers** *kalzòni, nm*
trousseau *corredo-i, nm*	**tròusseau** *korrèdo-i, nm*
trout *trota-e, nf*	**tròut** *tròta-e, nf*
to trow *credere*	**to tròw** *krèdere*
trowel *cazzuola-e, nf*	**tròwel** *kazzuòla-e, nf*
Troy *Troia, nf*	**Tròy** *Tròia, nf*
truancy *poltroneria-e, nf*	**trùancy** *poltronerìa-e, nf*
truant *vagabondo-i, nm*	**trùant** *vagabòndo-i, nm*

truce *tregua-e, nf*	trùce *trègua-e, nf*
truck *autocarro-i, nm*	trùk *autokàrro-i, nm*
to truck *scambiare*	to trùk *skambiàre*
truckle *rotella-e, nf*	trùkle *rotèlla-e, nf*
truculence *truculenza-e, nf*	trùkulence *trukulènza-e, nf*
truculent *truculento-i a e, a*	trùkulent *trukulènto-i a e, a*
trudge *cammino-i, nm*	trùdge *kammìno-i, nm*
to trudge *strisciare*	to trùdge *strishàre*
true *vero-i a e, a*	trùe *vèro-i a e, a*
truffle *tartufo-i, nm*	trùffle *tartùfo-i, nm*
truffled *tartufato-i a e, a*	trùffled *tartufàto-i a e, a*
truism *verità, nf*	trùism *verità, nf*
truly *lealmente, ad*	trùly *lealmènte, ad*
trump *trionfo-i, nm*	trùmp *triònfo-i, nm*
to trump *prendere*	to trùmp *prèndere*
trumpery *orpello-i, nm*	trùmpery *orpèllo-i, nm*
trumpet *tromba-e, nm*	trùmpet *tròmba-e, nm*
to trumpet *proclamare*	to trùmpet *proklamàre*
trumpeter *trombettiere-i, nm*	trùmpeter *trombettière-i, nm*
to truncate *troncare*	to trùnkate *tronkàre*
truncation *troncamento-i, nm*	trunkàtion *tronkamènto-i, nm*
truncheon *bastone-i, nm*	trùncheon *bastòne-i, nm*
to trundle *ruzzolare*	to trùndle *ruzzolàre*
trunk *tronco-hi, nm*	trùnk *trònko-i, nm*
truss *travatura-e, nf*	trùss *travatùra-e, nf*
to truss *sostenere*	to trùss *sostenère*
trust *fiducia-e, nf*	trùst *fidùca-e, nf*
to trust *fidare*	to trùst *fidàre*
trustee *fiduciario-i, nm*	trùstee *fiducàrio-i, nm*
trusteeship *custodia-e, nf*	trùsteeshìp *kustòdia-e, nf*
trusful *fiducioso-i a e, a*	trùsful *fiducòso-i a e, a*
trustfulness *fiducia-e, nf*	trùstfulness *fidùca-e, nf*
trustification *fusione-i, nf*	trùstifikàtion *fusiòne-i, nf*
to trustify *unire*	to trùstify *unìre*
trusting *fidende-i, a*	trùsting *fidènde-i, a*
trusty *fedele-i, a*	trùsty *fedèle-i, a*
truth *verità, nf*	trùth *verità, nf*
truthful *vero-i a e, a*	trùthful *vèro-i a e, a*
truthfulness *verità, nf*	trùthfulness *verità, nf*
try *prova-e, nf*	trỳ *pròva-e, nf*
to try *provare*	to trỳ *provàre*
trying *difficile-i, a*	trỳing *difficìle-i, a*

tryst *appuntamento-i, nm*
tsetse *mosca-he, nf*
tub *tino-i, nm*
tubby *mastello-i, nm*
tube *tubo-i, nm*
tuber *tubero-i, nm*
tubercle *tubercolo-i, nm*
tuberculous *tubercoloso-i a e, a*
tuberculosis *tuberculosi, nf*
tuberose *tuberosa, a*
tuberous *tuberoso-i-a e, a*
tubing *tubazione-i, nm*
tubular *tubulare-i, a*
tuck *piega-he, nf*
to tuck *rimboccare*
Tuesday *martedì, nm*
tufa *tufo-i, nm*
tufaceous *tufaceo-i, a*
tuff *ciuffo-i, nm*
tuffy *folto-i a e, a*
tug *strappo-i, nm*
to tug *tirare*
tuition *tassa-e, nf*
tulip *tulipano-i, nm*
tulle *tulle-i, nf*
tulwar *scimitarra-e, nf*
tumble *capitombolo-i, nm*
to tumble *cadere*
tumbledown *dilapidato-i a e, a*
tumble *saltimbanco-hi, nf*
tumbrel *carretta-e, nf*
tumid *tumido-i a e, a*
tumidity *tumidezza-e, nf*
tummy *stomachino-i, nm*
tumor *tumore-i, nm*
tumult *tumulto-i, nm*
tumultuary *tumultuario-i a e, a*
tumultuous *tumultuoso-i a e, a*
tumulus *tumulo-i, nm*
tun *botte-i, nf*
to tund *battere*
tune *aria-e, nf*

trỳst *appuntamènto-i, nm*
tsètsè *mòska-e, nf*
tùb *tino-i, nm*
tùbby *mastèllo-i, nm*
tùbe *tùbo-i, nm*
tùber *tùbero-i, nm*
tùberkle *tubèrkolo-i, nm*
tubèrkulous *tuberkolòso-i a e, a*
tubèrkulòsis *tuberkulòsi, nf*
tùberose *tuberòsa, a*
tùberous *tuberòso-i-a e, a*
tùbing *tubaziòne-i, nm*
tùbular *tubulàre-i, a*
tùk *pièga-e, nf*
to tùk *rimbokkàre*
Tùesday *martedì, nm*
tùfa *tùfo-i, nm*
tufàceous *tufàceo-i, a*
tùff *cùffo-i, nm*
tùffy *fòlto-i a e, a*
tùg *stràppo-i, nm*
to tùg *tiràre*
tuìtion *tàssa-e, nf*
tùlip *tulipàno-i, nm*
tùlle *tùlle-i, nf*
tùlwar *shimitàrra-e, nf*
tùmble *kapitòmbolo-i, nm*
to tùmble *kadère*
tùmbledòwn *dilapidàto-i a e, a*
tùmble *saltimbànko-i, nf*
tùmbrel *karrètta-e, nf*
tùmid *tùmido-i a e, a*
tumìdity *tumidèzza-e, nf*
tùmmy *stomakìno-i, nm*
tùmor *tumòre-i, nm*
tùmult *tumùlto-i, nm*
tùmultuàry *tumultuàrio-i a e, a*
tumùltuous *tumultuòso-i a e, a*
tùmulus *tùmulo-i, nm*
tùn *bòtte-i, nf*
to tùnd *bàttere*
tùne *ària-e, nf*

to tune *accordare*	to tùne *akkordàre*
tuner *accordatore-i, nm*	tùner *akkordatòre-i, nm*
tuneful *armonioso-i a e, a*	tùneful *armonióso-i a e, a*
tunic *tunica-he, nf*	tùnik *tùnika-e, nf*
tuning *accordatura-e, nf*	tùning *akkordatùra-e, nf*
tunnel *galleria-e, nf*	tùnnel *gallerìa-e, nf*
to tunnel *perforare*	to tùnnel *perforàre*
tunny *tonno-i, nm*	tùnny *tònno-i, nm*
tuny *melodioso-i a e, a*	tùny *melodióso-i a e, a*
tup *montone-i, nm*	tùp *montòne-i, nm*
turban *turbante-i, nm*	tùrban *turbànte-i, nm*
turbid *torbido-i a e, a*	tùrbid *tòrbido-i a e, a*
turbidity *torbidezza-e, nf*	turbìdity *torbidèzza-e, nf*
turbine *turbina-e, nf*	tùrbine *turbìna-e, nf*
turbulence *turbulenza-e, nf*	tùrbulence *turbulènza-e, nf*
turbulent *turbolento-i, a*	tùrbulent *turbolènto-i, a*
turee *zuppiera-e, nf*	tùree *zuppièra-e, nf*
turf *terreno-i, nm*	tùrf *terrèno-i, nm*
to turf *ricoprire*	to tùrf *rikoprìre*
turgid *turgido-i a e, a*	tùrgid *tùrjido-i a e, a*
turgidity *turgidezza-e, nf*	turgìdity *turjidèzza-e, nf*
Turin *Torino, nm*	Tùrin *Tòrino, nm*
Turk *turco-hi a he, nmf*	Tùrk *tùrko-i a e, nmf*
Turkey *Turchia, nf*	Tùrkey *Turkìa, nf*
turkey *tacchino-i, nm*	tùrkey *takkìno-i, nm*
turmoil *tumulto-i, nm*	tùrmoil *tumùlto-i, nm*
turn *giro-i, nm*	tùrn *jìro-i, nm*
to turn *girare*	to tùrn *jiràre*
turncoat *rinnegato-i a e, a*	tùrnkoat *rinnegàto-i a e, a*
turner *tornitore-i, nm*	tùrner *tornitòre-i, nm*
turning *svolta-e, nf*	tùrning *svòlta-e, nf*
turnip *rapa-e, nf*	tùrnip *ràpa-e, nf*
turnkey *carceriere-i, nm*	tùrnkey *karcerière-i, nm*
turn-out *produzione-i, nf*	tùrn-òut *produzióne-i, nf*
turnover *rovesciamento-i, nm*	tùrnòver *roveshamènto-i, nm*
turnpike *autostrada-e, nf*	tùrnpìke *autostràda-e, nf*
turnscrew *cacciavite-i, nm*	tùrnskrèw *kaccavìte-i, nm*
turnsole *girasole-i, nm*	tùrnsole *jirasòle-i, nm*
turnsplit *bassotto-i, nm*	tùrnsplìt *bassòtto-i, nm*
turnstile *tornichetto-i, nm*	tùrnstile *tornikètto-i, nm*
turntable *piattaforma-e, nf*	tùrntàble *piattafòrma-e, nf*
turpentine *trementina-e, nf*	tùrpentine *trementìna-e, nf*

turpitude *turpitudine-i, nf*
turquoise *turchese-i, nm*
turret *torretta-e, nf*
turreted *turrito-i a e, a*
turtle *tartaruga-he, nf*
turtle-dove *tortora-e, nf*
Tuscan *toscano-i a e, nmf*
Tuscany *Toscana, nf*
tusk *zanna-e, nf*
tussle *lotta-e, nf*
to tussle *lottare*
tussock *ciuffo-i, nm*
tutelage *tutela-e, nf*
tutelary *tutelare-i, a*
tutor *insegnante-i, nm*
to tutor *insegnare*
tutto *tutto*
tuxèdo *giacca-he, nf*
to twaddle *chiaccherare*
twang *stridore-i, nm*
tweak *pizzicotto-i, nm*
to tweak *afferrare*
tweed *tessuto-i, nm*
to tweet *cinguettare*
tweezers *pinze, nf*
twelfth *dodicesimo-i a e, nm*
twelve *dodici, nm*
twentieth *ventesimo-i a e, nm*
twenty *venti, nm*
twice *due volte, ad*
twiddle *giro-i, nm*
to twiddle *girare*
twig *ramoscello-i, nm*
to twig *osservare*
twilight *crepuscolo-i, nm*
twin *gemello-i a e, nfm*
twine *funicella-e, nf*
to twine *torcere*
twinge *dolore-i, nm*
twinkle *scintillio-i, nm*
to twinkle *scintillare*
twinship *intimità, nf*

tùrpitùde *turpitùdine-i, nf*
tùrquòise *turkèse-i, nm*
tùrret *torrètta-e, nf*
tùrreted *turrìto-i a e, a*
tùrtle *tartarùga-e, nf*
tùrtle-dòve *tòrtora-e, nf*
Tùskan *toskàno-i a e, nmf*
Tùskany *Toskàna, nf*
tùsk *zànna-e, nf*
tùssle *lòtta-e, nf*
to tùssle *lottàre*
tùssok *cùffo-i, nm*
tùtelage *tutèla-e, nf*
tùtelary *tutelàre-i, a*
tùtor *inseqànte-i, nm*
to tùtor *inseqàre*
tùtto *tùtto*
tuxèdo *jàkka-e, nf*
to twàddle *kiakkeràre*
twàng *stridòre-i, nm*
twèak *pizzikòtto-i, nm*
to twèak *afferràre*
twèed *tessùto-i, nm*
to twèet *cinguettàre*
twèezers *pìnze, nf*
twèlfth *dodicèsimo-i a e, nm*
twèlve *dòdici, nm*
twèntieth *ventèsimo-i a e, nm*
twènty *vènti, nm*
twìce *dùe vòlte, ad*
twìddle *jìro-i, nm*
to twìddle *jiràre*
twìg *ramoshèllo-i, nm*
to twìg *osservàre*
twìlight *krepùskolo-i, nm*
twìn *jemèllo-i a e, nm*
twìne *funicèlla-e, nf*
to twìne *tòrcere*
twìnge *dolòre-i, nm*
twìnkle *shintillìo-i, nm*
to twìnkle *shintillàre*
twìnship *intimità, nf*

udder

twirl *giro-i, nm*
to twirl *girare*
twist *torsione-i, nf*
to twist *torcere*
to twit *rimproverare*
twitch *scossa-e, nf*
to twitch *contorcere*
to twitter *cinguettare*
two *due, nm*
tympanum *timpano-i, nm*
tupe *tipo-i, nm*
to type *dattilografare*
typewriter *macchina-e, nf*
typewriting *tattilografia-e, nf*
typhoid *tifoide-i, nf*
typhoon *tifone-i, nm*
typhus *tifo-i, nm*
typical *tipico-i a he, a*
typically *tipicamente, ad*
typicalness *caratteristica-he, nf*
typification *simbolo-i, nm*
to typify *rappresentare*
typist *dattilografo-i a e, nmf*
typographer *tipografo-i a e, nmf*
typographical *tipografico-i a he, a*
typography *tipografia-e, nf*
tyrannical *tirannico-i a he, a*
tyrannically *tirannicamente, ad*
tyrannicidal *tirannicidia-i, nm*
tyrannicide *tirannicidio-i, nm*
to tyrannize *tiranneggiare*
tyranneous *tirannico-i a e, a*
tyranny *tirannia-e, nf*
tyrant *tiranno-i a e, nmf*
tyro *novizio-i a e, nmf*
Tyrol *Tirolo, nm*
Tyrrhenian *Tirreno, nm*

U
ubiquitous *omnipresente-i, a*
ubiquity *ubiquità, nf*
udder *mammella-e, nf*

twìrl *jìro-i, nm*
to twìrl *jiràre*
twìst *torsiòne-i, nf*
to twìst *tòrcere*
to twìt *rimproveràre*
twìtch *skòssa-e, nf*
to twìtch *kontòrcere*
to twìtter *cinguettàre*
twò *dùe, nm*
tỳmpanum *tìmpano-i, nm*
tỳpe *tìpo-i, nm*
to tỳpe *dattilografàre*
tỳpewrìter *màkkina-e, nf*
tỳpewrìting *dattilografia-e, nf*
tỳphoid *tifòide-i, nf*
typhòon *tifòne-i, nm*
tỳphus *tìfo-i, nm*
tỳpikal *tìpiko-i a e, a*
tỳpikally *tipikamènte, ad*
tỳpikalness *karatterìstika-e, nf*
typifikàtion *sìmbolo-i, nm*
to tỳpify *rappresentàre*
tỳpist *dattilògrafo-i a e, nmf*
typògrapher *tipògrafo-i a e, nmf*
typogràphikal *tipogràfiko-i a e, a*
typògraphy *tipografia-e, nf*
tyrànnikal *tirànniko-i a e, a*
tyrànnikally *tirannikamènte, ad*
tyrannicìdal *tirannicìdia-i, nm*
tyrannicìde *tirannicìdio-i, nm*
to tỳrannize *tirannejjàre*
tỳranneous *tirànniko-i a e, a*
tỳranny *tirannìa-e, nf*
tỳrant *tirànno-i a e, nmf*
tỳro *novìzio-i a e, nmf*
Tỳrol *Tirolo, nm*
Tyrrhènian *Tirrèno, nm*

U
ubìquitous *omnipresènte-i, a*
ubìquity *ubikuità, nf*
ùdder *mammèlla-e, nf*

ugliness *bruttezza-e, nf*
ugly *brutto-i a e, a*
ulcer *ulcera-e, nf*
to ulcerate *ulcerare*
ulceration *ulcerazione-i, nf*
ulster *cappotto-i, nm*
ulterior *ulteriore-i, a*
ultimate *finale-i, a*
ultimatum *ultimatum, nm*
umbrage *sospetto-i, nm*
umbrella *ombrello-i, nm*
umpire *arbitro-i, nm*
unable *inabile-i, a*
unaccountable *inesplicabile-i, a*
unaffected *semplice-i, a*
unanimity *unanimità, nf*
unanimous *unanime-i, a*
unanswerable *irrefutabile-i, a*
unassuming *modesto-i, a*
unaware *inconsapevole-i, a*
unbelief *scetticismo-i, nm*
unbeliever *miscredente-i, nm*
to unbend *raddrizzare*
unbending *inflessibile-i, a*
unbridled *sfrenato-i a e, a*
to unburden *alleggerire*
uncertain *incerto-i a e, a*
uncertainty *incertezza-e, nf*
uncle *zio-i, nm*
unconcerned *indifferente-i, a*
uncouth *goffo-i a e, a*
uncouthness *rozzezza-e, nf*
unction *unzione-i, nf*
unctuous *untuoso-i a e, a*
under *sotto, prep*
underbid *offrire*
underclothes *biancheria-e, nf*
undercurrent *corrente-i, nf*
under-done *poco cotto-i a e, a*
to undergo *subire*
undergraduate *studente-i, nm*
underground *sotterraneo-i, nm*

ùgliness *bruttèzza-e, nf*
ùgly *brùtto-i a e, a*
ùlcer *ùlcera-e, nf*
to ulceràte *ulceràre*
ulceràtion *ulceraziòne-i, nf*
ùlster *kappòtto-i, nm*
ultèrior *ulteriòre-i, a*
ùltimate *finàle-i, a*
ultimàtum *ultimàtum, nm*
ùmbrage *sospètto-i, nm*
umbrèlla *ombrèllo-i, nm*
ùmpire *àrbitro-i, nm*
unàble *inàbile-i, a*
unakkòuntable *inesplikàbile-i, a*
unaffèkted *sèmplice-i, a*
unanìmity *unanimità, nf*
unànimous *unànime-i, a*
unànswerable *irrefutàbile-i, a*
unassùming *modèsto-i, a*
unàware *inkonsapèvole-i, a*
unbelìef *shetticìsmo-i, nm*
unbelìever *miskredènte-i, nm*
to unbènd *raddrizzàre*
unbènding *inflessìbile-i, a*
unbrìdled *sfrenàto-i a e, a*
to unbùrden *allejjerìre*
uncèrtain *incèrto-i a e, a*
uncèrtainty *incertèzza-e, nf*
ùnkle *zìo-i, nm*
unkoncèrned *indifferènte-i, a*
unkòuth *gòffo-i a e, a*
unkòuthness *rozzèzza-e, nf*
ùnktion *unziòne-i, nf*
ùnktuous *untuòso-i a e, a*
ùnder *sòtto, prep*
to underbìd *offrìre*
underklòthes *biankerìa-e, nf*
underkùrrent *korrènte-i, nf*
ùnder-dòne *pòko kòtto-i a e, a*
to undergò *subìre*
undergràduate *studènte-i, nm*
undergròund *sotterràneo-i, nm*

undergrowth *fratta-e, nf*	undergròwth *fràtta-e, nf*
underhand *subdolo-i, a e, a*	underhànd *sùbdolo-i, a e, a*
to underlie *costituire*	to underlìe *kostituìre*
to underline *sottolineare*	to underlìne *sottolineàre*
to undermine *minare*	to undermìne *minàre*
underneath *sotto, prep*	undernèath *sòtto, prep*
under-rate *sottovalutare*	ùnder-ràte *sottovalutàre*
undersell *vendere*	undersèll *vèndere*
undersigned *sottoscritto-i a e, nmf*	undersìgned *sottoskrìtto-i a e, nmf*
to understand *capire*	to understànd *kapìre*
understanding *comprensione-i, nf*	understànding *komprensiòne-i, nf*
to understate *attenuare*	to understàte *attenuàre*
understatement *attenuazione-i, nf*	understàtement *attenuaziòne-i, nf*
to undertake *intrapendere*	to undertàke *intrapèndere*
undertaker *imprenditore-i, nm*	undertàker *imprenditòre-i, nm*
undertaking *impresa-e, nf*	undertàking *imprèsa-e, nf*
to undervalue *sottovalutare*	to undervàlue *sottovalutàre*
to underwrite *sottoscrivere*	to underwrìte *sottoscrìvere*
underwriter *firmatario-i a e, nmf*	underwrìter *firmatàrio-i a e, nmf*
undies *biancheria-e, nf*	ùndies *biankerìa-e, nf*
to undo *annullare*	to undò *annullàre*
undoing *rovina-e, nf*	undòing *rovìna-e, nf*
undue *indebito-i a e, a*	undùe *indèbito-i a e, a*
to undulate *ondeggiare*	to undulàte *ondejjàre*
undulation *ondulazione-i, nf*	undulàtion *ondulaziòne-i, nf*
to unearth *scoprire*	to unèarth *skoprìre*
uneasiness *ansia-e, nf*	unèasiness *ànsia-e, nf*
uneasy *ansioso-i a e, a*	unèasy *ansiòso-i a e, a*
unequal *inuguale-i, a*	unèqual *inuguàle-i, a*
unerring *infallibile-i, a*	unèrring *infallìbile-i, a*
uneven *disuguale-i, a*	unèven *disuguàle-i, a*
unevenness *disparità, nf*	unèvenness *disparità, nf*
unfair *ingiusto-i a e, a*	ùnfair *injùsto-i a e, a*
unfairness *ingiustizia-e, nf*	unfàirness *injustìzia-e, nf*
unfeeling *spietato-i, a e, a*	unfèeling *spietàto-i, a e, a*
unfortunate *sfortunato-i a e, a*	unfòrtunate *sfortunàto-i a e, a*
to unfrock *spretare*	to unfròk *spretàre*
ungainly *goffo-i a e, a*	ungàinly *gòffo-i a e, a*
unguent *unguento-i, nm*	ùnguent *unguènto-i, nm*
unhandy *maldestro-i a e, a*	unhàndy *maldèstro-i a e, a*
unhappiness *infelicità, nf*	unhàppiness *infelicità, nf*
unhappy *infelice-i, a*	unhàppy *infelìce-i, a*

unhurt *illeso-i a e, a*
unicorn *unicorno-i, nm*
uniform *divisa-e, nf*
uniformity *uniformità, nf*
unilateral *unilaterale-i, a*
union *unione-i, nf*
unique *unico-i a he, a*
unison *unisono-i a e, a*
unit *unità, nf*
unitarian *unitario-i a e, a*
to unite *unire*
universal *universale-i, a*
universe *universo-i, nm*
universality *universalità, nf*
unkempt *spettinato-i a e, a*
unkind *cattivo-i a e, a*
unkindness *cattiveria-e, nf*
unless *se non, conj*
unlike *dissimile-i, a*
unlooked-for *inatteso-i a e, a*
to unmake *disfare*
to unman *scoraggiare*
unmannerly *sgarbatamente, ad*
to unnerve *snervare*
unpleasant *spiacevole-i, a*
unpopular *impopolare-i, a*
unpretentious *modesto-i a e, a*
unpublished *inedito-i a e, a*
unreasonable *assurdo-i a e, a*
unreasonableness *assurdità, nf*
unreadable *illegibile-i, a*
to unsay *disdire*
unseemliness *sconvenienza-e, nf*
unseemly *sconvenientemente, ad*
to unsettle *turbare*
unsightly *deforme-i, a*
unsuccessful *vano-i a e, a*
unsure *incerto-i a e, a*
untidy *sciatto-i a e, a*
untimely *intempestivo-i a e, a*
unto *fino a, prep*
unusual *insolito-i a e, a*

unhùrt *illèso-i a e, a*
unikòrn *unikòrno-i, nm*
unifòrm *divìsa-e, nf*
unifòrmity *uniformità, nf*
unilàteral *unilateràle-i, a*
ùnion *uniòne-i, nf*
unìque *ùniko-i a he, a*
ùnison *unìsono-i a e, a*
ùnit *unità, nf*
unitàrian *unitàrio-i a e, a*
to unìte *unìre*
univèrsal *universàle-i, a*
univèrse *univèrso-i, nm*
universàlity *universalità, nf*
unkèmpt *spettinàto-i a e, a*
unkìnd *kattìvo-i a e, a*
unkìndness *kattivèria-e, nf*
unlèss *sè nòn, conj*
unlìke *dissìmile-i, a*
unlòoked-fòr *inattèso-i a e, a*
to unmàke *disfàre*
to unmàn *skorajjàre*
unmànnerly *sgarbatamènte, ad*
to unnèrve *snervàre*
unplèasant *spiacèvole-i, a*
unpòpular *impopolàre-i, a*
unpretèntious *modèsto-i a e, a*
unpùblished *inèdito-i a e, a*
unrèasonable *assùrdo-i a e, a*
unrèasonableness *assurdità, nf*
unrèadable *illejìbile-i, a*
to unsày *disdìre*
unsèemliness *skonveniènza-e, nf*
unsèemly *skonvenientemènte, ad*
to unsèttle *turbàre*
unsìghtly *defòrme-i, a*
unsukkèssful *vàno-i a e, a*
unsùre *incèrto-i a e, a*
untìdy *shàtto-i a e, a*
untìmely *intempestìvo-i a e, a*
untò *fìno a, prep*
unùsual *insòlito-i a e, a*

unwary *incauto-i a e, a*	unwàry *inkàuto-i a e, a*
unwell *indisposto-i a e, a*	unwèll *indispòsto-i a e, a*
unwilling *riluttante-i, a*	unwìlling *riluttànte-i, a*
up *sopra, prep*	ùp *sòpra, prep*
to upbraid *rimproverare*	to upbràid *rimproveràre*
upbringing *educazione-i, nf*	upbrìnging *edukaziòne-i, nf*
upheaval *sommossa-e, nf*	uphèaval *sommòssa-e, nf*
to upheave *sollevare*	to uphèave *sollevàre*
uphill *arduo-i a e, a*	uphìll *àrduo-i a e, a*
to uphold *sostenere*	to uphòld *sostenère*
to upholster *tappezzare*	to uphòlster *tappezzàre*
upholsterer *tappezziere-i, nm*	uphòlsterer *tappezzière-i, nm*
upkeep *mantenimento-i, nm*	upkèep *mantenimènto-i, nm*
upland *altipiano-i, nm*	uplànd *altipiàno-i, nm*
uplift *sollievo-i, nm*	uplìft *sollièvo-i, nm*
to uplift *sollevare*	to uplìft *sollevàre*
upon *su, prep*	upòn *sù, prep*
upper *superiore-i, a*	ùpper *superiòre-i, a*
uppermost *superiore-i, a*	uppermòst *superiòre-i, a*
uppish *presuntuoso-i a e, a*	ùppish *presuntuòso-i a e, a*
uprightness *rettitudine-i, nf*	uprìghtness *rettitùdine-i, nf*
uproar *baraonda-e, nf*	upròar *baraònda-e, nf*
to uproot *estirpare*	to upròot *estirpàre*
upset *capovolgimento-i, nm*	upsèt *kapovoljimènto-i, nm*
to uproot *rovesciare*	to upròot *roveshàre*
upshot *esito-i, nm*	upshòt *èsito-i, nm*
upside-down *sottosopra, ad*	ùpside-dòwn *sottosòpra, ad*
upstairs *sopra, prep*	upstàirs *sòpra, prep*
upward *in alto, ad*	upwàrd *in àlto, ad*
urban *municipale-i, a*	ùrban *urbàno-i a e, a*
urbane *urbano-i a e, a*	ùrbane *urbàno-i a e, a*
urbanity *urbanità, nf*	urbànity *urbanità, nf*
urchin *biricchino-i a e, nmf*	ùrchin *birikkìno-i a e, nmf*
to urge *addurre*	to ùrge *addùrre*
urgency *urgenza-e, nf*	ùrgency *urjènza-e, nf*
urgent *urgente-i, a*	ùrgent *urjènte-i, a*
urine *urina-e, nf*	ùrine *urìna-e, nf*
urn *urna-e, nf*	ùrn *ùrna-e, nf*
us *noi, pron*	ùs *nòi, pron*
usage *uso-i, nm*	ùsage *ùso-i, nm*
use *impiego-hi, nm*	ùse *impiègo-i, nm*
useful *utile-i, a*	ùseful *ùtile-i, a*

usefulness *utilità, nf*
useless *inutile-i, a*
uselessness *inutilità, nf*
usher *usciere-i, nm*
to usher *introdurre*
usual *solito-i a e, a*
usurer *usuraio-i a e, nmf*
to usurp *usurpare*
usurpation *usurpazione-i, mf*
usurper *usurpatore-i, nm*
usury *usura-e, nf*
utensil *arnese-i, nm*
utility *utilità, nf*
utilization *utilizzazione-i, nf*
to utilize *utilizzare*
utmost *estremo-i a e, nmf*
utterance *espressione-i, nf*
uxoricide *uxoricida-inm*
uxorious *sottomesso-i, a*

V

vacancy *vacuo-i a e, nmf*
vacant *vuoto-i a e, a*
to vacate *vacare*
vacation *vacanza-e, nf*
to vaccinate *vaccinare*
vaccination *vaccinazione-i, nf*
vaccine *vaccino-i, nm*
to vacillate *vacillare*
vacillation *vacillamento-i, nm*
vacuity *vacuità, nf*
vacuous *vacuo-i a e, a*
vacuum *vuoto-i, nm*
vagabond *vagabondo-i a e, nmf*
vagary *capriccio-i, nm*
vagrant *vagante-i, a*
vague *vago-hi a he, a*
vain *vano-i a e, a*
vainglorious *vanaglorioso-i a e, a*
vainglory *vanagloria-e, nf*
vale *valle-i, nf*
valet *cameriere-i, nf*

ùsefulness *utilità, nf*
ùseless *inùtile-i, a*
ùselessness *inutilità, nf*
ùsher *ushière-i, nm*
to ùsher *introdùrre*
ùsual *sòlito-i a e, a*
ùsurer *usuràio-i a e, nmf*
to usùrp *usurpàre*
usurpàtion *usurpaziòne-i, mf*
usùrper *usurpatòre-i, nm*
ùsury *usùra-e, nf*
utènsil *arnèse-i, nm*
utìlity *utilità, nf*
utilizàtion *utilizzaziòne-i, nf*
to ùtilize *utilizzàre*
ùtmost *estrèmo-i a e, nmf*
ùtterance *espressiòne-i, nf*
uxòricide *uxoricìda-inm*
uxòrious *sottomèsso-i, a*

V

vàkancy *vàkuo-i a e, nmf*
vàkant *vuòto-i a e, a*
to vakàte *vakàre*
vakàtion *vakànza-e, nf*
to vàkcinate *vaccinàre*
vakcinàtion *vaccinaziòne-i, nf*
vàkcine *vaccìno-i, nm*
to vàcillate *vacillàre*
vacillàtion *vacillamènto-i, nm*
vakùity *vakuità, nf*
vàkuous *vàkuo-i a e, a*
vàkuum *vuòto-i, nm*
vàgabond *vagabòndo-i a e, nmf*
vàgary *kaprìcco-i, nm*
vàgrant *vagànte-i, a*
vàgue *vàgo-i a e, a*
vàin *vàno-i a e, a*
vainglòrious *vanagloriòso-i a e, a*
vainglòry *vanaglòria-e, nf*
vàle *vàlle-i, nf*
vàlet *kamerière-i, nf*

valiant *valoroso-i a e, a*	**vàliant** *valoròso-i a e, a*
valid *valido-i a e, a*	**vàlid** *vàlido-i a e, a*
validity *validità, nf*	**valìdity** *validità, nf*
valise *valigetta-e, nf*	**vàlise** *valijètta-e, nf*
valley *valle-i, nf*	**vàlley** *vàlle-i, nf*
valor *valore-i, nm*	**vàlor** *valòre-i, nm*
valuable *prezioso-i a e, a*	**vàluable** *preziòso-i a e, a*
valuation *valutazione-i, nf*	**valuàtion** *valutaziòne-i, nf*
value *pregio-i, nm*	**vàlue** *prèjo-i, nm*
to value *valutare*	**to vàlue** *valutàre*
valve *valvola-e, nf*	**vàlve** *vàlvola-e, nf*
vamp *civetta-e, nf*	**vàmp** *civètta-e, nf*
vampire *vampiro-i, nmf*	**vàmpire** *vampìro-i, nmf*
van *camioncino-i, nm*	**vàn** *kamioncìno-i, nm*
vandal *vandalo-i, nm*	**vàndal** *vàndalo-i, nm*
vane *banderuola-e, nf*	**vàne** *banderuòla-e, nf*
vanguard *avanguardia-e, nf*	**vànguard** *avanguàrdia-e, nf*
vanilla *vaniglia-e, nf*	**vanìlla** *vanìya-e, nf*
to vanish *sparire*	**to vànish** *sparìre*
vanity *vanità, nf*	**vànity** *vanità, nf*
to vanguish *sopraffare*	**to vànguish** *sopraffàre*
vantage *vantaggio-i, nm*	**vàntage** *vantàjjo-i, nm*
vapor *vapore-i, nm*	**vàpor** *vapòre-i, nm*
vaporation *vaporizzazione-i, nf*	**vaporàtion** *vaporizzaziòne-i, nf*
to vaporize *vaporizzare*	**to vàporize** *vaporizzàre*
vaporous *vaporoso-i a e, a*	**vàporous** *vaporòso-i a e, a*
variable *variabile-i, a*	**vàriable** *variàbile-i, a*
variance *contrasto-i, nm*	**vàriance** *kontràsto-i, nm*
variation *variazione-i, nf*	**variàtion** *variaziòne-i, nf*
varicose *varicoso-i a e, a*	**vàrikose** *varikòso-i a e, a*
varied *vario-i a e, a*	**vàried** *vàrio-i a e, a*
to variegate *variegare*	**to vàriegate** *variegàre*
variety *varietà, nf*	**varìety** *varietà, nf*
various *vario-i a e, a*	**vàrious** *vàrio-i a e, a*
varnish *vernice-i, nf*	**vàrnish** *vernìce-i, nf*
to varnish *verniciare*	**to vàrnish** *vernicàre*
to vary *modificare*	**to vàry** *modifikàre*
vase *vaso-i, nm*	**vàse** *vàso-i, nm*
vaseline *vasellina-e, nf*	**vàseline** *vasellìna-e, nf*
vassal *vassallo-i a e, nmf*	**vàssal** *vassàllo-i a e, nmf*
vast *vasto-i a e, a*	**vàst** *vàsto-i a e, a*
vastness *vastità, nf*	**vàstness** *vastità, nf*

vat *tino-i, nm*
vault *volta-e, nf*
vaunt *vanto-i, nm*
to vaunt *vantare*
veal *vitello-i, nm*
to veer *cambiare*
vegetable *legume-i, nm*
vegetarian *vegetariano-i a e, nmf*
to vegetate *vegetare*
vegetation *vegetazione-i, nf*
vehemence *veemenza-e, nf*
vehement *veemente-i, a*
vehemently *veementemente, ad*
vehicle *veicolo-i, nm*
veil *velo-i, nm*
to veil *velare*
vein *vena-e, nf*
vellum *pergamena-e, nf*
velocity *velocità, nf*
velvet *velluto-i, nm*
venal *venale-i, a*
vender *venditore-i, nm*
veneer *piallaccio-i, nm*
venerable *venerabile-i, a*
to venerate *venerare*
veneration *venerazione-i, nf*
veneral *venereo-i a e, a*
Venetian *veneziano-i a e, nmf*
vengeance *vendetta,e, nf*
venial *veniale-i, a*
venison *carne-i, nf*
venom *veleno-i, nm*
venomous *velenoso-i a e, a*
vent *foro-i, nm*
to vent *sfogare*
to ventilate *ventilare*
ventilation *ventilazione-i, nf*
ventilator *ventilatore-i, nm*
ventriloquism *ventriloquio-i, nm*
venture *impresa-e, nf*
to venture *osare*
venturesome *avventuroso-i a e, a*

vàt *tìno-i, nm*
vàult *vòlta-e, nf*
vàunt *vànto-i, nm*
to vàunt *vantàre*
vèal *vitèllo-i, nm*
to vèer *kambiàre*
vègetable *legùme-i, nm*
vegetàrian *vegetariàno-i a e, nmf*
to vègetate *vegetàre*
vegetàtion *vegetaziòne-i, nf*
vèhemence *veemènza-e, nf*
vèhement *veemènte-i, a*
vèhemently *veementemènte, ad*
vèhikle *veìkolo-i, nm*
vèil *vèlo-i, nm*
to vèil *velàre*
vèin *vèna-e, nf*
vèllum *pergamèna-e, nf*
velòcity *velocità, nf*
vèlvet *vellùto-i, nm*
vènal *venàle-i, a*
vènder *venditòre-i, nm*
vèneer *piallàcco-i, nm*
vènerable *veneràbile-i, a*
to vènerate *veneràre*
veneràtion *veneraziòne-i, nf*
venerèal *venerèo-i a e, a*
Venètian *veneziàno-i a e, nmf*
vèngeance *vendètta,e, nf*
vènial *veniàle-i, a*
vènison *kàrne-i, nf*
vènom *velèno-i, nm*
vènomous *velenòso-i a e, a*
vènt *fòro-i, nm*
to vènt *sfogàre*
to ventilàte *ventilàre*
ventilàtion *ventilaziòne-i, nf*
ventilàtor *ventilatòre-i, nm*
ventrìloquism *ventrilòkuio-i, nm*
vènture *imprèsa-e, nf*
to vènture *osàre*
vènturesòme *avventuròso-i a e, a*

veracious *verace-i, a*	**veràcious** *veràce-i, a*
veracity *veracità, nf*	**veràcity** *veracità, nf*
verb *verbo-i, nm*	**vèrb** *vèrbo-i, nm*
verbal *verbale-i, a*	**vèrbal** *verbàle-i, a*
verbose *verboso-i a e, a*	**verbòse** *verbòso-i a e, a*
verbosity *verbosità, nf*	**verbòsity** *verbosità, nf*
verdant *verdeggiante-i, a*	**vèrdant** *verdeggiànte-i, a*
verdict *verdetto-i, nm*	**vèrdikt** *verdètto-i, nm*
verdure *vegetazione-i, nf*	**vèrdure** *vegetaziòne-i, nf*
verge *bordo-i, nm*	**vèrge** *bòrdo-i, nm*
to verge *confinare*	**to vèrge** *konfinàre*
verger *sagrestano-i, nm*	**vèrger** *sagrestàno-i, nm*
verification *verifica-he, nf*	**verifikàtion** *verìfika-e, nf*
to verify *verificare*	**to vèrify** *verifikàre*
verity *verità, nf*	**vèrity** *verità, nf*
vermillion *vermiglio-i, nm*	**vermìllion** *vermìyo-i, nm*
vermin *insetti, nm*	**vèrmin** *insètti, nm*
verminous *infestato-i a e, a*	**vèrminous** *infestàto-i a e, a*
vernacular *vernacolo-i, nm*	**vernàkular** *vernàkolo-i, nm*
vernal *primaverile-i, a*	**vèrnal** *primaverìle-i, a*
versatile *versatile-i, a*	**vèrsatile** *versàtile-i, a*
versatility *versatilità, nf*	**versatìlity** *versatilità, nf*
verse *verso-i, n*	**vèrse** *vèrso-i, n*
versed *dotto-i a e, a*	**vèrsed** *dòtto-i a e, a*
version *versione-i, nf*	**vèrsion** *versiòne-i, nf*
vertez *vertice-i, nm*	**vèrtex** *vèrtice-i, nm*
vertical *verticale-i, a*	**vèrtikal** *vertikàle-i, a*
vertigo *vertigine-i, nf*	**vèrtigo** *vertìjine-i, nf*
verve *brio-i, nm*	**vèrve** *brìo-i, nm*
very *molto, ad*	**vèry** *mòlto, ad*
vesper *vespro-i, nm*	**vèsper** *vèspro-i, nm*
vessel *nave-i, nf*	**vèssel** *nàve-i, nf*
vest *gilè, nm*	**vèst** *gilè, nm*
vestal *vestale-i, a*	**vèstal** *vestàle-i, a*
vestibule *vestibolo-i, nm*	**vèstibule** *vestìbolo-i, nm*
vestige *vestigia-e, nf*	**vèstige** *vestìjia-e, nf*
vestment *paramento-i, nm*	**vèstment** *paramènto-i, nm*
vestry *sagrestia-e, nf*	**vèstry** *sagrestìa-e, nf*
veteran *veterano-i, nm*	**vèteran** *veteràno-i, nm*
veterinary *veterinario-i, nm*	**vèterinary** *veterinario-i, nm*
to vex *irritare*	**to vèx** *irritàre*
vexation *irritazione-i, nf*	**vexàtion** *irritaziòne-i, nf*

vexatious *irritante-i, a*
viaduct *viadotto-i, nm*
vial *fiala-e, nf*
viand *cibo-i, nm*
to viabrate *vibrare*
vibration *vibrazione-i, nf*
vicar *vicario-i, nm*
vicarage *canonica-he, nf*
vice *vizio-i, nm*
viceroy *vicere, nm*
vicinity *vicinanza-e, nf*
vicious *vizioso-i a e, a*
vicissitude *vicissitudine-i, nf*
victim *vittima-e, nf*
victor *vincitore-i, nm*
victorious *vittorioso-i a e, a*
victory *vittoria-e, nf*
to victual *vettovagliare*
victuals *vettovaglie-i, nf*
to vie *gareggiare*
view *vista-e, nf*
to view *guardare*
vigil *vigilia-e, nf*
vigilance *vigilanza-e, nf*
vigilant *vigilante-i, nm*
vigorous *vigoroso-i a e, a*
vigor *vigore-i, nm*
vile *vile-i, a*
vileness *viltà, nf*
village *villaggio-i, nm*
villager *villico-hi, nm*
villain *villano-i, a e, nmf*
villainous *malvagio-i a e, a*
villainy *malvagità, nf*
to vindicate *rivendicare*
vindication *rivendicazione-i nf*
vindictive *vendicativo-i a e, a*
vine *vite-i, nf*
vinegar *aceto-i, nm*
vineyard *vigna-e, nf*
vintage *vendemmia-e, nf*
viola *viola*

vexàtious *irritànte-i, a*
viadùkt *viadòtto-i, nm*
viàl *fiàla-e, nf*
viànd *cìbo-i, nm*
to vibràte *vibràre*
vibràtion *vibraziòne-i, nf*
vìkar *vikàrio-i, nm*
vìkarage *kanònika-e, nf*
vìce *vìzio-i, nm*
vìceroy *vicerè, nm*
vicìnity *vicinànza-e, nf*
vìcious *viziòso-i a e, a*
vicìssitude *vicissitùdine-i, nf*
vìktim *vìttima-e, nf*
vìktor *vincitòre-i, nm*
viktòrious *vittoriòso-i a e, a*
vìktory *vittòria-e, nf*
to vìktual *vettovayàre*
vìktuals *vettovàye-i, nf*
to vìe *garejjàre*
vìew *vìsta-e, nf*
to vìew *guardàre*
vìgil *vijìlia-e, nf*
vìgilance *vigilànza-e, nf*
vìgilant *vigilànte-i, nm*
vìgorous *vigoròso-i a e, a*
vìgor *vigòre-i, nm*
vìle *vìle-i, a*
vìleness *viltà, nf*
vìllage *villàjjo-i, nm*
vìllager *vìlliko-i, nm*
vìllain *villàno-i, a e, nmf*
vìllainous *malvàjo-i a e, a*
vìllainy *malvajità, nf*
to vìndikate *rivendikàre*
vindikàtion *rivendikaziòne-i nf*
vindìktive *vendikatìvo-i a e, a*
vìne *vìte-i, nf*
vìnegar *acèto-i, nm*
vìneyàrd *vìqa-e, nf*
vìntage *vendèmmia-e, nf*
vìòla *vìòla*

to violate *violare*
violation *violazione-i, nf*
violence *violenza-e, nf*
violent *violento-i a e, a*
violet *viola-e, nf*
violin *violino-i, nm*
violinist *violinista-i, nm*
viper *vipera-e, nf*
virago *virago-he, nf*
virgin *vergine-i, nf*
virile *virile-i, a*
virility *virilità, nf*
virtual *virtuale-i, a*
virtue *virtù, nf*
virtuous *virtuoso-i a e, a*
virulence *virulenza-e, nf*
virulent *virulento-i a e, a*
visage *viso-i, nm*
viscosity *viscosità, nf*
viscount *visconte-i, nm*
viscous *vischioso-i a e, a*
visibility *visibilità, nf*
visible *visibile-i, a*
vision *visione-i, nf*
visionary *visionario-i a e, nmf*
visit *visita-e, nf*
to visit *visitare*
visitation *visita-e, nf*
visitor *ospite-i, nm*
visor *visiera-e, nf*
vista *vista-e, nf*
visual *visivo-i a e, a*
to visualize *immaginare*
vital *vitale-i, a*
vitality *vitalità, nf*
to vitiate *viziare*
vitreous *vitreo-i, a*
vitriol *vetriolo-i, nm*
to vituperate *vituperare*
vituperation *vituperazione-i, nf*
vivace *vivace*
vivacious *vivace-i, a*

vivacious
to vìolate *violàre*
violàtion *violaziòne-i, nf*
vìolence *violènza-e, nf*
vìolent *violènto-i a e, a*
vìolet *viòla-e, nf*
vìolin *violìno-i, nm*
vìolinist *violinìsta-i, nm*
vìper *vìpera-e, nf*
viràgo *viràgo-he, nf*
vìrgin *vèrgine-i, nf*
vìrile *virìle-i, a*
virìlity *virilità, nf*
vìrtual *virtuàle-i, a*
vìrtue *virtù, nf*
vìrtuous *virtuòso-i a e, a*
vìrulence *virulènza-e, nf*
vìrulent *virulènto-i a e, a*
vìsage *vìso-i, nm*
viskòsity *viskosità, nf*
vìskount *viskònte-i, nm*
vìskous *viskiòso-i a e, a*
visibìlity *visibilità, nf*
vìsible *visìbile-i, a*
vìsion *visiòne-i, nf*
visionàry *visionàrio-i a e, nmf*
vìsit *vìsita-e, nf*
to vìsit *visitàre*
visitàtion *vìsita-e, nf*
vìsitor *òspite-i, nm*
vìsor *visièra-e, nf*
vìsta *vìsta-e, nf*
vìsual *visìvo-i a e, a*
to vìsualize *immaginàre*
vìtal *vitàle-i, a*
vitàlity *vitalità, nf*
to vìtiate *viziare*
vìtreous *vìtreo-i, a*
vìtriol *vetriòlo-i, nm*
to vitùperate *vituperàre*
vituperàtion *vituperaziòne-i, nf*
vivàce *vivàce*
vivàcious *vivàce-i, a*

vivacity *vivacità, nf*
vivid *vivido-i a e, a*
vividness *vivacità, nf*
to vivify *animare*
vivisection *vivisezione-i, nf*
vixen *volpe-i, nf*
vizier *visir, nm*
vocabulary *vocabolario-i, nm*
vocal *vocale-i, nf*
vocalist *cantante-i, nmf*
to vocalize *vocalizzare*
vocation *vocazione-i, nf*
vocative *vocativo-i a e, a*
to vociferate *sbraitare*
vociferation *vocìo-i, nm*
vogue *voga-he, nf*
voice *voce-i, nf*
to voice *esprimere*
void *vuoto-i a e, a*
to void *annullare*
volatile *volatile-i, a*
volatility *volatilità, nf*
to volatilize *volatilizzare*
volcanic *volcanico-i a he, a*
volcano *vulcano-i, nm*
volition *volontà, nf*
volley *raffica-he, nf*
to volplane *planare*
volt *volt, nm*
voltage *voltaggio-i, nm*
voluble *fluido-i a e, a*
volume *volume-i, nm*
voluminous *voluminoso-i a e, a*
voluntary *volontario-i a e, a*
volunteer *volontario-i, a e, nmf*
voluptuous *voluttuoso-i a e, a*
voluptuousness *voluttà, nf*
to vomit *vomitare*
voracious *vorace-i, a*
voracity *voracità, nf*
vortex *vortice-i, nm*
votary *devoto-i, a e, nmf*

vivàcity *vivacità, nf*
vìvid *vìvido-i a e, a*
vìvidness *vivacità, nf*
to vìvify *animàre*
vivisèktion *vivisezione-i, nf*
vìxen *vòlpe-i, nf*
vizìer *visìr, nm*
vokàbulary *vokabolàrio-i, nm*
vòkal *vokàle-i, nf*
vòkalist *kantànte-i, nmf*
to vòkalize *vokalizzàre*
vokàtion *vokaziòne-i, nf*
vòkative *vokatìvo-i a e, a*
to vocìferate *sbraitàre*
vociferàtion *vocìo-i, nm*
vògue *vòga-e, nf*
vòice *vòce-i, nf*
to vòice *esprìmere*
vòid *vuòto-i a e, a*
to vòid *annullàre*
vòlatile *volàtile-i, a*
volatìlity *volatilità, nf*
to vòlatilìze *volatilizzàre*
volkànik *volkàniko-i a e, a*
volkàno *vulkàno-i, nm*
volìtion *volontà, nf*
vòlley *ràffika-he, nf*
to vòlplane *planàre*
vòlt *vòlt, nm*
vòltage *voltàjjo-i, nm*
vòluble *flùido-i a e, a*
vòlume *volùme-i, nm*
volùminous *voluminòso-i a e, a*
vòluntary *volontàrio-i a e, a*
voluntèer *volontàrio-i, a e, nmf*
volùptuous *voluttuòso-i a e, a*
volùptuousness *voluttà, nf*
to vòmit *vomitàre*
voràcious *voràce-i, a*
voràcity *voracità, nf*
vòrtex *vòrtice-i, nm*
vòtary *devòto-i, a e, nmf*

ci ce ca co cu ki ke ka ko ku ji je ja jo ju gi ge ga go gu
sci sce sca sco scu=shi she sha sho shu gn=q gl=y

to wake

vote *voto-i, nm*
to vote *votare*
voter *elettore-i, nm*
votive *votivo-i a e, a*
to vouch *attestare*
voucher *documento-i, nm*
to vouchsafe *accordare*
vow *voto-i, nm*
to vow *giurare*
vowel *vocale-i, nf*
voyage *viaggio-i, nm*
to voyage *viaggiare*
vulgar *volgare-i, a*
vulgarity *volgarità, nf*
vulnerable *vulnerabile-i, a*
vuture *avvoltoio-i, nm*

W
wad *ovatta-e, nf*
wadding *imbottitura-e, nf*
to waddle *camminare*
to wade *guadare*
wafer *ostia-e, nf*
to waft *trasportare*
to wag *scodinzolare*
wage *paga-he, nf*
to wage *fare*
wager *scommessa-e, nf*
wagon *carro-i, nm*
wagtail *batticoda-e, nf*
waif *ragazzino-i, a e, nmf*
wail *lamento-i, nm*
to wail *vagire*
wainscot *rivestimento-i, nm*
waist *vita-e, nf*
waistcoat *panciotto-i, nm*
to wait *aspettare*
waiter *cameriere-i, nm*
waitress *cameriera-e, nf*
to waive *desistere*
wake *scia-e, nf*
to wake *sveglare*

vòte *vòto-i, nm*
to vòte *votàre*
vòter *elettòre-i, nm*
vòtive *votìvo-i a e, a*
to vòuch *attestàre*
vòucher *documènto-i, nm*
to vouchsàfe *akkordàre*
vòw *vòto-i, nm*
to vòw *juràre*
vòwel *vokàle-i, nf*
vòyage *viàjjo-i, nm*
to vòyage *viajjàre*
vùlgar *volgàre-i, a*
vulgàrity *volgarità, nf*
vùlnerable *vulneràbile-i, a*
vùlture *avvoltòio-i, nm*

W
wàd *ovàtta-e, nf*
wàdding *imbottitùra-e, nf*
to wàddle *kamminàre*
to wàde *guadàre*
wàfer *òstia-e, nf*
to wàft *trasportàre*
to wàg *skodinzolàre*
wàge *pàga-e, nf*
to wàge *fàre*
wàger *skommèssa-e, nf*
wàgon *kàrro-i, nm*
wàgtail *battikòda-e, nf*
wàif *ragazzìno-i, a e, nmf*
wàil *lamènto-i, nm*
to wàil *vagìre*
wàinskot *rivestimènto-i, nm*
wàist *vìta-e, nf*
wàistkòat *pancòtto-i, nm*
to wàit *aspettàre*
wàiter *kamerière-i, nm*
wàitress *kamerièra-e, nf*
to wàive *desìstere*
wàke *shìa-e, nf*
to wàke *sveyàre*

wakeful *insonne-i, a*	**wàkeful** *insònne-i, a*
wakefulness *vigilanza-e, nf*	**wàkefulness** *vijilànza-e, nf*
to waken *svegliare*	**to wàken** *svèyare*
walk *cammino-i, nm*	**wàlk** *kàmmino-i, nm*
to walk *camminare*	**to wàlk** *kamminàre*
wall *muro-i,*	**wàll** *mùro-i,*
wallet *portafoglio-i, nm*	**wàllet** *portafòyo-i, nm*
to wallow *sguazzare*	**to wàllow** *sguazzàre*
walnut *noce-i, nf*	**wàlnut** *nòce-i, nf*
waltz *valzer, nm*	**wàltz** *vàlzer, nm*
wan *languido-i a e, a*	**wàn** *lànguido-i a e, a*
wand *bacchetta-e, nf*	**wànd** *bakkètta-e, nf*
to wander *percorrere*	**to wànder** *perkòrrere*
wanderer *vagabondo-i a e, nmf*	**wànderer** *vagabòndo-i a e, nmf*
wane *declino-i, nm*	**wàne** *deklìno-i, nm*
to wane *declinare*	**to wàne** *deklinàre*
to wangle *convincere*	**to wàngle** *konvìncere*
want *bisogno-i, nm*	**wànt** *bisòqo-i, nm*
to want *volere*	**to wànt** *volère*
wanting *mancante-i, a*	**wànting** *mankànte-i, a*
wanton *licenzioso-i a e, a*	**wànton** *licenziòso-i a e, a*
wantonness *licenziosità, nf*	**wàntonness** *licenziosità, nf*
to warble *gorgheggiare*	**to wàrble** *gorgejjàre*
ward *custodia-e, nf*	**wàrd** *kustòdia-e, nf*
warden *custode-i, nm*	**wàrden** *kustòde-i, nm*
warder *carceriere-i, nm*	**wàrder** *karcerière-i, nm*
wardrobe *armadio-i, nm*	**wàrdrobe** *armàdio-i, nm*
wares *merce-i, nf*	**wàres** *mèrce-i, nf*
warehouse *magazzino-i, nm*	**wàrehòuse** *magazzìno-i, nm*
warfare *guerra-e, nf*	**wàrfare** *guèrra-e, nf*
wariness *cautela-e, nf*	**wàriness** *kautèla-e, nf*
warlike *bellicoso-i a e, a*	**wàrlike** *bellikòso-i a e, a*
warm *caldo-i a e, a*	**wàrm** *kàldo-i a e, a*
to warm *scaldare*	**to wàrm** *skaldàre*
warmth *ammonire*	**wàrmth** *ammonìre*
warning *allarme-i, nf*	**wàrning** *allàrme-i, nf*
warp *ordito-i, nm*	**wàrp** *ordìto-i, nm*
to warp *curvare*	**to wàrp** *kurvàre*
warrant *mandato-i, nm*	**wàrrant** *mandàto-i, nm*
warranty *garanzia-e, nf*	**wàrranty** *garanzìa-e, nf*
warren *conigliera-e, nf*	**wàrren** *koniyèra-e, nf*
warrior *guerriero-i a e, nmf*	**wàrrior** *guerrièro-i a e, nmf*

ci ce ca co cu   ki ke ka ko ku   ji je ja jo ju   gi ge ga go gu
sci sce sca sco scu=shi she sha sho shu   gn=q   gl=y

wealth

wart *verruca-he, nf*	wàrt *verrùka-e, nf*
wary *cauto-i a e, a*	wàry *kàuto-i a e, a*
wash *bucato-i, nm*	wàsh *bukàto-i, nm*
to wash *lavare*	to wàsh *lavàre*
washing *bucato-i, nm*	wàshing *bukàto-i, nm*
wasp *vespa.e, nf*	wàsp *vèspa.e, nf*
waste *spreco-hi, nm*	wàste *sprèko-i, nm*
to waste *sprecare*	to wàste *sprekàre*
wasteful *sprecone-i a e, a*	wàsteful *sprekòne-i a e, a*
wastefulness *sciupo-i, nm*	wàstefulness *shùpo-i, nm*
wasting *deperimento-i, nm*	wàsting *deperimènto-i, nm*
wastrel *prodigo-hi a he, nmf*	wàstrel *pròdigo-i a e, nmf*
watch *orologio-i, nm*	wàtch *orolòjo-i, nm*
to watch *osservare*	to wàtch *osservàre*
watchful *vigilante-i, a*	wàtchful *vijilànte-i, a*
water *acqua-e, nf*	wàter *àkua-e, nf*
water-closet *gabinetto-i, nm*	wàter-klòset *gabinètto-i, nm*
watercolor *acquarello-i, nm*	wàterkòlor *akuarèllo-i, nm*
waterfall *cascata-e, nf*	wàterfàll *kaskàta-e, nf*
watering-place *abbeveratoio-i, nm*	wàtering-plàce *abbeveratòio-i, nm*
water-lily *ninfea-e, nf*	wàter-lìly *ninfèa-e, nf*
waterproof *impermeabile-i, a*	wàterpròof *impermeàbile-i, a*
watertight *impermeabile-i, a*	wàtertìght *impermeàbile-i, a*
waterworks *impianto-i, nm*	wàterwòrks *impiànto-i, nm*
watery *acquoso-i a e, a*	wàtery *akuòso-i a e, a*
wattle *bargiglio-i, nm*	wàttle *barjìyo-i, nm*
wave *onda-e, nf*	wàve *ònda-e, nf*
to wave *ondulare*	to wàve *ondulàre*
to waver *vacillare*	to wàver *vacillàre*
wavy *ondulato-i a e, a*	wàvy *ondulàto-i a e, a*
wax *cera-e, nf*	wàx *cèra-e, nf*
waxen *cereo-i, a*	wàxen *cèreo-i, a*
way *strada-e, nf*	wày *stràda-e, nf*
wayfarer *viandante-i, nm*	wàyfàrer *viandànte-i, nm*
wayward *ritroso-i a e, a*	wàyward *ritròso-i a e, a*
waywardness *capricciosità, nf*	wàywardness *kapricciosità, nf*
we *noi, pron*	wè *nòi, pron*
weak *debole-i, a*	wèak *dèbole-i, a*
to weaken *indebolire*	to wèaken *indebolìre*
weakly *debolmente, ad*	wèakly *debolmènte, ad*
weakness *debolezza-e, nf*	wèakness *debolèzza-e, nf*
wealth *ricchezza-e, nf*	wèalth *rikkèzza-e, nf*

wealthy *ricco-hi a he, a*
to wean *divezzare*
weapon *arma-i, nf*
wear *uso-i, nm*
to wear *indossare*
weariness *stanchezza-e, nf*
wearisome *tedioso-i a e, a*
weary *stanco-hi a he, a*
weasel *donnola-e, nf*
weather *tempo-i, nm*
weathercock *banderuola-e, nf*
to weave *tessere*
weaver *tessitore-i, nm*
weaving *tessitura-e, nf*
web *tela-e, nf*
to wed *sposare*
wedding *nozze-i, nf*
wedge *cuneo-i, nm*
to wedge *incuneare*
wedlock *matrimonio-i, nm*
Wednesday *mercoledì, nm*
weed *erbaccia-e, nf*
to weed *estirpare*
weeds *gramaglie, nf*
weedy *erboso-i a e, a*
week *settimana-e, nf*
week-day *giornata-e, nf*
weekly *settimanale-i, a*
to weep *piangere*
weigh *pesare*
weight *peso-i, nm*
weighty *gravoso-i a e, a*
weir *diga-he, nf*
weird *strano-i a e, a*
welcome *accoglienza-e, nf*
to welcome *accogliere*
to weld *saldare*
welfare *benessere-i, nm*
well *pozzo-i, nm*
well *sano-i a e, a*
Welsh *gallese-i, nm*
welter *tumulto-i, nm*

welter

wèalthy *rìkko-i a e, a*
to wèan *divezzàre*
wèapon *àrma-i, nf*
wèar *ùso-i, nm*
to wèar *indossàre*
wèariness *stankèzza-e, nf*
wèarisòme *tediòso-i a e, a*
wèary *stànko-i a e, a*
wèasel *dònnola-e, nf*
wèather *tèmpo-i, nm*
wèatherkòk *banderuòla-e, nf*
to wèave *tèssere*
wèaver *tessitòre-i, nm*
wèaving *tessitùra-e, nf*
wèb *tèla-e, nf*
to wèd *sposàre*
wèdding *nòzze-i, nf*
wèdge *kùneo-i, nm*
to wèdge *inkùneare*
wèdlòk *matrimònio-i, nm*
Wèdnesdày *merkoledì, nm*
wèed *erbàcca-e, nf*
to wèed *estirpàre*
wèeds *gramàye, nf*
wèedy *erbòso-i a e, a*
wèek *settimàna-e, nf*
wèek-dày *giornàta-e, nf*
wèekly *settimanàle-i, a*
to wèep *piànjere*
wèigh *pesàre*
wèight *pèso-i, nm*
wèighty *gravòso-i a e, a*
wèir *dìga-he, nf*
wèird *stràno-i a e, a*
wèlkome *akkoyènza-e, nf*
to wèlkome *akkòyere*
to wèld *saldàre*
wèlfare *benèssere-i, nm*
wèll *pòzzo-i, nm*
wèll *sàno-i a e, a*
Wèlsh *gallèse-i, nm*
wèlter *tumùlto-i, nm*

to welter *avvoltorare*
wen *natta-e, nf*
wench *ragazza-e, nf*
west *occidente-i, nm*
wetserly *occidentale-i, a*
western *occidentale-i, a*
westward *ovest, nm*
wet *bagnato-i a e, a*
wetness *umidità, nf*
whack *bastonata-e, nf*
to whack *bastonare*
whale *balena-e, nf*
whaler *baleniere-i, nm*
wharf *banchine-a, nf*
what *che, pron*
whatever *qualunque, pron*
whatsoever *qualunque, pron*
wheat *frumento-i, nm*
to wheedle *ottenere*
wheel *ruota-e, nf*
to wheel *spingere*
wheelbarrow *carriola-e, nf*
wheeze *respiro-i, nm*
to wheeze *ansimare*
whelk *buccina-e, nf*
to whelm *travolgere*
when *quando, ad*
whence *donde, ad*
whenever *qualvolta, ad*
where *dove, ad*
whereabouts *dove, ad*
whereas *mentre, conj*
whereby *al che, ad*
wherefore *perciò, ad*
wherefrom *da cui, ad*
wherein *nel quale, ad*
whereof *di cui, ad*
whereon *su cui, ad*
whereto *a cui, ad*
whereupon *al che, ad*
wherever *dovumque, ad*
wherewithal *con cui, ad*

to wèlter *avvoltoràre*
wèn *nàtta-e, nf*
wènch *ragàzza-e, nf*
wèst *occidènte-i, nm*
wèsterly *occidentàle-i, a*
wèstern *occidentàle-i, a*
wèstwàrds *vèrso òvest, ad*
wèt *baqàto-i a e, a*
wètness *umidità, nf*
whàk *bastonàta-e, nf*
to whàk *bastonàre*
whàle *balèna-e, nf*
whàler *balenière-i, nm*
whàrf *bankìna-e, nf*
whàt *kè, pron*
whàtever *kualùnkue, pron*
whatsoèver *kualùnkue, pron*
whèat *frumènto-i, nm*
to whèedle *ottenère*
whèel *ruòta-e, nf*
to whèel *spìnjere*
whèelbàrrow *karriòla-e, nf*
whèeze *respìro-i, nm*
to whèeze *ansimàre*
whèlk *buccìna-e, nf*
to whèlm *travòlgere*
whèn *kuàndo, ad*
whènce *dònde, ad*
whenèver *kualvòlta, ad*
whère *dòve, ad*
whèreabòuts *dòve, ad*
whèreàs *mèntre, konj*
whèreby *al kè, ad*
whèrefòre *perciò, ad*
whèrefròm *dà kùi, ad*
whereìn *nèl kuàle, ad*
whereòf *di kùi, ad*
whereòn *sù kùi, ad*
wheretò *à kùi, ad*
whereupòn *àl kè, ad*
wherèver *dovùmkue, ad*
wherewìthal *kòn kùi, ad*

whet *affilatura-e, nf*	whèt *affilatùra-e, nf*
to whet *affilare*	to whèt *affilàre*
whether *se, cong*	whèther *sè, cong*
whetstone *cote-i, nf*	whètstòne *còte-i, nf*
whetter *arrotino-i, nm*	whètter *arrotìno-i, nm*
whey *siero-i, nm*	whèy *sièro-i, nm*
which *quale, pron*	whìch *kuàle, pron*
whichever *qualunque, pron*	whichèver *kualùnkue, pron*
whiff *sbuffo-i, nm*	whìff *sbùffo-i, nm*
to whiff *sbuffare*	to whìff *sbuffàre*
wig *parrucca-he, nf*	wìg *parrùkka-e, nf*
whiggish *liberale-i, a*	whìggish *liberàle-i, a*
while *momento-i, nm*	whìle *momènto-i, nm*
while *mentre, conj*	whìle *mèntre, conj*
whilst *mentre, conj*	whìlst *mèntre, conj*
whim *capriccio-i, nm*	whìm *kaprìcco-i, nm*
whimper *piagnucolio-i, nm*	whìmper *piaqukolìo-i, nm*
to whimper *piagnucolare*	to whìmper *piaqukolàre*
whimperer *piagnucolone-i, nm*	whìmperer *piaqukolòne-i, nm*
whimsical *capriccioso-i a e, a*	whìmsikal *kapriccòso-i a e, a*
whimsicality *capricciosità, nf*	whìmsikàlity *kapriccosità, nf*
whimsically *capricciosamente, ad*	whìmsikally *kapriccosamènte, ad*
whimsy *capriccio-i, nm*	whìmsy *kaprìcco-i, nm*
whin *ginestra-e, nf*	whìn *jinèstra-e, nf*
whine *uggiolio-i, nm*	whìne *ujjolìo-i, nm*
whiner *piagnucolone-i, nm*	whìner *piaqukolòne-i, nm*
whiningly *lagnosamente, ad*	whìningly *laqosamènte, ad*
whinny *nitrite-i, nm*	whìnny *nitrìte-i, nm*
to whinny *nitrire*	to whìnny *nitrìre*
whinstone *roccia-e, nf*	whìnstòne *ròcca-e, nf*
whip *frusta-e, nf*	whìp *frùsta-e, nf*
to whip *frustare*	to whìp *frustàre*
whiplash *sferza-e, nf*	whìplash *sfèrza-e, nf*
whipper *fustigatore-i, nm*	whìpper *fustigatòre-i, nm*
whipping *fustigazione-i, nf*	whìpping *fustigazine-i, nf*
whippoorwill *uccello-i, nm*	whìppoorwìll *uccèllo-i, nm*
whipster *bambino-i a e, nmf*	whìpster *bàmbino-i a e, nmf*
whir *fruscio-i, nm*	whìr *frushìo-i, nm*
whirl *vòrtice-i, nm*	whìrl *vòrtice-i, nm*
to whirl *roteare*	to whìrl *roteàre*
whirligig *tròttola-e, nf*	whìrligìg *tròttola-e, nf*
whirlpool *vòrtice-i, nm*	whìrlpòol *vòrtice-i, nm*

whirlwind *turbine-i, nm*
whish *sìbilo-i, nm*
to whish *muovere*
whisk *scopetta-e, nf*
to whisk *spazzolare*
whiskered *baffuto-i a e, a*
whisky *liquore-i, nm*
whisper *mormorìo-i, nm*
to whisper *bisbigliare*
whisperer *mormoratore-i, nm*
whispering *mormorìo-i, nm*
whist *giuoco-hi, nm*
whistle *fischio-i, nm*
to whistle *fischiare*
whistler *fischiatore-i, nm*
white *bianco-hi a he, a*
to whiten *imbiancare*
whitener *sbiancatore-i, nm*
whiteness *bianchezza-e, nf*
whitening *gesso-i, nm*
whitethorn *biancospino-i, nm*
whitethroat *uccello-i, nm*
whitewash *calce-i, nf*
to whitewash *sbiancare*
whitewasher *imbianchino-i, nm*
whither *dove, ad*
whiting *gesso-i, nm*
whitlow *patereccio-i, nm*
whittle *coltello-i, nm*
whiz *esperto-i, nm*
who *chi, pron*
whom *del quale, pron*
whoever *chiumque, pron*
whole *tutto-i a e, a*
wholesale *ingrosso-i, nm*
wholesaler *grossista-i, nm*
wholesome *sano-i, nm*
wholesomeness *salubrità, nf*
wholly *completamente, ad*
whoop *grido-i, nm*
to whoop *gridare*
whooping cough *pertosse-i, nf*

whìrlwìnd *tùrbine-i, nm*
whìsh *sìbilo-i, nm*
to whìsh *muòvere*
whìsk *skopètta-e, nf*
to whìsk *spazzolàre*
whìskered *baffùto-i a e, a*
whìsky *likùore-i, nm*
whìsper *mormorìo-i, nm*
to whìsper *bisbiyàre*
whìsperer *mormoratòre-i, nm*
whìspering *mormorìo-i, nm*
whìst *juòco-i, nm*
whìstle *fìskio-i, nm*
to whìstle *fìskiàre*
whìstler *fìskiatòre-i, nm*
whìte *biànko-i a e, a*
to whìten *imbiankàre*
whìtener *sbiankatòre-i, nm*
whìteness *biankèzza-e, nf*
whìtening *jèsso-i, nm*
whìtethòrn *biankospìno-i, nm*
whìtethròat *ucèllo-i, nm*
whìtewàsh *kàlce-i, nf*
to whitewàsh *sbiankàre*
whìtewàsher *imbiankìno-i, nm*
whìther *dòve, ad*
whìting *jèsso-i, nm*
whìtlow *paterècco-i, nm*
whìttle *koltèllo-i, nm*
whìz *espèrto-i, nm*
whò *kì, pron*
whòm *dèl kuale, pron*
whoèver *kiùmkue, pron*
whòle *tùtto-i a e, a*
wholesàle *ingròsso-i, nm*
wholesàler *grossìsta-i, nm*
wholesòme *sàno-i, nm*
whòlesomeness *salubrità, nf*
whòlly *kompletamènte, ad*
whòop *grìdo-i, nm*
to whòop *gridàre*
whòoping kòugh *pertòsse-i, nf*

to whop *battere*
whopper *bugia-e, nf*
whopping *enorme-i, a*
whore *prostituta-e, nf*
to whore *prostituire*
whoredom *prostituzione-i, nf*
whorl *verticello-i, nm*
whortleberry *mirtillo-i, nm*
whose *di chi, pron*
why *perchè, ad*
wick *lucignolo-i, nm*
wicked *cattivo-i a e, a*
wickedly *perversamente, ad*
wickedness *cattiveria-e, nf*
wicker *vimine-i, nm*
wickered *di vimini, a*
wicket *porticina-e, nf*
wide *largo-hi a he, a*
wide *largamente, ad*
wide *ampiezza-e, nf*
widely *largamente, ad*
to widen *allargare*
wideness *larghezza-e, nf*
widgeon *anitra-e, nf*
widow *vedova-e, nf*
to widow *vedovare*
widower *vedovo-i, nm*
widowhood *vedovanza-e, nf*
width *larghezza-e, nf*
to wield *reggere*
wife *moglie-i, nf*
wifeless *senza moglie, a*
wife-like *da moglie, a*
wig *parrucca-he, nf*
to wig *rimproverare*
wigged *imparruccato-i a e, a*
wigging *rimprovero-i, nm*
to wiggle *spingere*
wigwam *tenda-e, nf*
wild *selvaggio-i, a*
wild *sfrenato-i a e, a*
wild *deserto-i, nm*

to whòp *bàttere*
whòpper *bugìa-e, nf*
whòpping *enòrme-i, a*
whòre *prostitùta-e, nf*
to whòre *prostituìre*
whòredom *prostituziòne-i, nf*
whòrl *verticèllo-i, nm*
whòrtlebèrry *mirtìllo-i, nm*
whòse *dì kì, pron*
whỳ *perkè, ad*
wìk *lucìqolo-i, nm*
wìked *kattìvo-i a e, a*
wìkedly *perversamènte, ad*
wìkedness *kattivèria-e, nf*
wìker *vìmine-i, nm*
wìkered *di vìmini, a*
wìket *porticìna-e, nf*
wìde *làrgo-i a e, a*
wìde *largamènte, ad*
wìde *ampièzza-e, nf*
wìdely *largamènte, ad*
to wìden *allargàre*
wìdeness *largèzza-e, nf*
wìdgeon *ànitra-e, nf*
wìdow *vèdova-e, nf*
to wìdow *vedovàre*
wìdower *vèdovo-i, nm*
wìdowhòod *vedovànza-e, nf*
wìdth *largèzza-e, nf*
to wìeld *rèjjere*
wìfe *mòye-i, nf*
wìfeless *sènza mòye, a*
wìfe-lìke *dà mòye, a*
wìg *parrùkka-e, nf*
to wìg *rimproveràre*
wìgged *imparrukkàto-i a e, a*
wìgging *rimpròvero-i, nm*
to wìggle *spìnjere*
wìgwàm *tènda-e, nf*
wìld *selvàjjo-i, a*
wìld *sfrenàto-i a e, a*
wìld *desèrto-i, nm*

ci ce ca co cu   ki ke ka ko ku   ji je ja jo ju   gi ge ga go gu
sci sce sca sco scu=shi she sha sho shu   gn=q   gl=y

windlass

wilderness *deserto-i, nm*
wildfire *fuoco-hi, nm*
wilding *pianta-e, nf*
wildly *selvaggiamente, ad*
wildness *selvatichezza-e, nf*
wile *astuzia-e, nf*
willful *ostinato-i a e, a*
willfully *volontariamente, ad*
willfulness *caparbietà, nf*
wilily *astutamente, ad*
wiliness *astuzia-e, nf*
will *volontà, nf*
to will *disporre*
William *Guglielmo, nm*
willing *volentoroso-i a e, a*
willingly *volentieri, ad*
willingness *volontà, nf*
will-o'-the-wisp *fuoco fatuo, nm*
willow *salice-i, nm*
willowy *di salice, a*
Willy *Guglielmo, nm*
willy-nilly *volente o nolente, ad*
to wilt *appassire*
wily *astuto-i a e, a*
wimple *soggolo-i, nm*
win *vittoria-e, nf*
to win *vincere*
wince *sobbazo-i, nm*
to wince *sobbalzare*
wincey *tessuto-i, nm*
winch *manovella-e, nf*
wind *vento-i, nm*
wind *curva-e, nf*
to wind *fiutare*
to wind *serpeggiare*
windbag *parolaio-i a e, nmf*
windfall *fortuna-e, nf*
windiness *ventosità, nf*
winding *sinuoso-i a e, a*
winding *curva-e, nf*
windingly *sinuosamente, ad*
windlass *verricello-i, nm*

wìlderness *desèrto-i, nm*
wìldfire *fuòko-hi, nm*
wìlding *piànta-e, nf*
wìldly *selvajjamente, ad*
wìldness *selvatikèzza-e, nf*
wìle *astùzia-e, nf*
wìllful *ostinàto-i a e, a*
wìllfully *volontariamènte, ad*
wìllfulness *kaparbietà, nf*
wìlily *astutamènte, ad*
wìliness *astùzia-e, nf*
wìll *volontà, nf*
to wìll *dispòrre*
Wìlliam *Guyèlmo, nm*
wìlling *volentoròso-i a e, a*
wìllingly *volentièri, ad*
wìllingness *volontà, nf*
wìll-o'-the-wìsp *fuòko fàtuo, nm*
wìllow *sàlice-i, nm*
wìllowy *dì sàlice, a*
Wìlly *Guyèlmo, nm*
wìlly-nìlly *volènte o nolènte, ad*
to wìlt *appassìre*
wìly *astùto-i a e, a*
wìmple *soggòlo-i, nm*
wìn *vittòria-e, nf*
to wìn *vìncere*
wìnce *sobbàlzo-i, nm*
to wìnce *sobbalzàre*
wìncey *tessùto-i, nm*
wìnch *manovèlla-e, nf*
wìnd *vènto-i, nm*
wìnd *kùrva-e, nf*
to wìnd *fiutàre*
to wìnd *serpejjàre*
wìndbag *parolàio-i a e, nmf*
wìndfall *fortùna-e, nf*
wìndiness *ventosità, nf*
wìnding *sinuòso-i a e, a*
wìnding *kùrva-e, nf*
wìndingly *sinuosamènte, ad*
wìndlass *verricèllo-i, nm*

wish

windless *senza vento, a*
windmill *mulino-i, nm*
windpipe *trachea-e, nf*
windward *controvento, ad*
windy *ventoso-i a e, a*
wine *vino-i, nm*
wing *ala-e, nf*
to wing *volare*
winged *alato-i a e, a*
wingless *senz'ali, a*
wink *segno-i, nm*
to wink *ammiccare*
winking *segnale-i, nm*
winkle *chiocciola-e, nf*
winner *vincitore-i, nm*
winnings *vincite, nf*
winningly *affascinatamente, ad*
to winnow *ventilare*
winnower *vaglio-i, nm*
winsome *affascinante-i, a*
winter *inverno-i, nm*
winterly *invernale-i, a*
wintriness *rigidità invernale, nf*
wintry *invernale-i, a*
winy *vinoso-i a e, a*
wipe *asciugatina-e, nf*
to wipe *asciugare*
wire *filo-i, nm*
to wire *telegrafare*
wiredrawn *forzato-i a e, a*
wireless *senza fili, a*
to wireless *trasmettere*
wirily *tenacemente, ad*
wiriness *robustezza-e, nf*
wiry *robusto-i a e, a*
wisdom *saggezza-e, nf*
wise *saggio-i a e, a*
wise *maniera-e, nf*
wise policy *politica saggia, nf*
wiseacre *saccente-i, nm*
wisely *saggiamente, ad*
wish *desiderio-i, nm*

wìndless *sènza vènto, a*
wìndmìll *mulìno-i, nm*
wìndpìpe *trakèa-e, nf*
wìndwàrd *kontrovènto, ad*
wìndy *ventòso-i a e, a*
wìne *vìno-i, nm*
wìng *àla-e, nf*
to wìng *volàre*
wìnged *alàto-i a e, a*
wìngless *senz'àli, a*
wìnk *sèqo-i, nm*
to wìnk *ammikkàre*
wìnking *seqàle-i, nm*
wìnkle *kiòccola-e, nf*
wìnner *vincitòre-i, nm*
wìnnings *vìncite, nf*
wìnningly *affashinatamente, ad*
to wìnnow *ventilàre*
wìnnower *vàyo-i, nm*
wìnsome *affashinànte-i, a*
wìnter *invèrno-i, nm*
wìnterly *invernàle-i, a*
wìntriness *rigidità invernàle, nf*
wìntry *invernàle-i, a*
wìny *vinòso-i a e, a*
wìpe *ashugatina-e, nf*
to wìpe *ashugàre*
wìre *filo-i, nm*
to wìre *telegrafàre*
wìredrawn *forzàto-i a e, a*
wìreless *sènza fili, a*
to wìreless *trasmèttere*
wìrily *tenacemènte, ad*
wìriness *robustèzza-e, nf*
wìry *robùsto-i a e, a*
wìsdom *sajjèzza-e, nf*
wìse *sàjjo-i a e, a*
wìse *manièra-e, nf*
wìse pòlicy *polìtika sàjja, nf*
wìseàkre *saccènte-i, nm*
wìsely *sajjamènte, ad*
wìsh *desidèrio-i, nm*

to wish *desiderare*	to wìsh *desideràre*
wisher *chi desidera, nmf*	wìsher *kì desìdera, nmf*
wishful *desideroso-i a e, a*	wìshful *desideròso-i a e, a*
wishfully *desiderosamente, ad*	wìshfully *desiderosamènte, ad*
wishing-bone *osso biforcuto, nm*	wìshing-bòne *òsso biforkùto, nm*
wishing cap *berretto magico, nm*	wìshing kàp *berrètto màjiko, nm*
wish-wash *broda-e, nf*	wìsh-wàsh *bròda-e, nf*
wisp *fastello-i, nm*	wìsp *fastèllo-i, nm*
wisteria *glicine-i, nm*	wistèria *glìcine-i, nm*
wistful *desideroso-i a e, a*	wìstful *desideròso-i a e, a*
wistfully *desiderosamente, ad*	wìstfully *desiderosamènte, ad*
wistfulness *ansia-e, nf*	wìstfulness *ànsia-e, nf*
wit *senso-i, nm*	wìt *sènso-i, nm*
to wit *sapere*	to wìt *sapère*
witch *strega-he, nf*	wìtch *strèga-e, nf*
to witch *affascinare*	to wìtch *affashinàre*
witchcraft *stregneria-e, nf*	wìtchkràft *stregerìa-e, nf*
witchery *incantesimo-i, nm*	wìtchery *inkantèsimo-i, nm*
with *con, prep*	wìth *kòn, prep*
withal *al tempo stesso, ad*	wìthal *àl tèmpo stèsso, ad*
to withdraw *ritirare*	to withdràw *ritiràre*
withdrawal *ritiro-i, nm*	withdràwal *ritìro-i, nm*
to whiter *dissecare*	to wìther *dissekkàre*
witheringly *avvizzire*	witheringly *avvizzìre*
to withhold *trattenere*	to wìthhòld *trattenère*
within *entro, prep*	wìthin *èntro, prep*
without *senza, prep*	withòut *sènza, prep*
to withstand *resistere*	to withstànd *resìstere*
witless *sciocco-hi a he, a*	wìtless *shòkko-i a e, a*
witling *spiritoso-i a e, a*	wìtling *spiritòso-i a e, a*
witness *testimone-i, nm*	wìtness *testimòne-i, nm*
to witness *testimoniare*	to wìtness *testimoniàre*
witticism *spiritosità, nf*	wìtticism *spiritosità, nf*
wittily *spiritosamente, d*	wìttily *spiritosamènte, d*
wittiness *spiritosità, nf*	wìttiness *spiritosità, nf*
wittingly *consapevolmente, ad*	wìttingly *konsapevolmènte, ad*
witty *spiritoso-i a e, a*	wìtty *spiritòso-i a e, a*
wivern *dragone-i, nm*	wìvern *dragòne-i, nm*
wizard *stregone-i, nm*	wìzard *stregòne-i, nm*
wizened *magro-i a e, a*	wìzened *màgro-i a e, a*
woad *guado-i, nm*	wòad *guàdo-i, nm*
wobble *dondolio-i, nm*	wòbble *dondolìo-i, nm*

to wòbble *dondolare*
woe *dolore-i, nm*
woebegone *tristezza-e, nf*
woeful *doloroso-i a e, a*
wold *brugiera-e, nf*
wolf *lupo-i, nm*
to wolf *divorare*
wolfish *come lupo- a*
wolfram *tungstato-i, nm*
woman *donna-e, nf*
womanhood *femminilità, nf*
womanish *effeminate-i a e, a*
to womanize *andare a donne*
womanlike *femminile-i, a*
womanliness *femminilità, nf*
womanly *femminile-i, a*
womb *utero-i, nm*
wombat *marsupiale-i, nm*
wonder *meraviglia-e, nf*
to wonder *meravigliare*
wonderful *meraviglioso-i a e, a*
wonderfully *mirabilmente, ad*
wonderingly *meravigliosamente, ad*
wonderment *stupore-i, nm*
wondrous *meraviglioso-i a e, a*
wondrously *meravigliosamente, ad*
wont *solito-i a e, a*
wont *uso-i, nm*
to wont *solere*
wonted *abituale-i, a*
to woo *chiedere*
wood *legno-i, nm*
woodbine *caprifoglio-i, nm*
woodcock *beccaccia-e, nf*
woodcut *incisione-i, nm*
wooded *boschivo-i, a*
wooden *di legno, a*
woodenness *legnosità, nf*
woodhouse *legnaia-e, nf*
woodiness *boscosità, nf*
woodland *boschi, nm*
woodless *senza legno, a*

to wòbble *dondolàre*
wòe *dolòre-i, nm*
wòebegòne *tristèzza-e, nf*
wòeful *doloròso-i a e, a*
wòld *brugièra-e, nf*
wòlf *lùpo-i, nm*
to wòlf *divoràre*
wòlfish *kòme lùpo- a*
wòlfram *tungstàto-i, nm*
wòman *dònna-e, nf*
wòmanhòod *femminilità, nf*
wòmanish *effemìnato-i a e, a*
to wòmanize *andàre a dònne*
wòmanlìke *femminìle-i, a*
wòmanliness *femminilità, nf*
wòmanly *femminìle-i, a*
wòmb *ùtero-i, nm*
wòmbàt *marsupiàle-i, nm*
wònder *meravìya-e, nf*
to wònder *meraviyàre*
wònderful *meraviyòso-i a e, a*
wònderfully *mirabilmènte, ad*
wònderingly *meraviyosamènte, ad*
wònderment *stupòre-i, nm*
wòndrous *meraviyòso-i a e, a*
wòndrously *meraviyosamènte, ad*
wònt *sòlito-i a e, a*
wònt *ùso-i, nm*
to wònt *solère*
wònted *abituàle-i, a*
to wòo *kièdere*
wòod *lèqo-i, nm*
wòodbine *kaprifòyo-i, nm*
wòodkòk *bekkàcca-e, nf*
wòodkùt *incisiòne-i, nm*
wòoded *boskìvo-i, a*
wòoden *di lèqo, a*
wòodenness *leqosità, nf*
wòodhòuse *leqàia-e, nf*
wòodiness *boskosità, nf*
wòodlànd *bòski, nm*
wòodless *sènza lèqo, a*

woodpecker *picchio-i, nm*	wòodpèker *pìkkio-i, nm*
woodsman *boscaiolo-i, nm*	wòodsmàn *boskàiolo-i, nm*
woodwork *lavoro in legno, nm*	wòodwòrk *lavòro in lèqo, nm*
woody *boscoso-i a e, a*	wòody *boskòso-i a e, a*
wooer *corteggiatore-i, nm*	wòoer *kortejjatòre-i, nm*
wooingly *con preghiere, ad*	wòoingly *kòn pregière, ad*
woof *trama, nm*	wòof *tràma, nm*
wool *lana-e, nf*	wòol *làna-e, nf*
wollen *cardato-i a e, a*	wòllen *kardàto-i a e, a*
wolliness *lanosità, nf*	wòlliness *lanosità, nf*
wooly *lanuto-i a e, a*	wòoly *lanùto-i a e, a*
woolsack *cuscino-i, nm*	wòolsak *kushìno-i, nm*
word *parola-e, nf*	wòrd *paròla-e, nf*
words *vanterie, nf*	wòrds *vanterìe, nf*
to word *mettere in parole*	to wòrd *mèttere in paròle*
wordily *verbosamente, ad*	wòrdily *verbosamènte, ad*
wordiness *verbosità, nf*	wòrdiness *verbosità, nf*
wording *dicitura-e, nf*	wòrding *dicitùra-e, nf*
work *lavoro-i, nm*	wòrk *lavòro-i, nm*
to work *lavorare*	to wòrk *lavoràre*
workability *lavorabilità, nf*	wòrkabìlity *lavorabilità, nf*
workable *lavorabile-i, a*	wòrkable *lavoràbile-i, a*
workaday *ordinario-i, nm*	wòrkadày *ordinàrio-i, nm*
workday *giorno di lavoro, nm*	wòrkdày *jòrno dì lavòro, nm*
worker *lavoratore-i, nm*	wòrker *lavoratòre-i, nm*
workhouse *ospizio-i, nm*	wòrkhòuse *ospìzio-i, nm*
working *lavorazione-i, nm*	wòrking *lavoraziòne-i, nm*
workless *disoccupato-i a e, a*	wòrkless *disokkupàto-i a e, a*
workman *lavoratore-i, nm*	wòrkmàn *lavoratòre-i, nm*
workmanlike *abile-i, a*	wòrkmànlike *àbile-i, a*
workmanship *abilità, nf*	wòrkmànship *abilità, nf*
workshop *officina-e, nf*	wòrkshòp *officìna-e, nf*
workwoman *lavoratrice-i, nf*	wòrkwòman *lavoratrìce-i, nf*
world *mondo-i, nm*	wòrld *mòndo-i, nm*
worldliness *mondanità, nf*	wòrldliness *mondanità, nf*
wordling *mondano-i a e, nmf*	wòrdling *mondàno-i a e, nmf*
wordly *mondano-i a e, a*	wòrdly *mondàno-i a e, a*
worm *verme-i, nm*	wòrm *vèrme-i, nm*
to worm *muovere*	to wòrm *muòvere*
wormwood *assenzio-i, nm*	wòrmwòod *assènzio-i, nm*
worn *consumato-i a e, a*	wòrn *konsumàto-i a e, a*
worried *annoiato-i a e, a*	wòrried *annoiàto-i a e, a*

worredly *annoiatamente, ad*
worrier *tormentatore-i, nm*
worriless *senza preoccupazioni, a*
worry *disturbo-i, nm*
to worry *preoccupare*
worrying *tormentoso-i a e, a*
worse *peggiore-i, a*
to worsen *indebolire*
worship *adorazione-i, nf*
to worship *adorare*
worshipful *onorabile-i, a*
worshipfulness *onorabilità, nf*
worshipper *adoratore-i, nm*
worst *peggiore, ad*
worsted *pettinato-i, nm*
worth *valevole-i, a*
worth *valore-i, nm*
worthily *degnamente, ad*
worthiness *rispettabilità, nf*
worthless *indegno-i, a*
worthlessness *indegnità, nf*
worthy *degno-i a e, a*
would-be *chi vorrebbe essere, a*
wound *ferita-e, nf*
to wound *ferire*
woundless *senza ferrite, a*
wow *grandioso-i a e, a*
wrack *alga-he, nf*
wraith *fantasma-i, nm*
wrangle *alterco-hi-i, nm*
to wrangle *altercare*
wrangler *disputatore*
wrap *fazzoletto-i, nm*
to wrap *avvolgere*
wrapper *fascetta-e, nf*
wrath *collera-e, nf*
wrathful *irato-i a e, a*
wrathfully *irosamente, ad*
wrathfulness *rabbia-e, nf*
to wreak *sfogare*
wreath *ghirlanda-e, nf*
to wreathe *inghirlandare*

wòrredly *annoiatamènte, ad*
wòrrier *tormentatòre-i, nm*
wòrriless *sènza preoccupaziòni, a*
wòrry *distùrbo-i, nm*
to wòrry *preokkupàre*
wòrrying *tormentòso-i a e, a*
wòrse *pejjòre-i, a*
to wòrsen *indebolìre*
wòrship *adoraziòne-i, nf*
to wòrship *adoràre*
wòrshipful *onoràbile-i, a*
wòrshipfulness *onorabilità, nf*
wòrshipper *adoratòre-i, nm*
wòrst *pejjòre, ad*
wòrsted *pettinàto-i, nm*
wòrth *valèvole-i, a*
wòrth *valòre-i, nm*
wòrthily *deqamènte, ad*
wòrthiness *rispettabilità, nf*
wòrthless *indèqo-i, a*
wòrthlessness *indeqità, nf*
wòrthy *dèqo-i a e, a*
wòuld-bè *kì vorrèbbe èssere, a*
wòund *ferìta-e, nf*
to wòund *ferìre*
wòundless *sènza ferìte, a*
wòw *grandiòso-i a e, a*
wràk *àlga-e, nf*
wràith *fantàsma-i, nm*
wràngle *altèrko-i-i, nm*
to wràngle *alterkàre*
wràngler *disputatòre*
wràp *fazzolètto-i, nm*
to wràp *avòljere*
wràpper *fashètta-e, nf*
wràth *kòllera-e, nf*
wràthful *iràto-i a e, a*
wràthfully *irosamènte, ad*
wràthfulness *ràbbia-e, nf*
to wrèak *sfogàre*
wrèath *girlànda-e, nf*
to wrèathe *ingirlandàre*

ci ce ca co cu   ki ke ka ko ku   ji je ja jo ju   gi ge ga go gu   521
sci sce sca sco scu=shi she sha sho shu   gn=q   gl=y

wrongful

wreck *rovina-e, nf*	**wrèk** *rovìna-e, nf*
to wreck *distruggere*	**to wrèk** *distrùjjere*
wreckage *relitti, nm*	**wrèkage** *relìtti, nm*
wrecker *distruttore-i, nm*	**wrèker** *distruttòre-i, nm*
wren *scricciolo-i, nm*	**wrèn** *skrìccolo-i, nm*
wrench *strappo-i, nm*	**wrènch** *stràppo-i, nm*
to wrench *strappare*	**to wrènch** *strappàre*
wrest *contorsione-i, nf*	**wrèst** *kontorsiòne-i, nf*
to wrest *torcere*	**to wrèst** *tòrcere*
wrestle *lotta-e, nf*	**wrèstle** *lòtta-e, nf*
to wrestle *lottare*	**to wrèstle** *lottàre*
wrestler *lottatore*	**wrèstler** *lottatòre*
wrestling *lotta-e. nf*	**wrèstling** *lòtta-e. nf*
wretch *miserabile-i, nm*	**wrètch** *miseràbile-i, nm*
wretched *miserabile-i, a*	**wrètched** *miseràbile-i, a*
wretchedly *miseramente, ad*	**wrètchedly** *miseramènte, ad*
wretchedness *miseria-e, nf*	**wrètchedness** *misèria-e, nf*
wrick *slogatura-e, nf*	**wrìk** *slogatùra-e, nf*
to wrick *storcere*	**to wrìk** *stòrcere*
wriggle *contorsione-i, nf*	**wrìggle** *kontorsiòne-i, nf*
to wriggle *contorcere*	**to wrìggle** *kontòrcere*
wring *pressione-i, nmf*	**wrìng** *pressiòne-i, nmf*
to wring *torcere*	**to wrìng** *tòrcere*
wrinkle *ruga-he, nf*	**wrìnkle** *rùga-e, nf*
to wrinkle *corrugare*	**to wrìnkle** *korrugàre*
wrinkled *rugoso-i a e, a*	**wrìnkled** *rugòso-i a e, a*
wrinkly *rugoso-i a e, a*	**wrìnkly** *rugòso-i a e, a*
wrist *polso-i, nm*	**wrìst** *pòlso-i, nm*
wristband *polsino-i, nm*	**wrìstbànd** *polsìno-i, nm*
wristlet *braccialetto-i, nm*	**wrìstlet** *braccalètto-i, nm*
writ *scritto-i, nm*	**wrìt** *skrìtto-i, nm*
to write *scrivere*	**to wrìte** *skrìvere*
writer *scrittore-i, nm*	**wrìter** *skrittòre-i, nm*
writhe *contorcimento-i, nm*	**wrìthe** *kontorcimènto-i, nm*
to writhe *contorcere*	**to wrìthe** *kontòrcere*
writing *scrittura-e, nf*	**wrìting** *skrittùra-e, nf*
wrong *errato-i a e, a*	**wròng** *erràto-i a e, a*
wrong *erroneamente, ad*	**wròng** *erroneamènte, ad*
wrong *errore-i, nm*	**wròng** *erròre-i, nm*
to wrong *offendere*	**to wròng** *offèndere*
wrongdoer *malfattore-i, nm*	**wròngdòer** *malfattòre-i, nm*
wrongful *ingiusto-i, a*	**wròngful** *injùsto-i, a*

wrongfulness ingiustizia-e, nf
wrongly ingiustamente, ad
wrought lavorato-i, a
wry storto-i a e, a
wryly di traverse, ad
wryness stortura-e, nf

X
Xenophon Senofonte, nm
xylograph silografia-e, nf
xylography silografia, nf
xylophone silofono-i, nm

Y
yacht panfilo-i, nm
yachter capitano-i, nm
yatching il viaggiare, nm
yachtsman capitano-i, nm
yaffle picchio-i, nm
yahoo zoticone-i, nm
yank strappone-i, nm
to yank tirare
Yankee americano-i a e, nmf
yap abbaio-i, nm
to yap latrare
yard cortile-i, nm
yarn filato-i, nm
to yarn raccontare
yarrow millefoglio-i, nm
yaskmak velo-i, nm
yataghan sciabola-e, nf
to yaw deviare
yawl iole-i, nf
yawn sbadiglio-i, nm
to yawn sbadigliare
yawning aperto-i, a
yawningly sbadigliando, ad
yea si, ad
to yean partorire
yeanling agnellino-i, nm
year anno-i, nm
yearling puledro-i, nm

wròngfulness injustìzia-e, nf
wròngly injustamènte, ad
wròught lavoràto-i, a
wrỳ stòrto-i a e, a
wrỳly di travèrso, ad
wrỳness stortùra-e, nf

X
Xènophon Senofònte, nm
xỳlograph silografìa-e, nf
xylògraphy silografìa, nf
xỳlophòne silòfono-i, nm

Y
yàcht pànfilo-i, nm
yàchter capitàno-i, nm
yàtching il viajjàre, nm
yàchtsmàn capitàno-i, nm
yàffle pìkkio-i, nm
yàhoo zotikòne-i, nm
yànk strappòne-i, nm
to yànk tiràre
Yànkee amerikàno-i a e, nmf
yàp abbàio-i, nm
to yàp latràre
yàrd kortìle-i, nm
yàrn filàto-i, nm
to yàrn rakkontàre
yàrrow millefòyo-i, nm
yàskmak vèlo-i, nm
yàtaghan shiàbola-e, nf
to yàw deviàre
yàwl iòle-i, nf
yàwn sbadìyo-i, nm
to yàwn sbadiyàre
yàwning apèrto-i, a
yàwningly sbadiyàndo, ad
yèa sì, ad
to yèan partorìre
yèanling aqellìno-i, nm
yèar ànno-i, nm
yèarling pulèdro-i, nm

ci ce ca co cu   ki ke ka ko ku   ji je ja jo ju   gi ge ga go gu
sci sce sca sco scu=shi she sha sho shu   gn=q   gl=y

yearly *annuale-i, a*
to yearn *bramare*
yearning *desideroso-i a e, a*
yearningly *bramosamente, ad*
yeast *fermento-i, nm*
to yeast *fermentare*
yeasty *fermentante-i, a*
yegg *ladro-i a e, nmf*
yell *urlo-i, nm*
to yell *urlare*
yellow *giallo-i, a*
to yellow *ingiallire*
yellowish *giallastro-i a e, a*
yellowness *giallore-i, nm*
yellowy *gialliccio-i a e, a*
yelp *guaito-i, nm*
to yelp *guaire*
yen *ièn, nm*
yeoman *proprietario-i, nm*
yeomanly *cavalleria-e, nf*
yes *sì, ad*
yesterday *ieri, ad*
yestermorn *ieri mattina, ad*
yesternight *ieri sera, ad*
yesteryear *l'anno scorso, ad*
yet *ancora, ad*
yew *tasso-i, nm*
Yiddish *parlata ebrea, nf*
yield *raccolto-i, nm*
to yield *cedere*
yieldable *cedibile-i, a*
yielding *cedevole-i, a*
yieldingly *compiacentemente, ad*
yodle *canto tirolese, nm*
to yodle *cantare*
to yoick *gridare*
yoicks *grido-i, nm*
yoke *giogo-hi, nm*
to yoke *aggiogare*
yokel *zoticone-i, nm*
yolk *torlo-i, nm*
yonder *laggiù, ad*

yèarly *annuàle-i, a*
to yèarn *bramàre*
yèarning *desideròso-i a e, a*
yèarningly *bramosamènte, ad*
yèast *fermènto-i, nm*
to yèast *fermentàre*
yèasty *fermentànte-i, a*
yègg *làdro-i a e, nmf*
yèll *ùrlo-i, nm*
to yèll *urlàre*
yèllow *jàllo-i, a*
to yèllow *injallìre*
yèllowish *jallàstro-i a e, a*
yèllowness *jàllore-i, nm*
yèllowy *jallìcco-i a e, a*
yèlp *guaìto-i, nm*
to yèlp *guaìre*
yèn *ièn, nm*
yeòman *proprietàrio-i, nm*
yeòmanly *kavallerìa-e, nf*
yès *sì, ad*
yèsterdày *ièri, ad*
yèstermòrn *ièri mattìna, ad*
yèsternìght *ièri sèra, ad*
yèsteryèar *l'ànno skòrso, ad*
yèt *ankòra, ad*
yèw *tàsso-i, nm*
Yìddish *parlàta ebrèa, nf*
yìeld *rakkòlto-i, nm*
to yìeld *cèdere*
yìeldable *cedìbile-i, a*
yìelding *cedèvole-i, a*
yìeldingly *kompiacentemènte, ad*
yòdle *kànto tiròlese, nm*
to yòdle *kantàre*
to yòik *gridàre*
yòiks *grìdo-i, nm*
yòke *jògo-hi, nm*
to yòke *ajjogàre*
yòkel *zotikòne-i, nm*
yòlk *tòrlo-i, nm*
yònder *lajjù, ad*

zinnia

yore *anticamente, ad*
you *tu voi lei, pron*
young *giovane-i, nm*
youngish *giovanile-i, a*
youngling *giovane-i, nm*
youngster *ragazzo-i a e, nmf*
younker *giovane-i, nm*
your *tuo, vostro pron*
yours *il tuo..., pron*
yourself *te stesso, pron*
youth *gioventù, nf*
youthful *giovanile-i, a*
youthfully *giovanilmente, ad*
youthfulness *giovinezza-e, nf*
yucca *iucca-he, nf*
Yugoslavia *Iugoslavia, nf*
yule *Natale, nm*

Z

Zambia *Zambia, nf*
Zabreb *Zagabria, nf*
zany *buffone-i, nm*
zareba *palizzata-e, nf*
zeal *zelo-i, nm*
zealot *zelante-i, nm*
zealotism *zelo-i, nm*
zealous *zelante-i, nm*
zealously *zelantemente, ad*
zebra *zebra-e, nf*
zebu *zebù, nm*
zenith *zenit, nm*
zephyr *brezza-e, nf*
zero *zero-i, nm*
zest *sapore-i, nm*
zestful *saporito-i a e, a*
zeta *zeta, nf*
zeugma *zeugma, nf*
zigzag *zigzag, nm*
zinc *zinco, nm*
to zinc *zincare*
zingaro *zingaro-i a e, nmf*
zinnia *zinnia-e, nf*

yòre *antikamènte, ad*
yoù *tù vòi lèi, pron*
yòung *jòvane-i, nm*
yòungish *jovanìle-i, a*
yòungling *jòvane-i, nm*
yòungster *ragàzzo-i a e, nmf*
yòunker *jòvane-i, nm*
yòur *tùo vòstro, pron*
yòurs *il tùo..., pron*
yoursèlf *tè stèsso, pron*
yòuth *joventù, nf*
yoùthful *jovanìle-i, a*
yòuthfully *jovanilmènte, ad*
yòuthfulness *jovinèzza-e, nf*
yùkka *iùkka-e, nf*
Yugoslàvia *Iugoslàvia, nf*
yùle *Natàle, nm*

Z

Zàmbia *Zàmbia, nf*
Zàgreb *Zagàbria, nf*
zàny *buffòne-i, nm*
zarèba *palizzàta-e, nf*
zèal *zèlo-i, nm*
zèalot *zelànte-i, nm*
zèalotism *zèlo-i, nm*
zèalous *zelànte-i, nm*
zèalously *zelantemènte, ad*
zèbra *zèbra-e, nf*
zèbu *zebù, nm*
zènith *zènit, nm*
zèphyr *brèzza-e, nf*
zèro *zèro-i, nm*
zèst *sapòre-i, nm*
zèstful *saporìto-i a e, a*
zèta *zèta, nf*
zeùgma *zeùgma, nf*
zìgzàg *zigzàg, nm*
zìnk *zìnko, nm*
to zìnk *zinkàre*
zìngaro *zìngaro-i a e, nmf*
zìnnia *zìnnia-e, nf*

ci ce ca co cu   ki ke ka ko ku   ji je ja jo ju   gi ge ga go gu
sci sce sca sco scu=shi she sha sho shu   gn=q   gl=y

Zion *Sion, nm*	**Zìon** *Sìon, nmintan*
Zionism *sionismo, nm*	**Zìonism** *sionìsmo, nm*
Zionist *sionista, nm*	**Zìonist** *sionìsta, nm*
zip *vigore-i, nm*	**zìp** *vigòre-i, nm*
zip-fastener *chiusura lampo, nf*	**zìp-fàstener** *kiusùra làmpo, nf*
zircon *zirconio-i, nm*	**zìrkon** *zirkònio-i, nm*
zither *cetra-e, nf*	**zìther** *cètra-e, nf*
zloty *moneta-e, nf*	**zlòty** *monèta-e, nf*
zodiac *zodiaco-hi, nm*	**zòdiak** *zodìako-i, nm*
zodiacal *zodiacale-i, a*	**zodìakal** *zodiakàle-i, a*
zone *zona-e, nf*	**zòne** *zòna-e, nf*
zoo *zoo, nm*	**zòo** *zòo, nm*
zoological *zoologico-i, nm*	**zoològikal** *zoolòjiko-i, nm*
zoologist *zoologo-hi, nm*	**zoòlogist** *zoòlogo-hi, nm*
to zoom *allungare*	**to zòom** *allungàre*
zoophyte *zoofito-i, nm*	**zoophỳte** *zoòfito-i, nm*
zootechnics *zootecnia, nf*	**zootèknik** *zootèknia, nf*
Zoroaster *Zoroastro, nm*	**Zoroàster** *Zoroàstro, nm*
zouave *zuavo-i, nm*	**zouàve** *zuàvo-i, nm*
zounds *perbacco!, inter*	**zòunds** *perbàkk, inter*
Zulu *zulù, nm*	**Zùlu** *zulù, nm*
Zurich *Zurigo, nf*	**Zùrik** *Zurìgo, nf*
zygoma *zigomo-i, nm*	**zỳgoma** *zìgomo-i, nm*
zyme *enzima-e, nf*	**zỳme** *enzìma-e, nf*
zymosis *fermentazione-i, nf*	**zymòsis** *fermentaziòne-i, nf*
zymotic *fermentazioni, nf*	**zymòtik** *fermentaziòni, nf*

zymotic

REFERENCES

American College Dictionary, The, Clarence L. Barnhart, Random House, New York, 1951.

Collins Italian Gem Dictionary, Isopel May, London 1970.

Concise Cambridge Italian Dictionary, Barbara Reynolds, Penguin Books, Bungay, Suffolk, 1986.

Dizionario Italiano – Inglese – Inglese – Italiano – Il "piccolo, Orlandi, Giuseppe Orlandi, Carlo Zanichelli, Milano 1954.

Dizionario Inglese e Italiano Italian and English Dictionary, Giuseppe Ragazzini e Adele Biagi, Seconda edizione, Zanichelli / Longman, Bologna 1986.

Roget's International Thesaurus, Thomas Y. Crowell Company, New York, 1951.

Vocabolario della Lingua Italiana, Nicola Zingarelli, Torino, 1963.

Webster Encyclopedic Dictionary of the English Language, Virginia S. Thatcher & Alexander McQueen, Chicago, 1992.

Webster's Ninth New Collegiate Dictionary, Merriam-Webster, Inc. Publishers, Springfield, 1983.

Webster's Vest Pocket Dictionary, Springfield, 1981.

Word Book II, based on the new *American Heritage Dictionary*, Kaethe Ellis, Houghton Mifflin Company, Boston, 1983.

20,000 + Words, Charles E. Zoubek, Gregg A. Condon, Louis A. Leslie, McGraw-Hill Book Company, New York, 1986.